KB246745

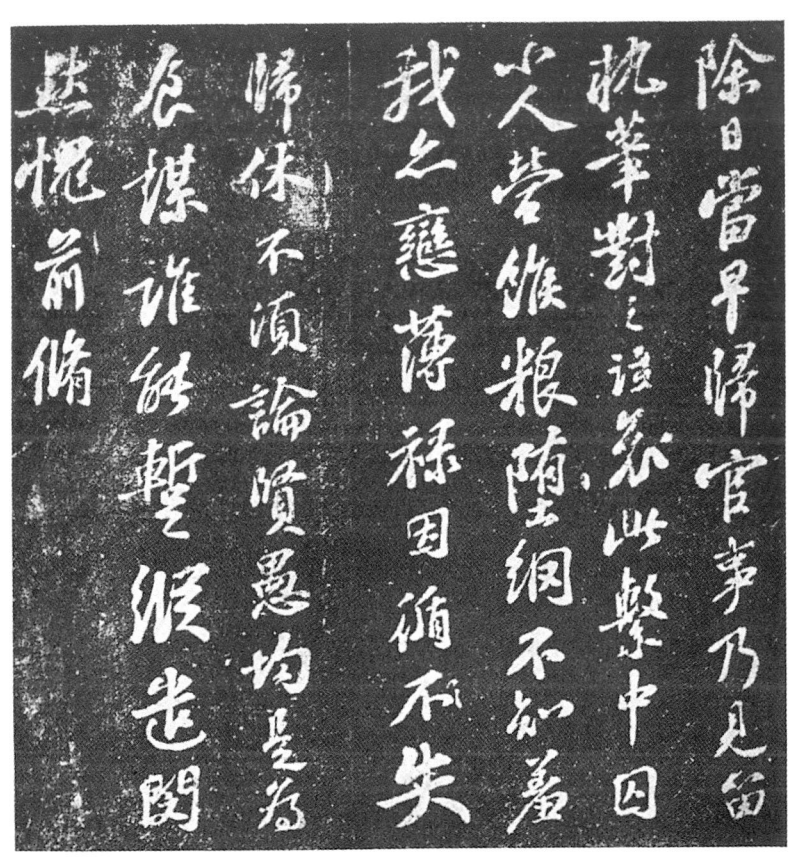

소동파의 서예작품들은 매우 유명해서, 품평가들에 의해 광범위하게 수집되어 있으며 많은 수량이 중국 도서관에서 발견된다. 그 대부분이 석비(石碑)를 탁본한 것으로 필채의 생생한 느낌을 보존하기 위해서는, 최고의 특수기술과 최상의 돌을 써야 한다. 그 가운데 한 예가 위의 것으로, 이것은 소동파가 1071년 항주통판을 지낼 때 소금 밀수혐의로 수감된 죄수를 판결해야만 했던 섣달 그믐날 지은 유명한 시를 쓴 석비의 송대 탁본이다.

소동파의 대나무 그림〔墨竹圖〕
「동파거사(東坡居士), 소성(紹聖) 원년(1094년) 3월에 그림」이라고 제(題)함.

이 그림의 제목은 《서원회도(西園會圖)》

1087년 서원(西園)에서 문인들의 모임을 묘사한 그림으로 이 집은 부마 왕선(王
詵)의 집임. 이 그림의 원본은 이용면이 그리고, 미불(米芾)이 제(題)했다. 위의 사
진은 명대(明代)에 임모(臨摹)한 것인 듯함. 이보다 일찍이 그려졌고 또 믿을 만한
조맹부(趙孟頫)의 복제품은 북경(北京)의 고궁박물원(古宮博物院)에 소장되어 있
다. 조씨의 이 그림에는 송대(宋代) 세 명의 화가와 소동파 문하의 문인들이 있음.
그러나 위의 복제품에는 황정견(黃庭堅)의 위처가 바뀌어져 있다. 장뢰(張耒)는
본래 앉는 대신, 땅바닥에 무릎을 꿇은 모습이었다. 조보지(晁補之)와 정가회(鄭嘉
會) 그리고 또 다른 두 사람의 모습은 보이지 않는다.

이용면(李龍眠)이 그린 소동파의 초상. 옹방강(翁方綱) 소장.

The Gay Genius/The Life and Times of Su Tungpo

林語堂
(New York, The John Day Company, 1947)
ⓒ Lin Yutang, 1947

소동파 평전—쾌활한 천재

제1판 초쇄 발행 1987. 11. 21.
제2판 1쇄 발행 2001. 6. 23.
제3판 2쇄 발행 2018. 10. 30.

지은이   임 어 당
옮긴이   진 영 희
펴낸이   김 경 희
펴낸곳   (주)지식산업사
          본사 ● 10881, 경기도 파주시 광인사길 53(문발동)
                전화 (031)955-4226~7 팩스 (031)955-4228
          서울사무소 ● 03044, 서울시 종로구 자하문로6길 18-7(통의동)
                전화 (02)734-1978 팩스 (02)720-7900
          한글문패 지식산업사
          영문문패 www.jisik.co.kr
          전자우편 jsp@jisik.co.kr
          등록번호 1-363
          등록날짜 1969. 5. 8.

책값은 뒤표지에 있습니다.

ⓒ 진영희, 2012
ISBN 978-89-423-2078-3 93990

이 책을 읽고 저자에게 문의하고자 하는 이는
지식산업사 전자우편으로 연락바랍니다.

소동파 평전

쾌활한 천재

임어당 지음
진영희 옮김

지식산업사

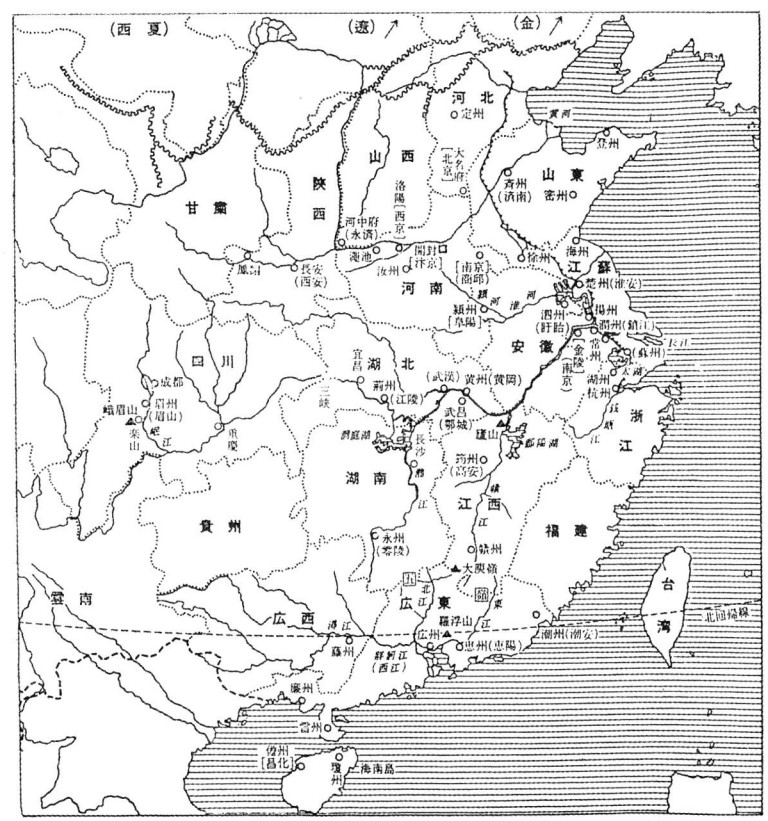

소동파관계지도

【蘇氏系譜】

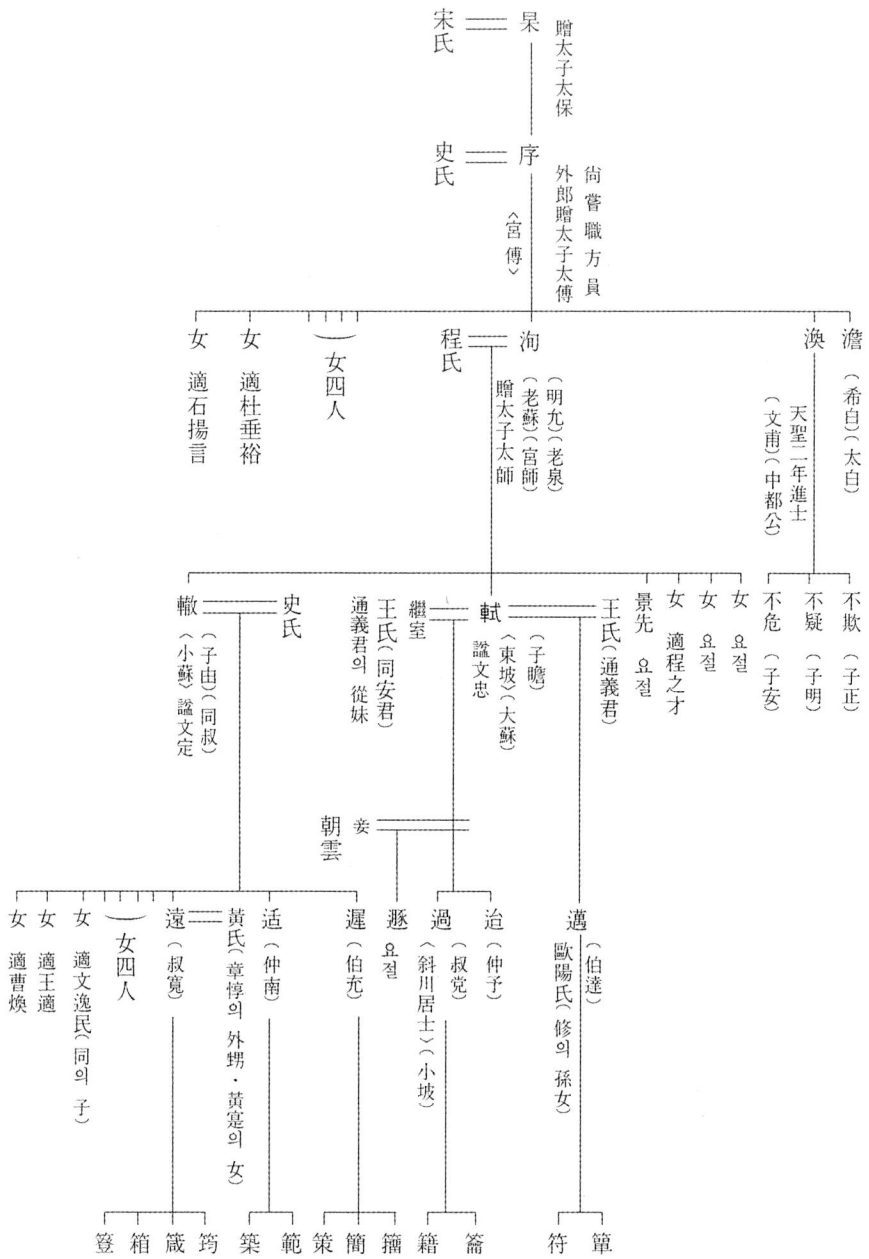

개정판

쾌활한 천재

蘇東坡評傳

역자 서문

　사람은 누구나 자신에게 주어진 단 한 번의 삶을 보다 가치 있고 의의 있게 살고 싶어한다. 그래서 가치 있는 삶을 앞서 살고 갔다고 생각되는 인물들의 삶에 많은 관심을 갖게 되고, 또 이들한테서 무언가 배우고자 한다. 그러다가 자신들의 삶이 차츰 성숙해지면서, 자신도 모르는 사이에 이들을 닮아가고, 또 어떤 이들은 한걸음 더 나아가 나름대로의 뜻있는 삶의 길을 헤쳐 나간다.

　아마도 임어당은 특히 소동파란 인물한테서 자신이 애호하고 존경해 마지않는 인물상을 발견했던 듯하다. 그 자신이 동파를 지극히 좋아했고, 좋아했으므로 잘 이해할 수 있었던 것 같다. 또 어쩌면 그 자신이 사상이나 기질면에서 여러모로 동파와 비슷한 바가 있어서 동파의 삶에 더욱 깊은 애정을 가졌고, 그래서 그를 보다 더 잘 이해할 수 있었지 않았나 하는 생각도 해본다. 여하튼 임어당은 900여 년 전에 살았던 소동파란 인물에 대해 그 어느 누구보다도 현존하는 실제 근거자료에 충실하면서도, 마치 그가 지금 우리 눈앞에 살아 움직이고 있는 인물처럼 생생하게 잘 그려내고 있다.

　진리에 충실했던 인물은 시간·공간적 제한을 벗어나, 어느 시대 어느 나라에서나 공감되기 마련이다. 소동파는 전제군주제하에서 살았던 인물이었지만, 오히려 그의 사상은 현대의 민주주의 사상에 접근했었다. 문인이자 정치가이기도 했던 그는 이런 사상을 그의 일생동안에 실천해 보고자 애쓰느라 파란만장한 삶을 자초했었다. 그러나 불운 가운데서도 그 자신은 결코 불행해 하지 않았다. 외적인 불운에 함락되기에는 그의 내적인 사상의 폭이 너무도 넓었고, 또 그의 쾌활한 기질은 어려움 속에서도 삶을 새로이 바라볼 줄 아는 시각을 갖게 했다. 그는 늘 시(詩)·서(書)·화(畵)와 함께 살며, 어떠한 처지에서건 그 나름대로의 삶을 즐겼다.

가치관의 혼란을 겪는 현대를 살아가는 우리에게 그는 강직한 선비로서, 또 삶에 애정을 갖고 주변 사람들을 사랑하며 살았던 생활인으로서, 우리로 하여금 다시 한번 긍정적으로 삶을 바라보게 해준다.

이 책을 번역하는 데는, 1947년 임어당이 영문으로 출판했던 《The Gay Genius — The Life and Times of Su Tung Po —》를 텍스트로 삼았다. 본서는 임어당이 서양독자들을 대상으로 해서 비교적 읽기 쉽고 재미있게 써서 일반 전기(傳記)로서 읽어볼 만하다. 그러나 다른 한편으로는 중국 문학에 관심이 있고, 특히 소동파 연구에 관심이 있는 독자들에게는 평전(評傳)으로 읽을 수 있는 전문성도 아울러 갖추고 있다고 생각된다. 그래서 본서에 나오는 인용문들의 한자(漢字) 원문(原文)들 가운데 시문(詩文)은 번역문 밑에, 비교적 길이가 긴 산문류는 역자 주에 실어보았다. 본서의 대만(臺灣) 역본(譯本)은 1977년 송벽운(宋碧雲) 역(譯)으로 원경출판사(遠景出版社)에서 출간되어 80년까지 8판(版)이 나왔고, 일본 역본도 1978년 고야마 기와무(合山究) 역으로 명덕(明德)출판사에서 80년까지 4판이 나온 바 있고, 1987년에 다시 두 권의 분량으로 재출판되었다. 역자는 영문 텍스트를 위주로 하되 대만과 일본의 역본들을 많이 참조하였다. 일본어판 역자는 소동파 연구가답게 임어당이 본서 집필 때 근거로 했던 자료들의 원전(原典) 출처를 일일이 찾아 자세하게 역자주(譯者註)를 달아놓아, 꽤 도움이 될 듯하여 나름대로 편집 가감(加減)하여 책 뒤에 실었다. 원전의 출처를 찾는 일은 매우 힘들고 많은 시간을 요하는 작업인데, 그 노고 때문에 관계자료를 쉽게 찾을 수 있어서, 일본 역자의 덕을 단단히 보았다. 또 「소씨계보(蘇氏系譜)」와 소동파관계지도(蘇東坡關係地圖)도 함께 실어보았다.

앞에서도 이야기했듯이 본서는 일반 전기로도 읽을 수 있고, 또 중국 문학 연구자들에게는 전문 필독서도 될 수 있는 두 가지 성격이 다 있는 듯해서 역자로서는 어느 쪽에 중점을 둘 것인가 고심하다가 결국 양쪽을 다 만족시킬 수 있는 방법을 모색하다 보니, 오히려 좀 어중간해져 버린 것이 아닌가 하는 생각도 든다. 인용문의 한자 원문을 원전에서 찾아 부재한 것이 그 예라 할 수 있다.

우리말로 옮긴 때에는 임어당의 영문(英文) 의역문을 위주로 했기 때문에, 한자 원문과 비교해 볼 때 직역하지 않고 의역해 버린 부분이 있다. 한편 대만 역본(譯本)에는 독자들이 중국인(中國人)이니만큼 한자 원문을 그대로 인용하였고, 일본 역본은 주요 시(詩)만 몇 수 그 원문을 실었다. 본 역자는 한문(漢文)으로 읽어볼 만하다고 여겨지는 시문(詩文)의 원문들은 가능한 한 모두 찾아 싣는 방법을 택했는데, 주로 대만 역본을 참조하면서, 대부분의 원전을 다시 찾아 확인해 보았다. 또 저자의 서문에서 밝혔듯이 저자는 서양독자의 편의를 위해 많은 사람의 이름을 일일이 열거하지 않았으나, 본 역서에서는 [ ] 안에 관계 인물의 이름, 관직의 본래 명칭, 용어 등을 찾아 실었다. 이것 역시 일본 역서의 도움을 많이 받았다. 부족한 번역에 독자 여러분의 질책을 기다릴 뿐이다.

이 책이 나오기까지 많은 분들의 도움을 받았는데, 우선 모교인 연대(延大)의 여러 은사님들의 가르침에 감사드리고, 이 책이 출판되도록 도와주시고 여러모로 격려해 주신 영남대 이장우(李章佑) 교수님과 지식산업사 김경희(金京熙) 사장님 또 교정과 정서작업 등을 도와주신 선배, 동학(同學) 여러분께 깊이 감사드리며, 그리고 이렇게 졸역이나마 할 수 있도록 끝없는 배움의 길을 묵묵히 뒷바라지해 주신 가족 특히 부모님께 고마운 마음을 삼가 올리는 바이다.

2001. 5.   진 영 희

서　문

　　소동파의 전기를 쓰게 된 데에는 무슨 별다른 이유가 있는 것은 아니었고, 다만 쓰고 싶었을 뿐이다. 몇 해 전부터 나는 소동파의 전기를 쓰고 싶다는 마음을 늘 갖고 있었다. 1936년에 내가 가족들과 함께 미국으로 이주해 올 때, 나는 짐의 부피도 고려하지 않은 채, 중국학 기본총서와 함께 소동파 시집, 그리고 그에 관한 진귀한 고간(古刊) 선본(善本)들을 가져왔었다. 그 당시 나는 소동파에 관한 책을 한권 쓰거나, 혹은 그의 시(詩)나 문장 몇 편을 골라 번역해 봐야겠다고 생각했었다. 또 설사 이런 저작을 쓰지 못하게 되더라도 내가 외국에서 살고 있는 동안 그가 내 곁에 함께 있어 주길 바라는 마음에서 이런 책들을 가져왔던 것이다. 왜냐하면 동파와 같이 매력적이고 뜻이 고결하며, 자유분방하면서도 탁견을 지닌 사람의 작품을 내 책장에 꽂아두는 것만으로도 내게는 상당한 정신적 자양분이 되겠기 때문이었다. 이제 이 책을 쓰게 되니, 나는 더할 나위 없이 행복하다. 이상 열거한 이유만으로도 이 책을 쓰게 된 충분한 이유가 될 것이다.

　　뚜렷한 개성은 참으로 알 수 없는 수수께끼와 같아서, 이 세상에 소동파라는 인물은 오로지 한 사람일 뿐이지 두 사람이 있을 수 없다. 우리가 개성에 대해 갖가지로 정의를 내려본다 하더라도, 오로지 정의를 내린 그 사람만을 만족시켜 주는 데 그치고 말뿐이다. 동파는 그 자신이 다재다능했을 뿐만 아니라, 그의 생애 또한 아주 복잡다단하였다. 그러므로 그의 일생이나 성격 가운데에서 독자들이 좋아하는 면을 각기 골라내기란 그리 어렵지 않다. 우리는 소동파를 구제불능의 낙천가로, 혹은 위대한 인도주의자로, 또 백성들의 친구이자 위대한 작가로, 아니면 서예가이며 창조적인 화가로서, 혹은 양주(釀酒) 시음가로서, 혹은 엄숙주의의 배격자로, 요가 수행자로, 한 사람의 불교도로, 유가적 정치인으로, 혹은 황제의 비서로, 주선(酒仙)으로, 자비로운 법관으로, 당대 정치에 대한 비판자로, 혹은 달빛 아래 배회하기를 즐기는 사람으로, 한 시인으로, 혹은 익살꾼 등으로 부를 수 있을 것이다. 하지만 이런 것으로 소동파의 전부를 이야기했다고 볼 수 없다. 이에 덧붙여, 중국에서 어쩌다 누가 소동파에 대한 이야기를 잠간 꺼내기라도 하면, 중국인들은 으레 따뜻한 미소를 입가에 머금곤 한다는 사실을 덧붙여 말한다면, 그의 특질을 가장 잘 표현했다고 할 수 있을 듯하다.

소동파의 성품은 중국의 다른 어떤 시인들보다도 훨씬 다양하고 풍부하다. 그는 여러 면에서 천재적 유머 감각을 지니고 있었으며, 고매한 지성을 소유하고 있으면서도 다른 한편으로 천진무구한 동심을 지니고 있었다. 이런 여러 가지를 종합한 그의 성품은 어쩌면 예수가 일찍이 말했던 이른바 뱀의 지혜에다 비둘기의 부드러움을 합한 성품과 같다고 할 수 있을 것이다. 이처럼 다양한 요소를 융합한 성품을 지닌 사람은 아마 이 세상에 몇 안 되리라. 그런데 바로 여기 그런 성품의 소유자가 있는 것이다.

그는 일생을 통해 자기 자신에 대해서도 일체 꾸밈이 없이 지극히 자연스러웠고, 늘 성실성을 유지하고 있었다. 그는 천성적으로 정치적인 농간을 꾀하거나 이해타산 따위를 할 줄 몰랐다. 그가 순간의 영감으로 쓴 시나 수필, 혹은 그의 생각과 맞지 않는 어떤 사건들에 대해 비평한 글들 모두가 그의 심령에서 자연스레 우러나온 것들이었다. 그가 일찍이 말했던 "봄의 새들 노랫소리와 가을의 귀뚜라미 울음소리"[1]처럼, 그의 시문들은 모두 본능적이고 충동적으로 쓰어진 것들이다. 그는 또 비유하여 이렇게 말했다. "숲속 원숭이의 울음소리나, 하늘에 날아가는 황새의 울음소리에는 본시 다른 뜻이 없다. 그래서 이들이 앉은 나무 아래 길 위로 혹 지나가는 행인이 있어 그들의 울음소리를 듣든 혹은 모두들 가버리고 없어 듣는 이 아무도 없든지 조금도 신경쓰지 않는다."[2] 그는 항상 정치의 소용돌이에 깊이 말려들긴 했지만, 다른 일반 정치가들보다 언제나 훌륭했다. 그는 간계(奸計)나 무슨 특정 목적 없이, 그냥 시를 읊고 문장을 쓰고 비평을 계속했을 뿐으로, 그런 글 모두가 마음에서 진정으로 우러나오는 것을 표현한 것들로서, 그 시문들로 인해 그에게 장차 어떤 화가 미치게 될지는 안중에도 없었다. 오늘날까지 독자들이 그의 작품을 즐겨 읽는 것도 다른 이유에서가 아니라, 바로 그의 작품이 아름답고도 풍성한 내용을 지닌 데다, 천진무구한 그의 심령을 그대로 표출하고 있기 때문이다. 그의 작품엔 무엇보다 선명하고도 강인한 인격이 빛나고 있는데, 이는 경우에 따라 장난기 넘치게도 보이고, 혹은 엄숙하게도 보인다. 그의 글들은 언제나 천재성이 번득이는 진실한 글들로서, 그 스스로에게 조금도 거짓됨이 없었다. 그는 별다른 목적 없이 단지 글을 쓰고 싶다는 욕구에서 쓰곤 했다. 우리가 오늘날 그의 글을 애독하는 것은 그가 마음 본래의 순결함에서 우러나오는 대로 아름답고도 풍성하게 썼기 때문이다.

이제 중국에서 근 천여 년간 각 시대마다 동파를 열렬히 숭배하는 무리들이 끊이지 않고 계속 있어 온 이유를 분석해 보고자 한다. 우선 두 번째 이유부터 이야기해 보겠다. 이 두 번째 이유는 사실상 첫 번째 이유와 별로 다를 것이 없다. 다만 보는 각도를 달리해서 분석한 것뿐이다. 이유인즉, 소동파는 아주 매력적인 인물이란 점이다. 마치 우리가 여성이나 꽃을 대할 때 저절로 매력을 느끼게 되는 것처럼, 그 매력이 어떠한 요소들로 구성되어 있다고 명확하게 꼬집어 이야기함으로써 알기보다는, 먼저 쉽게 느낄 수 있는 그런 매력을 소동파는 지니고 있다. 그의 가장 뚜렷한 매력은 바로 눈부시게 빛나는 그 천재성이다. 그의 천재성은 오히려 그의 아내는 물론 그를 가장 사랑하는 사람들을 끊임없이 염려하게 한 원인이 되기도 했다. 이들 동파의 측근들은 어떠한 피해도 두려워하지 않는 그의 꿋꿋한 용기를 사랑하고 존경해야 할지 아니면 그런 용감한 행동을 저지해서 갖가지 해악으로부터 그를 보호해야 할지,

어떻게 해야 좋을지 몰랐다. 그러나 그는 태어나는 순간부터, 죽어 더이상 풍자적인 농담조차 할 수 없게 입이 닫혀지기 직전까지 어느 누구도 그를 조심시킬 수 없게 하는, 성격상 어떤 아주 강한 힘을 가지고 있었다. 그는 마치 장난감을 가지고 놀 듯 그의 붓끝을 자유자재로 휘둘렀다. 그는 기괴하게 혹은 장중하게 표현했고, 때로는 좀 장난기 있게 혹은 다소 신중하게 표현하기도 했으며, 또 어떤 때는 아주 진지하게 표현하기도 했다. 우리는 그가 놀리는 붓끝으로부터 환희·환멸·실의 등 인간의 갖가지 감정을 반영하는 음(音)을 전해 들을 수가 있다.

그는 여럿이 모여 허심탄회하게 이야기하며 마시고 어울려 노는 것을 언제나 좋아했다. 동파 자신도 성격상 참을성이 좀 부족하다고 말한 적이 있지만, 그는 자기 마음에 들지 않는 것이 있을 때에는 "마치 음식물에서 파리를 발견했을 때처럼 그것을 뱉어내야만 직성이 풀린다"[3]고 했다. 한번은 어느 시인이 지은 시구가 마음에 안 들었다. 이 시에 대해 동파는 "산동 어느 지방의 훈장이 썩은 술을 마시고, 상한 고기를 먹은 후에 지은 것 같다"[4]고 묘사한 적도 있다.

그는 자기 친구에 대해서뿐만 아니라, 적에 대해서도 농담하기를 좋아했다. 한번은 성대한 조정의식(朝廷儀式) 때, 조정백관이 모두 있는 자리에서, 어느 지나치게 금욕적인 신유가(新儒家) 학자를 풍자해 놀린 적이 있었다. 이 일로 인해, 결국 동파는 나중에 그 대가를 치러야 했다. 동파는 어떤 일이 잘못되었을 때, 그 잘못된 사건 자체에 대해 화를 내긴 해도, 잘못을 저지른 그 사람 자체를 미워하지는 않는다는 것을 남들은 아무도 이해하지 못했다. 그는 악 자체를 미워했을 뿐, 행악자에 대해서는 관심도 없었고 다만 좀 싫어할 따름이었다. 증오는 일종의 무능의 표현이 아닌가 하는 생각이 든다. 동파는 결코 사사로운 개인 감정으로 해서 남을 증오하거나 미워할 줄을 몰랐다. 이는 곧 그가 무능을 몰랐기 때문인 듯하다. 우리가 대체로 그에게서 받은 인상은, 그는 일생토록 삶을 마음껏 노래하고 즐겼다는 느낌이다. 혹 슬픈 일이 닥치거나 불운에 빠질 때에도 그는 미소로써 이런 불행을 받아들였던 것 같다. 바로 이러한 점

이 내가 서투르게나마 묘사해 보고자 하는 동파의 매력이며, 또한 바로
이러한 매력 때문에 무수한 중국의 문인들이 그를 가장 좋아하는 시인으
로 꼽고 있는 것이다.

이 책은 한 시인이자, 화가요, 만인의 친구였던 사람의 이야기이다. 그
는 누구보다도 강렬하게 느꼈고, 명료하게 숙고했으며, 아름답게 글로
표현했고, 고고한 용기로써 행동했다. 그는 자기 개인의 사사로운 이익
을 추구하고자 세속의 조류에 영합한 적도 결코 없었다. 그는 자기 일신
의 안녕은 돌볼 줄 몰랐으나, 다른 사람의 복지에 지대한 관심을 가졌었
다. 그는 따뜻하고 너그러웠다. 자신을 위해 한푼도 비축해 놓은 것이 없
었으나 왕이나 다름없이 풍족했다. 그는 고집스럽고 좀 수다스러웠는데,
그의 말에는 언제나 위트가 넘쳤다. 늘상 남들에게 조심성 없이 자기 자
신의 감정을 숨김없이 모두 다 표현하곤 했다. 그는 아주 다재다능했으
며, 늘 호기심에 가득 차 있었고 생각이 깊었다. 행동거지는 다소 경솔한
점이 없지 않았으나 퍽 낭만적이었고, 문체는 고문(古文)을 지향했다. 아
버지로서, 형으로서, 또 한 아내의 남편의 처지에 설 때는 다분히 유교적
인 가치관을 따랐으나, 내심 도가적인 경향이 짙었으므로 위선자나 모든
허위의 것들을 미워하였다. 그는 아주 걸출한 작가였으며 학자로서도 훌
륭하였으므로, 그 자신에 대한 열등감 따위는 없었다. 그러므로 남을 질
투할 마음조차 없었고, 오히려 다른 사람들을 따뜻하게 감싸 주었다. 그
는 지극히 단순하면서도 꾸밈없는 성격이었으므로, 억지로 위엄을 차리
는 따위의 허식에 관심이 없었다. 그는 관직에 매인 몸이 된 자기 자신을
안장 씌운 사슴에 비유해 말한 적이 있다. 어지러운 시대상황에 처해 살
면서 동파는 정치계에서 별로 환영받지 못하는 인물이었다. 왜냐하면 당
시의 어리석고 이기적인 다른 관료들에게 동파는 적대적인 인물이었고,
또 집권자에 대해서도 그는 항거하는 무리의 우두머리 역할을 했기 때문
이었다. 그래서 그는 역대 황제들의 열렬한 숭배를 받고, 황후들과 친구
처럼 지냈었지만, 현실사회에서는 좌천되고 체포 구금까지 당하는 등 굴
욕적인 생활을 겪어야 했다.

소동파가 남긴 명언 가운데 자기 자신을 가장 잘 형용한 말이 있는데, 이 말은 일찍이 그의 아우 자유(子由 ; 소철의 자)에게 말했던 것이다.

나는 위로는 옥황상제와도 사귈 수 있으며, 아래로는 거지들과도 잘 어울릴 수 있다. 내 생각에는, 이 세상에 악한 사람이라곤 단 하나도 없는 것 같다.

그의 생각이 이러하였으므로, 그는 늘 쾌활하고도 무사태평하게 회오리바람과도 같던 다사다난한 일생을 살아갈 수 있었다.

소동파의 전기는 사실상 그의 영혼의 일대기나 다름없다. 그는 사상면에서는 한 불교도로서, 삶이란 결국 유한한 육신 속에 영구한 영혼을 담고 있는 그 무엇의 순간적인 표상에 불과하다고 생각했다. 그러나 그는 삶이 짐스럽고 괴로운 고해와도 같은 것이란 말에는 전혀 수긍하지 않았다. 적어도 그 자신은 그가 살고 있는 순간순간을 즐겼기 때문이다. 형이상학적인 면에서 그는 인도풍이었으나, 기질적인 면에서는 타고난 중국인이었다. 가혹한 시련의 운명을 지닌 이 시인의 마음과 감각 속에는 생명의 절멸성(絕滅性)을 믿는 불교신앙에다 유가적 생활신조, 그리고 삶을 간결화하는 도가적 사상이 더하여져, 이 세 사상이 융합된 새로운 복합사상을 지니고 있었다. 인간은 오래 산다 해도 기껏 100살까지밖에 살지 못한다. 그러나 따지고 보면, 이 세월도 실상 상당히 긴 시간이다. 동파는 장생불로약을 찾는 데 실패했으나, 사는 동안 순간순간 훌륭한 삶을 영위하였다. 그러므로 그의 육신은 죽어 없어질지 모르나, 내세에서 그의 영혼은 하늘의 별이 되거나 땅의 강물이 되어, 모든 생물들을 비춰 주고 살찌게 하며, 살아나가도록 지탱시켜 줄지도 모른다. 그는 이 무한한 전체 생명계에 자신은 잠깐 나타났다 사라지는 아주 작은 입자에 불과하며, 또 그가 어떤 입자로 이 세상에 나타났다 사라지느냐 하는 것도 그리 대수로운 일이 아닐 수 있다고 여겼다. 그래도 아무튼 생명은 존귀하고 영원한 것이므로 그는 자신의 생명을 만끽할 따름이었다. 이것이 이 쾌활한 천재가 갖고 있는 비밀의 일부이다.

이 책의 본문에는 각주를 자세히 달지 않았다. 그러나 대부분 뒷받침할 만한 근거자료가 있는 한도 안에서 기술하고자 애썼으며, 분명하게 드러내지는 않았지만, 가능한 대로 근거자료 가운데 기록된 본래 문구들을 그대로 사용하고자 애썼다. 대부분의 근거자료들이 중문(中文)으로 된 것들이므로, 주를 단다 하더라도 실상 많은 (서양)독자들에게 별로 도움이 되지 않을 것이기 때문이다. 책 뒤에 부록으로 첨부한 소동파 관계 문헌목록 및 자료출처를 보면, 대강의 출처를 찾을 수 있을 것이라 생각한다. 또 독자들이 중국이름 때문에 혼란을 일으키지 않게 하기 위해, 별로 중요하지 않은 인물들의 이름은 생략했고, 이따금 그 성씨(姓氏)만을 밝혔다. 특히 중국 학자들의 경우에는 한 사람이 보통 네다섯 개의 이름을 갖고 있다. 여기서는 혼동을 피하기 위해 일률적으로 한 가지 이름만 사용하여 칭하였다.

차 례

16

제 1 편
유년 시절과 청년기 (1036~1061)

제 1 장

문 충 공(文忠公)

　사망한 지 이미 1천여 년이 지난 어떤 한 인물을 연구하는 일은 생각보다 그렇게 어렵지 않다. 왜냐하면 설사 한 시대에서 함께 살고 있는 사람들일지라도 그들에 대해 우리가 알고 있는 것은 지극히 적기 때문이다. 가령 시장(市長)이라 할지라도 그의 개인생활에 대해서 모르긴 마찬가지임을 생각할 때, 때로는 살아 있는 사람보다 이미 세상을 떠난 사람에 대해 살펴보는 것이 오히려 훨씬 쉽다고 여겨진다. 또 한 가지 뚜렷한 이유 가운데 하나는 생존해 있는 사람의 삶은 아직 끝나지 않았으므로, 그에게 혹 위기가 닥쳐왔을 경우, 그가 어떻게 될지는 아무도 모르기 때문이다. 주정꾼이었던 자가 새 삶을 시작할 수도 있고, 성인(聖人) 같던 이가 타락할지도 모르며, 혹 목사가 교회 찬양대의 한 아가씨와 갑자기 도망가 버릴지 아무도 알 수 없기 때문이다. 살아 있는 사람에게는 너무도 많은 변화의 가능성들이 내재해 있다. 더군다나 생존해 있는 사람은 비밀들을 품고 있다. 그 가운데 가장 흥미로운 비밀은 그 사람이 죽고 난 한참 후에야 진상이 드러나기도 한다. 이처럼 동시대에 생존해 있는 사람은 그 삶이 우리와 너무 근접해 있어서 진상을 바로 판단하기 어렵게 만드는 원인이 된다. 즉 소동파와 같은 작고(作故) 시인과 그 경우가 다르다.

나는 그의 잡기(雜記)들과 700여 수의 시사(詩詞) 작품들, 800여 통의 편지들을 통독했다. 어떤 사람을 제대로 잘 이해하기 위해, 반드시 시대적으로 그와 동시대에 살아야 할 필요는 없다. 다만 그와 교감할 수 있는 이해심을 가지고 있느냐 없느냐 하는 것이 중요하다. 아무튼 우리는 정말로 그 사람을 이해한 연후에야 비로소 그 사람을 제대로 알 수 있으며, 또 진정으로 그를 좋아하여야만 그 사람에 대해 완전히 이해할 수 있게 되는 것이다. 나는 소동파를 좋아하기 때문에 그를 이해하며, 이해하기 때문에 그에 대해 완전히 안다고 자부한다. 어떤 시인을 좋아한다 하는 문제는 개인적 취향에 달렸다. 훌륭한 시의 표준으로, 청신함·자연스러움·기교·동정심 등을 들 때, 시인 이백(李白)은 최고의 경지에 다다랐다고 할 수 있으며, 시인 두보(杜甫)는 시성(詩聖)으로서 더더욱 완전무결한 인상을 준다. 그런데 어떤 특별한 이유도 없이, 내가 좋아하는 시인은 소동파이다. 소동파는 그의 생활과 그의 글 곳곳에 예리하고도 완전하게 새겨져 있는 인격이 다른 어느 중국의 문인들보다도 너무나 뚜렷하여 내 가슴에 와 닿는다. 내 머리 속에 소동파의 초상이 명확하게 아로새겨지게 된 데는 대략 두 가지 이유가 있다.

첫째는 그의 대나무 그림 가운데 검은 먹자국이 마치 한 시간 전에 그린 것처럼 아직도 광택이 나듯이, 소동파의 글 구절마다 그의 정신이 생생하게 빛나고 있다는 점이다. 이런 특이한 현상은 셰익스피어의 글에서도 찾아볼 수 있다. 셰익스피어 글의 생명력은, 민감하고 풍부한 영혼에서 이제 막 우러나온 것처럼 오늘날도 그의 작품들이 그 신선함을 지니고 있다는 데에 있다. 시대마다 셰익스피어 연구가들의 노력에도 불구하고, 셰익스피어의 삶에 대해 알려진 것은 지극히 적다. 그러나 그가 죽은 지 400여 년이 지난 지금도 그의 글 속에 담겨 있는 감정으로부터 우리는 그의 마음 속을 감지할 수 있다.

둘째는 다른 중국 시인들에 비해 소동파 일생에 대한 기록이 비교적 완전하게 보존되어 있다는 점이다. 이러한 기록의 대부분은 긴 세월 동안 다사다난했던 그의 정치적 경력에 대한 것들로서 여러 역사서에 기재되어 있다. 그 밖에도 그의 문집 속에 100만 자에 이르는 시와 산문이 실려 있으며, 그의 잡기, 일기, 편지 등도 남아 있다. 또한 당시 그를 가장 숭배하고 사랑했던 동시대 사람들이 그에 대해 언급한 무수한 한담(閒談)들이 회고록이나 잡기의 형식으로 오늘날까지 전해지고 있다. 그가 죽은 후, 약 100여 년 동안에 씌어진 당대의 주요 회고록 가운데 이 시인에 대해 언급하지 않은 것이 거의 없다.

송대 문인들 가운데 특히 사마광(司馬光), 왕안석(王安石), 유지(劉摯), 증포(曾布) 등은 모두 일기 쓰는 일에 진력했으며, 왕명청(王明淸), 소백온(邵伯溫) 같은 이는 쉬지 않고 회고록을 썼다. 왕안석은 국가자본주의를 제창함으로써 정치적으로 복잡한 국면을 야기시킨 데다가, 소동파가 살던 시대는 정치투쟁이 유난히 치열했던 시대였기 때문에, 여러 문인들이 글로써 보존한 이 시기의 자료(대화를 포함해서)들은 특히 더 풍부하다.

그러나 소동파 자신의 일기는 남아 있지 않다. 일기란 것이 지나치게 조직적이고 자아를 의식한 것이어서, 그는 아마도 일기를 쓸 타입은 아니었던 듯하다. 그러나 특별한 여행이나 단상(斷想), 인물, 장소들, 그리고 어떤 사건들에 대한 잡기를 모아놓은 것들은 남아 있다. 그것들 가운데 어떤 것은 날짜가 적혀 있고, 어떤 것은 날짜가 적혀 있지 않다.

반면에 다른 사람들은 동파의 언행들을 일일이 그들의 회고록에다가 열심히 기록해 놓고 있다. 소동파의 편지나 발문(跋文) 등은 그를 숭배했던 사람들에 의해 보존되었다. 누구나 찾아뵙고 싶어하는 일류 서예가이기도 했던 소동파는, 연회중에 즉석에서 시를 한 수 지어 적거나, 아니면 연회가 끝난 후 문득 떠오른 단상이나 논평 등을 써서 멀리 있는 친구에게 보내는 습관이 있었다. 이런 간략한 메모들은 소중하게 보존되어 동파 친구의 후손들에게 계속 전하여지거나, 어떤 경우에는 상당한 액수에 팔리기도 했다.

이런 즉흥 메모 가운데에는 의심할 여지 없이 아주 뛰어난 글들이 포

함되어 있다. 800여 통의 편지와 600여 편의 유명한 친필 소기(小記), 발
문(跋文)들이 오늘날까지 남아 있다. 이는 사실상 소동파가 그만큼 사람
들에게 인기가 높았기 때문에 보존된 것이다. 문인들의 발문이나 즉흥
소기 등을 수집하여 책으로 내는 것이 소동파로부터 시작되어, 그 후 황
정견(黃庭堅) 같은 다른 문인들의 것들도 모아서 간행하는 것이 유행되
었다. 소동파가 죽은 직후에, 성도(成都)의 어떤 예술품 수집가는 소동파
의 친필 소기와 편지라면 어느 것이든 수집해, 그것들을 다시 돌에 새기
고 탁본을 떠서 서예작품으로 팔았다. 그가 어떤 우연한 기회에 시를 한
수 쓰면, 그 시는 금방 국내 문인들 사이에 돌려 읽혀졌고, 심지어 그 시
를 외기까지 하였다.

한때 훌륭한 학자들을 수도에서 모두 추방하기도 했던, 정부의 여러
불합리한 정책들에 대항하는 솔직 담백한 시를 쓴 탓으로 소동파는 당시
지배자들의 노여움을 사게 되어 목숨까지 잃을 뻔했다. 나중에 그가 이
일들에 대해 후회했었을까? 유배되어 있는 동안, 별로 친하지 않은 사람
들에게는 후회한다고 말했지만, 그의 절친한 친구들에게는 결코 후회하
지 않노라고 했다. 그는 마치 입에 퍼넣은 음식물에 섞여 들어간 파리는
뱉어내야만 직성이 풀리듯이, 그는 저항시를 또 썼으리라.

그의 이런 저항정신의 토로로 말미암아, 소동파는 서글프게도 당시의
양식 있는 여러 학자들의 우두머리와 같은 존재가 되어 있는 자신을 발
견하게 되었다. 그 후 정치적으론 거물이나 속은 형편없이 좁은 정객들
과 아무 소용도 없는 투쟁을 계속하다가, 해남(海南)이라는 미개한 섬으
로 두 번째 유배를 당하였다. 그가 귀양지에 있을 동안 다소 운명론적으
로 기운 적도 있으나 대체로 평온한 마음으로 지냈다.

이상에서 살펴볼 때 그의 일생이 다른 문인들의 문학적 만필(漫筆)의
주요 화젯거리가 되거나, 특히 그가 죽은 후에도 사람들이 깊은 존경심
으로 그를 숭배해 마지않았던 것은 하나도 이상할 것이 없다. 서양 작가
를 예로 들어 말하자면, 이백은 셸리(Shelley)나 바이런(Byron)에 견줄
수 있겠다. 그는 문학에서는 혜성과 같은 존재로서, 그 자신을 일순간에

찬란하게 태웠다. 두보는 밀턴(Milton)과 비슷한 인물로, 진실된 사상가이자 훌륭한 노인으로서, 적절하고도 해박한 옛스러운 비유들을 많이 사용하여 시를 썼다. 이에 비해, 소동파는 언제까지나 젊은 작가였다. 그는 영국의 새커리(Thackeray, William M.)처럼 강한 개성의 소유자였으며, 정치가나 시인으로서의 명성에서는 빅토르 위고(Victor Hugo)만큼이나 저명했고, 존슨(Johnson, Samuel) 박사처럼 사람을 감동시키는 그 무엇이 있었다. 확실한 이유는 모르겠으나 존슨 씨가 겪은 류머티스의 고통은 오늘날까지 우리들을 감동시키는 바가 있으나, 밀턴이 앞을 못 보는 고통을 겪은 것은 웬일인지 존슨 씨만큼 우리들에게 감동을 주지 못한다. 만약에 존슨 씨가 게인즈버러(Gainsborough)의 특색을 겸유하고, 포프(Pope, Alexander)처럼 시로써 현 정치를 비평했다면, 또 스위프트(Swift, Jonathan)의 작품에서 풍기는 신맛은 그만두고라도 스위프트처럼 어려움을 잘 참고 견디었다면, 우리는 존슨을 영국 작가 가운데에서 소동파에 비견할 만한 인물로 꼽을 수 있을 것이다. 소동파의 인도정신(人道精神)은 수많은 고난을 겪었으면서도 비뚤어지지 않고 오히려 원숙한 경지에 다다랐다. 곧 그가 이처럼 수많은 고통을 겪는 가운데 진정한 인도정신을 이룩하였기 때문에 오늘날에도 사람들이 그를 사랑하는 것이다.

중국 속담에, 어느 한 사람의 일생에 대한 평가는 그 사람이 죽은 후, 그의 관에 못이 박힐 때에야 내려진다는 말이 있다. 사람의 일생은 마치 한 편의 연극과 같아서 공연이 끝나 커튼이 내려진 후에야, 우리는 비로소 그 연극에 대해 평가를 내릴 수 있는 것이다. 다만 차이점이 있다면, 인생의 드라마에서는 아무리 똑똑하고 약삭빠른 배우일지라도 바로 다음에 어떤 것을 연기하게 될지 모른다는 것이다. 그러나 실제 인물의 인생에서는 오로지 뛰어난 연극만이 보여주는 그런 필연성에 따라 전개되게 마련이다.

그러므로 과거의 한 인물에 대한 전기를 쓰는 것이 현세 인물의 전기를 쓰는 것보다 훨씬 이득을 보게 되는 것이다. 즉 외부적 사건 요인이나 내재적 성격 요인으로 해서 발생되는 사건들의 필연적 전개과정들을 지켜보는 가운데, 과거에 이미 끝이 난 한 장면 한 장면들을 되살펴 볼 수 있다. 나는 소동파 일생동안 일어났던 사건들을 하나하나 철저히 연구하는 가운데 그가 당시 왜 그렇게 하지 않으면 안 되었던가를 이해할 수 있었고, 한편 소동파가 내심 정계를 떠나 은퇴하고자 하는 갈망이 얼마나 절실하였는지를 이해할 수 있었다. 이는 마치 중국의 점성가가 한 사람의 일생에 대해 예언해 놓은 것을 읽는 것처럼 명확하면서도 그 예언의 범위를 벗어나지 않는다. 대개 중국의 점성가들은 한 사람의 일생을 놓고, 해마다 일어나는 사건의 순서를 미리 구성할 줄 안다. 또 보통 경우보다 많은 복채를 타내기 위해 그들은 예언한 모든 것을 기꺼이 글로 써준다. 그런데 전기작가의 후견지명(後見之明)은 점성가의 예언보다 훨씬 정확하게 마련이다. 오늘날 우리는 그 명확한 본보기로서 기복이 심했던 소동파의 일생을 새로운 시각에서 파악할 수 있다. 그런데 이런 작업을 하는 가운데에도 필연성이 마찬가지로 존재하였음을 짐작할 수 있게 된다. 그 사람의 별자리 탓이든 아니든 간에 그가 인생의 갖가지 국면들을 모두 겪지 않을 수 없었음은 자명하다.

소동파는 1036년(宋 仁宗, 景祐 3)에 태어나서 1101년(徽宗, 建中精國 元年)에 숨졌다. 이는 곧 금(金)에 의해 북중국이 정복되기 25년 전인, 북송(北宋)의 마지막 왕 때이다. 그는 북송의 황제 가운데 가장 훌륭한 황제[仁宗]가 집정했던 시대에 성장했고, 품성은 좋으나 지나치게 야심적인 황제[神宗] 밑에서 관리생활을 했으며, 18세의 나이로 집권한 어리석은 황제[哲宗]가 집정한 시기에는 고난을 겪었다.

그러므로 우리는 소동파 일생을 연구하는 가운데, 북송의 여러 정치적 생활들을 동시에 살펴볼 수 있다. 즉 당쟁으로 말미암은 국가적 손실 초래와, 그로 인한 국력 쇠퇴, 소인배들의 정권 농락 등을 아울러 살펴볼 수 있다. 《수호전》을 읽어본 독자라면 이런 폭정에 대해 익히 잘 알 것이다. 이 소설에 등장하는 착하고 선량한 백성들은 세금 징수자를 피하기 위해, 혹은 탐관오리들이 말하는 이른바 공의(公義)를 피하기 위해 하나씩 하나씩 숲으로 들어가 일반 백성들의 사랑을 받는 영웅들이 되었다.

소동파의 청년기 때 조정에는 한무리의 탁월한 문인 학자들이 있었으나, 북송 말기에는 그 가운데 한 명도 남아 있지 못했다. 유명한 국가자본주의자 왕안석(王安石)이 학자와 어사들을 숙청하고, 자신의 수하인 부하들을 임용했던 제1차 숙청기간 동안에, 자신의 신념을 지키기 위해 고난도 무릅쓴 뛰어난 학자들과 성실한 사람들이 최소 20여 명 숙청되었다. 어리석고 나이 어린 황제 집정시에 집행된 제2차 숙청 때는 대부분의 양심적인 사람들이 죽거나, 귀양지로 쫓겨나 그곳에서 죽어갔다.

국력은 개인적 신념에 불타는 한 광신자가 제정한 신법(新法)에 의해 차츰 쇠퇴했다. 이 신법은 개인자본에 의한 착취를 방지하고, 선량한 백성의 이익을 보호한다는 명분 아래 시작되었다. 국가의 운명이 자기 주장만을 고집하는 한 이상주의자에 의해 잘못 경영되는 것만큼 위험천만한 일은 없다.

시인이며 인도주의적 철학자이기도 한 소동파는 그의 상식에 비추어 볼 때 이 신정의 부당함을 간파하고 경제학자인 왕안석의 논리에 대항하였다. 그가 남긴 교훈과, 또 이 일로 치른 대가에도 불구하고 오늘날까지도 우리는 아직도 이 교훈을 제대로 깨우치지 못하고 있다.

왕안석은 사회개혁 추진에 지나치게 열중한 나머지 모든 반대의견을 일제히 물리치는 것은 물론이고, 목적 달성을 위해서는 어떤 수단도 정당화시켰다. 흔히 말하는 신성한 목표라고 하는 것들은 대개 위험한 것들이기 쉽다. 즉, 목표가 신성시될 때, 대개의 경우 그 목표를 달성하기 위해 사용되는 수단들은 자연히 차츰 비열해지게 마련이다. 유머 감각까지 갖춘 소동파의 예민한 통찰력은 이러한 추세들을 간과하지 않았다. 소동파의 신념과 왕안석의 신념은 그 성격상 서로 대립되는 것이었으므로, 그들의 신념이 상충되자, 결국 소동파의 전 인생노정이 결정지어졌고, 나아가 북송의 운명까지도 결정지어졌다.

그러나 소동파와 왕안석 두 사람 모두, 생전에 그들의 투쟁 결과를 보지 못했다. 또 북방 야만족에게 북송이 정복당하는 것도 보지 못했다. 그러나 생전에 소동파는 광범위하게 전국적으로 공포 적용된 사회개혁 조치가 낳은 무서운 결과들을 충분히 지켜본 바 있었다. 왕안석이 그처럼 사랑한다는 농민들은 기근이나 수재 따위가 든 흉년도 아닌 풍년에, 부득이 고향을 떠나야만 했다. 설사 농민들이 과감하게 고향으로 되돌아온다 하더라도, 그 이상적 사회주의를 지향하는 정부의 관리들에 의해 종전에 농민들에게 강제로 떠맡겼던 부채와 이자를 안 갚았다는 이유로 당장에 감옥에 갇힐 터였다. 소동파는 이런 일들을 모두 생전에 직접 목격했다. 그러나 혼자 힘으로는 농민들을 도울 길이 없었으므로, 그 소리가 하늘에 닿을 정도로 크게 정부 비판의 소리를 외쳐댔던 것이다.

한편, 사회주의자 정권의 나쁜 면들을 명약관화하게 알면서도 그런 점들을 일체 언급하지 않고 좋은 점들만 과장보고하는 것이 상책이라고 생각한 부정직한 보고자들이 있었다. 예나 지금이나 허위보고가 허황되게 커지고 또 거듭되면 될수록 그 거짓은 진짜처럼 남을 잘 속여넘길 수가 있는 법이다. 한편 환관들은 그들이 살아날 궁리만 했다. 무책임한 사람들은 마치 그들 자신만은 장차 이런 상황이 빚을 무서운 결과들로부터 피해갈 수 있다고 여겼는지, 이런 식으로 국가의 운명을 놓고 농간질을 하였다.

이런 상황 속에서 소동파는 그가 마땅히 지켜야 할 최소한의 양심을 꿋꿋하게 지켜나갔다. 또한 자신의 양심을 지키느라 치러야 할 대가도 기꺼이 치렀다. 비록 황제가 사회개혁을 처음 실시할 당시 순수한 취지에서 이 개혁안에 착수했다 하더라도, 이는 전 집정기간 동안에 그가 저지른 잘못과 어리석음을 변명할 충분한 구실이 되지 못한다. 왜냐하면 근본적으로 소동파의 주장이 옳았고, 황제의 견해는 틀렸기 때문이다. 이른바 사회개혁이란 신성한 구호 아래 실시된 가혹한 정책들이 백성들을 강압했다. 또 어지러운 정치투쟁을 야기시켜 극단적인 당파성은 애국심을 훨씬 능가하고도 남았다. 그리하여 전 국가의 도덕적 경제적 주축이 되는 것들이 점차 소실되거나 약화되어 일찍이 소동파가 염려했던 바대로 온 나라가 시베리아 북방 정복자들에게 희생될 결과를 자초하고 있었다. 소인배들은 '구역분계'(區域分界)란 명분 아래 사나운 북방 오랑캐들의 꼭두각시 노릇을 자청했다. 그 결과 제국 왕조는 소멸되고 송나라는 양자강 이남으로 피난할 수밖에 없게 되었다. 송 왕실이 불타 쓰러진 후, 그제서야 역사가들은 까맣게 탄 잿더미 위를 거닐거나 들을 하염없이 내려다보며, 한때 자랑스러웠던 역사를 다시금 반추하며 멸망의 원인을 살피기 시작했다. 그러나 때는 이미 너무 늦어 있었다.

소동파가 죽은 지 1년 뒤, 이때는 몽고 일대를 종횡무진하던 이민족 우두머리에게 북송을 아직 넘겨주기 전으로, 소인배들이 집정하고 있었는데, 이 시기 동안에 역사적으로 매우 중요한 사건이 발생했다. 바로 그 유명한 원우당(元祐黨) 기념비가 설립된 사건이었다. 이는 전 정치투쟁 시기를 상징하는 동시에 총괄해 주는 사건이었다. 원우(元祐)는 소동파 당인(黨人)들이 집권했던 시기(1086~1093)의 연호(年號)로서, 이 당적비(黨籍碑)란 원우 연간의 소동파를 우두머리로 한 309명에 대한 일종의 블랙리스트였다. 황제의 명령으로 이 명단에 들어 있는 사람이나 그들의 자손들은 영원히 벼슬할 수 없도록 하는 조치가 취해졌었다. 귀족의 후예들이 원우당인의 후손들과 결혼하는 것도 금지되었고, 만약 약혼을 이미 한 경우에는 황제의 명령으로 파기되었다.[1] 이 블랙리스트를 열거해 놓은 이런 비(碑)가 전국 여러 곳에 세워졌는데, 몇몇은 아직도 중국의 산지 곳곳에 남아 있다. 이는 모든 반대세력들을 뿌리째 뽑아버려 이들 원우당인들에게 영원한 오명(汚名)을 씌우고자 하는 의도에서 창안된 것이었다. 그러나 사회개혁자들에 의해 결국 북송이 북방 정복자들에게 넘어가게 되자 이 기념비는 당초 그것을 창안해 낸 사람의 의도와는 전혀 다른 결과를 빚었다. 거의 100여 년 동안 이 블랙리스트에 열거된 인물의 자손들은, 이 기념비에 그들 조상의 이름이 들어 있는 것을 오히려 자랑으로 여기게 되었다.[2] 이것이 바로 원우당적비가 역사상 그처럼 유명하게 된 까닭이다. 사실 블랙리스트에 낀 인물 가운데에는 몇몇 존경받지 못할 인물들도 섞여 있다. 그 까닭인즉 당적비를 만든 사람은 반대세

력을 모조리 근절하려고, 자신들이 개인적으로 원한이 있는 사람들까지
모두 이 명단에 올렸기 때문이었다. 그러므로 자연히 그 가운데에는 양
심적이고 선량한 사람이 있는 반면 악한 자들도 있었다.

1106년(崇寧 5) 1월 마치 하늘의 뜻인 양, 하늘에 혜성이 나타나 문덕
전(文德殿) 동쪽 벽에 세워 놓은 당적비를 혜성의 섬광으로 두 쪽으로 갈
라놓았다.[3] 하늘이 노하신 흔적임이 분명했다. 이에 휘종(徽宗)은 대경
실색하였다. 그러나 재상들의 반대가 두려워, 단문(端門)에 세워 놓았던
비를 밤에 비밀리에 부숴버렸다. 후에 당적비가 부숴진 것을 안 한 재상
[蔡京]은 매우 분통해 하며 "이 비는 비록 부숴졌지만, 여기 새겨 놓은 사
람들의 이름은 영원히 기억될 것이다"[4]고 외쳤는데, 오늘날 이 말은 그
대로 적중했다. 혜성의 섬광으로 비가 부숴진 뒤 소동파 사후의 명성은
점점 더 높아만 갔다. 사후 10년 사이에 소동파의 필적이나 문장을 새긴
모든 비석들은 부숴버리라는 명령이 내려졌고, 그의 책들도 열람이 금지
되었으며, 그의 생전의 작위들도 모두 박탈되었다.[5] 그러나 당시 한 작
가의 잡기 가운데는 다음과 같은 기록이 있다.

> 동파가 귀양가 있는 동안 지었던 시들은 두루 널리 유행했다. 조정에
> 서는 소동파의 작품을 가지고 있는 자에게 벌금을 부과했는데, 그 벌금
> 이 80만 전에 달하였다 한다. 금지가 심해질수록 소동파의 시는 더욱더
> 널리 퍼져만 갔다. 학자들이 친구들과 어울리는 자리에서 동파의 시구
> 를 암송하지 못하면 문학에 대한 교양이 부족한 것으로 간주되어 수치
> 스럽게 여겼다.[6]

혜성의 섬광으로 비가 부숴진 사건이 일어난 지 5년 뒤, 한 도사가 황
제에게 아뢰기를, 자신은 천궁(天宮)에서 문상(文相)으로 봉직하고 있는
소동파의 망령을 직접 보았노라고 하였다. 황제는 더욱 놀라고 두려운
나머지 황급히 생전에 소동파가 갖고 있던 작위 가운데 최고 직위를 회
복시켜 주었고, 후에 다시 동파가 생전에 지냈던 것보다 더 높은 작위를

수여했다.[7] 1117년(政和 7), 휘종이 아직 집정하고 있을 때, 황가(皇家)에서 소동파의 친필 원고들을 한 원고당 5만 전씩 지불하고 수집해 들였다. 환관 양사성(梁師成)은 당시 기준으로 볼 때 상당히 고가인 30만 전(약 300달러)을 지불하고 소중하게 숨겨 보관되어 온 영주(英州) 석교(石橋)에 쓴 비문을 사들였다. 또 어떤 이는 소동파가 어느 문인의 서재에 써준 세 글자로 된 액자를 5만 전이나 지불하고 구입했다. 매매는 활발히 진행되어 귀중한 그의 원고들은 곧 황실이나 부유한 수장가의 집에 보관되었다.[8] 금인(金人)들이 수도를 장악했을 때 그들은 전리품의 한 종목으로, 특별히 소동파와 사마광(司馬光)의 서예 작품을 요구했다. 소동파의 명성은 그의 살아 생전에 이미 중국 변방 너머 북방족들에게까지 널리 알려진 바였다. 소동파의 그림과 원고 가운데 가장 훌륭한 몇 작품은, 인질로 끌려갔다가 나중에 그곳에서 죽은 두 황제와 함께(당시 휘종은 황제 직위를 아들에게 물려준 후임) 북방 적지로 실려 갔다. 그래도 수백 편의 소동파 원고가 여전히 중국에 남아 보존되어 있었으므로 수장가들은 그것들을 남방으로 옮겨 갔다.

이제 소동파는 죽어 이 세상에 없고 당시 정치계를 휩쓸던 광풍도 멎었다. 남송조의 황제들은 항주(杭州)의 새 수도에 앉아서 소동파의 작품을 읽기 시작했는데, 특히 그의 상소문들을 유의해서 읽었다. 그들은 소동파의 글을 읽을수록 그의 용감한 충성심에 더욱 감탄해 마지않았다. 소동파의 손자 가운데 하나인 소부(蘇符)는 유명한 조부를 둔 덕분에 높은 관직을 수여받았다. 이러한 일들이 모두 소동파 사후의 명성과 지위를 그 극치에까지 이르게 하였다. 1170년(乾道 6), 효종(孝宗)은 그에게 문충공(文忠公)이란 시호를 수여했고, 아울러 태사(太師)의 직위를 내렸다. 황제가 이 천재에 대해 쓴 최고 찬사의 글이 오늘날에도 남아 있으니, 곧 성지(聖旨)[9]와 황제가 손수 쓴 소동파 전집의 서문[10]이 모든 관본에 인쇄되어 있다. 소동파에게 '태사'(太師) 직위를 수여한 성지는 다음과 같다.

칙령(勅令)

우리는 100여 명의 성인(聖人)들이 물려준 전통을 계승하고자 하며, 육경(六經)에서 지혜를 구한다. 이상적 문화의 증진을 추구하는 중에, 우리는 과거의 위대했던 한 인물을 회상하게 된다. 이제 그를 다시는 세상 사람들 가운데에서 찾아볼 수 없게 되었지만, 앞서간 이 위대한 인물의 시문들을 우리는 갖고 있다. 그에게 태사(太師)의 명예작위를 수여하고자 하며, 그를 문인의 우두머리로 추대해 마지않는다.

이미 고인이 된 소식(蘇軾)은 일찍이 예부상서(禮部尙書), 단명전학사(端明殿學士)를 역임했으며, 뒤이어 정전학사(政殿學士)를 지냈고, 사후에 문충공이란 시호를 추증받았다. 소식은 타고난 고결하고도 올곧은 정기를 일생동안 고양하였으며, 중국의 과거 전통 학술문화에 대한 조예 또한 상당한 경지에까지 이르렀다. 그의 학식은 땅과 바다처럼 광대무변했으며, 그의 간언(諫言)은 옥음(玉音)이나 종성(鐘聲) 같았다. 문학에서 나타나는 그의 수사적 기교는 맹가(孟軻)에다 비견할 수 있으며, 정치를 비평함에는 육지(陸贄)에 못지않았다. 가우(嘉祐) 연간(仁宗의 집정시기) 국가적으로 문필활동이 활발하고 상당히 발전했던 이 시기 동안에 그의 명성은 지극히 높았었다. 복잡한 개혁시기였던 희녕(熙寧 ; 神宗의 집정시기) 연간, 그는 국가의 부강을 꾀하는 항구책을 제기했었다. 그는 이처럼 보기 드문 천재성을 나타냈으나, 소인의 중상모략으로 피해를 입었다. 이러한 동파의 처지에 대해 우리는 무척 안타깝게 생각한다. 그는 영남(嶺南), 해남 등에서 귀양살이를 했으나, 그의 사람됨은 그가 조정에서 권력을 잡고 있을 때나 마찬가지로 조금도 변함이 없었다. 그는 나름대로 고금의 역사를 두루 연구했으며, 우주의 질서에 대해 깊이 이해하고 있었다. 그 어느 것도 그로부터 불굴의 고결성을 빼앗을 수 없었으며, 그 누구도 그의 명성에 해독을 입힐 수 없었다. 생전에 스스로 명성을 애써 꾀하지 않았지만 그의 사후, 후대 사람들은 그가 받아 마땅한 평가와 찬사를 보냈다. 그리하여 오늘날 원우시기 학술에 대한 이야기가 사람들 사이에 끊이지 않으며, 일반 어느 집이나 그의 문집을 갖고 있다. 나는 그의 유고(遺稿)를 세 번 이상 읽고서, 그의 높은 식견에 탄복해 마지않았다. 만약 같은 때에 태어났더라면 그를 황제의 고문으로 삼아 그의 재질을 모두 발휘하게 할 수 있었을 텐데 그러지 못

함을 유감으로 여긴다. 그러나 역대로 군자의 가르침은 처음에는 가리
어져서 사람들이 몰랐다가도 차츰 널리 알려져 받아들여지게 마련이다.
　온 세상이 그대의 명성에 경의를 표하노니, 영령이시어 구천(九泉)에
서 일어나시게. 바라기는, 그대의 재기 넘치는 영혼이 우리 제국의 호의
를 기꺼이 받아주기를 바라 마지않는 바이오. 이에 특별히 태사(太師)
의 직위를 수여하며, 다른 직위들 또한 영원토록 보유하게 하노라.[11)

이처럼 중국 역사에서 소동파가 차지하는 지위는 그의 뛰어난 시문(詩
文)으로 해서뿐만 아니라, 그가 자신의 가치관들을 용감하게 고수함으로
써 굳혀진 것이다. 매력적인 문사(文辭)와 문체가 동파 명성의 살과 껍질
을 이루고, 강한 개성과 가치관이 그 뼈대를 구축함으로써, 그의 정신의
아름다움을 잘 조화시켜 일체화하였다. 아무리 작가의 글이 찬란하고 매
력적이더라도 만약 그 작가가 고결한 정신의 소유자가 못 된다면, 진정
으로 그를 숭앙하기는 어렵다고 나는 생각한다. 소동파의 글은 단순한
미문(美文)과 달리 그의 정신의 위대함이 특출하게 돋보이고 있다. 이 점
은 소동파 전집에 실린 황제가 쓴 서문에서도 강조하고 있는 바이고, 바
로 이런 까닭에 그의 명성이 그처럼 확고부동할 수 있었던 것이다.

한편 소동파는 중요 시인이자 작가임을 또한 잊어서는 안 될 것이다.
그의 명성은 바로 여기서 비롯된 것이기도 하다. 그의 작품에는 말로 설
명하기 어려운 어떤 특성이 있는데, 번역문을 통해서는 그 본래의 뜻을
충분히 맛보기가 어렵다. 명작이 명작일 수 있음은 어느 시대를 막론하
고 누구에게나 '훌륭한 글'로 여겨질 수 있다는 데 있다. 문학상의 불후
명성은 궁극적으로, 그 글이 독자들에게 기쁨을 줄 수 있느냐 없느냐의
여부에 달려 있다. 그런데, 독자들이 어떻게 해서 문학작품으로부터 기
쁨을 맛보게 되는지 그 누가 설명할 수 있으랴. 문학이 다른 일반적인 글
과 다른 점은 심령을 울려주는 선율, 감성, 풍격(風格) 등의 매력에 있다.
고전 명작에는 마치 모든 제련과정을 거친 후 마지막으로 남겨진 값진

보석처럼, 진실성이라고 불러도 좋을 그런 특질이 담겨 있다. 즉 고전작품은 시대마다 유행한 갖가지 문학적 풍격들을 모두 거치고도 살아남아 전해져 각 시대 모든 사람들에게 감동을 준다. 소동파는 일찍이 사민사(謝民師)에게 보낸 편지에서, "문학은 진실로 금이나 옥과 같은 것이다"(文章如精金美玉)[12]고 말한 바 있다. 또 "문학작품은 변치 않는 가치를 가지고 있는 것으로, 사람이 맘대로 비싸다 싸다 할 수 있는 것이 아니다"(市有定價, 非人所能以口舌定貴賤也)고 하였다.

그러면 이처럼 그 문학작품으로 하여금 영속성을 갖게 하는 진실성이란 도대체 무엇일까? 소동파는 다른 어느 작가보다 명확하게 사작(寫作)과 문체에 대한 자신의 의견을 분명하게 말한 바 있다. 일찍이 그는 다음과 같이 말했다.

　　대체로, (훌륭한 寫作은) 구름이 흘러가듯 혹은 물 흐르듯 씌어지되, 계속 써나가야 마땅한 곳에서는 계속하고, 마땅히 멈춰야 할 곳에서는 반드시 멈춰야 한다. 자연스런 사고와 언어의 흐름으로부터, 자유분방하고도 풍부한 매력이 솟아난다. 공자께서도 말씀하시길 "문필의 아름다움이 결여된 표현은 오래 보존되지 못한다"고 하였다. 또 "사작(寫作)에서 가장 중요한 것은 바로 잘 표현하는 데에 있다"라고 덧붙였다. 그러나 만약 사작의 목적이 단순히 무엇인가를 잘 표현하는 데에만 그친다면 문학적 아름다움이 결여되기 쉽다고 생각하는 사람들이 있는데, 사실은 그렇지 않다. 왜냐하면 애매하여 포착하기 어려운 개념을 이해할 수 있는 사람은 천 명 가운데 하나, 혹은 만 명 가운데 하나가 될까 말까 하기 때문이다. 독자들 가운데 몇몇 사람들만이 그들이 처한 특수 상황 때문에 그런 개념들을 간혹 가다 깨달을 수 있을 뿐이다. 그러니 손이나 입으로 다른 사람에게 그런 개념들을 전달하기란 더더욱 어렵다. 그러므로 우리는 그런 개념을 잘 표현함으로써 우리가 뜻하는 바를 전달하려는 것이다. 일단 이런 것을 능히 표현할 수 있게 된 사람은 그의 붓을 가지고 무엇이든지 표현해 낼 수 있게 된다. 양웅(揚雄)은 단순하고 무미건조한 생각을 과장되고도 어려운 어구로 표현하기를 좋아하였다. 그렇게 하지 않으면, 누구나 그 말하고자 하는 바를 금방 알아채

기 때문이다. 이런 것은 바로 미사여구만을 추구하는 작가의 하찮은 기교이다.[13]

이와 같이 문체에 대한 정의를 내린 글 가운데서, 소동파는 자신의 사작과정을 아울러 기술해 놓고 있음을 볼 수 있다. 소동파는 글을 쓸 때는 마치 구름이 흘러가고 물이 흐르듯이[行雲流水], 계속 써야 할 때 쓰고 멈춰야 할 때 멈추고 있다. 또한 그는 사작과 수사학(修辭學)의 모든 신비들을 밝히 드러내 보여주고 있다. 글을 계속 써 내려갈 것인가, 아니면 그만 거기서 멈출 것인가에는 무슨 규칙이 따로 있는 것이 아니다. 글의 매력이나 자유분방한 아름다움은 작가의 생각 자체가 아름답고, 또 그런 아름다운 생각들을 작가가 진실하고도 성실하게 훌륭히 표현해냄으로써만 얻어지는 것이다. 곧 그러한 매력이나 자유분방한 아름다움은 작품 가운데 억지로 집어넣을 수 있는 그런 것들이 아니란 말이다. 문체의 단순함과 자연스러우면서도 자유분방함은 사색하는 가운데 저절로 생겨나는 것이 아니라, 표현에 정통했을 때에야 비로소 얻어지는 것이다. '사달'(辭達) 이것이 바로 훌륭한 문체를 이루는 비결이다. 그러한 특질을 구비하게 되면, 문체가 무미건조해지지도 않거니와 진실한 문학작품을 제대로 쓸 수 있게 된다.

요컨대, 소동파의 모든 작품들의 특색은 바로 독자들에게 쾌감을 준다는 점이다. 실상 쾌감을 가장 많이 맛보는 사람은 작가 자신으로, 작가는 글을 쓰는 가운데 쾌감을 만끽한다. 언젠가 소동파는 그의 친구에게 이렇게 말했다. "내 생애 동안 가장 행복했던 순간은 내가 글을 쓰고 있을 때이다. 글쓰는 가운데 뒤얽혔던 내 생각들을 전부 붓으로 표현해 낼 수 있었을 때 가장 행복했다. 이럴 때면 이 세상에 글쓰는 것보다 더 큰 즐거움이 없을 것이라고 혼자 생각해 본다."[14] 동파의 이런 생각은 그의 글을 읽은 당시 다른 문인들에게도 같은 효과를 끼쳤다. 구양수(歐陽修)는 소동파의 신작을 받아볼 때마다, 하루 종일 행복한 기분에 젖는다고 말한 적이 있다.[15] 신종(神宗)의 한 시종(侍從)도 말하기를 "폐하께서 식사

하시다가 멈추는 때는 바로 폐하께서 소동파의 수필 잡문을 읽으실 때
다"고 사람들에게 말한 적이 있다. 심지어 동파의 유배기간 동안에도 그
의 시가 궁정에까지 전해질 적마다, 황제는 대신들 앞에서 감탄을 연발
하며 동파의 시를 찬양하곤 했다. 황제의 이러한 찬사[16]는 대신들에겐
오히려 위협적이었다. 그리하여 신종이 생존해 있는 동안 내내, 대신들
은 동파를 계속 유배상태로 묶어 두었다.

언젠가 동파는 쾌감을 주는 힘, 바로 이것이 문학 자체가 주는 대가라
고 사람들에게 답변한 적이 있다. 동파는 말년에 한동안 붓을 던져버리
고 문필활동을 아주 그만두려고도 했다. 왜냐하면 그를 곤경에 빠뜨린
근본 원인들이 대부분 그의 시문에 있었기 때문이었다. 그의 친구이자
숭배자이기도 한 유면(劉沔)은 동파의 작품들을 모아 묶어 책으로 만든
사람인데, 그는 바로 이 점에 대해 동파에게 편지로 물어본 적이 있었다.
그때 동파는 유면에게 다음과 같이 대답했다. "나는 내가 쓴 글 때문에
늘 곤경에 빠졌습니다. 그래서 한때 나의 종래의 지적인 면모들을 내던
져 버리려고도 해봤습니다. 그러나 불행하게도 그렇게 할 수 없었습니
다. 나의 어린 아들 과(過)가 이제는 전보다 훨씬 글을 잘 씁니다. 내가
해남에서 괴로운 시절을 보내고 있는 동안, 아들 녀석은 지은 글들을 내
게 보여주곤 했습니다. 그럴 때면 아들의 글을 본 기쁨이 여러 날이고 계
속되어, 나는 전보다 훨씬 더 식사도 잘하고 잠도 잘 잘 수 있었습니다.
이런 예를 보아서도 문학 자체에 금이나 옥 등의 값비싼 보석과도 같은,
부정할 수 없는 어떤 본질적인 가치가 보유되어 있음을 잘 알 수 있습니
다."[17]

작가가 창작활동을 하는 가운데 맛보는 만족감이나, 작가의 작품이 독
자에게 주는 기쁨은 문학 자체의 존재가치를 충분히 정당화시켜 주고도
남는다.

소동파는 비범한 자질을 타고나서, 갖가지 제한점들을 타파하였다. 마
치 그에게는 어떠한 한계도 있을 수 없는 듯이 보인다. 그의 시는 언제나
새로웠다. 완전무결한 경지를 추구하는 왕안석의 시와는 풍격이 달랐다.

동파는 완전성을 획득해야 한다는 필요성조차도 느끼지 못했다. 다른 시인들이 시작(詩作)의 어법이나 상투적인 주제에서 벗어나지 못하고 있을 때, 동파는 욕실에서 맛사지하는 것에 대해서까지도 시로써 자유자재로 표현할 수 있었고, 시 가운데 속어(俗語)를 섞어 써서 아름다운 효과를 냈다. 이는 바로 다른 시인들이 감히 시도하지 못했던 동파만의 독특한 점들이었고, 이것이 바로 사람들로 하여금 당시 기교에만 치중하던 동시대의 문인들을 뒤로 젖히고 그를 숭배하지 않을 수 없게 만든 요인이었다.

　시의 특수한 형태라고 할 수 있는 사(詞)에서도 소동파는 주요한 공헌을 하였다. 이제까지는 님을 사모하는 내용을 묘사하는 데 국한되었던 사를, 똑같은 사라는 문학형식을 가지고 불교교리나 철학적인 내용을 전달하는 도구로써 전환시키는 등, 거의 불가능해 보이는 모험에 성공했다. 때로 연회 끝에 사람들이 보는 가운데 시 몇 수를 짓게 될 경우, 그는 다른 사람보다 약간 빨리, 또 좀더 훌륭하게 시를 지어냈다. 그의 사상은 다른 사람보다 청신(淸新)했고, 그가 쓰는 비유나 은유는 다른 시인의 것들에 비해 더 적절했다. 한번은 황주(黃州)에서 친구들이 그를 위해 연 송별연에서, 기녀 하나가 동파에게 다가가 그녀의 목도리에 시 한 수를 써주십사 청했다. 동파는 황주에 거주하고 있는 동안, 지금 시를 청하는 기녀 이기(李琪)의 이름을 한번도 들어보지 못했었다. 그는 그녀에게 먹을 갈게 하고, 붓을 들어 다음과 같이 평범한 서두로 시를 시작했다.

　　　동파가 황주에 있은 지 4년여 동안
　　　어찌하여 이기(李琪)에 대해 언급하지 않았을까?
　　　(東坡四年黃州住, 何事無言及李琪.)

　여기까지 쓰고나서 동파는 친구들과 계속해서 다른 이야기를 나누었다. 연회석상의 사람들은 이 시의 서두가 좀 평범하다고 생각했다. 아무튼 아직 완성된 시는 아니었다. 동파는 여전히 계속해서 먹고 떠들고 웃었다. 이기가 다시 동파에게 다가가 그 시를 완성시켜 주십사 부탁하자 "아차! 잊었군" 하며, 다시 붓을 들어 4행시의 나머지 반을 단숨에 다음과 같이 써내려갔다.[18]

> 두보(杜甫)가 서천(西川)을 사랑했으면서도
> 시로 읊지 않았던 것처럼,
> 해당화 눈부시게 아름다운데
> 다만 시로써 읊어 표현하지 않았을 따름이다.
> (却似西川杜工部, 海棠雖好不吟詩.)

이 시는 음운이 완전히 들어맞음은 물론이거니와, 이 시가 주는 효과 또한 작은 보석과 같이 아름답다. 시인은 이를 별로 힘들이지 않은 듯한 고아한 문체로 표현함으로써 아주 미묘하게 아가씨에게 찬사를 보내고 있다. 이 시로 인해 이기는 문학작품 속에서 영원히 살아남게 되었다. 한 수의 시를 짓는 데에는 작법 기교상 많은 구속이 따른다. 전고(典故)를 인용하는 데에도 고도의 기술이 요구된다. 이 시는 친구가 사용했던 같은 운각(韻脚)을 써서 그의 시에 화창(和唱)한 것인데, 화창시의 작법 또한 그리 간단하지 않다. 그런데 동파의 시가 친구의 시보다 시운(詩韻)에 더 자연스러운 조화를 이루고 있음을 알 수 있다. 또 자세히 살펴보면 동파가 인용한 전고가 좀더 함축적임을 발견하게 된다. 산문에서도 동파는 아주 장중하고 질박한 고문체(古文體)로부터 당시 유행하고 있던 매력적인 한담(閒談)풍의 문장에 이르기까지 광범위하게 두루 그의 역량을 발휘하고 있다. 이 둘 가운데서 어느 것이 동파의 기본 문체라고 단언하기는 어렵다. 사실상 바로 이런 점이 그가 대문호로 인정받는 주요 요인이기도 하다. 그러므로 소동파는 중국의 주요 시인 겸 산문가로 일컬어진다. 동시에 그는 일류화가이자 서예가였으며, 저명한 청담객(淸談客)이자 대여행가이기도 했다. 그는 불교철학에 상당한 이해를 갖고 있었으므로 불승들과 교제하고 지냈다. 그는 불교사상을 유교주의적인 운문에다 주입시킨 최초의 시인이었다. 그는 달 표면의 검은 그림자는 바로 달 속의 산 그림자라는 멋진 추론을 펴기도 했다.[19] 또 중국화의 새로운 화풍인 '문인화파'(文人畵派)를 개척하여 중국예술에 또 하나의 풍격을 더하여 주었다. 한편 그는 호수와 운하를 건설했고, 홍수에 대항하여 댐을 세우기도 했다. 또한 그는 자기 자신이 쓸 약초를 손수 채취했고, 의학계에서도 인정받는 권위자였다. 한때 그는 취미삼아 연단(煉丹)에도 몰두했었다. 죽기 직전까지 그는 불로장생하게 해주는 단약(丹藥)을 찾는 데 상당한 흥미를 가지고 여러 차례 시험해 보았다. 또 그는 여러 신들에게 기우(祈雨) 등의 일로 탄원하기도 했고, 또 악마와 싸우기도 했는데, 어떤 때는 악마와 싸워 이기기도 했다. 그는 우주의 오묘한 비밀을 캐내고자 애쓰다가 채 반도 이루지 못하고 결국 실패하고 말았지만, 임종할 때는 웃으며 돌아갔다.

오늘날 '민주'(民主)란 단어가 너무 남용되는 감이 없지 않으나, 우리는 그를 위대한 민주투사였다고 말할 수 있겠다. 그는 천태만상의 사람들과 사귀었다. 그의 친구 가운데는 황제, 시인, 재상, 은사(隱士), 한의사, 술집주인, 일자무식의 농촌아낙네까지 있었다. 그의 가장 절친한 친구들은 시를 잘 짓는 불승(佛僧)과, 무명의 도사들로서 그들 대부분이 동파보다도 더 가난했다. 그는 관작의 명예를 싫어하지는 않았지만, 일반 백성들이 그가 관리인 줄 알아보지 못하고 지나칠 때 가장 기분이 좋았다. 그는 항주(杭州)와 광주(廣州)에 식수 공급시설을 설비했고, 고아원과 학교를 건립했으며, 감옥 안에 의원을 설치했고, 유아를 살해하는 악습에 맞서 싸웠다. 신정(新政)의 사회개혁 물결의 영향이 범람하는 동안, 그는 혼자 힘으로 신법제도(新法制度)란 거대한 장벽에 대항하면서, 백성들의 기근 구제를 위해 열심히 뛰어다녔다. 어쩌면 그는 당시 만연된 기근에 시달리는 백성과 유랑하는 피난민에 관심을 쏟은 유일한 인물이었으리라. 그는 늘상 백성을 대신하여 정부에 대항하였고, 가난한 백성들의 채무를 면제해 주기 위해 그 일이 성취되는 날까지 싸웠다. 그는 오로지 본래 그대로 자기 자신답게 살기를 원했다. 오늘날 우리가 현대적인 시각으로 되돌아보건대, 그는 참으로 진보적인 인물이었다고 말할 수 있을 것 같다.

제 2 장

미 산(眉山)

　여러분이 만약 한구(漢口)를 지나 양자강 연안을 따라 올라가, 가장 서쪽에 있는 사천(四川) 지방의 그 유명한 협곡을 지나, 강을 따라 중경(重慶)을 거쳐 강의 발원지까지 거슬러 올라가게 된다면, 360피트 높이의 거대한 불상이 산비탈에 조각되어 있는 것을 볼 수 있을 것이다. 이곳이 바로 사천성 서쪽 경계지역으로서, 중국의 최고봉인 아미산(峨嵋山) 아래의 낙산(樂山)이 있는 곳이다. 이곳을 동파 당시에는 가주(嘉州)라 불렀다. 바로 이 지점으로부터 민강(岷江)이 양자강으로 흘러들어간다. 민강은 서쪽 오랑캐족이 거주하는 북서부 산악지대로부터 흘러나와서, 크고 깊은 급류로 계속 치달아 흘러, 아미산으로부터 흘러나오는 다른 물줄기와 합쳐진다. 합쳐진 강물은 곧장 낙산의 대불상을 향해 치달아 흐르다가, 서서히 남서쪽으로 구부러진다. 그런 다음 다시 동쪽으로 굽어져 곧장 황해로 흘러들어간다. 언제나 구름에 덮여 있는 아미산 봉우리의 그림자가 드리워져 있는 낙산으로부터, 북쪽으로 약 40마일 떨어진 곳에 미주(眉州)에 예속된 미산진(眉山鎭)이 있다.

　이곳이 바로 중국에서 가장 유명한 문필가족의 고향이다. 이 문필가족 덕분에 이 지방은 중국 문학사상 유명한 곳이 되었다. 이 문필가족은 삼소(三蘇)라고도 불리는 소(蘇)씨 일가이다. 걸출하게 뛰어난 소식(蘇軾 ; 東坡)과 소철(蘇轍 ; 子由)을 낳은 아버지는 소순(蘇洵)이었다. 아버지를 비롯하여 두 아들 모두가 당송팔대가(唐宋八代家)에 속한다.

예나 지금이나 여행객들은 낙산(樂山)에서 범선을 타고 파리강(玻璃 江)을 거슬러 올라가 미산(眉山)에 다다를 수 있다. 이 강은 겨울이 되면 깊고 투명하며 푸른색을 띠므로 이런 이름이 붙었다. 그런데 여름이면 산으로부터 급류가 흘러들어 물이 진흙빛으로 변한다. 이 파리강은 민강의 지류이며, 미산은 당시 수도인 성도(成都)와 낙산 사이의 중간지점에 위치하고 있어서, 수도인 성도로 가고자 하는 여행객들은 반드시 이곳을 거쳐가야만 했다. 범선을 타고 거슬러 올라가노라면 마이산(蟆頤 山)이 강물 한가운데에 일직선으로 솟아 있는 것이 보이는데, 낮고 둥그스름한 산이다. 이 산은 강소(江蘇) 지역 어디서나 흔히 볼 수 있는 작은 산들과 비슷한데, 이곳이 바로 삼소(三蘇)의 고향인 미산이다. 기원전 3세기 말에 살았던 천재적인 토목기사 이빙(李冰) 덕분에, 이곳에는 거의 완전무결한 수리 관개시설이 설치되어, 1천여 년 동안 줄곧 작동 유지되어 왔다. 이 수리 관개시설 덕분에 사천 서부지역은 홍수의 피해를 입지 않는, 사철 비옥한 평원이 되었다. 이 작은 산은 광대한 논과 과수원, 채소밭이 분포한 평원 한가운데 솟아 있는데, 간혹 이곳 저곳에 대나무밭들과 기괴하게 왜소한 종려나무들이 곳곳에 널려 있다. 남쪽으로부터 이 성시(城市)로 들어서서, 돌로 만든 깨끗한 보도를 따라 올라가게 되면, 도시의 중심부에 이르는데, 그리 큰 도시는 아니지만 휴양지로 안성맞춤인 안락한 곳이다. 12세기의 어느 한 시인도[1] 이 성시의 거리는 언제나 깨끗하고 5,6월엔 연꽃으로 유명하다고 말한 적이 있다. 연꽃 재배는 일종의 산업으로까지 번창하여, 이웃 도시의 상인들이 이곳에 와서 연꽃을 구매했다. 길을 따라가자면, 길가에 연꽃으로 뒤덮인 연못을 많이 지나치게 되며, 온 천지가 온통 연꽃 향기로 진동한다.[2] 사곡행(紗 穀行)에 이르면 중산층의 한 가정집이 나타난다. 그 문을 들어서면, 행인이 집안을 들여다보지 못하도록 막아 세운 녹색 가리개가 있다. 가리개 뒤로 중간 크기의 안뜰이 딸린 집이 나타난다. 집 근처에는 키 큰 배나무가 서 있고, 그 옆에 연못과 채소밭이 있다. 자그마한 집뜰에 갖가지 다양한 꽃과 과일나무가 있고, 건너편 벽 너머에는 대나무가 빽빽히 들어선 숲이 있다.[3]

1036년 12월 19일, 한 사내아이가 강보에 싸여 발버둥질치며 울고 있다. 첫아들이 어려서 죽었기에 이 아이가 이 집안의 맏아들인 셈이었다. 여기서 이 아이는 여느 아이나 다름없고 별달리 특기할 것이 없으므로, 우리는 그의 집안을 좀더 둘러보는 것이 좋겠다.

중국인의 전기가 외국사람들에게 혼란을 일으키는 것을 막기 위해, 우선 생일에 대해 이야기해 두고 넘어가야겠다. 사람들은 될 수 있는 대로 빨리 어른 대접받는 나이에 이르고 싶어하는 바람에 형성된 일반적인 양상으로 보이는데, 관습에 따르면, 중국아이는 태어나는 순간 한 살로 쳐진다. 모든 사람이 한 살씩 더 먹는 새해가 되면, 이 아이는 두 살이 된다. 중국식 계산법은 서양식과 달리 자기 생일이 돌아오기도 전에 두 살을 더 먹게 된다. 보통 생일이 지난 후에 한 살을 더 쳐서 셈하는 것이다. 이 책에서 언급하는 연령은 모두 서양식 계산법에 따랐으되, 실제의 생일은 고려하지 않았다. 하지만 소동파의 경우에는 좀 정확히 할 필요가 있다. 12월 19일에 출생하자마자 소동파는 바로 한 살이 되었고, 해가 바뀌자 두 살이 되었다. 그러나 실상 태어난 지 2주도 채 안 된 것이다. 동파는 연말에 태어났으므로, 그의 실제 나이는 중국식 계산법에 따라 계산한 나이보다 늘 두 살이 적은 셈이다.

생일에 관해 또 한 가지 말해 둘 것은, 그가 전갈좌 별자리에 속한다는 점이다. 시인 자신의 말에 따르면, 그가 일생동안 수많은 고통에 시달리고, 좋든 나쁘든 엉뚱한 소문의 주인공이 되어 괴로움을 당한 것은 그의 성좌가 전갈좌에 속하기 때문이라고 했다. 같은 전갈좌에 속했던 한유(韓愈) 역시 직간(直諫)을 하다가 유배당하는 그와 비슷한 운명을 겪었었다.[4]

이 집안의 어떤 방에는 중앙 장식판 위에 〈장선도〉(張仙圖) 한 폭이 걸려 있다. 아이의 부친은 당시 27세였는데, 그의 일생에서 최대의 정신적 위기를 겪고 있던 중이었다. 마침 시장에서 이 그림을 보고 그는 당장에 옥팔찌를 내주고 사가지고 왔다. 그는 지난 7년 동안 아침마다 이 신선에 게 기도를 올렸다.[5] 그의 부인은 몇 년 전에 계집아이를 낳고, 후에 다시 사내아이를 낳았는데, 모두 다 어려서 죽었다. 그는 줄곧 아들을 소원해 왔는데, 이제 그의 소원이 이루어진 것이었다. 그러니 그가 행복해 해야 마땅하겠건만, 당시 그는 지독한 수치심과 고뇌로 고통을 겪고 있었다.

이 집안은 토지를 소유한 꽤 유복한 집안으로, 아마도 중상류층에 속 한 듯하다. 최소한 두 명의 종을 두고 있었으며,[6] 또 소동파와 그의 누이 를 돌봐주는 유모도 둘 수 있었던 비교적 넉넉한 형편이었다. 두 유모는 중국의 풍속에 따라 그들이 키운 아이가 성년이 될 때까지 돌보며 그 아 이와 함께 지낸다.[7]

소동파가 태어났을 무렵에는 조부가 아직 생존해 있었는데, 당시 나이 가 예순셋이었다. 조부는 젊었을 때 키가 크고 잘생겼던 정력가로서, 술 잘 마시고 호방하며 너그러운 분이었다. 나중에 동파가 그 실력을 인정 받는 최고의 학자로서 지제고(知制誥)의 벼슬을 지내게 됐을 때, 그들은 거처를 궁궐 근처로 옮겼었다. 어느 날 몇몇 친한 친구들과 추종자들이 동파의 집을 방문했는데, 마침 그날이 할아버지 생신이었다. 동파는 다 소 기이한 노인에 얽힌 재미있는 사건 하나를 그들에게 이야기해 주었 다. 이 노인은 교육이라곤 받아본 적이 없는 일자무식이었지만, 성격에 서 좀 기발한 데가 있었다. 조부가 어렸을 적에 소씨 집안은 시골에서 살 며 넓은 토지를 소유하고 있었다. 다른 사람들은 추수를 하면 쌀을 저장 해 두는 것이 상례였는데, 동파의 조부는 그렇게 하지 않고 쌀을 껍질이 벗겨지지 않은 상태인 벼로 바꾸어서 6천~8천 가마 가량을 창고에 저장 해 두었다. 사람들은 조부가 왜 이렇게 하는지 이해하지 못했었다. 그러 다 기근이 닥치자, 조부는 창고문을 활짝 열고 벼를 꺼내어 우선 그의 직 계가족과 친척에게 나누어 주고, 그 다음엔 부인의 친척들에게, 그 다음 엔 소작인들에게, 그 다음엔 마을의 빈한한 사람에게 고루 나누어 주었다. 그제서야 사람들은 조부가 왜 벼를 비축해 두었는지 이해하였다. 이유인즉, 껍질을 까지 않은 벼는 몇 년이고 보관해도 변하지 않는 데 반해, 껍질을 간 쌀은 습기 많은 날씨에는 잘 썩기 때문이었다. 별다른 걱정거리 없고 또 의식주가 풍족했으므로, 조부는 이따금 손에 술병을 들고 친구들과 함께 실컷 돌아다니다가, 풀밭에 털썩 주저앉아 즐거운 한때를 보내곤 했다. 그들의 웃고 마시고 노래하는 모습은 언제나 조용하고 행실이 단정하기에 농민들에게는 하나의 경이로운 장면이었다.

한번은 흥겨운 잔치를 벌이고 있던 가운데 중요한 전갈이 조부에게 전해졌다. 소동파에게는 삼촌격인 조부의 둘째아들[蘇渙]이 과거에 급제했다는 소식이었다. 그 자리에 함께 있던 이웃집 아들도 바로 같은 진사시험에서 급제하였다. 이 집안은 바로 소동파의 외가인 정(程)씨 집안이었다. 더욱이 두 집안은 사돈관계였으므로 경사가 둘이 겹친 셈이었다. 정씨 집안은 지주계급에 속하는 아주 부유한 집안이어서 진작부터 이를 경축할 차비를 해왔다. 한편 동파의 조부는 준비 따위는 전혀 하지 않았다. 소씨 아들은 아버지의 풍격을 잘 아는 터라, 그 스스로 급제 고시문(告示文)뿐 아니라 관모(官帽), 관포와 홀(笏), 그리고 안락의자, 아름다운 찻주전자 등을 보내왔다. 조부가 술에 취한 채, 손에는 큰 고깃덩어리를 쥐고 있을 때 이 소식이 전해진 것이었다. 마침 보따리 밖으로 삐죽이 삐져나온 관모의 붉은 단추를 보고서야 조부는 그 관복이 무엇을 의미하는지 비로소 깨달았다. 그러나 술이 아직 깨지 않은 상태였으므로 조부는 관문(官文)을 꺼내 들어 친구들에게 큰 소리로 읽어주고, 손에 쥐고 있던 고깃덩어리와 고시문·관모·관포를 한꺼번에 보따리에 쑤셔 넣었다. 잠시 후 시골아이를 불러와 짐을 나르게 하고, 자신은 나귀를 타고 마을로 들어갔다. 이때가 그의 생애에서 가장 행복한 순간이었다. 그 소식을 전해들은 길가의 사람들은 술에 취한 노인이 나귀 등에 올라앉아 가고, 뒤이어 괴상한 짐꾸러미가 따라가는 광경을 쳐다보며 웃었다. 정씨 집안에서는 이는 체통이 깎이는 행동거지라고 펄쩍 뛰었지만, 손자인 소동파는 뛰어난 학자라면 조부의 이런 천진함을 이해하며 즐길 줄 알아야 하리라고 친구들에게 말했다.

이 노인은 또한 자유사상가이기도 했다. 하루는 술이 잔뜩 취한 김에 어떤 신을 모셔 놓은 신당에 들어가 그 신상(神像)을 박살내 버렸다. 이렇게 함으로써 이 지역 백성들이 매우 두려워해 온 이 신과 신자들로부터 돈을 긁어온 점쟁이에 대한 그간의 깊은 적개심을 드러내었다.[8]

소동파는 그의 조부의 대단한 주량을 이어받지는 못했으나, 다음에 다시 이야기하겠지만 술을 애호하는 면에서는 조부와 마찬가지였다. 이 일자무식 노인의 뛰어난 지혜는 이 집안 핏속에 묵묵히 잠재해 있다가, 나중에 그 손자[蘇軾] 때에 이르러 활짝 꽃피었다. 그의 심신에 흘러넘치는 유별난 생명력과 호방함, 기필코 목적을 달성하겠다는 강한 성실성이 깔려 있는 것 등이 모두 조부가 지니고 있던 성품이었다. 소씨 집안 역시 다른 명문 집안이 굴기(堀起)한 것과 마찬가지로, 진화와 천택(天擇)의 법칙의 바탕하에 번성할 수 있었다. 소동파 외가의 배경이 어느 정도인지 구체적 기록은 없으나, 어쨌든 소씨 집안과 정씨 집안 혈통이 결합됨으로써 천재적인 문인을 배출하였다.

위에 적은 것들을 제외한다면, 조부의 이름이 서(序)였다는 것 외에는, 조부가 시인의 문학적 생명에 무슨 커다란 영향을 끼친 것 같지는 않다. 조부의 함자인 '서'(序)가 '머리말'이란 뜻의 글자였으므로, 서문을 써야 할 경우가 비교적 많은 유명한 학자이자 문인이었던 동파로서는 다소 난처하긴 했지만, 이로 인해 큰 곤란을 당하지는 않았다. 조부의 함자인 '서'자를 쓰면 조상을 모독하는 것이 되므로, 동파는 서문에 해당되는 글들을 '서'(序)라고 하는 대신 '인'(引)이라고 칭했다.[9] 자신의 부모나 조부모의 함자를 언급해서는 안 된다는 금기조항은 아주 오래된 관습으로, 때로 이런 관습 때문에 곤란한 결과를 낳기도 했다. 특히 아버지의 함자가 아주 흔히 쓰이는 글자인 경우에는 더욱 곤란했다. 중국의 위대한 역사가인 사마천(司馬遷)의 거작 《사기》(史記) 가운데는 '이야기하다' 혹은 '대화하다'는 뜻의 '담'(談)이란 글자를 찾아볼 수 없다. 이 글자를 기피한 이유인즉 그 글자가 바로 사마천 부친의 함자였기 때문이었다. 가령

이름이 조담(趙談)인 사람의 이름까지도 그는 임의로 조동(趙同)으로 바꾸었다. 마찬가지로 《후한서》(後漢書)의 저자 역시 그의 부친 함자인 '태'(泰)자 쓰는 것을 기피해야만 했다. 그래서 오늘날 120권의 거작인 《후한서》 가운데서 '태'(泰)자는 단 한 자도 찾아볼 수 없다. 시인 이고(李翺) 부친의 함자는 늘 쓰이는 '지금'이란 뜻의 '금'(今)자였다. 그래서 '지금'이란 뜻을 가진 옛글자[古字]를 써서 표현하는 수밖에 없었다. 마찬가지로 제왕의 함자를 존중하는 의미에서 제왕들의 함자 쓰는 것도 피했다. 그리하여 위의 경우와 마찬가지의 결과들을 초래했다. 전시(殿試)에 참가하는 시험생의 이름이 선대황제의 이름자와 한 글자라도 같으면 이 사람은 축출되었다. 그런데 역대 황제들의 연호나 시호는 널리 알려졌으나, 당시 집정하고 있는 황제의 함자는 잘 알지 못하고 있는 경우가 많아서 전시에서 쫓겨나는 문인들이 많았다. 황제 자신도 때로 조상의 함자를 잊어버리는 수가 있었다. 사실 누구도 10대조 위 선조의 이름까지 늘 기억하고 있을 수는 없는 노릇이었다. 한번은 황제가 깜빡 잊어버리고, 새 누각의 이름을 짓는 데 금기된 글자를 썼다가 나중에야 그 글자가 조상의 함자임을 뒤늦게 깨닫고, 방금 명명한 누명(樓名)을 다시 고쳐야만 했던 일도 있었다.[10]

소동파의 부친 소순(蘇洵)은 과묵한 사람이었다. 비록 그의 문학과 관직에 대한 평생의 소원이 그의 생전에 두 아들이 이룩함으로써 실현되긴 했지만, 자기 자신의 정치적 야심은 끝내 펴보지 못한 채 죽었다. 그는 뛰어난 지혜의 소유자인 데다 엄하고도 독립심이 강했으나 외고집의 성품을 지니고 있어서 남들과 잘 어울려 지내지 못하는 편이었다. 그는 27세가 되어서야 본격적으로 공부를 시작한 만학도에 속했으나, 오늘날에는 위대한 학자의 한 사람으로 손꼽힌다. 이러한 소순의 만학은 늦게라도 단단히 각오하고 열심히 하기만 하면 성공은 언제나 기다려 준다는 좋은 본보기로서 아이들에게 교훈의 대상이 되곤하였다. 물론 이와 반대로 뛰어나게 총명한 아이들은 굳이 어린 시절부터 죽어라고 열심히 공부할 필요가 없다는 정반대의 결론을 연역해 낼 수도 있겠지만 말이다. 사실상 소순은 어린 시절에 읽고 쓰는 것을 배울 충분한 기회가 있었다. 그러나 강제적인 것에 유난히 반항하여 당시의 정규교육을 싫어하는 거친 기질이 소순에게 있었던 듯하다. 사실 똑똑한 아이일수록 이처럼 반항하는 경우가 많다. 그가 유년 시절에 읽고 쓰는 것을 전혀 배우지 않았다고는 볼 수 없겠으나, 청년 시절 동안 아무것도 해놓은 것 없이 허송세월로 보냈던 것은 사실인 듯하다. 그럼에도 불구하고 정씨 집안에서 사위로 맞고 싶어할 만큼 그는 인상적인 청년이었다. 또한 흥미있는 사실은 그가 비록 스물일곱이라는 늦은 나이에 공부를 시작했음에도, 그의 총명한 두 아들조차도 감히 넘보기 어려운 나름대로 문학상에 높은 명성을 이루었다는 점이다.

　소순은 다소 늦은 감이 없지 않았으나 아들이 태어날 즈음에서, 헛되이 젊은 시절을 낭비하였음을 깊이 반성하게 되었다. 그의 형님[蘇渙]이나 처남[程濬], 또 두 매부들[11] 모두가 일찌감치 진사에 급제하여 관계로 나가는 것을 보고, 그는 속으로 매우 부끄러워하였을 것이다. 소순의 문집에서도 엿볼 수 있듯이, 그가 본래 자질이 열등했다면 아예 진사 따위는 생각하지 않았겠지만, 그의 문집이 보여주고 있듯이 총명한 자질을 갖추고 태어난 사람으로서 주변의 가까운 사람들이 모두 진사에 급제했는데 자신만 홀로 뒤떨어져 있는 사실이 견딜 수 없이 괴로웠던 것 같다. 후에 소순은 부인의 묘지명(墓誌銘)에서 말하기를, 그녀가 생전에 남편에게 공부에 전념하라고 충고했었고, 소동파의 모친이기도 한 그녀 자신도 상당한 교육을 받았다고 말하고 있다. 그러나 조부는 동파의 아버지 소순에게 오히려 어떤 충고의 말이나 간섭도 하지 않았다. 조부가 품고 있는 모든 욕구나 목적 등을 살펴보건대, 그는 좀 고집이 세고 변덕스러우며 한가롭게 세월을 보내는 재자(才子)였던 것 같다. 친구들이 혹 왜 아들을 가르치지 않고 간섭도 하지 않느냐고 그에게 물으면 "걱정하지 않아요"라고 담담하게 대답할 뿐, 총명하나 갈피를 못 잡아 방황하는 이 아들이 언젠가는 잘못을 스스로 깨달을 날이 오리란 것을 굳게 믿고 있었다.[12]

당시 사천지방 사람들은 인내심이 강하고 구변(口辯)이 좋으며, 자신만만하고 대체로 자립적이었다. 중앙정부로부터 멀리 떨어진 지역의 주민들처럼 고대의 풍속과 습관, 문화를 많이 보존하고 있었다. 특히 약 1세기 전 바로 이곳에서 목판 인쇄술이 발명된 까닭으로 순식간에 이 지역 학구열이 불붙어 소동파 생존 당시에 아주 많은 수의 관료나 성공한 학자들이 이 지역에서 배출되었다. 당시 이 지역의 일반 학문 수준은 당시의 하북(河北), 산동(山東)지역보다 훨씬 높았다. 왜냐하면 하북이나 산동에서 온 과거시험 응시생들은 시작(詩作) 부문에서 자주 떨어졌기 때문이다.[13] 성도(成都)는 문화의 중심지로서 질 좋은 화선지[14]로 유명했고, 사천은 능라와 아름다운 사원으로 유명했다. 또 재기 넘치는 명기(名妓)와 미녀들이 있었다. 소동파가 태어나기 2세기 전에 최소한 두 명의 유명한 여류시인[15]이 이곳에서 배출되었다. 일반 문인들이 한대(漢代)의 순박한 고풍의 문체 전통을 아직도 따르고 있었으므로, 당시 다른 지방에 널리 유행하고 있는 퇴폐적이고 내용보다 형식과 아름다움만을 추구하는 유미주의적(唯美主義的) 문체와는 크게 달랐다.

옛날이나 지금이나 사천지방 사람들은 논쟁이나 수사술(修辭術)의 재주가 뛰어났다. 중류층에 속하는 사람들도 대화할 때에 유식해 보이는 예를 들거나 멋진 전고(典故)를 적재적소에 인용해 이야기하는 경우가 많았다. 그래서 다른 지방 출신 사람들에게 고전적이고 우아한 인상을 주었다. 소동파 역시 이 지방 특유의 구변과 논쟁에서 지지 않으려는 기질을 가지고 있었다. 여러 차례에 걸쳐 사악한 사람들과 논쟁을 벌였던 사건은 접어두고라도, 그가 저술한 공문들은 명쾌하고도 힘이 넘치는 표현으로 특히 유명했다. 이들과 적대적인 사람들은 소식 삼부자(三父子)가 전국시대의 궤변가와 비슷하다고 공격했다. 반면에 친한 친구들은 이 삼부자가 맹자(孟子)와 같은 유창한 웅변술과 적재적소에 적합한 비유를 잘 사용하는 수사술을 갖고 있다고 찬양해 마지않았다.[16] (요즘으로 치면) 사천 출신의 사람들은 훌륭한 법률가가 되기에 적합한 자질을 갖고 있다고 하겠다.

행정가들 사이에 사천 사람들은 다루기 어렵기로 유명한 것도 바로 그들의 이러한 기질 때문이었다. 언제인가 소동파는 이 점에 대해 다음과 같이 변명한 적이 있다.[17] "이 지방 백성들이 다소 문화수준이 낮은 다른 지역의 백성들과 다른 점이 있다면, 바로 지방장관들의 위협에 쉽게 넘어가지 않는다는 점이다. 선비들은 각기 집에 법전을 구비하고 있어서 '법에 저촉되지 않는' 법규조항에 대해 잘 알고 있었다. 이런 사람들은 법을 준수하며 살고자 애썼고, 위정자 또한 법대로 통치해 주기를 바랐다. 만약 지방장관의 치적이 훌륭하고 공평무사하게 백성들을 다스렸을 경우, 그 장관의 임기가 끝날 즈음엔 이 장관의 초상화를 만들어 집에다 모셔놓고 50여 년이 넘도록 그를 기념했다. 지금도 교사가 새로 부임해 오면 으레 학생들이 그렇듯이, 이 지방 사람들도 새로 부임해 오는 장관들을 시험하는 짓궂은 풍속이 있었다. 신임관료가 부임해 오면, 일단 한 번 그를 시험해 보아서, 만약 그가 맡은 일에 정통해 있음을 알게 되면 더 이상 그를 귀찮게 하지 않았다. 그러나 만약 신임관료가 일일이 간섭하려 들고 포악하게 굴면, 앞으로 이 지방을 다스리는 데 많은 어려움을 겪게 된다." 소동파도 이야기했듯이 관리로서 지방 백성들을 어떻게 다루어야 할지 모르면 통치하는 데 상당한 애를 먹게 된다.

이와 같은 다소 고풍스럽고도 특이한 그들 나름의 풍속 습관을 가지고 있는 외에도, 미주지방 사람들은 일종의 특이한 사회신분제도를 갖고 있었다. 역사 깊은 명문 집안들은 갑(甲)과 을(乙)로 나누어져 '강경'(江卿)이라 불리었다. 강경 집안의 자녀들은 다른 가문과는 혼인관계를 맺지 않았다. 상대 가문이 아무리 부유하고 세도가 있다 하더라도, 강경에 속하지 않는다는 단 한 가지 이유만으로 혼인관계를 맺지 않았다. 또한 농민들 사이에는 협력이 잘 이루어지는 훌륭한 풍속이 있었다. 농부들은 매년 2월이면 밭일을 시작해 4월 초에 잡초를 뽑게 되는데, 수백 명의 농부가 집단적으로 이 귀찮은 작업을 함께 했다. 그들은 자치적으로 총지휘할 사람을 두 명 뽑아 한 사람은 물시계 보는 일을 맡고, 한 사람은 북치는 일을 맡도록 했다. 농민들은 북소리의 신호에 따라 그날의 일과를 시작하거나 휴식을 취하곤 하였다. 또 일자리에 뒤늦게 나왔거나, 게으름 피운 사람들은 벌금을 내야 했다. 소유하고 있는 토지에 비해 일손이 모자라는 농민들은 공동작업에 참석하지 않는 대신 공공기금에 돈을 냈다. 추수 때에는 온 마을 사람들이 모두 나와 풍성한 축제를 벌였다. 농민들은 흙으로 만들어 쓰던 물시계를 부숴 버리고, 벌금과 규정한 회비 등으로 모은 돈을 가지고 추수를 경축하는 데에 필요한 고기와 술을 샀다. 축제 동안에는 제일 먼저 농신제(農神祭)를 올리고 난 다음 실컷 먹고 마시며 맘껏 놀다가 집으로 돌아갔다.

제 3 장

유년 시절과 청년기

소동파가 여덟 살에서 열 살쯤 되었을 때, 부친 소순은 과거시험에 응시하기 위해 경사(京師)로 떠났다. 그러나 시험에 낙방하자, 소순은 사방을 유랑하며 돌아다녔다. 지금의 강서성(江西省) 지역까지 멀리 떠돌아 다녔으므로,[1] 동파의 모친은 집에서 자녀들의 가정교사 역할을 도맡아 했다. 동파의 유년기에 관한 기록 가운데 한 가지 특기할 사건이 있는데, 《송사》(宋史) 본전(本傳)과 동파의 아우가 쓴 묘지명에도 이 사실이 적혀 있다. 하루는 모친이 어린 동파에게 《후한서》(後漢書) 가운데 한 대목을 가르치고 있었다. 후한은 제왕들이 국정을 제대로 다스리지 못하여 환관들이 정권을 손에 쥐고 천하를 뒤흔들고 있었으므로 당시 사인(士人)들이 일제히 일어나 이 환관들의 집권에 결사반대하였다. 당시에는 부정부패와 뇌물수수, 사람들을 착취하여 마구 구금 체포하는 일이 비일비재하였다. 지방장관들은 대부분 환관들의 하수인들이거나 부하였다. 반면에 충정한 선비들은 목숨을 걸고 재삼재사 직간을 올려 집권층의 부정부패를 통렬히 비난했다. 유림의 거듭되는 구국(救國)항의의 물결이 있은 뒤에는 이들에 대한 국가의 심문이 뒤따라 되풀이되었는데, 항거인사들은 혹형(酷刑)을 당하거나 칙령에 의해 사형에 처해졌다. 이 일군(一群)의

애국지사 가운데 범방(范滂)이란 용감무쌍한 젊은이가 있었다.[2] 소식과
그 모친은 바로 이 젊은이의 전기를 읽고 있었다. 이야기는 거듭되는 박
해와 도피 끝에 최후의 순간을 묘사한 대목이었다. 내용인즉 범방에게
사형을 고하는 칙령을 알리려고 황제의 사자가 도착했다. 불행한 소식을
전달하게 된 그 선량한 사자는 아문(衙門)을 닫아걸고서 한참을 울었다.
이 관리 역시 청렴한 사람으로 범방을 매우 존경하던 터였다. 고심 끝에
그가 관직을 버리고 범방과 도망하겠다고 하였으나 범방은 오히려 이를
거절했다. 이유인즉, 그가 만약 도망하면 그의 늙은 어머니도 연루될 뿐
만 아니라 도망자의 어머니란 오명을 면치 못하기 때문이라고 했다. 범
방은 어린 아우에게 노모를 잘 봉양할 것을 당부하고 나서 어머님께 작
별인사를 올렸다. 아들이 도망하지 않겠다고 한 결심에 대해 어머니도
동의했다. 노모는 다음과 같이 말하였다. "나는 네가 오래오래 살면서
영예로운 이름을 남길 수 있기를 바랐다. 이제 이 두 가지를 한꺼번에 다
이룰 수 없을 바에야 나는 네가 이 둘 가운데서 영예로운 이름을 얻는 쪽
을 택하길 바란다." 노모와 작별하고 떠날 때에 범방은 어린 아들에게
말했다. "내가 그릇된 일을 해서라도 이 세상에서 호의호식하라고 가르
쳐 왔다면, 이제 내가 취한 결정이 옳지 않게 보일 것이다. 그러나, 나는
네게 죽는 한이 있더라도 바른말을 하라고 가르쳐 왔으니 아비가 잘못이
없음을 너도 알 것이다."

이 글을 읽고 어린 동파는 어머니를 올려다보며 이렇게 물었다. "어머
니, 만약 제가 커서 범방과 같은 인물이 되고자 한다면 허락하시겠습니
까?" 그러자 그의 어머니는, "네가 범방과 같이 강직한 사람이 될 수 있
다면, 나라고 범방의 노모와 같이 의연한 어머니가 되지 못하겠느냐?"라
고 하였다.

어린 소년 동파는 여섯 살에 소학(小學)에 들어갔다. 학생수가 100명
이 넘는 상당히 큰 학교였는데 한 도사(道士) 혼자서 모든 학생들을 지도
했다.[3] 동파의 총명한 재질은 금시 두드러져서 그 많은 학생 가운데서

그와 또 한 아이가 선생님[4]의 칭찬을 가장 많이 받았다. 그 아이의 성씨는 진씨[陳太初]였다. 나중에 이 아이는 과거에 급제했으나, 후에 도인(道人)이 되어 장생불멸(長生不滅)을 찾아 떠났다.[5] 진씨는 만년에 승천(昇天)을 시도하기 전에 한 친구를 찾아갔는데, 그 친구는 진씨에게 돈과 식량을 보태주었다. 진씨는 그 집을 나오자마자 곧 돈과 식량을 가난한 사람들에게 나누어 주어 버리고, 그 집 문밖에서 도사풍으로 정좌한 채 단식함으로써 이 세상을 떠나고자 했다. 며칠 후 그는 바라던 대로 숨을 거두었다. 그의 친구는 하인을 시켜 시체를 옮기도록 명하였다. 마침 새해였으므로 하인들은 이런 경사스러운 날에 시체 옮기는 일을 하는 것이 못마땅하여 불평을 늘어놓았다. 그러자 죽은 사람이 말하길 "걱정하지 말게나. 내 발로 가지" 하고는 일어나 교외를 향해 걸어나가 적당한 장소에 가서 죽었다. 도사들의 승천이란 것이 대체로 이런 식이었다.

어린 시절에 동파는 공부 외에 다른 방면에도 두루 흥미를 갖고 있었다. 학교가 끝난 뒤 집에 돌아온 동파는 새 둥지를 뒤졌다. 당시 어머니가 아이들이 여종들과 더불어 새 잡는 것을 엄금하던 때였다. 그래서 몇 년 지나지 않아 새들도 이 집 정원은 안심할 수 있다는 것을 알고, 여러 마리 새들이 아이들에게도 보일 정도로 낮은 나뭇가지에다 집을 지었다. 소동파는 어린 시절에 깃이 유난히 아름다운 작은 새가 집 정원에 찾아와 며칠 동안 머물렀던 일이 유독 기억에 생생했다.[6]

동파의 백부는 오래전에 관리가 되었는데, 이곳을 거쳐 가게 될 경우에는 꼭 방문하곤 했다. 그럴 때면 온 집안이 한바탕 왁자지껄해졌다. 종들은 법석을 떨며 맨발로 밭에 나가 푸성귀를 뜯고, 닭을 잡아 저녁 식사를 준비했다. 관리인 백부의 이런 방문은 어린 동파에게 아주 인상적인 일이었다.

그는 외가 사촌형제들과 잘 어울려 놀았다. 그와 아우는 마을의 장날에 구경을 가기도 하고 채소밭에서 땅파기도 하며 놀았다. 하루는 땅파기를 하고 놀다가 멋진 광택과 섬세하고도 푸른 결이 아름다운 석판 하나를 파냈다. 두드려보니 아주 명쾌한 소리가 났다. 아이들은 그 돌을 벼루로 사용해 보았는데 아주 쓸 만했다. 대개 벼루는 침수성이 특별히 강한 돌로 만들어야만 흡수한 습기를 잘 보존할 수가 있다. 벼루는 서예에 없어서는 안 될 도구로서 책상머리에 놓고서 늘 사용하므로, 질 좋은 벼루는 문인들로부터 사랑을 받아왔다. 아버지는 동파가 자랄 때까지 이 벼루를 보관하고 있다가 벼루에 특별히 글을 몇 자 새겨 그에게 주었다. 이는 동파가 장차 문학면에서 대성하리란 길조로 보여졌다.[7]

기록에 의하면, 그는 열 살 때 이미 빼어난 글귀를 적지 않게 지었다고 한다. 그 가운데 두 구절이 〈힐서부〉(黠鼠賦)에 보인다. 〈힐서부〉는 한 편의 단문인데, 내용인즉 새앙쥐 한 마리가 덫으로 놓아둔 자루에 걸려 있는 것을 발견했는데, 그 놈의 쥐가 짐짓 죽은 척하고 있어서 죽은 줄로 알고 바닥에 자루를 던지자 쥐는 자루에서 빠져나와 간신히 죽음을 모면했다는 이야기를 묘사한 글이다.[8] 당시 동파를 가르친 선생님은 궁정에 살고 있는 기라성 같은 훌륭한 학자들을 묘사한 장시(長詩)[9]를 학생들에게 읽어주었다. 어린 동파는 선생님의 어깨치를 올려다보며 이 학자들에 대해 묻기 시작했다. 그들은 중국 전체 역사를 통틀어 보더라도 명망 높은 인물들이었다. 아마도 소동파의 유년시기에 집정하고 있던 황제[仁宗]가 문학과 예술을 특별히 애호하고 지지했던 관계로 훌륭한 학자가 이처럼 많이 나올 수 있었던 것 같다. 당시 나라 안도 별문제 없이 태평했으며, 나라 밖으로도 늘 문제를 일으키던 북서쪽의 야만족 금(金), 요(遼), 서하(西夏)와 평화를 유지했다. 조정에는 이런 훌륭한 현신(賢臣)들이 관직에 있었고, 문학적 재질을 갖춘 적지않은 인재들이 나와 이러한 조정의 덕정(德政)을 글로써 선양했다. 소년은 이때에 문인들 가운데 구양수(歐陽修), 범중엄(范仲淹)의 대단한 명성에 깊은 인상을 받았다. 이상이 시인의 유년기 동안에 있었던 일 가운데 알려진 사실의 전부이다.

소동파도 성년이 된 후 꾸었던 꿈과 또 꿈속에서 미처 완성하지 못한 시편 등에 대해 적지 않게 기록해 놓은 것이 있다. 그러나, 이른바 현대의 전기(傳記) 작가들이 말하는 것처럼 시인의 영감과 직관·환상 등을 분석함으로써 시인의 무의식세계의 구조를 재구성해 볼 만한 그런 발언들은 찾아보기 어렵다. 그의 기록 가운데엔 기저귀나 변비 따위에 대해서 한마디도 이야기해 놓은 것이 없으니 말이다.

열한 살이 되자 중등급 학당에 들어가,[10] 동파는 본격적으로 과거시험 준비를 하기 시작했다. 과거에 응시하려면, 학생들은 반드시 경서(經書), 사서(史書), 시(詩), 정선된 문장 등을 두루 읽어야만 했다. 자연히 그들은 고전적 문장들을 외어야 했는데, 교실에서 같은 문장을 유념하여 되풀이 암송함으로써 외우려 했다. 그리고 선생님 책상에 펼쳐진 책을 보지 않도록, 선생님으로부터 등을 돌리고 암송했다. 좀 열심히 외운 학생이면 나중에 사서(史書) 전 문장을 외울 정도가 된다. 이렇게 외우는 것은 글의 내용과 지식을 알게 되기 때문이기도 하지만, 스스로 습작할 때 언어를 구사하는 데에도 큰 도움이 되기 때문이다. 대개 문인들의 언어 구사는 이와 같이 글을 외운 데에서 습득한 것이다. 유명한 글귀를 사용하거나, 출전을 밝히지 않고 전고를 사용하는 수사법은 해박한 독자들만이 맛볼 수 있는 현학적인 고상한 기쁨을 준다. 전고(典故)는 사실 일종의 집단언어라고 할 수 있다. 독자는 작가가 그런 식으로 표현해 낸 데 대해 존경해 마지않고, 독자는 그런 전고가 있는 글을 이해할 수 있는 자기 자신을 자못 대견하게 여긴다. 전고를 쓰면 암시와 연상의 효과를 가져다주므로, 암시의 매력이 결여된 명백한 표현의 글보다 훨씬 효과적이게 마련이다. 문장 외우기는 매우 어려울 뿐만 아니라 끈질긴 의지로 노력을 기울여야만 한다.

전통적인 교수방법 가운데 구두점을 찍게 하는 것이 있다. 즉 학생들에게 구두점이 찍히지 않은 책을 읽게 하는 것인데, 대개 글의 뜻을 이해할 수 있어야만 문장이 어디서 끝나는지 알고 구두점을 찍을 수 있다. 즉 그 책을 완전히 독해했다는 의미로 구두점을 찍게 했던 것이다. 아주 열심인 학생의 경우에는 구두점 찍는 것에 그치지 않고 경전 전부 또는 단대(斷代)의 역사서들을 일일이 손으로 베껴쓰기[抄書]도 했다. 소동파 역시 젊었을 때 실제로 이런 식의 공부를 했었다.[11] 중국의 시문 가운데 가장 규범이 되는 작품들은 정사(正史)에 기록된 인명이나 사건, 비유 등을 이들 작품에 종종 인용하고 있으므로, 이렇게 초서해서 학습하는 방법을 통해 많은 이점을 취할 수 있다. 그런데 책 한 권 전부를 한 글자 한 글자씩 손으로 베껴쓰고 나면, 여러 번 읽기만 해서는 알기 어려운 깊이 있는 이해를 하게 된다. 이런 학업 수련과정은 나중에 소동파에게 큰 도움이 되었다. 황제에게 상소를 올릴 때나, 황제를 대신해서 성조(聖詔)의 초안을 작성할 때, 역사상의 전례를 오용하는 따위의 실수가 없었다. 당시 학자들은 고사를 많이 사용하곤 했는데, 역사상의 전례란 지금의 법학자들이 사용하는 판례와 같은 것이다. 이러한 책을 베껴쓰는 작업을 하는 가운데 서예 연습도 겸할 수가 있다.

인쇄술이 발명되기 전 이런 초서(抄書) 작업은 필수적이었다. 그러나 소동파 시대는 상업적인 인쇄술이 생긴 지 이미 100여 년이 지난 후였다. 활자판 인쇄는 평범한 상인이었던 필승(畢昇)이 발명한 것이었다. 활판인쇄 방법은 이러하다. 특수 점토에다 글자 부수를 만든 뒤, 단단하게 만들어 글자들의 판을 만든다. 그런 후에 송진을 바른 금속판 위에 글자판을 놓는다. 글자판을 줄 맞추어 잘 배열한 뒤에 송진에 열을 가하고 금속판으로 이 글자판을 눌러 표면을 평평하게 만든다. 찍어 누른 후에 송진에 다시 열을 가하면, 글자판은 쉽게 금속판에서 깨끗하게 떨어져 나와 거기에 다시 다음 글자판을 놓을 수 있게 된다. 그런데 한 장의 목판에 두 쪽(페이지)을 인쇄하는 목판인쇄가 여전히 성행하고 있었다.[12]

소동파와 아우 자유가 이렇게 문학과 경전에 대한 방대한 지식을 쌓고 있는 동안, 그들의 부친은 과거시험에 떨어져 집으로 돌아왔다. 과거시험은 일정한 표준과 격식을 고수했다. 마치 박사논문처럼 어느 정도의 기준에 부합하는지, 상당한 학습훈련을 잘 쌓았는지, 많은 사실들을 잘 암기하며 상당한 지혜를 갖고 있는지 등이 요구됐다. 너무 지나치게 총명하거나 독창적이어도 과거급제에 도움이 되기보다는 오히려 방해가 되는 수가 많았다. 진관(秦觀)같이 뛰어난 시인들도 과거에 급제하지 못했다.[13] 소순(蘇洵)의 경우 아마도 시작(詩作) 방면에 약점이 있었던 듯했다. 시를 짓는 데에는 상당한 수사적 기교와 기지(機智)가 요구되는데,

소순은 이런 기교보다는 글의 내용과 개념 자체에만 주로 신경을 썼다. 학자에게는 학생 가르치는 직업말고 벼슬길에 나가는 것이 가장 영예롭고도 출세할 수 있는 유일한 길이었으므로 낙방한 소순은 무척 낙심하였을 것이다.

대체로 중국에서는 부친이 긴 의자에 기대어 자제(子弟)의 책 읽는 소리를 듣곤 하였는데, 책 낭독하는 소리는 그 부친들에게 이 세상 어떤 소리와도 비교할 수 없을 만큼 가장 듣기 좋은 음악이라고 한다. 이렇게 듣고 있다가 틀리게 읽는 부분을 바로잡아 주곤 하는데, 대개 초학자(初學者)들이 잘못 읽기 쉬운 부분이 무척 많았다. 구양수와 소동파도 나중에 그들 자제들이 낭독하는 소리를 듣게 되었는데,[14] 지금 소순은 긴 의자에 누워서 그 듣기 좋다는 아이들의 책 읽는 소리를 들으며, 천장을 물끄러미 응시하고 있었다. 마치 마지막 화살까지 다 쏘았지만 사슴을 놓치고 만 사냥꾼 같은 마음으로, 새 화살을 재정비해서 이번에는 아이들을 내보내 그 사슴을 쏘게 하려는 듯 보였다. 아이들은 고문(古文)의 음절을 유창하게 읽어내려 갔고, 아이들의 눈빛과 낭독하는 목소리는 그들이 반드시 성공하리라는 어떤 확신을 부친에게 주었다. 이리하여 아버지는 다시금 희망에 부풀고 상처받은 자존심도 자연히 치유되었다. 두 형제는 사서(史書)를 암기하거나 시문을 짓는 데에서 어쩌면 아버지 소순을 능가했을지도 모른다. 후일 소동파의 문하생 가운데 한 사람이 말하기를, 소순의 천부적 소질도 훌륭하지만 소동파가 좀더 박식했다고 말한 적이 있다. 부친 스스로도 벼슬에 대한 야심을 아직까지 완전히 포기한 것은 아니지만, 비록 자신은 낙방했어도 아들들만큼은 반드시 과거에 급제하리라고 예상하고 있었다. 소순은 일찍부터 두 아들로 하여금 각 시대의 흥망의 법칙을 연구하도록 하였으며, 질박한 문풍(文風)을 추구하도록 하여 역사와 정치에 대해 깊은 관심을 갖도록 이끌었다.

다행스럽게도 동파의 부친이 질박한 문풍을 고집하고 당시 유행하던 화려한 문풍을 배격했다. 후에 동파가 과거에 응시하려고 경사로 갔을 때, 예부(禮部)의 시험관 우두머리인[15] 구양수는 당시 문풍을 개혁하기로 결심하고, 내용도 없고 문체만 화려하게 쓴 수험생들은 모두 낙방시켰다. 이런 종류의 문체는 어려운 어구나 뜻이 애매한 전고를 잔뜩 끌어다 써서 문장을 미화시키곤 하였으므로 자연스런 글귀라곤 단 한 줄도 찾아보기 어려웠다. 이런 문체를 즐겨 쓰는 사람들은 사물을 이름 그대로 부르는 것을 제일 꺼렸고 한 줄도 꾸미지 않은 채 놓아두질 못했다. 소동파는 이러한 허화한 글들은 단어와 구절들을 그저 쌓아 놓은 데 불과하고, 작품 전체의 효과는 전혀 고려하지 않고 있다고 말했다. 이는 마치 가극장에 구경 나온 부인이 손과 목에 너절하게 보석을 꿰찬 것과 같은 격이다.

동파의 집안 분위기는 문학적 성향이 강한 젊은이로 성장하기에 안성맞춤인 듯했다. 집안에 있는 개인 장서에는 각종 서적이 쌓여 있었다. 이제 조부에게 약간의 변화가 일어났다. 둘째아들이 재정을 돌보는 감관(監官)벼슬을[16] 하게 되자 조부에게도 역시 대리평사(大理評事)란 관직이 수여되었다. 이러한 관위(官位)는 순전히 명예직으로서 그 관리가 자기 부친을 '참사' 또는 '해군준장'이라고 칭할 수 있도록 명예만을 내려준 것이다. 이 명예직을 받은 사람들은 어쩌면 평생토록 조정에 한 번도 참례한 적이 없고, 배도 한 척 본 적이 없을지도 모른다. 어쩌면 오로지 본인의 묘지명에 이런 유의 관직을 새겨 넣는 것만이 유일한 그의 인생목표였을지도 모른다. 대개 사람들은 일생동안 벼슬 한 번 못했더라도 죽을 즈음에는 이름뿐인 벼슬이라도 하나 받고 죽기를 원하게 마련이다. 만약 그가 이러한 명예직을 받기 전에 급작스럽게 죽을 경우, 사후(死後) 추봉(追封)을 할 수도 있었다. 더욱이 송조(宋朝)에는 일반 관리의 직함조차도 그의 실제 직위와 부합되지 않았다. 소씨 집안의 묘지명을 읽어본 사람은 그의 조부가 대리평사 겸 태자태부(太子太傅)였고, 그의 부친은 태자태사(太子太師)인 줄로 오해하기 쉽다. 이러한 직함은 모두 아우 자유가 문하시랑(門下侍郎)을 지낼 때에 수여된 것들이다. 사실 조부나 부친은 모두 생전에 어떤 관직도 지낸 적이 없었다. 소동파에게는 대관 벼슬을 한 백부가 있었고, 관리와 결혼한 고모가 두 명 있었다. 조부와 외조부 모두 관함(官銜)을 갖고 있었지만, 조부의 관함은 명예직일 뿐이고 외조부의 관함은 실제로 역임했던 관직이었다.

동파와 더불어 함께 성장하고 배우며 평생토록 가장 절친했던 사람은 바로 아우 자유였다. 두 형제의 우애와 희생은 유별났다. 이들은 인생의 각종 영고성쇠(榮枯盛衰)를 겪으면서, 서로에게 변함없이 충실했다. 아우와의 우애는 동파 전 생애를 통해 그의 시에서 주요 주제가 되었다. 그들은 슬플 때에는 서로 위로하고, 재난중에는 서로 돕고, 떨어져 있을 때에는 꿈속에서 서로 만났으며, 늘 그들의 생각을 시로 지어 서로 주고받으며 연락을 하고 살았다. 이들의 아름다운 우애는 중국에서조차 보기 드문 희귀한 것이었다. 자유는 꾸준하고 침착하며 이성적인 성격이었다. 바로 이런 점 때문에 그의 형보다 높은 관직을 지냈는지도 모른다. 그들은 정견(政見)이 같았으므로 전 정치 생애에 걸쳐 함께 승진하고 또 감관(減官)도 함께 당했지만, 자유는 비교적 일을 감정적으로 처리하지 않는 편이었으므로 가끔 형에게 좋은 충고를 하였다. 어쩌면 형에 비해 덜 고집스러웠고, 또 어쩌면 문재(文才)나 문명(文名)에서 형만 못했기 때문에, 정적(政敵)들이 그를 비교적 덜 위협적인 인물로 여겼을지도 모른다. 이 시절 동파는 아우의 동학(同學)이기도 했으며 스승이기도 했다. 그는 시로 다음과 같이 읊은 바 있다.

> 내 어렸을 때 자유는 온순하고도 총명한 아이였네.
> ……
> 내 그를 어찌 아우로만 대할 것인가
> 내겐 슬기로운 배움의 벗이기도 했네.[17)
> (我少知子由, 天資和且淸.……豈獨爲吾弟, 要是賢友生.)

아우 역시 형의 묘지명에 다음과 같이 쓰고 있다.

> 나는 형에게서 지식을 습득했다. 형은 형으로서뿐만 아니라 선생으로서 나를 가르치며 이끌어 주었다.
> (我初從公, 賴以有知. 撫我則兄, 誨我則師.)

여기서 우리는 삼소(三蘇)의 여러 명칭에 대해 이야기해 보기로 하자. 고대 풍습에 의하면 중국 문인들은 줄곧 여러 명칭을 갖고 있었다. 가문의 성씨 이외에 이름을 갖고 있었는데, 편지나 공문의 끝에는 대부분 이름을 서명했다. 또 자(字)라는 것이 있어, 친구끼리 서로 부를 때나 편지에서 상대방을 칭할 때 썼다. 보통 정식으로 친구에게 편지할 경우에는 자만 쓰고 성은 덧붙이지 않고 흔히 선생이란 존칭을 덧붙였다. 이 밖에도 문인들은 호(號)를 썼는데, 이 '호'는 장서실이나 서재의 명칭으로 삼는 등 다양하게 쓰였다. 인장에는 대개 호를 새겼는데, 일단 호의 주인이 유명해지면 그 호도 따라서 유명해졌다. 어떤 이는 호를 개인문집의 제목으로 삼기도 했다[중국식으로 하자면 Wendell Willkie는 '인디아나 Willkie'로 알려지고, F.D.R는 '하이드 파크(Hyde Park) 루즈벨트'라 불릴 것이다]. 또한 많은 고관들이 사후에 영함(榮銜)을 추봉받았다. 노소(老蘇 ; 동파의 아버지)의 이름은 순(洵)이고 자는 명윤(明允)이며, 일반적으로 잘 알려진 호는 노천(老泉)으로, 이는 그의 선영(先塋)의 명칭을 따른 것이다.[18] 장자인 소식(蘇軾)의 자는 자첨(子瞻)이고 호는 동파(東坡)였다. 이 동파란 호는 '동파거사'(東坡居士)의 약칭으로, 그가 황주(黃州)로 유배되어 동쪽 언덕[東坡]에 살고 있을 때 그 스스로 취한 호[自號]이다. 이 자호는 나중에 그의 대칭(代稱)이 되어 중국사람이면 누구나 알고 있다. 중국 문헌에서는 보통 성을 붙이지 않고 동파라고 칭하고, 때로 동파선생(東坡先生)이라 부르기도 했다. 때로는 그의 개인전집에 시호인 '문충공'(文忠公)을 붙이기도 하는데, 이 시호는 동파가 죽은 지 70년 후에 황제가 내린 영함이다. 시 비평가들은 때로 그의 고향 이름을 붙여 소미주(蘇眉州)라 높여 부르기도 했다. 아우 소철(蘇轍)의 자는 자유(子由)이고 만년에 은퇴해서는 영빈유로(潁濱遺老)라 자칭했다. 그래서 중국 문헌에서 소영빈(蘇潁濱) 또는 소난성(蘇欒城)으로 칭해진다. 난성(欒城)은 그의 문집 제목인 동시에 소씨 가문의 옛 조상이 거주했던 지방 명칭이기도 하다. 난성은 정정현(正定縣) 부근의 북평(北平) 이남에 위치해 있다. 소씨 집안은 이곳으로부터 약 200년 전에 미주로 이주해 왔다. 이처럼 중국에서는 한 사람이 여러 개의 명칭을 갖고 있어서 독자들이 혼동하기 쉬우므로, 여기서는 중국에서 일반적으로 통칭되는 대로 부친은 소순(蘇洵), 큰아들은 소동파(蘇東坡), 둘째아들은 소자유(蘇子由)라 칭하기로 하겠다. 한 문인이 이처럼 여러 명칭으로 지칭되므로 중국사를 연구하는 학생들을 자주 혼동시키며, 이로 인해 적지않은 시간을 낭비하는 경우가 많다. 소동파 시대에 '몽득'(夢得)이란 이름을 가진 이가 적어도 여덟 명쯤 있었다. 이 이름은 대개 그 모친이 아기를 잉태하기 전에 아들을 갖으리란 태몽을 꾸었다고 해서 이렇게 지은 것이다.

동파 나이 열여섯 살 때, 친가와 외가 사이의 관계를 악화시키는 사건이 있었다. 이 사건으로 부친 소순의 성격이 다소 드러났다. 일반 중국 가정의 관례대로 부친은 동파의 누이를 처가의 큰사촌에게 출가시켰다. 이런 경우는 중국 일반 가정에서 종종 있는 일이었다. 그 상세한 사정들을 지금은 알 길이 없으나, 아무튼 이 젊은 신부는 정씨(程氏) 집안으로 시집가 살았는데 상당히 불행했던 것 같다. 그녀가 남편에게 학대받아서인지 다른 이유였는지 잘 모르겠으나, 그녀는 시집간 지 얼마 되지 않아 죽어버렸다. 이 일은 소순을 격노시켰다. 딸의 시아버지는 매우 나쁜 사람인 것 같다. 소순은 고삽(苦澁)한 내용의 시를 한 수 지어, 그런 곳으로 딸을 시집보낸 자기 자신을 탓하고 있다. 그런 다음 좀 별난 일을 시작했다. 즉 가보(家譜)를 엮어서 그것을 돌에 새겨 놓고, 또 정각(亭閣)을 지어 이곳에다 가보를 보관했다. 그러고는 이 일을 경축하기 위해 모든 소씨 일족을 모이게 하였다. 소순은 소씨 일족이 모인 자리에서 그의 처가를 공격하는 내용의 격문(檄文)을 읽을 작정을 하고 있었다. 친족들이 조상께 술을 부어 고축(告祝)을 올린 뒤 소순은 권문세가를 대표하는 이 지방의 모 인사, 즉 그의 매부[程濬]를 지적하며 다음과 같은 내용을 친족들 앞에서 이야기했다. 이 모 인사는 이 지방에 도덕적 혼란을 일으켰다. 즉 그는 형제 가운데 한 사람이 사망했을 때, 그 고아가 된 아이들을 쫓아내고 집안의 재산을 혼자 독점했을 뿐만 아니라 축첩(蓄妾)하여 방탕한 생활을 일삼았다. 아버지와 아들들이 술이나 마시고 떠들어대며 놀아나니 집안 여자들의 품행 또한 단정치 못하다. 그들은 돈만 있으면 현인(賢人)이라고 자처하는 속물들이다. 그들의 호화스런 마차는 가난한 이웃사람들의 눈을 어지럽게 만들었다. 그들이 소유한 재력과 권세는 조정에까지 영향을 끼칠 정도이다. 소순은 끝으로 이렇게 말하고 있다. "그들은 이 지방의 악당들입니다. 나는 이런 사실들을 이 지방 모든 주민들에게 말하지 않고, 우리 가문 일족에게만 이야기해 둡니다."[19] 이렇게 해서 부친은 처가로부터 영원히 미움을 사게 되었다. 그 자신도 이미 처가와 모든 관계를 끊을 작정을 하고 있었으므로, 아들들에게도 사촌들과 왕래하지 말라고 명령했다. 이로부터 약 40여 년간 동파와 아우 자유는 사촌 정지재(程之才)와 아무런 교분도 갖지 않고 지냈다. 그러나 아버지가 사망한 후 그들은 다른 사촌들과 친밀한 교제를 하며 지냈다. 소순이 호문(豪門)에 대한 도전과 공개적인 견책을 퍼부은 논조로부터 우리는 그가 악을 그냥 두고 보지 못하는 성격임을 엿볼 수 있다. 소순의 아들 동파 역시 만년에 이르러 이와 비슷한 성향을 여실히 드러내고 있다.

한편 동파의 모친은 이 일로 매우 상심했다. 그녀 역시 어린 딸을 잃은 슬픔은 말할 수 없이 컸다. 그러나 이 두 집안의 분규 속에서, 동파 모친이 죽은 딸의 편이었는지 아니면 친정 편이었는지는 지금도 추측하기 어렵다. 모친은 앞에서도 언급했듯이, 상당한 정도의 교육을 받았고, 그녀의 친정아버지는 중앙조정의 고관대작 벼슬을 하고 있었다. 다만 우리가 추측할 수 있는 것은, 그녀가 적어도 친정의 귀족숭배 근성을 비난했거나 아니면 최소한 그녀 오라비의 방탕성을 비난했으리란 사실 정도이다. 그녀는 매우 상심한 끝에 급격히 건강을 잃어갔다. 중국 민간에 잘 알려진 전설에 볼 것 같으면, 동파에게는 미인은 아니지만 재기발랄한 손아래 누이가 있었던 것으로 전해지고 있다. 그 소설에서, 그녀는 시인으로도 명성이 높았는데, 유명한 시인이자 동파의 문인(門人)이기도 한 진관(秦觀)에게 시집갔다고 쓰여 있다. 그 이야기에 따르면 신혼 첫날, 그녀는 남편에게 시를 한 수 내놓고 이 시구의 대구(對句)를 완성해야만 방안에 들어오게 한다고 했다. 그런데 신부가 낸 시구는 너무 어려워서 신랑 진관은 뜰을 오락가락하며 고민하고 있었는데, 소동파가 겨우 그를 궁지에서 벗어날 수 있게 도와주었다고 한다. 또 다른 이야기에 따르면 이 두 연인은 기발하게 지은 시들을 서로 주고받았다 하는데, 이 시들은 바로 읽든지 거꾸로 읽든지 모두 뜻이 통하게끔 지은 것이라 한다. 이 전기에서 동파가 누이에게 이렇게 말했다고 쓰고 있다. "네가 남자였더라면 나보다 더 유명해졌을 게다."

사람들은 대개 이런 일화들을 믿기 좋아한다. 그러나 불행하게도 이런 일화들은 아무런 역사적 근거가 없는 것들이다. 소동파와 그의 아우 소철의 문집 가운데 실린 수백 통의 편지나 잡기 가운데서 진관에 대해 많이 언급하고 있지만, 그들이 그와 사돈관계를 맺었으리란 근거는 어디서도 찾아볼 수가 없다. 당대 학자들이 쓴 많은 회고록 가운데서도 소동파에게 손아래 누이가 있었다는 글은 한 편도 없다. 더욱이 진관은 나이 스물아홉에 결혼했으며, 당시 그는 아직 동파와 만나기 전이었다. 그러니 동파에게 설사 누이가 있었더라도 진관은 이미 결혼한 후였고, 게다가 진관이 동파를 만났을 때에는 그의 나이 이미 40이 넘은 뒤였다. 이런 전설들은 대개 동파보다 훨씬 후대에 지어진 것들로서, 식후담 따위의 단순한 이야깃거리에 불과하다. 그럼에도 불구하고 이러한 통속적인 이야기들이 그래도 계속 전해졌다는 사실에서, 우리는 동파가 얼마나 중국 사람들의 상상력을 자극하기에 충분한 개성을 지닌 인물이었음을 짐작할 수 있다.[20]

아무튼 동파에게는 그의 첫사랑이기도 했던 사촌 여동생 하나가 있긴 있었다. 동파는 죽기 전까지 이 사촌누이에 대해 애틋한 정을 느꼈던 것 같다. 그녀는 동파의 친사촌이었다. 조부의 사망으로 동파 부친은 유랑 생활에서 돌아왔고 백부 역시 장례에 참석하기 위해 왔다. 그리하여 사촌들끼리 만나 실컷 놀 기회가 생긴 것이다. 동파의 표현을 빌리자면 그 친사촌 누이동생은 착하고 총명하면서도 온화한 성품이었다고 한다. 그녀가 만약 외사촌이었다면 성이 다르니까 사정이 달라질 수도 있었겠지

만, 친사촌이어서 같은 성이므로 결혼은 꿈도 꿀 수 없는 사이였다. 나중
에 이 사촌누이는 유중원(柳仲遠)에게 시집갔다.

후일, 동파가 사방 각지로 떠돌아다닐 때, 진강(鎭江)의 그녀 집에서 3
개월간 묵은 적이 있었다. 이 기간 동안에 동파는 두 수의 시를 지었는
데, 그녀에게 사랑을 표하는 시라는 것을 이해하기 전에는 해석이 어려
운 시였다. 당대 소동파의 생평 연구가나 작가들은 대개 이들 두 사람의
각별한 관계에 대해 언급을 회피하고 있으므로, 이에 대한 기록이 남아
있지 않다. 어쨌든 동파는 만년에 유배생활을 하는 동안 이 사촌누이의
임종 소식을 전해 듣고 그녀의 아들에게 다음과 같은 글을 써 보냈다.
"칼날로 나의 가슴을 쑤시는 듯 비통하기 그지없다." 동파가 귀양에서
풀려나 그녀의 무덤이 있는 진강을 지나갈 때, 그는 병든 몸을 이끌고 묘
소를 찾아가 그들 부부의 영령에 참배했다. 그 다음날 친구가 그를 방문
했을 때 동파는 벽을 마주보고 침상에 누운 채로 흐느끼고 있었다.[21]

제4장
과 거 응 시

　동파 형제가 청년으로 성장하여 과거에 응시할 때가 되자 그들의 결혼 문제가 대두되었다. 이들이 미혼인 채로 경사(京師)에 가서 과거에 급제 하게 되면, 딸을 가진 여러 집안에서 청혼이 들어올 것이 뻔했다. 당시에 는 초혼(招婚)이란 데릴사위 풍습이 있었다.[1] 경사의 딸을 가진 부상(富 商)들은 과거시험 결과를 주시하고 있다가, 급제한 미혼의 수험생에게 재정지원을 해 주겠다는 조건을 제시하고는 했다. 마침 공교롭게도 공직 시험이 있는 시기는 바로 결혼시장이 왕성할 때였다.[2] 그러나 부모로서 는 자식들이 서로 잘 아는 가문의 동향 처녀와 결혼하기를 바라게 마련 이다. 당시에는 일반적으로 부모들이 모든 것을 알아서 정해 주었다.

　그리하여 동파는 18세가 되는 해에 왕불(王弗)이란 처녀를 아내로 맞 아들였는데 당시 그녀는 겨우 15세였다. 그녀는 강으로부터 15마일 이 남에 위치한 청신(靑神)이란 곳에 사는 어느 집안의 딸이었다. 아우 자유 는 다음해 16세가 되는 해에 두 살 아래의 처녀와 결혼했다. 이런 조혼 의 풍습은 그다지 드문 일이 아니었다. 소씨 형제처럼 부모측에서 며느 릿감을 골라 결혼시키는 관습이 생기게 된 것은, 젊은이가 이상적인 배 우자를 고르고 구애하는 과정에서 생기는 정력의 낭비와 감정의 혼란을 미리 막기 위해서였다. 가장 이상적이기는 젊은이들이 사랑하거나 연애를 하더라도 모두 안정되어 있어, 다른 일에 방해받지 않는 것이리라.

중국의 부모들은 자식이 성장하면 며느리를 맞아들여 결혼시키므로, 젊은이들이 결혼을 빨리하고 싶어 애를 태울 필요는 전혀 없다. 어쩌면 결혼 후 남편이 된 사람을 사랑하기보다는 결혼하기 전의 상대를 더 사랑할지도 모른다. 더욱이 낭만적인 사회에서는 후자가 더 흥미롭게 여겨질 것이다. 아무튼 소동파 형제는 행복한 결혼을 했다. 그렇다고 자식의 결혼을 부모가 결정짓는 데 실수가 전혀 없다거나, 부모가 결정해 준 대로 하는 결혼이 행복할 확률이 높다는 것을 의미하진 않는다. 어떤 식으로 결정하든 간에 결혼은 일종의 도박과 같아서, 망망한 바다 한가운데를 항해하는 것과 다를 바 없다. 선견지명이 있는 부모나 예언자라 할지라도, 그들이 정해준 아들의 결혼이 앞으로 어떻게 변하고, 또 어떤 결과를 가져올지 아는 사람은 아무도 없다. 18세에서 25세쯤의 미혼 남녀가 어두운 숲에서 눈을 가리고 짝을 찾아 혼인관계를 맺게 하는 관념상의 가공사회에서건, 사회윤리와 공동생활이 잘 갖추어져 있는 문명사회에서건, 행복한 결혼이 될 확률은 비슷비슷할 것이다. 나이 18세의 청년이든 58세의 노인이든, 아주 예외적인 경우를 제외하고는 대부분의 사람들은 자연이 창조해 준 대로 성적 매력에 근거하여 상대 배우자를 선택하게 마련이다. 여성 쪽에서는 비록 맘대로 상대를 선택할 처지는 못 되지만, 여성 특유의 매력으로써 상대를 매료시킨다. 하지만 현대의 남녀들은 좀더 지성적인 선택을 하려고 애쓴다는 점에서 볼 때, 현대의 결혼은 동물의 본능적인 교접과 성격이 좀 다르다. 부모들끼리의 정혼제도가 간편하다는 이점 외에도, 시간을 덜 소비하며, 효과적이고 그 선택의 범위가 더 넓다는 이점도 있다. 사실 모든 결혼은 하늘이 정해 놓은 것이건만, 이 땅에서는 남녀가 반드시 성스런 제단에서 식을 올리고 난 후에야 비로소 부부관계가 성립된다.

이들 형제는 결혼하고 얼마 지나지 않아, 시험을 보러 부친과 함께 경사를 향해 길을 떠났다. 그들은 먼저 성도(成都)로 가서 고관 장방평(張

方平)을 방문했다. 이 사람은 나중에 동파에게는 친아버지나 다름없는
존재가 되었다. 그들의 부친도 관직을 얻고 싶어했다. 당시 그의 나이는
47세쯤 되었는데 시험에 낙방하여 고향에 돌아온 이후로 줄곧 열심히 실
력을 쌓아온 터였다. 이즈음 그는 정부와 전쟁과 평화의 원칙에 대해 논
한 매우 중요한 글을 써서 그의 사상의 심오한 깊이와 창의성을 드러낸
바 있었다. 이 글로 그는 경사 문인들의 관심과 존경을 받았다. 당시에는
고관의 특별추천을 받아 벼슬을 얻을 수 있는 길도 있어서 소순은 그의
문필작품들을 장방평에게 보였다. 장방평은 그의 글들을 높이 평가하여
성도의 주학교수[成都學官]로 임명하려 했다. 그러나 소순은 서원의 훈장
자리가 그다지 달갑지 않았다. 결국 장방평은 소순의 열성에 설복되어,
비록 구양수(歐陽修)와 이렇다 할 교분은 없었지만, 당대 문단의 영수였
던 구양수 앞으로 소개장을 써주었는데, 장방평 이외에도 뇌(雷)씨 성의
또 다른 한 사람[3]이 소순에게 소개장을 써주었다. 이 소개서에는 그는
노소(老蘇)가 '임금을 보필할 재능'을 갖추고 있다고 천거했다.[4] 구양수
와 매요신(梅堯臣) 앞으로 쓴 이 추천서들을 가지고, 부친과 두 아들은
사천성 북부와 섬서성의 높은 산악지대를 지나, 두 달에 걸친 육로여행
끝에 경사에 도착했다.

1056년(仁宗, 嘉祐 元年) 5월, 삼소(三蘇)는 경사에 도착하여, 어느 절
에서 머물면서 가을에 있을 시험을 기다리고 있었다. 이 가을 시험이란
예부(禮部)에서 치르는 초시(初試)로서, 여기에 합격한 사람은 다음해 봄
에 황제 배석하에서 치르는 전시(殿試)를 볼 수 있었다. 미주에서 올라온
45명의 응시생 가운데 13명이 합격했는데, 그 가운데 두 명이 바로 동파
형제였다.[5] 초시에 합격한 후 이들은 다음해 봄의 시험들[省試, 殿試]을
기다리는 일 외에는 별달리 할 일이 없었으므로, 삼부자는 시내를 두루
구경하고 경사의 문인들 모임에 참석했다. 그때서야 소순은 자신의 문필
작품들을 구양수에게 보였다. 당시 구양수는 문단의 영수로서 대단한 존
경과 사랑을 한 몸에 받고 있었다. 온화한 성품의 구양수는 귀가 유난히
하얗고 길었으며, 윗입술이 얇아서 웃으면 윗잇몸이 드러나 보였다.[6] 그

의 외모는 그다지 수려한 편은 아니었다. 이 고참 문필가를 만나서 그의 호감을 사는 일은 당시 원대한 포부를 지닌 모든 문인들 공통의 소원이었다. 한편 구양수는 젊은 인재들을 찾아내고 그들을 고양시켜 주는 것이 자신의 책임이라고 여겼으므로, 사림(士林)들로부터 그 같은 숭앙을 받을 수 있었다. 구양수는 소순을 후대했다. 구양수를 통해 소순은 당시 추밀원(樞密院) 대신인 한기(韓琦)의 집에 손님으로 초대되어 고관대작들을 만나보게 되었다. 그러나 소순의 냉담하고 지나치게 자부심이 강한 태도는 정부의 고관들에게 좋은 인상을 주지 못했다.[7]

한편 소씨 형제는 활기찬 거리를 돌아다니거나 유명한 음식점에 가서 식사를 하기도 했다. 우연히 명신(名臣)들이 마차를 타고 행차하는 광경을 보게 될 때면, 찬바람이 부는 거리에 선 채 부러운 눈초리로 쳐다보기도 했다. 송대에는 네 개의 수도가 있었는데 지금의 하남성(河南省)에 있는 개봉(開封 ; 汴京)이 그 가운데 으뜸이 되는 수도였다. 당시 개봉은 동경(東京 ; 동쪽에 있는 수도란 뜻)이라 불리었는데, 13마일이나 되는 외성(外城)과 7마일 가량의 내성(內城)에 둘러싸여 있었다. 이 밖에도 도성에는 12개의 대문이 있었다. 문마다 이중 삼중으로 적을 방어하는 시설이 되어 있었고 성벽 꼭대기에는 일정한 간격을 두고 마두(馬頭)를 설치해 두었다. 마두란 지금의 포상(砲床)과 같은 것이다. 동경은 비록 북쪽으로 황하가 약 200마일 가량 길게 흐르고 있어 군사적으로 완전한 자연방어 구실을 해주고 있지만, 낮은 평지에 위치해 있어 군사전략상 불리하다. 그래서 군사방어전략 계획이 세심하게 고안되었다. 지금은 황하 연안을 따라 농해(隴海)철도가 개설되어 있다.

서경(西京)은 낙양(洛陽)에서 서쪽으로 약 130마일 떨어져 있다. 서경은 곧 군사요새지인 동관로(潼關路)를 통해 북서쪽에서 외침해 들어오는 것을 방어하는 보루로서 세워진 것이었다. 동쪽으로 80여 마일 밖 상구(商邱)에 또 하나의 군사요새지인 남경(南京)이 건립되어 있다. 남쪽에는 외침의 위험이 없었던 반면에 북쪽에는 오랑캐들이 10세기 전엽에 중국을 침입해 들어왔다. 당시 하나의 군벌세력이 따로 정부를 건립하였는데, 이들은 몽고 주위의 이족[契丹]들과 연합하여 중국의 다른 평온한 지방을 침입해 왔다. 석경당(石敬塘)이 거란 황제의 아들이 되더니, 그는 자신이 중국을 사랑하고 백성들의 안전과 부강에 관심을 갖고 있노라고 떠들어댔다. 그는 자칭 '아황제'(兒皇帝)라고 하고, 거란의 황제는 '부황'(父皇)이라고 칭하였다. 그는 생전에 중국이 연합하는 데 방해가 되었던 반면 이족으로부터는 찬사를 받았다. 그래서 중국의 정부는 특별조치를 취하여 이러한 정권분리 현상이 재현되지 않도록 유의하였다. 왜냐하면 옛날이나 지금이나 적지않은 자칭 '애국자'란 자들이 일반 백성을 핑계대고 외족의 꼭두각시 노릇을 해가며 자신의 권력을 유지하려 했던 일들이 늘 있어 왔기 때문이다. 결국 이 이족 폭군의 '아들'은 세력을 잃고 치욕스럽게 죽었다. 전대에 이와 같은 선례가 있었음에도 불구하고 12세기의 또 하나의 꼭두각시인 장방창(張邦昌)의 득세를 저지하지는 못했다. 장방창이 외족에게 실컷 이용당한 뒤 내쫓긴 사건의 교훈이 있었음에도 16세기의 또 다른 '애국자'인 오삼계(吳三桂)가 이족 군대를 끌고 장성(長城)에 진입, 중국정부를 파멸시키는 것을 끝내 저지하지 못했다. 그리하여 이후로는 하북(河北) 남방의 대명부(大名府)인 북경(北京)을 건립하여 북방 몽고족의 침입을 엄중히 경계하기에 이른 것이었다.

개봉(옛 명칭은 汴京)은 중국의 경사(京師 ; 황궁이 있는 곳을 칭함)로서 제국의 온갖 번화한 것들을 모두 갖추고 있었다. 즉 전국의 부(富)와 인재, 아름다운 것들이 조정 근처에 모두 집결되어 있었다. 성 밖에는 폭이 100피트 되는 호구(壕溝)가 둘려 있었고, 그 호구의 양 둑에는 느릅나무와 버드나무가 쭈욱 심어져 있어서 그 뒤에 흰 벽과 붉은 옻칠을 한 대문이 유난히 두드러져 보였다. 네 줄기의 강물이 경사를 통과하고 있었는데 물줄기들은 대체로 동편과 서편으로 흐르고 있었다. 그 가운데 가장 주요한 물줄기는 변수(汴水)로서 이 물줄기가 동남부의 안휘(安徽)와 하남(河南)의 평원에서 오는 식량과 모든 화물들을 경사까지 운송해 주었다. 이 강물의 수문은 밤이면 모두 닫혀졌다. 성내에는 이 물줄기를 따라 100야드 간격으로 경계초소가 설치되어 있었고, 성내로 흘러드는 강물 위로는 정교하게 조각하여 칠한 나무다리들이 놓여 있었다. 그 가운데 특히 황궁(皇宮) 앞에는 대리석으로 조각하여 정교하게 꾸민 다리가 놓여 있었다. 황궁은 경사의 중심에 위치해 있었는데, 남쪽 선덕루(宣德樓) 아래에는 용과 봉황을 정교하게 부조해 놓은 돌과 벽돌로 쌓아 올린 긴 담이 쭉 뻗어 있고, 위로는 갖가지 색으로 물들인 화장(化粧) 기와로 덮은 화려한 궁궐의 지붕들이 보였다. 궁궐 주위에는 사방으로 도로가 뻗어 있고, 이 도로들은 나침반의 네 방향을 따서 각각 이름 붙여졌다. 궁궐 서편에는 중서성(中書省)과 추밀원(樞密院)이 있고 주작문(朱雀門) 밖 남쪽 외성에는 국립대학[太學]과 황가의 사원들이 서 있었다. 길에는 보행자들이 무리를 이루고 있었고, 관거(官車)와 우마차, 그리고 당시 주요 교통수단이었던 가마와, 또 근대 인력거의 원형이라 볼 수 있는 두 명의 인부가 끄는 소형 이륜마차들이 있었다. 우마차에 탄 여자들은 밖에서 모습을 볼 수 없도록 주렴을 내려 가리고 다녔다. 경사의 또 하나의 특색이라 할 수 있는 것은 머리에 아무것도 쓰지 않은 사람은 거리를 돌아다닐 수 없었다는 점이다. 그래서 당시 신분이 가장 천한 점쟁이들도 문인들처럼 차리고 다녔다.[8]

드디어 시험 때가 다가왔다. 구양수가 황제의 명을 받들어 시험관 우두머리인 좌주(座主)에 임명되었고, 그 밖에 많은 뛰어난 문사들이 시험관으로 임명되었다.[9] 사인(士人)으로서는 일생일대의 가장 중대한 시각이 다가온 것이었다. 자고로 이 시기가 가까워질 때면 사람들은 흥분과 긴장 속에 한편으로는 희망에 부풀고, 또 다른 한편으로는 실패에 대한 두려움에 가득 차 있고는 했다. 다년간 갈고 닦은 형설의 공을 발휘할 순간이었다. 이른 새벽에 궁중에 도착해야 하므로 응시자들은 한밤중에 일어났다. 또한 시험이 끝날 때까지 시험장을 떠날 수 없으므로 음식물도 준비해 갔다. 시험이 진행되는 도중에는 궁중 감시인의 감찰하에 격리된 방에서 시험을 쳤다. 당국에서는 관리들이 뇌물을 받고 편파적으로 편의를 봐주는 것을 방지하기 위해 엄격한 규정을 마련하고 있었다. 즉 수험생의 답안지는 시험관에게 넘겨지기 전에 서기가 다시 베껴써서, 수험생의 필적을 시험관이 알아보고 편의를 봐주는 일이 없도록 했다. 한편 수험생의 이름은 다시 베껴쓴 답안지에 기재하지 않고 따로 만든 명부에만 기재해 두었다. 시험이 일단 끝나면 수험생들은 궁 밖으로 나올 수 있었으나, 시험관들은 궁중에 며칠간 격리되어 외부와 접촉이 엄금되었다.

보통 1월 말에서 3월 초 사이에 시험 답안지는 대강 등급이 매겨져 황제에게 제출된다. 처음에 수험생들은 역사와 정치원리에 대한 시험을 치른다. 두 번째 시험에서는 고전(古典) 시험을 치고[省試], 시험 결과 마지막 시험까지 합격한 자는 황제의 감독하에 시부(詩賦)와 책문(策問)시험[殿試]을 다시 치른다. 특히 인종(仁宗) 황제는 조정을 위해 재능있는 신인들을 선출하려고 고심했으므로, 과거시험에 대한 개인적 관심이 유독 깊었다. 인종은 측근 신하를 시켜 시험문제를 내보냈는데, 어떤 때는 사전 누설에 대비하여 최후의 순간에 시제(試題)를 다시 바꾸기도 했다.[10]

동파 형제는 좋은 성적으로 시험에 합격했다. 나중에 구양수는 동파가 쓴 답안을 그의 동료 문인들에게 보여주며, 며칠을 두고 그의 글을 감상했다. 이 시험 때 쓴 책문에서 동파는 국가의 행정조치가 좀더 간략하고 관대해야 함을 촉구하는 내용의 글을 썼다. 이는 바로 국가행정에 대한 그의 기본철학이었다. 그러는 가운데 불행한 오해가 생겼다. 즉 구양수는 그 답안 문장의 뛰어난 문체와 내용을 보고 너무 기뻐한 나머지, 그 글을 그의 친구인 증공(曾鞏)이 쓴 문장인 줄로 오해한 것이었다. 구양수는 나중에 자기 친구를 뽑았다는 비난을 면하기 위해 본래 수석감이었던 것을 차등으로 바꾸었다. 그리하여 동파는 시험에서 2등이 되었다.[11] 1057년(嘉祐 2) 4월 8일 소동파는 이들 시험을 모두 통과했고, 4월 14일 20세 나이에 진사가 되었다. 당시 388명의 합격자 가운데에서 그는 거의 수위에 속했다.[12] 이런 영예로운 합격은 곧 그가 나라 안의 손꼽히는 문인의 한 사람으로서 일시에 전국적으로 명성이 널리 알려짐을 뜻하기도 했다.

그런데 이 뛰어난 재능을 가진 선비는 시험답안[13]을 작성하면서 역사

를 자기 나름대로 해석해서 있지도 않았던 대화의 한 대목을 만들어 썼
다. 그는 답안지에서 말하기를 좀 지나치게 관대히 판결하는 점이 있더
라도 범죄자를 처벌할 때 그에게 최대의 특혜를 베풀어 주어, 최소한 무
죄인 사람이 오판으로 사형당하는 일을 방지해야 한다는 그의 정치이론
을 전개해 나갔다. 그러는 가운데 요(堯)임금 당시 사형당하기 직전에 있
던 어떤 한 사람에 대해서 이렇게 썼다. 법관이 그를 '사형하라'는 판결
을 세 번이나 내렸는데, 그때마다 요임금은 '그를 용서해 준다'고 세 번
이나 얘기했다는 것이다. 이 대화는 성군인 요임금이 그 악인에게 다시
한번 기회를 주려는 의도를 보여주기 위해 이렇게 꾸며낸 것인데 꽤 근
거 있는 이야기처럼 보였다. 시험관은 이 대목을 읽은 후, 이런 사실이
역사서에 정말로 기재되어 있는지 여부에 대해 감히 묻지 못했다. 왜냐
하면 물어봤다가는 어느 경전 어딘가에 실려 있을 경우 자신이 미처 읽
지 못했음을 드러내는 꼴이 되기 때문이었다. 그리하여 이 대목에 관한
질문을 받지 않은 채 동파는 무사통과할 수 있었다.

시험이 끝난 후 시험관의 한 사람이었던 매요신(梅堯臣)이 어느날 동
파에게 물었다.

"아 참, 요임금과 재판관 사이의 그 이야기는 어디에 나오는 이야기인
가? 어느 책에서 그것을 읽었는지 도무지 생각이 안 나는군."

"그건 제가 지어낸 이야기입니다."

라고 젊은 문인이 사실대로 말했다.

"자네가 지어낸 것이라구?"

하고 시험관이 물었다.

"저, 성군(聖君) 요임금이시라면 그렇게 말씀하셨을 법도 하지 않습
니까?"

하고 동파가 대답했다.[14]

한 문인이 어느 시험관 우두머리[座主] 밑에서 과거에 장원급제하게 되
면 그 천분을 인정해 준 시험관의 지극한 은혜로 인해 두 사람 사이에는
스승과 문생(門生)의 관계가 성립된다.[15] 그래서 대개 응시생은 은사인

시험관에게 존경의 표시로 감사의 편지를 쓴다. 구양수는 당시 문단의 영수였으므로 그의 찬양이나 비난의 말 한마디로 한 문인을 배출해 낼 수도 있고 사장해 버릴 수도 있었다. 당시 어떤 문인은 다음과 같이 말한 적이 있었다. "문인들은 형벌 따위는 두려워하지 않고, 또 관작의 품계가 승진되는 것도 기뻐하지 않으며, 오래 살기를 탐하거나 장차 죽을까 봐 두려워하지도 않으나, 오로지 구양수의 평가만은 두려워한다."16) 그런 구양수가 어느 동료 관리에게 소동파에 대해 이렇게 말했다.

"소동파의 편지를 읽고 나는 기쁨으로 온몸에 땀이 배어나올 지경이었소. 나 같은 늙은이는 이제 이 젊은이에게 자리를 내주어, 그가 문단의 영수로 군림하게 해야 할 것 같소."17)

구양수가 소동파에 대해 이렇게 평했다는 소문은 곧 경사의 모든 사람들에게 전해졌다. 구양수는 또 자기 아들에게 이렇게 말했다 한다.

"내 이야기를 잘 기억해 두거라. 30년 후에는 나에 대해 이야기하는 사람은 아무도 없게 될 것이다."18)

그의 예언은 과연 적중하여, 구양수가 죽은 지 10년 뒤에는 어느 누구도 구양수에 대해 말하는 이가 없었고, 모두들 소동파에 대해서만 이야기했다. 그의 책이 금서(禁書)로 되었을 때에도 사람들은 그의 작품을 몰래몰래 읽었다.

이제 막 소동파의 관직생활이 시작되려 할 즈음 동파의 어머니가 돌아가셨다. 유가의 규범에 따르면 모친상은 대사이므로 일국의 재상이라 할지라도 즉각 사직하고 27개월 동안 거상(居喪)한 후에야 복직할 수 있었다. 동파의 손위 누이도 몇 년 전에 죽었고, 집안의 남자들은 모두 시험에 응시하러 집을 떠나 있었으므로, 모친은 두 며느리와 함께 홀로 집에 남아 있었는데, 경사(京師)의 희소식을 전해 듣지도 못한 채 임종한 것이었다. 부자는 서둘러서 귀향했으나 모친은 이미 사망한 후였으며, 집안은 엉망이 되어 담벽은 부서져 있었고 지붕은 비가 새어 꼭 피난살이 집과 같았다.19)

상례를 마친 후에 그들은 산언덕 기슭에 위치한 '노옹천'(老翁泉)에다 가족묘지를 잡았다. 그 지방 전설에 따르면 달빛이 맑은 날이면 준수하게 생긴 백발노인이 샘 근처에 앉거나 혹은 누워 있는 것을 볼 수 있는데, 사람이 가까이 가기만 하면 곧 물속으로 사라진다고 해서 이러한 이름이 붙여졌다 한다.[20] 나중에 소순(蘇洵)도 이 가족무덤에 묻혔고, 이곳의 지명인 노옹천을 따서 소순은 노천(老泉)으로 불렸다.

소순은 죽은 처를 애도하는 제문(祭文)에서 다음과 같이 썼다.

> 나는 그대가 어머니로서 자식들에게 품고 있는 마음을 잘 알고 있소. 그대는 자기 자식들이 고관(高官)을 지내기보다는 문명(文名)을 날릴 수 있기를 바랐소. 나는 젊었을 때 내 재능을 낭비했소. 그대는 내 존재가 세상에 알려지지 않은 채 이 세상을 떠나게 될까 늘 걱정했소. 탄식 속에서 나는 새로이 출발하기로 결심했고, 내가 오늘을 맞이하게 된 것도 모두 당신 덕분이오. …… 그대 무덤에 나는 두 개의 묘혈을 마련했소. 내가 죽은 후에 그대와 같이 묻히기 위해서요. …… 아! 나도 이제 늙었고 이 넓은 세상에 홀로 외롭게 남게 되었구려. 그대가 죽었으니 누가 내게 좋은 충고를 해 주겠소? 나는 이제 우리의 정다운 집으로 돌아가 집을 수리 개조하려 하오. 만약 그대 혼이 없어지지 않았다면 우리를 찾아와 주구려.[21]

의무적으로 칩거하게 된 27개월 동안이 소동파에게는 오히려 젊은 시절 가운데 가장 행복한 날들이었다. 형제는 그들의 젊은 아내와 함께 지냈다. 동파는 청신(青神)에 있는 처가를 자주 방문했다. 이곳은 산이 많은 아름다운 산지 지방에 위치해 있었는데 시내와 깊은 못들과 또 높은 산꼭대기엔 사원 등이 있었으며, 신비롭고도 낭만적이며 전설과 같은 분위기가 감돌고 있었다. 소동파는 그의 처삼촌·처사촌들과 함께 자주 사원을 방문하거나, 서초교(瑞草橋) 부근으로 소풍 나가 강둑에 앉아 술을 마시며 놀았다. 여름밤에는 초가 밖에 앉아 호박씨를 까거나 콩을 튀겨 먹었다.[22] 처가는 대가족으로, 장인어른 왕방(王方)과 장모 외에 두 분

숙부와 그 가족들이 같이 살고 있었다. 왕씨 집안 30여 명의 사촌 가운데, '27랑'(二十七娘)[23]이란 이름의 소녀가 있었는데 후일 그녀는 동파 생애의 일부가 되도록 운명지워져 있었다.

한편 소순은 관직 임명을 기다리고 있었다. 아내의 상을 지키는 것은 자식이 모친상을 지키는 것과 경우가 다르므로, 벼슬하는 데 장애가 되지 않아 관직을 지낼 수가 있었다. 경사의 고관들은 그를 도와주겠노라고 약속했는데, 이미 1년 남짓 지나도록 아무 소식이 없었다. 그러다가 마침내 성지(聖旨)가 도착했는데, 내용인즉 그로 하여금 경사에 와서 특별시험을 치르라는 것이었다. 이 성지는 이 노인을 깜짝 놀라게 했다. 그즈음 그는 모든 시험에 공포증을 느끼고 있었기 때문이었다. 그는 황제에게 편지를 한 통 올려, 노령에다 몸이 쇠약하다는 구실로 시험에 응시하지 못하겠노라고 했다. 그런데 친구에게 보낸 편지에서 그는 다음과 같이 쓰고 있다.

제가 꼭 관리가 되겠다는 것은 아닙니다. 그렇다고 굳이 벼슬을 안 하겠다는 것도 아닙니다. …… 하지만 무엇하러 이 나이에 시험관에게 심사받는 망신스러운 짓을 사서 하여 남의 웃음거리가 되겠습니까? …… 저는 이미 여러 편의 제 글들을 구공(歐公 ; 구양수를 가리킴)에게 보였습니다. 만약 구공께서 제 글들이 좋다고 생각하면 또다시 시험을 칠 이유가 없지 않겠습니까? 만약 구공이 평소에 쓴 저의 글 가운데 가장 잘된 것조차도 평가해 주지 않는다면, 시험을 본다 하더라도 하루 동안에 본 시험에서 쓴 글들이 어찌 좋게 평가받을 수 있겠습니까?[24]

또 매요신에게 보낸 편지에서는 다음과 같이 말하고 있다.

저는 제 평생 시험관의 기준에 맞출 수가 없었습니다. 그것이 또한 오늘날 제가 여태까지 성공하지 못한 이유이기도 합니다. …… 젊은 시절, 시험장에 나가려고 한밤중에 일어나 음식물을 꾸려 가지고서 꼭두새벽부터 동화문(東華門) 앞에 서 있다가 줄지어 시험장으로 들어가, 각자의

자리로 가서 의자에 쭈그리고 앉았던 생각이 납니다. 그런 장면들을 회
상하면 몸서리가 쳐집니다.……[25)]

다음해 1059년(嘉祐 4) 6월, 그는 조정으로부터 이전 성지(聖旨)와 같
은 내용의 명령을 또다시 받았다. 그는 시험을 면제해 주길 바랐으나 성
지에는 시험을 특별히 면제해 주겠다는 말이 없었다. 소순은 정부관리들
이 그가 시험을 치든 치지 않든 그를 전적으로 믿어주길 바랐다. 소순은
소학생처럼 시험으로 희롱당하고 싶지 않았다. 그래서 또다시 세 번째
사양을 했다. 그는 편지에 쓰기를,[26)] 이미 50세가 되었으니 이 나이에 국
가를 위해 무엇을 할 수 있을 것이며, 선비된 자로서 어떻게 해서든 조정
에 들어가고 싶어하는 것은 그래도 나라를 위해 무엇인가 공을 세워 보
기 위해서인데, 그렇지 못할 바에야 가난한 선비로 살아가는 것이 낫겠
노라고 했다. 설사 이제 그가 조정에 들어가겠다고 결심한다 하더라도,
나라를 위해 무엇인가 공을 세울 기회를 꼭 얻을 수 있을지 여부도 확실
치 않았다. 또 그랬다가는 그나마 은사(隱士)가 될 영예조차도 누리지 못
하게 되고 만다. 때는 이미 여름이었고 두 아들의 거상기간은 다음달이
면 끝나므로, 그때 가서 두 아들과 함께 다시 경사에 가기로 일단 결정했
다. 그때 가서 관리들과 만나 이런 사정을 다시 의논해 보고 싶었다. 이
편지의 전체적인 어조를 살펴보면, 꼭 쉰이란 늙은 나이 때문에 관직에
나서는 것을 꺼려한 듯하지는 않고, 단지 영향력 있는 인사들이 잘 안배
해 주어서 어린 학생처럼 시험관에게 평가당하는 것을 가능하면 피하기
를 원한 듯하다.

사실 소순은 그의 아내도 사망한 뒤여서 사천집을 영원히 떠날 생각이
었다. 그가 경사에서 사는 것이 더 좋으리란 것은 명약관화한 사실이었
다. 그의 두 아들은 이미 관리로서 임용자격을 얻었고, 따라서 지금으로
서는 자신의 구관(求官)보다, 어떠한 관직이 자식들에게 주어질지 바라
보는 것이 좋을 듯했다. 거상기간이 끝난 지 만 2개월이 되었을 때 삼부
자는 다시 경사로 떠났는데, 이번에는 젊은 아내들이 동행하였다. 그들

은 돌아가신 어머니의 혼백을 위해 알맞은 조치를 해 놓았다. 소순은 사람을 시켜 여섯 보살상을 조각하게 하고, 이를 조각해서 금박을 입힌 두 개의 목제 벽감(壁龕)에다 넣어서 극락전(極樂殿)의 여래청(如來聽)에다 안치했다. 육보살이란 관음낭랑(觀音娘娘), 세지보살(勢至菩薩), 천장왕(天藏王), 지장왕(地藏王), 해원왕(解寃王)과 인로왕(引路王)이다. 출발하기 전에 소순은 불상을 정식으로 절에 헌납하고, 죽은 아내의 영전에 나아가 이별을 고했다. 소순은 제문 끝머리에서 다음과 같이 말하고 있다.

그대 영혼이 아직도 감지할 수 있다면, 내가 이 세상을 자유롭게 떠돌아다니는 것처럼, 그대의 영혼도 하늘로 올라가거나, 또는 사방, 위, 아래 어느 곳이든지 맘대로 떠돌아다니기를 희망하는 마음에서 이 불상들을 만들었소.[27]

제 5 장
아버지와 두 아들

　아버지와 두 아들 그리고 그 아내들은 경사를 향해 길을 떠났다. 이번 여행은 그 전의 여행과는 좀 달랐다. 그들의 문학적 명성은 이미 입증된 바였고, 장차 주어질 관직도 보장된 것이나 다름없었다. 그들은 경사로 이사하는 길이었으므로 서북쪽 육로로 가지 않고, 장강(長江 ; 양자강)을 따라 여행했다. 이 여행길은 약 1,100마일에 달하였는데, 그 가운데 700마일 가량은 수로로 여행했고 400마일은 육로로 갔다. 그리하여 10월에 출발해서 다음해 2월에 도착했다. 특별히 급히 갈 일도 없었고 아내들을 동행한 터였으므로 그들은 배 위에서 술을 마시거나 투전놀이를 했으며, 육로여행할 때에는 아름다운 경치를 감상하곤 했다. 소씨 형제의 두 아내는 태어난 이래 여태까지 고향 밖으로 나가본 적이 없었다. 아내들은 진사(進士)가 된 남편과 여행하고 있다는 사실은 알고 있었으나, 이 집안에서 당대의 유명한 세 명의 문장가가 나왔으며, 또 그 가운데서도 한 명은 대시인이 되리란 것은 미처 모르고 있었다. 형제는 여행 도중 내내 시를 지었다. 그 당시 모든 문인들은 오늘날 우리가 편지를 쓰듯이 풍경이나 어떤 감정을 기록해 두기 위해서 시를 지었다. 자유(子由)의 새 신부는 사천(四川)의 오래된 가문인 사씨(史氏) 집안 사람이었다. 소동파의

젊은 아내는 위치나 나이에서 모두 손위였다. 그녀는 이성적이면서도 다
감하여 손아래 동서와 잘 어울려 사이좋게 지냈다. 더욱이 일가의 가장
인 노부(老父)가 곁에 계셨으므로 순종하지 않거나 반목하는 등 규범에
어긋나는 일은 있을 수 없었다. 동파의 아내는 세 명의 남성 가운데서 자
신의 남편이 가장 충동적이고 자유분방하며 말하기를 좋아하는 성품임
을 알고 있었다. 자유는 키가 크고 몸은 마른 편으로 형만큼 건장하지는
못했다. 소동파는 튀어나온 광대뼈에 균형 있는 아래턱을 가진 준수한
용모에다 건장한 체격을 갖고 있었다. 그들 외에 그 해에 태어난 소씨 집
안의 장손[蘇邁]도 함께 있었다. 모든 상황이 아주 이상적이었다. 만약
이 아이가 1년 빨리 태어났다면, 이는 모친상을 당해 거상(居喪)하던 첫
해에 방종했음을 뜻하게 되므로 다소 당황하였을 것이다. 이런 유감스런
실수를 저질렀다면 송대 이학가(理學家)들은 그의 순수한 효심조차도 수
상쩍게 보았을지 모른다.

그들이 대석불(大石佛)이 있는 가주(嘉州)에서 배를 탔을 때, 이 젊은
부부들은 희망에 부푼 채 항해길에 올랐다.[1] 그들은 강한 성품에다 열정
적이었으며 자신에 넘쳐 있었다.

> 고향을 뒤에 두고 멀리 왔네.
> 우리는 저 광대한 지평선 너머까지 전진하려 하네.[2]
> (故鄕飄已遠, 往意浩無邊.)

사천성은 중국에서 가장 큰 성(省) 가운데 하나로 크기는 독일만하며,
예전 삼국시대의 역사와 밀접한 관련이 있는 지역이다. 그들이 사천성의
동쪽 경계지역까지 가는 데는 한 달이 걸렸다. 그곳으로부터 삼협(三峽)
이 시작되었다. 산꼭대기에 있는 마을과 사원들은 옛날의 전사들과 도사
들을 생각나게 했다. 두 형제는 산에 올라 선도(仙都)를 방문했다. 옛 신
선들은 승천하기 전 바로 이곳에서 살았다 한다. 동파의 초기 시작 가운
데서 신선과 늘 동반해 다녔다는 전설적인 백록(白鹿)을 묘사한 시[3]가

한 수 있다. 이 시를 통해 동파가 이미 정신적으로 높은 경지에 이르러 있었음을 엿볼 수 있다.

> 쉼 없는 시간의 바퀴는 계속 돌아가는데,
> 우리는 이 속세의 인생살이에 매여 있네.
> 신선은 하늘의 집으로 가버리고,
> 그의 노루만이 옛 산에 남아 있다.
> 이제 주인 잃어 갈 데 없는 노루는
> 멀리 구름 덮인 낙원을 슬피 쳐다본다.
> 밤이면 이 노루가 강가 모래 위를 울며 헤매이는 소리 들린다.
> 키 큰 수천 그루 소나무는 바람에 한숨 짓고,
> 옛 선인의 거처지 지척인 양 느껴진다.
> 밤에 우는 하얀 노루, 너 어디 있느냐?
> 가을풀 우거진 산 그 어디에도 행적을 찾을 길 없구나.
> (日月何促促, 塵世苦局束. 仙子去無蹤, 故山遺白鹿. 仙人已去鹿無家,
> 孤棲悵望層城霞. 至今聞有遊洞客, 夜來江市叫平沙. 長松千樹風蕭瑟, 仙宮
> 去人無咫尺. 夜鳴白鹿安在哉, 滿山秋草無行迹.)

　장강 삼협은 그 장대한 아름다움과 그곳을 여행하는 가운데 느끼는 흥미진진한 모험성 또한 대단한 곳이기도 했다. 약 220마일이나 되는 강물 줄기가 흐르는데, 대부분이 급류로서 낭떠러지 절벽 사이를 흘러 들어왔다가 나가곤 했다. 물 속 곳곳에 큰 바위들이 잠겨 있어 뱃사공이 배를 다루는 기술은 기민해야만 했다. 이 삼협은 해마다 배를 난파시켜 유람객을 삼켜버린다고 하는데, 이 강은 광활할 뿐만 아니라 수심까지 깊어 일단 물에 가라앉으면 살아남기 어려웠기 때문이다. 그렇지만 이 협곡은 중국대륙의 그 어느 곳도 능가하지 못할 장엄한 아름다움을 지니고 있어, 아마도 세계에서 몇 손가락 안에 꼽히는 명승지의 하나에 속할 것이다. 사천 지방이 여태까지 독립왕국처럼 취급된 것도 동쪽의 높은 산들과 이러한 긴 협곡이 자연 방어하고 있어, 적이 함부로 쳐들어올 수 없도록 보호하고 있기 때문이었다.

수부(水夫)들에게는 협곡을 거슬러 올라가는 것이 가장 힘겨운 일이었다. 약 60명 내지 70명의 수부들이 긴 밧줄을 어깨에 메고 힘을 합하여 배를 힘껏 잡아당겨, 배가 물을 거슬러 올라갈 수 있도록 한다. 그러나 물을 거슬러 올라가는 것보다는, 오히려 물을 따라 흘러 내려갈 때가 더욱 위험했다. 왜냐하면 배가 격류에 말려 내려가므로 뱃사공은 고도로 숙달된 기술로서 키 하나만 가지고 방향을 잡아야 하기 때문이었다. 이 위험한 코스는 삼협이라고 불렸는데, 구당협(瞿塘峽)과 무협(巫峽)은 사천성에 있고, 서릉협은 호북성(湖北省) 경내에 있다. 협곡마다 소용돌이치는 급류와 교류 등 위험한 곳이 잇달아 나타났다. 이 급류들은 약 수백 피트 높게 솟아 있는 날카로운 절벽 사이를 통과해 흘렀다.

아슬아슬하고도 위험천만한 곳은 구당협부터 시작되는데, 이곳은 계절에 따라 물이 불었다 줄었다 한다. 부근에는 돌무덤들이 있는데, 물이 줄었을 때는 돌무덤이 30피트 가량이나 물 위로 우뚝 솟아나고, 물이 불었을 때에는 돌무덤이 반 이상 물에 잠겨 있어 물이 불어나고 줄어듦을 알려주었다. 동파 일행이 여행하던 시기는 겨울이어서 항해하기가 더욱 어려웠다. 통로가 좁기 때문에 물이 불어나는 여름과 물이 빠지는 겨울의 수위 차이는 약 100피트나 되었다. 수부들은 대개 강 가운데 있는 돌무덤으로 수위를 판단한다. 이 돌들을 염예(灩澦)라 불렀는데, 소용돌이 물결이 돌 위를 내리칠 때 생기는 물안개가 마치 흩날리는 여인의 머리카락 같다고 해서 이처럼 이름 지어졌다. 그 돌무덤이 완전히 물에 가라앉았을 때에는 뱃사공에게 더더욱 위협적인 소용돌이를 이루곤 했다. 그 지방 속담에 다음과 같이 이르고 있다.

> 염예가 말만큼 커지면 구당 아래로 내려갈 수 없고, 염예가 코끼리만큼 커지면 구당 위로 올라갈 수가 없다.[4]
> (灩澦大如馬, 瞿塘不可下 ; 灩澦大如象, 瞿塘不可上.)

그러나 자연 퇴적물로 인해 강바닥의 높이가 변하기 때문에 이 말을 모두 믿을 수는 없다. 물 속에 잠겨 있는 돌의 높이에 따라 어떤 곳은 수위가 낮은 것이 항해하기 바람직하고, 또 어떤 곳은 수위가 높은 것이 바람직했다. 만약 어느 지점에서 폭풍우를 만나게 되면 수부는 물이 안전 수위로 내려올 때까지 며칠이고 기다린 후에야 다시 항해를 계속한다. 이렇게 위험한 곳인데도 불구하고 소동파 형제가 지금 여행하고 있는 것과 같이 사람들은 돈이나 명성을 위해 기꺼이 생명의 위험을 무릅쓰고 여전히 이 협곡을 거쳐 지나갔다. 여행객들로서는 모든 것을 하늘에 맡길 뿐 그들로서는 별다른 방도가 없었다. 사람들은 상행하든 하행하든 간에 협곡에 들어설 때에 무사하도록 보호해 주십사 기도하고, 협곡이 끝날 즈음에는 무사히 지나오게 해 준 데 대한 감사의 기도를 드린다. 항해중에 아주 위험한 곳에 이르면, 술과 고기를 풍성하게 차려놓고 고사를 드린다.

대자연의 장관을 이룬 이 협곡은 산꼭대기에 신선이 살고 있다는 기이한 전설이 생기기에 충분한 환경이었다. 구당협 입구로 들어오기 바로 전에 성모천(聖母泉)이 있다. 성모천이란 강기슭에 있는 바위의 작게 갈라진 틈을 가리키는데, 사람소리에 반응하여 물이 흐른다고 한다. 여행객들이 이 갈라진 틈을 지날 때 '나는 목마르다'[5]고 크게 외치면, 샘에서 딱 한 잔만큼의 물이 솟아나오고 그친다 한다. 그래서 또 한 잔을 더 원할 경우에는 다시 한번 소리쳐야 한다는 것이다.

소씨 일가는 신께 축복해 주십사 빌고 강을 따라 내려갔다. 배들이 서로 너무 가까이 붙어 있으면 항해하기가 위험하기 때문에, 배 한 척이 적어도 반 마일 가량 앞서간 후에야 다음 배를 출발시키기로 규정되어 있었다. 고위직 관리가 여행할 때에는 일정 간격마다 사병들이 붉은 깃발을 들고 서 있다가 자기 앞의 배가 위험한 곳을 안전하게 통과하면 기를 흔들어 표시했다. 소동파는 이런 광경을 다음과 같이 묘사하고 있다.

협곡에 들어설 때에는 물길이 막혀 있는 듯하더니,

절벽으로부터 갈라진 틈이
마치 신주를 모시어 두는 감실(龕室)처럼 드러난다.
소용돌이 물결은 넓은 수면에 삼켜져 버리고,
좁은 틈 사이에선 심연을 이룬다.
바람은 절벽 사이에서 울부짖고,
구름은 마치 동굴이 토해낸 듯하다.
공중에 매달린 듯한 가파른 절벽에서는 휘파람소리 휘휘 나고,
늘어진 담쟁이는 찬란한 초록빛을 발한다.
바위 위 청록으로 흠뻑 젖은 대나무 작은 숲,
또 산 틈바구니에는 곳곳마다 석남화(石楠花)가 돋아 있다.
떨어지는 폭포로부터 눈 같은 안개 흩어지고,
괴이하게 생긴 암석들은 나는 말처럼 내 곁을 질주해 지나간다.[6)]

（入峽初無路, 連山忽似龕. 縈紆收浩渺, 蹙縮作淵潭. 風過如呼吸, 雲生
似吐含. 墜崖鳴窣窣, 垂蔓綠毿毿. 冷翠多崖竹, 孤生有石楠. 飛泉飄亂雪,
怪石走驚驂.）

때때로 그들은 배를 탄 채로 호젓한 오막살이 있는 곳을 지나가면서
나무하는 시골 소년 몇 명이 오롯이 서 있는 모습을 쳐다보기도 했다. 가
난한 농군의 헐벗은 초라한 오두막만 보아도 그들이 얼마나 지독하게 가
난한지 짐작할 수 있었다. 이런 집의 지붕들은 기와로 만든 것은 거의 없
고, 대부분 나무판자로 만든 것들이었다. 동파는 인생살이가 얼마나 고
달픈가 하는 생각에 미치자, 내일 일 따위는 조금도 아랑곳하지 않고 창
공을 자유롭게 마음대로 날며 맴돌고 있는 회색 매를 정신없이 쳐다보면
서 과연 관직의 명예와 봉록이 문명생활이란 구속의 대가로서 치를 만한
것이 될까 의심해 보기도 했다. 그 매는 바로 자유로운 인간정신의 상징
이었다.[7)]

이제 이들은 50마일이나 뻗쳐 있는 그 유명한 무협(巫峽)에 들어섰다.
이곳의 산은 좀더 높았고, 온통 절벽으로 둘러싸여 있었으며, 강은 훨씬
더 비좁았다. 대낮의 밝던 햇빛은 끝없는 여명의 어스름한 빛으로 변해

버렸다. 배에서 하늘을 쳐다보면 단지 좁고 가느다란 리본만한 푸른빛이
보일 뿐이었다. 정오가 되어서야 잠시 동안이나마 겨우 해를 볼 수 있었
고, 밤에는 어쩌다 달이 하늘 한가운데 있을 때에야 겨우 한줄기 달빛을
잠깐 볼 수 있을 뿐이었다. 강 양쪽 기슭에는 기괴한 암석들이 우뚝 솟아
있었는데, 그런 괴석 끄트머리는 대부분 구름에 가려 보이지 않았다. 높
은 바람이 불어 구름뭉치를 몰고감에 따라 구름은 계속 옮아갔고, 그 모
양도 바뀌어졌다. 소름 끼칠 정도로 높은 산봉우리의 모양도 잇따라 바
뀌어, 예술가라도 묘사해 내기 어려운 한 폭의 움직이는 기경(奇景)을 이
루었다. 그 가운데 신녀봉(神女峯)은 마치 여인의 나체와도 같았다. 기원
전 3세기경에 어느 시인이 이 신녀봉에 대해 열정적이고도 환상적인 시
로 묘사한 이래,[8] 이 봉우리는 무산(巫山)의 십이봉(十二峯) 가운데 가장
유명한 봉우리가 되었다. 바람과 구름이 만나고, 하늘과 땅이 잇닿는 산
꼭대기에서는 분명 음(陰)과 양(陽), 혹은 남성과 여성이 결합하여 하나
가 될 것이었다. '무산의 비와 구름'이란 말은 바로 성교(性交)를 문학적
으로 완곡하게 표현한 것으로 오늘날까지 전해진다. 공기 자체도 마치
요정들이 구름 속에서 장난치며 노는 듯했다. 이에 동파의 합리주의적인
젊은 기질이 자연히 눈을 떴다. 논리적으로 볼 때 옛날 전설들은 모두 모
순이 된다. 그는 시를 지어 이렇게 말하고 있다.

> 세상 사람들은 혼령이나 귀신에 관해 이야기하기를 좋아하는데,
> 그런 이야기는 어린아이들을 놀라게 할 뿐이다.
> 초부(楚賦) 역시 꾸며낸 이야기일 뿐,
> 신선들에게 어찌 (남녀간의) 그런 생활이 있었겠는가?[9]
> (世人喜神怪, 論說驚幼穉. 楚賦亦虛傳, 神仙安有是.)

그러자 늙은 수부는 동파에게 자신이 젊었을 때 그 높은 산봉우리에
기어올라가, 산꼭대기에 있는 못에서 목욕하고 나뭇가지에 옷을 걸어 말
리곤 했던 이야기를 들려주었다. 산에는 원숭이들이 있었는데, 그가 어

느 정도 높이까지 올라가자 새들의 지저귐과 원숭이 소리는 모두 그치고
산바람과 침묵만이 흘렀다 한다. 호랑이나 늑대들은 그곳까지 올라오지
않으므로 그는 완전히 혼자였지만 두렵지 않았다고 했다. 신녀묘(神女
廟)에는 특이한 대나무가 있었는데, 그 연한 가지들은 아래로 구부러져
땅에까지 닿아, 그 모양이 마치 신선에게 제배(祭拜)드리는 듯 보였다.
바람이 부는 대로 이 대나무 가지들은 좌우로 흔들려, 마치 여신(女神)의
종인 양 돌제단을 늘 깨끗이 쓸어놓고 있었다는 것이다. 동파는 이 이야
기에 감동되어 이렇게 썼다.

어쩌면 사람은 신선이 될 수 있을지 모른다.
신선 되기가 어려운 것은 인간적 욕망을 망각해야 하는 데 있다.[10]
(神仙固有之, 難在忘勢利.)

소동파는 전 생애에 걸쳐, 동시대 다른 사람들과 마찬가지로 신선과의
만남이나 또는 스스로 신선이 될 가능성에 대해 완강히 부인하거나 기피
하지 않았고 비교적 편견이 없었다.

그들이 무협에 들어섰을 때 신령스런 새가 그들의 배를 따라오기 시작
했다. 이 까마귀들은 다른 새들이 그렇듯이 실상은 먹이를 찾고 있는 데
불과했다. 이 새들은 신녀묘 아래로 또는 위로 몇 마일 가량 떨어진 지
점에 있다가 배가 오는 것을 발견하면, 계속 배를 따라가며 여행객들로
부터 먹이를 얻어내곤 했다. 그즈음 사람들은 까마귀들과 장난치는 놀
이를 한 가지 만들어냈다. 여행객들은 과자를 공중으로 던져 날려, 까마
귀가 내려와 덮쳐 과자를 떨어뜨리지 않고 입에 넣는 것을 보며 재미있
어 했다.

당연히 이 지역에는 사람들이 살지 않았는데, 설사 살고 싶어도 살 수
없게 되어 있었다. 삼부자는 동령탄(東瀶灘)을 뚫고 지나갔는데 그곳에
는 파도가 어찌나 심하게 소용돌이치던지 타고 있는 배가 마치 한잎 작
은 낙엽처럼 이리저리로 마구 흔들렸다. 그들이 이제 막 위험한 고비를

넘겼다고 생각했을 때, 그보다 더 위험한 노호탄(怒吼灘)이 들이닥쳤는데, 괴물 같은 기암들이 해안을 따라 줄지어 물길 한가운데까지 뻗쳐 있었다. 잠시 후 이번에는 많은 사람들이 목숨을 잃은 곳이란 뜻의 인자옹(人鮓甕)에 이르렀는데 그야말로 굉장히 위험했다. 거대한 바위가 강 수면의 5분의 4를 차지하여 물길이 좁아져서, 이곳에 이르면 배들이 압력을 받아 급전환을 하곤 했다. 그래서 이 인자옹을 살아 지나온 사람들은 누구나 할 것 없이 노련한 뱃사공을 자신의 제2의 아버지인 양 우러러 보게 된다.

무협을 빠져나온 후 얼마 지나지 않아 자귀(秭歸)에 이르렀다. 그 앞 머리에는 초라한 오두막이 강기슭의 높고 낮은 곳곳에 점점이 박혀 있었다. 총 가구수가 약 300에서 400호밖에 안 되는 아주 작은 마을이었는데, 언덕의 뾰족한 경사면에 위치하고 있었다. 여기 주민들은 아주 가난하게 살았지만 이곳 풍광의 매혹적인 아름다움이 사람들의 영혼에 깊숙이 스며들어 있는 듯했다. 그러니 이 벽지에서 두 명의 위대한 시인과 황후 한 분, 그리고 역사상 유명한 또 다른 여성 한 명이 배출되었다[11]는 사실도 이상할 것이 없다. 이곳 산지 주민들은 남녀 구별 없이 통이나 바구니에 짐을 넣어 등에다 메고 다녔는데, 대부분 여자들이었다. 잘 알다시피 이렇게 짐을 등에 메고 다니면 근육은 피로하지만 아름다운 몸매를 단련시키는 데는 아주 좋다. 미혼여성들은 머리를 양쪽으로 높이 묶어 올렸는데, 머리 양쪽에 여섯 개 이상의 은제 핀을 꽂았고 머리 뒤편에는 손바닥만큼 큰 상아빗을 꽂고 있었다.

삼부자 일행은 이제 겨우 협곡 둘을 통과했는데, 앞으로도 위험한 고비가 아직도 많이 남아 있었다. 그들이 지금 당도한 곳은 30년 전에 한차례 산사태로 끝이 뾰족한 돌들이 모두 강 속으로 굴러떨어져 배가 지나갈 수 없게 된 곳이었다. 거의 20년 동안이나 이 지점에서 물길이 끊겼다가 최근에야 겨우 좁은 통로가 뚫렸다. 그래서 이곳을 신탄(新灘)이라고 불렀다. 이 지점에서 일행은 눈보라치는 폭풍우를 만나 사흘 동안이나 발이 묶여 있었다.

추운 밤 얼어붙은 거북이처럼 목을 움츠리고 잠을 청하다가
나 혼자만이 깨어 밖에 눈이 내리고 있음을 아네.
아침이 되니 온 세상이 끝없이 온통 하얀빛인데,
찬바람 불어와 나뭇가지 끝을 흔들고 있다.
청산(靑山)은 마치 청춘과 같더니,
하룻밤 새에 머리카락 수염이 하얗게 바뀌었네.
봄기운은 강으로 흘러내려와,
강둑에서 시내를 이루어 소리 죽여 졸졸 흐르고
공중에는 눈송이가 바람 따라 어지럽게 날리다가
넓은 강과 텅 빈 황무지 위로 널리 흩어져,
떨어지자마자 금새 녹아 사라지고
배 안으로 날아들어온 눈발은 솜털처럼 가볍다.
자세히 보면 꽃을 조각해 놓은 듯한 눈이 옷에 묻어 있는데
하늘이 눈꽃송이 하나하나를 이렇게 조각해 만든 걸까?
순식간에 온 천지가 눈으로 뒤덮여 버렸는데
아! 이런 놀라운 능력은 누구의 손에 있는 것일까?……

저기 저 나무꾼, 땔감 잔뜩 지고 가는 것 보이네.
아마도 그들은 따뜻한 술과 노래의 맛을 모르겠지?……
시인의 붓끝도 얼어붙어 꺾어질 듯한 추운 밤에
가난한 아낙네는 휘장도 치지 않은 채 옷감을 짜고 있다.
은사(隱士)는 짚신 바람으로 얼음 위를 지나니,
머리에 쓴 두건, 바람에 날리는 모습이 정말 신선 같구나.
초췌한 불승(佛僧)이 쌓인 눈을 치워 가며 문을 나서는데
찬바람에 얼어붙은 코에선 콧물이 흘러내린다.……

배 안에 앉아 있는 나그네,
말 한 마리 잡아타고 바람 속을 달리고 싶네.
추위에 언 토끼 풀 속에 숨어 있는 것을,
매 한 마리가 밑으로 날아 내려와 덮쳐 낚아채 간다.
얼음 깨어서 끓인 사슴고기를 안주 삼고
내 비록 잘 마실 줄은 모르나 술잔을 높이 들자.

예로부터 초나라 사람은 사냥하길 좋아했다는데
누구라도 사냥하러 앞장서면 나도 따르려네.
춤추며 사방으로 마구 날아 떨어지는 눈송이 실컷 맞으며,
재빨리 붓 들어 이 광경 시로 읊네.[12]

(縮頸夜眠如凍龜, 雪來惟有客先知. 江邊曉起皓無際, 樹杪風多寒更吹.
青山有似少年子, 一夕變盡滄浪髭. 方知陽氣在流水, 沙上盈尺江無漸. 隨風
顚倒紛不擇, 下滿坑谷高陵危. 江空野闊落不見, 入戶但覺輕絲絲. 沾裳細看
巧刻鏤, 豈有一一天工爲. 霍然一揮遍九野, 吁此權柄誰執持……
山夫只見壓樵擔, 豈知帶酒飄歌兒,……凍吟書生筆欲折, 夜織貧女寒無幬.
高人著屐踏冷冽, 飄拂巾帽眞仙姿. 野僧斫路出門去, 寒液滿鼻淸淋漓……
舟中行客何所愛, 願得獵騎當風披. 草中咻咻有寒兔, 孤隼下擊千夫馳.
敲冰煮鹿最可樂, 我雖不飮强倒卮. 楚人自古好弋獵, 誰能往者我欲隨. 紛紜
旋轉從滿面, 馬上操筆爲賦之.)

이곳 지방 사람들에게는 자연재해가 오히려 이득이 되었다. 난파선을 구조하는 일이나 배를 수리하는 데 필요한 판자를 파는 것이 이미 그들의 또 하나의 생업이 되었다. 혹은 어쩔 수 없어서 이곳에 여러 날 동안 머물게 된 여행객들로부터 마치 휴양지에서처럼 돈을 벌어들였다. 이 지점의 격류는 너무 위험해서, 배에서 짐을 모두 내리고 여행객들도 안전을 위해 육로로 걸어가곤 했다.

자귀(秭歸)로부터 바라보면 먼 지평선 위로 큰 소의 등이 부근 산등성 꼭대기 위로 우뚝 솟아 있는 것이 보인다. 이제 그들은 거대한 황우산(黃牛山)이 위치해 있는 지점에 들어섰다. 이곳 암석들은 아주 기묘해서 먼 하늘을 배경으로 하여 산 그림자에 부각된 모습은 마치 농사꾼 모자를 머리에 쓰고 푸른 옷을 걸친 목동이 황소를 끌고 가는 것처럼 보였다. 이 지방 속담에 황우산의 우뚝 솟은 모양을 다음과 같이 묘사했다.

아침에 황우(黃牛)를 출발하였는데, 밤이 되어 멈춰 보니 그래도 황우이네. 삼일 밤낮을 걸어도 황우에서 빠져나가질 못한다.
(朝發黃牛, 暮宿黃牛. 三朝三暮, 黃牛如故.)

이곳 여자들은 피부가 고왔고 머리에는 검은 점이 찍힌 작은 수건을 쓰고 있었다. 이곳 풍경은 무협과 비견할 만했다. 어떤 이들은 이곳이 무산보다 더 경치가 좋다고도 했다. 바로 중국 산수화에 보이는 풍경 그대로였다. 상상하기도 어려운 기괴한 모습의 바위들이 신의 조화처럼 병풍 같은 모양으로 지평선 위에 솟아 있었다. 어떤 것은 머리를 숙인 듯하고 어떤 것은 무릎을 꿇고 하늘에 기도를 드리는 것처럼 생긴 거대한 괴암들이 산기슭 여기저기에 첩첩이 쌓여 돌층계를 이루고 있었다. 그 자연의 장관은 능히 사람을 압도하고도 남음이 있었다. 또 거대한 칼처럼 생긴 큰 바위 끝이 강안 둑까지 쭉 뻗쳐 있었다.

그들은 밑으로 좀더 내려가긴 했으나 아직 위험한 지대를 완전히 벗어난 것은 아니었다. 뒤이어 곧바로 하마배(蝦蟇培)에 이르렀다. 하마배는 펑퍼짐하니 둥그런 큰 바위인데, 모습이 꼭 청개구리의 머리 같았다. 그 바위로부터 물방울이 강물로 뚝뚝 떨어지는 모양은 마치 그 주둥이에서 수정으로 된 주렴을 토해 내는 듯했다. 바위색 또한 이끼 빛깔과 비슷한 초록색이었고, 하마배 등머리에는 작은 물방울들로 온통 뒤덮여 있었다. 끝부분에는 돌구멍이 나 있어 거기에서 샘물이 졸졸 흐르는 맑고 깨끗한 소리가 났다. 어떤 선비들은 경사로 과거시험을 보러 갈 때 이 하마배 입에서 흘러나오는 물을 가지고 가서 시험답안 작성에 사용할 먹 가는 물로 쓰기도 했다.

하마배를 일단 지나자 광란에 가깝던 자연의 순간순간의 마력들도 저절로 수그러들었다. 여태껏 바위와 물이 연출했던 드라마는 끝나고 의창(宜昌) 아래부터는 평온한 풍경으로 바뀌었다. 석양빛이 넓은 논을 비춰주고, 오막살이에서는 연기가 모락모락 피어오르는 광경을 바라보노라면, 유랑객들은 그제서야 자신이 사람이 살 수 있는 세상으로 다시 돌아왔음을 깨닫는다. 그러면 풍속대로 여행객들은 위험한 협곡을 빠져 살아나온 것을 서로 축하해 준다. 또 여행객 모두가 수부들에게 술과 고기를 대접하며 지금까지의 노고를 위로하며 모두 기뻐하고 감사한다. 뒤돌아보면 여행객들은 그들이 마치 한바탕 믿기 어려운 꿈속을 헤매다가 돌아온 것 같은 생각이 드는 것이었다.

그들은 강릉(江陵)에서 배에서 내려 이번에는 마차를 타고 경사를 향해 육로여행을 시작했다. 여행이 끝날 즈음 동파 형제가 그사이 지은 시만도 이미 백여 수에 달했다. 후에 이 시들에 〈남행〉(南行)[13]이란 제목을 붙여 따로 책을 만들었다. 동파의 유명한 시 몇 수는 바로 이 육로여행 동안에 씌어진 것들이다. 이 시들은 순전히 음악성과 곡조, 분위기 위주로 지은 것들이어서 리듬감도 풍부하고 형식 또한 아주 다양하다. 양양(襄陽)에서는 여러 수의 악부시(樂府詩)를 지었는데 유표(劉表)의 옛 고사를 회고하는 〈야응래〉(野鷹來) 같은 노래와 두 명의 부하 때문에 옥토(沃土)를 상실한 맹도(孟瑫)의 고사를 회상하여 지은 〈상도음〉(上堵吟) 등이 있다.

가을바람 부는 누대 위에 한 나그네 서 있네.
그의 슬픈 노랫가락 쓸쓸히 공중으로 흩어져 가네.
누대 부근에서 귀 기울여 엿듣던 소녀들,
그의 소리 따라 흉내내 보지만 그 소리 똑같지 않네.
아! 나그네여, 무슨 번민있는가?
어리석은 두 젊은이 때문에 금같이 귀한 성과 천리 전답을
잃은 일 생각하나?
봉림관(鳳林關)과 백마관(白馬關) 요새지,
나라는 망했건만 산천은 그대로네.
내 슬퍼한들 무슨 소용있나?
이렇게 깊고 차가운 강물에서는 잉어 잡기도 어렵네.
강가의 사람들 노래들으며 지나쳐 가나
내 노래에 담긴 근심 아무도 알아채지 못하네.[14]
　(臺上有客吟秋風, 悲聲蕭散飄入空. 臺邊游女來竊聽, 欲學聲同意不同. 君悲竟何事, 千里金城兩稚子. 白馬爲塞鳳爲關, 山川無人空自閒, 我悲亦何苦. 江水多更深, 鯿魚冷難捕. 悠悠江上聽歌人, 不知我意徒悲辛.)

소씨 일가는 2월에야 경사에 다다랐다. 그들은 시내 중심가에서 멀리 떨어져 있는 의추문(宜秋門) 부근에서 반 에이커 가량 크기의 정원이 딸린 집을 한 채 샀다. 이 집 주위에는 키가 크고 오래된 아카시아와 버드나무들이 쭉 둘러쳐져 있었다. 이러한 전원적 분위기는 시인 가족에게 아주 적합한 환경이었다.[15] 이렇게 살 곳을 정한 후에 부자는 관직임명이 내려지기를 기다렸다. 통상적으로 보아 관직임명은 일정기간이 지난 후에 임명되는 것이 보통이었다. 두 형제는 또다시 치른 두 차례의 시험도 모두 통과했다. 그 하나는 중앙정부의 각 부서 임무에 관한 시험이었고, 다른 하나는 좀더 중요한 것으로서 제책 시험[制科]이었다. 제책(制策)이란 국가행정에 대해 솔직하게 비판하는 일종의 문장 양식이다. 인종(仁宗) 황제는 인재를 선출하고자 고심하던 끝에, 이 특수시험을 실시하도록 명하여 공개적인 비판정신을 고취시키고자 했다. 모든 사인(士人)들은 각 행정부서의 추천을 받거나 혹은 자신의 글을 제출함으로써 이 시험을 치를 자격을 얻을 수 있었다. 두 형제는 구양수의 추천을 받아 시험 신청을 냈는데 두 사람 모두 시험에 통과했던 것이다. 소동파가 받은 시험성적은 송나라 개국이래 두 번째로 높은 것이었다. 그는 그 밖에도 25편의 사론(史論)을 제출하였다. 그 가운데 몇 편은 지금의 학교 산문선(散文選) 교재에도 보인다. 후에 인종 황후는 그 당시를 회고하면서 인종 황제께서는 너무 기쁜 나머지 "오늘 후손을 위해 두 명의 재상감을 얻었네"라고 말씀하셨다고 다른 사람에게 말한 바 있었다.[16]

다행히 부친 소순도 그가 소원하던 대로 시험을 치르지 않고서도 교서랑(校書郎)에 임명되었고, 후에 다시 당대(當代) 황제의 생활사를 주관 편찬하는 관직[太常因革禮]에 임명되었는데, 이는 문필직이었으므로 소순은 기꺼이 받아들였다. 그런데 그는 재위중인 황제의 조상 선대 임금들의 생활사를 편찬하는 가운데, 어떻게 하면 보다 진실에 가깝게 다룰 수 있을 것인가 하는 문제로 고민하게 되었다. 소순은 이 편찬작업은 바로 역사가가 하는 일로서, 역사가라면 현 황제의 조상일지라도 그들의 과오를 교묘히 꾸며 적당히 넘겨서는 안 된다는 견해를 갖고 있었다. 이

로 인해 논쟁이 일어나게 되었다. 소순 문집에 실려 있는 한 편의 글에서
소순은 다음과 같이 말하고 있다.

> 내가 듣자니, 몇몇 동료관리들이 황제께 상서를 올려 진언하기를, 전
> 대 황제들이 개인적인 과실을 저질렀을지라도, 그것이 국정(國政)과 직
> 접 관련이 없는 일이라면 사서(史書)의 기록에서 삭제하고 기록하지 말
> 자고 했다 한다. …… (하지만) 우리는 사서에다 후손들이 준수해야 할
> 예법(禮法)에 대한 경전이나 도덕규범 따위를 제정하고 있는 것은 아니
> 다. 좋든 나쁘든 조상이 했던 일 모든 것들을 상세히 기록하여서 후대에
> 그 사실의 전말을 알도록 하는 것이 역사가의 의무이다. 만약 찬사조로
> 조상들을 이상화하여 보존하고자 함이 조정의 취지라 해도, 나는 이런
> 일을 내 임무의 일부로 간주할 수 없다.《한서》의 저작자는 사실 그대로
> 를 기록했다. 이제 우리가《한서》의 저자인 반고를 본떠 사실 그대로 기
> 록한다 해도, 선제들의 개인적 약점들로 인해 그들이 이룩한 위대한 업
> 적은 조금도 손상되지 않는다는 것을 입증할 수 있을 뿐더러, 아울러 후
> 손들이 신뢰할 수 있는 역사서를 남길 수 있다.[17]

사인으로서 또 문인으로서의 삼소(三蘇)의 명성은 더욱 높아갔다. 그
들은 당시 중국의 가장 유명한 문인들과 교류했으며, 그들의 시와 산문
들은 상당한 찬사를 받아 소씨 집안의 등장은 문단의 획기적인 사건으로
알려지게 되었다. 소씨 형제는 이제 겨우 20대 초반이었는데, 이처럼 나
이가 너무 어린 것이 때로는 천재들에게 방해가 되기도 했다. 소동파는
성격이 쾌활하고 충동적이며 야심적이어서, 마치 한 마리 순혈종의 말이
조급하게 앞발로 땅을 긁으며 어서 빨리 회오리바람에 뛰어들고 싶어하
듯이 하루빨리 세상을 정복하려 했다. 다행히 그에게는 과묵한 동반자인
아우 자유가 있었고, 또 깊은 지적 통찰력과 불굴의 정신의 소유자이며
비사교적인 성품의 노부(老父)가 있었다. 이 두 사람이 순혈종의 말처럼
행동하는 동파를 꽉 잡고 있어 그가 단숨에 세상으로 뛰어들지 않도록
하였다.

제 2 편
장 년 기 (1062~1079)

제 6 장
신(神), 귀(鬼), 그리고 인간

　소동파가 비록 과거시험에서 뛰어난 성적을 거두었다 할지라도, 그는 맨 밑바닥에서부터 관직생활을 시작해야만 했다.

　1061년(嘉祐 6) 말, 그는 대리평사(大理評事) 겸 첨서봉상부판관(簽書鳳翔府判官)에 임명되어, 보고서를 승인하고 조정과 공적인 연락을 취하는 일을 하게 되었다. 중국 당대(唐代)에는, 지방분권제였으므로 국가 통치에 곤란한 점이 많았다. 결국 말기에는 번진(藩鎭)의 난으로 당은 패망하고 말았다. 이 번진은 대부분 황제의 친척들이었다. 그래서 송대에는 중앙집권제도를 실시하였고, 이런 폐단을 바로잡고자 군대를 경사(京師) 주변에 집중시켰으며, 지방관리들을 견제 내지는 통제할 수 있는 제도를 창안해 내었다. 그래서 송대 지방장관의 임기는 보통 3년이었고 그들은 계속해서 이곳저곳으로 떠돌아다녀야 했다. 공문(公文)을 결재하는 권리를 부장관에게 따로 부여했던 것도 이 제도의 주요 특징 가운데 하나였다. 자유(子由)도 상주(商州) 군사추관(軍事推官)에 임명되었다. 그러나 부친이 경사에서 일을 해야 했으므로, 두 형제 가운데 한 명은 경사에 남아 부친을 모셔야 했다. 홀로 된 부친을 혼자 살게 한다는 것은 상상도 할 수 없는 일이었다. 그래서 자유는 임직을 사양했다. 자유는 동파 가족

을 40마일 밖 정주(鄭州)까지 전송했다. 이제 두 형제는 처음으로 이별하
게 된 것이다. 자유는 동파를 떠나보내고 형이 떠나 있는 3년 동안 아버
지를 모시며 자기 가족들과 살 경사로 되돌아갔다. 동파는 아우가 정주
서문(西門) 밖 눈길 위로 여윈 말을 타고 돌아가는 뒷모습을 바라다보았
다. 동파는 내리막길을 따라 내려가는 자유의 뒤통수가 보였다 안 보였
다 하는 모습을 아주 보이지 않을 때까지 바라보고 있었다. 아우에게 시
로 쓴 첫 번째 편지에서 동파는 다음과 같이 적었다.

> 술도 안 마셨는데 왜 이리 술 취한 듯 어릿어릿할까?
> 네 말이 집을 향해 돌아갈 때, 내 마음도 너와 함께 집을 향한다.
> 되돌아가면서 너는 아버님 생각을 하겠지만,
> 나는 이제부터 혼자서 무엇을 하며 외로움을 달랠까?
> 산등성이에 올라서며 마지막으로 뒤돌아보니,
> 오르락내리락 할 때마다 다만 네 검은 모자만이 보였다 안 보였다
> 한다.
> 이렇게 추운 날씨에 얇은 옷을 입은 채,
> 홀로 여윈 말 타고 기운 달빛 밟으며 터벅터벅 돌아갈 네가 걱정되는
> 구나.
> 내 동행인들 웃고 떠들면서 가는데,
> 나만 홀로 왜 그리 서글퍼하는지 머슴들이 의아해한다.
> 살아가노라면 이별해야만 할 때가 있는 줄 알지만,
> 세월이 너무 빨리 지나갈까 두렵다.
> 아우여, 기억하는가? 추운 밤 등불 아래 마주보고 누워
> 밤비 소리 듣던 날 우리가 약속했던 일들을.
> 아우여, 벼슬 욕심 때문에 우리의 약속 잊지 않도록
> 이 일을 마음에 새겨두자꾸나.[1]
>   (不飮胡爲醉兀兀, 此心已逐歸鞍發. 歸人猶自念庭闈, 今我何以慰寂寞.
> 登高回首坡壠隔, 但見烏帽出復沒. 苦寒念爾衣裘薄, 獨騎瘦馬踏殘月. 路人
> 行歌居人樂, 童僕怪我苦悽惻. 亦知人生要有別, 但恐歲月去飄忽. 寒燈相對
> 記疇昔, 夜雨何時聽蕭瑟. 君知此意不可忘, 愼勿苦愛高官職.)

'마주보고 누워 밤비 소리를 듣는다'란 시구는 당나라 어느 시인이 그의 아우에게 보낸 시 가운데 보이는 것으로 전고(典故)가 있는 시구이다. 이 전고는 동파 형제 사이의 묵계가 되었다. 그들이 꿈꾸는 이상적인 행복한 삶이란 곧 그들이 정계에서 은퇴한 후 함께 사는 것이었다. 나중에 형제가 관직상 다시 모여 함께 살 수 있게 되었을 때, 그들은 일찍이 두 차례나 시 가운데에서 이때 한 약속을 서로 상기시키고 있다.[2)]

열흘이면 봉상(鳳翔)에서 경사까지 편지가 배달되었고 형제는 정규적으로 한 달에 시 한 수씩 지어 서로 주고받았다.[3)] 이 시로 씌어진 편지를 통해, 초기 관직생활 동안의 쉼없는 정신적 편력을 엿볼 수 있다. 두 형제는 서로의 시에 화답하는 시들을 자주 지었다. 이러한 화창시(和唱詩)는 상대편의 시에 사용된 것과 똑같은 운자(韻字)를 사용하여 시를 지어 화답하는 것으로서, 시작 기술을 연마하기에 아주 좋다. 왜냐하면 화창시를 잘 짓다 보면 운(韻)의 사용이 자연스러워지기 때문이다. 이런 화창시 작법은 중국의 문인이라면 누구나 대부분 할 줄 아는 문필작업 가운데 하나였다. 화창시를 지을 때면 문인들은 좀더 경이롭고 경쾌하면서도 신선한 시상(詩想)을 찾아낸 다음 여기에다 규정된 운자(韻字)를 가지고 표현해 내려 했는데, 시구와 시구간에 반드시 모종의 인과적인 연결성을 갖도록 자연스럽게 써야만 했다. 글자맞추기 놀이를 할 때처럼, 문인들은 정해 놓은 어려운 운각(韻脚)을 가지고서도 힘들이지 않고 운각에 맞추어 훌륭히 시를 지어낼 때에 보통 시작을 할 때보다 한층 더 기뻐했다.

초기에 자유에게 쓴 화창시 가운데 한 수에서 동파는 벌써부터 대시인의 면모를 보여주고 있다. 처음 두 운자로 '니'(泥)자와 '서'(西)자를 사용해야 했는데, 동파는 이 시에서 다음과 같이 쓰고 있다.

인생살이를 그 무엇에다 비유할 수 있을까?
날던 갈매기, 잠시 눈 녹은 진흙 위에다 남겨 놓은 발자국 같다 할지.
진흙 위에 우연히 발자국 남겼을 뿐,

그 갈매기 동서 어느 쪽으로 날아갔는지 알 길 없네.⁴⁾
(人生到處知何似, 應似飛鴻踏雪泥. 泥上偶然留指爪, 鴻飛那復計東西.)

이 시는 동파의 시 가운데 빼어난 작품 중의 하나이다. '날던 갈매기'
는 바로 인간 정신을 상징한다. 사실 이 책에 수록된 소동파의 생평사략
(生平事略)은 한 위대한 영혼이 우연히 남긴 발자국에 불과하다고 할 수
있을 것이다. 진정한 소동파의 영혼은 한 마리 망상의 새처럼 어쩌면 지
금도 성좌 사이를 꿈꾸며 여행하고 있을지도 모른다.

봉상은 위하(渭河) 근처의 섬서성(陝西省) 서부에 위치해 있다. 섬서성
은 중국문화의 요람지로서 전체 위하 계곡은 역사적 지명 및 고대 역사
와 관련 깊은 명칭들로 가득 차 있다. 그러나 지금의 감숙성(甘肅省) 남
쪽에 위치한 서하(西夏)는 힘센 이웃 왕국과 분규가 잦은 곳이었다. 이로
인해 백성들의 인력과 재력이 끊임없이 유출되어 이 지역은 매우 궁핍했
다. 그가 부임한 첫해에 동파는 지방장관의 관사로 정원이 달린 작은 집
을 지었다. 집 앞쪽에는 연못을 파고 정원에는 30여 종에 달하는 갖가지
꽃들을 심어 가꾸었고, 뒤란에는 정자를 한 채 지었다. 이제 그는 어느
정도 안정이 되었다. 부관(副官)으로 공무(公務)도 그리 많지 않아 틈나
는 대로 산천을 자유롭게 유람할 수 있었다. 그는 동쪽과 남쪽에 위치한
산으로 며칠씩 유람을 가곤 했다. 한번은 공무로 부근 지역으로 가게 되
었다. 그는 그곳에서 미결 범죄사건들을 신속히 해결하는 가운데, 가능
한 한 죄수들을 많이 석방시켜 주었다. 그는 직무 가운데 이런 종류의
출장근무가 가장 마음에 들었다. 동파는 용무를 끝낸 다음 태백산(太白
山)을 두루 유람하였다. 이곳 흑수(黑水) 분지의 사원은 바로 주(周) 왕
조를 개국한 시조가 탄생한 곳이었다. 때로 공무를 끝내고 더 이상 일이
없을 때에는 멀리 서안(西安) 부근의 저 유명한 종남산(終南山)까지 가
서, 유명한 초상화가인 오도자(吳道子)의 그림이나 그가 쓴 진귀한 필적
을 보러 그것들을 수장하고 있는 친구를 찾아가기도 했다.

당시 소동파는 젊었고 지칠 줄 몰랐다. 그는 난생 처음으로 완전히 자

기 혼자 힘으로 아내와 자식들을 부양하며 살게 된 것이었다. 지금 그는 관직생활의 맛을 처음 보고 있었는데, 그러나 그 생활이란 그가 전에 꿈꾸고 그려왔던 것처럼 훌륭한 것은 못 되었다. 그는 수도 경사 지방의 자극으로부터 멀리 떨어진 지방의 부장관으로서, 공문을 결재하고 소송사건이나 판결하는 것이 아주 지루하게 느껴졌다. 어쩌면 그는 이따금 아주 외롭게 느끼다가 또 어떤 때는 술잔에 비친 달빛을 보며 원기를 회복하곤 했으리라.[5]

그가 세상 물정에 어둡던 처음 몇 년 동안 그는 아내의 충고가 필요했다. 아내는 동파에 비해 좀더 실질적이었다. 그녀는 자신이 유명하고 수려한 젊은 시인과 결혼하였음을 잘 알고 있었으므로 남편을 무척 존경했다. 그러나 걸출한 시인이라도 평범하고 상식적인 여자와 같이 살다보면, 결과적으로는 가끔 부인이 남편보다 더 총명한 듯이 보이게 마련이다. 결혼생활을 하면서 대개 남자와 여자는 상호 보조해 주는 역량을 부단히 발휘한다. 그녀는 동파의 성품이 솔직담백하고 때로는 매우 충동적임을 잘 알고 있어서 그를 무조건 숭배만 하고 있기보다는 그를 돌보고 보호하는 것이 그녀의 의무임을 잘 알고 있었다. 동파는 큰일에는 신중했으나 사소한 일에는 소홀했다. 그러나 사람이 한평생을 살아갈 때 크고 작은 일들을 많이 겪게 되는데 사실 큰일은 대체로 적고, 사소한 일들이 훨씬 많게 마련이다. 지아비로서 동파는 아내의 충고에 귀를 기울였다. 동파의 아내는 그가 지금 난생 처음으로 부친의 가르침이 없는 가운데 살고 있다는 것을 늘 그에게 상기시켜 주었다.

동파는 쉽게 사람들을 잘 믿는 편인 데 반해, 그의 아내는 사람을 좀 볼 줄 알았다. 때로 그녀는 병풍 뒤에 서서 남편과 방문객이 나누는 대화를 엿들었다. 하루는 방문객이 돌아간 후 그녀는 남편에게 이렇게 말했다. "나으리께선 무엇하러 그런 사람과 얘기하느라 시간을 낭비하세요? 그 사람은 아첨하기 위해서 나으리가 무엇을 얘기하려고 하는지만을 줄곧 주의하고 있더군요."[6] 그녀는 노골적으로 자기 생각을 드러내는 깊이 없는 친구들을 경계해야 하며, '이 세상에 악인은 없다'는 동파의 유명한

신조에 따라 가리지 않고 마구 친구를 사귀는 것도 조심해야 한다고 조
언했다. 그는 남의 결점을 볼 줄 몰라서 이로 인해 골치를 썩였다. 아내
는 그에게 말하기를, "이런 친구들을 조심하셔야 합니다. 빨리 맺어진
우정은 오래 지속되지 않게 마련입니다"라고 했다. 동파도 아내의 충고
가 늘 옳다는 것을 인정했다. 동파 아내는 아마도 유명한 중국 속담 가운
데 하나인 '군자지교는 물같이 담담하다(君子之交如淡水)'란 옛 교훈에서
이와 같은 지혜를 터득했던 것으로 짐작된다. 물같이 담담한 군자지교는
사람을 흥분시키지는 않으나 대신에 영원토록 싫증나지 않게 해 준다.
정말 진실한 우정이라면 서로의 우정을 무조건 믿기 때문에 편지를 쓸
필요조차 없다. 왜냐하면 몇 년 동안 헤어져 있다가 다시 만나도, 예전과
같이 진실한 변함없는 우정을 확인할 수 있기 때문이다.

   소동파는 할 일 없이 무료하게 세월 보내는 것을 제일 못 견뎌 하는 유
형의 사람이었다. 마침 그 지방에 가뭄이 닥쳐왔다.[7] 오랫동안 비가 오
지 않아 농부들은 농작물 수확에 큰 피해가 있을까 무척 우려하고 있었
다. 이제는 비가 오게 해달라고 기도하는 수밖에 없었다. 기우(祈雨)는
본래 그 지방의 장관이 맡아서 해야 할 일이었다. 동파는 즉각 행동에 들
어갔다. 무엇 하나라도 잘못된 구석이 있어 만약 귀신의 노여움을 사서
비가 계속 오지 않으면 농부들이 크게 낭패를 당하리란 생각이 들었기
때문이었다. 그는 귀신에게 바칠 아주 잘 쓴 글을 한 편 마련했다. 농민
들을 대신해서 신들에게 기구하는 일은 결코 실패해서는 안 되었는데,
마침내 그는 해낼 수 있었다.

   위하(渭河) 남부는 고산지대였는데 이곳은 보통 진령(秦嶺)이라고 통
칭되었다. 이 고산지역에서 가장 높고 또 잘 알려진 산봉우리가 바로 태
백산(太白山)이었다. 태백산 꼭대기에 있는 도교사원의 뜰 앞에는 작은
연못이 하나 있었다. 이 연못에는 비의 신[雨神]인 용왕이 살고 있다고
했다. 이 용왕은 변신에 능해서 아주 작은 물고기로도 변신할 수 있다고
한다. 소동파는 이 사원까지 몸소 올라가 비를 내려 달라고 간절히 빌었
다. 그는 농민을 대신해서 아주 간곡하게 기구하면서도 또 다른 한편으

로는 마치 용왕을 심판하는 법관처럼, 가뭄이 용왕에게도 아무런 득이 될 것이 없다는 점을 인식시키려 애썼다. 기우문(祈雨文)에서 그는 먼저 신의 비위를 좀 맞춰 준 다음, 이어서 다음과 같이 말하고 있다.

> 지난 겨울부터 줄곧 눈 비가 통 오지 않았습니다. 신께서도 잘 아시다 시피, 농부들은 오로지 농작물 수확에 의지해 생계를 꾸려나가고 있습니다. 지금 비가 오지 않으면 흉년이 들어, 백성들은 굶주리다 못해 하는 수 없이 도둑떼가 되고 맙니다. 이런 일을 사전에 방지하는 의무는 그 지방의 장관에게 있기는 하나, 신께서도 속수무책으로 지켜만 보고 있으실 일이 아닙니다. 성천자(聖天子)께서 위에 높이 계시면서 우신(雨神)께 남다른 명예를 하사해 주셨습니다. 그래서 저희들은 그간 줄곧 신께 제물을 바치고 제사를 지내왔던 것입니다. 이는 모두 지금처럼 신의 도움이 긴요할 때를 대비해서였습니다. 신이시여, 부디 아래로는 백성들의 기구를 들어주시고, 위로는 성천자께 대한 당신의 의무를 다하시지 않으시렵니까?[8]

태백산에서 내려온 후 동파는 여러 곳을 방문하였다. 특히 지난번에 미처 가지 못했던 곳을 찾아갔다. 동파는 그 달 7일에 기우문을 올렸었다. 여행에서 돌아와 성안으로 들어가 보니, 농작물과 농민들을 만족시키기에는 부족하나마 지난 16일에 그래도 비가 조금 내렸다는 것을 알았다. 이에 동파는 비가 많이 내리지 않은 연고를 자세히 조사해 보았다. 그랬더니 역대로 태백산에서 기우문을 올리면 반드시 그 효험이 있었는데, 송의 황제가 태백산신에게 백작의 작위를 수여한 후부터는 기우문이 더 이상 효험이 없었던 것이다. 소동파가 《당회요》(唐會要)를 뒤져보니, 당대(唐代)에는 태백산신에게 공작의 지위가 주어졌던 사실을 발견하였다. 아마도 태백산신은 작위가 강등된 것에 대해 무척 불쾌해 했던 것 같았다. 동파는 즉시 지방장관을 대신하여 황제께 올릴 상소문을 작성하여, 태백산신에게 전의 공작 작위를 다시 회복시켜 줄 것을 요청했다. 그런 다음 태수(太守)와 동파는 목욕재계하고 특사를 산신에게 보내, 그들이 산신을 대신해서 고위 작위를 쟁취하는 중이라고 알리게 했다. 또, 동시에 산 정상의 연못물 용수(龍水)를 한동이 가져오게 했다. 19일에 동파는 용수를 영접하러 성읍으로 나갔다. 모든 성읍 주민들은 이번 모험의 성공 여부에 대해 비상한 관심을 갖고 있었으므로 모두들 흥분으로 들떠 있었다. 그들뿐만 아니라 수천 명의 백성들이 성읍 밖 시골로부터 올라와, 왁자지껄하니 대성황을 이루었다. 용수는 아직 도착하지 않았는데 하늘에는 온통 검은 구름으로 뒤덮여 어둑어둑했다. 그러나 백성들이 아무리 기다려도 비는 여전히 오지 않았다. 동파는 성내로 들어가 태수[宋選]와 함께 진흥사(眞興寺)로 가서 다시 한번 기도를 올렸다. 절에서 돌아오는 길에 동파는 한무더기의 먹구름이 땅 위에 낮게 드리운 채, 그가 있는 쪽으로 퍼지며 몰려오고 있는 것을 보았다. 동파는 농부들 가운데 한 사람에게서 물동이를 빌려, 이 먹구름을 동이 속에 잡아넣고 온 힘을 다해 단단히 뚜껑을 닫았다. 그는 성 안으로 들어가면서 시로 기도문을 지어 이 구름에다 대고 다음과 같이 이야기했다. "이제 봉한 단지를 열어 너를 놓아줄 테니, 구름으로 다시 변해 산봉우리로 돌아가고 제발 우리 관리들을 곤란하게 만들지 말아다오"(開緘乃放之, 掣去仍變化. 雲兮汝歸山, 無使達官怕).[9]

그런 다음 동파와 송태수는 다시 성 안으로 갔다. 그들이 근교에 이르렀을 때 갑자기 찬바람이 몰아쳐 왔다. 큰 깃발 작은 깃발들과 창에 달린 장식물들이 바람에 심하게 흔들렸고 빽빽한 구름이 야생마떼처럼 높은 하늘로부터 급강하하였다. 또 먼곳으로부터 천둥소리가 우르르 울려 왔다. 바로 이때 용수가 도착했다. 동파와 송태수는 용수 물동이를 받아 신감(神龕) 위에 안치한 다음 축문을 낭독하였다. 이 기도문은 그의 전집 안에 다른 축문들과 함께 보전되어 있다. 그러자 그 축문에 응답이나 하는 듯이 소나기가 전체 성읍에 고루 내렸다. 그리고 나서 이틀 후에 또다시 큰비가 사흘 동안 계속 내렸다. 그리하여 시들었던 밀과 옥수수 줄기들이 다시 생기를 되찾았다.

모든 성읍 사람들이 기뻐했고 그 가운데서도 시인 동파가 가장 행복했다. 이 경사스런 일을 기념하기 위해서, 그는 관사 뒤에 있는 정자를 '희우정'(喜雨亭)이라 명명하고 한 편의 글[喜雨亭記]을 썼다. 이 글은 지금도 학교에서 잘 읽히는 소동파 산문 가운데 하나로, 어휘 사용이 비교적 간단명료할 뿐만 아니라 백성들과 기쁨을 같이 나눌 때 제일 즐거워했던 그의 개성을 잘 나타내 주는 전형적인 작품이기 때문에 유명하다.

결국 황제는 태백산신에게 공작 작위를 수여했다. 동파와 송태수는 다시 태백산에 올라가 감사와 더불어 축하를 아뢰는 정성을 올렸다. 다음 해 7월 이 지방에 다시 가뭄이 들었다. 그런데 이때 쓴 축문으론 아무런 응답도 받지 못했다. 이에 동파는 아주 실망하여 반계(蟠溪)로 가서 강태공(姜太公) 영령에게 간구했다. 태공은 지금까지도 중국백성들 사이에 꽤 환영을 받는 신이다. 태공은 기원전 12세기경의 위대한 현인이다. 전설에 의하면 그는 낚시질할 때 낚시바늘을 끼운 줄을 물에 담그지도 않은 채, 수면으로부터 3피트 정도 떨어지게 드리우고 낚시질했던 것으로 유명하다. 이 전설에서 우리는 태공이 인자하고도 공명정대한 인물이었음을 알 수 있다. 만약 물고기가 물 위로 3피트나 뛰어올라 태공의 낚시바늘에 걸린다면 이는 순전히 물고기 자신의 잘못이기 때문이다.

동파 등이 강태공에게 축문을 올려, 그 응답을 받았는지 여부는 기록에 없다. 그러나 어떤 신을 믿든 간에, 불교를 믿든 한 그루 고목을 믿든지 기도의 효용성을 의심할 필요는 없다. 어느 누구도 기도가 아무런 효과도 없노라고 증명하지 못했다. 불교의 가르침에 의하면 무슨 잘못된 일이 생기는 것은 대부분 기도하는 사람의 성의가 부족한 탓이라고 한다. 모든 신은 모두 나름대로 영험하다. 그렇지 않다면 인류가 신에게 관심을 가질 리가 없다. 이러한 이유 외에도 기도는 인류의 가장 뿌리깊은 본능에 바탕을 두고 있다. 아무튼 가장 중요한 것은 기도 그 자체와 또 기도하는 영혼 자체로서, 기도가 영험했는지 여부는 그 다음 문제이다.

어쨌든 소동파는 여러 곳의 지방관리를 지내는 동안에 필요할 때마다 줄곧 비가 오기를 비는 치성을 드렸다. 그는 창조주의 공정성과 합리성

을 믿어 의심치 않았다. 그는 신의 존재를 믿어 자기 한 개인의 힘으로
는 해낼 수 없어도 신은 인생의 괴로움을 없애 주고 복과 정의를 가져다
준다고 믿었다. 만약 가장 합리적인 것에 도달하고자 하는 것이 인간이
갖고 있는 최상의 특장이라면, 신은 말할 것도 없이 더욱 합리적일 것이
었다. 따라서 옳은 신념과 공평무사한 도리를 쾌히 받아들여 줄 것이었
다. 그러나 그 후 천재(天災)를 조정에 보고하는 표장(表狀)에서 동파는
중국의 정통적인 관례대로 정부측에서도 압제정책으로부터 백성을 풀
어주지 않는다면, 기도만 해봐야 아무 소용이 없을 것이라고 지적하고
있다. 이러한 관념은 고대부터 이어 내려온 중국의 가장 기본적인 신념
이다. 그러므로 고대 경전에서도 "사람의 힘으로 할 수 있는 것을 다한
연후에 하늘의 명을 기다린다"(盡人事待天命)고 했다. 나는 이런 격언을
보노라면, 비록 중국인이 저질러 온 어리석은 일들이 부지기수인 줄 잘
알지만, 어쨌든 중국인은 위대한 사상가란 나의 이제까지의 신념을 다
시 회복하곤 한다.

동파의 사상을 나는 한마디로 '불'[火]로 상징해 이야기하고 싶다. 왜
냐하면 그는 일생 내내 홍수·가뭄 등과 싸웠고, 가는 곳마다 늘 물의 공
급문제, 수운(水運)시설, 또는 식수용 우물 개발 등의 일들로 여념이 없
었으므로 그의 사상을 불에다 상징하는 것도 꽤 적절할 듯하다. 한편, 그
의 일생은 대범한 정신 혹은 기질들로 특징지울 수 있는 삶이었다. 간단
히 말해서 그의 성품이나 생애 자체가 마치 타오르는 불꽃처럼, 가는 곳
마다 온기와 생명력을 불어넣어 주었고, 동시에 어떤 것들은 파괴하기도
했다.

기록에 따르면 이 타오르는 불꽃 같은 성품으로 그는 두 번이나 악마
와 다투었다 한다. 동파는 상대가 신이 아니라 악마라 할지라도 그의 논
리적인 변론을 들어야만 하며, 이를 받아들여야만 한다는 가정 아래에서
행동했다. 그는 당연한 이치를 모르는 것들을 가장 혐오했다. 그래서 악
마라 할지라도 자신이 한 일이 이치에 맞는지 그렇지 않은지 정도는 알
아야 한다고 여겼다. 귀신도 때로 깜박 잊고 이치에 맞지 않는 일을 할

수도 있는데, 이럴 때 그들의 잘못을 일깨워 주면 곧 잘못을 깨닫고 어리석은 행동을 그만둘 수도 있다고 동파는 생각했다.

후에 동파는 봉상(鳳翔)에서 경사로 돌아가는 길에 산길을 따라 여행하다가 화산(華山)을 지나게 되었다. 그때 호위병 가운데 한 명이 갑자기 귀신에게 홀려 길에서 옷을 하나씩 하나씩 벗더니, 나중에는 완전히 나체가 되었다. 동파는 그에게 강제로 옷을 입히게 하고 그를 묶도록 명령했으나, 호위병은 또다시 옷을 모두 벗어버렸다. 모두들 산신이 노한 것이라 수군수군하더니 잠시 뒤에는 군사들 모두가 귀신에게 현혹되어 벌벌 떨었다. 그래서 동파는 사원으로 올라가 신에게 다음과 같은 축문을 올렸다.

산신이시여, 이제 이 길을 지나게 되어 문안을 올립니다. 지난번 이곳을 지나갈 때 저는 산신령님께 아무것도 간구하지 않았습니다. 이제 다시 되돌아가는 길에도 제 자신을 위해서는 아무것도 간구하지 않겠습니다. 그런데 제 호위병 한 명이 귀신에 홀렸습니다. 사람들은 산신께서 노하셔서 이렇게 된 것이라고 합니다. 저는 그것이 사실인지 아닌지 알 길이 없습니다. 그 호위병은 신령님께는 별로 중요하지 않은 미미한 존재에 불과합니다. 산신께서 그를 통해 현시(顯示)할 만한 가치도 없는 존재입니다. 만약 이 호위병이 다른 사람이 알지 못하는 무슨 큰 죄를 저질렀다면, 저는 무어라 여쭐 말씀이 없습니다. 그러나 그가 자기 의무에 태만했거나 무례하게 행동했거나 옷이나 음식 따위를 훔친 그런 사소한 잘못을 저질렀다면, 산신께서는 그런 사소한 일로 노하셔서는 안 될 것입니다. 산신께서는 광대한 지역을 통괄하시는 것으로 알고 있는데, 이 광대한 지역의 부유하고 세도 있는 자들 가운데에는 법을 크게 어긴 자가 많습니다. 산신께서 이런 부유하고 세도 있는 자들에게는 나타나지 않으시고 보잘것없는 병사들에게 노여움을 드러내시다니, 이는 순서가 바뀐 것이 아닙니까? 저는 일개 말단 관리에 불과하여 이들 하찮은 시종들의 시중에 의지하고 있습니다. 이들 시종 가운데 어느 한 사람이라도 병이 나면 그의 일을 대체해 줄 사람이 없습니다. 그러니 그를 용서해 주시지 않으시겠습니까? 저는 어리석고 솔직한 사람이라 이러

한 사정 전부를 산신께 아뢰는 바입니다.[10)

동파는 기도를 마친 후 밖으로 나왔다. 그러자 찬바람이 한바탕 얼굴에 몰아쳤다. 이 바람은 잠시 후 돌풍으로 변하여 자갈과 모래를 휘몰아쳐서 길 가는 사람들이 눈을 뜰 수 없게 만들었다. 소동파는 그의 수행자들에게 말하기를, "산신께서 아직도 노가 풀리지 않으셨나 보다. 그래도 난 두려울 것이 없다"고 했다. 동파는 가던 길을 계속 재촉했고 폭풍은 더욱 심하게 몰아쳤다. 병사 가운데 한 명만이 짐을 진 채 동파의 뒤를 따르고, 계속해서 가는 것이 불가능하다고 여긴 나머지 사람들은 말들과 잠시 피할 곳을 찾았다. 몇몇 사람들이 동파에게 절로 다시 돌아가 산신에게 사과하라고 충고했다. 이에 동파는, "내 운명은 높이 하늘에 계신 천신에 의해 좌우된다. 만약 산신이 화를 낸다면 화 내도록 내버려두어야지 별수 없다. 나는 계속 전진하겠다. 산신이 나를 어찌할 수 있겠는가?"라고 했다. 그러자 돌풍도 약간 수그러졌고 아무 일도 일어나지 않았다. 그리고 그 병사도 제정신으로 돌아왔다.

동파는 자신의 기지(機智)로써 보이지 않는 귀신에 대항할 수 있다고 늘 믿었다. 언젠가 한번 귀신과 흥정을 벌인 일이 있었다. 그로부터 몇 년 후 그가 경사에서 고관직을 지내고 있을 때였다. 구양수의 손녀인 동파의 둘째 며느리가 해산한 후 어느날 밤 귀신에게 홀렸다.[11) 이 며느리에게 죽은 여자의 혼이 씌어 그 자리에 있는 사람들에게 말하기를, "나는 왕정(王靜)이다. 나는 원한을 풀지 못해 이곳에서 오랫동안 떠돌아다녔다"라고 했다. 동파는 그 여인에게 다음과 같이 말했다. "나는 귀신을 두려워하지 않는다. 경사에는 귀신을 쫓아내는 사제들이 많으니 그들을 시켜 너도 쫓아보낼 수 있다. 그러니 어리석게 굴지 말아라. 분명히 너는 네 잘못으로 인해 죽었을 텐데, 죽어서도 여전히 말썽을 부리려 드느냐?" 이렇게 말하고 나서 동파는 귀신에게 사람 혼에 관한 불교적 원리를 좀더 설명해 주고 다시 이렇게 말했다. "이제 조용히 물러나가거라. 내일 저녁에 너를 위해서 부처님께 공양을 드려 주마"라고 했다. 그러자 귀신은 합장을 하며 "나으리, 감사합니다"라고 했다. 그제서야 며느리는 제정신으로 돌아왔다. 다음날 해가 진 후에 동파는 부처께 올리는 축문을 쓰고 향과 고기, 술을 마련해서 귀신을 위해 공양을 드렸다. 이런 일이 있은 지 얼마 후 이번에는 둘째아들의 아이가 말하기를, 검은 누더기를 걸친 빼빼 마르고 시커멓게 생긴 도둑이 집 근처에서 뛰어다니는 것을 보았다고 했다. 동파가 하인을 시켜 집 안팎을 수색해 봤지만 아무도 발견할 수 없었다. 그런데 또 이번에는 유모가 갑자기 땅에 엎어져 비명을 질러댔다. 동파가 유모에게 가까이 가자, 유모가 이렇게 소리쳤다. "내가 바로 그 검은 옷을 입은 시커멓고 빼빼 마른 자다. 나는 도둑이 아니고 집귀신이다. 만약 당신이 나를 유모에게서 떼어놓으려면 무당을 불러야 할 것이다." 이렇게 지껄이는 귀신에게 동파는 단호하게, "안 돼, 그렇게 안 하겠다"라고 하자, 귀신은 어조를 좀 누그러뜨려 이렇게 말했다.

"영감마님이 안 하시겠다니, 굳이 강요는 안 하리다. 그러면 축문을 써주시겠소?" 하니, "안 된다"라고 동파가 딱 잘라 말했다. 귀신은 이제까지의 요구를 좀더 낮추고, 어조도 더 부드럽게 해서 술과 고기는 줄 수 있겠느냐고 물었지만 동파는 여전히 이에 굴하지 않았다. 귀신을 믿지 않는 동파의 기세에 주눅든 귀신은 이제 지전(紙錢)이나 조금 태워주면 만족하겠노라고 했지만 동파는 여전히 거절했다.

마지막으로 귀신은 물 한 그릇이라도 달라고 청하자, 동파는 "갖다 주어라"고 하였다. 물을 마신 후에 유모는 바닥에서 일어났고 잠시 후 의식을 회복했다. 그러나 그 일이 있은 후로 유모의 젖은 말라붙어 더 이상 나오지 않았다.

동파가 봉상에 있는 동안 다음과 같은 일화가 있었다. 동파는 이 일에 대해 부끄럽게 여겼던지 나중에도 이 일에 대해 이야기하려 하지 않았다. 그때까지 동파는 그의 직속상관인 송태수와 아주 가깝게 지냈었다. 송태수는 동파 집안과 오랜 친구 사이였다. 그런데 새 태수가 부임해 옴으로 해서 상황이 좀 변했다. 신임 진태수[陳希亮]는 늙은 무관(武官)인데 준엄하게 규율을 지키는 엄격한 사람으로, 피부가 검고 건장한 체격에다 눈에서는 날카로운 섬광이 번득이고 있었다. 그는 동파의 고향 부근 지역에서 왔다. 그는 동파를 건방진 젊은 놈 정도로 여기는 경향이 있었다. 진태수의 관직 경력은 훌륭했다. 한번은 장사(長沙) 세도가들의 세력을 등에 업고서 횡포를 부리는 타락한 중들을 체포해 재판에 넘긴 사건으로 그곳 주민들을 기쁘게 한 일도 있었다. 또 무지한 백성들을 착취하는 무사(巫士)들 70여 명을 체포하여 이들로 하여금 고향에 돌아가 다시 농부로 일하도록 명령했고, 동시에 풍속을 해치는 타락한 사원을 철거시켰다. 그가 사병들에게 똑바로 서 있으라고 일단 명령을 하면 적군이 공중에서 화살을 퍼붓는다 해도 사병들은 그대로 서 있을 것이라고 했다.[12]

이제 소동파가 상관으로 모시게 된 사람은 바로 이러한 인물이었다. 문무관들이 모두 그에게 머리를 조아렸으나 우리가 쉽게 짐작할 수 있듯이 소동파는 그렇게 하지 않았다. 남에게 굽히기 싫어하는 성품을 가진 두 사람이 맞부딪치게 된 것이었다. 때때로 그들 사이에 격렬한 논쟁이 오고 갔다. 젊고 총명하며 더욱이 자기 나름대로 확고한 주관을 갖고 있는 젊은 동파로서는 외면적인 권위에 무조건 굴복하기는 어려운 노릇이었다. 그보다도 문필가이기도 한 동파를 가장 괴롭혔던 것은 아마도 자신이 작성한 공문 초안을 태수가 자꾸 고치고 삭제하는 일이었을 것이다. 때때로 진태수는 자신이 불쾌해 하고 있음을 드러내기 위해 소동파를 불러놓고도 만나 주지 않아, 어떤 때는 동파가 기다리다 못해 낮잠이 들 정도로 내버려두었다. 이들 두 사람은 이런 식으로 불화한 끝에 결국 진태수는 불복종이란 명목을 들어 소동파를 경사에 보고하기에 이르렀다.[13]

이런 일이 있고 오래지 않아 이번에는 동파가 보복할 수 있는 기회가 왔다. 태수는 관사 안에 전망이 탁 트인 누대를 만들어 공무가 한가할 때면 이곳에 나와 주위의 풍경을 감상하고자 했다. 무슨 이유에서인지 알 수 없으나, 진태수는 이 누대 건립을 기념하기 위해 돌에 새길 비문을 써

달라고 동파에게 부탁해 왔다. 이 젊은 시인으로서는 응낙하지 않을 수 없는 절호의 기회였다. 그는 이 기회에 진태수를 단단히 놀려 주기로 작정했다. 돌에 새기는 비문은 후대에까지 전해질 것이므로 마땅히 장중하고 우아하며 시적으로 써야만 했다. 물론 동파도 직선적으로 진태수를 공격할 수는 없는 노릇이지만 이 노인을 슬쩍 놀려 주는 정도라면 그의 명예를 그리 크게 손상시키지 않으리라 여겼다. 그리하여 이때 씌어져 오늘날까지 전해지는 〈능허대기〉(凌虛臺記)의 내용은 다음과 같다.

　성읍이 남쪽 언덕 발치에 있어서 사람들이 먹고 자고 하는 등의 일상 활동들이 언덕과 밀접한 관련을 맺고 있다.……그러나 태수는 언덕의 존재를 깨닫지 못했다.……어느날 진태수는 정원에서 산책하다가 산꼭대기가 나무 위로 솟아 있는 것을 보았다. 태수는 그것이 담 밖에 지나가는 행인의 상투머리로 보였다. 그래서 태수는 말하기를 "이것 참 이상한 일이군" 하고는 사람을 시켜 정원 앞에 네모난 못을 파도록 하고, 그 파낸 흙으로 지붕 높이만큼 높게 누대를 쌓게 했다. 그런데 이렇게 대를 높이 쌓았는데도 막상 대에 올라가 바라다보면 높은 곳에 서 있다는 기분을 못 느꼈다. 왜냐하면 보는 이의 눈높이에 바로 건너편의 언덕이 마주보였기 때문인 듯했다. 그래서 태수는 그 누대를 능허(凌虛)라 명명해야겠다고 하였다. 태수는 그의 부하인 소식에게 누대의 비문을 쓰도록 하였다. 소식은 태수께 다음과 같이 말했다. "우리 생애 동안 그 흥망성쇠를 어찌 알 수 있겠습니까. 예전에 이곳은 황무지로 서리와 이슬이 뒤덮고 여우와 뱀들이 서식했던 곳이니 누가 이곳에 능허대가 들어서리라고 짐작이나 했을까요? 흥하고 망하는 것이 자연의 무궁한 법칙이니 이 누대가 언젠가 또다시 황무지로 변할지는 아무도 모르는 것입니다. 언젠가 내가 태수와 함께 누대에 올라 주위를 돌아본 적이 있었는데 동편으로는 진목제(秦穆帝)가 기도 드리던 사원과 샘이 보였고, 남쪽으로는 한무제(漢武帝)의 장양궁(長楊宮)과 오작대(五柞臺)가 보였으며, 그 북쪽에는 수나라의 인수궁(仁壽宮)과 당나라의 구성궁(九成宮)이 보였습니다. 그것들이 한창 번성하였을 때는 그 장엄함과 견고함이 이 누대의 백배는 더했을 것입니다. 그러나 수세대가 지난 후, 그 유적

으로 지나는 나그네들에게는 겨우 부서진 기와조각과 자갈만이 보일 뿐
이며, 옥수수와 가시로 뒤덮인 언덕으로 변해 버렸으니, 하물며 이 누대
야 장차 어찌 될지 누가 알겠습니까? 누대를 아무리 견고하게 지었다
하더라도 장구할 수 없거늘, 하물며 사람이 하는 일에는 성공과 실패가
문득 왔다 문득 가버리니 더더욱 믿을 수 없는 것입니다. 그러나 어떤
이는 당장의 운수만을 믿고 자족하려 하는데 이것은 잘못된 것입니다.
물론 이 세상에도 영속하는 것이 존재하는 줄 아나, 이 누대는 영속하는
것들 가운데 하나는 아닙니다."[14]

만약 동파가 조금만 더 나이가 들었었다면 어조가 좀더 부드럽고, 공
격의 화살도 좀더 은밀할 수 있었을 것이다. 비문 가운데, 예전에 폐허였
던 곳에 누대가 들어선 것으로부터 흥망성쇠에 대한 깊은 관조를 쓴 부
분에 바로 누대를 기념하는 뜻이 포함되어 있다. 한편 늙은 태수가 자신
이 살고 있는 성읍 밖에 언덕이 있는 것조차도 들어보지 못한 것을 풍자
하고 있어, 비문치고는 확실히 좀 독특한 글이었다. 그러나 늙은 태수는
관대하게 비문을 한 자도 고치지 않고 그대로 돌에 새겨 넣도록 명했다.
　여기서 볼 수 있듯이 진태수는 그다지 마음이 악한 사람은 아니었던
것 같다. 나중에 두 사람이 헤어지게 된 후 동파도 이 점을 차차 깨닫고
그와의 관계를 개선하고자 했다. 저명한 문인에게 늘 부담이 되는 것 가
운데 하나는 바로 자손이나 친척의 청으로 남의 묘지명(墓誌銘)을 써 주
어야 하는 일이었다. 묘지명이란 그 문장 성격상 진부한 찬사로 죽은 사
람을 칭송해야 하는 아무런 문학적 가치도 없는 거의 허위에 가까운 글
이 되게 마련이다. 이런 묘지명 쓰는 일을 두고 옛 선인들은 망자에게 아
첨하는 일이라고 부를 정도였다. 그러나 문인으로서는 거절하기 어려웠
고, 또 친목관계상 일종의 책무이기도 했다. 소동파는 이러한 일에 대해
엄격한 규정을 나름대로 정해서 그대로 실행했다. 곧 그는 왕자의 청이
라 할지라도 묘지명을 써 주지 않았다. 그의 전 생애 동안 겨우 일곱 편
의 묘지명을 썼을 뿐인데, 매번 아주 특별한 이유로 해서 그가 정말 무엇
인가 말하고 싶을 때만 썼다.[15] 사마광(司馬光)의 묘지명을 제외하면 진

태수를 위해 쓴 묘지명이 소동파가 쓴 묘지명 가운데 가장 긴 문장이었다. 결국 마지막에 가서 동파와 진태수 두 사람은 서로 깊이 존경하게 되었던 것이다.

여기서 진태수의 아들 진조(陳慥)에 대해 언급해야겠다. 진조는 나중에 동파 일생의 지기(知己)가 되었다. 진조는 술마시기, 말타기, 칼싸움, 사냥 등을 좋아했고 돈을 물 쓰듯 하는 사람이었다. 어느날 동파는 말탄 두 명의 병사를 데리고 사냥하고 있는 진조를 산에서 우연히 만났다. 그 때 까치 한 마리가 갑자기 눈앞에 나타났는데, 병사들은 맞추지 못하였다. 그러자 이 젊은 사냥꾼은 냅다 욕을 하며 숨어 있던 덤불에서 달려 나오면서 쏜 한 발의 화살로 그 새를 명중시켰다. 이 젊은이 얼굴에 나타난 그 무엇이 동파의 마음을 끌었다.[16] 후에 진조의 부친은 다른 지방에서 관직을 지내다가 전하는 말에 의하면 뇌물을 받았다는 죄명으로 사형당했다. 동파가 귀향갈 그 무렵에 진조도 황주(黃州)에서 은거하고 있었다. 동파의 적들은 진태수와 동파가 불화했던 일을 상기하고, 동파를 이곳으로 유배보내 진조의 손에 넘겨주려 했다. 진조가 아버지의 원수를 갚을지 모르니 동파의 적들로서는 자신들은 아무 죄도 짓지 않고 교묘하게 동파를 처치할 수 있으리란 계산에서였다. 하지만 동파와 진조 부친의 사망과는 아무 관계도 없었으므로 동파가 황주에 유배되어 있는 동안 진조는 오히려 동파의 가장 절친한 친구가 되었다.[17]

당시 소동파는 또 한 명의 친구 장돈(章惇)을 만났는데, 그는 동파의 후반생을 괴롭히는 적수가 될 인물로 운명지워져 있었다. 후에 장돈은 동파의 사악한 정적으로 변했지만, 당시에는 황주 부근에서 장관직[商州令]을 맡고 있었다. 동파의 부인이 장돈에 대해 주의하라고 경고했는지는 잘 알 수 없으나, 장씨는 총명하고 열정적인 사람으로 바로 동파가 좋아하는 전형적인 성격의 인물이었다. 동파가 장돈의 미래를 예언한 이야기가 전해지는데 내용은 다음과 같다.[18]

두 사람은 누관(樓關)으로 함께 여행한 적이 있었는데 깊은 산속에 이르러 흑수(黑水) 분지의 깊은 협곡에 이르게 되었다. 그곳에는 협곡을 가로지를 수 있도록 조그만 나무다리가 있었고, 그 다리 밑 100피트 아래에는 깊은 격류가 일고 있었으며, 주위 사방은 가파르게 솟은 바위로 둘러싸여 있었다. 스스로 용감하다고 자처한 장돈은 동파에게 절을 한 번 꾸벅 하고는 다른 나그네들도 자주 그랬던 것처럼 그 나무다리를 건너가, 건너편 암벽에 글자를 남기고 오자고 했다. 동파가 거절하자 장돈은 태연자약하게 혼자 다리를 건너갔다. 그는 도포를 간편하게 추스리고 그 위에다 몸을 매어 줄 밧줄을 묶고 계곡 물가의 깍아지른 듯한 절벽을 타고 내려가, '소식과 장돈 이곳에 놀러 오다'라고 크게 썼다. 그런 다음 아무 일도 없었던 듯이 돌아왔다. 동파는 친구의 등을 다독거려 주며 말하기를, "자네는 언제고 사람도 능히 죽일 사람이구먼"이라고 했다. "어째서?" 하고 물으니 동파가 이렇게 대답했다. "자신의 생명을 손바닥 위에 놓고 가볍게 장난하듯 하는 사람은, 다른 사람도 죽일 수 있거든." 동파의 이 예언이 들어맞았는지의 여부는 나중에 다시 살펴보기로 하자.

인종(仁宗)이 서거하자 황릉(皇陵)을 짓기 위해 섬서성 서부의 산악지대로부터 재목을 운송해 와야 했다. 이때 동파는 운송하는 일을 감독 지휘하는 직책을 맡아 크게 활약했던 짧은 기간 동안을 제외하고는, 자기 직책에 별로 만족하지 못하고 있었다. 그는 점점 고향 생각이 났다. 1063년(嘉祐 8) 가을, 아우 자유에게 그는 다음과 같은 시를 썼다.

> 처음 부임하여 공문을 결재하는 것을 배웠고,
> 이즈음 역시 법정을 주관하는 것까지 배우고 있다.
> 나는 매일 무엇을 위한 일인지도 생각지 않은 채
> 하루의 일과를 수행하며 지낸다.
> 사인(士人)은 관직을 얻기 전에는 그것을 얻기 위해 애쓰고,
> 일단 획득한 후에는 또 잃을까 봐 늘 걱정하니
> 이런 식의 삶은 결말은 무엇일까?
> 이즈음 나는 여행에 지친 나그네가 여행하는 동안

맑은 시내를 만나고 싶어하는 것과 같은 심정이다.
비록 길 먼지를 떨어내지는 못하더라도
물에 살짝 담가라도 보고 싶다.
멀리 남쪽의 시냇가로 나가 그곳에서 봄새들의 노랫소리를 듣고 싶었는데
공무에 묶여 가지 못했다.
그러다 보니 어느새 가을이 시작되고 있다.
매일 재목을 공급하라는 독촉 명령에,
지방장관인 나는 더 많은 농부의 일손을 징집해야만 했다.
황제의 일에 대해 누가 감히 불평을 하랴만,
백성들의 어려운 생활을 보면 관리로서 부끄럽기만 하다.……
한 재목(材木)을 1천여 명의 인부가 함께 끌어당겨도
옮기는 걸음걸음마다 쉬어야만 한다.……
그들에게 주어지는 한끼의 식량은 배를 채우기에 너무 부족하다.
그간 재목 운송으로 바빠 다른 일들은 염려할 틈도 없었다.……
이 일이 이제 끝나게 되어 기쁘고,
피로한 심신을 추스려야겠다.
가을 높은 바람이 불어 모자를 날리려 하니,
나는 서쪽 언덕으로 유람을 가야겠다.
거기서 하루 종일 실컷 즐김으로써
그간의 고된 생활에서 잠시 벗어나 보려 한다.[19]

1064년(英宗, 治平 元年) 12월 동파는 이 관직에서 풀려났다. 그의 처형 [王道矩]이 사천에서 동파와 함께 머물다가 다음해 1월에 온 가족을 데리고 경사로 돌아갔다. 지방장관들은 보통 3년의 임기가 차면, '간다'는 뜻의 '마감'(磨勘)이란 것을 한다. 즉 여태까지의 지방관의 업무 업적을 재조사받는 것이다. 이런 재조사 과정을 거친 다음에야 다른 관직에 추천받게 되는 것이다. 이제 동파는 경사로 돌아가게 되었고, 자유도 전직에서 벗어나 대명부(大名府)로 부임하러 떠났다. 대명부는 당시 북경(北京)이라 불리었는데, 지금의 북경으로부터 남쪽으로 100마일 정도 떨어진 곳이다.

새로 즉위한 황제 영종(英宗)은 동파의 명성을 일찍부터 듣던 바라, 관례를 깨고 특별히 단번에 한림(翰林)직에 승진시키려 했다. 한림이란 조명(詔命) 등의 문서를 작성하는 임무를 맡은 황제의 비서직이다. 재상 한기(韓琦)는 이와 같은 승진을 반대하였다. 그는 황제께 동파 자신을 위해서도 천천히 그의 재능이 성숙해짐에 따라 승진시키는 것이 오히려 좋으며, 그처럼 갑작스럽게 단번에 고관직에 임명해서는 안 된다고 진언했다. 이에 황제는 그러면 황궁의 공사(公事)를 기록하는 직책을 수여하면 어떻겠느냐고 제의하였다. 그러자 재상은 그 관직은 한림직과 다를 바 없다며 또다시 반대하면서 문교 부문의 다른 관직에 동파를 임명하면 어떻겠느냐고 추천하였다. 그러고도 그 관직에 임명되려면 소동파는 규정된 시험을 치러야 한다고 하자, 황제는 이렇게 말했다. "이미 시험을 보았지 않았소. 우리가 시험을 치게 하는 것은 그 사람의 진정한 재능을 알지 못할 때인데, 우리가 동파로 하여금 또다시 시험을 치게 할 이유가 어디 있소?" 그래도 재상은 자기 생각을 굽히지 않았고,[20] 결국 동파는 다시 시험을 치고 통과하여 직사관(直史館)에 임명되었다. 이 부서의 관리들은 번갈아 황가(皇家) 도서관에서 일하였다. 동파는 이런 기회에 황가 소장의 진본(珍本)과 진귀한 원고와 그림을 볼 수 있어서 무척 기뻤다. 그해 5월 동파의 아내는 여섯 살 난 아들을 두고 26세의 젊은 나이에 죽었다. 이에 부친은 동파에게 다음과 같이 말했다. "네 아내는 너를 따라 살다가 네가 성공한 것을 같이 즐거워하지도 못한 채 죽었으니, 며늘아이를 시어머니 곁에 묻어 주어야 한다."[21]

아내가 죽은 지 10년이 되는 해, 동파는 단사(短詞)를 지어 그녀에 대한 애달픈 심정을 표현했다. 그러나 이 기묘하고도 영적인 아름다움으로 가득 찬 가락은 불행히도 지금은 음악적으로 재현하지 못한다. 그 내용은 다음과 같다.

한 사람은 살고 한 사람은 죽어, 십 년이나 되었네.
생각지 않으려 하나 잊을 수가 없구나.

천리 멀리 떨어진 그대 무덤을 찾아가지 못하나,

어디서든 그대와 속삭이며 내 그리움을 읊조리네.

그대와 만난다 하더라도,

내 얼굴은 시름 가득 차 있고, 살쩍이 희끗희끗하여 알아보지 못하리.

지난밤 꿈에 난 홀연 고향에 돌아와 있었네.

그대, 창가 그 화장대에 앉아 있었고,

서로 말 없이 바라볼 뿐 말이 없었네.

불빛 아래 그대의 두 눈에 눈물 흐르고 있었지.

해마다 달 밝은 밤이면

소나무 있는 산언덕에서 이렇게 애닯게 만나려는가.[22]

(十年, 生死, 兩茫茫. 不思量, 自難忘. 千里孤墳. 無處, 話淒凉. 縱使, 相逢, 應不識. 塵滿面, 鬢如霜. 夜來, 幽夢, 忽還鄉. 小軒窗, 正梳粧. 相顧, 無言. 惟有, 淚千行. 料得, 年年, 斷腸處. 明月夜, 短松崗.)

아내의 죽음에 뒤이어 이듬해 1066년(治平 3) 4월에 부친이 돌아가셨다. 소순은 이미 《태상인혁례》(太常因革禮) 100권을 완성한 바 있었다. 두 형제는 곧 관직을 사직하였다. 그들은 아버지와 동파 아내의 영구를 모시고 육로와 수로로 1천 마일 멀리 떨어진 고향 미주(眉州)로 장사지내러 갔다. 그들의 친구들은 조의를 표하는 예물들을 잔뜩 보내왔다.

영구를 모시고 그들은 안휘(安徽)의 수로를 따라 배를 타고 갔다. 그런 다음 양자강을 따라 상행했다. 두 형제는 길을 떠난 지 한참 후에야 겨우 집에 닿았다. 아마도 이번 길에 여행하고 싶었던 열망을 충족시키고자 해서였는지 그 이듬해 4월에야 그들은 미주에 도착했다. 부친이 이전에 이미 자신의 묘혈(墓穴)을 다 만들어 놓은 터라 그들이 할 일이라곤 어머니 관 옆에 아버지의 관을 나란히 뉘여 놓기만 하면 되었다. 그러나 동파는 워낙 일을 크게 벌이기를 좋아하여, 산 경사면에 3만여 소나무 묘목을 심어 훗날 거대한 소나무숲이 되도록 했다.[23]

그들은 또다시 27개월 동안의 거상기간이 끝나는 1068년 7월까지 칩거해야만 했다. 그들에게는 경사로 돌아가기 전에 두 가지 해야 할 일이 있었다. 동파는 부친이 어머니를 위해 불상을 조각했던 것을 본떠서, 부친을 위해 사당을 하나 세웠다. 이 사당에 아버지의 초상을 모셔 놓고, 대화가(大畵家)인 오도자(吳道子)가 그린 네 폭으로 된 매우 귀한 보살상을 모셔 놓았다. 그림은 동파가 봉상(鳳翔)에 있을 때 구해 둔 것이었다. 이 사당을 건립하는 데 자금이 꽤 많이 들었는데, 건립경비 가운데 동파 형제는 5퍼센트만 기부하고 나머지는 불승들이 부담했다.[24]

두 번째 중요한 일은 탈상 후에 동파가 재혼하는 일이었다. 상대는 전처의 큰 사촌으로 왕석(王錫)의 딸이었다. 10년 전 모친상을 당해 고향으로 돌아갔을 때 청신(靑神)에 있는 처갓집에 자주 갔었다. 그때 윤지(閏之)는 겨우 10살 안팎이었는데 당시 집에 놀러오는 동파를 자주 보았다. 모두 함께 야외로 소풍 나갈 기회가 있었을 때, 그녀는 전시(殿試)에서 대단한 영예를 얻은 이 젊은 선비에 대해 깊은 인상을 받았다. 이제 그녀는 20살의 다 큰 처녀였다. 부모가 모두 돌아가셨기 때문에 이번엔 동파 자신이 배필을 골랐으며, 이번 혼인은 아마도 처남에 의해 서둘러 진행되었을 것이고, 사실 처남은 시인 동파에게 매혹되어 있었다. 그녀는 동파와 11살 차이인데다가 그를 매우 존경하여서 그의 뜻에 전적으로 순종하였다. 그녀는 무엇이나 동파 뜻대로 실컷 할 수 있도록 내버려둔 것 같았다. 그녀는 일생동안 그로 하여금 돈을 절약하게 할 수도 없었다. 그녀는 전처만큼 일을 잘 처리하지는 못했지만 성품이 비교적 온화하며 순종적이었고 늘 만족해 했다. 그녀는 동파가 일생에서 가장 활동적이었던 기간 동안, 이 시인의 아내로 함께 지냈다. 그녀는 사촌 언니의 아들과 자기의 두 아들을 기르면서 영욕(榮辱)이 엇갈리는 생활을 동파와 함께 나누었다.

남성들의 마음은 호기심으로 인한 모험심으로 가득찬 데 비해서, 대개 여성들은 안온한 편으로 아름다움, 건강, 선량한 것을 늘 일깨워 주는 존재로 남는 것에 만족해 한다. 그러나 동파 같은 사람은 모든 방면에 관심을 갖고 뛰어들었으며, 새로운 관심사가 생기면 이에 깊이 빠져들거나, 그렇지 않으면 많은 생각들이 늘 머리에 꽉 차 있었다. 그래서 때로는 형언하기 어려운 호쾌한 감정이, 또 때로는 깊은 분노의 감정이 교차하는 그런 기질의 사람이었다. 그러므로 여성들이 온화한 성품을 지니고 인생을 살아가는 모습을 보고 그는 경탄해 마지않았다.

1068년(熙寧 6) 소씨 형제는 가족을 데리고 육로로 경사에 돌아왔다. 선산은 당형(堂兄) 자안(子安)과 이웃의 양씨(楊氏)에게 돌봐 달라고 부탁해 두고 왔다. 경사에 닿은 지 얼마 지나지 않아서 곧바로 그들은 정치의 소용돌이 한가운데로 휩쓸려 들어갔고, 그 후 두 형제는 다시는 고향을 방문할 수 없게 되었다.

제 7 장
국가자본주의 시행

　동파 형제는 1069년(熙寧 2)에 경사에 도착하였는데, 이 시기는 바로 신종(神宗)이 신정(新政)을 시행한 기간이다. 그 해부터 중국은 이른바 신정이라는 정치의 소용돌이에 빠져들어가, 그 정치적 충격이 송나라 말기까지 영향을 미쳤다. 이는 중국이 국가자본주의를 마지막으로 시행한 것인데, 그 전에도 이와 비슷한 시도가 있었다. 중국은 4천년 역사 이래 전체주의·국가자본주의·사회주의 및 과감한 사회개혁 등 네 차례의 정치적 시행을 기도했는데, 번번이 참혹하게 실패했었다. 그 가운데 그래도 가장 성공적이었던 것은 국수주의자인 법가(法家) 상앙(商鞅)이 시행한 것이었다. 그의 이론들은 진시황(秦始皇)에 의하여 효과적으로 시행되었다. 이 진시황은 바로 만리장성을 쌓은 황제이다. 초기 국수주의적 법가이론의 양대(兩大) 원칙은 전쟁의 미화와 군사훈련, 그리고 중농(重農)정책이었다. 그러나 상앙은 농부들을 잘 훈련된 군인으로 만드는 한편, 중산계층의 모든 상공업자들을 가능한 한 억제했으므로, 사실상 이 양대 원칙은 하나인 것이나 다름없었다. 잘 알려져 있듯이, 이 정책에 근거하여 막강한 군사기구를 설립하고 발전시킴으로써 진나라는 전 중국을 통일할 수 있었다. 그러나 이 정치이론은 통일된 진제국에 시행된 지

몇 년 만에 완전히 붕괴되고 말았다.

또 다른 두 차례의 급진적 개혁은 한무제(漢武帝)와 왕망(王莽)에 의한 것으로, 기원전 2세기와 기원후 1세기 때 실시되었다. 전자는 상홍양(桑弘羊)의 국가자본주의 재정론(財政論)을 실시해서, 대규모 전쟁에 대비하여 성공적으로 국고(國庫)를 충실하게 하기는 했으나, 얼마 되지 않아 반란이 일어나 이 왕조가 종말을 고하고 이 정책도 결국 폐지되었다. 후자는 왕위를 빼앗은 왕망의 손에 의하여 실시되었는데, 그가 전복되자 이 정책도 자연히 폐지되었다.

그러므로 왕안석(王安石)이 네 번째로 시행해보려다 실패한 것도 그다지 이상할 것은 없었다. 그러나 신정의 정책방안으로 내세워진 4대 정책은 모두가 한 사상가의 머리에서 나온 것이었다. 그는 과거에 시행된 정책들과 연관성을 완전히 끊은 새 정책안을 내세우고, 자신의 강한 신념 하나로 밀고 나가겠다는 대단한 결심을 했다. 흥미로운 사실은, 왕안석은 국수주의 법가사상가인 상앙의 숭배자로서 그에 대해 아주 깊이 이해하고 있었고, 그를 옹호하는 시도 지은 바 있다는 사실이다.[1] 여기서 우리는 고금을 막론하고, 전체주의 이론은 항상 국가나 일반 백성들을 위해 시행한다는 구실하에 진행되었었다는 점을 유의해야만 할 것이다. 역사상 얼마나 많은 악정(惡政)이 '백성'을 위한다는 명목 아래 저질러졌는지 오늘날의 독자들은 잘 알고 있으리라.

왕안석은 다소 괴팍한 사람으로, 사고방식이나 성격 등이 모두 특이했다. 그의 괴상한 언어학을 제외한다면, 그는 부지런한 학생이었으며, 훌륭한 학자요, 대시인이었다. 불행히도, 그는 마음속에 구세주적인 사명감을 품은 데 비해 겉으로는 애처로울 정도로 활발하지 못해서, 그 누구와도 잘 어울리지 못하였다. 게다가 그는 비현실적인 이상주의자였다. 이상주의자들이 대부분 의식(衣食)과 겉모양 등에 무관심하다는 점에서 왕안석도 예외는 아니었다. 그는 더러운 옷차림새에다가 수염·머리 등을 다듬지 않은 단정치 못한 모습으로 악명 높았다. 소순(蘇洵)은 그의 이러한 모습을 수사적으로 다음과 같이 특징지워 표현했다. "야만인의 관복을 입고, 개·돼지들의 음식을 먹는"(衣臣虜之衣, 食犬彘之食) 사람이라고 했고, 또 "죄수처럼 수염과 머리도 다듬지 않고, 얼굴은 씻지도 않은 채 시와 역사에 대해 논한다"(囚首喪面而談詩書)고 하였다.²⁾ 자신이 이런 일들로 유명한 것을 왕안석 자신은 좋아했는지 그렇지 않았는지 알 수 없으나, 그는 늘 자기 생각에만 몰두해 있었으므로, 자연히 외모에 무관심해졌으리라 쉽게 짐작할 수 있다. 전하는 말에 따르면 그는 도포를 갈아입은 적이 없다고 한다. 한번은 몇몇 친구가 그와 함께 절에 있는 목욕실에 갔다. 그 친구들은 그가 탕 속에 있는 동안 몰래 깨끗한 도포로 바꿔 두고, 옷이 바뀐 것을 왕안석이 눈치채는지 못 알아채는지 시험해 봤다. 왕안석은 탕에서 나와 새 도포를 입었는데, 친구들이 옷을 바꿔 놓은 사실을 전혀 눈치채지 못했다. 어쨌든 그는 어떤 것이든 상관치 않고 도포 한 벌을 입으면 그것으로 족했다.³⁾

또 어떤 날은 그의 친구들이 왕안석의 뚱뚱한 아내에게, 당신 남편은 잘게 찢은 사슴고기를 좋아하더라고 말해 주었다. 그러자 그 부인은 펄쩍 놀라며 "그 양반의 식사 습관으로 볼 때 그럴 리가 없을 텐데요. 그분은 자신이 드는 음식에 전혀 주의를 기울이지 않아요. 그런데 어떻게 갑자기 잘게 찢은 사슴고기를 좋아한다는 거지요? 어떻게 해서 그 양반이 사슴고기를 좋아한다고 생각하게 되셨어요?"라고 물었다. "왜냐하면 그 친구는 저녁식사 때 다른 접시에는 손도 대지 않고, 잘게 찢은 사슴고기만 다 먹어치웠으니까요." "그 사슴고기 접시는 어디에 있었어요?" "바로 그 사람 앞에 놓여져 있었지요"라고 대답하자, 그제서야 부인은 납득이 가는지 그의 친구들에게 이렇게 말했다. "그러면, 내일은 다른 음식 접시를 그분 앞에 놓아두고, 어떻게 되는지 두고 보세요."

그래서 친구들은 다음날에는 접시의 위치를 바꿔 놓았다. 사슴고기 접시는 그로부터 멀리 두고, 그가 음식 먹는 것을 지켜보았다. 왕안석은 그의 바로 옆에 놓인 음식만을 먹을 뿐, 사슴고기가 식탁 위에 놓여 있는지조차 의식하지 못했다.⁴⁾

또 왕안석이 양주(揚州) 태수의 차관으로 있을 때, 그가 밤을 새고 공부했던 일에 대해 전하는 기록이 있다. 당시 한기(韓琦)가 그 지방 태수 직을 맡고 있었다. 그는 나중에 재상이 된 사람이다. 왕안석은 늘 밤을 새며 책을 읽다가 새벽녘에야 의자에 앉은 채 잠깐 꾸벅꾸벅 졸곤 했다. 그러다가 잠에서 펄쩍 깨어나, 시간이 이미 너무 늦은 것을 깨닫고는 세수도 하지 않고, 머리도 빗지 않은 채 관가로 달려가곤 했다. 한기는 그런 그의 모습을 주의깊게 살펴보고는 그가 밤새도록 여자에게 빠져 있었는 줄로 오해하고 이렇게 충고했다. "젊은이, 자네의 젊은 시절을 최대로 활용하여 공부에 전념하길 바라네." 왕안석은 그 자리에서 아무런 변명도 하지 않고 있다가, 자리를 뜰 즈음 친구에게 말하길 태수가 자기의 진가를 몰라준다고 했다. 후에, 학자로서 왕안석의 명성이 서서히 높아지자, 한기는 그에 대한 선입관을 바꾸고 그를 자기의 문인(門人)으로 받아들였다는데, 왕안석은 이를 오히려 불쾌해 했다. 공교롭게도 왕안석이 경사에서 높은 관직에 임명된 바로 그 해에 한기는 재상직을 사직했다. 한편 왕안석은 열심히 일기를 쓴 사람 가운데 한 사람이었다. 그가 쓴 일기만도 거의 70여 권에 이른다. 일기에서 그는 다음과 같이 말하고 있다. "한기는 그의 수려한 외모 외에는 언급할 가치가 아무것도 없다"(韓琦貌美, 餘一無可道).[5]

이 괴팍한 사람에게는 그 단정치 못한 외모 이상으로 기이한 점이 있었다. 그가 집권하기 전 약 20여 년간, 관직의 승급을 거듭 사양한 일로 유명했다. 그가 스물한 살에 과거에 급제한 후, 권력을 장악한 마흔여섯 살 이전까지, 오로지 관직 승급을 사양함으로써 명성을 얻으려고 고의적으로 그렇게 한 것 같지는 않다. 이 25년 동안은 사실 그가 가장 정력적으로 활동한 기간이기도 했다. 왕안석은 줄곧 높은 직위를 거절하고, 언제나 먼 외곽 지방의 작은 관직에 남아 있었다. 당시는 인종이 집정하고 있던 시기로, 모든 뛰어난 인재들이 조정에 모여 일할 수 있었던 태평시대였다. 그래서 왕안석이 좋은 자리를 거절하면 할수록 그의 명성은 그만큼 더 높아져 갔다. 마침내는 조정의 관리들이 이 사람을 한 번이라도 만나보고자 열망할 정도가 되었다.

그는 문장에 뛰어났을 뿐만 아니라, 태수로서도 그가 유능한 행정가임을 입증해 보였다. 그는 둑을 쌓고, 학교를 개혁했고, 농민을 위한 대부금(貸付金)을 설치했으며, 또 몇몇 새로운 사회개혁안을 실행에 옮겼다. 이러한 행정업적들은 아주 훌륭했고, 백성들도 그를 무척 좋아했다.

중앙으로 진출하라는 주위의 유혹도 그는 모두 치지도외(置之度外)했다가, 1060년(嘉祐 5) 조정에서 그를 재정부에 해당하는 삼사탁지판관(三司度支判官)직에 제수했을 때에야 비로소 경사로 들어올 마음이 생겼다. 이 사실만 보더라도 왕안석은 기본적으로 경제와 재정 방면에 비상한 관심을 가지고 있었음이 명백하거니와, 그 자신도 이 방면에서 나라를 위해 무엇인가 할 수 있다고 확신했다. 그러나 얼마 후 모친이 돌아가시자 그는 사직해야만 했으며 거상기간이 끝났을 때 다시 조정의 부름을 받았지만, 그는 사양하고 그냥 남경(南京)에 남아 있었다.

그는 스스로 좋아서 이렇게 남경에 남아 있기로 택한 것이었으나 다른 일반 사람들로서는 좀 이해하기 어려웠다. 왜냐하면, 이 사람은 기회가 자기에게 왔을 때, 국가를 위해 큰일을 해보겠다는 야심을 갖고 있는 것이 확실했고, 또 장년에 정치적 업적을 세워 두는 것이 가장 합리적임은 말할 것도 없이 당연한 일이기 때문이었다. 어쩌면 그는 경사에 있는 위대한 학자들과 경쟁을 해야 할 것이 너무 부담스러웠는지도 모른다. 당시에는 범중엄(范仲淹), 사마광(司馬光), 구양수(歐陽修), 증공량(曾公亮) 등과 같은 왕안석보다 나이도 많고 저명한 학자들이 수두룩했다. 그들이 왕안석의 급진적인 개혁안을 찬성하지 않을 것이 뻔했고, 또 새로운 사상을 지닌 젊은이 하나쯤은 가볍게 묵살해 버릴 만한 충분한 세력을 갖고 있었다.

그러나 내 생각으로는 그에게 또 다른 어떤 심리적 요인이 있었던 것이 아닌가 여겨진다. 왕안석은 그의 성격상 어느 곳에서든지 우두머리 노릇을 해야 하는 기질의 사람이었다. 그가 먼 외곽 지방에서 태수로 있을 때, 그는 작은 웅덩이의 큰 개구리와 같은 존재였다. 그가 경사에서 임직하고 있던 짧은 기간 동안에도, 그는 동료들과 여러 차례 다투고 모든 일들을 어그러뜨려 놓았다. 그는 규칙들을 마구 바꾸고 일을 자기 방식대로 처리하고 싶어했다. 그래서 오규(吳奎)와 장방평(張方平)도 왕안석과 동료로서, 그의 부하 관리로서 같이 일하기가 무척 어려웠다고 후일 회상했다.[6]

1060년(嘉祐 5)에 무슨 까닭에서인지 그는 경사로 왔다. 그는 시문에 모두 능했고, 사상이 참신했으며, 구변 또한 썩 훌륭했다. 그리하여 부필(富弼)과 문언박(文彦博) 등 고관대작의 노대신들이 모두 그를 주목했고, 구양수마저도 그를 중시했다. 그런데 이런 고관들도 미처 헤아리지 못했던 왕안석의 기괴한 외양 뒤에 숨겨진 또 다른 성품을 알아본 사람이 있었다. 왕안석의 성품을 꿰뚫어 보고, 그가 장차 국가의 큰 위험인물이 되리라고 예측한 소수의 사람으로서 소순과 소순의 친구인 장방평이었다. 장방평은 왕안석과 함께 어떤 지방의 향시(鄕試)를 감독해 본 다음 그를 해직시켜 버리고, 그 후 다시는 그와 같이 이야기하지 않았다.[7] 장방평은 아마 이때 있었던 왕안석과의 일을 소순에게 이야기해 준 듯하다. 그래서 이 두 사람은 왕안석을 아주 싫어했고, 더욱이 그들은 왕안석의 차림새나 일상습관 등이 모두 허위로서 일부러 과장되게 꾸며 하는 것으로 생각했다. 당시 구양수가 왕안석을 소순에게 소개했는데 왕안석 쪽에서는 소씨 일가와 알고 지내기를 무척 열망했으나 소순은 그와 만나기를 거절했다. 왕안석의 모친이 사망했을 때, 조문객 가운데에는 소순도 끼여 있었지만 그는 장례식에 참례하지 않고, 그 유명한 〈변간론〉(辨姦論)을 썼다. 이 문장은 오늘날에도 학교에서 가장 널리 읽혀지는 산문 가운데 한 편이다.

이 글 첫머리에서, 소순은 사람의 성품을 판별하기란 매우 어려워서 총명한 사람들조차도 곧잘 속아넘어간다는 것을 지적하고 있다. 대개 냉철한 관찰자만이 사람의 성품을 꿰뚫어 보고 그의 미래를 예측할 수 있는 것이다. 이 문장에서 소순은 왕연(王衍)의 소년시절 한 노학자가 그에 대해 예언한 전고(典故)를 예로 들고 있다. 왕연이란 사람은 외모도 수려하고 걸출한 젊은이었다. 또 이 문장에서 소순은 어떤 대장군이 노기(盧

杞)에 대해 예언했던 전고도 예로 들고 있다. 노기란 사람은 당나라의 멸망에 얼마간 책임이 있는 사람이다. 노기는 뛰어난 모사가였는데, 외모는 사람들이 보고 경악할 정도로 추했다. 그래서 주인이 그를 접견할 때에는 주위의 여자 가무객들을 물리쳐야만 했을 정도였다. 그러지 않았다가는 여자들이 놀라거나, 혹은 웃음을 참지 못해 킥킥거리거나 하여 노기의 감정을 상하게 할지도 모르기 때문이었다. 그런데 여기서 소순이 말하고자 하는 것은 어느 한 개인이 제국을 멸망시킬 수는 없는 것이고, 그 주요 책임은 어리석고 무능한 황제가 그런 간신들이 권세를 잡도록 내버려둔 데 있다는 점이다. 어쨌든 지금 노기와 같은 추한 외모에다 교활한 모략술과, 왕연과 같은 웅변술을 갖춘 인물이 등장한 것이었다.

여기 한 사람이 있는데 그는 입으로는 공자와 노자의 말을 이야기하며, 유명한 은사들의 생활을 몸소 실천하고 있다. 그는 소신을 펴지 못하여 불만에 가득 차 있는 사람들과 어울리면서 자기들끼리 서로 이름을 높여 주는 무리를 이루어, "맹자나 안연과 같은 현인이 오셨다"느니 하며 세상에다 떠들어대게 하고 있다. 그의 교활하고도 음흉한 마음은 보통 사람들로서는 짐작조차 하기 어렵다.[8]

이런 자들은 통찰력이 뛰어난 지도자까지도 능히 속여 넘길 수 있는 사람들이다. 이런 사람이 일단 권력을 잡게 되면 장차 국가의 가장 위험 인물이 될 것이었다.

얼굴이 더러워지면 세수하고, 옷이 더러워지면 빨아서 입는 것이 인지상정(人之常情)이다. 그런데 이 사람은 그렇지가 않다. 그는 야만인의 옷이나 다름없는 옷을 입고, 돼지나 먹을 그런 음식들을 먹는다. 머리는 산발하고, 수염도 다듬지 않은 채 시와 역사에 대해 논한다. 이러한 것이 어찌 인간의 상정이라 할 수 있겠는가? 인지상정에 어긋나게 행동하는 자는 교활한 모략꾼임에 틀림없다.[9]

소순은 설사 자기가 예언한 대로 되지는 않더라도, 사람들이 이 예언의 말로 인해서, 마치 전쟁터에 가기 전에 적의 대장군 이름만 듣고도 미리 질리고 마는 것과 같은 그런 효과를 거둘 수 있기를 기대했다. 그래서 그는 이렇게 말하고 있다.

> 만약 내 예언이 틀리면, 사람들은 이 예언의 말들이 과장된 것이었다고 생각할 것이다. 한편 모략꾼은 자신의 운수가 나쁜 것을 탓하고 말 것이다. 그렇게 되면, 어쩌면 그가 장차 나라에 끼칠지도 모를 재난에 대해 아무도 알지 못한 채 지나쳐 버리게 될 것이다. 그러나 반대로 내 예언이 그대로 들어맞는다면, 온 나라는 무서운 재난에 빠져 들게 될 것이다. 그때에 가서는 비록 나를 현명한 예언자라고 부를지는 모르나 이는 참으로 슬픈 위안이 될 따름이다.[10]

왕안석의 해괴한 버릇들이 위선적인 것이었는지 아닌지는 확실하게 결론 지을 수 없다. 그러나 어떤 사람의 행위가 도를 넘으면, 모두들 그가 자기를 선전하려는 의도가 있는 것이 아닌가 하고 의심하게 마련이다. 만약 소백온(邵伯溫)의 기록을 전적으로 믿는다면, 인종 황제도 마찬가지로 의심을 품었던 것 같다. 어느날 대신들을 초대한 궁중연회가 있었는데, 초대받은 손님들은 자기가 저녁으로 먹을 물고기를 연못에서 낚시하기로 되어 있었다. 식사를 시작하기 전, 알약 모양의 미끼가 금빛 쟁반에 받쳐져 식탁 위에 놓여 있었다. 왕안석은 낚시질에 별 흥미가 없었던 터이고 해서, 무료한 터에 별생각 없이 식탁 위에 놓인 미끼를 전부 먹어치웠다. 다음날 이 일에 대해 황제가 당시 재상들에게 이렇게 말했다고 한다. "왕안석은 위선자다. 사람이 혹 실수로 고기 미끼를 하나쯤은 먹을 수 있겠지만 정신없이 접시의 미끼를 전부 먹어치울 수는 없는 노릇이다." 기록에 따르면, 인종 황제가 왕안석을 꺼린 것도 이런 이유에서였다고 한다. 한편 왕안석의 개인 일기를 보면, 그는 여러 황제 가운데 특히 인종 황제에 대해서 비판적이었다.[11]

나중에 전개된 상황을 살펴보면 소순의 생각이 옳았다. 어느 나라이건 괴팍한 사람이나 과대망상가, 정신분열 증세가 있는 사람들은 게으른 것이 무슨 천재의 표징이나 되는 것으로 여겼고, 또 그들은 불멸의 것을 중시하므로 현세의 단정한 차림 따위는 아랑곳하지 않는다는 것이었다. 이런 부류의 사람들은 좀 기이한 생각을 갖고 있다. 즉 자신들은 물질적인 환경을 경멸하다 보니 불결하고 누추한 모양새가 된 것 뿐이며, 정신적인 면에서는 높은 경지에 이르러 있다는 식의 논리를 펴곤 한다. 이런 논법으로 추론해 나가면 결국 천국에는 악취나는 천사들로 꽉 차 있어야 마땅할 것이다.

이 〈변간론〉이 씌어졌을 때, 그의 아들 두 형제는 부친이 이 글에서 너무 지나치게 왕안석을 비판한 감이 없지 않다고 말했다. 오로지 장방평만이 소순의 의견에 전적으로 동의했다.[12] 아무튼 동파 시대의 사람들은 이 예언이 너무나 꼭 들어맞는 진실임을 머지않아 곧 발견하게 된다. 이 문장은 오늘날까지도 전하여져, 노부(老父)의 무서울 정도로 날카로운 통찰력을 드러내 주고 있다.*

왕안석은 삼사(三司)에 임직된 후, 곧바로 자신의 정치적 기반이 어느 정도인지 시험해 보려고 했다. 이 당시는 인종이 재위해 있을 때였다. 왕안석은 오랜 기간 동안 구상해 왔던 새로운 정책방안에 대해 약 1만 자에 달하는 장문의 상소를 써서 올렸다.[13] 이 정책안에서 그는 자신의 재정개혁안의 기본원리에 대해 설파하고 있다. 그 원리란 다음과 같은 것이었다. "국력을 사용하여 국가의 부(富)를 창출해 내고, 국가의 부를 이용해서 국가의 경비를 충당한다"(因天下之力以生天下之財, 取天下之財以供天下之費).

그는 여기서 말하기를, 송조(宋朝) 개국 이래로 정부는 국고수입의 부족으로 계속 어려움을 겪어왔는데, 이는 훌륭한 재정경제정책이 그 뒷받

---

* 이 문장은 장방평이 쓴 소순의 묘지명 가운데에 보인다. 어떤 학자들은 왕안석을 변호하기 위해서, 이 문장이 후인의 僞作이라고 극력 주장하고 있다. 그러나 소동파의 증언에 따르면 이 문장은 소순의 작품으로 간주되고 있다.

침을 해주지 못한 데서 초래된 결과라고 했다. 즉 이런 문제를 해결해 보려는 사람이 여태껏 없었기 때문에 이에 대한 재정경제정책도 고안해 내지 못하고 있는 것이라고 했다. 또 현재 집권하고 있는 관리들은 이러한 국가대사를 맡기에는 역량이 부족하며, 자신이 보기에는 국내에서 이러한 일을 해낼 재능을 갖춘 자가 없노라고 했다. 급진적인 개혁을 하려면 고대 성현들이 실시했던 정책들과 이 급진적 개혁안을 연결시켜야만, 백성들이 이 개혁안을 과거와 동떨어진 혁명적인 것으로 보지 않을 것이라고 지적했다. 뒤이어 말하기를, "그러나 과거의 전통을 답습하느라고 옛 황제들의 정책방법을 반드시 그대로 모방할 필요는 없으며, 위정자가 백성의 이익을 위해 하고자 한다면, 정책이 어떻게 다르든 그것은 그다지 문제되지 않는다"고 했다. 대체로 이 상소문은 일목요연하게 잘 씌어진 정치개혁에 관한 일종의 논문으로서, 재정·행정사무에서 교육에 이르기까지 국정 전반에 걸쳐 두루 포괄하여 논하고 있다.

만약 왕안석이 자신의 정치적 기반을 시험하고자 했다면, 당시 자신에게는 아무런 기반도 없음을 알았을 것이다. 인종 황제는 이 장문의 상소문을 읽어 보고는 옆에 밀쳐놓아 버렸다. 그 다음 황제인 영종(英宗)은 4년간의 짧은 재위기간 동안 왕안석에게 한 차례 관직을 내렸는데, 그는 사양하고 나아가지 않았다. 역사가들은 그가 관직을 거절한 이유로, 일찍이 인종이 자식이 없어 후계자로 영종을 세울 때에 왕안석이 이를 반대했던 것이 내심 불안하여 사양했으리라고 해석하고 있다.[14]

당시, 영종을 계승할 태자가 경사에 살고 있었는데, 그가 나중의 신종(神宗) 황제가 되었다. 바로 이 신종 황제 재위기간 동안 왕안석은 득세하게 되었다. 신종이 태자로 있을 때, 한유(韓維)가 태자의 비서직을 맡고 있었는데 당시 한유는 왕안석을 매우 숭배하고 있었다. 한유가 정부에 대한 자신의 의견을 피력할 때마다, 태자는 그러한 의견들에 대해 상당한 호감을 표했다. 이에 한유는 "이것은 제 의견이 아니고, 왕안석의 의견입니다"라고 말하곤 하였다. 그래서 태자는 왕안석에 대해 상당히 호감을 갖게 되었고, 언제고 그의 위대한 정치적 재능을 활용할 수 있기

를 바라게 되었다.[15] 1067년(治平 4) 신종이 20세의 나이로 즉위하자마
자, 왕안석을 남경지사에 임명하고, 9월에 다시 승진시켜 한림(翰林)으
로 발탁했다. 왕안석은 그의 친구 한유와 늘 연락을 취하고 있었으므로
이제 그의 기회가 왔다고 믿어 의심치 않았다. 그래서 전과는 달리 즉각
관직을 받아들였다. 그러면서도 7개월이나 미루고 있다가 겨우 경사로
왔다. 왕안석이 미루고 오지 않자, 신종은 "전대에도 왕안석은 관직을
늘 사양하고 경사에 들어오려 하지 않았다. 어떤 이는 그가 무례하다고
나무라기도 한다. 이제 그가 또 병을 빙자하여 오지 않으니, 그가 정말
병이 난 것인가, 아니면 좀더 높은 관직을 바라고 있는 것인가?" 하고
물었다.

이때의 중신 증공량(曾公亮)과 한기(韓琦)는 서로 심하게 시기질투하고
있었다. 한기는 역대 세 분의 황제 아래에서 재상과 추밀원 관직을 역임
해 왔으므로 권세가 대단했다. 증공량은 이러한 한기의 지위를 좀 떨
어뜨리고자 왕안석을 자기 편으로 끌어들이려 했다. 그래서 그는 황제에
게 고하기를, 왕안석은 정말 재상이 될 만한 재간을 지닌 사람으로, 황제
께서는 그를 믿으셔도 될 것이라고 하였다. 한편 또 다른 중신 오규(吳
奎)는 일찍부터 왕안석을 잘 알고 있던 터라, 황제에게 경고하여 아뢰기
를, 만약 왕안석에게 권력을 맡기면 온 나라가 혼란에 빠질 것이라고 하
였다.[16]

1068년(熙寧 元年) 4월, 마침내 왕안석은 황제의 의도를 간파하고 경사
에 왔고 그는 황제를 알현하라는 명령을 받았다. 그런데 종래의 전례를
깨고 황제 알현 때 마땅히 지켜야 할 여러 예절의 구속을 받지 않아도 되
며, 지위의 고하를 떠나 맘껏 진언해도 좋다는 허락을 받았다.

"조정이 해야 할 가장 중대한 일은 무엇이겠는가?"

하고 황제가 묻자,

"올바른 정책안을 고르시는 것입니다."

라고 왕안석이 대답했다.

"그대는 당태종(唐太宗)에 대해 어떻게 생각하는가?"
하고 황제가 다시 물었다. 황제는 당대(唐代) 백성들로부터 가장 존경받았던 황제, 당태종에 대해 언급하고 있는 것이었다.

"폐하, 폐하께서는 당태종을 배우실 것이 아니라 마땅히 요순 임금을 폐하의 규범으로 삼으셔야 합니다. 요와 순임금의 정치원칙은 본래 실행하기 수월한 것이었습니다. 그런데 후세 사인(士人)들이 요순 임금을 제대로 이해하지 못했기 때문에, 그러한 성군(聖君)은 정부가 감히 모범의 표준으로 삼는다 하더라도 그 수준에 도달하기는 매우 어렵다고 잘못 생각했던 것입니다(요와 순임금은 유가에서 이상화하는 기원전 23~22세기경인 반전설시대에 중국을 통치했던 황제이다)."

이 말에 다소 흡족해진 황제는 그래도 여전히 겸손하게 이렇게 말했다. "그대는 내게 너무 많은 것을 기대하는군. 나는 그대의 높은 기대를 충족시켜 주지 못할까 걱정이오."

그런 다음 황제는 다른 관료들을 물렸다. 왕안석이 황제와 단독으로 회견할 기회가 온 것이었다. 왕안석에게는 절호의 기회였다.

"앉으시오."
황제가 말했다.
"난 그대와 오래도록 얘기하고 싶소."

그리고 나서 황제는 당태종과 유비(劉備)가 어떻게 해서 저명한 두 선비를 재상으로 임명하여 나라를 다스렸던가에 대해서 물었다. 그는 그 두 명의 재상 가운데 한 사람에 대해서는 언급하지 않고, 다른 한 사람인 제갈량(諸葛亮)에 대해 언급했다. 제갈량은 역사상 가장 뛰어난 행정가로 잘 알려져 있다. 왕안석은 제갈량의 이야기로부터 다시 3천년 전의 전설적인 황제에게로 화제를 돌렸다. 왕안석은 제갈량에 대해 이야기하느니 차라리 요순 임금의 현신(賢臣)들에 대해 이야기하고 싶었다.

"제갈량은 최고의 인재 축에는 끼이지 못합니다."

제갈량은 천재로서, 그의 정치방식은 설정한 목표를 향해 한걸음 한걸음씩 서서히 전진해 나가는 것이었다. 이런 방식은 참을성 없고 자신만

만한 재정전문가인 왕안석에게는 맞지 않았던 것이다. 이어서 왕안석이
이렇게 말했다.

"폐하, 지금은 거대한 인구를 가진 방대한 제국을 다스려야 하는 시대
입니다. 지난 100여 년간의 태평시기가 지난 후, 이 나라에 수많은 학자
가 있어 왔지만, 막상 조정에서 폐하를 직접 보좌할 만한 인재가 없었던
것도 사실 별로 이상할 것이 없습니다. 그 이유인즉 황제들께서는 어떠
한 정책결정도 하지 않으셨고, 현재(賢才)를 전적으로 믿고 등용하시지
도 않으셨으니까요. 그런데 지금 요순을 보좌했던 현신과 같은 인물이
이 나라 안에 혹 있을지도 모릅니다. 하지만, 설사 이 인재들을 등용한다
하더라도 소인배의 방해로 인해, 얼마 안 가 곧 파면되고 말 것입니다."

이에 황제가 말하기를,

"매 조대(朝代)마다 소인배들이 있게 마련이오. 요순 임금 시대에도 그
유명한 사흉(四凶)이 있지 않았었소?"

라고 했다.

"사실 그렇긴 그렇습니다."

왕안석도 이에 동의했다.

"바로 요순 임금이 사흉의 진면목을 미리 알아보았기 때문에 그들을
극형에 처하였고, 그 덕분에 현신들이 그처럼 큰 공적들을 달성할 수 있
었던 것입니다. 만약 사흉이 계속 조정에서 음모와 술책을 꾸몄더라면,
어질고 유능한 신하들은 모두 조정을 떠났을 것입니다."[17]

신종은 이 말에 깊은 감명을 받았다. 신종은 당시 갓스무 살로, 모든
젊은이가 그렇듯이 야심만만했고, 어떻게 해서든지 국가를 부강하게 만
들고 싶었다. 신종은 선량하고 공정한 성품에, 둥그스름하고 균형잡힌
얼굴은 그의 부친을 꼭 닮았었다. 그런데 신종 이후부터는 골격의 특징
이 퇴화해 가는 현상이 뚜렷이 나타나기 시작한다.[18] 황제의 젊은 열정
은 왕안석이 부추긴 높은 기대로 선동되어, 이 회견이 있은 후부터 젊은
황제는 다른 대신들을 희생하는 한이 있더라도 물불을 가리지 않고 이
사람의 정책안을 실행할 작정을 하게 되었다. 노대신들이 황제께 왕안석

의 개혁안을 경계하라는 진언을 할 때마다, 웬일인지 젊은 황제의 마음에는 사흥의 모습이 떠오르곤 하였다.

1069년(熙寧 2) 2월 소씨 형제가 경사에 도착할 즈음, 왕안석은 참지정사(參知政事)에 임명되어 있었다. 그로부터 2년 사이에 모든 노대신들이 조정을 떠나갔다. 또 신종 황제는 황실의 간관(諫官)들을 숙정하고 그 자리에 왕안석의 수하인물들을 하나하나씩 임명했다. 왕안석이 관직에 오르자마자, 모든 정부관원들을 엄격히 숙정하기 시작한 셈이었다. 이에 항의에 항의가 거듭 일어나 온 관계(官界)가 깊은 혼란에 빠져 들어갔다. 재능 있고 명망 높은 대신들이 노골적으로 왕안석을 반대하고 일어났다. 젊은 황제는 어찌된 영문인지 몰랐다. 왕안석은 황제로 하여금 그 혼란과 소동이 마치 황제 자신과 황제의 뜻에 대해 감히 대항하는 교활한 대신들의 맹렬한 항거인 양 느끼도록 조작했다.

"왜 이리 소란들인가?"

"왜 모든 조정의 대신과 간관(諫官), 어사(御史), 학자들이 줄지어 신법을 반대하는가?"

하고 황제가 묻자 왕안석은 이렇게 대답했다.

"폐하께서는 다음과 같은 일을 이해하셔야 합니다. 폐하께서는 성군의 위대한 교훈을 준수하시려고 하고 계십니다. 그럴려면 모든 반발을 이겨내셔야만 합니다. 폐하와 반대세력간에 권력투쟁이 생기는 것은 불가피한 일입니다. 만약 반대세력이 이 투쟁에서 이기면 조정은 그들 손에 들어갈 것이고, 반대로 폐하께서 이 싸움에서 이기신다면 조정의 권력은 폐하의 수하에 남아 있게 될 것입니다. 저 이기적인 무리들은 폐하께서 성군의 위대한 가르침을 이행하시려는 뜻을 방해하려 하고 있습니다. 이처럼 소동을 일으키는 이유도 바로 거기에 있습니다."[19]

나라를 부강하게 만들려는 강렬한 야심에 불타는 젊은 황제와 자신의 정치 및 재정이론에 대한 확신으로 자부심에 가득 찬 재상에 의해서, 왕안석의 급진적 개혁안은 곧 실행에 옮겨질 국면에 놓여 있었다. 사실상 이와 같은 개혁안을 고안하게 된 그럴 만한 당시 환경적인 요인이 없지 않았다. 송조는 50년간의 분열과 투쟁이 계속된 이래로, 정부의 세력이 줄곧 약해져 왔다. 더구나 서하(西夏)와 거란(契丹)과 금인(金人)들이 끊임없이 중국의 북부 국경지대를 침략해 왔다. 이 북방민족들과 단기간 동안의 전쟁을 치른 뒤 송나라로서는 모욕적인 임시 휴전조약이 뒤따르곤 했었다. 조약의 항목들은 중국 황제에게는 모욕적인 것들로서, 이 북방의 국가들이 송나라 황제를 승인하긴 하나 조공(朝貢)을 중국에 바치기는커녕, 오히려 중국 황제가 이 북방민족에게 연간 10만 내지 25만 냥(兩)에 달하는 비단과 은을 공급하라는 등의 것이었다. 이로 인하여 국고(國庫)는 극심하게 고갈되었고, 더구나 내정(內政)이 허술하여 계속해서 극심한 재정적자를 빚어왔다. 왕안석은 자기 스스로 과세제도와 징병제도를 잘 운영하여 국고를 증가시킬 수 있는 훌륭한 재정전문가라고 자부해 마지않았다. 추측건대, 신종이 왕안석을 신임하게 된 주요 요인은 왕안석이 그의 정책안 가운데 중국 서북지방을 정복하여 국력을 신장하는 한편, 제국의 위신을 높이겠다는 야망을 표명하고 나왔기 때문이었을 것이다. 왕안석이 집권하면서 북방민족들과 여러 차례 전쟁을 치렀는데, 몇 번은 승리하였고 한 번은 완전히 참패하였다. 여러 번의 전쟁을 치르기 위해 제국은 자금이 필요하였고, 자금을 확보하기 위해 재정구조가 재구성되어야만 하였다. 개혁자가 본래 갖고 있던 진실한 동기에 대해서는 의심할 여지가 없겠으나, 이러한 재정·경제적인 개혁으로 인하여 본래 개혁동기와는 전혀 다르게, 비참한 결과들이 어떤 식으로 빚어졌는지는 앞으로 보게 될 것이다.

왕안석이 경사에 도착한 지 얼마 안 되었을 때, 황제의 면전에서 사마광(司馬光)과 왕안석 사이에 크게 언쟁이 오고 갔다. 이는 바로 양측 사이에 근본적으로 아주 다른 의견의 충돌을 총집결시킨 듯한 논쟁이었다. 당시 국고는 사실상 고갈된 상태였으므로, 황제는 춘제(春祭) 동안에 대신들에게 금·은·비단 등 관례적으로 하사하던 선물들을 생략함으로써 국고를 다소 절약하려고 하였다. 논쟁은 바로 사마광과 왕안석 사이에 일어난 언쟁에서 비롯되었다. 왕안석은 국고가 고갈된 것은 바로 조정대신들이 국가의 재정에 대해 제대로 이해하지 못하고 있는 탓이란 견해를 고수하였다. 이에 사마광이 반박하여 다음과 같이 말했다.

"대신께서 말하는 재정(財政)이란 바로 백성들에게 세금이나 가중시키고, 징집이나 하는 것이 고작이겠지요." 그러자 왕안석은 "아니외다. 훌륭한 재정가는 세금을 가중시키지 않고도 조정의 수입원을 증가시킬 수 있습니다"라고 했다. "터무니없는 소리! 국가의 재원은 한정되어 있는 것이고, 단지 그 재원이 백성의 수중에 있든지 아니면 정부의 수중에 있든지 할 뿐이요. 대신이 어떤 명의(名義) 아래 무슨 정책을 집행하든 이는 모두 민재(民財)를 모아들여 정부에 넘기는 것에 불과할 뿐입니다"라고 사마광이 말했다.[20]

황제도 사마광의 의견에 동의하여 그 조치는 한두 달 뒤로 미루기로 하였다. 경제학자가 아니더라도 국가를 부강시키는 두 요소는 생산과 분배임을 사람들은 누구나 일반 법칙으로 알고 있다. 나라를 날로 부강시키기 위해서는, 생산을 늘리거나 재화를 잘 분배해야만 한다. 왕안석 재임 당시에는 물론 산업화를 이룰 수 없었으므로, 말할 것도 없이 생산 또한 증가시킬 수가 없었다. 그러므로 재정 전문가는 분배 방면에서 모종의 조치를 취할 수밖에 없었다. 왕안석은 기본적으로 국고를 부유하게 하는 데에 주로 관심이 있었는데, 국고를 증가시킨다 함은 엄격히 봐서 정부세입을 증가시킴을 의미했다. 왕안석은 자유기업제도 아래에서 부상(富商)과 지주가 돈을 잘 번다는 것을 익히 알고 있었다. 이에 왕안석은 이들 자유기업들이 사업경영으로부터 얻은 이윤을 정부가 차지하고, 또 정부가 사업을 직접 운영하면 이익을 남길 수 있으리라고 여겼다. 그 결과는 뻔하였다. 그가 이런 조치에 붙인 명칭은 상당히 현대적인 것이었다. 그는 자본에 의한 독점을 중지시키고, 부유한 자의 재화를 가난한 사람에게 나누어줘 부를 평준화하려 했다. 즉 농부들이 지주에게 고리(高利)로 돈을 빌려 쓰는 것을 막고자 했다. 그래서 정부측에서, 봄에 모종할 때 농부에게 돈을 빌려주었다가 가을이 되어 추수할 때에는 그 돈을 돌려받는 것을 백성들의 편의를 돌보는 훌륭한 조치로 여겼다. 그러므로 왕안석은 이런 조치가 백성을 위한 일임을 황제에게 납득시킬 수가 있었다. 그러나 역사 기록에는 어느 하급관리가 50만 관문을 투자하면 정부는 가만히 앉아서 이자만으로 해마다 25만 관문을 벌 수 있고, 또 일 년에 두 번 수확기가 있으므로 이자로 그 수확량의 20 내지 30퍼센트를 매해 두 번씩 받을 수 있음을 건의했다 한다. 왕안석은 한동안 망설인 끝에 결국 이자를 놓기로 결정하였다고 기록되어 있다.

1069년에 실시하기 시작한 각종 개혁안은 그것을 실시했던 왕안석과 신종 자신도 아주 끔찍해 할 정도로, 실시된 지 8년 뒤엔 무참하게 실패했다. 그 각종 개혁안의 세부적인 설명은 그만두더라도 그 개혁조치의 개략은 다음과 같다.

가장 중요하고도 유명한 9가지 항목을 편의상 세 종류로 나누어 이야기해 보자. 전부 세 종목의 국영사업과 세 항목의 새 과세제도, 그리고 모든 백성을 통솔하기 위한 세 가지 등기제도가 있었다. 세 가지 국영사업 실시에는 균수법(均輸法), 시역법(市易法), 청묘법(靑苗法)이 있었는데, 청묘법은 일종의 임대법으로서 백성들에게 자금을 빌려 준 후 20퍼센트의 이자를 받는 것인데, 신청료와 등기료를 합하면 실제는 30퍼센트의 이자가 붙는 셈이었다. 또 세 항목의 새로운 과세제도란 면역법(免役法), 면행법(免行法), 수실법(手實法)이었다. 등기제도로는 열 가구를 한 조로 편성하여 군사훈련의 단위로 삼는 보갑법(保甲法), 토지와 말의 수효를 재등기하는 방전균세법(方田均稅法)과 보마법(保馬法)이 있었다.[21] 대체로 이상의 조치들은 근대의 집단경제정책과 상통하는 경향이 있었다.

국영사업은 1069년 7월에 실시되었는데, 실시에 앞서 먼저 전국 또는 성(省)과 성을 통괄하는 도매판매기구가 설립되었다. 황제는 정부가 많은 이윤을 거두어 들일 수 있으리라 믿고 현금 50만 민(緡)과 300만 석의 쌀을 자본으로 배정하고, 각 성 사이의 화물과 원자재의 무역을 정부가 떠맡게 했다. 그러나 이 제도는 곧 실질적이고 현실적인 문제에 부닥쳤다. 그 해 2월 정부는 먼저 삼사조례사(三司條例司)를 설치하여 장래 개혁계획을 연구하는 일을 전담하도록 하였다. 소동파의 아우 자유도 이 조례사(條例司) 가운데 한 사람이었다. 자유는 표장(表狀)을 올려 국가가 국제무역을 인수하게 되면, 자유민영사업체들로서는 정부와의 경쟁에서 불리할 것은 뻔한 사실이므로 곧 자유민영사업체들이 무력해지리란 점을 지적했다.[22] 정부와 상인간에 서로 경쟁을 하면, 결국에 가서는 화를 일으키게 되리란 것은 피할 수 없는 사실이었다. 더욱이 자유는 이러한 조치를 해봐야 국고에 보탬이 될 리가 없다고 보았다. 왜냐하면 사무역[私商]이 이미 정해진 신용 계통을 통해 거래되는 데 비해, 국가는 이러한 편의를 볼 수 없기 때문이었다. 더욱이 이 조치를 실시하려면 먼저 화려한 관사를 짓고 고급관리를 두어야만 했다. 그리고 이러한 상거래는 공급과 수요에 따라 이루어지는 상거래가 아니며, 대신에 개인적인 교분관계에 따라 허가원과 청부권을 분배함으로써 얻어지는 수수료가 수입원이 되는 상거래가 될 것이었다. 자유는 아울러 관료제도의 무능력으로 인해서 물건의 구입가격이 사상(私商)보다 높기 때문에 정부는 물건의 매입가격을 낮추지 못해 결국 손해를 보게 될 것은 당연지사임을 역설했다.

그리하여 이 균수법은 1년간 시험 연구한 끝에 중지되고 말았다. 이런 일이 있고 얼마 뒤, 정부는 이 정책에다 새로 이름을 붙인 수정안을 냈다. 즉 도매와 소매의 구분은 그리 엄격하지 않았으므로, 성도(成都)·광주(廣州)·항주(杭州) 등 대도시에 정부 경영의 거대한 상점을 담당하게 하는 시역무(市易務)를 건립하였다. 이 무역기구의 발전을 위해서 정부는 국고에서 100만 민(緡), 경사 지방의 통화유통액에서 87만 민을 배정하도록 할 것을 허가했다. 이런 조치를 취한 이유는 다음과 같은 것들이었다. "국가의 재화가 경사의 독점가들의 손에 쥐어져서, 때때로 자본가들의 농간으로 물가가 변동한다. 국가가 공평하게 다스리기 위해서는 부유한 사람들의 부(富)를 가난한 사람에게 주어야 한다." 이 부서에는 아주 유능한 관리를 우두머리로 앉혔고, 이 관리가 정부에 보고하는 이윤의 액수가 많을수록 그는 더욱 유능한 관리로서 인정받았다. 당시 여가문(呂嘉問)이란 사람이 그 장관직[提擧在京市易務]을 맡게 되어, 소규모 상인들의 통제를 혼자 독점하고 있었다. 예컨대 경사 시역무의 규정에 따르면, 소무역상은 반드시 이 기구의 회원이 되어야만 했다. 즉 이 소상들은 자신의 재화와 그곳 시역무의 자산을 공동출자할 수 있었고, 혹은 정부가 이들 소상인들이 경영하는 상점에서 파는 재화를 구입하기도 한다. 만약 상인이 장사를 청산할 생각이면 물건을 정부에다 팔 수도 있었다. 또 자기 물건의 일부분을 담보로 정부의 자금을 빌려서, 반 년에 한 번 1할의 이자를 갚거나 1년에 2할의 이자를 갚을 수도 있었다. 또한 그 지방과 실제 관련이 없는 상인도 정부에서 정해 준 시세로 그 지방에다 물건을 팔 수 있었다. 결국 어느 부문을 막론하고 황실의 재화 구입은 모두 시역무를 통하여 처리하게 되어 있었다.

정부가 소상(小商)을 흡수한 것은 최악의 조치였다. 이로 인해 사상(私商)은 거의 침체상태에 빠졌다. 이론으로는 비록 높은 이윤을 획득할 수 있다고 보았으나, 실제로는 몇 년 사이에 상거래가 점점 감소하여 정부 세입에 상당한 영향을 끼쳤다. 황제는 자신이 백성의 눈에 과일·얼음·석탄·달력·돗자리 등을 파는 행상(行商) 따위로 전락해 보이리란 것을 생각하니 무척 기분이 언짢았다. 결국 경사의 시역무와 면행전의 추문이 황실에까지 전해지자, 황제는 그때서야 비로소 개혁안 가운데에서도 제일 불평이 많았던 이 항목의 실시를 중지하라는 명령을 내렸다.

그러나 신정 조치 가운데 가장 유명한 것은 무엇보다도 청묘법(靑苗法)이었다. 오늘날까지도 왕안석의 신정에 대해 말할 때면, 사람들은 가장 먼저 농민에게 대관(貸款)해 주는 이 개혁조치를 떠올린다. 이는 제국 어느 지역에나 영향을 미쳤고, 조정 안에서는 재상들 사이에 극렬한 정치적 논쟁에 빠지게 했던 개혁안이었다. 그 계획안 자체는 훌륭하고 이상적인 것으로 농민은행이란 개념을 떠올리게 한다. 왕안석이 젊어서 지방장관을 역임하면서, 봄에 파종할 때에 농민들에게 자금을 임대해 주었다가 추수 때에 원금과 이자를 거두어 들이는 정책을 실시했던 적이 있었다. 왕안석은 이 경험을 통해 이런 조치가 농민에게 크게 도움이 됨을 알았다. 그는 지방에서 관직을 지냈으므로, 그 자신이 직접 조사한 결과, 농민들은 정작 꼭 필요할 때만 와서 자금을 꾸어 간다는 사실을 알아냈다. 섬서(陝西) 지방에서도 일찍이 이 조치를 실시하여 효과가 있었는데, 섬서 지방의 성공으로 농민에게 대관하는 이 조치를 청묘대관이라 부르게 되었던 것이다.

청묘법은 관계 당국이 조사해 봐서 풍작을 확신할 수 있는 풍년일 때에는 농부들이 농구와 맥종(麥種)을 구입할 수 있도록 자금을 빌려주고, 수확기 때 원금에 이자까지 붙여 보리로 돌려받아, 그 보리는 군량미로 쓴다는 것이었다. 삼사조례사(三司條例司)의 계획안에 따르면 섬서 지역의 예를 들어 다음과 같이 말하고 있다. "백성이 신청하는 데 따라 상평창(常平倉)과 광혜창(廣惠倉)에서 자금을 빌려준다. 농민들은 원금에다 2할 이자를 여름과 가을 수세(收稅)기간 동안에 갚아야 한다. 곡식 대신 현금으로 원금 상환을 원한다면 그렇게 해도 좋다. 흉년일 때는 풍년 때까지 원리금 반납을 연기해도 된다. 이렇게 함으로써 백성들은 기근이나 가뭄을 극복할 수 있을 뿐만 아니라, 부유한 착취자들로부터 돈을 빌렸다가 추수 때 두 배의 이자를 갚아야만 했던 것도 면할 수가 있다. 그 밖에 종전에는 남은 곡식을 상평창이나 광혜창에 장기간 비축해 놓았다가 물가가 오르면 백성에게 팔았는데, 이 제도는 도시에 사는 게으른 부자들에게만 유리했다. 그래서 그러한 곡식의 매입과 구입을 각 지방 단위별로 조직하자는 계획안이 제시되었는데, 만일 이렇게 하면 물가안정도 꾀할 수 있고 농민들도 그들 토지를 착취당하지 않을 수 있다. 이 모든 조치는 백성의 이익을 위한 것이지 정부를 위한 것은 아니며, 모두 선대 황제들이 백성들에게 자금을 나눠 주어 백성을 도와주었던 치리법칙(治理法則)을 따라 만든 것이다."[23]

이 계획들은 농민들의 이익을 가져오기는커녕 그들의 가정과 생명을 파괴하고 앗아가는 결과를 낳았는데, 자세한 것은 나중에 다시 보기로 하자. 그러나 이 새로운 조치는 옛날부터 내려온 제도인 상평창의 연속으로 차츰 상평창을 대신하게 되었음을 설명해 두어야겠다. 송조(宋朝) 초기에, 정부는 각지에 양곡창고를 설치하여 곡가를 억제하였다. 풍년에는 곡가가 낮아져 농민들이 피해를 보므로, 정부는 잉여 도맥(稻麥)을 사들이고, 반대로 흉년에는 곡가가 상승하므로 각지의 창고에서 양곡을 시장에 풀어 곡가를 억제하여 낮추도록 했다. 과거 이 상평창제도가 늘 성공적으로 운영된 것은 아니었다. 때로 관리들은 가격이 쌀 때 잉여곡량을 때맞춰 매입해 두지 못하기도 했다. 그러나 1066년(治平 3) 상평창에서 공포한 수목(數目)에 따르면 그들은 1년 동안 501만 4,180석의 곡물을 구입하고 451만 1,570석을 다시 방매했다고 되어 있다. 그런데 이제는 창고의 재화가 모두 청묘대관의 원금이 되었으므로 상평창의 본래 임무는 자연히 당분간 중지되었다.

문제의 핵심은 바로 대관 신청이 어쩔 수 없이 강제적으로 되었다는 데에 있다. 자기의 생각과 다른 의견을 일체 용납지 않는 왕안석으로서는 이 조치를 성공시켜야만 했다. 그로서는 황제에게 대관이 성공적이며 백성들에게 아주 환영을 받고 있음을 보여주어야만 했다. 그는 대관이 활발하지 못하다는 이야기를 듣고 싶지 않았고, 농민들이 대관을 원하지 않음을 이해할 수 없었다. 그래서 할당량의 대관을 모두 농민들에게 분배 대부하지 못했을 때에는 몹시 화를 냈으며, 이를 배당하는 데 좋은 실적을 거둔 관원은 승진시켜 주고 부진한 관원들은 처벌하기 시작했다. 관원들 하나하나는 모두 자신의 출세를 중요시했기 때문에, 자연히 그들의 최대 관심사는 높은 실적을 올리는 데에만 있었다. 이런 식의 인사조치를 통한 경쟁유발은 마치 현대의 정부공채 판매와 비슷했다. 관리들은 자신에게 배당된 대관 액수를 달성하지 못하면, 신정에 방해가 된다는 이유로 파면되거나 직위가 강등된다는 사실을 잘 알고 있었다. 그리하여 왕안석이 이른바 '활동적인 관원'이라고 즐겨 부르는 관원들에 의해 관의 압력으로 농민들에게 강제적으로 대관을 배정하게 되었다. 모든 가정은 정부로부터 대관해야만 했고, 모두들 3개월에 한 번씩 30퍼센트의 이자를 지불해야만 했다. 정직한 관리들은 이러한 대관이 가난한 백성들에

게 어떤 해를 끼치며 결국 백성들은 원금과 이자를 갚지 못해서 감옥에
갇히고 말 것이란 사실을 너무도 잘 알고 있었다. 이런 관리들은 칙령을
액면 그대로 준수하여 내심 '신정을 방해한다'는 이유로 강등당할 것을
단단히 각오하고 대관은 완전히 자원(自願)일 경우에 한하여 대여해 준
다고 공개적으로 선포했다.

면역법(免役法)도 마찬가지로, 정부의 본래 의도와는 달리 실제 실시
하는 데서 큰 차질이 생겼다. 이 제도는 왕안석의 신정조치 가운데 그래
도 제일 나은 개혁안으로 볼 수 있다. 나중에 소동파의 당(黨)이 득세하
여 왕안석의 모든 개혁안을 전면 폐지하려 할 때, 유독 소동파만 혼자서
만 전면 폐지 조처에 반대하며 이 면역법만은 그대로 남겨둘 것을 주장
하였다.

중국에서는 오래전부터 징병제도가 실시되었는데, 이 개혁안은 병역
대신 세금을 납부하도록 한다는 내용이었다. 바꾸어 말하면, 모병(募兵)
으로 징병을 대체시킨다는 말이다. 그러나 우리가 면역법의 규정들을 자
세히 연구해 보면 정부의 주요 관심사는 세입(稅入)에만 있고, 정작 백성
들의 징병의무를 덜어 준다는 점은 보갑법(保甲法)이란 제도 때문에 완
전 무효화되고 있음을 알 수 있다. 이 보갑법은 강제징병만큼이나 백성
들에게 불리한 제도였다. 1년 남짓 심사숙고를 거쳐 면역법이 공포되었
는데, 징병에 해당되지 않는 가족에게까지 면역세를 물렸다. 예를 들어
과부나 자식이 없는 가정 또는 아들이 하나인 가정, 아직 징집대상 연령
이 안 된 자식이 있는 가정, 남녀 승려들도 이른바 조역법(助役法)이란
명목 아래 세금을 내도록 강요받았다. 더욱이 흉년이 들어 백성들이 세
금을 납부할 수 없을 때를 미리 대비한다는 명목 아래, 배당 징병세에 20
퍼센트가 더 첨가되었다. 이 세금으로 돈이 모아지면 군인과 기타 정부
관원들을 고용한다는 것이었다. 농부들은 대관을 갚지 못하여 결국 감옥
에 갇히거나 의무불이행 죄목으로 곤장을 맞게 될 것이라고 일찍이 자유
가 지적했던 바 있고, 사마광도 역시 이 제도가 실시된 후에 어떠한 일이
발생할 것인지 조목조목 지적하였다. 여름과 가을이면 다른 세금들도 부

과되므로 이 면역세를 납부하기 위해서 백성들은 그들의 양곡을 팔거나 소를 죽이거나 나무를 베어 현금을 마련할 수밖에 다른 도리가 없게 된다. 종전처럼 징병제도가 실시될 때에는 백성들이 몇 년에 한 번씩 돌아가며 병역을 치루었다. 그런데 이 새 제도 아래서는 종전과 달리 병역의무가 없는 해까지도 포함해서 백성들은 세금을 물도록 된 것이었다.

면역법은 면행법·수실법과 마찬가지로 백성의 병역의무를 덜어 주기 위한 제도라기보다는 기본적으로 백성들로부터의 세입을 증가시키는 또 하나의 방안에 불과했다. 왜냐하면 보갑(保甲)이란 새 명목 아래 백성들은 군사훈련을 받아야 했기 때문이다. 면행전이란 장부에 근거해서 상인들이 획득한 이윤에 따라 거둬들이는 세금이다. 여기서 말하는 수실법은 현대의 소득세 개념과 좀 다른데, 수실법이라 부르게 된 이유는 이것이 다른 세금을 배정하는 일종의 기준으로서, 백성의 소득과 재산을 강제로 등기하게 하는 제도였기 때문이다. 한편, 백성들이 자신의 소득과 재산을 어떻게 해서든 가능한 한 정부의 눈을 속여가며 되도록 적게 신고하려 한다는 점에서는 현대의 소득세와 흡사하다. 이 조치가 발표된 이후, 신법을 공격하는 논쟁 가운데서 어떤 사람은 "농장의 닭이나 오리 한 마리, 또는 한 뼘의 땅, 지붕의 들보와 서까래에 이르기까지 보고되지 않은 것이 없이 모두 정부에 등기되었다"고 비난했다. 이 마지막 조치는 1074년(熙寧 7)에 제정되었는데, 이 시기에는 왕안석의 세력이 이미 차츰 쇠퇴하고 있던 때였으므로 이 조치는 오래 가지 못했다. 소동파는 이 법이 폐기되기 전부터 이 조치가 법제에 어긋난다는 이유로 그의 관할구역[密州] 안에서 집행하기를 거부하였었다.[24]

왕안석이 백성들의 병역부담을 덜어 주기 위해 면역세를 징수했다는 것이 거짓임을 증명해 준 것은 보갑법이었다. 이러한 조치가 병역부담을 감면해 주기 위한 것이 아니었음을 입증해 주는 신보갑법과 면역법이 모두 1070년(熙寧 3) 12월에야 반포되었다는 점이다. 즉 정부는 한쪽 손으로는 백성들로 하여금 면역전을 지불하게 하여 병역부담을 덜어 주었으나, 다른 한쪽 손으로는 백성들에게 병역의 의무를 도로 지워 주고 있는 셈이었다. 보갑(保甲)이란 같은 이웃끼리 조직하는 일종의 집단 인보(隣保)제도이다. 열 가구마다 하나의 보(保)를 구성하고 50가구마다 대보(大保)를 형성한다. 누군가 범죄자나 절도자를 숨겨 줄 경우, 같은 보에 속한 사람들은 이에 대해서 연대책임을 져야 한다. 또한 살인이나 강간 사건이 발생했을 경우에는 그 상황을 반드시 관부(官府)에 보고해야만 한다. 대보의 장정들은 군사훈련을 받을 수 있도록 중대 편성을 받았다. 장정이 두 명인 집은 한 명만 징집되었고, 두 명 이상의 장정이 있는 경우에는 비례하여 징집되었다. 이들은 5일에 한 번씩 농사일을 뒤로 미룬채 군사훈련을 받아야만 했다. 옛날에는 5일이 지금의 1주일이나 마찬가지로 한 단위를 이루어 한 달을 모두 여섯 단위로 나누었다. 정규 징병제에서는 장정을 외지로 보냈는데, 신법에서는 군대를 마을 가운데에 들여놓은 꼴이 되었다. 그러나 왕안석은 대단한 선전가였으므로, 그는 새 이름을 지어 명목상 징병제도가 존재하지 않는 것처럼 살짝 숨겼다. '징병제도는 폐지되었다'고 하면서 이렇게 백성을 집단으로 등기하게 하고 조직화하는 외에도, 새 조세제도의 규정으로 농부의 토지를 강제 등기시키는 방전균세법(方田均稅法)과 정부의 기병을 농부들이 돌보도록 맡기는 보마법(保馬法)이 있었다. 다른 일체의 집산제도(集産制度)와 마찬가지로 왕안석의 신정 또한 백성을 그냥 가만히 내버려두지 않았다. 사실 정부가 백성들을 잘 돌보기 위해서는 정부에서 국민들이 무엇을 하고 무엇을 소유하고 있는지 알고 있어야 마땅하다. 다른 모든 집권제도와 마찬가지로 그들도 비밀기관이 없이는 통치하기 어렵다는 것을 알고, 1072년(熙寧 5) 비밀기관을 세우기에 이르렀다. 다행히도 이때는 소동파가 이미 경사를 떠난 후였다. 현대의 언론기관에 상당하는 어사대(御史臺)조차도 왕안석당의 정책을 그대로 고수하는 그의 수하인들로 모두 교체해서 배정되었으므로, 정부는 아무런 방해도 받지 않고 신정조치를 펴 나갔다. 왕안석은 사인들의 사상을 통제할 필요가 있음을 새삼 느꼈다. 마치 고대의 왕망(王莽)이나 근대의 히틀러처럼 그는 '한 국가, 한 이념, 한 통치자'란 고정관념을 가지고 있었다. 그는 히틀러처럼 반대의견에 부딪칠 때면 노발대발했다. 현대 심리학자들은 아마도 그를 편집광 환자로 진단할 것이다. 이 사람의 편집광적인 성격을 드러낸 여러 사실 가운데 대부분의 사학자나 비평가들이 그를 특히 용서하지 못하는 점은 그의 정치·사회적 모험에 대해서가 아니라, 그가 경서(經書)를 주석하는 방면에서 자신만이 유일한 정통적인 주석가로 단정한 사실에 있었다. 왕망이 경서를 재편집하고 왜곡한 것처럼 왕안석은 유교의 세 경서를 스스로 해설하여 《삼경신의》(三經新義)를 지어 관방(官方)에서 이 책을 사고의 유일한 지침서로 삼게 함으로써 과거의 위대한 주석가들을 대신하려 하였다. 왕안석은 상당히 박식한 학자이기는 했으나, 과거의 정현(鄭玄)·마융(馬融)·육덕명(陸德明) 등의 거유(巨儒)를 대신하기에는 부족했다. 이렇게 함으로 해서 그는 권력을 남용했을 뿐만 아니라 학술의 정신을 모독한 것이었다. 수험생들이 과거시험 답안을 작성할 때에는 고문을 인용하곤 했는데, 왕안석의 집정하에서는 수험생들의 경전 해석이 일률적으로 모두 같아야만 했다. 이런 새 표준을 설정함은 곧 이 땅의 모든 문인들이 모두 왕안석이 말한 의견이나 정치원칙, 그리고 불교색채가 농후한 그의 유가사상으로부터, 순(鶉)·효(梟)·치(雉) 글자의 어원에 이르기까지 모조리 왕안석의 설법을 배워 받아들여야 함을 의미했다. 경사를 떠난 후 한 번은 소동파가 향시(鄕試) 시험관을 맡고 나서 수험생들 답안지에 표현된 사상이 한결같이 획일적이고 생기 없는 것을 보고는 이를 혐오하는 내용의 시를 한 수 지은 적이 있었다.[25]

왕안석의 엉터리 언어학과 마찬가지로 그가 지은 《삼경신의》란 책 역시 불교색채가 농후하고, 탄탄한 학술지식에 기초해 씌어진 것이라기보다는 자기 멋대로 해석한 자의성이 농후했다. 그러나 그는 고대사상과 정치제도를 해석하는 데 자신의 해석이 모두 정확하다고 굳게 믿고 있었다. 이 《삼경신의》는 형편없는 저작으로 그가 사망하자 곧 잊혀져서 현재 그것의 필사본조차 한 권도 남아 있지 않다. 그러나 그가 집권하고 있을 때에는 과거시험을 보는 수험생들에게 성경과도 같은 존재였다. 왜냐하면 이 재상의 주석과 조금이라도 다르면 그대로 실격하기 때문이었다.

더욱이 왕안석은 겨우 2년 만에 이 《삼경신의》를 완성하여 학술계를 모욕했다. 이 책은 1073년(熙寧 6) 3월부터 쓰기 시작하여, 그의 젊은 아들과 또 한 명의 정객(政客)의 도움을 받아 1075년(熙寧 8) 6월에 완성되었다. 서둘러 완성된 이 책이 유교경전의 정통 주석본으로 된 것이었다. 왕안석이 그 주석에 정정을 가하면 그때마다 수험생을 위한 새 판본이 출판되곤 했다. 수험생들은 왕안석이 정정한 부분을 빠뜨리지 않고 잘 파악하는 데에 그들의 성패가 달렸음을 잘 알고 있었다.

여기서 나는 왕안석의 학문에 대해 논하고자 하는 것이 아니다. 그보다도 내가 말하고자 하는 것은 소동파의 학문의 정도가 왕안석보다 훨씬 탄탄하고 높았으므로, 소동파는 이런 왕안석의 저작들을 보고 더욱 분개해 마지않았다는 것을 이야기하고자 하는 것이다. 여기서 나는 왕안석의 《자설》(字說)이란 책 역시 한결같이 미숙한 어원 설명을 늘어놓은 아주 형편없는 저작임을 말해 두고자 한다. 《삼경신의》 외에, 당시 학자들을 개탄시켰던 일은 왕안석으로부터 비롯된 어원 설명을 두고 논쟁하는 학술풍이 당시 유행했다는 사실이다. 그의 《자설》은 과학적인 비교방법에 의해서가 아니라 순전히 개인적인 환상에 근거하여, 한자(漢字)의 구조와 기원에 대해 기술한 책이다. 왕안석 자신은 이러한 어원학이 가장 창의성 있고 영구적인 공헌이 되리라 믿고 만년까지 계속 저술하여 25권을 완성해 놓고 있다. 한이나 청대 학자들이 그랬던 것처럼 과학적인 검증을 거치지 않고, 순전히 학자 자신의 상상력만을 발휘하여 25권의 책을 저술하기는 아주 수월한 일임을 서방학자들도 잘 알 것이다. 이러한 환상언어학은 하루에 한 다스씩이라도 순전히 환상적인 설법에 따라서 얼마든지 엮어낼 수 있다. 한자의 구성요소들이 어떻게 구성, 조합되어 어떤 뜻을 의미하게 되었는지 분석해 보는 일은 쉽고도 재미있다. 오늘날 왕안석의 《자설》에 약 50여 조목이 전해지는데 모두 식후담으로 즐길 여담거리에 불과하다. 소동파와 왕안석 사이에 있었던 농담의 대부분이 이 《자설》과 관련이 있다.

소동파는 귀류법(歸謬法) 쓰기를 좋아했다. 한자 가운데 구(鳩)자가 있는데 이 글자는 구(九)와 조(鳥) 두 부분으로 구성된 것으로, 말할 것도 없이 구(九)부가 독음(讀音) 부분이다. 왜냐하면 '구'(九)와 '구'(鳩) 모두 중국식으로 발음하면 '지이우'로 발음되기 때문이다. 왕안석은 자의(字意) 부분에서 무언가 재미있는 이론을 끌어내어 자음(字音) 성분을 뒤집어보고자 하였다. 하루는 소동파가 한담(閑談) 중에 왕안석에게 묻기를 "그런데 구(鳩)자는 왜 구(九)와 조(鳥)로 구성되었습니까?" 하고 물었다. 왕안석이 이에 대답하지 못하자 소동파가 말하기를 "제가 그 이유를 대신 말씀드리지요.《시경》에 이르기를, '산비둘기 뽕나무 위에 있는데, 새끼가 일곱이네'(鳲鳩在桑, 其子七兮)라 했는데 일곱 마리의 새끼에다 어미·아비 새 두 마리를 합하면 바로 아홉이 되지 않습니까?"라고 하였다. 파(波)는 물을 가리키는 수(水) 부분과 피부를 뜻하는 피(皮)란 자음(字音) 요소로 구성되어 있다. 이 글자는 왕안석의 풍부한 상상력을 자극하여 그는 '물 피부의 주름'이란 데서 파(波)자가 생겨났다고 여겼다. 어느날 소동파가 그와 마주치자, "그러면 활(滑)자는 '물의 뼈'겠지요"라고 농담하였다.[26]

왕안석은 중국 글자구성의 기본원칙들을 무시하고 설명한 것이었다. 그는 어근을 분해하여 두 개로 쪼개 놓은 다음 다른 구성요소들과 다르게 조합 연결했다. 그 단적인 예로서 '부'(富)자를 이런 식으로 설명하여[27] 다른 언어학자들로 하여금 답답해서 통곡하게 만들 정도였다.

후대 몇몇 학자들은 서양의 집산주의(集散主義)의 관념에 따라, 왕안석의 역사상의 오명을 지워 보려고 시도한 끝에 그의 사상이 "현대의 사회주의사상에 부합한다"라고 말했다. 그 가운데 근대의 대학자 양계초(梁啓超)도 바로 왕안석을 변호하여 그렇게 말한 바 있다. 왕안석의 사회주의사상에 대한 찬반 여부로 인한 논쟁이 있을 수 있으나, 왕안석의 사회주의정권에 대해서는 그가 빚어 놓은 결과를 가지고 판단해야 마땅할 것이다. 실제로 왕안석 정부는 '사유 독점'을 없애는 대신에 '국가 독점'을 조장하고 있었다. 소상인들은 직업을 잃었고 또 백성들은 강제적인 대관(貸款)과 불어나는 이자를 갚을 길이 없어 처자를 팔거나 온 가족이 도망하였다. 또한 그들 대관의 보증을 섰던 이웃들도 그들과 함께 도망하거나 재물을 팔든지 저당잡혔다. 감옥은 늘 만원이었고 군현(郡縣)마다 수천 건의 저당물과 몰수한 재산으로 가득했으며, 관청에는 소송사건이 그치지 않았다. 이웃 오랑캐가 침입하지 않더라도 이러한 폭정 때문에 국가가 망하게끔 되어 있었다. 1074년(熙寧 7)에 내린 칙령에 이르기를 "거래가 중지되고, 백성들은 실업상태에 놓였다"고 하였고, 청묘법을 폐지한 1076년의 또 다른 칙령에서는 "많은 백성들이 대관금과 이자를 갚을 길이 없어 감옥에 갇혀 매를 맞고 있다"고 하였다. 그로부터 20년 후인 1090년(哲宗, 元祐 5) 6월 소동파는 다음과 같은 내용의 상소를 올려, 정부가 몰수했던 개인 재산들을 되돌려 주고, 가난한 사람들의 채무를 탕감하여 그간의 악정으로 인해 야기된 향촌(鄕村)의 경제위기를 구제해 보고자 했다.

> 몰수한 재산을 되돌려 주라는 명령이 내려진다면, 백성들은 무척 기뻐할 것입니다.…… 백성들이 소신에게 호소하기를 "가정과 생업에서 쫓겨났고 부모는 자식들과 헤어졌으며, 부녀자들은 남편과 헤어져 집 없이 떠도는 피난민 생활을 하고 있다"고 했습니다.……시역무(市易務)가 설립된 이래로 백성들의 모든 생계수단이 정부에 의해 장악되었습니다. 정규거래를 빼앗긴 소상인들은 정부기관인 시역무와 합작하도록 강요당했고, 높은 이자에도 불구하고 현금을 빌리기 위해 그들의 재화와 재산도 저당잡히지 않으면 안 되게 되었습니다. 대관이 증가함에 따라 백성들은 갚을 길이 막연해지고, 더구나 이자는 두 배로 올랐습니다. 그들의 빚은 조금씩 조금씩 쌓여만 가고 백성들은 빚을 갚을 길이 없어 가족과 함께 옥에 갇히는 일이 빈번해졌습니다.[28]

처음 몇 년 동안 왕안석은 이런 극심한 상태에 대해 황제가 모르도록 은폐할 수 있었으므로, 자신의 '토지정책'에 대해 백성들이 대대적으로 지지하고 있다고 주장했다. 또 자신이 집권하는 전체주의정권을 민주주의란 명칭으로 혼동 사용하였는데, 이는 근대의 유사한 정황들을 생각나게 한다. 옛날이나 지금이나 백성들이 어느 정권을 신임했는지의 여부는 그 정권이 세력을 잃었을 때에야 비로소 제대로 판단할 수 있다. 황제는 동파의 상소문을 본 뒤 진상을 알아보고자 사람을 파견해 조사토록 하였다. 그러나 환관과 어사들은 황제가 신정을 좋아하는 줄 알고 있었으므로 늘 거짓 보고하였다. 그들은 황제께 아뢰기를, 백성들은 신정개혁안 정책을 환영해서 세무관리들이 일단 나타나기만 하면 백성들은 "덕정(德政)에 환호하더라"고 거짓 보고했다. 적어도 정부가 의도적으로 베푼 축하연에서는 이러한 것이 사실이었다. 이 왕안석의 변법은 실시된 지 여러 해 뒤에야, 이로 인하여 백성들이 극심한 상태에까지 이른 진상을 황제께 알릴 수 있는 기회가 왔다. 기이하게도 일개 용감한 궁정 문지기에 의해서 황제께 도화(圖畵) 형식으로 보고됨으로써, 사태의 진상이 비로소 드러났다.

정협(鄭俠)이란 문지기는 하루 종일 궁문에서 보초를 서면서 서북쪽에서 밀려오는 많은 무리의 피난민들이 경사 거리를 가득 메우는 것을 자주 목격했다. 정협은 그림이 말보다 더 웅변적인 효과가 있음을 알고, 이 가엾은 농민들의 모습을 그려서 황제께 바친 것이었다. 한 장은 피난민들이 굶주리고 반은 헐벗은 채, 사나운 폭풍 속에서 우왕좌왕하는 모습을 그린 것이었다. 또 한 장은 헐벗은 남녀가 풀뿌리와 나무껍질을 씹고 있는 모습이었는데, 다른 한켠에는 무리들이 벽돌과 땔나무를 팔아 세금을 내기 위해 쇠고리에 묶인 채 일하고 있는 모습이 그려져 있었다. 황제는 이 그림들을 보고 눈물을 흘렸다. 나중에 이 극적인 사건의 진상에 대해 더 언급하겠지만, 혜성의 출현과 성산(聖山)의 산사태 사건 등이 겹쳐 발생함으로써 황제는 많은 개혁안의 실시를 중단시키게 되었다.

제 8 장

고집쟁이 재상 왕안석

　이제 한바탕의 정치적 폭풍이 돌발해 큰 불이 되어 마침내 북송(北宋) 황실이 패망하기에 이르렀다. 이 정치적 폭풍은 국가자본주의론자인 고집쟁이 재상 왕안석과 그 반대파 사이에서 일어났다. 왕안석 반대파의 구성원은 어진 임금이었던 인종(仁宗)의 학술자유 기풍 아래 선발되었던 정부 우두머리급 관리들이었다. 이 당쟁이 소동파 전 생애에 지대한 영향을 끼쳤으므로, 여기서 잠시 이 정치투쟁의 본질에 대해 이해하고 넘어갈 필요가 있겠다.

　《요상공》(拗相公)이란 제목이 붙은 짧은 이야기책은 현존하는 최초의 백화문학 복사본의 하나인데[話本小說], 이런 유의 소설이 중국 소설문학의 근원이 되었다. 이 책은 최근에 발견된 송대 백화소설집으로 소설 내용을 살펴보면, 왕안석이 죽은 지 얼마 되지 않아서 씌어진 것으로 보이며, 민간 문학작품에서는 왕안석이 '요상공'이란 별명으로 잘 알려져 있었음을 볼 수 있다.

　이 정치투쟁의 비극은 남의 충고를 전혀 듣지 않고 자신의 잘못을 도대체 인정하려 들지 않는 한 사람의 성격장애자로부터 비롯되었다. 친구들이 그의 의견에 반대하면 할수록, 왕안석은 자신의 정책을 실행에 옮

길 결심을 더욱 굳혔다. 누구나 잘 알고 있듯이 사실 결단력은 좋은 미덕
이다. 그러나 여기에는 조건이 따른다. 즉 어떤 결단을 내려 무슨 일을
하기로 결정했느냐가 중요하다. 어쩌면 왕안석은 어린 시절에 익히 들어
왔던 '결심은 성공의 열쇠'란 상투적인 격언을 상기하고 이 고집스런 언
행을 미덕으로 삼았을지도 모른다. 생전에 왕안석은 사림(士林) 가운데
서 '삼부족'(三不足)으로 일컬어졌다. 즉 "천명(天命)을 두려워하지 않고,
중언(衆言)을 좇지 아니하며, 조상들의 방법을 따르지 않는다"(天命不足
畏, 衆言不足從, 祖宗之法不足用)였다. 이것은 바로 소동파가 그에게 붙여
준 긴 이름이었다.[1]

고집쟁이 재상은 친구이건 적이건 그 어느 편의 반대의견도 용납하려
하지 않았다. 그는 구변에 능했으므로 부국책(富國策)을 가지고 젊은 황
제를 쉽게 설득할 수 있게 되자, 그의 사회주의적인 정책안을 실행에 옮
기기로 작정했다. 그러기 위해서는 일반의 반대의견을 잠재우고 특히 어
사들로 하여금 침묵하게 만들어야 함을 뜻했다. 어사는 현행 정책들의
잘못을 비판하여 정부를 올바로 인도하는 것을 그 임무로 삼는, 일종의
민의(民意)를 전달하는 통로 구실을 해왔다. 대개 훌륭한 정부는 이 민의
의 전달통로를 크게 개방했고, 어리석은 정부는 그러지 못했던 것이 중
국 역대 정치사상의 근간을 이루어 왔다. 그리하여 신정(新政)에 대한 논
란으로 시작되었던 것이 자연히 더 근본적인 문제로 파급되어, 정부에
대한 반대와 비평의 자유문제에 대해서까지 의견이 들끓게 되었다. 결국
이번 정쟁(政爭)에서는 왕안석이 이겼다. 그러나 이로부터 조정의 관리
들은 두 파로 갈라져 북송이 망할 때까지 계속 당쟁의 소용돌이에서 벗
어나지 못했다. 신정개혁안들은 실시된 지 겨우 몇 년만에 속속 수정되
거나 폐지되긴 했지만, 이 신정변법 실행으로 일어난 당파분쟁은 국가에
막대한 손실을 초래했다.

조정의 이러한 정치투쟁의 중점은 바로 '보수파'와 '진보파'의 싸움으
로 알려져 있다. '보수파'니 '진보파'니 하는 용어는 당시의 문필작품 안
에도 여러 번 나오는데, 왕안석도 이 용어들을 즐겨 사용했다. 그가 싫어

하는 사람이나 그의 의견에 찬성하지 않는 사람들은 모두 '보수파'였고, 반면에 그의 추종파들은 모두 '진보파'이거나 '개혁파'였다. 그리하여 이 재상 나리는, 모든 어사간관(御史諫官)들이 악의를 품고 그의 개혁정책을 방해한다고 도리어 공격해댔다. 한편 반대파에서는 왕안석이 백성의 공정한 비판을 무조건 보수주의로 간주하고, 그와 의견이 다른 사람들은 모조리 부패했다고 매도하는 그 자체가 잘못되었다고 공격했다. 유지(劉摯)는 이와 같은 정세에 대해 "한쪽 당파는 상대당을 '보수파'로, 그 상대편 당에서는 집권당을 '모든 기존 덕목(德目)의 반역자'로 간주한다"라고 각각 지적하여 비판하였다.[2] 재상이 자기에게 감히 반대하고 나서는 어사들을 모두 숙청하기 시작하자, 반대파들은 그가 "백성의 입을 틀어막고자 하며 정부에 대한 모든 자유비판을 억압하고 있다"고 더욱 강하게 그를 질책했다.

역대 중국정부에는 집권당과 야당의 권리와 책임 등을 밝힌 당 규정을 갖춘 완전한 기구 같은 것은 존재한 적이 없었다. 또 투표수라든가, 거수(擧手)에 따른 찬반 결정, 기타의 다수 의견에 따라 의견을 확정하는 방식 따위 또한 없었다. 중국식 회의방식에서는 모종의 문제점을 토론하고 또 어떤 결정에 대해 동의하는 것으로 그친다. 정부는 원칙적으로 또 실제로도 정부에 대한 비평을 허락하며, 또 이러한 비평을 고취했다. 반대당은 내각을 전복시킬 수도 있고 퇴각을 요청할 수도 있었다. 당쟁이 극심해지면 반대당에 속한 관리들은 중앙정부를 떠나 외곽의 다른 관직으로 물러나는 것이 상례였다. 인종(仁宗)과 영종(英宗)시대의 범중엄(范仲淹)이나 구양수(歐陽修) 같은 이름난 신하들도 한때 작위가 강등되었다가, 나중에 다시 조정으로 돌아와 집권했다. 이런 식으로 한 당파가 득세하게 되면 다른 한 당파는 중앙을 떠난다. 송조(宋朝)의 관제(官制)가 이처럼 좀 특수함으로 인해서 조정에서의 분쟁과 알력은 더욱 극심했다. 더욱이 송조 때에는 대신들의 책임범위가 뚜렷하지 않았다. 즉 어느 재상 한 사람에게 권력이 집중되어 있지 않았으므로, 내각은 마치 국회와 비슷한 성격을 띠었고 모든 권력의 평형을 황제 혼자서 좌지우지했다. 정부는 복잡하고도 겹겹이 싸인 연쇄부문(連鎖部門)들로 상호연결되어 있어서, 부문들 간의 직책이 중복 구성되어 있었다. 일반적으로 '재상'이라 불리는 직책의 본래 명칭은 '동중서문하평장사'(同中書門下平章事)였고 부상(副相)은 두 명이었던 것 같다. 그 대체적인 조직은 아래의 표와 같다.

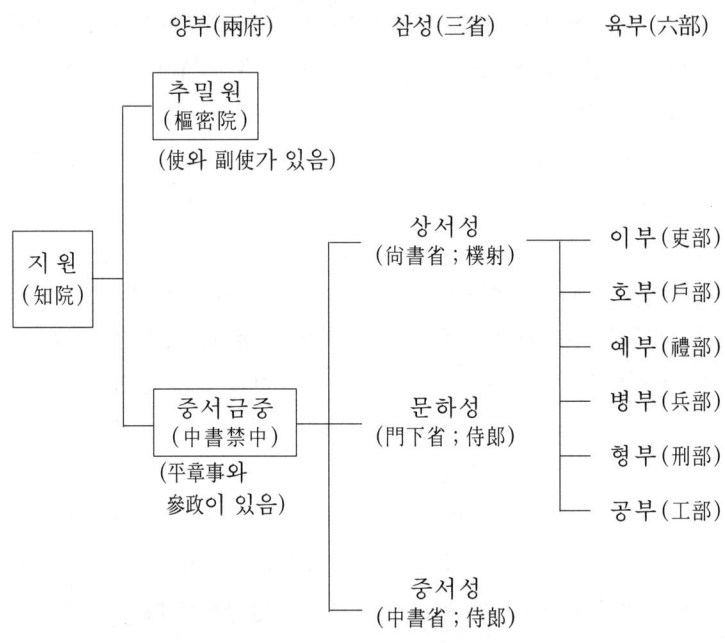

재정(財政)기구는 완전히 분리되어 직접적으로 황제에 대한 책임을 졌다. 삼성(三省) 내의 어사 외에도 독립된 어사대(御史臺)가 있었고, 이들에게는 조정에서 각 기구에 수여한 것과 마찬가지로 허함(虛銜)이 증여되었다. 대개 재상은 중서성(中書省)과 문하성(門下省)의 영수를 겸임한다. 삼성과 추밀원(樞密院)의 영수들이 지원(知院)을 구성하며, 이들을 지정(知政)이라 부른다. 나중에 신종(神宗) 때 와서 부서를 명확히 구분하고자 대폭 변경하여 조직을 더 간명하게 만들었다. 즉 문하성은 정책안을 검토하고, 중서성은 이를 반포하고, 상서성에서는 정부 명령을 실행에 옮기도록 했다. 그래도 혼란은 여전했으며 책임이 집중되어 있지 않기는 마찬가지였다.

왕안석은 처음에는 참지정사(參知政事 ; 즉 副相)였다. 그런데 왕안석은 황제의 힘을 등에 업고 월권을 행사해 가며 그의 계획을 실행에 옮겼고, 또 여혜경(呂惠卿), 증포(曾布) 등과 더불어 마음대로 모든 결정을 내렸다. 이런 상황은 황제의 면전에서조차도 지정(知政)들을 분개시키기에 충분했다. 당시의 주요 문젯거리로는 두 가지가 있었는데 하나는 청묘대관(靑苗貸款)이었고, 또 하나는 어사들의 언론자유의 문제였다. 한쪽 편은 주로 원로 대신들로 구성된 조정의 거의 모든 관료들로서 수가 많았고, 다른 한편은 황제의 힘을 배후로 한 왕안석 개인과 야심에 찬 교활한 신진 소인배들이 기묘하게 모여 있는 무리였다. 참고로 삼을 겸, 또 많은 인명(人名)으로 인한 혼란을 막기 위해 편의상 정쟁(政爭)의 주요 인물들을 다음과 같은 도표로 만들어, 영향세력을 한눈에 볼 수 있게 했는데, 유용할 듯 싶다.

세력의 차가 현격한 이 두 파벌은 다분히 비극적으로 보이기도 하면서 또 한편으로는 우스꽝스럽기도 하다. 이 명단을 살펴보면 어찌하여 왕안석이 자신의 친구들을 모두 멀리하게 되었는지 의아스럽다. 또 황제가 오로지 왕안석 한 사람의 집권을 추진하기 위해 반대파들을 해임시키거나 처벌하는 등 그처럼 큰 대가를 기꺼이 치르려 했었는지 의아한 생각이 든다. 결국 마지막에 가서 신종 황제는 왕안석, 여혜경 등의 관리들도 해임시켜야만 했다. 부국강병을 꾀하고자 했던 그의 꿈이 모두 수포로 돌아가자, 그때서야 신종은 하는 수 없이 평범하게 나라를 다스리고자 했다. 만약 사람을 제때에 알아보고 그런 인물들을 제대로 임용할 줄 아는 능력이 '신성'(神聖)의 특질이라면, 이 황제의 '신종'(神宗)이란 시호는 명실상부하지 않는다.

왕안석의 비극은 그 자신이 결코 방종하거나 탐오한 인물은 아니었지

당 권 파	반 대 파

왕안석(王安石;고집쟁이 재상) [拗相公]
신종(神宗;야심에 찬 황제)
 	
• 두 명의 하수인
  증포(曾布;활약이 대단한 정치가)
  여혜경(呂惠卿;나중에 왕안석을 배반한
    악명 높은 인물)
 	
• 4명의 불한당
  이정(李定;어머니 장례도 치르지 않은
    인물로, 나중에 동파를 탄핵함)
  등관(鄧綰;한때 왕안석을 섬기다, 나중
    에 여혜경을 번갈아 섬긴 변절자)
  서단(舒亶;등관과 함께 소동파를 탄핵함)
  왕방(王雱;왕안석의 아들)
 	
• 엽관 무리들
  사경온(謝景溫;왕안석의 처남)
  채변(蔡卞;왕안석의 사위)
  장돈(章惇;후일 동파의 정적이 됨)
  여가문(呂嘉問;왕안석 수하의 市易務長官)
	• 老大臣들(전 재상들과 추밀원 고문관들)
	  사마광(司馬光;반대파의 영수. 위대한
	    사학자)
	  한기(韓琦;元老重臣)
	  부필(富弼;老大臣)
	  여회(呂晦;첫 번째로 해직당한 사람)
	  증공량(曾公亮;의지박약한 성품임)
	  조변(趙抃)
	  문언박(文彦博;好人임)
	
	• 소씨와 그 가까운 친구들
	  장방평(張方平) ⎫
	  범진(范鎭) ⎬ 원로중신, 소씨의 숙부
	  구양수(歐陽修) ⎭ 혹은 백부뻘이 되는 나이
	  소동파(蘇東坡)
	  소자유(蘇子由;동파의 아우)
	  범중엄(范仲淹;위대한 도학자)
	  손각(孫覺;성격이 급함)
	
	• 이전 왕안석의 친구들
	  이상(李常;아름다운 수염의 소유자로
	    걸출한 학자)
	  한유(韓維;세도가 한씨가문의 사람)
	
	• 왕안석의 두 아우
	  왕안례(王安禮) · 왕안국(王安國)
	
	• 독립 비평가
	  유지(劉摯;나중에 소동파의 적이 됨)
	  소송(蘇頌) ⎫
	  송민구(宋敏求) ⎬ 희녕 3학사(熙寧三學士)
	  이대림(李大臨) ⎭
	
	• 기타 어사들
	  정협(鄭俠;큰 역할을 해낸 小官員으로,
	    왕안석을 물러나게 만든 문지기)

만, 그가 행사한 정치수단이 너무나 강압적이었다는 데에서 비롯된 것이었다. 그는 급진적인 국가발전 사업을 실현시키기 위해서는 모든 반대를 무조건 묵살해야만 한다고 생각했다. 그가 그처럼 오랫동안 기다리다가 재상직에 오른 것도 아마 이런 원인 때문이었으리라. 그는 미래에 대한 꿈을 가지고 있었는데, 그가 꿈꾸던 국가는 행복하고 평화로우며 번성한 국가라기보다는, 남북으로 국가의 강토를 충분히 확장시킬 수 있는 그런 부강국이었다. 만약 하늘이 송조를 한대나 당대처럼 위대하고 광활한 영토의 국가로 만들고자 뜻했더라면 분명 왕안석은 그 신탁을 받은 인물이었으리라. 그러나 신탁을 받은 인물은 없었다. 후세 역사가들에게 왕안석은 다만 자기 야심의 울타리에 갇혀 자신의 꿈에 의해 희생된 사람으로, 그 꿈은 처음에는 차츰 확대되다가 마지막에는 물거품처럼 사라져 버리고 말았다.

그는 일체의 실리주의자들을 무시하였으므로 훌륭한 노대신들을 멀리 하였을 뿐만 아니라, 과거 그의 절친한 친구였던 한유(韓維)와 여공저(呂公著)마저 잃었다. 앞에서도 언급한 바 있는 한유는 신종이 태자였을 때 왕안석을 추천하여 신종의 희망과 기대를 왕안석에게 걸게 했던 바로 그 장본인이다. 이런 친구들이 그의 계획 실행방식에 대해 반대하자, 그는 조금도 망설임 없이 그들을 조정에서 추방시켰다. 그리하여 외톨이가 된 그는 잘 알려지지도 않고 자격도 불충분한 인물들을 승진시켰다.

한편 이들은 왕안석에게 순종하면서 그를 이용해 자신들의 사욕(私慾)을 채웠다. 그 가운데 악명 높았던 세 인물이 바로 이정(李定), 서단(舒亶), 등관(鄧綰)이었다. 이정이라는 자는 관리직을 놓지 않으려고, 유교 사회에서는 있을 수 없는, 어머니의 임종 소식을 감추는 짓도 감히 저질렀다. 등관이 "비웃을 사람은 비웃게 놔둬라. 좋은 벼슬자리는 나의 것이다"[3]라고 한 말은 후세에까지도 잘 알려져 있다. 이들보다도 사실 왕안석의 주요 지지자는 야망에 찬, 적극적이고도 구변 좋은 증포(曾布)와 여혜경(呂惠卿)이었다. 특히 여혜경은 마지막에는 왕안석의 지위를 빼앗기 위해 그를 배반한 인물이다. 8년간 실시되었던 신정이 붕괴된 것에

대해 당대 사람들은 간략하게 한 문장으로 이렇게 요약해 말한다. "혜경
은 왕안석을 팔았고, 왕안석은 황제를 팔았으며, 황제는 백성을 팔았다"
라고. 황제가 왕안석을 멀리하도록 혜경은 비굴하게도 왕안석의 사신(私
信)을 공개하였고, 왕안석은 결국 혜경에 의해 타도되었다. 왕안석은 만
년에 하루에도 몇 번씩 '복건녀석'[福建子]이라고 갈겨 쓰며 분을 이기지
못했다는데, 여혜경이 바로 복건사람이었다.[4] 신정이 철폐된 후 남경에
서 소동파가 왕안석을 만났을 때, 동파가 당쟁을 일으키고 학자들을 박
해한 왕안석의 실책들에 대해 견책하자, 왕안석은 그 모든 일의 책임이
혜경에게 있다고 대답했다. 이것은 사실 말도 안 되는 변명이었다. 왜냐
하면 왕안석 자신이 모든 반대파들을 엄중히 처단해야 한다고 주장해 왔
고, 경사에 설치한 정부의 밀정조직 역시 혜경이 부친상을 당해 거상하
고 있던 1071년(熙寧 4) 4월과 1073년(熙寧 6) 7월 사이에 설치되었기
때문이다.

　이 밖에도 양당(兩黨)의 영수인 사마광(司馬光)과 왕안석은 정부정책
방면에 서로 의견이 엇갈렸지만, 각자의 정치적 신념에 매우 성실했고,
사생활에서도 비난받을 것이 없었다. 구양수는 적어도 이 두 사람 모두
금전면에서 청렴결백하고, 도덕적으로도 패덕(敗德)한 오명을 뒤집어 쓸
일이 없다고 단언한 바 있다. 한번은 왕안석의 부인 오씨(吳氏)가 남편을
위해 소실을 들였다. 그 여인이 나타나자, 왕안석은 놀라서 "이것이 무
엇이냐?"고 물었다. 그러자 "부인께서 저한테 대감을 시중들라 하셨습
니다" 하고 여자가 대답했다. "도대체 너는 누구냐?" 하고 왕안석이 다
시 물었다. "제 남편은 군(軍)과 함께 정부미를 배에 싣는 일을 맡고 있
었습니다. 그런데 배가 가라앉아 배에 실었던 재화(財貨)를 모두 잃어버
렸습니다. 배상하기 위해 우리 부부는 전 재산을 모두 팔았지만, 배상해
야 할 액수가 그래도 많이 남아 있었습니다. 그래서 제 남편은 저를 팔아
빚을 갚았습니다"라고 대답했다. "네가 얼마에 팔렸느냐?" 하고 왕안석
이 물었다. "900민입니다." 이에 왕안석은 그녀의 남편을 불러 그녀를
데려가게 하고, 몸값은 되돌려 주지 않아도 된다고 했다.

이와 비슷한 일이 사마광에게도 있었는데, 그에게도 원하지도 않던 첩이 있었다. 젊은 시절 그가 통판(通判)을 역임하고 있을 때, 부인한테서 아직 아들이 없었다. 그러자 부인이 남편을 위해 첩을 들였다. 그러나 사마광은 그녀를 상대도 하지 않았다. 사마광 부인은 자신이 방해가 되는 줄로 여기고, 하루는 그 첩에게 자신이 외출한 후, 다시 치장을 잘 하고서 밤에 사랑채로 들어가라고 시켰다. 그날 첩이 사랑채에 나타나자 사마광은 깜짝 놀라며, "부인도 안 계신데 네가 감히 어떻게 여기에 오느냐?" 하면서 곧 그녀를 돌려보냈다. 이 두 사람은 모두 정책 실현에만 뜻이 있었고 개인의 권력 따위에는 관심이 없었다. 특히 왕안석은 금전에 대한 개념이 없었다. 그가 재상으로 있는 동안 봉록을 받아선 형제들에게 나누어 주어 그들 맘대로 쓰게 내버려두곤 하였다.[5]

사마광은 학문과 인품면에서 당대 제일의 인물로, 그는 시종 원칙을 분명히 밝히기 위해 투쟁했다. 그와 왕안석은 각기 상반된 정치적 입장을 견지했다. 그래서 당시 사람들은 "왕안석은 신정을 실현하기 위해서만 재상자리에 앉으려 할 것이고, 사마광은 신정을 폐지하기 위해 부득이 추밀부사(樞密副使)가 되려 할 것이다"고 말하곤 했다.[6]

사마광은 범중엄과 더불어 송대의 가장 존경받는 재상이었을 뿐만 아니라 《자치통감》(資治通鑑)의 저자이기도 하다. 《자치통감》은 송대의 역사까지 담고 있는 기념비적인 중국 사감(史鑑)으로서 총 294권이나 되며, 거기다 근본사료와 비교자료로 된 부표(附表)가 30권 있다. 이 책은 학식의 기초가 든든하며, 뛰어난 판단과 문체를 갖추고 있다는 점에서 이후 중국의 역사를 기술하는 데 반드시 참조해야 할 북두성과 같은 존재가 되었다. 사실 이 책의 초고(初稿)는 책 권수의 몇 배나 더 된다. 그는 꾸준하게 매일 약 10피트 가량 길이의 자료들을 베껴 썼는데, 그가 쓴 원고만 해도 두 방을 가득 채웠다고 전한다. 이 거작을 위해 그는 25년의 세월을 보냈다.[7]

가장 먼저 결정적인 쟁론의 대상으로 된 것은 농민대관(農民貸款) 문제였다. 제치삼사(制置三司)에서 수개월 동안 숙고를 거친 끝에 1069년(熙寧 2) 9월에 청묘법(靑苗法)이 공포되었다. 그리고 조정은 41명의 청묘사들을 각지로 보내어 신정을 추진토록 하였다. 그러나 실시한 지 얼마 지나지 않아 대관을 자진 신청하도록 했던 계획이 제대로 실행되지 않음이 점점 명백하게 드러났다. 이에 청묘사(靑苗使)들은 정책이 실패했다고 정부에 보고할 것인가, 억지로 백성들에게 대관(貸款)을 떠맡긴 다음 이 정책이 성공했다고 보고할 것인가 하는 갈림길에 봉착했다. 정부에서는 상환을 확실히 보증할 수 있는 부자들에게 대관해 주고자 했지만, 부자들로서는 굳이 돈을 꿀 필요가 없었다. 이에 반해 가난한 백성들은 돈을 필요로 했지만 정부에서는 이들이 상환할 능력이 있음을 보증해 주는 사람이 있어야만 비로소 빌려주었다. 그래서 몇몇 청묘사들은 채무자들의 재정실정에 맞춰 일반 백성들과 극빈한 농부들에게까지 대관해 주는 제도를 새로 창안해 냈다. 그래도 이들 외에 최극빈자들은 너무 가난해서 돈을 꿀 수조차 없었고, 오로지 부자들만이 돈을 빌릴 수가 있었다. 이는 바로 재정적으로 안전을 꾀하는 현대 은행업의 재정보증과 비슷했다. 대관을 상환한다는 보증을 하게 하기 위해서, 정부는 가난한 백성의 이웃 가운데 좀 형편이 나은 이웃들을 그 극빈자의 보증인으로 세웠다. 어느 청묘사는 "그들이 대관해 줄 때 백성들은 너무 기쁜 나머지 울 지경"이라고 보고하고 있다. 백성들에게 이런 대관조치를 억지로 강요하지 않고자 했던 또 다른 부류의 청묘사들은 조정으로 돌아와서 이들과는 좀 다르게 보고했다. 이에 어사들은 억지로 백성들에게 대관을 강요시킨 이른바 성공적인 청묘사들이야말로 성조(聖詔)를 위배한 것이라고 탄핵했다. 그러자 왕안석은 어사대(御史臺)로 달려가 여러 관리들에게 이렇게 말했다. "그대들은 도대체 무슨 짓을 하고 있는 건가? 그대들은 신정을 적극적으로 수행한 신하들은 탄핵하고, 근무를 태만히 한 신하들에 대해서는 오히려 책망조차 하지도 않다니!"

한기(韓琦)는 당시에 대명부(大名府)에서 하북안무사(河北安撫使)를 맡고 있었던 관계로 청묘법의 실행과정들을 하나하나 직접 지켜보게 되었

다. 그는 황제에게 표장(表狀)을 올려 대관이 어떻게 분배되고 있는지 그
실정을 자세히 서술하여 보고했다. 이 표장은 소동파의 격동적인 어투의
표장과는 아주 대조적이었다. 역량 있는 전직 재상이 쓴 것인만큼 심사
숙고를 거쳐 씌어졌고, 문구 표현도 적절하였으며, 사실을 있는 그대로
쓴 일종의 보고서였다. 이 보고서 가운데서 그는 대략 다음과 같은 내용
을 서술했다.

 곧 극빈자들에게도 일정 액수의 대관이 배정되었고, 좀 형편이 나은
백성들에게는 더 많은 액수가 배정되었다. 이른바 '농민대관'은 성시(城
市)에 사는 백성들에게까지 강요되었으며, 지주와 독점착취자들은 일반
백성들을 밀어내고 억누르기 위한 새 조치로서 이들 사이에 대관이 매매
되었다. 그러므로 청묘법은 본래의 실시 취지를 상실하고 있었다. 몇 개
월 후 백성들은 빌린 돈 1관문을, 1관 300문으로 갚아야 했다. 정부는
이자를 남기려고 대관하는 것이 아니라고 극구 부정했지만, 백성들은 그
말을 믿으려 하지 않았다. 여기서 한기는 강제로 대관을 배정하는 것을
일체 금지하고 자원하는 사람에 한해서만 대관해 준다고 한 말들이 실제
사실과 부합되지 않음을 지적하고 있다. 부자들은 돈을 빌리려 하지 않
고, 반면에 가난한 사람은 돈을 꾸려 해도 재산담보가 없어 못 꾸기 때문
에 결국 최후에는 보증인이 빚을 갚아야만 하는 사태가 발생했다. 한기
는 또 고위관리들이 조정 권신들의 비위만 맞추려 하고, 하급관리들은
감히 진상을 아뢰지 못해 결국 조정의 충직한 노신(老臣)인 한기 자신에
게 이러한 진상을 황제께 아뢸 책임이 지워지게 됐노라고 아뢰고, 그는
신법을 하루빨리 폐지하고 세리(稅吏)를 소환해 들이며, 이전의 상평법
(常平法)을 부활시킬 것을 요청하고 있다.

 황제는 한기의 이 표장을 놓고 왕안석과 의논하였다. "한기(韓琦)는 충
신이로군. 변방에 재직하고 있으면서도 중앙정부를 여전히 잊지 않고 있
으니. 내 생각에도 백성을 위해 세운 대관정책안이 제대로 실현되지 않
고, 오히려 많은 해를 끼치고 있는 것 같소. 더구나 청묘법은 농촌지구에
만 한한 것인데, 어째서 성시에도 대관을 떠맡기고 있는가?"고 황제가

물었다. 이에 즉시 왕안석이 대답하기를 "빌려주면 안 될 이유가 있습니까? 성시에 사는 백성들에게도 그들이 대관을 원할 경우 빌려주는 것이 무슨 해가 되겠습니까?"라고 말했다.

그리하여 한기와 조정 사이에 장기간 동안 편지가 오고 갔다. 전직 재상 한기는 특히 한대(漢代)를 예로 들어 당시 국영론자들이 황제의 전쟁 자금을 충당시키기 위해 백성들의 땀과 피를 착취했던 역사적 사실은 부국지도(富國之道)라고 볼 수 없다고 지적했다.

이로 인해 왕안석의 지위가 동요되었고, 황제는 청묘법의 폐지를 생각하기 시작했다. 왕안석은 이 소식을 듣자 병을 핑계로 휴가 신청을 했다. 사마광은 왕안석의 병가 요청에 관련하여 언급하면서 다음과 같은 구절을 인용하여 당시의 상황을 설명하고 있다. "사인(士人) 사이에서는 분노가 들끓고 있으며, 온 나라 백성들도 온통 소요하고 있다"(士夫沸騰, 黎民騷動). 고관들은 이런 사태를 두고 논의하였는데, 당시까지도 왕안석을 옹호하던 조변(趙抃)은 왕안석의 병가가 끝난 후에 이 문제를 다시 거론하자고 주장했다. 그날 밤 각료의 한 사람인 증공량(曾公亮)은 왕안석에게 아들을 보내어 정국이 변하고 있으니 병가를 취소하고 돌아오라고 은밀히 전했다. 증공량의 말에 따라 왕안석은 병가를 취소하고 다시 조정에 나타나, 황제를 적극 설득하여 황제로 하여금 반대의견들은 순전히 황제의 신정을 방해하려는 것이라고 믿게 만들었다.

황제는 어찌해야 좋을지 몰라, 지방으로 두 명의 환관을 파견하여 그곳 상황을 보고하게 했다. 환관들은 아무튼 자기들의 이해타산에만 밝았으므로, 조정으로 돌아와서 백성들 사이에서 대관은 환영을 받고 있으며, 강요되고 있지 않다고 거짓 보고했다. 이에 노대신 문언박(文彦博)이 반발하고 나서며 황제께 이렇게 말했다. "폐하께서는 이 두 명의 환관을 믿으시고 삼대에 걸쳐 재상을 지낸 한기(韓琦)는 믿지 못하시나이까?" 그래도 황제는 자기 사신(使臣)의 말을 믿고, 신법을 계속 실행할 결심을 더욱 굳혔다. 소수의 무책임하고 무지한 보고자들은 그들이 지껄인 말이 어떠한 사태를 일으키며, 국가정책에 얼마나 큰 영향을 미친다는 것을 알지 못했다. 만약 이 환관들이 진실을 말할 만한 남자다운 용기를 갖고 있었더라면, 송조의 역사는 이때 일대 전기(轉期)를 이루었을 것이다. 나중에 신법폐해의 진상이 드러난 후 이 두 환관의 신상에 어떤 일이 일어났는지 우리는 알 수 없다. 아무튼 그들은 황제가 듣고자 하는 보고를 했다. 후에 정국이 바뀌어 이 기발한 '농업개혁자들'에 대해 더 이상 언급하지 않게 되자, 이들 환관들도 양처럼 침묵을 지키고 있었다.

사마광, 범진(范鎭) 그리고 소동파는 함께 왕안석의 신법에 대한 반대 투쟁을 계속해 나갔다. 처음에 사마광은 왕안석에 대해 좋은 인상을 가졌었다. 황제의 굳은 신임을 받고 있을 당시 황제가 그에게 왕안석에 대한 의견을 물었을 때, 그는 다음과 같이 대답했었다. "사람들은 그를 위선자라고들 평하지만, 그런 평은 좀 지나친 것 같습니다. 하지만 그가 비현실적이고 대단히 완고한 것만은 사실입니다." 그 후 한번은 황제를 위한 역사 경연(經筵)중 사마광과 왕안석의 수하인 여혜경 사이에 아주 격렬한 언쟁이 벌어져, 결국 황제가 중간에 끼여 쟁론을 그만두고 냉정하라고 명해야만 했다. 왕안석은 사마광이 그의 정견을 반대한다는 이유로 그를 싫어하기 시작했다. 이제 왕안석이 그렇게 쉽게 병가를 내고 조정을 떠나버리자, 황제는 사마광을 추밀원 부사로 삼으려고 했다. 사마광은 그 직위를 사양하면서 자기 개인의 직위는 아무래도 상관없지만, 중요한 것은 황제께서 이 신법안을 계속 시행할 것인지 아니면 폐지시킬 것인지가 문제라고 아뢰었다. 사마광은 이런 내용의 표장을 아홉 차례나 올렸다. 이에 황제가 이렇게 말했다. "나는 그대가 추밀원을 맡아 군무(軍務)를 책임져 주길 바라오. 그대는 무엇 때문에 계속 군사와 아무 상관도 없는 문제들에 대해서만 이야기하는 거요?" 이에 사마광이 대답하기를 "소신은 추밀원직을 아직 받아들이지 않은 입장이고, 또 소신이 문하성(門下省)에 있는 동안은 폐하께서 이런 문제들을 염두에 두시도록 진언해야만 합니다"라고 했다.

왕안석이 병가를 취소하고 돌아왔을 때 그의 직위는 그전보다 더욱 공고해졌다. 그가 조정으로 돌아온 후, 황제는 사마광을 한림학사로 강등시켰다. 또 신법안을 실행에 옮길 칙령을 범진이 두 번이나 각하(却下)하자, 거부당한 황제는 손수 칙령을 써서 사마광에게 넘겨주었다. 이런 일이 있은 후, 범진은 통진은대사(通進銀臺司)직을 사임하였고 황제도 그의 사직을 윤허했다. 왕안석이 복귀하자, 한기는 하북안무사(河北安撫使)직을 사임하고, 대명부로안무사(大名府路安撫使)에 남아 있었다. 물론 그의 사임도 윤허되었다.[8]

소동파는 의분(義憤)으로 가득 찼다. 그는 해야 할 이야기가 많았고, 또 하지 않고는 못 배겼다. 짐작할 수 있듯이, 그는 다른 사람들에 비해 좀더 솔직했다. 그때 그의 나이 겨우 서른둘이었다. 당시 그는 문필직으로서 지위도 낮고 비행정적인 사관(史官)직을 맡고 있었다. 1070년(熙寧3) 2월과 1071년(熙寧 4) 2월 두 번에 걸쳐 그는 황제께 상소를 올렸다. 이 두 편의 상소문은 장문으로 그 내용이 완정(完整)하였으며 자신의 의견을 웅변적으로 숨김없이 분명하게 밝히고 있다. 마치 현대에서 가끔 발표되어 즉각 대단한 관심을 불러일으키는 신문의 사설(社說)과 다소 비슷한 데가 있었다. 첫 번째 상소에서 그는 단도직입적으로 청묘법을 공격하고 있다. 동파는 황제께 온 천하가 황제께 반감을 품고 있으며 더이상 권력으로 국민을 강압하지 않도록 그에게 경고하시라고 아뢰었다. 동파는 공자의 말을 인용하여 계속해서 다음과 같이 말했다.

　나라의 백성이 풍족할 때, 군주가 개인 재산을 걱정한 적이 있었습니까?……폐하께서 부국(富國)시킨다고 말씀하신 것이 백성을 부유하게 한다는 것인지, 아니면 폐하의 사유재산을 풍족하게 하신다는 것인지, 신은 모르겠습니다. 크든 작든 모든 일을 권력의 힘에 의지해 억지로 처리해서는 안 될 것입니다. 반드시 사리(事理)와 일의 성격을 먼저 파악해야만 할 것입니다. 만약 사리에 따라 처리한다면 반드시 성공할 것이고, 사리에 어긋나게 일을 처리한다면 실패하고 말 것입니다. 이제 폐하께서는 농민들에게 강제로 높은 이자를 물게 하고, 또 이윤을 놓아 상인들과 경쟁하고 계신 것입니다. 이치가 이러하니 청묘법이 실패하는 것도 당연하지 않습니까?……만약 폐하께서 진정으로 백성들의 복지를 염려하신다면, 백성들은 어떤 소문이 떠돌아도 폐하를 신뢰할 것입니다. 그러나 폐하께서 세입에만 급급하신다면, 백성들은 떠도는 소문을 믿게 되고 말 것입니다. 만약 법관이 피고로부터 뇌물을 받고 공정하게 판결하지 않으면, 백성들은 그 법관은 뇌물을 받은 자라고 말할 것입니다. 만약 어떤 사람이 자기 소유가 아닌 것을 취하면 사람들은 그를 도적이라 부를 것입니다. 그런 사실이 실제 있으므로 백성들은 사실대로 그렇게 부를 따름입니다. 이제 폐하께서 농민 대관(貸款)으로부터 2할 이자를 받고 계시니, 폐하께서 이자를 받으려고 대관을 놓는 것이 아니라고 주장하셔도 백성들이 어찌 믿을 수 있겠습니까? 대개 사람은 그가 무엇을 하겠다고 공언한 것 때문에 비난받기보다는, 그의 실제 행동 때문에 비난받는 것입니다.……폐하께서는 오로지 백성들에게 이롭게 하기 위해서 이런 조치들을 취한 것이라는 주장을 견지하시지만, 백성들은 폐하께서 국고를 늘리려고 이런 정책을 쓰신다고 믿기 때문에 이 모든 소동들이 야기된 것입니다. 폐하께서는 이런 조치들이 폐하와는 아무런 이해관계도 없다고 주장하시나, 백성들은 폐하께서 욕심이 많으시다고 믿고 있습니다.[9]

동파는 차근차근히 다음과 같이 계속해서 황제께 충고했다.

　젊어서 말에서 떨어져 본 사람은 일생토록 다시는 말을 타려 하지 않는 경우를 가끔 봅니다.……과격한 개혁안에만 골몰하셔서, 폐하께서는 청묘법으로부터 시작하여 조역법(助役法)을 설립하시고, 또 균수법(均輸法)을 실시하기 시작했으며, 군대조직을 변경시키셨습니다. 폐하께서는 이 모든 개혁안을 반대를 무릅쓰고 실행하시려고 합니다. 그러나 그 잘못된 것들이 나중에 결과로 드러나고 말 것입니다. 그렇게 되면, 설사 미래에 다른 좋은 정책을 수행하시려고 해도 그때에는 오히려 자신감을 잃으실 것입니다.……폐하께서는 본래 뛰어난 지혜와 결단력을 부여받으신 데다가 젊으신 까닭에 높은 이상을 가지고 나라를 다스리기 시작하셨습니다. 이럴 때일수록 군신(群臣)들이 안전하고 조심스런 길을 택하시도록 진언(進言)하지 않는다면, 폐하께서는 마치 캄캄한밤중에 사납게 말을 채찍질하는 마부를 데리고 가벼운 마차를 탄 채, 험한 지역을 달려가는 사람과 같은 형국일 것입니다. 바라옵기는 이럴 때 폐하께서는 말고삐를 늦춰 주고 말에게 우선 먹이를 먹이고 나서, 참을성 있게 날이 밝기를 기다렸다가 날이 밝은 후 안전하게 넓은 길로 여행하시는 것이 더 나을 듯 싶습니다.[10]

만약 황제가 전적으로 독단적인 권력에 의지해서 신법을 성사시키려고 생각한다면 큰 잘못이라고 동파는 충고했다. 많은 관리들이 강등되거나 면직되고 있었다. 심지어 개중에는 가혹한 체형(體刑)을 복구시키자는 말도 나왔다. 동파는 계속해서 이렇게 말했다.

지금 조정은 분쟁으로 불화한 상태입니다. 거기에는 반드시 그럴 만한 이유가 있을 것입니다. 폐하께서는 그 이유를 캐지도 않으시고, 반대세력을 권력으로 억누르려고만 하십니다. 그러나 유사 이래로 권력으로 백성을 억누를 수 있었던 적은 결코 한번도 없었습니다. 고대에도 앞에 칼과 톱을, 뒤에는 끓는 가마솥을 놓고 위협해도 선비들이 자신의 신념을 토로하는 것을 막지 못했습니다. 폐하 또한 요순 임금의 도를 지키시어 무고한 사람을 죽인 적이라곤 없으셨습니다. 다만 폐하의 정책에 반대하는 신하들을 해임시키셨을 뿐입니다. 폐하께서는 진시황처럼 노상에서 정국을 비평하는 사람들을 마구 잡아 죽인다거나, 동한(東漢)의 당고지옥(黨錮之獄)과 같은 것을 재현시킬 생각이 없으시다는 것을 잘 압니다. 선비들이 겁에 질리거나 해서 침묵을 지키는 일은 아마 없을 것입니다. 조정에서 쫓겨나는 사람이 많으면 많을수록, 저항하는 사람은 점점 더 많아질 것입니다. …… 처벌법을 바꿔 극형에 처한다 하더라도 천하의 반발을 무슨 수로 막을 수 있겠습니까? …… 천하에 지각이 있다 하는 사람들은 누구나 정부시책에 반대하고, 입을 모아 신법 정권의 병폐를 이야기하고 있습니다. 예전의 군신들은 나라의 번영을 위해 완전히 혼연일체가 되어 태평치국의 위대한 정권을 이룩했는데, 지금은 그렇지 못한 것 같습니다. 옛말에도 이르기를 "백 사람이 전부 잘못될 수는 없다"고 했습니다. 지금 신정을 반대하는 무리들은 백 사람 정도가 아니라 온 천하가 모두 다 신정을 반대하고 있습니다. 아직

도 폐하께서는 온 천하의 의견과 상반되는 길을 고집하고 계십니다. 어
떻게 아뢰어야 좋을지 신은 알 길이 없나이다. 《시경》에 다음과 같은
구절이 있습니다. "물에 표류하는 배처럼, 어디로 향해야 할지 모르네.
베개 베고 누워도 잠 못 이루고, 마음은 찢어질 듯 아프네." 죽을 죄를
짓는 줄 알면서도 바라옵기는, 이제 이 보잘것없는 글을 폐하께서 굽어
살펴 주시옵기를 간절히 빕니다.   미천한 종 소식 삼가 올림[11]

　　온 유림(儒林)을 가장 경악시킨 사건은 바로 왕안석이 대간(臺諫)을 제
거해 버린 일이었다. 처음부터 왕안석이 온 조정을 놀라게 한 것은 그의
급진적이고도 과격한 경제계획이나 정책뿐만 아니라, 개혁파를 비판하
는 모든 어사들을 해임시킨 그의 독단적인 행위 때문이었다. 이는 곧 일
반대중의 정부정책에 대해 비평할 권리가 일대 도전을 받은 사건이었다.
또한 정부조직의 기반이 약화되고 있었으며 정치계의 가장 민감한 부분
이 충격을 받았다. 여러 신하들은 낙담하였고 왕안석의 친구들도 그에게
서 떠나기 시작하였다.

　　간관(諫官)을 숙청한 사실 한 가지만으로도 여태껏 정부 고위관리들이
왕안석의 의견에 복종하고 지지하던 것을 모두 철회시키기에 충분했다.
대간은 중국정부의 전통 깊은 기관으로서, 이 기관의 목적은 일반대중의
의견을 대변하여 현행 정권을 끊임없이 비판하고 조사 분석하는 데에 있
었다. 자타가 공인하는 훌륭한 정부가 집권하고 있을 때에는, 이러한 자
유비평 의견들이 언제고 수시로 황제의 귀에 전해져 공의가 정책에 반영
된다. 대간은 상당한 권위와 책임이 부여된 특수직위였으므로 간관들이
맹렬히 공격해 대면 한 정권마저도 충분히 뒤집을 수가 있었다. 대간이
정부의 인사나 정책의 변동을 꾀하는 방법이 비록 일정하지 않고, 뚜렷
이 명문화되어 있지는 않았으나, 마치 현대의 언론과 같은 구실을 해 왔
었다. 다른 점이 있다면 고대 중국의 간관은 법적인 보호를 받지 못했고,
반대당에 대해서도 어떤 법적인 권리를 행사할 수 없었다는 점이다. 오
로지 성군(聖君)만이 간관들의 비평에 대해 개방적이었다는 것이 전통으
로 되어 있을 뿐이었다. 즉 황제가 국정에 대한 좋은 평을 상관하느냐 안

하느냐는 모두 황제 한 사람에게 달려 있었다. 만약 황제가 도덕적 구속에 따라 이행하는 것을 원치 않으면, 황제는 합법적으로 간관의 직위를 강등시키거나 처벌·심문할 수 있었고, 심지어는 간관과 그 전 가족들을 사형시킬 수도 있었다. 역대의 많은 황제들이 그렇게 했었다. 간관은 정부와 황제에게 충고하여 일깨우지 않으면 안 되는 공적인 의무가 부여된 직위이면서도, 모순되게도 그 자신의 개인적 자유와 법적인 보호를 전혀 받지 못하는 실정이었다. 한편 현대의 몇몇 언론인 가운데는 일반대중에 대한 책임을 다하겠다는 신념으로, 투옥이나 죽음도 각오하고 독재정치에 대항하고 나서는 용감한 사람들도 있다. 역대로 용감한 간관들은 간언하다가 체형을 당하거나, 백성들에 대한 그들의 책임을 끝까지 완수하려다가 심지어 사형도 당했다.

특히 동한(東漢)시대와 명대(明代)의 간관들이 그러했다. 어떤 간관은 죽음을 면치 못하리란 것을 뻔히 알면서도 간신(奸臣)을 고발하는 표장을 쓰고서, 이 항거의 상소가 조정에 전달되기 전에 스스로 목을 매 자살하기도 했다. 이들 어사들은 마치 전장에 나간 군인들처럼 한 사람이 쓰러지면 또 다른 사람이 그 뒤를 이었다. 명성을 귀중히 생각한 성군(聖君)들은 이들 간관들을 조심스럽게 대하였으므로 자연 간관들 사이에 성망(聲望)이 높았다. 그러나 무도한 정부는 마치 현대 독재자들이 언론의 자유를 억압해야만 한다고 여기는 것과 마찬가지로 간관들의 입을 봉하려고 전전긍긍했다.

왕안석이 처음 행정을 맡아 시작할 때에는 노대신(老大臣)들로부터 많은 기대를 한 몸에 받았었다. 그런데 이제 어사들 가운데 여회(呂誨)가 왕안석을 "위선적이며 사악한 인물로, 장차 나라를 파멸의 위기로 몰아넣을 사람"이라고 묘사하며 그에게 첫 공격의 화살을 쏘자 사마광조차 놀랐었다. 하루는 사마광과 여회 두 사람이 황제에게 경전을 강론하러 함께 걸어가고 있을 때, 여회는 이날 아침에 그가 계획하고 있는 일을 사마광에게 이야기하면서 소매에 숨겨 놓는 표장을 꺼내 보여주었다.

"그렇지만 우리에게 무슨 수가 있겠소? 이미 그 사람은 폐하께 그처럼 신임을 받고 있으니 말이요?" 하고 사마광이 말했다.

"재상께서도 그렇게 말씀하시는구려!" 하고 여회가 놀라 대답했다.

결국 여회는 면직되었고, 이로부터 숙청작업이 시작되었다.

이제 조그만 불씨가 조정 정치가들에게 불을 붙여 놓았다. 한 여인이 남편을 살해하려다가 미수에 그쳐 상처만 입히는 걸로 끝난 사건이 있었다. 그 여인은 의도적으로 남편을 살해하려 했음을 고백했는데, 이 사건의 판결을 놓고 고관들 사이에 의견이 분분했다. 그리하여 이 사건은 미결인 채로 1년이 넘도록 질질 끌었다. 사마광은 한 방안을 모색해 내 그 사건을 결말지으려 했는데, 왕안석은 이와 다른 또 하나의 방안을 가지고 나와 다른 방식으로 집행·처리하려는 입장을 고수했다. 성지(聖旨)가 내려 판결이 결정지어졌는데, 예전에 다른 어사들이 가끔 그랬던 것처럼 시어사(侍御史) 유술(劉述)은 이 성지에 불복, 중심(重審)을 요청했다. 그는 왕안석의 의견에 반대한 두 번째 어사인 셈이었다. 왕안석은 자기 수하인을 통해 그를 탄핵했다. 이 사건으로 정쟁(政爭)이 공공연해졌다.

어사대의 간관들이 들고 일어났다. 문제는 간관들이 그들의 의무를 제대로 수행할 수 있도록 언론의 자유가 보장되느냐 아니면 간관들이 하나씩 하나씩 면직당하느냐였다. 여러 명의 어사들이 함께 이름을 나란히 걸고 왕안석을 탄핵하며 그의 퇴임을 요구하고 나섰다. 왕안석은 노발대발하여 그들을 옥에 가두려고 했다. 이에 사마광과 범순인(范純仁)은 원칙에 입각하여 왕안석의 이러한 생각에 반대하였다. 결국 6명의 어사들은 먼 지방으로 폄적(貶謫)되었고 주감(酒監)으로 강등되었다. 이 일이 있은 다음부터 범순인은 왕안석에 대한 반대공격을 시작했다. 그는 정부의 어사들의 면직 명령을 철회하라고 요구했다. 그러나 결국에는 그 자신이 면직되고 말았다. 그 다음은 소동파의 아우 자유(子由)가 당했다. 자유는 농민대관과 시역무(市易務)를 줄곧 반대해 왔었다. 그로부터 두 달 후에는 노재상 부필(富弼)이 사직했다. 부필은 조정을 떠나기 전에 경고하기를, 어떤 정치투쟁에서든지 결국 호인(好人)은 지게 되고, 반면에 악인들은 고위관직에 오르게 마련이라고 했다. 왜냐하면 호인은 원칙을 위해 투쟁하지만 악인은 권력을 위해 투쟁하므로, 결국에는 호인은 사직하게 되고 악인은 정계에 남아 권력을 획득하게 되기 때문이다. 그는 이런 추세로 나가다가는 머지않아 나라가 큰 혼란에 빠지게 될 것이라고 예언했다.

이제 조정은 온통 수라장이 되었다. 삼사조례사(三司條例司)가 1069년 (熙寧 2) 2월에 설립되고 6월에 시역무(市易務)가, 9월에는 청묘법이 실시되었다. 신법이 실행된 지 몇 달 사이에 여론은 신법에 대한 기대로 부풀었던 것으로부터 회의로, 회의에서 다시 혼란으로, 혼란으로부터 다시 분노와 공포로 변해 갔다.

사건들이 계속 발생했다. 1070년(熙寧 3) 3월과 4월 사이에 정부는 어사들을 전면 숙청했다. 뒤이어 왕안석의 친구였던 두 명의 간관도 숙청되었다. 이 친구들은 과거에 왕안석이 집권하는 것을 도와주었던 인물들로서 왕안석은 이들의 지지에 전적으로 의존했었다. 키가 크고 성격이 불 같으며 달변인 손각(孫覺)은 동파와 일생토록 친구로 지낸 인물이었다. 그는 기원전 12세기에 건립된 주(周)대의 통화기구가 25퍼센트의 이자율로 백성들에게 돈을 꾸어줬던 일을 예로 들어 열거하며, 왕안석의 신법조치에 반대하고 나섰다. 마침 당시에 대관을 농민들에게 억지로 강요 배당한다는 소문이 경사 부근지역에까지 돌자, 황제는 진상을 조사하라고 명령했다. 왕안석은 그래도 손각이 여전히 자기를 지지해 주려니 믿고, 이 소문의 진상을 조사하도록 손각을 파견했는데, 손각은 돌아와 대관이 백성들에게 강요되고 있음이 사실이라고 정직하게 보고했다. 왕안석은 그가 친구를 배신했다고 여겼고 결국 손각은 면직당하고 말았다. 더 중요한 사건은 수염이 아름다워 미염공(美髥公)이라 불렸던 여공저(呂公著) 사건이었다. 그는 재상의 자제로서 박식하며 과묵한 편이었다. 젊었을 때 여공저는 왕안석과 함께 나란히 과거에 급제하여 선비들의 추앙을 한 몸에 받았었다. 일찍이 여씨는 왕안석의 승진을 도왔고, 왕안석도 그를 어사중승(御史中丞)으로 발탁했었다. 이제 여공저는 황제께 상소를 올려 왕안석의 자아도취에 대해 다음과 같이 신랄하게 지적하고 있다.

"어떻게 갑자기 여론이 일제히 반대하는 편으로 쏠릴 수 있으며, 과거의 현신(賢臣)이었던 신하들이 지금에 와서 갑자기 '부정직한' 신하가 될 수 있나이까?" 이에 왕안석은 발끈하여 사임을 표하는 글을 썼다. 사임서의 내용과 어조에서 우리는 이 사람의 변덕스런 성품을 가히 엿볼 수 있다. 여공저와 왕안석이 화목한 사이였을 당시, 왕안석은 황제께 "여공저는 그 능력면에서만 보더라도, 장차 재상감입니다"라고 말했었다. 이제 와서 왕안석은 여씨(呂氏)를 요순시대의 사흉(四凶) 가운데 한 사람과 같은 인물로 몰아세우고 있는 것이었다.

과거 한때 왕안석을 찬양했던 사람들로 하여금 더욱 그를 멀리하게 한 사건은, 바로 왕안석이 그 달에 면직시킨 감사들 후임으로 평판이 아주 나쁜 두 사람을 임명한 일이었다. 이정(李定)을 정식 어사로 임명한 처사가 대간들을 격분시켰다. 이정은 과거시험에 급제한 적도 없었고 최소한의 근무경력도 없었다. 더구나 그는 모친의 사망을 감추고 거상의 의무도 지키지 않았다. 이정의 이러한 소행은 중국인들의 눈에는 거의 짐승과 다를 바 없는, 곧 사람의 가죽을 쓴 짐승으로 간주된다. 그런데 왕안석이 그 이정을 승진시켜 어사 직위에 앉힌 것이었다. 왕안석이 그를 승진시킨 것은 이정이 지방에서 올라와 실정을 보고할 때, 농민대관이 백성들 사이에 '대단히 환영'을 받고 있다고 보고했기 때문이었다. 왕안석은 그를 황제에게 데리고 가 직접 보고하게 했었다. 이 일은 어사들을 격노시켰다. 또 왕안석은 사돈인 사경온(謝景溫)을 어사에 임명했다. 사씨는 출세하기 위해 누이를 왕안석의 아우에게 시집보낸 인물이었다. 이 자의 직분 발령을 거부했던 세 명의 지제고[蘇頌·宋敏求·李大臨]가 면직당했다. 이에 나머지 어사들이 이의를 제기했다. 장전(張戩)은 면직당한 어사들을 복귀시킬 것과, 이정과 왕안석을 뒤에서 밀어주고 있는 여혜경의 파면을 조정에 요청했다. 장전이 그의 표장을 전하러 중서성(中書省)에 올라갔을 때, 왕안석의 태도가 좀 기괴하였다. 왕안석은 말 한마디 없이 장전의 말을 듣고 있더니 부채로 얼굴을 가리고 웃는 것이었다.

장전이 말했다. "나도 알고 있소. 재상께서 내 어리석음을 비웃고 있음을. 하지만 나라 안의 많은 사람들이 당신을 비웃고 있음을 아셔야 하오."

그와 동시에 면직당한 주요 어사는 바로 송대의 위대한 신유학자인 이정(二程) 가운데 형인 정호(程顥)였다. 신법 초기에는 정호도 왕안석과 긴밀한 협력관계를 가졌었다. 이제 그 역시 중서성에 나가 이 사건을 놓고 직접 왕안석에 대항하고 나섰다. 왕안석은 그의 표장을 다 읽고 나더니 분노를 이기지 못했다. 이 신유학자는 의미심장하게 이렇게 말했다. "여보게 친구, 우리가 다투고 있는 문제는 집안일이나 사사로운 일이 아닐세. 우리는 지금 국가대사를 논하고 있는 중이지 않은가? 좀더 냉정하게 이야기해 봄세." 유가의 기준으로 볼 때, 왕안석은 모든 체면을 잃은 꼴이었으므로 스스로가 부끄러워졌다.

몇 주 안에 어사 숙청작업은 끝났다. 지난해에 면직된 6명의 간관을 합치면 면직된 간관은 이제 모두 14명이었다. 그 가운데에서 11명은 어사대 소속이었고, 세 사람은 황실 소속이었다. 왕안석과 증포·여혜경 세 사람만이 신개혁안을 옹호할 뿐, 전 조정이 반대하고 있었다. 사마광은 확신에 찬 어조로 황제에게 이렇게 경고했다. "폐하께옵서는 이 세 사람으로 정부와 국가를 운영하려 하시옵니까?" 한기와 장방평이 2월에 사임했고, 사마광은 추밀사(樞密使) 직위를 사양했었는데 그 달에 폄관(貶官)되었으며, 범진은 노하여 경사를 떠나버렸다. 9월에는 좀 우유부단한 편이며 한동안 신정권에 마음이 기울기도 했었던 각료 조변(趙抃)이 사직을 결심했다. 그 역시 신정의 폐해를 지적하여 말하기를 "설사 농민대관이나 세리(稅吏) 임명 등의 문제가 작은 일이라 치더라도, 정부에서 황제를 제대로 보필할 사람을 선택하는 일만큼은 장차 중대한 결과를 초래할 아주 중요한 일이다"고 했다. 몇 달 후 나이 많고, 다소 운명론적이며 낙관적인 성품의 증공량도 고령을 핑계로 사직했다. 그는 일찍이 왕안석의 득세는 하늘의 뜻이라고 말한 바 있었다. 그가 나이 많음을 핑계로 사직하기는 했으나, 실상은 그에 대한 비평자들의 불 같은 질책 때문이기도 했다. 1070년(熙寧 3) 12월, 왕안석은 정식으로 재상[中書門

下章事]에 제수되어 군신(群臣)의 우두머리가 되었으므로, 이제 그의 지위는 확고부동해졌다. 다음해 7월 구양수도 일체의 관직을 사임하고 은둔해 버렸다.

이제 소동파는 그 유명한 9천자에 달하는 〈신종 황제께 올리는 글〉(上神宗皇帝書)을 써놓고, 파직당할 각오를 하고 있었다. 그와 사마광 그리고 범진은 행동을 같이하며 서로 협력했었는데, 사마광과 범진은 왕안석에 대한 분노와 혐오감을 이기지 못하여 먼저 사임한 터였다. 범진은 나중에 소동파와 사돈관계를 맺기도 했는데, 그는 전대(前代) 두 왕조 밑에서 황실 간관을 역임했었다. 그의 외모는 좀 비만한 편으로 온화한 인상이었으나, 내심은 강철같이 강한 성품을 지니고 있었다. 사직할 즈음, 사직서에서 이렇게 말하고 있다. "폐하께서는 정직한 비평에 호의를 갖고 계시나, 폐하의 심복들이 그것을 가로막고 있습니다. 폐하께서는 백성들을 마음속 깊이 사랑하시지만, 실제로는 폐하의 신하들이 백성을 억압하고 있는 실정입니다." 황제가 조회 도중에 이 글을 왕안석에게 보이자, 왕안석은 안색이 하얗게 변했다. 그 옆에 서 있던 사람들은 편지를 든 왕안석의 손이 분노로 부들부들 떨리는 것을 보았다고 했다.

1070년(熙寧 3) 9월, 사마광은 섬서성의 외직(外職)으로 보내졌다. 이번엔 그가 미처 사양할 사이도 없었다. 그와 왕안석은 세 차례에 걸친 진지하고도 혹독한 설전을 펴는 내용의 편지를 주고받은 끝에 결국 완전히 절연하고 말았다. 그러나 황제는 사마광이 조정으로 돌아오기를 여전히 희망하고 있었다. 황제는 조정 백관들에게 이르기를, 사마광이 측근에 있으면 큰 실책만큼은 방지할 수 있을 것이라고 거듭 얘기했다. 황제는 여러 차례 사마광을 조정으로 불렀으나, 사마광은 그럴 때마다 번번이 사양했다. 그로서는 이미 충언(忠言)을 할 만큼 했던 것이다. 황제가 그의 충고는 듣지 않고 '완고한 당나귀'를 올라타고 앉아 파멸을 자초하고 있으므로, 그의 의무는 이미 끝난 셈이었다. 사마광이 모든 관직을 사임하고 완전히 물러나 은둔하려 할 즈음, 그는 분노를 더 이상 참지 못하고, 황제에게 다음과 같이 상소를 올렸다.

　　누구나 왕안석에 찬동하는 자는 옳고, 왕안석을 반대하는 자는 그르
다고 하십니다. 왕안석이 뱉은 침이라도 핥으라면 핥을 자들은 충신이
고, 왕안석의 정책에 반대하는 사람은 '사특한 음모자'로 취급당합니
다. 신은 왕안석에 대해 반대했으므로, 폐하께서 보시기에 잘못되고 사
특한 음모자입니다. 그러므로 이제 폐하께서 소신의 죄를 처결해 주시
길 엎드려 비옵니다. 만일 소신이 저지른 죄과가 범진과 같으면, 범진과
마찬가지로 치사(致仕)할 것을 간구하오며, 만일 범진보다 더한 죄를
지었으면, 귀양보내시든 또는 사형에 처하시든, 소신은 기꺼이 제 운명
으로 받아들이겠나이다.

　이로부터 신종이 서거하기까지 약 16년간, 사마광은 9년 전부터 시작
한 바 있는 방대한 사서(史書)를 편찬하는 일에만 전력투구하였다. 후에
신종 황제는 왕안석을 해임시킨 후, 사마광을 다시 고위관직에 임명하려
했다. 그때에도 그는 시종일관 황제께서 경제정책을 바꾸실 것인지 여부
만을 물었다. 이 두 파의 정견이 서로 맞서서 조금도 양보하려 하지 않았
으며 양쪽 모두 끝까지 요지부동이었다. 그러나 철종(哲宗) 초, 이때는
왕안석이 벌써 오래전에 사망한 뒤로, 당시 재상이었던 사마광은 임종하
면서 다음과 같은 명령을 내렸다. "왕안석도 사실 그리 악한 사람은 아
니다. 단지 그의 유일한 결점은 완고함이다. 그에게 조정에서 내리는 모
든 고귀한 시호를 추증하도록 하라."

　소동파의 9천자에 달하는 〈신종 황제께 올리는 글〉은 그의 정치철학을
대표한다는 점에서 매우 중요한 글이다. 뿐만 아니라 기지(機智)와 박
식, 대담한 용기 등이 융합되어 그의 개인적인 기질과 성격을 잘 드러내
준다는 점에서도 상당히 중요한 문장이다. 그의 의분에 넘치는 논증 중
에는 냉철함과 명쾌한 논리가 번득이고 있다. 그는 어떤 부분에서는 비
감에 젖어 쓰디쓴 심정으로 날카롭게 비평하면서 매우 솔직하게 쓰고 있

다가도, 어떤 부분에 가서는 변론을 전개하고 예증을 제시했다. 그 예로서는 맹자(孟子)와 공자(孔子)의 경전을 들어 예증하거나, 그의 이론을 뒷받침할 사례(史例)를 들어 열거하고 있다. 이 글은 국정을 염려하는 깊은 충정에서 우러나와 쓴 재기발랄하고 진지하면서도, 확신에 넘치는 글이었다. 1월 중 동파가 황제를 알현하는 자리에서, 황제는 그가 쓴〈의학교공거장〉(議學校貢擧狀)에 대해 칭찬하고, "짐 자신에 대해서도 직간(直諫)하라"고 말했었다. 소동파는 곧 황제의 뜻에 따라 또 표장을 썼다. 대다수의 고관들이 이미 조정을 떠난 후로, 시기상으로 보아 모든 면에서 불리한 때에 그의 상소문은 황제의 생각을 돌이키려는 마지막 필사적인 노력이었다. 동파는 큰 화를 당하지 않으면 면직되리라는 것을 예측하고 있었다.

오늘날 독자들이 볼 때 동파의 상소문 가운데 가장 중요한 양대 논점은, 바로 맹자의 정치철학이기도 함을 알 수 있다. 첫째, 권력은 국민으로부터 주어진 것이며, 둘째, 비록 정치적인 견해가 서로 다르더라도 원칙에 입각해 자유로이 비평할 수 있도록 다른 견해를 존중해야 한다는 점이었다. 동파는 황제께 군주는 신권의 힘으로 통치자가 되는 것이 아니라, 백성의 지지에 힘입어 되는 것임을 경계하여 황제가 방심하지 않도록 했다.

《서경》(書經)에 이르기를 "백성을 다스림이, 내게는 마치 다 낡은 가죽끈으로 6마리 말을 붙잡고 있는 것처럼 느껴진다"고 했습니다. 이 말은 천하에 황상의 지위만큼 위대한 지위가 또다시 없다는 뜻인 줄로 아옵니다. 황상과 백성이 하나로 합쳐질 때에는 군주와 신민(臣民) 사이가 되는 것이고, 황상과 백성이 서로 몹시 싫어하면 원수 사이가 됩니다. 그러나 백성들이 군주를 따를 것인지 아니면 대항할 것인지를 좌우하는 결정점은 종이 한 장 차이입니다. 천하의 민심을 얻을 수 있는 사람은 곧 왕이 되나, 백성의 지지를 등한히 한 군주는 외롭게 한 개인으로 남고 맙니다. 그러므로 군주의 권력기반은 전적으로 인심(人心)에 달려 있습니다. 군주가 백성의 인심을 얻음은 마치 나무와 뿌리, 등잔과 기름, 물고기와 물, 농부와 전답, 상인과 자본의 관계처럼 필수불가결한 것입니다. 나무뿌리가 잘리면 그 나무는 말라죽게 되고, 기름이 없으면 등잔은 소용이 없어지게 되고 말며, 또 물고기는 물을 떠나면 죽게 되고, 농부로부터 전답을 앗아가면 농부는 굶주리게 되며, 자본이 없는 상인은 파산하고 맙니다. 그리고 군주가 인심을 잃으면 이는 곧 그의 파멸을 초래하는 것입니다. 이는 어느 군주도 그 결과를 피할 도리가 없는 불변법칙입니다. 이는 예로부터 군주들이 늘 직면해 오던 가장 두려운 이치이기도 합니다.[12]

그런데 군주가 백성들의 언론의 자유를 인정하지 않는다면 어떻게 인심을 얻을 수 있겠는가? 계속해서 동파는 표장 가운데서 가장 중요한 요점으로 보이는 의론을 전개해 나갔다. 바로 정치상의 견제의 법칙에 대해서였는데, 대간제도(臺諫制度)는 바로 이러한 원칙을 구현한 제도였다. 소동파의 생각은 훌륭한 정권이 그 정권을 계속 유지하려면, 오로지 정치적으로 다른 견해에 대한 건전한 견제작용의 존재에 의존해야 한다고 보았기 때문이다. 민주주의 제도 자체도 정당간의 견제법칙에 기초한 것이다. 소동파가 현대에 살았더라면, 그는 아마도 국제연합 안전보장이사회의 만장일치 제도가 비민주적이라고 반대했을 것이다. 그는 중국이 개국한 이래로, 단 두 사람의 의견도 완전히 일치한 적이 없었으므로, 민주정치 아니면 전제정치밖에 다른 선택의 여지가 없다는 것을 알고 있었다. 나는 한 가정에서나 한 국가, 또는 세계의 정치에서 민주주의를 반대하는 사람치고 폭군이 아닌 사람을 일찍이 보지 못했다. 소동파는 상소문에서 계속해서 이렇게 말하고 있다.

손보(孫寶)가 말하기를, "주공(周公)은 대성인(大聖人)이었고, 소공(召公) 역시 대현인(大賢人)이었지만, 조정에서 이들의 의견이 완전 일치한 적은 아주 드물었다"고 지적한 바 있습니다. 또 진(晉)의 왕도(王導) 역시 훌륭한 대신이었습니다. 어느날 저녁 연회석상에서 사람들이 그가 말하는 것은 무엇이고 간에 수긍을 하자, 이를 보고 있던 왕술(王述)이란 사람은 언짢게 생각하여 이르기를, "성인이 아닌 이상, 대신의 말씀이 늘 옳을 수만은 없소"라고 하니 왕도(王導)는 그의 이러한 충고에 감사한 일이 있었습니다. 만약 폐하께서 모두가 같은 생각을 하고 동일한 의견을 아뢰어서 온 조정 신하들이 전부 같은 의견으로 획일되기를 원하신다면, 모든 신하들이 그렇게 할 수도 있습니다. 그런데 만약 조정 안에 소인(小人)들이 끼여 다른 신하들이 하는 대로 그들도 행동한다면, 황상께서는 어떻게 그 소인들을 구별해 내실 수 있겠습니까?[13]

대간(臺諫)의 존재이유와 그 존재이유 안에 내포된 원리에 대해 소동파의 이 상소문만큼 명확하게 천명한 글은 아마도 없을 것이다. 누구에게도 구속받지 않고 자유로우며, 두려움 없는 대간의론(臺諫議論)은 바로 자유여론을 대표했다.

자유 비평의 분위기가 조성되면 일반 백성들도 이에 고취되어 여론에 참여하려 할 것입니다. 그러나 이런 자유가 일단 파괴되면, 식자층조차 입을 열려고 하지 않을 것입니다. 지금부터 이런 상태가 굳어지면, 간관들도 내각의 아첨꾼들과 다를 바가 없어질 것이며, 결과적으로 황상께서는 백성들로부터 완전히 단절되고 말 것입니다. 기강이 한번 무너지면 무슨 일이 발생할지 알 수 없습니다. ……이런 태평시에도 일신을 돌보지 않고 감히 직간하는 신하가 없을진대, 더욱이 난시(亂時)에 나라를 위해 목숨을 바칠 충성스런 신하가 나올 리가 없습니다. 만약 폐하께서 태평시에 신하의 직언을 용납하지 않으신다면, 나라에 어려움이 닥쳤을 때 그들이 국가를 위해 목숨바쳐 충성을 다해 줄 것을 바랄 수 있겠나이까?[14]

동파는 이어서 고금의 여론상황을 비교하여 이렇게 말했다.

소신이 어린 시절에, 간관들은 언제나 천하의 여론을 충성스럽게 반영해 왔다고 어른들이 말씀하시는 것을 들었던 기억이 납니다. 국가정책 가운데서 여론이 찬양하는 것들은 대간들도 찬양해 마지않았고, 백성들이 싫어하는 점은 간관들도 비평하곤 하였다는 것입니다. ……지금 천하는 분노로 들끓고, 어느 곳에서나 원망의 소리가 들립니다. 이러하

니 여론이 어떠한지 황상께서도 짐작하기 어렵지 않으실 것입니다.[15]

소동파는 한걸음 더 나아가 각 왕조의 정부제도를 비교 연구함으로써, 대간이 반드시 존재해야 할 이유를 논증해 나갔다. 여기서 그는 날카로운 통찰력과 설득력 있는 논법, 학자다운 논술방식으로 그의 지략가다운 면모를 보여주고 있다.

고대의 정부제도를 고찰해 보건대, 중앙과 지방의 세력을 균형 있게 조화를 이루게 하는 것이 늘 문제가 되어 왔음을 알 수 있습니다. 주(周)와 당(唐)대에는 제도상 세력을 분산시킨 경향이 있었고, 한편 진(秦)과 위(魏)대에는 세력을 중앙에 집중시킨 경향이 있었습니다. 과도하게 세력을 중앙집권화하면, 조정과 긴밀한 관계를 맺고 있는 몇몇 간신들이 황상을 그들 권력의 꼭두각시로 삼는 폐단이 있고, 반면에 과도하게 세력을 지방분산화하면, 지방 집권자들의 권력이 지나치게 비대해져 반란을 일으키는 폐단이 가끔 있었습니다. 훌륭한 대신이라면 국가가 한창 번창할 때에 부정부패의 요인이 되는 점을 제기하여 경계시키는 통찰력을 보여줍니다. ……이전의 각 왕조와 비교할 때, 현 왕조는 비교적 세력이 중앙에 집중되어 있는 편이라고 볼 수 있을 것입니다. 개국 시조께서 과도한 중앙 집권의 위험을 견제할 계책을 따로 갖고 계셨는지 소신으로서는 감히 짐작할 길이 없습니다. 그러나 어사대(御史臺)의 설립은, 바로 이러한 견제조치의 의미에서 건립된 것으로 압니다. …… 송조(宋朝) 개국 이래, 간관들을 심하게 처벌한 적이 없었습니다. …… 어떤 사람이 국가대사와 관련 있는 중대한 정보가 있을 때에는 그 사람의 지위나 계급의 고하에 상관없이 누구나 황상께 아뢸 자격이 있었습니다. 만약 황제 개인의 성품이나 품행에 관련된 간언일 경우 황상께서는 정중히 들으셨고, 만약 국가 주요 정책에 관련된 것일 경우에는 재상들도 질책받을 준비를 하였습니다. 인종 황제께서 재위 당시 이러하셨으므로, 당시 각료들끼리는 서로 비웃어 말하기를, 자신들은 대간들이 제기한 문제를 수행하는 대간의 종에 불과하다고 했습니다. 성제(聖帝)께서 대간을 설립한 데에는 깊은 의도가 있었을 것으로 범속한 인간으로서는 가히 알 수가 없습니다. 사실 그렇다고 대간의 건의가 언제나 옳은 것은 아닙니다. 그러나 대간이 반드시 있어야 하는 까닭은 형식을 갖추기 위해서가 아니라, 권력집중형 정부가 갖고 있는 고유의 위험성을 예방하고, 간신들의 권력장악을 견제한다는 명백한 목적을 위해서입니다. 그러므로 이러한 비평들에 절대적인 자유와 최대의 책임성이 부여되어야만 한다는 점은 매우 중요합니다. 간신이 권력을 미처 장악하기 전에, 대간이 그들을 미리 제지하는 편이 훨씬 쉽습니다. 간신의 지위가 일단 확고해진 후에는 그들을 전복시키기 위해서 병력을 동원해야 될지도 모를 일이며, 또한 그렇게 한다고 해서 이들을 근절하는 데 반드시 성공하리란 보장도 할 수 없습니다. …… 폐하, 위로는 조종(祖宗)께서 이 정부비평기관을 설립할 때의 처음 의도와 목적을 깊이 숙고하옵시고, 아래로는 후대 자손들을 위해 예방조치로서 이 기관을 남겨두옵시길 빕니다. 정부의 기강을 바로 세우는 데 이 기관보다 더 중요한 것은 없다고 사려되옵니다.[16)]

동파는 권력의 힘으로 백성을 위협하여서 억지로 복종하게 만들어서는 안 된다고 황제께 경고하고 있다. 또 그는 예전의 체형(體刑)이 다시 부활된다는 소문이 돌고 있는 사실에 대해서 언급하였다. 수백년 전 이런 체형으로 죄인을 징벌했는데 그런 체형 가운데에는 얼굴에 낙인을 새겨 넣는 묵형(墨刑), 코를 베내는 의형(劓刑), 발꿈치를 자르는 비형(剕刑), 거세시키는 궁형(宮刑) 등이 있었다. 이러한 비인도적인 형벌은 기원전 2세기 이후 폐지되었고, 그 가운데 궁형은 600년에야 비로소 폐지되었었다. 소동파는 이 두 차례의 상소문에서 이런 잔인한 형벌을 부활시켜서는 안 된다고 역설하고 있는데, 이 덕분에 송대에 이러한 혹형(酷刑)이 부활되지 않게 되었다.

폐하와 측근 신하들도 아마 이런 소문을 들으셨을 줄 압니다. 황상께서는 아마도 아무 근거 없는 소문에 대해 걱정할 이유가 뭐가 있느냐고 무시하셨을 것입니다. 그러한 소문이 모두 정확한 것은 아니겠지만, 이런 소문이 도는 데에는 그럴 만한 충분한 이유가 있을 줄로 사려됩니다. 도둑으로 의심받는 사람은 이전에 그가 분명 탐욕스러웠을 것이고, 여

자와의 불륜관계로 비난받는 사람은 분명히 이전부터 이미 도덕규범을
상실했던 사람이었을 것입니다.……[17]

이어서 동파는 상업거래는 마비되고, 물가는 폭등했음을 지적했다. 경
사 부근 지역으로부터 멀리 사천 지방까지, 이러한 소문이 파다하게 퍼
져 민심은 들끓는 듯하였다. 심지어 산간지역에까지 술 전매업이 실시되
고 있는 형편이었다. 남녀 불승(佛僧)들은 체포되고 그들의 재산도 몰수
되었으며 문인과 관리들의 봉록도 깎였다.

국고세입을 확보하기 위해 삼사조례사(三司條例司)를 설치하셨고, 40
명의 세리(稅吏)를 사방으로 보내셨는데, 정부를 위해 어떻게 하면 좀
더 과세할 수 있을까 하는 것이 이들의 유일한 목적이었습니다. 숲으로
한떼의 사냥개를 몰고 달려가는 사람이 "나는 사냥하러 가는 것이 아니
다"라고 남들에게 공표하거나, 고기그물을 가지고 강과 바다로 가면서
"나는 낚시하러 가지 않는다"고 아무리 공언해도 소용이 없습니다. 그
러느니 고기그물을 던져버리거나, 사냥개를 집으로 돌려보냄으로써 소
문을 그치게 하는 것이 더 나을 것입니다.[18]

그는 이로써 황제가 나라 안에 반목과 불화가 만연해 있음을 명확히
깨달으시리라고 믿었다. 황제는 유능한 대신들의 사직에서 여론의 경향
이 어떠한지 짐작했어야 했다. 동파는 신정을 반대하는 의논을 되풀이해
서 아뢴 다음 본래의 논제로 되돌아가서 황제께서 신정을 실시함으로 해
서 이미 민심을 잃었으며, 여론이 모두 현재의 정부에 대해 반대하는 쪽
으로 기울고 있음을 아뢰었다.

그러나 조정으로부터 이 상소에 대해 아무런 회답도 없었다. 5월에,
동파는 세 번째 상서를 다시 올렸다. 그 사이에 황제는 대관의 강제배당
을 금지시켰으나, 이 신법조치들을 완전히 정지시킨 것은 아니었다. 동

파는 《맹자》의 글귀를 인용하여 아뢰기를, 이는 마치 닭 도둑이 마음을
고쳐 갖되, 이제는 한 달에 닭 한 마리씩만 훔치겠다고 생각한 것이나 마
찬가지라고 했다. 1071년(熙寧 4) 1월 이래로 동파는 개봉부추관(開封府
推官)을 역임하고 있었는데, 향시(鄕試)의 시험문제로 '독단에 대하여 논
하라'*를 출제한 것이 왕안석을 크게 노하게 했고, 이 일로 상황이 더욱
악화되었다.[19]

  곧 소동파는 폄적되었다. 비록 그의 예상대로 황제는 그의 충고를 선
의로 받아들이긴 했으나, 이 상소문은 동파를 몇몇 간신들이 꾸민 음모
에 빠뜨리는 적절한 빌미가 되었다. 왕안석의 수하이자 인척인 사경온은
법을 악용하여 동파를 함정에 빠뜨렸다.[20] 동파가 일찍이 그의 부친 영
구(靈柩)를 고향 사천 땅으로 모셔가는 긴 여정 동안에, 부당하게 나라의
호위병을 사용했으며, 가구와 도자기를 사고 심지어 소금을 팔아 이익을
취했다는 소문이 돌고 있다는 것이었다. 조정에서는 소씨 형제가 여행한
길을 따라 각지에 관리를 파견하여, 수부(水夫)와 군인 의관(儀官)들로부
터 자료를 모으게 했다. 동파가 당시 적지않은 가구와 도자기를 정말 사
들였는지는 모르겠으나, 비합법적인 행위를 했다는 증거는 찾을 수 없었
다. 파견되었던 관리들은 돌아와서 아무 혐의도 없음을 고하였다. 만약
그들이 단서를 찾을 수만 있었다면 어떻게 해서든 그 단서를 가지고 왔
을 것이다.

  이 즈음에 사천으로부터 돌아와 그곳에 아직 살고 있던 처남에게 보낸
편지에 소동파는 다음과 같이 적고 있다.

  27랑(二十七娘 ; 곧 동파의 아내)은 잘 지내고 있습니다. 최근 아들을
  낳았습니다.…… 집권하고 있는 무리들에게 나는 오랫동안 눈엣가시 같
  은 존재가 되었습니다. 그들이 조사하고 싶은 대로 실컷 조사하게 내버

---

  * 全文은 '晉武平吳, 以獨斷而亡. 齊小白專任管仲而霸. 燕噲專任子之而敗. 事同而
    功異, 何也'이다.

려둘 수밖에, 어리석은 짓일 뿐이지요. 처남도 그 소문을 들었을지 모르
겠지만, 내 걱정은 하지 않아도 됩니다.[21]

사마광이 낙양의 옛집으로 돌아가기 전에, 황제는 그에게 이렇게 말했
다. "짐이 보기에 동파는 인품이 그다지 훌륭하지 못한 듯하군. 아마도
경이 그를 너무 과대평가했던 것 같소." 이에 사마광이 대답하기를 "폐
하께서는 소동파의 탄핵안에 대해서 말씀하시는 것이옵니까? 소신은 그
에 대해 잘 알고 있습니다. 폐하께서는 이 사경온이란 사람이 왕안석의
친척이고, 그 탄핵안은 바로 왕안석이 조장한 것임을 잘 아십니다. 더욱
이 동파는 비록 완전무결한 사람은 못 될지라도, 어머니의 장례를 숨긴
금수 같은 이정(李定)보다야 낫지 않겠습니까?"[22]

관직의 승진기준에 따른다면, 동파는 태수를 지낼 충분한 자격을 갖추
고 있었고, 황제도 그에게 태수직을 내리려고 했었다. 그런데 왕안석과
사경온이 반대하여, 그를 경사 부근 지역의 부관[穎州通判]으로 파견하게
했으나, 아무튼 황제는 그를 아름다운 도시 항주의 통판으로 임명했다.
동파는 어사대의 문책에 대한 변론조차 쓰기를 싫어했다. 그는 조사원들
이 마음대로 조사하게 그냥 내버려둔 채, 자신은 가족을 이끌고 항주로
떠났다.[23]

제 9 장
인간의 악행

이제 조정은 안정을 되찾았으나 활기가 없었다. 소동파가 가족과 함께 경사를 떠날 즈음에는 인종(仁宗)대의 그 유명하고 걸출한 학자들이 거의 모두 폄적되어, 지방 각지로 흩어져 있었다. 구양수도 은퇴하여 안휘성(安徽省) 부양(阜陽 ; 潁州)에서 은거하고 있었다. 소씨 집안과 가까이 지내온 장방평(張方平)은 하남(河南) 회양(淮陽 ; 陳州)에서 살고 있었다.

1년 전에 자유(子由)가 바로 이 지방 주학학관(州學學官)으로 임명되었었다. 자유에게는 좀 기묘한 데가 있었다. 형처럼 고집이 세지 않은 그는 고결함을 잃지 않으면서도 보신(保身)하는 데 명철하여, 언제나 안전하고 외떨어진 직책을 골라 나가서, 대학자와 더불어 지내곤 하였다. 후에 장방평이 은퇴하여 상구(商邱 ; 당시에는 南京 혹은 南都라 불림)로 옮겨갔을 때, 자유도 그곳의 관직에 임명되었다. 그 후 여러 해 동안 소동파도 경사를 떠날 때나 경사로 가는 길이 있으면, 늘 장방평의 집에 머물면서 아저씨에게 하듯 그에게 충고를 청해 들었다. 사마광과 여공저(呂公著)는 거의 몇 년 동안 줄곧 서경(西京) 낙양(洛陽)에서 은거하고 지냈다. 여회(呂誨)는 병이 심해서 머지않아 죽을 지경이었는데, 임종 전에 그는 황제께 수수께끼를 하나 내어 맞춰보게 한 일화가 있다 한다.

　신은 조정을 떠난 이후 병들어 있습니다. 본래 숙환이랄 것도 없었는
데, 의원을 잘못 만나 괴상한 처방전과 엉터리 약을 강제로 먹이는 바람
에 치료받은 지 얼마 안 되어 곧 손발이 마비되고 행동이 부자유스럽게
되었습니다. 이따금 온몸 각 기관이 전과 같지 않은 느낌이 들어, 몸 어
느 중요 부분에 무슨 고질병이라도 든 것이 아닌가 싶습니다. 이제 병이
이 지경까지 심해졌으니 어찌해야 합니까? 제 개인 한 사람의 목숨은
그다지 중요할 것도 없고, 또 저 자신은 죽음을 조금도 두려워하지 않습
니다. 그러나 무엇보다 걱정은 여써 가문의 일원으로서, 조상에 대한 의
무가 맡겨져 있는 까닭에 후손들이 무척 걱정됩니다.[1]

　노대신 부필(富弼)은 아직까지는 편안하게 물러나 은거할 처지가 못
되었다. 그는 호주(毫州)태수로 폄적되어 있었는데, 청묘대관을 백성들
에게 배당하라는 의무를 완수하지 못하고 있었다. 게다가 그는 대담하게
도 황제께 "이 상태가 계속되면, 얼마 안 가서 모든 재화가 위로만 집중
되어 백성들은 밑바닥으로 흩어지게 될 것입니다"라고 아뢰었다. 이러한
상소는 왕안석의 수하 가운데 한 사람으로 눈부신 활동을 시작한 등관
(鄧綰)에게는 부필의 트집을 잡을 절호의 구실거리였다. 그는 신정을 방
해한다는 혐의로 부필을 기소했다. 이 일로 부필은 일체의 영함(榮銜)을
모두 박탈당하고, 다른 지방의 태수로 전임되었다. 그러나 왕안석은 이
에 만족하지 않고 황제께 아뢰기를, 부필의 죄상은 요순시대 네 명의 간
신인 사흉(四凶)에 필적하는 것인데, 만약 이렇게 영함만 박탈하고 만다
면 어떻게 다른 반역자가 그의 뒤를 다시는 잇지 못하도록 경계할 수 있
겠느냐고 역설하였다. 그러나 황제는 왕안석의 충고를 무시하고 부필에
게 그대로 작은 관직을 맡게 하였다. 부필은 새로 부임되어 가는 도중 남
경을 지나게 되자 장방평을 방문하였다.
　노재상은 장방평에게 유감에 찬 어조로 말하기를 "사람의 성품을 알
아보기란 참으로 어렵소이다"고 하였다. "왕안석을 두고 하시는 말씀이
시오?" 하고 그의 친구가 물었다. "그의 사람 됨됨이를 알아보기는 그
리 어렵지 않았지요. 한때 그와 함께 향시(鄕試)를 주관한 적이 있었는

데, 그때 그는 모든 규범을 온통 어지럽혀 놓았소. 그래서 나는 그로 하여금 그 일에서 손을 떼게 하였고, 그 뒤부터 그와는 한마디도 말하지 않았지요." 노대신 부필은 자기 자신이 부끄러웠다. 그는 계속해서 길을 떠났고, 만년에 그는 천장을 뚫어지게 쳐다보며 묵묵히 한숨을 내쉬곤 하였다.[2]

동파가 경사를 떠날 바로 그 무렵, 경사에 폭동이 발생하였다. 지난 겨울 이래로 보갑법(保甲法)이 실시되어 왔는데, 징병자들은 촌에 남아서 군사훈련을 받고 있었다. 이들은 이 군사훈련을 실시하는 뜻에 대해 의심하기를, 장차 징집병들을 고향에서 북방 오랑캐와 싸우는 전쟁터로 이송하리라고 추측한 것이었다. 그래서 경사 부근 지역의 촌민들이 항의시위를 벌인 것이었다. 게다가 당국에서 농민들로 하여금 군장비를 스스로 마련하라고 지시했던 것이 폭동을 더욱 부추기게 만들었다. 기실 장비래야 화살과 활시위에 불과했다. 이에 백성들 가운데 아비와 자식들은 서로 끌어안고 울었고, 농민들은 징집을 기피하기 위해 손가락이나 팔을 잘랐다. 이 폭동으로 인하여 왕안석은 마지막으로 남은 친구 한유(韓維)마저도 잃게 되었다. 왜냐하면 그 지역의 지방관[知開封]으로 있던 한유는 폭동상황을 보고하면서, 농민들의 곡식 수확이 끝나는 늦겨울까지 군사훈련을 연기시켜 줄 것을 요청하였기 때문이었다. 이 일로 왕안석에게 마지막으로 남은 친구인 한유조차 면직되었다.

그런데 하늘의 노여움을 드러내 보인 듯한 사건이 일어났다. 즉 궁궐 문지기의 고발로 왕안석이 권좌에서 쫓겨나게 된 것이다. 1073년(熙寧 6) 성산(聖山)인 화산(華山)에서 산사태가 일어나자, 크게 놀란 황제는 관습대로 하늘에 경의를 표하는 뜻에서 다른 황궁으로 거처를 옮겼고, 황제의 식탁은 소박하고 간단하게 차리라고 명령했다. 더욱이 1073년 여름부터 이듬해인 1074년(熙寧 7) 봄까지 계속 비가 내리지 않았다. 황제는 매우 우려한 나머지 어찌할 바를 몰랐다. 황제는 이런 문제들에 어떻게 대처해야 좋을지 왕안석에게 물었다. 이에 왕안석이 대답하기를,

"홍수와 가뭄은 자연재해입니다. 이런 재난은 요순시대에도 있었습니다. 우리가 할 일은 계속 선정(善政)을 베푸는 일인 줄로 압니다"라고 하였다. "짐이 우려하는 것이 바로 그 점이요." "우리가 실시하고 있는 것이 선정이 못 될까 봐 우려되오. 많은 사람들이 상세(商稅)에 대해 불평하는 것을 들었소. 조정 신하는 누구나 그것에 대해 들었을 것이고, 황후와 태후(太后)*까지도 알고 계시오"라고 황제가 말했다. 또 다른 대신 풍경(馮京)도 그 자리에 있었는데 그는 "소신 역시 들었습니다"라고 했다. "왜 저만 아무것도 듣지 못했지요? 풍(馮)대감 주위에는 늘 불평분자들이 떼지어 있으니 이런 불평들을 모두 들었겠지요" 하고 왕안석이 말했다.

이제 비록 신분은 하찮으나, 중대한 역할을 하도록 점지된 사람이 나타났다. 이 사람은 바로 피난민의 참상을 그렸던 수문장 정협(鄭俠)이었다. 그는 신정의 희생자인 백성들이 정부 대관에 환납할 현금을 마련하기 위해 사슬에 묶여 나무를 베고 있는 모습을 그려 황제께 헌납했다. 아울러 그는 황제께 다음과 같은 짧은 보고서를 올렸다.

군사종군을 성공적으로 마친 후에는, 승리를 기념하기 위해 그림을 그려 바치는 것이 관습이라고 들었습니다. 어느 누구도 황상께 백성들이 고생하는 모습을 그린 그림을 바치지는 않았습니다. 이 그림들은 뿔뿔이 흩어진 가족들과 시골을 전전하는 난민들의 모습을 그린 것입니다. 소신은 안상문(安上門)을 지키면서, 이런 모습들을 매일 목격하는데, 이런 광경들을 그림으로 그려봤습니다. 이 그림은 제가 목격한 것들의 100분의 1에 지나지 않을 것입니다. 그래도 황상께서 이 그림을 보시면 눈물을 흘리시리라고 생각됩니다. 그러하오니 지방에서 그 진상들을 직접 목격한다고 상상해 보옵소서. 만약 황상께옵서 소신의 그림을 보시고, 신정개혁안을 폐지하기로 결정하셨는데도 10일 내에 비가 내리지 않으면, 그때는 황상을 기만한 죄로 제 목을 베어 선덕문(宣德門) 밖

---

* 황제의 조모가 생존해 있을 경우 황제의 모친이 태후가 되기보다는, 조모가 태후가 되는 것이 상례로, 황가에는 그녀가 우두머리였다. 이 태후는 영종(英宗) 황제가 아니라 인종 황제의 부인이다.

에 걸어 놓아도 좋사옵나이다.

미천한 종
정협 삼가 올림[3]

황제는 그림 두루마리를 가지고 침소에 드셨다. 황제는 그 그림들을 황후와 다른 황가 사람들에게 보였다. 맨 먼저 입을 연 것은 태황태후였다. "듣자하니 조역전(助役錢)과 청묘전(靑苗錢)으로 백성들이 고통을 당하고 있다고 합니다. 내 생각으로는 조상 때부터 내려오는 전통을 바꾸어서는 안 된다고 생각합니다."

"신정은 백성들을 좀더 잘살게 만들어 보기 위한 것이었지, 백성들을 억압하려고 한 적은 한번도 없었습니다"라고 황제가 말했다. "나도 왕안석이 비범한 능력을 가졌다는 것을 잘 압니다. 그러나 너무 많은 적을 만들었습니다. 왕안석 자신을 위해서라도 황상께서 당분간 그를 휴직시키심이 가할 듯합니다" 하고 태후가 말했다. 이에 황제가 말하기를, "조정 대신들 가운데 왕안석만이 국가대사를 맡길 만합니다." 그때 신종의 아우 기왕(岐王)이 옆에 있다가 이렇게 말했다. "제 생각으로는 황상께서 태후의 훈시를 숙고하심이 마땅하다고 사려됩니다." 이에 황제가 노하여 말하기를 "좋소, 좋아. 나는 치국을 할 줄 모르니, 그대가 대업을 맡으시오!" 하며 소리쳤다. 이에 기왕은 "그런 뜻으로 드린 말씀이 아닙니다"라고 했다. 모두들 한동안 침묵을 지켰다. 태후가 다시 말하기를, "왕안석이 이 모든 문제를 일으켰습니다. 황상께서는 이를 어찌하실 작정이십니까?"

그 다음날 아침 왕안석은 면직되었으나, 여혜경과 등관은 그대로 남아 있었다. 황제는 면행법·청묘법·면역법·보갑법과 방전균세(方田均稅) 등 18개 조항의 조처를 폐지키로 결정했다. 그러자 비가 오기 시작했다. 이러한 조처에 하늘이 기뻐하셨음을 가히 알 수 있었다.

그러나 왕안석의 때가 완전히 다한 것은 아니었다. 법규에 의거하여 정협은 탄핵소추되었다. 처음에는 그도 정식 절차에 따라 그림을 황상께 헌납하려 했으나, 그가 일개 소관(小官)에 불과하다는 이유로 황제께 의사를 아뢸 자격이 없다며 궁중관리가 그림을 접수하려 하지 않았다. 이에 정협은 경사 성 밖에 있는 관차참(官差站)으로 가서, 관차에게 두루마리 속에 긴급한 군사기밀이 들어 있다고 말하고는, 즉각 말을 타고 입궁해서 신속히 전달해 달라고 요청했던 것이다. 이렇게 불법으로 관차를 이용한 것 때문에 어사들이 정협을 심문한 것이었다.

역사서에는 이 심문의 결과에 대한 기록이 없다. 그러나 다음해 1월, 정협은 황제께 〈정직한 군자(君子)와 부패한 소인배의 사업도(事業圖)〉란 제목의 그림첩을 또다시 헌상했다. 이것은 당대(唐代)의 유명한 충신과 간신을 그린 그림으로 비록 당시 정부관리에 대해 직접적으로 언급하고 있지는 않았으나, 그림 속의 전대(前代) 간신들에 대한 이야기는 지금 집권하고 있는 사람들의 소행과 아주 흡사하였다. 좀 애매한 점이 없지 않아 있기는 하나, 그림 가운데 내포되어 있는 고사(故事)가 이를 분명하게 시사하고 있었다. 그림첩을 헌납한 일 외에도 당시에는 왕안석이 이미 재상직에서 물러난 후였으므로, 정협은 한 충신을 재상으로 추천하는 상소도 올렸다. 당시 여혜경이 권력을 잡고 있었으므로, 등관은 왕안석에게 쏟았던 충성심을 재빨리 여혜경에게로 바꾼 터였다. 이에 두 사람은 합심하여 정협을 멀고 먼 광동(廣東)으로 귀양보내는 데 성공하였다.

그가 떠나기 전에 어느 한 어사가 찾아와 말하기를, "모든 어사들이 입에 재갈 물린 양, 말 한마디 감히 못하는 이때에, 그대 혼자서 분투하고 계시니 참으로 장하십니다. 정부를 비평하는 어사의 책임을 모두 일개 황궁 문지기 어깨 위에 위임하다시피 한 셈이군요"라고 하였다. 그런 다음 그는 정협에게 어사대에 비축해 두었던 집권세력에 반대하는 내용의 보고서들을 모아 묶은 두 권의 책꾸러미를 넘겨주며 말하기를, "이 자료들을 그대가 보관해 주시길 부탁하오"라고 하였다. 그런데 이 소식이 첩자를 통해 여혜경의 귀에 들어갔다. 그러자 그는 특별히 서단(舒亶)을 파송하여, 여행중인 정협을 뒤따라 잡아 그의 짐을 수색하게 했다. 보고서를 모은 두 권의 책 가운데에는 신정을 비판한 사람들의 이름이 모두 적혀 있었다. 이에 여혜경·등관·서단은 이 비평자들을 하나하나씩 기소 검거하여 하옥시켰다. 여혜경은 정협을 사형에 처하고자 했으나, 황제가 이르기를 "정협은 자기 개인을 위해서가 아니라 국가를 위해 염려한 것이오. 짐은 그의 용기와 청렴결백함을 찬양해 마지않소. 그를 극형에 처해서는 안 되오"라고 하며 저지하였다. 그리하여 정협은 그의 귀양지[英州]로 떠날 수 있도록 허락되었다.[4]

소동파가 죽은 후에 황(黃)씨 성의 어느 수장가가 동파의 진귀한 친필 원고를 입수하였는데, 그 가운데에는 다음과 같은 내용의 유명한 말도 포함되어 있었다. "빈천(貧賤)에 처하기가 부귀(富貴)에 처하기보다 쉽고, 한가하게 빈둥빈둥 지내기보다는 차라리 힘든 일을 하며 지내는 것이 더 쉽다. 또 가려운 것을 참느니보다는 차라리 아픈 것을 참는 것이 더 낫다. 만약 부유한 처지로 할 일 없이 한가롭게 지내기를 좋아하고, 몸이 근질근질할 지경으로 심심한 것도 잘 견디는 사람이 있다면, 이런 사람은 정말 도통한 사람임이 분명하다."[5] 모든 개혁파 당(黨)들은 집권하기 이전에는 최대의 강력함과 단결성을 보여주곤 한다. 그러나 일단 권력을 장악한 후에는 반대파를 제거하면서 내부의 싸움으로 차츰 분열되어 무너지기 시작한다. 독재권좌에 있는 자를 타도하고자 하는 마음이 인간 본성 가운데 가장 선한 본능을 나타낸 것이라면, 거꾸로 권력을 장악하여 남을 지배하려는 욕망은 인간 본성 가운데 가장 악한 본능을 나타내는 것임에 틀림없다. 일이 순조롭게 진행되는 동안 고위직을 차지하고 있던 등관·여혜경·증포 등은 모두들 너무 바빠서 서로 싸울 틈이 없었다. 그러나 일단 왕안석이 권좌에서 쫓겨나 사태가 불리해지자, 이 패거리들은 곧 자기들끼리 서로 싸우기 시작했다.

이런 사태가 발생하기 전부터 내부 분열의 씨가 이미 심어져 있었다. 왕안석의 아들은 여혜경을 미워했고 여혜경은 증포를 미워했다. 양다리를 걸치고 있던 등관은 그 사이에서 이쪽 저쪽으로 바삐 돌아다녔다. 왕안석은 아들이라곤 하나밖에 없었는데, 성품이 아주 안 좋고 불운했다.

머리는 좋으나 변덕스럽고 잔인한 성품의 이 아들[王雱]은 이 정권하에 결국 많은 실책들을 저질렀다.* 이제 왕방(王雱)은 장성하여 집안의 재정을 도맡게 되었고, 그의 숙부는 더 이상 왕안석의 재산을 운영할 권한이 없어졌다. 전권(全權)을 가진 재상의 오만한 자제인 그는 못된 행위를 저지름으로써 그가 남들과 다르다는 것을 과시할 수 있다고 생각했다. 개혁이 있기 훨씬 전, 한번은 신유학자(新儒學者)인 정호(程顥)가 왕안석의 집에 찾아와 공사를 의논한 적이 있었다. 그때 이 아들은 봉두난발에다 맨발로 또 손에는 여자들이 지니는 수건을 든 채로 곧바로 아버지에게 걸어가, 무슨 이야기를 나누고 있느냐고 물었다. "왜 그러느냐. 난 지금 정(程)선생과 다른 재상들이 비평하는 신정에 관해 의논하고 있는 중이다"고 왕안석이 대답했다. 그러나 왕방은 그들이 앉아 있는 깔개 위에 털썩 앉으며 웃으면서 이렇게 말했다. "한기(韓琦)와 부필(富弼)의 목을 베기만 하면 반대하는 사람이 더 이상 없을 걸요."[6]

이 정도면 왕안석이 아들 때문에 얼마나 속을 썩였을지 짐작할 수 있으리라. 또 왕방의 두 숙부는 왕안석의 처사에 대해 줄곧 반대하여 왔으므로 집안이 화목할 날이 없었다. 숙부들은 특히 왕안석에게 나중에 결국 배신자가 된 여혜경을 멀리하라고 경고했었다. 일찍이 공자께서 말씀하시기를 사람은 음탕한 음악[淫樂]인 정성(鄭聲) 등을 폐하고, 아첨꾼을 멀리해야 한다고 말한 바 있다. 하루는 왕안석이 여혜경과 공무를 논의하고 있을 때, 그의 아우 안국(安國)이 밖에서 피리를 불고 있었다. 이에 재상 왕안석이 아우에게 소리쳐 말하기를, "그 음탕한 정성(鄭聲)을 그만두지 못할까?"라고 하자 아우가 되받아 이렇게 외쳤다. "아첨꾼을 멀리하실 수 없겠습니까?"[7]

이제 이 일당은 장래 일을 걱정하게 되었다. 아무튼 여혜경은 모든 희망을 포기하지 않고, 왕안석 대신 권좌에 앉을 기회를 계속 엿보았다. 이

---

* 왕방(王雱)은 아내가 정숙하지 못하다고 의심하였고, 아들까지도 자기가 낳은 아들이 아니라고 믿고 있었다. 왕방은 그의 아내를 학대해, 결국 그녀는 젊은 나이에 요절했다.

세상에는 필요에 따라 자유자재로 눈물을 흘릴 수 있는 사람들이 있다. 여혜경과 등관은 황제에게 나아가서, 장차의 나랏일을 염려하는 지극한 마음을 표시하기 위해 매우 애통해 하며 눈물을 흘렸다. 그들의 이런 교활한 설득방법이 황제의 마음을 움직여, 여혜경을 재상자리[參知政事]에 오르게 했다.

이제 그야말로 진짜 소란스런 쟁론이 일기 시작했다. 전국의 시역무관(市易務官)인 여가문(呂嘉問)이 이때 탄핵당했다. 시역무의 착취와 비리가 황제에게 보고된 것이었다. 황제는 그때까지 아직 경사에 남아 있던 왕안석에게 이 문제에 대해 물었다. 왕안석이 대답하기를, "여가문은 늘 국법을 엄수하였기 때문에 그에게 많은 적이 생긴 것입니다. 바로 이 점이 그가 공격받는 이유입니다"라고 하였다. "그러나 매년 국고에 납부되는 면행전은 사실상 지극히 적은 액수에 불과하오. 더구나 짐은 과일과 얼음, 석탄의 판매를 달갑게 여기지 않소. 그런 것은 황실의 권위를 손상시키는 짓이오"라고 황제가 말했다. 이에 왕안석이 "폐하, 이런 사소한 일은 심려하실 바가 못 됩니다. 이런 일들은 소관원(小官員)들이나 걱정할 일이옵니다. 폐하께서는 국정의 중대사에 대해서만 관심을 가지시면 됩니다"라고 했다. "설사 경의 말이 옳다 합시다. 그렇다면 어찌하여 조정의 모든 대신들이 그것을 탄압적인 조치라고 간주하고 있소?" "폐하 그런 대신들의 명단을 제게 주십시오"라고 왕안석이 말했다.[8]

여기서 이 지저분한 싸움의 세세한 것까지 이야기할 필요는 없겠다. 문제는 여가문이 그의 권력이 차츰 커지자 조례사(條例司)를 무시하기 시작하여, 조례사의 한 관원인 설향(薛向)을 모욕했던 데 있었는데, 증포가 설향 편을 들어 시역무관인 여가문을 탄핵하는 바람에 결국 그는 면직되었다. 황제는 여혜경과 증포를 보내 이 사건의 진상을 조사하게 했다. 이 두사람은 서로를 마음 깊이 증오하고 있으면서, 그들 모두 제각기 왕안석과 밀접한 관계를 맺고 있었다. 마치 레닌 수하의 스탈린과 트로츠키와 비슷했다. 사건을 조사하는 가운데 여혜경은 증포를 공격하기 시작했고, 증포는 여혜경을 공격하다가 결국에는 증포가 타도되었다.

이 일은 분쟁의 발단에 불과했다. 이제 여혜경은 정부 유일무이의 최고 우두머리가 되었다. 그는 정협의 사건을 이용하여 왕안석의 아우 왕안국을 파면시키는 동시에, 등관과 공모하여 왕안석도 산동(山東)의 친왕(親王)이 일으킨 반란에다 연루시키려 했다. 한편 이름뿐인 허수아비 재상[韓絳] 역시 여혜경과 불화한 사이였으므로, 그도 왕안석이 조정으로 다시 돌아와 여혜경을 견제해 주기를 희망했다. 그리하여 그는 여혜경을 파면시키고 다시 한번 왕안석에게 재상직을 맡길 것을 황제에게 요청하는 한편, 왕안석에게는 밀보(密報)를 보냈다. 모반죄는 매우 중대한 문제였으므로 왕안석은 남경으로부터 7일간의 여행 끝에 경사에 이르렀다.

왕안석은 실제로 모반 따위는 하지 않았으며, 1075년(熙寧 8) 2월 다시 재상직을 맡았다. 등관은 좀 난처해졌지만, 그는 곧 여혜경에게서 등을 돌리고 왕안석 편으로 돌아섰다. 그리고는 왕안석의 환심을 사기 위해 여혜경을 팔기로 결심했다. 왕안석 모르게 등관은 왕안석의 아들과 짜고서 여혜경이 화정(華亭)에서 상인들로부터 강제로 500만 전을 착취했다는 혐의로 고발했다. 조정은 여혜경을 즉각 파면시키고, 품계를 강등하여 태수직에 임명했다. 등관과 여가문은 그래도 마음이 놓이지 않아 다시 기소하여, 여혜경은 어사대 감옥에 감금되어 심문을 기다리는 신세가 되었다.

또한 한때 집권세력이었던 인물들도 하나하나 숙청되었다. 등관도 그중 예외는 아니었다. 여전히 원기왕성했던 그는 여혜경이 권좌에서 물러나는 것을 봤고, 또 황제도 이제 왕안석에게 신물이 났음을 간파하고는, 그 다음 재상직을 맡을 사람은 왕안석의 아들이거나 그 사위[蔡卞]라고 예측했다. 그래서 황제께 상소를 올려 그들을 승진시켜 줄 것을 요청했다. 그러나 왕안석과 황제 모두 간사한 술책에 능한 이 변절자에게 진력이 나서, 그 상소를 반가워하기는커녕 오히려 이 일로 등관을 파면시켰다. 이번에는 등관 쪽에서 '인간 본성에 대한 신뢰'에 배반당한 셈이었다.

심문을 기다리고 있던 여혜경은 왕안석에게 최후의 공격을 가했다. 그는 황제께 고해 바칠 속셈으로, 근 몇 년 동안 왕안석으로부터 받은 사신(私信)들을 모두 모아두었었다. 그 편지 가운데 어떤 것에는 '이 사실을 황제가 모르시게 하라'는 구절이 있었는데, 여혜경은 이제 이 편지들을 황제께 바치면서 왕안석이 모반했었노라고 고하였다. 황제는 이 무리들의 농간에 아주 골머리가 아팠는데, 이제 이 사신들을 보자 처음으로 왕안석에 대해 정말로 화가 났다. 왕안석은 자기 모르게 아들 등이 무모하게 여혜경을 기소한 짓을 준열하게 꾸짖었다. 그 아들은 여혜경이 이런 편지들을 간직해 두고서, 비밀리에 그의 부친을 옭아매고 있는 줄은 정말 꿈에도 몰랐다. 그는 자신이 경거망동한 것을 깊이 후회한 데다가 또 부친으로부터 심한 책망을 들은 것에 상심하여 병이 났다. 그런데다가 등에 종기까지 났다. 왕안석은 독실한 불교신자였으므로 의원뿐 아니라 불승들까지 찾아다녔으나 아들의 생명을 구하지 못하였다. 왕방의 죽음은 이 노재상에게 큰 타격이었다. 그는 정치와 인생에 대해 완전히 환멸감을 느끼고는 의기소침하여 재상직에서 물러날 것을 자청하였다. 1076년(熙寧 9) 10월 황제는 그의 사임을 허락하였다. 그러나 그의 몇 가지 명예직함은 보류해 주었으므로 그에게 불명예스러운 점은 없었다.[9] 몇 년 뒤, 그가 남경의 교외에서 혼자 중얼중얼대며 노새를 타고 가는 모습이 사람들 눈에 가끔 띄었다.

제 10 장
형과 아우

　1071년(熙寧 4년) 7월 소동파는 가족과 함께 경사를 떠나, 그의 부임지인 중국 남동부 해안의 아름다운 도시 항주(杭州)로 향하였다. 이후 약 8,9년간 그는 항주와 청도(靑島) 부근의 밀주(密州) 그리고 강소(江蘇)의 서주(徐州) 지방에서 공직에 복무하면서 훌륭한 치적을 쌓았다. 이 기간은 그가 시인으로서 대단한 활약을 보여준 시기로서, 그는 아름다운 내용의 시가로부터 애가(哀歌), 또는 유머러스한 시, 시대의 비리에 분개하는 시 등을 지었다. 솔직담백하고 낙천적인 그는 거의 치기(稚氣)에 가깝게 마음에 느낀 것들을 그대로 시로 지어 읊었다. 그 가운데에서 집권자들의 악정에 대항하여 분격하고 애달파하는 내용을 읊은 시가들 때문에 후에 그는 곤궁에 처하게 된다.

　당시 소동파의 아우 자유는 진주(陳州 ; 당시는 淮陽이라 부름)에서 학관(學官)을 맡고 있었다. 이 도시는 경사로부터 남동쪽으로 70 내지 80 마일 가량 떨어져 있었는데, 동파가 항주로 가는 길에 위치해 있었다. 나중에도 늘 그랬지만 동파는 이런 기회를 이용해서 아우와 함께 지냈는데, 이번에는 약 70여 일 동안 함께 지냈다. 동파에게는 열두 살짜리 아들[邁]과 한살박이 아이 [迨]가 있었는 데 반해서, 그의 아우는 많은 자식들을 낳아 대가족을 이루고 있었다. 과묵한 성품의 자유는 아들 셋에 딸 일곱이 되도록 계속 아이를 낳았다. 나중에 동파는 조카딸들의 혼인을 주선했다. 동파는 중추절까지 머물다 가라는 자유의 청을 기꺼이 받아들였다. 자유는 아주 빈곤하였으므로 지붕이 낮은 집에 살고 있었다. 그래서 동파는 늘 아우의 키를 가지고 놀리곤 하였다. "고개를 숙인 채 경사서(經史書)를 읽다가 갑자기 몸을 쭉 펴면, 그의 단단한 머리가 쿵 하니 지붕을 받는다"(常時低頭誦經史, 忽然欠伸屋打頭).[1]

그들의 오랜 친구인 장방평(張方平)[2]은 일찍이 관직을 사퇴하고, 자유가 있는 바로 이 지역에서 살고 있었다. 그들은 자주 술자리를 같이하였다. 장방평은 대단한 음주가로 주량이 100여 잔 정도나 되었다. 동파의 말에 의하면 자신의 주량은 꽤 적은 편이었으니, 술 끊을 필요를 느끼지 않는다고 했다. 구양수(歐陽修)의 주량도 대단하였으나 장방평의 주량을 능가하지는 못했다. 왜냐하면 장방평은 술을 마시기 시작했다 하면, 손님에게 어느 만큼 술을 마시자고 이야기하는 것이 아니라, 며칠 동안 술을 마시자고 하기 때문이었다. 동파는 늘 말하기를 "여태까지 나는 대음주가들을 부러워한 적이 없소이다. 나는 한두 잔만 마셔도 곧 취하지만 여러분만큼 그 기분을 즐길 줄 알지 않습니까?"라고 했다.[3]

가족과 재결합하여 한가로이 지내는 이 몇 달 동안, 두 형제는 유호(柳湖)에 자주 가서 뱃놀이를 하거나, 교외로 나가 산책을 즐기면서 정치나 집안일 그리고 그들 장래에 대해 이야기를 주고받았다. 하루는 교외에서 산책하며 현 국정에 관하여 토론하던 가운데, 아우는 형에게 한차례 충고의 말을 올렸다. 동파의 최대 결점 가운데 하나는 글을 쓰거나 손님들과 이야기할 때 그의 생각을 너무나 솔직하게 다 털어놓는다는 점이었다. 시국이 불리한 때였으므로, 형을 잘 이해하고 있는 자유로서는 이 점이 염려스러웠다. 자유는 손가락을 자신의 입에 대고 '쉿' 표시를 하여 암시하곤 했는데, 나중에 동파가 문자옥(文字獄)에서 풀려났을 때에도 이런 표시를 해 보였다.[4]

두 형제는 기질이나 외모면에서 완전히 딴판이었다. 자유는 키가 큰

편이었고, 둥근 얼굴형에다 양볼의 살이 둥그스름한 턱에까지 늘어져 있
었다. 이에 반해서 동파는 뼈와 근육의 비례가 잘 조화된 좀더 건장한 체
격이었다. 그의 초상을 통해 추측하건대 키는 약 5.7 또는 5.8피트 정도
였을 듯하고, 광대뼈가 튀어나온 편이며 위엄있는 이마에 눈은 기름한
편에 빛나며, 길고 끝이 가는 아름다운 중국식 수염을 늘인, 얼굴이 비교
적 큰 편이었다. 그 가운데서도 감각적이고 활동적이며 힘있어 보이는
입술이 가장 두드러져 보였다. 그의 얼굴은 따뜻한 인정으로 빛나는 모
습이었는데, 표정은 애정이 깃든 장난기 섞인 표정으로부터, 환상에 도
취해 명상에 잠긴 듯한 표정으로 재빨리 바뀌곤 하였다.

"그래, 나도 내가 언제나 너무 조심성 없이 말한다는 걸 잘 알고 있지.
하지만 어떡하겠나? 뭔가 옳지 않다고 느껴지면, 마치 내 음식물에 파리
가 빠진 것을 발견한 것처럼 그것을 곧 뱉어버리지 않고는 못 배기겠으
니 말야" 하고 동파가 아우에게 말했다. 그러자 아우가 형에게 다시 말
했다. "하지만 형님께서는 더불어 이야기하고 있는 대상이 어떤 사람인
지 잘 아셔야 합니다. 어떤 이는 믿을 수 있겠지만, 개중에는 형님이 믿
을 수 없는 사람도 끼여 있습니다." "그래, 그 점이 내 문제야" 하고 동
파도 인정했다. "아마도 나는 천성적으로 남을 너무 잘 믿는 것 같구나.
어느 누구와 말하든지, 나는 내 마음속의 생각을 다 털어놓기를 좋아하
니 말이야."[5]

동파는 자신이 황제께 상소를 올렸을 때, 정말로 자신의 생명이 위태
로울 것으로 느꼈다고 말했다. 그의 한 친구 역시 그럴까 봐 염려했는데,
이 친구란 바로 조단언(晁端彦)*으로, 그는 일찍이 동파의 집을 방문한
적도 있었다. 그는 동파와 같은 해에 진사(進士)시험에 급제하여, 늘 서
로 '동기생'이라고 부르곤 했다. 동기생이란 지금의 대학동창이나 마찬
가지다.

"그러나 나는 조단언에게 말하기를, 나는 일찍이 인종 황제 때 특별시

---

* 조단언(晁端彦)은 소문사학사(蘇門四學士)인 조보지(晁補之)의 부친이다.

험에도 통과하였노라고 했지." 동파가 계속해서 말했다. "그리고 한때 고관들로부터 친구로 대접받았으며, 황제는 내 충고를 받아주셨다고. 그러니 만약 내가 지금 아뢰지 않으면, 누가 아뢰려고 하겠나 하고 말야. 난 사실 죽음을 당할까 봐 정말 두렵다고 그에게 말했어. 그러자 조단언은 침묵을 지킨 채, 매우 어두운 표정의 얼굴이었지. 그래서 내가 이렇게 말해 주었어. '괜찮다네. 만약 황제께서 나를 죽이시길 원한다면, 난 아무 후회없이 달게 받아들이겠네. 그렇지만 자네가 내 죽는 꼴을 보고 좋아할 기회를 주고 싶지 않구만.' 그래 우리 둘은 크게 웃었지."[6]

"형님, 이런 얘기 들어보셨어요?"라고 아우가 말을 꺼냈다. "사람이 평화로이 지내는 날들을 갖게 되면, 그런 날들의 시간은 평상시보다 두 배나 길게 느껴진다는 것을 주의해 본 적이 있으세요? 그러니 만약 어떤 사람이 70평생 동안 평화로이 지낼 수 있다면, 그 사람은 실상 140년을 사는 셈이 되지요. 이것이 바로 장수의 편법이랍니다."[7]

이들 두 형제는 그들의 정치적 견해에서나 이상적인 정치의 기준에서는 서로 완전히 일치했던 반면에, 그들 각각의 성격은 서로 판이하였다. 자유는 침착하고 실질적이며 보수적이었으며 과묵한 편이었다. 그러나 동파는 호방하고 개방적이었으며, 말이 많았고 천진스러워서, 자신의 행동이 빚을 결과에 대해 사전에 별로 고려하지 않는 편이었다. 자유는 그의 친구나 동료들로부터 신임을 받았던 반면에, 동파는 그의 거리낌 없는 천재성과 농담, 경솔한 행동으로 늘 사람들을 조마조마하게 했다. 친한 친구들과 함께 있을 때면 그는 신이 나서 떠들고 농담하며, 좀 지나치다 싶을 정도로 익살도 부렸다. 세상의 현실적인 사람들에게는, 그가 어느 때고 진실 그 자체만으로도 말할 가치가 있다는 양 그들에게 대놓고 진실을 말해 줄지도 모른다는 긴장감을 갖게 했다.

소씨 두 형제는 문학 스타일도 달랐다. 이들의 차이점은, 마치 헨리 제임스와 윌리엄 제임스가 서로 상이했던 것에 비할 수 있을 것이다. 동파가 윌리엄 같다면, 자유는 헨리와 비슷했다. 각자의 천부적 소질에 따른다면 윌리엄 제임스는 소설을, 헨리 제임스는 심리학과 철학에 관한 논문을 썼어야 옳았다. 그럼에도 불구하고 세상은 윌리엄 제임스로 하여금 단조로운 심리학과 철학 교과서에 그의 천재성과 유머를 주입하도록 고집했고, 헨리 제임스로부터는 소설 분야에서 그의 인간 본성에 대한 견고한 사고와 관찰구조를 획득하게 했다. 자유의 문학적 재질은 형의 천재성에 반도 미치지 못했으나, 그의 글들에는 내용과 깊이가 있었으므로, 그도 역시 자기 나름의 풍격을 지닌 대문호가 될 수 있었다.

동파는 아우의 충고가 늘 옳다는 것을 알고 있었다. 만약 그도 아우와 같은 온건한 기질을 가졌더라면, 그 충고를 따랐을 것이다. 그러나 그것은 그가 이성적으로 생각해서 해결될 문제가 아니라 그의 감성적인 느낌에 달린 문제였다. 우리가 동파의 성품에 관해 논하자면, '기'(氣)라는 용어를 쓰지 않을 수 없다. 왜냐하면 시를 비평하는 사람들은 동파의 성품을 요약해 말할 때마다, 《맹자》에 나오는 이 용어를 언급하곤 했기 때문이다. '기'는 보통 가스, 공기, 기분, 정신, 힘, 정력, 누적된 분노 등을 의미한다. 《맹자》에서 '기'는 베르그송의 이른바 '창조적 생명력'과 유사한 철학 용어로서, 인류 존재에 내재하는 생명과 추진력을 뜻한다. 소수의 걸출한 인물들에게서 두드러지게 드러나는 특징은 정력이나 추진력, 원기 등이 보통사람과 좀 다르다는 점이다. 맹자 철학에서 '기'는 거대한 도덕적 힘을 뜻하거나, 단순히 착한 일을 하려는 인간의 고상한 정신을 뜻하는 말로 쓰였다. 이는 누구나 타고난 것으로서 사람이 살아가는 동안 이 기가 때로는 더욱 강해지고 장대해지거나, 때로 쇠약해지기도 한다. 동파의 기질을 표현할 경우의 '기'는 '위대한 정신'이란 뜻으로 쓰인 것이다. 인간의 정신은 무한대로의 신장이 가능하며, 크고 강한 추진력이 생겨나 그 자체의 생명력에 의해 그것이 밖으로 발산 표현된다. 그의 정신 속에 내재하는 어마어마한 그 무엇은 바로 이 크고 터질 듯한 힘이었다. 동파의 숭배자와 비평가들이 늘 그의 정신에 내재하는 어마어마한 그 무엇, 바로 이 크고 터질 듯한 힘에 대해 언급하곤 하였다. 맹자는 일찍이 자신의 가슴속에 충만해 있는 이런 힘을 자각하였다. 그는 정의와 진리가 이를 뒷받침해 줄 때, 이는 우주의 어떤 것도 두려워하지 않게 해

주는 힘, 곧 '호연지기'(浩然之氣)라고 표현하였다.

"무엇이 호연지기입니까?" 하고 맹자의 제자 가운데 한 사람이 묻자, "그것은 설명하기가 매우 어렵다"고 대답했다. "이 호연지기는 매우 거대하고 강한 것이다. 그러나 호연지기를 기르기 위해서는 꾸준히 정의와 진리를 추구해야 한다. 왜냐하면 정의와 진리가 없으면, 인간의 정신이 고갈되고 말기 때문이다."

전형적인 호연지기를 타고난 동파는 윤리적인 모순에 끊임없이 직면하게 되었다. 즉 한편으로는 자신의 본성 그대로 천성적으로 두려워하지 않는 용감한 정신을 간직하면서, 또 다른 한편으로는 명철보신(明哲保身)을 꾀해야 했던 것이다. 동파의 일생 가운데 어느 시기에는 이런 모순이 유난히 첨예화된 때가 있었는데, 그럴 때면 대부분 그는 영웅기질의 본성을 보존하는 편으로 기울었다. 나는 동파가 이러한 갈등 때문에 고민했으리라고는 생각하지 않는다. 그의 뛰어난 천재성은 아무런 방해도 받지 않고 자유롭게, 끊임없이 자신의 본성을 발휘할 것을 요구했다.

> 아름다운 시구가 끊임없이 솟아나네.
> 어찌 남의 호감을 사기 위해 일부러 꾸며 쓸 수 있으리오.
> 원숭이나 학도 본래 아무 생각 없이 우는 것이니,
> 언덕 아래로 사람이 지나가든지 않든지 상관치 않네.[8]
> 　(多生綺語磨不盡, 尚有宛轉詩人情. 猿吟鶴唳本無意, 不知下有行人行.)

동파는 아우의 집에서 중추절을 지냈다. 정말로 잊기 어려운 추억어린 중추절을 보내어, 후일 동파는 늘 이 시기를 그리워했다. 이후 6년간 아우와 함께 지낼 기회가 없었으므로 더욱 그러했다. 이별은 괴로웠다. 자유는 하류를 따라 아래로 70리 길이 되는 영주(潁州 ; 현재의 阜陽)까지 전송하기로 마음먹었다. 그곳에서 그들은 구양수와 함께 다시 두 주일을 같이 지냈다. 그래도 이별은 여전히 다가올 것이었다. 이별하기 전날 동파 형제는 뱃놀이를 했다. 두 형제는 영수(潁水)에 배를 띄우고 밤새도록 정치와 시작(詩作)에 관한 이야기들을 주고받았다. 그들이 국정에 관하여 토론했던 결론은, 동파가 항주에 도착한 후 자유에게 보낸 시에 압축되어 있다.

> 눈앞의 일에 더 이상 반대하는 것도 소용없는 줄 아네.
> 다만 성은(聖恩)에 보답코자 애쓰나 힘이 부치네.[9]
> (眼看時事力難任, 貪戀君恩退未能.)

맹자의 사상 가운데 위와 같은 두 형제의 마음을 적절히 표현해 준 것이 있다. "최상의 통치자를 기대하려면 통치자에게 최대의 존경을 보여야 한다. 충언(忠言)으로 통치자를 인도하고, 간신을 통치자로부터 멀리하도록 하는 것은 신하가 본분을 다하느냐 못하느냐에 달려 있다. 만약 통치자가 충언을 받아들이려 하지 않으면, 그 신하는 자기 나라에서 도둑 취급을 받는다"고 맹자가 말한 것이 정말로 모두 진리라는 것을 그들 형제는 잘 알고 있었다. 《맹자》의 문장[離婁上]은 다음과 같다.

> 통치자의 선한 마음만 가지고는 나라를 통치하기에 부족하며, 훌륭한 통치자가 없이 법만 가지고는 나라를 제대로 다스릴 수 없다.……그러므로 고위직에 오르기 위해서는 위로 구릉(丘陵)을 따라가기도 해야 하며, 밑으로 시냇물로 따라가기도 한다. 나라를 통치하는 데 선왕(先王)의 도를 저버리는 것은 정말 무모한 짓이다. 그러므로 인자(仁者)만이 고위직을 맡을 수 있다. 만약 인자가 못 되는 사람이 혹 고위직을 맡게 되면, 그는 그 직책에 앉아 다만 악을 세상에 퍼뜨리게 될 뿐이다. 위에 있는 통치자가 고대의 통치 전통을 따르지 않으면, 아래 재상들은 법을 문란시킬 것이며, 조정 또한 더 이상 진리를 존중하지 않게 되고, 노동자들도 더 이상 법을 따르지 않게 된다. 군자들이 의(義)를 저버리고 일반 백성들이 죄를 범하고도 그 나라가 계속 존재할 수 있다면, 그것은 순전히 요행일 따름이다. 그러므로 꼭 성벽이 공고하지 못하고 군사장비를 제대로 갖추지 못했다 해서 나라가 꼭 재난에 빠지는 것은 아니다.

또 농토가 경작되지 않은 채 버려지고, 재정적인 축재를 해 두지 않은 것이 나라의 재난이 되는 것도 아니다. 그러나 위로 군자들이 예의를 상실하고 아래로 백성들이 교화되지 않은 경우, 장차 사회윤리를 파괴하는 자들이 급증할 것이고, 나라는 머지않아 멸망하고 말 것이다.[10]

그날밤 소동파는 자신의 마음을 나타내는 두 수의 시를 썼다.

> 서풍은 배에 가득 불어와 앞으로 나아가는데,
> 이별을 아쉬워하는 눈물이 맑은 영수에 방울져 떨어지네.
> 이별을 미루려 해도 무익한 노릇일 뿐,
> 남은 이 순간을 멋있게 보내세.
> 내 생에 세 차례 이별하였었는데,
> 이번 이별은 더욱 쓰리고 아프다.
> 자네는 돌아가신 아버님처럼,
> 과묵하면서도 속에는 강한 성품을 지녔구나.
> 과묵함은 길인(吉人)임을 입증하고 속으로 굳센 절개를 지녔으니
> 현명하면서도 강인하네.
> 이 세상 천하의 선비들 가운데서,
> 그대는 첫째가는 선비이면서도, 묵묵히 남에게 복종한다.
> 아! 나는 미친 사람처럼, 담도 두르지 않은 샘을 향해 곧장 나아갔었네.
> 술취한 사람처럼 비틀거리고 뒹굴었으나, 다행히도 몹시 다치기 전에 깨어났네.
> （征帆挂西風, 別淚滴淸潁, 留連知無益, 惜此須臾景. 我生三度別, 此別尤酸冷, 念子似先君, 木訥剛且靜. 寡辭眞吉人, 介石乃機警. 至今天下士, 去莫如子猛. 嗟我久病狂, 意行無坎井. 有如醉且墜, 幸未傷輒醒.）

두 번째 시에서 그는 이렇게 쓰고 있다.

> 잠시 동안 헤어짐은 그래도 참을 수 있으나,
> 오래 헤어져 있자니 내 가슴은 눈물로 젖네.
> 멀지 않은 곳에 떨어져 있다 해도,

이별하긴 천리 멀리 떨어져 있는 것과 다를 바 없네.
살아가는 도중 이별이 없으면,
서로 간에 우애가 얼마나 깊은지 누가 알리요.
내 처음 회양(淮陽)에 도착했을 때,
자네는 내 옷소매에 매달리는 아이들을 떼어놓았었지.
그때 자네는 이 이별의 슬픔을 미리 알고서,
가을이 올 때까지 머물라고 청했었네.
이미 가을바람 불고 이제는 가을도 지나가려는데,
이별의 애석함은 다함이 없네.
언제 돌아오느냐고 내게 물음에,
삼년은 족히 걸릴 듯하다고 답하네.
만나고 헤어짐이 돌고 도는 것이며,
기쁨과 슬픔도 번갈아 찾아온다.
이러한 인생법칙을 잘 알면서도,
내 인생이 한낱 바람에 날리는 쑥더풀 같아 긴 한숨 쉬네.
시름으로 벌써 머리털도 희어졌네.
육일옹(六一翁)에게도 이별을 고한다.[11]

　(近別不改容, 遠別涕霑胸. 咫尺不相見, 實與千里同. 人生無別離, 誰知
恩愛重. 始我來宛邱, 牽衣舞兒童. 便知有此恨, 留我過秋風. 秋風亦已過,
別恨終無窮. 問我何年歸, 我言歲在東. 離合旣循環, 憂喜迭相攻. 語此長太
息, 我生如飛蓬. 多憂髮早白, 不見六一翁.)

　육일옹(六一翁)이란 구양수의 필명(筆名)이다. 바람에 날려 이리저리
떠도는 쑥더풀의 이미지는 동파의 일생을 잘 묘사해 주는 적절한 상징이
다. 왜냐하면 이때로부터 그는 정치의 소용돌이 속에서 헤매는 바다제비
처럼, 죽을 때까지 한 곳에서 3년 이상을 머물러 보지 못하였다.
　다음날 새벽 일찍 두 형제는 이별을 고했다. 동파의 아우에 대한 깊은
정은 정말로 흔히 보기 어려운 것이었다. 후에 그의 친한 친구 가운데 한
사람인 이상(李常)에게 말하기를, "아! 나는 여러 명의 아우를 갖지 못했
소. 이 넓은 세상에서 오직 자유 하나뿐이라네."[12] 그는 항주에서 3년간

의 봉직기간이 끝나자 밀주(密州)로 전임시켜 달라고 조정에 요청했다. 왜냐하면 자유가 당시에 제남(濟南)에서 봉직하고 있었고, 밀주는 제남과 같은 산동성 내에 위치해 있어, 거리도 얼마 떨어져 있지 않다는 오로지 그 이유 하나 때문이었다.

제 11 장
시인과 기녀 그리고 승려

지금과 마찬가지로 당시에도 항주는 마술적인 요소를 지닌 도시로서, 때로 '지상의 천당'[1]이라고도 불렸다. 이곳은 소동파에게는 제2의 고향이나 다름없었다. 그는 항주에 도착하자, 곧 이렇게 읊었다.

중은(中隱)도 은거는 은거라고 칠 수 있지.
오래도록 한가로이 지냄이 잠시 한가히 지냄보다 낫네,
내 본래 집이 없으니 어디에 안주함이 좋을까?
아름다운 호수와 언덕 있는 곳보다 더 좋은 곳 있으랴.[2]
　(未成小隱聊中隱, 可得長間勝暫閒, 我本無家更安往, 故鄕無此好湖山.)

항주가 동파에게 두 번째 고향과 같은 까닭은, 항주의 그 아름다운 산 언덕, 숲, 호수와 바다, 붐비는 시가지, 거대한 사원 이런 것들 때문만 아니라, 그가 항주 백성들로부터 크게 환영받았고, 또 거기서 그는 가장 행복한 시절을 보냈기 때문이었다. 백성들은 남방 특유의 쾌활함을 지니고 있었고, 시(詩)와 미인이 있었다. 그들은 이 젊고 유명한 시인을 시인으로서 사랑했을 뿐 아니라, 그의 풍채와 기백, 낙천성도 사랑하였다. 그의 영혼은 이 지방의 아름다움에 고취되었으며, 그의 마음은 항주의 유순한 매력으로부터 큰 위안을 받았다. 항주는 그의 마음을 사로잡았고, 그는 항주 백성들의 마음을 사로잡았다. 그의 직책은 항주의 통판(通判 ; 지방장관의 副官)에 불과했으므로 봉직해 있는 기간 동안, 백성을 위해 많은 선정을 베풀 수는 없었다. 그러나 항주 백성들에게는 그가 시인이란 것만으로도 충분했다. 그가 나중에 문자옥으로 감금되었을 때, 이 지방의 백성들은 시가지에다 제단을 쌓고 그가 하루빨리 석방되기를 기원하기까지 했다.[3] 한편 그가 항주를 떠난 후에도, 항주의 남방 특유의 따뜻함과 부드러운 아름다움이 그로 하여금 꿈속에서나마 찾아가게 만들었다. 그는 자신이 언젠가 항주로 다시 돌아오리라는 것을 알고 있었다. 그가 18년 후 태수로서 돌아왔을 때, 그는 이 도시를 위해 많은 공적을 쌓아서 그의 기억 속에 영원히 잊지 못할 도시로 남아 있게 되었다. 그리하여 항주 사람은 모두들 그가 항주 사람이라고들 했다. 그가 죽은 지 천 년이 지난 오늘날에도 서호(西湖)의 호숫가를 걷거나, 고산(孤山) 또는 봉황산(鳳凰山)을 오르거나, 호반의 음식점에서 차를 마시노라면, 항주 태생의 상점주인들이 수없이 "소동파, 소동파"라고 되풀이해서 그의 이름을 거들먹거리는 것을 들을 수 있었다. 만약 그들에게 소동파는 본래 사천(四川) 사람이라고 지적해 줄 것 같으면 분명 그들은 좋아하지 않을 것이다. 왜냐하면 그들은 동파가 이곳 항주에서 태어났으며, 경사 외에는 어느 곳도 가지 않았다고 생각하고 있기 때문이다.

풍기고 있는 분위기나 변화무쌍한 매력, 애정, 환소(歡笑) 등에서 동파와 서호는 완전한 조화를 이루었다. 이 지방의 시정(詩情)과 이 시인의 시작(詩作)은 그 가운데서 서로 완벽한 표현을 발견할 수 있었다. 이 지방 특유의 활기에 넘치고 변화무쌍한 다양한 특색들을 발견해 내어, 그 요체와 기백 그리고 이 지방의 아름다움을 단 넉 줄의 시로 압축해서 표현해 낼 수 있는 시인을 찾기란 그리 쉬운 일이 아니다. 서호를 읊은 시 가운데 모두가 공인하는 가장 훌륭한 작품은, 동파가 서호를 전국시대의 미인 서시(西施)에 비유하여 읊은 시이다. 서시는 잠자리 옷을 걸치고 엷은 화장을 하고 있든 또는 짙은 화장을 하고 있든, 언제나 한결같이 아름다웠다. 한편 서호 역시 맑은 날이거나 혹은 비오는 날이거나 제각기 나름대로의 사람을 도취시키는 매력을 지니고 있었다.

> 햇빛 맑은 청명한 날엔 물빛이 반짝이고,
> 비오는 날엔 그 안개낀 산색(山色)이 또한 신비롭네.
> 서호를 서시(西施)에 비하건대, 단아하게 꾸몄든 성장을 했든
> 그 나름대로 모두 아름답다 할까.[4]
> (水光瀲灩晴方好, 山色空濛雨亦奇. 欲把西湖比西子, 淡粧濃抹總相宜.)

이는 물론 단순한 비유적 표현에 불과하다. 어쨌든 서시는 화장을 안했을 때보다 했을 때가 더 아름다웠다. 호숫가를 아름답게 꾸미고, 완미한 예술의 붓끝을 조금 움직여 아주 자연스럽게 만든 것은 소동파였다. 오늘날에도 서호에는 소제(蘇堤)가 호수를 가로질러 쭉 뻗어 있고, 삼담인월(三潭印月 : 세 개의 못에 하나의 달이 동시에 비추고 있다는 뜻)이라 불리는 매혹적인 작은 섬은 그 그림자를 물속에 비추고 있으며, 수양버들은 물가를 따라 쭉 늘어져 있다. 이는 모두 풍치구역인데, 조경사(造景士)로서 그의 노련한 솜씨를 입증해 주고 있다. 항주의 서호와 양주(揚州)의 소서호(小西湖)는 중국의 위대한 조경의 천재[소동파]가 경관 미화의 진수를 유감없이 발휘한 곳이다. 곧 인간의 예술과 기교로써 자연을 더욱 값있게 만들되, 자연경관은 전혀 손상치 않았음을 가장 잘 보여주는 곳이기도 하다. 이 예술가는 먼저 이 지역의 천연적인 설계를 파악한 다음, 이 지역의 자연적인 구성과 배치를 전반적으로 살펴보았다. 그런 다음 그는 몇 군데에 손을 대어 조이고 다듬고, 또는 여기저기의 외형을 좀 강조했을 뿐 별다르게 크게 건드리지도 않았다.

1071년(熙寧 4) 11월 28일, 소동파는 처자식을 거느리고 항주에 도착했다. 관사는 봉황산(鳳凰山) 꼭대기에 위치해 있었으므로, 남쪽으로는 많은 배들이 떠 있는 전당강(錢塘江)의 전경(全景)을 감상할 수 있었다. 북쪽으로는, 구름 덮인 산으로 쭉 둘러싸인 서호와 점점이 박힌 사원 그리고 부호들의 별장이 보였고, 한편 동쪽에는 전당만(錢塘灣)의 거센 파

도들이 해안으로 거세게 부딪쳐 오는 모습이 보였다. 항주는 워낙 큰 대도시였으므로 태수 외에도 두 명의 부관(副官)이 있었다. 동파 가족은 호수쪽 관사 구내의 북쪽 건물에 거주하게 되었다. 봉황산 바로 밑으로는, 서호 남북으로 뻗쳐 전당만까지 뻗어 있는 대상(帶狀)도시 위의 높은 담들과 교량들, 운하 등이 놓여 있었다. 소씨 부인은 아침마다 창문을 열고, 아래에 펼쳐 있는 잔잔한 서호의 아름다운 수면 위로 떠가는 구름이며, 물에 비친 산·별장들 모습에 심취되곤 했다. 날이 새면 서호 위에는 유람선으로 가득 찼고, 밤에는 언덕의 주택가로부터 들려오는 피리와 노랫소리를 들을 수 있었다. 이 성시(城市)의 한쪽 구역에서는 밤마다 야시(夜市)가 열려 다른 곳보다 더 밝게 불이 켜져 있었다. 대개 이 시장은 새벽 두세 시까지 열린다. 특히 이 시장에는 부녀자들을 위한 여러가지 기호식품들과 비단·수예품·부채 등이 있었고, 아이들을 위한 각종 사탕과 완구·주마등(走馬燈) 등이 있었다. 특히 송대 항주의 제과업자들은 대중의 관심을 끌기 위해 기이한 광고수법을 썼다. 어떤 사탕장사는 노름방식을 사용하였고, 어떤 사람은 백발수염 할아버지로 분장했고, 또 어떤 이는 가면을 쓰고 춤추고 노래해서 손님을 끌어 상품을 팔았다. 어떤 이는 사탕솜으로 만들어 팔고, 어떤 이는 각종 동물모양으로 불어서 만들어 팔았으며, 또 어떤 사람은 지금의 단풍당과 비슷한 사탕을 만들어 팔았다.

소동파가 죽은 지 약 100년 후인 송대 말, 항주의 성시생활에 대해 쓴 책이 한 권 있다. 이는 마르코 폴로가 항주를 찾아오기 100년 전에 씌어진 것으로, 시가지와 운하·호수·식품과 유행하던 오락 등이 아주 매혹적으로 상세하게 기록되어 있다. 후에 마르코 폴로가 이 도시에 대해 서술했던 것보다도 더 자세하게 당시 성시생활의 모습을 묘사하고 있다. 마르코 폴로는 왕자들의 수렵이나 공주들이 호숫가에서 목욕하고 노는 것, 부상(富商)의 상선(商船)이 항주와 천주(泉州) 사이를 정기적으로 왕복하는 것 등에 대해 언급하였지만, 맛있는 사탕과자나 진귀한 빵과 인기 있는 놀이와 오락종목의 명칭 등에 대해서는 잘 알지 못했다. 오자목

(吳自牧)이 지은 이 《몽양록》(夢粱錄)에는 잔소리 심한 할머니처럼 각종 진귀한 조제식품의 항목들을 한편 한편씩 길게 열거해 놓고 있어, 독자들로 하여금 여기에 도취하게 만든다.

소동파는 전생(前生)에 그가 이 항주에서 살았을지도 모른다고 반신반의하였다. 이런 이야기는 그의 시작과 당대의 여러 잡기(雜記) 등에 실려 있다. 어느날 그가 수성원(壽星院)을 방문하였을 때, 그 사원문을 들어서는 순간 그곳 경치가 아주 낯익다는 느낌이 들었다. 그는 동행에게 말하기를, 92개 돌계단이 참회당(懺悔堂)으로 통하고 있을 것 같다고 하였다. 확인해 보니 과연 그의 말대로였다. 동파는 그 밖에도 이 사원의 건축물과 정원들 그리고 나무, 또 사원 뒤에 놓인 바위에 대해서도 보기도 전에 미리 그 모습을 동향인들에게 이야기할 수 있었다고 한다.[5] 이런 윤회고사를 완전히 다 믿을 수는 없겠지만, 당시 사회기풍이 귀신이나 윤회설을 믿는 경우에는 이와 같이 실제 인물에 직접 적용한 이야기가 있게 마련이다. 이런 것들은 귀신 이야기처럼 도대체 진짜인지 거짓인지 증명되지도 않는 것들이다. 소동파 시대에는 일반적으로 인간의 전생에 대해 믿던 때였으므로 이런 고사가 있을 만도 했다.

장방평의 전생에 대한 일련의 고사도 전해진다. 어느날 그가 한 사원을 돌아보면서, 사람들에게 전생에 그가 이곳에서 선사(禪師)를 지냈었다고 했다. 건물 2층을 가리키면서 말하기를, 그가 일찍이 다락에서 한 불교 경전을 초사(抄寫)하다가 완성하지 못했다고 회상했다. 이에 장방평과 그의 친구들이 건물 2층에 올라가 찾아보았는데, 정말로 아직 다 쓰지 못한 수고(手稿)를 발견할 수 있었다. 그리고 글씨체 또한 장방평의 필체와 아주 흡사했다. 그는 붓을 집어들고 그가 전생에 쓰다가 중단한 부분부터 다시 베껴쓰기 시작했다.[6]

소동파의 한 절친한 친구에게도 이와 비슷한 고사가 있었다. 대시인인 황정견(黃庭堅)은 그가 전생에 여자였었다고 다른 사람에게 이야기했다 한다. 그는 한쪽 겨드랑이에서 나는 악취로 고생을 했다. 그가 사천성 중경(重慶)에서 약간 아래쪽에 위치해 있는 부주의 사무관[涪州別駕]으로 봉직하고 있던 어느날 밤에 한 여인이 그의 꿈에 나타나 말하기를, "나는 그대의 전생입니다. 나는 어느 지방에 매장되었는데, 관이 썩어서 왼쪽에 큰 개미굴이 생겼습니다. 내 대신 그 개미굴을 없애 주십시오"라고 하였다는 것이다. 황정견이 그 말대로 해 주자, 그의 왼쪽 겨드랑이에서 나던 악취가 사라졌다고 한다.[7]

소동파는 통판직을 맡고 있었으므로 재판을 주재하는 것 외에는 크게 책임 맡은 일이 없었다. 그가 충심으로 견디기 어려웠던 것은 체포되는 사람들 대부분이 신정법(新政法)을 위반한 백성들이란 점인데, 그 자신이 신법을 반대하는 입장이었기 때문에 더욱 그러했다. 그러나 법은 이미 정해진 것이었으므로, 그가 변경시킬 수 있는 문제가 아니었다. 섣달 그믐날 저녁에도 동파는 소금 밀수혐의로 체포된 죄수를 심문하지 않을 수 없었는데, 그가 쓴 시를 읽어 보면 당시 그의 심경을 가장 잘 알 수 있을 것 같다. 정부는 전매품목으로 판염업(販鹽業)을 인수하였었다. 그러나 항주만 부근의 제염지역에 있는 상인들은 개인의 소금판매 금지조치를 수긍하려 들지 않았다. 소금 밀매사건의 전모에 대해서는 동파가 조정의 한 대신에게 보낸 편지 속에 구체적으로 잘 설명되어 있다.[8] 여기서는 실제 상황에 대해 관심을 갖기보다는, 그의 동포를 향한 시인으로서의 태도에 더 주의해 볼 필요가 있겠다. 동파는 심문을 당하고 있는 죄수들이나, 자기 자신 사이에 실상 별 차이가 없음을 느꼈다.

> 섣달 그믐날 밤 일찍 귀가해야 마땅하나,
> 관아 일로 묶여 있네.
> 손에 붓을 든 채, 묶여 있는 죄수들이 가여워 눈물 흘린다.
> 가난한 백성이 호구지책으로 저지른 일이
> 법망에 저촉되었네.
> 나 역시 관의 봉록에 연연하여
> 은둔하고픈 소원도 저버리지 않았나?
> 나나, 나보다 조금 덜 배운 그들이나
> 생계를 도모하기는 마찬가지인데

어느 누가 잠시나마 그들을 석방시켜 줄 수 있을까?
부끄러워 묵묵히 고개 숙일 뿐이다.[9]

　(除日當早歸. 官事乃見留. 執筆對之泣. 哀此繫中囚. 小人營餱糧, 墮綱不
知羞. 我之戀薄祿, 因循失歸休. 不須論賢愚, 均是爲食謀. 誰能暫縱遣, 閔
默愧前修.)*

　아우 자유에게 그는 아주 솔직하게 자신의 심정을 시로 적어 토로하고
있다. "내가 과거에 부끄러워했던 바를 이제는 더 이상 부끄러워도 하지
않으면서 채찍 맞는 초라한 죄수들을 마주 대하고 있다. 또한 내 상관께
여쭐 때, 입으로는 '예'라고 하나, 마음속에서는 '아니오'라고 말한다.
자기 본래의 양심을 저버리고 고위직에 앉은들 무슨 소용이 있겠는가?
나의 기개는 흔들리고 시들어 다 없어져 버린 듯하다"(平生所慙今不恥,
坐對疲氓更鞭箠. 道逢陽虎呼與言, 心知其非口諾唯. 居高志下眞何益, 氣節消縮今無
幾).[10]

　그는 또 다른 시에서, 보갑법으로 백성들이 고통당하는 것에 대해 쓰
고 있다. 그 시에서 그는 백성들이 채찍 맞을 때 비명 지르는 모습들과
심지어 죄수의 처자들까지 옥에 갇혀 있는 실정들에 대해 묘사하고 있
다. 이런 유형의 시구들로 인해 나중에 그가 문자옥으로 체포되어 심문
당할 때, 정부의 위신을 훼손하려 했다는 죄명을 뒤집어쓰게 된다.

　그런 가운데도, 동파는 그가 처해 있는 때와 장소에서 가능한 한 유쾌
하게 지내고자 했다. 그는 자연산수로 도피하고자 했는데, 그가 딛고 있
는 산수는 최상의 것이었다. 그의 시적 영감은 주위의 아름다운 경치를
만끽함으로써 얻은 것이었다. 성시(城市)와 서호뿐만 아니라, 항주에서
10 내지 15마일 안에 있는 인근 산들도 그가 즐겨 가는 곳이었다. 서호
에서 출발하면 유람객들은 어느 방향으로든지 갈 수 있었다. 서호의 북
쪽 제방을 따라가면 유명한 영은사(靈隱寺)에 닿아, 천축산(天竺山) 꼭대
기까지 다다를 수가 있었다. 때로는 남쪽 제방에서 출발하여 갈령(葛嶺)

---

* 시인 자신이 쓴 이 시의 원본 모사가 이 책 앞부분 화보에 실려 있다.

에 이르기도 했다. 그럴 때면 샘으로 유명한 호포천(虎跑泉)으로 건너가 잠시 쉬며 차를 마신 다음 구불구불하게 난 아름다운 산의 계곡 물을 따라 돌아왔다. 성내(城內)와 성외(城外)에 있는 것을 모두 합치면 360여 군데의 사원이 있었다. 이들 사원은 대부분 산에 위치해 있었는데, 그는 사원을 찾아가서 스님과 함께 한나절 동안 담소하곤 하였다. 이런 산언덕으로 한번 놀러 나가면 족히 하루가 걸렸다. 그래서 늘 저녁때쯤에야 돌아오곤 했는데, 그때쯤에는 가로등이 모두 켜져 있었다. 사람으로 붐비는 불이 환히 켜진 야시(夜市)를 뚫고, 그는 나른하게 지쳐 이미 반은 잊어버린 시구를 다시 떠올리며 집으로 돌아오곤 했다.

> 문득 졸리운 눈을 비벼보니,
> 하당(河塘)의 불빛이 화려하구나.
> 손뼉치며 깔깔 웃는 시가지의 사람들,
> 마치 어린 들사슴 같네.
> 이제서야 소박한 사람들만이 느낄 수 있는
> 또 다른 생활정취를 깨닫겠네.
> 무엇이 인생사의 진정한 행복인가?
> 내 여태껏 줄곧 잘못 살아왔을까 봐 두렵네.[11]
> (睡眼忽驚矍, 繁燈鬧河塘. 市人拍手笑, 狀如朱林麏. 始悟山野姿, 異趣難自强. 人生安爲樂, 吾策殊未良.)

항주는 유쾌했고 서호는 매혹적이었다. 남국의 기후는 일년 사시 내내 야외에서 활동하는 데에 조금도 불편이 없게 해 주었다. 봄과 가을에는 모든 항주 사람들이 호수에서 놀며 즐겼다. 심지어 눈 내리는 겨울에도 유람객들은 배를 타고 나가 설경을 즐겼다. 특히 3월 3일이나 5월 5일, 중추절, 중구절(重九節), 지방 신(神) 탄신일, 2월 11일 등 큰 명절 때면, 호수는 온통 유람객들로 넘쳐, 하루 전에 미리 배를 예약해 두어야만 했다. 일체의 식품이나 찻잔·찻잔받침·수저 등을 선부(船夫)가 준비하였으므로, 유람객들은 굳이 음식을 따로 가지고 갈 필요가 없었다. 어떤 선부는 고기를 낚아 유람객에게 팔기도 했다. 불가의 가르침에 따르면, '덕을 쌓는 일'의 한 방편으로 생물체의 생명을 구해 주는 것을 천당에 재산을 쌓아 두는 것과 마찬가지로 여겼으므로, 유람객들은 물고기를 사 가지고 그 물고기를 다시 물에 놓아 방생시켜 주곤 하였다. 만약 한 물고 기가 세 차례 잡혔다가 세 차례 방생되었다면, 그 물고기는 어쩌면 세 명의 생명을 지옥으로부터 구해 주었을는지도 모른다.[12)

동파는 호상(湖上)의 생활에 적극적으로 참가했다. 유람객에는 두 부류가 있었는데 하나는 온 가족이 함께 즐기는 부류였고, 다른 하나는 기녀(妓女)를 동반한 부류들이었다. 호수로 놀러 온 여염집 부녀자들은 약간 두려움에 찬 눈으로 기녀들을 바라보았고, 기녀들은 부러운 눈으로 이 아낙네들을 바라보았다. 기녀들은 그들이 자유의 몸이 되어서, 저 부녀자들처럼 자라나는 아이들한테 둘러싸인 가정을 갖고 싶은 소망이 마음 밑바닥으로부터 솟아올랐다. 동파는 이따금 처자를 거느리고 호수로 놀러 갔고, 어떤 때는 그의 술친구들과 같이 갔다. 그는 다재다능한 사람이었다. 그는 자유자재로 붓을 놀려, 세련되고도 수사적인 뛰어난 시구를 지어내어 동료 문인들의 선망을 한 몸에 받았다. 그는 별로 힘들이지 않고서 사람들이 두고두고 잊지 못할 명구들을 지어낼 수 있었다. 그가 가족을 동반했을 때에는 다음과 같이 읊었다.

> 뱃머리엔 물고기 다듬는 소리 들리고,
> 배 고물에서는 밥 짓는 냄새 풋풋하니 향기롭다.[13)
> (船頭斫鮮細縷縷, 船尾炊玉香浮浮.)

동료 관리들과 함께 뱃놀이 나왔을 때는 유쾌한 시구들로 그들을 기쁘게 했다.

> 오(吳)지방 출산의 노를 갖춘 유람선은 잘 단장해 꾸며놨고,
> 무녀는 월(越)지방 출산의 비단으로 만든 새 무용복을 입었네.[14)
> (遊舫已粧吳榜穩, 舞衫初試越羅新.)

그들이 호숫가에 일단 다다르면, 선부들은 그들 주위에 모여들어 손님을 끈다. 그들은 네다섯 사람이 탈 수 있을 만한 작은 배를 고르거나, 때로 큰 연회를 열 때에는 연회석을 베풀 수 있는 크기의 배를 고른다. 그리고 대개의 경우 선부들이 음식을 준비했는데, 이들은 요리 전문가들이기도 했다. 보통 집같이 생긴 유람선들은 정교하게 조각되어 있었고, 이물에는 물받이 홈통까지 설치되어 있었다. 호수 위에는 유람객들에게 음식을 파는 배들도 있었다. 어떤 선부는 밤·참외씨·연밥·사탕과자·튀김닭과 해산물 등을 팔았다. 어떤 선부는 전문적으로 차만 팔았다. 어떤 배들은 재주꾼들을 태웠는데, 이들 예인(藝人)들은 그들의 배를 유람객의 배에 바짝 대고, 노래나 가벼운 곡예 등으로 사람들을 즐겁게 해 주고, 또 던지거나 맞히는 오락거리도 제공했다.[15]

유람객들 주위에는 둘레가 약 10마일 되는 아주 맑고 푸른 호숫물이 둘러싸고 있었고, 저 멀리에는 구름이 산봉우리에 깃들어, 산봉우리의 반은 가려지고 반은 드러나 보였다. 변화무쌍한 모양의 구름이 깃들어, 산이 더욱 다양한 면모를 띠게 하였다. 산은 구름이 깃들 집을 마련해 주었고, 한편으로 산은 구름으로 지붕을 삼고 있었다. 때로 날이 차가워, 눈이 올 듯한 날에는 낮은 안개가 산기슭을 덮었다. 그러면 유람객들은 안개 너머로 먼 산언덕의 희미한 등선 위에 여기저기 산재해 있는 정자나 누각들을 언뜻언뜻 볼 수 있었다. 날씨가 청명한 날에는 물이 너무 맑아서, 물속의 고기들을 헤아릴 수 있을 정도였다. 동파는 명쾌한 시 두 구절로써, 선부가 두른 누런 머릿수건이 청산을 뒤로 하고 왔다갔다 움직이는 모습을 마치 인상파의 채색화처럼 다음과 같이 묘사했다.

> 산언덕을 뒤로 하고 괴수(鬼獸) 머리로 장식한 배들 위에
> 누런 수건 까딱거릴 때마다
> 작미로(鵲尾爐)에선 푸른 연기 솟아오르네.[16]
> （映山黃帽螭頭舫, 夾岸靑煙鵲尾爐.）

산기슭으로 다가감에 따라 새들이 수풀 속에서 서로 부르는 소리를 들

을 수 있었다. 동파는 여행을 즐겨하였으므로 때로는 혼자서 산속을 걷다 가 인적이 드문 산꼭대기나 수원지(水源池)에 이르면, 바위 위에 앉아 시 를 짓곤 한다. 또 그가 자주 방문하는 절의 스님들과도 절친한 사이가 되 었다.[17] 동파가 죽은 후, 한 노승은 말하기를 그가 어려서 수성원(壽星院) 의 동자승으로 있을 때, 여름이면 동파가 혼자 산에 걸어 오르는 것을 자 주 보곤 했다고 한다. 등산 후에 동파는 스님의 등걸이 의자를 빌려 대나 무숲 근처에 의자를 옮겨 놓고, 관리의 위신 따위는 전혀 아랑곳하지 않 고 옷을 벗어 등을 드러낸 채로 의자에서 오후 내내 낮잠을 즐겼다는 것 이다. 이 동자승은 이때 경원의 눈초리로 이 위대한 학자를 훔쳐보는 특 전을 누렸는데, 그는 시인의 등에 7개의 검은 사마귀를 봤다(혹은 봤다고 여겼으리라). 이 사마귀는 북두칠성 같은 모양으로 배열되어 있었다고 했 다. 노스님은 이것이 바로 동파가 하늘로부터 인간 세상에 잠시 나그네로 보내진 신령의 증거라고 말했다 한다.

그가 항주를 떠난 후 조단언(晁端彦)에게 보낸 시에서, 자신의 여행벽 을 잘 요약하여 묘사하고 있다. 그 당시 조단언은 사법감독관으로 마침 항주로 가려던 참이었는데, 동파는 그에게 항주에서 어떻게 지내야 좋을 지에 대해 이렇게 충고하였다.

> 서호의 경치는 천하에 으뜸이라,
> 지혜로운 이, 어리석은 사람 할 것 없이 누구나 찾아오네.
> 각기 자기가 구하는 것을 발견하고 감상하나,
> 항주의 전부를 아는 이 그 누구랴.
> 아! 내 본래 지나치게 우직하여,
> 일찍이 세상으로부터 따돌림당했었네.
> (그러나 조정에서 멀리 떨어져) 나 홀로 산수를 마음껏 즐기니,
> 이 모두 하늘의 뜻이 아닌가?
> 삼백육십 개의 절을,
> 일년 내내 두루 헤매고 다녔네.
> 곳곳마다 그 특유의 아름다움 지닌 것 내 알고 있으나,

마음으로만 느낄 뿐 표현할 길이 없네.

지금도 내 단꿈 가운데

그 매혹적이고 아름다운 경관 내 눈과 귀에 남아 있네.

그대 이제 그곳으로 부임해 간다는데,

화려한 행차는 오히려 그곳 구름과 안개를 모욕함이니

어찌 맑은 시내와 푸른 절벽의

아름다움을 그대에게 보여주리요?

그대의 시종을 물리치고

스님에게 빌린 의자에서 낮잠이나 즐겨보지 않겠나?

내가 일찍이 벽에 써놓은 시를 읽으며,

청량한 산 공기로 어지러운 그대 머리를 식히게나.

그리고 지팡이 짚고 아무데고 맘대로 걷다가

그대 마음에 드는 곳에서 쉬어보게나.

갈대숲 사이에서 혹 늙은 어부를 만나거든

그들과 한담을 나누게.

혹 그들에게서 지혜로운 대답을 들었거들랑

가격을 따지지 말고 그들의 고기를 사게나.[18]

　(西湖天下景, 遊者無愚賢. 淺深隨所得, 誰能識其全. 嗟我本狂直, 早爲
世所捐. 獨專山水樂, 付與寧非天. 三百六十寺, 幽尋遂窮年. 所至得其妙,
心知口難傳. 至今淸夜夢, 耳目餘芳鮮. 君持使者節, 風采爍雲煙. 淸流與碧
巘, 安肯爲君姸. 胡不屛騎從, 暫借僧榻眠. 讀我壁間詩, 淸涼洗煩煎. 策杖
無道路, 直造意所便. 應逢古漁父, 葦間自延緣. 間道有若得, 買魚勿論錢.)

　문학적인 기록에 근거해 보건대, 소동파는 항주에 있는 동안 종교와
여인 ― 혹은 승려와 기녀라고 하는 편이 나을지 모르겠는데 ― 과 관계
를 가졌다. 이 두 부류는 우리의 상상과는 다르게 의외로 훨씬 밀접하게
관련되어 있었다. 소동파에게는 감성적 생활과 정신적 생활이 하나로
통일되어 있었다. 다분히 시적으로 철학화된 그의 인생관으로 볼 때, 이
두 가지가 서로 상충될 일은 없었다. 시가 있음으로 해서 그는 금생(今
生)을 뜨겁게 사랑했고 그러므로 은자나 수도승이 되지 않았다. 또 그
나름의 인생철학을 갖고 있었으므로 마귀의 손아귀에 빠지지 않을 만큼

현명하였다. 그는 청산녹수와 인연을 끊을 수 없었던 것과 마찬가지로, 미녀와 시가·술·고기 등과도 인연을 끊을 수 없었다. 동시에 그는 너무 솔직담백한 성품이었으므로 냉소적인 선비들처럼 거드름 따위를 피우지 못했다.

일찍이 그가 엄숙한 수도승과 기녀를 한자리에 있게 하려 했다는 이야기가 전하는데, 이것은 그가 얼마나 젊었고 장난이 짓궂었는지를 잘 보여주는 단적인 예라 할 수 있다. 대통선사(大通禪師)는 정결한 성품의 근엄한 노승이었다. 그가 참선(參禪)할 동안 그를 만나고자 하는 사람은 먼저 목욕재계를 해야만 했다고 한다. 물론 여자들의 출입은 금지되었다. 하루는 소동파가 기녀를 동반한 한 무리와 함께 이 절을 방문하였다. 이 선사의 평소 규칙을 아는지라 무리들은 절 밖에서 발길을 멈췄다. 동파도 이 노승의 습관을 잘 알고 있었지만, 돌연 기녀를 데리고 들어가 이 노승의 규범을 깨뜨리고 싶은 짓궂은 충동을 느꼈다. 그래서 그가 기녀를 동반하고 이 노승께 경의를 표하고자 들어갔을 때, 노승은 이 젊은이의 무례함에 노골적으로 불쾌해 하였다. 이에 동파가 말하기를, 선사께서 송경(誦經) 때 치는 목어(木魚)를 자기에게 빌려준다면 사과의 뜻을 담은 시를 지어, 기녀 묘희(妙嬉)로 하여금 부르게 하겠노라고 말했다. 동파는 아래의 사(詞)를 그녀에게 주어 부르게 했다.

> 대사님께선 어떤 식으로 창(唱)하시는지 잘 모르니
> 무어라 아뢰야 좋을지요.
> 박판(拍板)과 문추(門槌)를 빌리니
> 우스개 장난으로 보아주시겠어요?
> 여인이 잠시 훔쳐본 것은 어떤 악의가 있어서 그런 것 아니니
> 대사께서는 부디 너무 꾸짖지 마시길 비나이다.
> 만일 스님이 저와 같은 나이였다면, 나 또한 스님께 성냈을 테지요.
> 이뿐, 아무런 해 끼칠 생각은 없었나이다.
> (師唱誰家曲, 宗風嗣阿誰. 借君拍板與門槌, 我也逢場作戲, 莫相疑. 溪女方偸眼, 山僧莫皺眉. 却愁彌勒下生遲, 不見老婆三五, 少年時.)

이 한바탕의 단막 코믹 오페라에 근엄한 대통선사도 웃고 말았다. 동파는 그 기녀를 데리고 사원을 나와, '심오한 교훈'을 얻었노라고 다른 사람들에게 자랑했다.[19]

중국 문학 가운데 승려와 여인은 불가분의 관계를 갖고 있다. 승려의 고사들이 종종 여인과 관련된 이야기들이고, 또 여인의 고사 가운데는 승려와 관련된 이야기들이 많다. 동서양을 막론하고 독신주의 생활을 고수하는 것으로 공인된 특정 계층의 사람들은 성생활을 하지 않는 등, 일반 사람들과 좀 다르다는 점이 일반 사람들로 하여금 비밀스런 악의를 품게 한다. 보카치오류의 이야기가 성행하게 된 그 심층에 깔린 요인은 바로 이러한 독신주의자에 대한 일반 사람들의 비밀스런 악의에서 비롯된 것이었다. 더구나 승려와 여인과의 이야기가 상인의 이야기보다 더 재미있기 때문이기도 하다.

통판의 관직을 맡고 있던 동파는 일찍이 승려가 연루된 사건을 판결한 적이 있었다. 영은사(靈隱寺)에 요연(了然)이란 승려가 있었는데 늘 홍등가를 드나들다가 수노(秀奴)란 아가씨를 깊이 사랑하게 되었다. 나중에 그 승려가 돈을 모두 탕진하여 누더기를 걸치게 되자, 수노는 더 이상 그를 만나주지 않았다. 어느날 밤, 그 승려는 술에 만취되어 그 아가씨를 불렀으나 거절당하고 그 집에 못 들어갔다. 그러자 승려는 억지로 문을 제치고 들어가 그 아가씨를 때려죽이고 말았다. 그리하여 이 승려는 살인죄로 기소되었다. 관리가 심문하는 가운데, 그 승려의 팔에 "우리 함께 극락에서 다시 태어나, 금생의 이런 상사(相思)의 고통 다시 겪지 않길 바라네"(但願生同極樂國, 免敎今世苦相思)라고 새긴 두 줄의 시구를 발견했다. 심문을 모두 마친 후, 증거물이 소동파에게 넘겨졌다. 이에 동파는 시를 쓰지 않을 수 없어 이렇게 읊었다.

> 그대 삭발한 승이여,
> 헛되이 독신을 맹세했구나.
> 네 수도승답지 못한 방탕으로,

이런 거렁뱅이 꼴이 되었구나.
네 잔인한 주먹으로 연인을 때려죽이니,
이제 와서 무엇이 진실이고, 무엇이 거짓이뇨?
네 팔에 새긴 사랑에의 갈망,
이번 일로 상사(相思)의 빚을 갚았겠지.[20]

  (這個禿奴, 修行忒煞, 雲山頂上空持戒. 一從迷戀玉樓人, 鶉衣百結渾無
奈. 毒手傷人, 花容粉碎, 空空色色今何在, 臂間刺道苦相思, 這回還了相
思債.)

  이 승려는 결국 참수형에 처해졌다. 이상의 두 수와 같은 희극적인 시
가는 당시의 속어를 사용하여 씌어진 것이다. 이와 같은 시는 재빨리 입
에서 입으로 전하여져, 이 괴짜 시인에 대한 일화를 더하여 주었다.

  한 소책자[問答錄]에 소동파와 그의 승려 친구인 낙천가 불인(佛印)에
대한 일화가 모아져 있다. 당시 동파는 아직 불교를 진지하게 받아들이
지 않고 있었는데, 그가 마흔이 넘어서 항주에 있을 동안에 비로소 불교
철학에 대해 본격적으로 연구하기 시작했다. 처음에는 항주의 몇몇 승려
들이 그의 친구가 되었고, 조만간 진강(鎭江)·남경(南京)·여산(廬山) 등
에도 승려 친구들이 점점 늘어났다. 그 가운데 혜근(惠勤)과 삼료(參寥)
두 명은 시인이자 학자로 존경받을 만한 인물들이었다. 문학적 기록을
통해 볼 때, 불인(佛印)은 그다지 중시되지 못했다. 그러나 속문학에서
그는 낭만적 인물로 묘사되어 동파의 친구로서 삼료보다는 불인이 더욱
자주 일컬어지고 있다.

  불인은 본래 승려가 될 생각은 꿈에도 하지 않았다. 더구나 그는 부유
한 가정의 자제였다. 어느 기서(奇書)에 따르면, 그는 이정(李定)과 같은
어머니에게서 태어났다 한다. 이 여인은 품행이 방정하지 못하여 일찍이
세 차례나 결혼했었고, 아비가 제각기 다른 세 아이를 낳았다. 당시로서
는 매우 보기 드문 기록이었다.[21] 황제가 불교에 대한 친밀감의 표시로
서 불교도들을 만날 때, 소동파는 그를 조정에 추천하여 황제를 배알하
게 했다. 불인은 불교에 대한 그의 불타는 신앙심으로 황제에게 깊은 인

상을 남기고자 애썼다. 그러자 황제는 훤칠한 키에 걸출하게 **빼어난** 그
의 용모를 보고, 그가 원한다면 사원에 들어가 승려가 될 수 있는 이른바
도첩(度牒)이라는 것을 부여하겠노라고 선뜻 허락하였다. 이에 궁지에
몰린 그는 황제의 제의를 받아들일 수밖에 다른 도리가 없어 출가하지
않을 수 없었다 한다. 전하는 말에 따르면 그는 항주에 살고 있는 동안,
수도승의 금욕적인 생활방식과는 거리가 멀게 많은 시종들을 거느리고,
또 짐 실은 나귀를 이끌고서 여행하곤 했다고 한다.

불인은 기지가 넘치는 인물로서 그의 기지 속에는 늘 깊은 의미가 담
겨 있었다. 다음에 서술하는 이 두 사람에 대한 의미심장한 일화 가운데
하나는 다소 철학적인 의미를 내포하고 있다. 하루는 동파와 불인이 함
께 어느 사원을 참관하였다. 그들이 불전 입구에 들어섰을 때, 마귀의 지
배자로 알려져 있는 무서운 표정을 한 거대한 두 신상(神像)이 입구를 지
키고 있는 것을 보았다. "이 두 신상 가운데 어느 신상이 더 중요한 인물
이요?" 하고 동파가 물었다. 이에 "당연히 큰 주먹을 가진 신상이지요"
라고 불인이 대답했다. 내전에 들어서자, 염주를 손에 든 관음보살상을
보았다. "관음보살께서는 이미 부처가 되셨는데, 무엇하러 저렇게 염주
를 세며 기도를 합니까?" 하고 동파가 묻자, 불인이 대답하기를, "아! 그
건 단지 다른 사람들처럼 예불하고 계신 것뿐입니다"라고 했다. "어느
부처께 예불합니까?" "물론 관음보살께 하지요." "그건 또 무엇을 의미
합니까? 관음보살 자신이 이미 부처인데, 왜 자기 자신에게 기도를 합니
까?" "저 그건 말이죠. 사람들은 어려움이 있을 때 언제나 남에게 도움
을 청하지만, '남에게 구하느니 자기 자신에게 구하는 것이 낫다(求人不
如求己自)'는 말을 못 들어보셨소?*"

그런 다음, 그들은 제단에 펼쳐진 채 놓여 있는 불교도의 기도문 책자

---

* 求란 말에는 '빌다'란 뜻과 '신뢰하다'란 뜻이 다 있다. 여기서는 남에게 빌
  어 도움을 청하는 것보다는, 자신의 능력에 의지해 해결하고자 하는 것이 오
  히려 쉽게 어려움을 해결할 수 있다는 뜻임.

를 보았다. 동파는 그 가운데에서 이러한 기도문을 발견했다.

> 모든 악독한 것 저주받을진저!
> 관음보살의 전능하심으로,
> 다른 사람을 해악하는 그런 자들에게
> 인과응보 있을지어다.
> (咒咀諸毒藥, 所欲害身者. 念彼觀音力, 還著於本人.)

"이는 완전히 도리에 어긋나는 말이군요. 부처님은 자비이신데, 어떻게 부처께서 어느 한 중생의 곤란을 구제하기 위해, 그 어려움을 다른 사람에게 돌리는 일을 하실 수 있겠습니까? 만약 그렇게 한다면 부처는 대자대비하시다고 할 수 없겠지요"라고 동파가 말했다.

이에 동파는 기도문을 고쳐도 좋다는 허락을 얻어낸 후, 붓을 들어 한 구절을 지우고 다음과 같이 고쳐 썼다.

> 모든 악독한 것 저주받을진저.
> 관음보살의 전능하심으로,
> 다른 사람을 해악하는 자들,
> 둘 다 모두 뜻을 이루지 못하리라.
> (咒咀諸毒藥, 所欲害身者. 念彼觀音力, 兩家都沒事.)

소동파와 불인 사이의 재기 넘치는 많은 일화들이 대부분 동음이의어(同音異議語)들을 사용한 재담의 성격을 가진 것이므로, 하나하나 다 번역하기는 어렵다. 어쨌든 대부분 다음과 같은 유의 일화들이다.

새 조(鳥)자는 중국 속어에 '음탕하다'는 뜻이 있는데, 동파는 이것으로 친구를 놀려 주려고 생각했다. 그래서 말하기를 "옛 시인들은 승려에 대한 대구(對句)로 새를 짝지우곤 했지요. 예를 들면 이런 대구가 있어요. '새가 나무 쪼는 소리를 불승이 문 두드리는 소리로 착각했네'(鳥宿池中樹, 僧敲月下門). 나는 이런 옛 시인들이 승려에다 새를 짝지운 지혜에 늘 감탄해 마지않소." 그러자 불인이 대뜸 대답하기를, "그것이 바로 중인 제가 그대 맞은편에 앉아 있는 이유라오." 이들 이야기에는 항상 불인이 동파의 의표를 찌르고 있음을 보여주고 있다. 그래서 나는 이 이야기들을 만들어 낸 이가 바로 불인 자신이 아닌가 의심스럽다.[22]

기록에 따르면, 중국의 창기(娼妓)제도의 기원은 기원전 7세기의 관중(管仲) 시대에까지 거슬러 올라간다. 관중은 군인들을 위안하기 위하여 창기제도를 설립하였다 한다. 소동파 시대까지도 관기(官妓)가 있어서, 이들은 줄곧 '병영위안부'로 알려져 왔고, 그 밖에도 독립된 사창(私娼)이 있었다. 그런데 중국에는 좀 특수한 전통이 있었다. 곧 고급 기생들은 일반 창기들과 따로 구별되었으며, 이들이 문학사상 중요한 위치를 차지했다는 점이다. 왜냐하면 이들 가운데 일부는 시인이었기 때문이었고, 또 일부 다른 고급 기생들은 문인들의 생활과 밀접한 관련을 맺고 있었기 때문이었다. 이들은 일종의 특수 계층으로서, 중국의 시가나 음악과 밀접한 관련을 맺고 있었으므로 시사(詩詞)의 풍격 변화에도 많은 영향을 미쳤다. 시가 판에 박은 듯한 상투적인 시구에서 벗어나지 못하고 있을 때, 새로운 문학적 형식을 창출해 낸 사람이 이들 창기들이었다. 이 새로 창출된 문학형식이 문인의 손에서 한동안의 모방기간을 거친 후에도, 시에 새로운 문학적 생명을 연장시켜 준 것은 언제나 창기들이었다. 음악과 시가는 그들의 특수영역이었다. 일반 여염집 처녀들 사이에서는, 악기를 연주하거나 노래하면 비난의 대상이 되었다. 또 그 노래들 역시 대부분이 사랑과 열정에 대한 주제로 일관된 것이었으므로, 이런 노래는 젊은 아가씨들의 미덕에 해를 끼칠 따름이라고 여겨졌다. 그 결과 수세기 동안 음악과 무용의 전통은 전적으로 이들 창기들에 의해 이룩되었다.

소동파 시대에는 관리들이 술좌석이나 공적인 의식에서 창기들과 어울리는 것이 관리생활의 일부를 이루었다. 이는 소크라테스 시대에 아스파시아(Aspasia)가 남성들의 연회석에 참석했던 것과 비교해 볼 때, 그다지 불명예스러울 것도 없다. 창기들은 일종의 연예인으로서 손님들에게 술을 따라 주거나 그 모임을 위해 노래를 해 주었다. 그들 대부분이 천부적 소질을 타고난 사람들이었고, 특히 읽고 쓰는 것을 터득하고 있었으며, 음악에 상당히 조예가 깊은 여인들의 경우에는 그들을 찾는 문인들의 발길이 끊이지 않았다. 당시에는 남성들의 사교적 모임에 여성들이 제외되었으므로, 남성들은 여성 동반자를 필요로 하는 욕구를 이들 직업적 예인들에게서 찾을 수밖에 없었다. 때때로 이들을 희롱하는 것도 단순한 희롱에 그쳤다. 마치 지금의 나이트클럽의 분위기처럼, 창기들은 가볍고 기교적인, 어떻게 들으면 정말 같기도 하고 거짓말 같기도 한 사랑의 노래를 불러, 은연중에 때로는 노골적으로 성(性)에 대한 암시를 했다. 일류 명기(名妓)들은 지금의 나이트클럽의 예인들처럼 남자 손님을 자기 맘대로 고를 수 있는 자유가 전적으로 부여되어 있어, 이들 몇몇 명기들은 그들 나름의 상당한 권위를 갖고 있었다. 전하는 말에 의하면, 휘종(徽宗)은 어떤 명기를 찾아 궁궐 밖으로 나와, 그 기생의 집까지 찾아갔었다고 한다. 어쨌든 당시에는 창기에 대한 대우가 오늘날보다 훨씬 관대했던 듯하다. 오늘날 맨해튼(Manhattan)의 시인들은 이런 유의 일개 노래하는 아가씨에게 결코 연애시를 쓰지 않을 것이며, 쓴다 하더라도 적어도 공개하지는 않는다. 그러나 항주의 시인들은 그런 시들을 공개하였다. 어느 특정 창기에게 경의를 표한 시작은 존경받는 인사들 사이에서도 아주 통상적인 것이었다. 이 시기에 한기(韓琦)나 구양수(歐陽修) 등도 창기에 관한 시작을 남겼을 뿐만 아니라, 심지어 근엄한 명재상 범중엄(范仲淹)과 사마광(司馬光)조차도 이런 식의 감상적인 시를 썼다. 위대한 충장(忠將) 악비(岳飛)도 어느 연회석에서 만난 여성 가기(歌妓)에 관한 시를 쓴 적이 있다.

오로지 엄격하고 금욕적인 신유학자들만이 이에 반대하였는데, 이들의 생활신조는 '경'(敬；神에 대한 경외에 상당하는 덕망이란 의미)이란 한 단어로 요약할 수 있었다. 그들은 좀 엄격한 도덕적 규범을 갖고 있었고, 신귀(神鬼)를 아주 경외하였다. 소동파의 정적(政敵)인 정이(程頤)는 철종(哲宗) 황제가 겨우 열두 살의 소년일 때부터 여색에 빠지지 않도록 경계시키곤 하였다. 어린 소년은 그의 이러한 충고에 아주 신물이 났다. 철종이 열여덟 살이 되어 어느 여인을 한번 안 이후, 이 근엄한 유학자의 말이 그릇된 것이며, 오히려 여자라고 별로 나쁠 것이 없다고 믿게 되었다. 한번은 정이의 문하생 가운데 한 사람이 "꿈꾸는 영혼은 금지된 경계 밖을 향하고"란 구절에, 양행시로 "꿈속에 한 여인을 찾아가네"란 구절을 덧붙여 쓰자 이것을 본 정이는 공포에 떨며, "이런 마귀의 말을 입에 담다니" 하고 소리질렀다.[23] 12세기의 위대한 신유학자 주희(朱熹)도 여인의 유혹하는 마력에 대해 같은 공포심을 갖고 있었다. 한번은 선량한 성품의 호전(胡銓)이 주희가 10여 년간 유배생활에서 풀려나는 것을 경축하는 의미로 두 구절로 된 시를 이렇게 지었다.

> 사면을 축하하며 한번 취해 볼거나.
> 곁에는 보조개가 귀여운 아리따운 아가씨를 동반하고.
> (君恩許歸此一醉, 傍有黎頰生微渦.)

이에 주희는 마음이 동하여 그의 심경을 이렇게 적고 있다.

> 10년간의 귀양과 시련에도 불구하고,
> 보조개 짓는 꽃다운 모습 한번 보니 이런 시련들도 까맣게 잊겠네.
> 이런 파멸의 함정보다 더 두려운 것 없으니,
> 얼마나 많은 사람들이 여인의 덫에 걸려 파멸하였던가?[24]
> (十年浮海一身輕, 歸對梨渦却有情. 世上無如人欲險, 幾人到此誤平生.)

이와는 대조적으로, 동파는 이성에 대해 비교적 해학적인 견해를 갖고 있었다. 그가 나중에 황주에 머물게 되었을 때 이렇게 쓴 잡기가 있다.

> 어제 태수 당군채(唐君采)와 통판 장공규(張公規)와 더불어 안국사(安國寺)에 갔었다. 이야기하는 가운데 양생술(養生術)에 관한 말이 나왔다. 내가 말하기를 "지키고자 하면 지키기 어려울 일은 별로 없지만,

그래도 그 중 금욕하기가 가장 어렵소." 이에 통판이 말하기를 "소무(蘇武)는 훌륭한 인물이었습니다. 몽고에 가 몽고인처럼 살면서도 불평 한 마디 없이 어려움을 이겨 나갔지요. 거의 철인(哲人)에 가깝지 않습니까? 그러나 그도 몽고 여자와 결혼하여, 그로부터 아이를 갖지 않을 수 없었던 게지요. 그러니, 결혼생활 중에는 극기하기가 더욱 어려운 일인 듯합니다"라고 했다. 우리 모두 이 말에 웃음을 터뜨렸다. 이 말 안에는 많은 의미를 함축하고 있다고 여겨지므로 여기 적어둔다.[25]

동파는 연회석에 참가할 때마다, 십중팔구는 창기들의 요청으로 부채나 목도리 등에 시를 써 주어야 했다.

> 아! 조용한 밤, 황금 같은 순간마다
> 한적한 밤을 따라 차가운 달빛 비추는 안뜰에
> 문득 노래와 피리소리 희미하게 감도네.
> 상쾌한 공기 언뜻 미끄러지네.[26]
> (春宵一刻值千金, 花有淸香月有陰. 歌管樓臺聲細細, 鞦韆院落夜沈沈.)

동파는 여인에 대한 여러 편의 감상적인 시를 썼으나, 그의 친구 황정견이 쓴 것 같은 연애시는 쓰지 않았다. 송대 창기들은 사(詞)라는 새로운 형태의 시를 보편화시켰다. 동파는 사에 정통하였는데, 그는 종전의 사가 사랑에 번민하는 감상적인 시 운율의 양식에 한정되었던 것으로부터, 가슴에서 우러나오는 어떠한 생각이나 감상도 표현하기 적합한 양식으로 전환시켰다. 동파의 사에서 가장 뛰어난 작품 가운데 하나는 적벽(赤壁)에 대해 쓴 것이다. 약 3세기 전에 이백(李白)과 두보(杜甫)가 그들의 천재성을 발휘하여 당대(唐代)의 절구(絕句)와 율시(律詩)를 고정된 시격(詩格)으로 만들어 놓은 이래로, 많은 시인들이 이를 다투어 모작하게 되었다. 그러나 이러한 5언(五言), 7언(七言) 율시는 중간의 두 구절을 반드시 대우(對偶)시켜야 했으므로, 차츰 틀에 박힌 양식으로 변했다. 그리하여 시인들은 저마다 이 고정된 격식을 새로운 양식으로 발전시켜 보

려 애를 썼다. 결국 폭포나 해오라기, 버들 그림자를 관찰한 가운데 찾아
낸 미묘한 표현의 차이 등을 발견할 수는 있었지만, 어쨌든 당(唐) 시인
들의 그 풍성함과 강렬한 감성도 사라져버렸다. 더더욱 심각한 것은 시
어마저 진부한 비유를 반복한다는 점이었다. 그 가운데 몇몇 시어는 우
선 그 자체부터가 좋지 않았다. 동파는 눈[雪]에 대해 노래한 시의 서
(序)에서 말하기를, 자신은 결코 눈의 비유어로서 진부하게 반복되는 소
금 '염(鹽)'자는 쓰지 않을 결심이라고 했다.[27] 아무튼 소금보다는 눈이
훨씬 나은 시어이다. 또한 당의 시인들이 자주 썼던 주제들이 이미 남용
되고 있었고, 시어 또한 같은 말이 여러 시인의 시구 가운데 자주 중첩
사용되었다. 그러나 이와 같은 시가 함축하고 있는 독특한 시상의 얽힘
이나, 표현의 유래에 대해서 잘 알고 있는 박식한 독자들에게는 일종의
비밀스러운 즐거움을 주었다. 시에 표현된 모호한 연원을 추적하는 것
이, 박식함을 과시하려는 주석자들에게는 다시 없는 절호의 기회를 마련
해 주었다. 대체로 집주(集註)의 작자들은 자기가 뽑은 시가 뜻하는 의미
나, 그 시의 특색을 판단하는 일을 자신들이 해야 할 의무의 일부라고 생
각지 않고, 단지 어느 특정 시구의 연원을 밝히는 일 따위로 만족할 따름
이었다.

대체로 일단 신시체(新詩體)가 새로 태어나면, 가기(歌妓)들이 이를 널
리 퍼뜨림으로써 이러한 쇠퇴기의 타성으로부터 시를 해방시켜 주곤 하
였다. 송사(宋詞)는 당시에 비해 시어도 새롭고 신선했으며, 백화(白話)
에 좀더 가까웠다. 또 나중에 나온 정해진 한 곡조에다 가사를 써 넣는
것이었으므로 사는 '쓴다'기보다, 잘 알려진 곡조에 가사를 '채워 넣는'
[塡] 것이다. 사는 음절이 통일된 당대의 율시와는 달리 자유자재로 길게
혹은 짧게 쓸 수 있었으며, 곡조가 요구하는 데 따라 가사의 장단이 결정
되었다.

바로 소동파 시대에 이 새로운 시 형식의 인기가 절정에 달해 있었다.
소동파·진관(秦觀)·황정견(黃庭堅)·안기도(晏幾道)·주방언(周邦彥) 등
의 문학적 재질이 뛰어난 문인들에 의해, 사는 송대의 대표적 문학양식

이 되었다. 동파는 항주에 있을 때 이 새로운 시 형식을 발견하고는 무척
좋아하여, 항주에 온 지 2년째 되는 해부터 사를 쓰기 시작해서 적지않
은 악부사(樂府詞)를 썼다. 본래 사는 아주 감상적인 사랑의 노래를 주로
읊은 시 형식이었다. 그러한 사들은 한결같이 향기로운 땀[香汗], 얇은
주렴[紗簾], 어지러운 머리[亂髮], 봄밤[春夜], 따뜻한 옥[暖玉], 기울어
진 어깨[斜肩], 버들가지 같은 허리[柳腰], 가느다란 손가락[纖指] 따위에
대해 노래했다. 이런 애정시가 음란하게 되느냐 안 되느냐의 그 경계점
이나 시기는, 전적으로 소재를 다루는 시인의 솜씨에 달려 있었다. 시·
사 작품 내용 가운데서 정욕(情慾)과 진정한 사랑을 구별하기란 실제 인
생에서만큼이나 애매모호하다. 시인들은 이 사 형식을 가지고 오늘날 술
집의 연예인들처럼 사랑의 괴로움이나 고통, 짝사랑하는 연인에 대한 갈
망 등을 표현하길 더 좋아했다. 그들은 규방에 홀로 남아 있는 여인이 떠
난 님을 애달피 그리워하는 모습을 읊곤 하였다. 즉 이런 여인이 때때로
허리끈을 살며시 가다듬는 모습이라든가, 촛불을 동무삼아 외로이 있는
모습 따위를 묘사했다. 사실상 여인의 모든 매력은 여인의 무력함이나,
여윈 뺨, 소리 없이 흐르는 눈물, 무료함, 불면(不眠), 단장(斷腸)의 슬픔,
식욕부진, 만성적 권태감, 온갖 형태의 심신의 비탄과 고통 따위에 있다.
이러한 것들은 빈궁(貧窮)과 마찬가지로 다분히 시적으로 들린다. '소
용'(疎慵) 즉 노곤함이란 말은 거의 관능적이란 말에 가깝다. 소동파는
송대의 몇몇 유명한 사의 대가 가운데 한 사람이 되었을 뿐만 아니라 사
를 감상적이고 상투적인 표현이나 내용으로부터 해방시켰다.

　소동파가 어떤 가기에게 매혹되었다는 기록은 없다. 그는 연희를 즐기
고 가기들과 어울렸으나 첩을 둘 정도는 아니었다. 특히 두 명의 여인이
이 시인과 가까웠다. 재기 넘치는 가기 금조(琴操)는 소동파에게 설복되
어 결국 기적(妓籍)에서 벗어나 여승이 되었다. 후에 동파의 소실이 된
조운(朝雲)은 그 당시 열두 살의 소녀였다. 그녀에 대해서는 뒤에 다시
언급하기로 하겠다.

　오늘날 소동파 친필로 씌어진 송사(宋詞) 탑본(搨本)이 전해지는데, 그

내용 가운데 한 명기가 지은 걸작 사 한 수도 전한다. 첫머리 몇 글자를 따서 제목은 〈천제오운첩〉(天際烏雲帖)이라고 명명했다. 그 사 가운데에는 관기(官妓) 주소(周韶)가 연회석에 참석했던 일에 대해 묘사한 것이 있다. 그녀는 서예가이자 차 감식가이기도 한 채양(蔡襄)과 차맛을 감식해 내는 시합을 하곤 했었는데 그녀가 늘 이겼다. 소송(蘇頌)이 이곳을 지나가게 되었을 때, 그곳 태수 진양(陳襄)이 그를 위해 연회를 베풀면서 이 자리에 주소도 참석시켰다. 연회 도중, 주소는 그녀를 기적에서 풀어주십사고 청원하였다. 그러자 손님들은 그녀에게 절구 한 수를 지어 보라고 했다. 주소는 자기 자신을 새장에 갇힌 앵무새[雪衣女]에 비유하여 다음과 같이 읊었다.

> 앵무새 머리 돌려 가엾은 자기 깃털을 부리로 다듬으며,
> 예전에 살던 옛 둥지 꿈꾸는 것을 보라!
> 이제 새장 문을 열어 눈옷을 입은 여인 같은 새를 놓아주면,
> 아마 이 새는 평생토록 관음반야경을 읊조리겠지.
> (隴上巢空歲月驚, 忍看回首自梳翎. 開籠若放雪衣女, 長念觀音般若經.)

다른 문인들도 이 정경을 시로 묘사하였다. 소동파는 이 여인이 소복을 입고 있었다고 덧붙임으로써 좌중의 사람들은 모두 이 시에 감동하여, 결국 그녀는 기적에서 풀려났다.[28]

그러므로 관직생활을 하는 데에는, 그 관료들 부인의 큰 아량과 남편에 대한 전적인 믿음이 요구되었다. 아무튼 현처(賢妻)가 되려면 좋은 남편을 만나야 하고, 마찬가지로 좋은 남편이 되는 것은 좋은 아내를 맞아들이는 데에 달려 있다. 집안에 현처가 있으면 남편이 잘못된 길로 빠질 염려가 없음을 보장해 준다. 소동파의 부인은 자신이 유명한 재자시인(才子詩人)과 결혼했음을 잘 인식하고 있었으므로, 절대로 남편의 문학상의 영예를 두고 다투지 않았다. 그녀는 현모양처가 되기로 작정한 터였다. 이제 그녀는 두 명의 아들을 두고 있었고, 통판(通判)의 아내로서 안락한 집과 약간의 사회적 명예도 즐기고 있었다. 그녀는 아직도 한창 젊

은 나이로 이제 겨우 스물셋이나 스물다섯 그 사이였다. 그녀의 남편 동파는 뛰어난 재기를 지닌 데다 관대했으며 농담을 즐겼고, 더구나 대학자이기도 했다. 그러나 남편에게는 아주 많은 남녀 숭배자들이 있었다. 설마 그녀라고 성읍 남쪽에 사는 가기들이나, 망호루(望湖樓)와 유미당(有美堂)에서 열리는 주연을 한 번도 보지 못했을 리가 만무했다. 새로 부임한 태수 진양 역시 학자였는데, 동파 가족보다 1년 후에야 부임해 왔다. 태수 역시 태수로서의 사교적 책임에 매우 신경을 썼고, 관기들이 늘상 태수의 시중을 들고 있었다. 또 주빈(周邠), 노소경(魯少卿)도 있었지만, 모두 남편에게 바람직한 동반자가 못 되었다. 가기들은 교양이 있고 노래나 현악기 따위를 연주할 줄 알았으며, 또 그 가운데 일부는 시도 지을 줄 알았다. 동파 부인도 남편이 시를 읊조리는 것을 들어서 차츰 시가에 익숙해졌던 터였다. 만약 그녀로 하여금 시를 노래해 보라고 한다면 아마도 부끄러워하고 무척 꺼렸을 것이다. 왜냐하면 일반 양갓집 부녀들이 시를 노래하는 것은 점잖지 못한 일로 여겨졌기 때문이었다. 그래도 남편이 맨발에 멋진 수염을 늘인 승려 혜근(惠勤)이나 변재(辯才) 등을 만나러 갈 때면 그녀는 훨씬 안심이 되었다.

그녀는 결혼하고 여러 해가 지난 뒤에야, 남편의 성격을 더 깊이 이해하게 되었다. 그의 성격은 아주 다양한 면모를 지니고 있었는데, 어떤 때는 원만하고 활달했으나 또 어떤 때는 완강하고 고집이 셌다. 이제 그녀는 한 가지 사실을 깨우치게 되었다. 남편은 남의 말에 영향을 받지 않으므로, 그와는 논쟁해도 소용이 없다는 사실이었다. 되집어 생각해 보니, 설사 남편이 가기에게 시를 써 주었다 해도 뭐 대수로울 것이 없었다. 모두들 그의 시를 다투어 얻으려고 하지 않는가? 더욱이 남편은 직업적인 예인들 가운데 어느 누구에게도 마음이 끌리지 않았으며, 심지어 남편이 금조(琴操)라는 기생을 설득하여 여승이 되게 했다는 이야기도 들은 바 있었다. 금조는 정말 뛰어나게 총명했다. 사실 시심(詩心)과 신심(信心)은 종이 한 장 차이에 불과하다. 그는 백거이(白居易)가 일찍이 가기의 말로(末路)에 대해 읊었던 시구를 인용해서 금조에게 들려주지 않았어야 했다.[29] 소동파의 부인은 기지와 총명을 겸비한 터라 남편을 가기의 무릎에 밀어넣고 마는 그런 잘못된 길로 몰아세우지 않도록 애썼다. 더욱이 남편이 마누라나 심지어 황제에 의해서도 자신의 뜻을 굽힐 사람이 아니란 것 역시 너무나도 잘 알고 있었다. 그녀는 그를 절대적으로 믿는 현명한 길을 택했다.

그녀는 진사의 딸로 글을 읽고 쓸 줄 알았으나, 지식층 축에는 못 끼었다. 대신에 남편이 즐기는 고향 미주의 음식과 생강차를 잘 만들 줄 알았다. 소동파가 병들었을 때 간호와 보살핌이 얼마나 필요했던가! 설사 시인 남편이 때로 지나치게 집안살림에 무관심하고 비현실적이라 할지라도, 그럴 수 있는 것이 바로 그들의 특권인 것을 어찌하랴? 남편은 이 세상에는 읽어야 할 책들이 수천만 권이라는 것을 알고 그 일에 온 신경을 썼으므로, 아내인 자신은 가정을 이루고 아이를 양육하면서 일생을 살아나가야 한다고 여겼고, 그래서 그렇게 살고자 애썼다. 그러므로 그녀는 잠자리에서 남편의 그 유명한 코 고는 버릇도 기꺼이 견뎠다. 그런데 동파가 술에 취해 잠들었을 땐 코 고는 소리가 더욱 심했다.[30]

이 밖에도 동파는 잠자리에서 좀 기이한 버릇이 있었다. 혹 그녀가 아직 잠들지 못해 그의 코 고는 소리를 듣고 누워 있어야 하더라도, 코를 못 골도록 그를 저지하거나 해서는 안 되었다. 그는 아직 잠들기 전에 부스럭대면서 덮은 이불자락을 이리저리 가지런히 한다. 몸에 아무런 불편함을 느끼지 않을 때까지 몸을 뒤척이거나, 다시 이불을 매만져 보곤 했다. 만약 몸의 어느 한 구석이라도 불편하고 갑갑할 때에는, 그곳을 부드럽게 문지르거나 맛사지를 했다. 이렇게 하고 나면 잠잘 준비가 다 된 셈이었다. 그는 잠들려고 눈을 감고 자신의 숨쉬는 소리에 귀를 기울여 호흡이 느리고 고른가 확인한다. 그리고 나서는 속으로 이렇게 중얼거린다. "이제 난 아주 평온하게 누워 있다. 몸 어느 구석이 설사 불편하다 하더라도, 조금도 움직이지 않고 온전히 의지력과 집중력으로 견뎌내리라. 잠시 후면 몸이 발끝까지 편안하고 안락하게 느껴질 것이고, 나른함이 밀려와 난 깊은 잠에 빠질 것이다."

이는 사실 마음먹기에 달려 있다고 여겼다. 정신의 자유로움은 신체의 자유로움에 달렸다. 사람이 만약 자신의 마음과 몸을 제대로 규제하지 못하면, 정신의 자유도 통제할 수가 없다. 이것이 바로 동파가 갖고 있는 비법의 요점이었다. 그는 자기 문하의 두 문인(門人)에게 자신이 잠드는 비결을 이야기한 후에 다음과 같이 덧붙였다. "내 방법을 시험해 보게나. 그러면 이 방법이 얼마나 효과가 있는지 알 걸세. 하지만 모든 사람에게 말하지는 말게나. 지혜는 바로 극기(克己)에서 온다는 점을 명심해 두게. 인간 내부에 잠재되어 있는 혜성(慧性)을 깨우치고, 널리 통달함은 바로 자기수양에서 시작되는 것이라네. 자신의 마음을 규제할 줄 모르고서는 어느 누구도 신성(神性)을 이해할 수 없지."[31]

세월이 얼마간 더 지난 후, 동파의 아내는 남편이 밤이나 동틀녘에 하는 갖가지 습관들을 더 발견했다. 좋은 빗으로 머리를 잘 빗고 목욕하는 일이 이 시인의 생활에 중요한 한 부분을 차지했다. 동파는 그 당시 신체와 그것의 본질적 기능에 대해 철저히 고찰하고, 또 약용식물이나 차에 대해서도 연구한 유일한 인물이었다.

동파 아내는 늘 온화하고 침착한 데 비해서 시인인 남편은 늘상 그렇지 못했다. 남편은 늘 참을성이 없었고, 때로 침울해 있거나 하는 등 감정의 기복이 심했다. 부인은 그와는 아주 대조적이었다. 어느 달빛 밝은 봄밤에는 남편에게 이렇게 말한 적이 있다. "저는 봄에 보는 달이 더 좋아요. 가을달은 너무 슬프게 느껴지는데, 봄달은 사람들을 행복하고 가슴 뿌듯하게 해 주거든요."[32] 몇 년이 지난 후, 밀주(密州)에서 아주 궁핍하게 지내게 됐을 때, 동파는 새로운 소득세가 채택된 데 대해 굉장히 화가 나 있었다. 하루는 그의 아이가 옷자락을 잡아당긴 일로, 드디어 쌓였던 화를 아이에게 터뜨리며 말하기를, "이 녀석, 왜 이렇게 못났어"라고 하자, 부인이 동파의 말끝을 이어 이렇게 말했다. "당신이야말로 어리석으시군요. 하루 종일 속상해 하면서 혼자 냉가슴 앓아야 무슨 소용이 있어요. 오세요, 술상을 봐드릴게요."

나중에 이 사건에 대해 적은 시에서, 시인은 당시 자신이 취한 행동을 아주 부끄럽게 여기게 되었고, 아내는 술잔을 금방 닦아다가 그에게 따끈하게 데운 술을 차려 주었다고 쓰고 있다. 물론 이 일은 그를 무척 행복하게 해 주었다. 시인은 자신의 아내가 일찍이 남편에게 금주명령을 내렸던 유령(劉伶)의 처보다 훨씬 낫다고 이야기하고 있다.[33]

그러나 동파의 가슴 한 구석에는 은밀히 감춰져 있는 한 가지 사실이 있었다. 그의 아내도 이 사실에 대해 분명히 알고 있었을 것이다. 불행히도 이름이 알려져 있지 않은 사촌 누이에 대한 그의 첫사랑이 바로 그것이었다. 그는 원래 남에게 모든 것을 털어놓는 성품이었으므로, 이 사실도 분명 아내에게 말했을 것이다. 이 사촌 누이동생에 대한 그의 깊은 애정은 다음에 인용할 두 수의 시 속에 잘 나타나 있는데, 동파의 작품을 본격적으로 연구하는 사람들도 모두 이 점에 대해 미처 주의하지 못하고 지나쳐버렸다.

동파는 늘 항주에서만 머물지는 않았다. 그는 남서쪽, 서쪽, 남쪽에 있는 지방들로 자주 여행을 다녔다. 일찍이 1073년(熙寧 6) 11월부터 1074년(熙寧 7) 3월까지, 동파는 상해(上海), 가흥(嘉興), 상주(常州)와 진강(鎭江) 등의 부근 지역을 여행했는데, 송대에 이 지방들은 모두 절강성(浙江省)에 속해 있었다. 이 사촌 누이동생은 유중원(柳仲遠)에게 시집가서 진강 근처에서 살고 있었다. 그는 사촌 누이동생 집에서 약 3개월간 머물렀다. 그는 이 여행에 대해 적지않은 수의 시를 썼다. 또 누이동생의 시아버지인 유근(柳瑾)과 함께 시도 짓고 여행도 했는데, 유독 누이동생의 남편에 대해서는 일언반구도 하지 않고 있으며, 그에게 시를 써 주었다는 말은 더더욱 없다. 또 누이동생 집에서 열린 연회에 대해서도 썼는데 그녀의 두 아들이 그에게 친필로 시 한 수 써줄 것을 청해서, 그들에게 두 수를 써주었다고 했다.[34] 동파는 그녀의 시아버지인 유근을 시인으로서 또 서예가로서 존경해 마지않았으며, 그녀의 아이들에 대해서도 깊은 관심을 가지고 있었다. 그러나 여행기간 내내, 그녀의 남편에 대해서는 끝끝내 일언반구도 언급하지 않았던 점은 좀 납득하기 어렵다.

이 여행중에 쓴 두 수의 시는, 그의 사촌에 대한 특별한 관심을 시사해
주고 있다. 한 수는 조경순(ㄱ景純)에게 쓴 시로, 주제는 그가 궁중에서
보았던 어느 한송이 꽃에 대한 기억을 묘사 서술한 것이었다. 그 시 가운
데 다음과 같은 두 구절이 있다.

> 젊은 혈기에 들떠 새 아름다움을 찾아 헤매는 일에도 이제는 싫증나네.
> 궁궐에 핀 한송이 꽃을 마주 대하니 그 옛향기 새롭게 느껴지네.[35]
> (厭從年少追新賞, 間對宮花識舊香.)

그가 이 시에서 표현한 것처럼 시를 짓는 그 순간에 꽃과 마주 대하고
있었던 것은 아니다. 왜냐하면 그는 궁궐 안에 있지 않았기 때문이다.
'젊은 혈기에 들떠 새 아름다움을 찾아 헤매는 일'도 싫증이 났다 함은
바로 자기 자신의 이야기를 쓴 것이며, '꽃'은 본래 여성을 상징하는 것
이므로, '옛향기'란 옛사랑과 관련이 있는 성싶다.

주빈(周邠)[36]에게 쓴 또 다른 한 수의 시는 옛정을 함축하고 있음이 더
욱 분명하게 느껴진다. 이 시의 주제는 늦은 봄에 때늦게 돌아오는 바람
에, 작약꽃이 활짝 피는 때를 그만 놓쳤다는 내용이었다(특수한 경우를
설명하고 있는 시 제목들은 꽤 길어지기 쉽다). 사실상, 그가 항주로 돌아
왔을 무렵에는, 실제로 작약꽃 피는 시기가 이미 지났을 것이다. 시 가운
데서 이제는 결혼하여 애 엄마가 된 여인에 대해 암유(暗喩)하고 있음은
너무나 분명하다. 더욱이 모란을 노래한 시 가운데, 상춘(傷春)을 뜻하는
전고(典故)를 굳이 두 군데서나 쓸 이유가 없지 않은가! 그 전고를 더 잘
이해하기 위해 9세기의 여류시인[社秋娘]이 열다섯 살 때 쓴 다음의 시
를 갖고 설명해 보기로 하겠다.

> 친구여, 금실로 수놓은 옷을 아끼지 마오.
> 젊은 시절을 놓치지 말고 맘껏 즐기구려.
> 꽃이 모두 져 빈 가지 될 때까지 기다리질랑 말고,

자! 한창 꽃이 좋을 때 꺾구려.
　　(勸君莫惜金縷衣, 勸君須惜少年時. 花開堪折直須折, 莫待無花空折枝.)

'빈 가지를 꺾는다' 함은 젊은 시절의 사랑을 놓친 것을 암유한다. 또 위의 여류시인과 동시대의 시인 두목(杜牧)은 다음과 같이 노래했었다.

　　봄을 놓침은 내 탓이니,
　　꽃이 졌다고 애만 태우려는가?
　　늦광풍이 휘몰아쳐 꽃잎을 멀리 날려 보내,
　　가지에 잎사귀가 무성할 때면 풍성한 열매가 열리겠지.
　　(自是尋春去較遲, 不須惆悵怨芳時. 狂風落盡深紅色, 綠葉成陰子滿枝.)

두목이 "가지에 잎사귀가 무성할 때면 풍성한 열매가 열리겠지"라고 읊은 이래로, 이러한 표현은 여인이 여러 아이의 엄마가 됨을 비유하는 표현으로 자주 쓰이게 되었다. 특히나 한자에서 '열매'와 '자식들'은 모두 같은 글자[子]로써 표현되고 있다.

소동파는 위의 시상(詩想)들과 겉보기에 별 관련이 없어 보이는 '금실로 수놓은 옷', '잎 무성한 가지에 열매 열리고', '빈 가지를 꺾다'라는 표현을 그의 시 가운데에서 독특하게 사용하고 있다.

　　꽃 피는 봄이 지나서야 집에 돌아옴을 부끄러워하네.
　　때는 이미 잎 무성하고 열매 맺는 때네.
　　나이들어 늙어짐을 애석히 생각하나,
　　그대의 시로써 올봄을 즐겁게 보냈네.
　　이제 다시는 아침에 옥대(玉臺)에 올라 술잔 기울이는 일 없네.
　　금실로 수놓은 옷을 입고, 빈 나뭇가지 꺾는다.
　　이제부터는 잊지 않고 해마다 꼭 만나,
　　호미 삽질하는 법을 잘 배우고 싶다.[37]
　　(羞歸應爲負花期, 已見成陰結子時. 與物寡情憐我老, 遣春無恨賴君詩.
玉臺不見朝酣酒, 金縷猶歌空折枝. 從此年年定相見, 欲師老圃問樊遲.)

이 시는 주빈에게 보낸 시로 보기에 잘 어울리지 않고, 그렇다고 작약을 읊은 시로 보기에도 적합하지 않다. '열매 맺는' 것 역시 작약과 어울리지 않는다. 또 그가 주빈에게 늙음을 '애석하게 생각하나'라고 할 이유도 없고, '이제부터는' 서로 다시 만나자는 언약은 이별하는 마당에나 쓸 말이지, 동료 관리를 만나러 또 오겠다는 말로서는 어울리지 않는다. 그리고 농촌에 정착하여 주빈과 이웃하며 지낼 생각도 사실상 동파에게는 없었다. 이미 애 엄마된 주빈의 옛 여인에 대한 정을 읊은 것이라 가정해 봐도 앞뒤가 맞지 않는다. 이런 율시 형식의 당시(唐詩)에서는 중간의 두 연을 명사 또는 형용사 등이 서로 대장(對仗)을 이루도록 해야 한다. 즉 앞 시구에 명사를 썼으면 그 뒤 시구에도 명사를 써서, 앞 시구와 대우(對偶)를 이루도록 균형을 맞춘다. 중간의 대장을 이루는 이런 시련(詩聯)들은 때로 순전히 수식용으로만 쓰이고, 시의 본의는 첫연과 끝연에만 나타낼 경우가 있다. 그렇게 해도 정교하게 구성된 당시는 완전한 통일성을 이룬다. 동파는 단순히 빈 칸이나 채우기 위해 엮은 시구를 포함한 이런 구성이 엉성한 시를 거의 쓰려 하지 않았을 것이다.

관점을 바꾸어 그의 사촌누이를 위해 지은 시라고 가정하고 읽어보면, 이 시는 일관된 시상과 주제를 갖고 있음을 볼 수 있다. 즉 첫 구에서 그는 봄의 개화기를 놓친 후에야 집에 돌아오게 된 것을 부끄러워 한다고 말했는데, 꽃 피는 봄은 여자의 젊음을 암유한다고 볼 수 있다. 둘째 구에서는 그녀가 이제는 아이를 거느린 어머니라는 좀더 선명한 연관성을 나타내 주고 있다. 셋째 구에서 동파는 그녀한테서 연민의 정을 구하는 한편, 자신의 고적감을 읊고 있다. 넷째 구에서는 올봄에 그녀와 함께 행복한 날들을 보냈음을 묘사하고 있다. 그런 다음 세 번째 연*에서는 옛 사랑에 대한 뒤늦은 후회를 선명하게 표현하고 있다. 이렇게 해석하면 넷째 연은 쉽게 이해된다. 이 당시 동파는 상주에 정착하고 싶은 소망을 다른 한 시에서도 쓰고 있는데, 상주(常州)는 바로 유(柳)씨 집에서 그리 멀지 않은 곳이었다. 나중에 그는 정말로 상주에다 토지와 집을 샀고, 그가 임종한 곳도 바로 이곳이었다.

동파가 사촌 누이동생에 대해 비밀스런 사랑을 간직하고 있다는 사실을 이렇게 제시한 것을 보고, 동파의 숭배자들은 내게 이의를 제기하리라. 이것이 그의 인격에 오점을 남기느냐 아니냐는 견해 차이일 따름이다. 만약 이 일이 사실이고 또 당시 신유학자들이 이 일을 알았다면, 동파는 그들로부터 비난을 받았으리라. 그러나 유사 이래로 사촌끼리 사랑에 빠지는 경우는 아주 흔했다. 동파로서는 관습을 어기고 동성(同姓)의 친사촌과 결혼할 수는 없었고, 또 그렇게 하지도 않았다.

한편 그가 진강(鎭江)을 여행하는 동안, 초산선원(焦山禪院) 벽에 쓴 시는 서양 독자들에게 특별한 흥미를 일으키리라. 새엄마와 이복자매 사이에 살며, 신발 한 짝을 잃어버렸던 신데렐라의 이야기를 소동파가 알고나 있었던 듯하기 때문이다. 9세기의 중국 작가의 작품[38] 속에도 이런 유의 이야기를 담고 있다.**

내가 알고 있는 한 그는 노인이 잠자리에 들 때 자신의 수염을 어떻게 간수하는지에 대한 이야기를 글로 써 남긴 최초의 인물이리라.[39]

그는 간단한 운각(韻脚)을 써서 긴 수염을 가진 어느 한 사람에 대해서 이야기하고 있다. 이 사람은 그 전에는 잠자리에 들 때 자신의 수염을 어떻게 간수해야 할 것인가 대해 생각해 본 적이 없었다. 그런데 하루는 어떤 이가 잠자는 동안 수염을 어디에 두느냐고 물어왔다. 그날 밤 잠자리에 들었을 때 그는 자신의 수염에 신경이 쓰이기 시작했다. 처음에 그는 이불 밖으로 수염을 내놨다가 이상해서 다시 이불 속에 집어넣어 보고, 또다시 내놨다 집어넣고, 이렇게 반복하다가 온밤을 꼬박 새우고 말았다. 다음날 아침 기진맥진한 그는 생각 끝에 수염을 잘라버리는 것이 제일 좋겠다고 생각할 정도였다. 시 본문으로 볼 때 이것은 당시 널리 알려진 이야기로서 시인 자신이 착안해 낸 것은 아닌 듯하다.

여기서 동파가 밀주에 있을 때, '장님들의 해에 대한 소견'이란 우언을

---

* 한 연은 두 구로 되어 있음. 즉 세 번째 연이라 함은 5, 6구를 가리킨다.
** 《중국과 인도의 지혜》, p.940에 보임.

지었던 것에 대해 언급하고 넘어가야겠다. 일찍이 알버트 아인슈타인은 어디선가 상대성이론에 대한 일반 사람들의 식견을 예시하는 가운데 바로 이 우언을 인용한 바 있다.

태어나면서부터 장님인 사람이 있었다. 그는 해를 본 적이 없었으므로, 장님 아닌 사람들에게 해에 대해서 물어봤다. 어떤 이는 말하기를, "구리로 만든 쟁반같이 생겼소"라고 했다. 장님은 놋쇠쟁반을 두드려, 그 소리를 들어봤다. 나중에 종소리를 들었을 때, 그는 저것이 해려니 여겼다. 다시 누군가가 그에게 이렇게 말해주었다. "햇빛은 촛불빛과 비슷하지요." 그래서 장님은 촛불을 손으로 만져보고, 해의 모양새가 그렇게 생겼거니 여겼다. 나중에 그는 촛불과 생김새가 비슷한 큰 열쇠를 만져보고, 그것이 태양이라고 생각했다. 태양은 종이나 열쇠와 다르건만, 그 장님은 태양을 본 적이 없었으므로, 사람들에게 물어서 얻어들은 것만으로는 도대체 어떻게 다른지 구별할 길이 없었다. 도통한 사람이 도(道)에 대해 일반 사람들에게 설명하기란 장님에게 태양을 설명하기보다도 더 어렵다. 그러므로 아무리 말로 설명해 주어도 사람들이 도를 미처 깨닫지 못하기는 장님이 태양을 모르나 마찬가지이다. 아무리 비유나 예증의 온갖 방법을 다해 도에 대해 설명해 봐도 그 놋쇠쟁반과 촛불에다 비유한 것과 다를 바 없게 된다. 청동쟁반 같다고 한 말에서 장님은 종을 연상하고, 촛불 같다고 한 말에서 장님은 열쇠를 연상했다. 이런 방법으로 나가다가는 진실에서 점점 더 멀어지기만 할 뿐이다. 사람들이 도에 대하여 말할 때, 때로 어쩌다 보게 된 것을 따서 이름을 붙이거나, 보지 못한 경우에는 무엇과 비슷할 것이라고 상상해서 도에다 명명하기도 한다. 이 모두 도를 이해하는 데는 잘못된 것이다.[40]

공교롭게도 이 우언은 그가 재판받을 때 증거물로 사용되었다. 이 우언은 동파가 당시 문인들이 왕안석의 경전 주석을 비판 없이 맹목적으로 따르는 것을 풍자하고자 지은 것이었다.

소동파의 개성은 너무 복잡하고 다양한 면을 지니고 있었으므로 쉽게 이해하기 어렵다. 그는 대철학자였으므로 금욕주의자가 될 리 만무했고,

또한 유교 가르침의 제자였으므로 술주정꾼이 될 리도 없었다. 그는 생명에 대해 깊이 이해하고 있었고, 또 그 가치를 너무도 귀중히 여기고 있었으므로 결코 술과 여자 등으로 삶을 낭비하지 않았다. 그는 자연시인으로 생명에 대해 그 나름의 독특한 외경(畏敬)을 품고 있었다. 이 외경은 자연에 대한 깊고 참된 이해와 늘 연결되어 있었다. 자연과 밀접한 관계를 갖고 사는 사람, 곧 자연의 계절이며, 눈, 비, 언덕, 골짜기 등에 둘러싸여 자연적 치유의 능력에 늘상 힘입으며 사는 사람치고, 비뚤어진 마음이나 인생관을 갖는 사람은 극히 드물다.

1073년(熙寧 6) 중구절(重九節)에, 그는 중구절이면 늘상 베풀어지는 주연에 참가하지 않고, 친구들을 떠나 홀로 뱃놀이를 하였다. 그는 중구절 풍속대로 새벽 일찍 일어나 호숫가로 나가 고산(孤山)에 있는 두 수도승을 방문하였다. 그날 밤 그는 호수 위 배 안에 홀로 앉아, 언덕 꼭대기에 있는 유미당(有美堂)의 창에서 흘러나오는 불빛을 바라보고 있었다. 유미당에서는 그의 동료 관리들이 왁자지껄하니 주연을 즐기고 있었다. 그는 주빈(周邠)에게 다음과 같은 시를 썼다.

> 그대 시의 높은 곡조는 아득하니 마치 산봉우리를 덮은 구름 같네.
> 그대는 술취해 옆에 있는 여인의 품에 안기거나 한 적이 결코 없었지.
> 나막신 신고 푸른 산을 두루 헤치고 다니지 않으려거든,
> 푸른 물결을 헤치고 떠가는 배라도 바라다보지 않으려는가?
> 원언도(袁彦道)가 노름하며 고함치던 일 상기하니,
> 관장군(灌將軍)*을 저주하던 그 노여움은 다 어디로 갔는가?
> 노을빛, 산들바람 그 모두가 자연의 무상의 선물이니,
> 자! 호수로 와서 상쾌한 밤공기를 함께 즐기세![41]
> (靄靄君詩似嶺雲, 從來不許醉紅裙. 不知野屐穿山翠, 惟見輕橈破浪紋. 頗憶呼盧袁彦道, 難邀罵座灌將軍. 晚風落日元無主, 不惜淸涼與子分.)

---

* 이는 그 당시 사람을 두고 언급한 것이 아니라, 역사인물을 가리킨다.

제 12 장
풍 자 시

　항주(杭州)라고 해서 모든 지역이 다 연꽃과 작약으로만 뒤덮여 있는 것은 아니라는 점을 상기해 볼 필요가 있다. 소동파도 언제나 웃고 노래하며 혼자서 하는 창극이나 연출하고, 달밤에는 호수에서 뱃놀이 하며 즐겁게 지낼 수만은 없었다. 감옥에는 약 17,000명 가량의 죄수가 갇혀 있었다. 어떤 이는 빚 때문에 또는 소금 밀수의 혐의로 심문을 기다리고 있었다. 이 밖에도 메뚜기 등의 병충해와 싸워야 했고, 염도(鹽道)를 소통시키고, 기황(饑荒) 현황을 조사할 일 등이 잔뜩 쌓여 있었다. 이 기간 동안에 쓴 그의 수백 편의 시 가운데에서, 어떤 일관된 주조(主調)를 찾아보기는 좀 어렵다. 그는 희극시도 쓰고 풍자시도 썼다. 또 산수풍경을 연상케 하는 시, 감상적인 사랑의 시, 웃음을 자아내게 하는 시, 그 밖에도 고통을 읊은 눈물겨운 시들도 썼다. 그는 술좌석에서 겉으로는 쾌활하게 웃고 떠들며 농담하였으나 그 이면에는 불안과 낙심, 비애, 심지어 두려움마저 깔려 있었다. 어느 누구보다도 그는 백성들의 질고를 시로 잘 표현해 냈다. 다른 시인들이 표현해 보려 애쓰는 것을 그는 누구보다 풍부하고도 완전하게, 아름다운 어휘와 노래들로 표현하고 있다. 그가 경사로부터 항주의 통판으로 부임해 올 당시, 마음에 상처를 입고 왔던 점을 상기해 볼 필요가 있겠다. 그는 당시 정치적 추세에 대해 깊은 우려와 마음 깊이 감춰진 비애를 안고 있었다. 그의 이러한 비탄은 다른 사람들에 비해 그 심도가 훨씬 깊었다. 이런 심정을 시로써 다음과 같이 아름답게 읊고 있다.

> 바람 잠잠해도 상처 입은 기러기는 날개를 접어버리고,
> 달빛 밝은 저녁 놀란 까마귀는 깊이 잠들지 못하네.[1]
> (天靜傷鴻猶戢翼, 月明驚鵲未安枝.)

그는 밀주(密州)에서 교서(喬敍)에게 보낸 한 수의 시 가운데에서, 1071년과 1076년 사이에 항주와 밀주에서 쓴 많은 자작(自作)들에 대한 자신의 일반적인 태도를 총괄하여 다음과 같이 이야기하고 있다.

> 백년, 3만여 일 동안
> 태반을 병 속에 지냈네.
> 사는 동안, 기쁨엔 늘상 슬픔이 따르고,
> 노래와 웃음 속에도 눈물이 늘 함께 따랐네.
> 무슨 영문인지도 모른 채,
> 신의 꼭두각시처럼 우리는 미친 듯 뛰어들어 곤두박질쳤네.
> 잠시 후엔 한바탕의 광풍이 휩쓸고 지난 뒤처럼
> 지난날 돌이키며 웃음지었지.
> 이런 도리 깨달은 이후로는
> 젊어서 함께 떠들고 놀던 친구들도 오래도록 잊고 지냈네.[2]
> (百年三萬日, 老病常居半. 其間互憂樂, 歌笑雜悲嘆. 顚倒不自知, 直爲神所玩. 須臾便堪笑, 萬事風雨散. 自從識此理, 久謝少年伴.)

공문중(孔文仲)에게 보낸 또 다른 시에서, 관청의 허장성세에 대한 마음속에 이는 모멸감을 이렇게 표현하고 있다.

> 내 천성 들노루같이 구속받기 싫어하는 성미라네.

자! 이 황금빛의 장신구며
경옥으로 만든 물림쇠, 비단으로 만든 고삐 등을 보라!
옆에서 보기엔 근사하지만,
내 마음속엔 끓어오르는 치욕감만 더해 줄 뿐.
사람마다 인생에 각기 나름대로의 뜻을 품고 있듯
나 또한 내 신념을 지켜왔네.
다른 이들 내 말 듣고 웃을지 모르나,
나 그대와 더불어 높은 뜻에 기대를 걸고 사네.[3]

　(我本麋鹿性, 諒非伏轅姿. 金鞍冒翠錦, 玉勒垂金絲. 旁觀信美矣, 自揣良厭之. 人生各有主, 此論我久持. 他人聞定笑, 聊與吾子期.)

　그의 환소(歡笑)하는 시 가운데에서 우리는 오히려 절규하는 탄식소리를 듣는다. 우리는 그가 읊는 해오라기의 울음소리 너머로부터 감옥에 갇힌 죄수들의 신음소리를 들을 수 있고, 물레바퀴 위로 콸콸 쏟아지는 물소리 너머로부터 늙은 농부 아내의 슬픈 탄식소리를 들을 수 있다. 술좌석의 떠들썩한 소리 들으며 호수를 내려다보노라면, 반백이 된 그의 체념한 듯한 불평소리를 듣게 된다.

　소동파는 예측불허의 인물이었다. 그는 가장 자연스럽고 간단하면서도 꾸미지 않는 방식으로 시의 첫머리를 시작하는 버릇을 갖고 있었다. 그런 다음, 거기에다 한두 개의 전고(典故)를 집어넣고는 했는데, 그 다음에 어떻게 전개될지는 아무도 예측 못할 뿐더러, 시인 자신도 알지 못했다. 때로는 연관성은 없으나 기발한 글귀를, 혹은 뚜렷한 목적 없이 그냥 읊기도 하고, 혹은 어떤 순간의 기묘한 인상을 기술하다가 그 뒤에 돌연 비탄과 풍자, 심오한 역설 등을 터뜨릴지도 모를 일이었다. 그가 산문이나 시에 모두 능통한 작가였음은 의심할 나위도 없다. 그는 마치 떠가는 구름이나 흐르는 물이 가고 싶을 때는 어디든지 흘러가고 멈추고 싶을 때에는 멈추듯이 자유분방하게 글을 썼다. 이러한 작풍은 작가 스스로도 어떻게 의도적으로 할 수 없는 것이었다. 당시 조정에서는 자유 비평을 가장 꺼려했으므로, 이러한 작품은 결국 시인을 곤경에 빠뜨리고 말 것이었다.

그러나 소동파는 다음 시구에다 무어라고 쓸지 자기 자신도 몰랐거니와, 또 이에 상관하지도 않았다. 그는 같은 주제를 놓고, 또 같은 운각(韻脚)을 써서 풍성한 재기로 연달아 셋 내지 다섯 수의 시를 쓰곤 하였다. 그는 눈이 올 듯한 분위기 묘사로 시작한 어떤 시에서 이렇게 쓰고 있다.

> 눈이라도 내릴 듯
> 호수 위로 온통 구름이 가득 덮여
> 저 너머 탑과 언덕이 보일 듯 말 듯.[4)]
> (天欲雪, 雲滿湖, 樓台明滅山有無.)

위의 시를 받은 그의 친구가 이 시에 화창한 시를 한 수 지어 동파에게 보냈다. 그러자 동파는 두 번째 시를 지어 화답했는데, 그 첫머리를 이렇게 시작하고 있다.

> 짐승은 굴에,
> 물고기는 호수에,
> 한번 덫에 걸리면 놓여날 기약 없네.
> (獸在藪, 魚在湖, 一入池檻歸期無.)

그 친구가 이 시에 또 화답해 오자, 동파는 세 번째 시를 써서 다시 보냈다. 그 첫머리는 다음과 같다.

> 동편으론 바다를
> 서편으론 호수를 바라다보니,
> 평평한 산 아득히 물 멀리 보일 듯 말 듯.
> (東望海, 西望湖, 山平水遠細欲無.)

그리고 네 번째 시에서는 이렇게 시작하고 있다.

그대는 전당호(錢塘湖)를 보지 못했는가?
전왕(錢王)의 왕궁 이제는 간 곳 없네.
(君不見, 錢塘湖, 錢王壯觀今已無.)*

두 번째 시를 지을 때 그는 좀 고심했다. 왜냐하면 자유를 빼앗긴 짐승과 물고기라는 착상에 그는 온 정신이 팔려 있었기 때문이었다. 여기는 서두에 불과했고, 계속해서 그는 감옥에서 태형당하고 있는 죄수와 투옥된 죄수의 처자들에 대해 이야기할 생각이었다. 이런 시는 모두 장편시였고 처음부터 끝까지 같은 운을 써야만 했으므로, 이러한 제한조건 안에서 시상을 떠올려야만 했다. 두 운각자는 '포'(逋)와 '모'(摹)자였다. 그는 한 시에서 "나는 마치 도망자처럼 급히 쫓기는 심정으로 이 시를 쓴다"(作詩火急追亡逋)라고 말했다. 또 다른 시에서는 "흉년에는 유랑민들을 잡아올 방법이 없다"(歲荒無術歸亡逋)고 하였다. 한편 모(摹)자 운각을 사용한 시에서는 다음과 같이 읊었다. "해지는 광경과 오두막에서 피어오르는 연기를 묘사해 내긴 참 어렵다"(孤煙落日不可摹). 그러나 죄수에 대해 쓴 또 다른 시에서는 "황새는 차라리 그리기가 쉬워도 호랑이의 생김새를 묘사하기는 어렵다"(鵠則易畵虎難摹)고 하였는데, 이는 가렴주구(苛斂誅求)하는 정부를 암시하고 있음이 명백했다.

소동파는 자신이 행복하면서 억지로 행복하지 않은 척한다거나, 불행할 때 행복한 척할 수 있는 그런 사람이 못 되었다. 많은 친구들이 그와 편지 왕래를 계속했는데, 시를 지어 서로 주고받곤 하였다. 당시 유서(劉恕)와 이상(李常)이 모두 구강(九江)에서 살고 있었다. 손각(孫覺)은 호주(湖州)에 있었는데, 호주는 항주로부터 북쪽으로 약간 떨어진 곳에 있었다. 이들은 모두 왕안석의 신정에 반대하여 함께 항거하던 친구들로서, 지금은 남동쪽 지역에서 각기 이런저런 직위를 맡고 있었다. 당시에는 왕안석이 아직까지 집정하고 있던 시기였는데, 그들 모두 그 시기의 정

---

* 이상의 3수 모두 운각으로 無자를 쓰고 있다.

치현황에 대해 깊이 혐오하고 있었다. 그러나 전처럼 완강하게 자기 주장을 내세우지는 않고 이제는 개인적 생각들을 가슴 깊이 묻어두고만 있었다. 한기(韓琦)와 구양수는 이미 사망하고 없었다. 부필(富弼)과 범진(范鎭)은 정계를 떠나 살고 있었고, 사마광은 저작집필에 열중해 있었으며, 장방평은 술로 위로를 삼으며 지내고 있었다. 동파의 아우 소철은 명철보신(明哲保身)하여 말없이 조용히 지냈다. 그런 가운데 동파만이 그다지 재치 있게 처신하지 못하고 있었다. 백성이 당하는 고통을 실제로 목격한 사람으로서 그는 뒤에 신상에 미칠 결과 따위는 고려하지도 않은 채, 자신이 느낀 것을 솔직하게 표현할 것인가, 아니면 표현하지 말 것인가만 생각했다. 아니 어쩌면 그는 이런 문제를 염두에조차 결코 두지 않았을는지도 모른다. 그래서 전원적인 아름다움에 대한 경이와 환희 등과 더불어 교외의 그다지 아름답지 않은 현실 실정들에 대해서도 계속 시로 썼다. 이 시인은 제정신이 아니었든지 아니면 지나치게 정직했다. 왜냐하면 그는 자신의 글이 경사에까지 전하여질 것을 뻔히 알면서도 조금도 개의치 않았던 것이다.

이런 글귀를 자세히 살펴보면, 시간이 지남에 따라 집권정부에 대한 비방죄의 혐의가 날로 증가하고 있는 흥미로운 사실을 찾아볼 수 있다. 하나하나 따로 떼어놓고 보면, 이런 시들은 그때그때 경우에 따라 씌어진 별개의 작품 같아 보이나, 모아놓고 보면 한 묶음의 항의시임이 뚜렷했다. 몇 가지 예만 들어봐도 충분히 알 수 있다. 그는 가장 간단한 문자로써, 백성들이 소금배를 위해 염도(鹽道)를 뚫는 일에 징집되어 노역하는 참혹한 광경을 묘사해 놓고 있다. 이 일을 감독하는 관리로서 그는 새벽녘이면 뿔호각소리를 신호로 하여 모인 노동자들을 보곤 했다. 그는 오리나 돼지처럼 진흙에서 첨벙거리고 있는 모습에 대해 여러 글에서 언급하고 있다.[5]

한편, 그는 항주의 서남쪽에 위치한 부양(富陽)을 여행하면서 맑게 개인 하늘에 대해 쓴 청신하고도 맑은 시도 한 수 썼다. 그 시는 다음과 같이 시작된다.

동풍도 내가 산에 오르려는 것을 아는 듯,
언뜻 불어오더니 처마 끝에 들리던 빗소리 어느새 그쳤네.
구름에 둘러싸였던 푸른 산 꼭대기에는 솜 같던 모자 걷히었고,
아침 해는 나무 끝에 종처럼 걸려 있다.[6]

(東風知我欲山行, 吹斷簷間積雨聲. 嶺上晴雲披絮帽, 樹頭初日掛銅鉦.)

그러나 그는 이렇게 "봄이 심산에 찾아드니 곳곳에 꽃일세"(春入山村處
處花)를 노래하면서도, 다른 한편으로는 현실 상황들을 목격하지 않을
수 없었으므로 농부들의 주식물에 대해서도 썼다. 백성들은 죽순을 먹고
있었다. 죽순은 좋은 식물이긴 하나, 죽순에 소금간이 전혀 되어 있지 않
았다고 그는 말하고 있다. 그들은 "석 달 동안이나 소금맛을 보지 못한"
(邇來三月食無鹽)[7] 것이다. 이렇게 한번 쓰기 시작하자, 그는 다음과 같은
사실들을 계속해서 이야기하지 않을 수 없었다. 농부의 어린 아들들은
농부들의 대관에 이용되고 있었다. 대개 농부들은 돈을 대관하고자 도시
로 나가는데, 도시에 머무는 동안 그 돈을 몽땅 써버리고서 도시 말투나
조금 배워가지고 빈털털이가 되어 돌아오곤 했다. 왜냐하면 정부가 약삭
빠르게 대관 관리국 바로 옆에 술집과 유흥장을 설치해 놓고, 농부들이
꾼 돈을 모두 써버리게 만들었기 때문이었다.[8]

동파는 북쪽의 태호(太湖) 부근을 여행하는 동안 키가 훤칠하게 크고
수염을 기른, 마음씨 좋은 친구 손각(孫覺)을 만났다. 서로 그림과 서
예에 조예가 깊었으므로, 그는 친구의 유명한 묵적집에 서화(書畵)의 감
정가로서 글 한편[墨妙亭記]을 써주었다. 그 시 가운데서도 그는 이렇게
읊고 있다. "아! 그대와 나 현세의 모든 일에 대해 귀 틀어막고, 강심장
인 채 이 세상과 동떨어져서 외로이 서 있구나"(嗟余與子久離羣, 耳冷心灰
百不聞).[9] 그는 물레방아 위로 용솟음쳐 오르는 물길을 묘사한 아름다운
시를 쓰는 한편, 〈농부 아낙의 탄식〉(吳中田婦歎)과 같은 시도 썼다.

금년엔 곡식이 늦익어

서릿바람 불어 오기만 바라네.
서릿바람 불어야 할 때 비가 오니,
낫은 녹슬고 쇠스랑은 먼지 곰팡이로 뒤덮였네.
눈물 마르도록 울어도 비는 그치지 않아,
이삭이 진흙 속에 쓰러져 묻히는 것 차마 눈뜨고 보지 못하겠네.
띳집에서 한 달여 간 기다린 끝에,
겨우 하늘 개어 곡식 거둬 마차에 싣고 돌아간다.
드러난 어깨에 땀 줄줄 흘리며 읍내로 운반하니,
곡가가 너무 낮아 사료가격에라도 쳐주길 사정한다.
오로지 세금 물기 위해 소 팔고, 땔감 없어 문짝까지 떼어 불때고,
다음해에 굶주릴 일일랑 아랑곳하지 않는다.
관에서는 현금으로 납세하라 하며 쌀을 받으려 하지 않고,
아들놈은 만리 건너 서북 오랑캐들과의 싸움에 징집되었네.[10]

　　(今年粳稻熟苦遲, 庶見霜風來幾時. 霜風來時雨如瀉, 杷頭出菌鎌生衣. 眼枯淚盡雨不盡, 忍見黃穗臥靑泥. 芋苦一月隴上宿, 天晴穫稻隨車歸. 汗流肩䞋載入市, 價賤乞與如糠粞. 賣牛納稅拆屋炊, 慮淺不及明年饑. 官今要錢不要米, 西北萬里招羌兒.)

　한편 그는 항주에서 해일이 이는 기간에 한창인 파도타기 선수들을 위해 유쾌한 노래도 지었다.[11] 해마다 중추절이면 사람들이 먼 곳에서도 항주로 찾아와, 전당강(錢塘江) 둑에 줄지어 서서 해일을 구경하는 풍습이 있었다. 해일은 바다로부터 해안으로 들어와 협만(狹灣)으로 들어가곤 했는데, 이에 따라 파도 높이도 차츰 높아졌다. 이들이 파도를 어떻게 탔는지는 확실치 않으나, 이들은 파도타기 선수[打浪兒]로 불리었다. 그들은 아마도 붉은 기, 푸른 기를 꽂은 작은 배를 타고 바다로 나가 다가오는 해일을 맞이했던 듯싶다. 동파는 이들 파도타기 선수들이 부를 수 있도록 용기를 북돋우는 속요(俗謠)를 지었다. 이 노래에서 그는 하얀 물거품이 홍기(紅旗)를 삼키고, 파도의 높이가 월산(越山)의 기경(奇景)을 반이나 덮칠 정도였다고 읊고 있다. 한편 동파는 새벽에 술에서 막 깨어난 후 마음에 솟아나는 감개를 읊은 시도 썼다.

여러 사람들의 일로 떠들썩해
뜻있는 선비 유독 마음 산란하네.
중간에 시끄러운 쇠북소리 끼여들어
어찌하여 비파소리 끊기고 마나.
석잔 술에 만가지 근심 잊어버리고,
술 깬 후에 머릿속 맑다.……
근심으로 잠 못 이루는 밤,
일어나 부드럽게 빛나는 은하수 바라보네.
난간을 두른 듯한 북두칠성이 기울고 나니
태백성 아른아른 빛난다.[12]

　　(衆人事紛擾, 志士獨悄悄. 何意琵琶絃, 常遭腰鼓鬧. 三杯忘萬慮, 醒後
還皎皎.……憂來自不寐, 起視天漢渺. 闌干玉繩低, 耿耿太白曉.)

　　그의 시 가운데에는 집권세력자들을 부엉이에 비유한 다소 풍자적인
시도 있었는데, 이 시는 나중에 그를 곤경에 빠지게 만든 시 가운데 하나
였다.[13] 언젠가 한번 동파는 주빈(周邠)과 함께 임안(臨安) 지방을 여행
했었다. 동파의 소송사건에 대해 후에 기록해 놓은 글에 따르면, 당시 임
안현 지사가 면역전 징수의 간략화를 건의한 문장을 기초했었다고 한다.
이 관리는 건의문을 가지고 항주에까지 올라왔다가, 아무런 성과도 거두
지 못한 채 집으로 돌아가는 길에 동파에게 자기의 사정을 이야기했다
한다.
　　"저는 올빼미에게 쫓겨 왔습니다"라고 관리가 말했다. "무슨 말씀이
요?" 하고 동파가 묻자, 그 관리는 건의문을 작성하여 성내로 들어가 세
리(稅吏)에게 건의문을 제시했던 일을 이야기했다. 건의문을 제시하자
세리는 무장 군인을 보내 그를 성 밖으로 내쫓았다는 것이었다. 소동파
는 건의문을 좀 보여 달라고 하여 훑어보았다. 건의문에는 간략하면서도
훌륭한 징수제도가 제시되어 있었다. "그대가 올빼미라고 함은 무엇을
뜻하는 것이요?" 하고 동파가 묻자, 그 관리는 이렇게 대답했다. "저, 이
이야기는 아주 잘 알려진 우언입니다. 하루는 제비 한 마리와 박쥐 한 마

리가 다투었답니다. 제비는 일출(日出)이 곧 하루의 시작이라고 주장하는 반면에, 박쥐는 일몰(日沒)이 하루의 시작이라고 주장했기 때문이죠. 해결이 나지 않자, 그들은 지혜로운 봉황에게 의견을 물으러 갔습니다. 가는 길에 새 한 마리를 만났는데, 그 새가 이렇게 말했답니다. '우리는 요즈음 봉황새를 쭉 못 봤어요. 누구는 봉황새가 휴가중이라고 하고, 또 누구는 긴 낮잠을 자는 중이라고 말하고 있어요. 그래서 지금은 올빼미가 그의 직위를 대신 맡고 있지요. 하지만 당신들이 그 새에게 문의해 봤자, 별 도움을 못 받을 겁니다.'"

그는 이 일을 시로 써서 그의 동료 주빈에게 주었다. 이 시에서 그는 체념과 실의에 찬 어조로 이렇게 읊고 있다.

> 수년간 분투해 오는 가운데
> 공자의 말씀이 옳으심을 차츰 깨닫겠네.
> 다섯 무(畝) 넓이 땅에 집이나 짓고
> 가슴 속의 모든 근심 걱정일랑 말끔히 씻어버리고 싶구나……
> 그러나 여태껏 떨치고 길을 나설 수 없었네,
> 누가 내 뜻을 같이해 길동무 해주려나.
> 내 언제나 옛 사람들의 고결함을 흠모해 왔나니,
> 사람의 영고성쇠는 하늘이 미리 정해 놓은 것이거늘……
> 무엇하러 제비와 박쥐마냥
> 하루의 시작을 놓고 다투랴……[14]
> (年來戰紛華, 漸覺夫子勝. 欲求五畝宅, 灑掃樂清淨 …… 獨遊吾未果, 覓伴誰復聽. 吾宗古遺直, 窮達付前定 …… 奈何效燕蝠, 屢欲爭晨暝 ……)

나중에 위와 같은 시구들은 집권자들에 의해 모두 수집되고 면밀히 검열받았다. 그 가운데 반란을 선동하거나, 조정에 대한 공공연한 비평이나 연설 따위는 없었다. 그러나 이 문구들에는 모기가 살을 물어뜯는 정도의 효과는 있었다. 모기는 따끔하게 물어, 화가 나게 만들고 귀찮게 군다. 만약 모기가 너무 많이 물게 되면, 사람들은 밤새도록 잠 한숨 못 자

고 만다. 이런 시들이 동파의 가까운 친구인 부마(駙馬) 왕선(王詵)에 의
해 출판된 것이 문제였다. 당시에는 의사 전달의 방식으로 운문 형식이
많이 쓰어졌다. 사실상 잘 쓰어진 두 줄의 시구가 장황하게 말을 늘어놓
은 표장(表狀)보다 훨씬 더 효과가 있었다. 더구나 동파는 상당히 잘 알
려진 인물이었고, 그의 시는 문인들의 주연석상에서 자주 읊어지곤 했었
다. 이제 바야흐로 동파의 노랫소리를 더 이상 묵살하고 내버려둘 수 없
는 시기가 다가오고 있었다.

1074년(熙寧 7) 9월, 동파의 항주에서의 임기가 끝났다. 그때 아우는
산동성 제주(濟州 ; 지금의 濟南)에서 봉직하고 있었다. 동파는 그 지역으
로 파송해 줄 것을 조정에 청했다.[15] 그의 청대로 이루어져 이번엔 청도
(青島) 부근의 밀주 지방 태수로 임명되었다. 그러나 밀주에서 겨우 2년
밖에 지내지 못하고, 다시 서주(徐州) 태수로 전임되었다. 서주에서 그
는 1077년(熙寧 10) 4월부터 1079년(元豊 2) 3월까지 봉직했다.

항주의 남·북편 산에 있는 사원의 친구들에게 이별을 고한 후 그는 가
족과 함께 북쪽으로 갔다. 그의 부인은 열두 살 난 아주 영리한 여종을
한 명 샀다. 그녀의 이름은 조운(朝雲)이라 했는데, 후에 그녀는 소동파
일생에 아주 중요한 존재가 된다.

밀주는 매우 궁핍한 지역으로 주산물은 삼, 대추, 뽕나무 등이었다. 이
곳에서의 생활은 항주에서의 생활과는 아주 천양지차였다. 여기선 관직
의 녹봉도 적었다. 동파는 〈후기국부〉(後杞菊賦)의 서문에서 이렇게 말하
고 있다.

관직생활 19년에 집안살림은 날로 곤궁해져 전 같지 않다. 교주(膠
州) 태수로 옮겨오면서, 적어도 굶주리진 않으리라고 나는 생각했다. 그
러나 양식도 다 떨어지고 우리는 아주 검소하게 살아야만 했다. 나는 때
때로 동료 관리 유정식(劉庭式)과 함께 옛 성벽을 따라 교외로 나가, 버
려진 밭에 떨어져 있는 구기자(枸杞子)와 산수화를 주워 먹는다. 그리고
나서 우리는 불룩해진 배를 두드리며 웃곤 했다.[16]

당시 왕안석은 정계에서 물러난 후였고, 여혜경(呂惠卿)이 권력을 쥐고 있었는데, 또다시 새 소득세법을 제정 공포하였었다. 그런데 면역세 할당액을 이 지역 백성들로서는 도저히 납세할 능력이 없었다. 아이들은 노상에서 죽어갔다. 이 당시에 그가 쓴 시 한 구절에서 "길에 널린 시체를 묻으며 눈에는 눈물 가득 고인 채, 성벽을 따라간다"[17]고 읊고 있다. 몇 년 후 친구에게 보낸 편지 가운데에서, 당시 서른 명 내지 마흔 명에 달하는 굶주린 고아들을 각 가정에 나누어 보내 양육하도록 했던 일에 대해서 언급하고 있다.

이때가 동파에게는 가장 비애와 실의에 찼던 시기였다. 아이러니컬하게도 이 시인이 가장 실의에 빠져 있을 때, 가장 빼어난 시를 썼다. 중국식 표준에 의거할진대, 이 시기는 바로 그가 시인으로서 가장 성숙해진 때였다. 이제 그에게는 노여움과 비통함은 사라지고, 오직 평화와 체념만이 남아 있었다. 그는 자연의 아름다움에서 느끼던 기쁨과 나날의 일상사에서 느끼는 즐거움들을 이전보다 한층 더 원숙하게 감지했다. 항주 시기 동안에 보이던 젊은 기풍과 활기와는 전혀 다른, 뚜렷한 차이를 보여주고 있었다. 중국의 위대한 전원시인인 도잠(陶潛 ; 도연명)에 대한 그의 흠모의 정은 날로 깊어 갔다. 그의 〈서재〉(西齋)시는 도잠의 시풍과 흡사하다. 이 시 가운데서 우리는 진정한 평화와 만족감뿐만 아니라 자연과의 완전한 일체감, 그리고 자연의 소리와 빛깔로부터 감지한 조용한 기쁨을 읽을 수 있다.

> 서편 깊숙한 방, 낮잠에서 막 깨어나서도
> 6척 침상에 기대 드러누워 있으니 아직 해가 긴 듯 느껴지네.
> 술에 취하지도 않았건만 까닭 없이 나른하고 멍하다.
> 문득 대나무숲에서 불어오는 바람이 내 머리를 식혀주네.
> 일어나 서편 정원을 거닐며 싱그런 풀잎 향기를 맡아본다.
> 석류나무엔 싹 돋아났고, 대추 또한 단단하다.
> 비둘기는 그늘에서 쉬며, 날아갈 생각조차 잊은 듯 날개를 접고
> 황금빛 꾀꼬리도 기분이 좋아, 주둥이로 새 곡조를 노래한다.

지팡이에 의지하고 서서, 세상 돌아가는 이치며
또 내 스스로를 돌이켜보네.
만물이 모두 때를 만나면 번성하기 마련인데,
내 무엇하러 이처럼 매일 쫓기듯 바삐 지낼까?[18]
　　(西齋深且明, 中有六尺牀. 病夫朝睡足, 危坐覺日張. 昏昏旣非醉, 蝺蝺
亦非狂. 襃衣竹風下, 穆然中微涼. 起行西園中, 草木含幽香. 榴花開一枝,
桑棗沃以光. 鳴鳩得美蔭, 困立忘飛翔. 黃鳥亦自喜, 新音變圓吭. 杖藜觀物
化, 亦以觀我生. 萬物各得時, 我生日皇皇.)

　시인은 자연과 완전한 조화의 경지에 다다를 수 있었으므로 〈이은정〉
(吏隱亭)과 같은 시를 쓸 수 있었다.

인생살이 속에 온갖 걱정 근심으로 고통당하면서도,
선생은 어떻게 그처럼 조용하고 안온히 지낼 수 있으신지?
어젯밤 북창으로 불어오는 미풍에 잠들었다가
아침에 깨어보니 상쾌한 공기가 서편 언덕에 가득하구려.[19]
　　(縱橫憂患滿人間, 頗怪先生日日間. 昨夜淸風眠北牖, 朝來爽氣在西山.)

　이런 신비스런 관점으로부터 그는 정신적인 자유를 획득하였다. 이런
정신적인 자유로움은 마치 구름이 아무런 목적이나 방향도 없이 산봉우
리를 흘러 넘어가는 듯한 것이었다. 〈망운루〉(望雲樓) 시에서 그는 다음
과 같이 읊고 있다.

비오는 날이나 개인 날이나 또 낮이건 밤이건,
맘대로 떠다니다가 쉬고 싶어야 비로소 멈추네.
이 우주를 집삼아 떠다니는 흰구름, 본래 떠날 때 무심했듯이,
구름 바라보고 있는 사람과 마찬가지로 무심히 돌아오네.[20]
　　(陰晴朝暮幾回新, 已向虛空付此身. 出本無心歸亦好, 白雲還似望雲人.)

　재미있는 것은 아우 자유가 언제나 형 소동파로 하여금 가장 뛰어난

시를 짓게 만드는 동기가 되곤 했다는 사실이다. 동파는 항주에서 밀주로 가는 여행길에, 아우를 생각하며 아름다운 사(詞)를 한 수 지었는데 사패(詞牌)는 〈심원춘〉(沁園春)이었다.

> 고요한 객사방에, 한줄기 희미한 등불 비추고
> 길가 여관엔 닭 우는 소리 들려온다.
> 나그네 베개맡에 설익은 꿈,
> 사윈 달 빛줄기를 모은다.
> 아침서리 능라처럼 산언덕을 덮어,
> 진주 방울처럼 반짝이네.
> 온 산에 구름과 안개가 비단처럼 둘러쌌고
> 온통 아침이슬이 송글송글 맺혀 있다.
> 끝없는 세상길
> 힘든 인생살이도 끝이 있겠지.
> 인생살이 구차스런 일들뿐 유쾌한 일은 드무네.
> 말고삐 잡고
> 조용히 읊조린다.
> 말없이 고삐에 의지한 채
> 지난날의 수많은 일들을 생각한다.
> 우리 함께 장안(長安)*에서 머물던 시절,
> 그때는 예전의 육씨(陸氏) 형제처럼
> 젊은 포부로 부풀어 있었지.**
> 일필휘지로 천여 자의 글을 휘갈겨 써내리고,

---

* 당(唐) 이전 몇 대 동안 장안(長安)을 수도로 삼았는데, 후대 사람들은 이로부터 '長安'을 곧 수도의 대칭어로 사용함.
** 삼국시대, 오(吳)나라에 육기(陸機)와 육운(陸雲) 형제는 둘 다 유명하여, 당시 '이륙'(二陸)이라고 불렸다. 오나라가 망하자, 이륙은 진(晉)에 귀화해 낙양(洛陽)으로 옮겨왔다. 이때 육기의 나이는 20세, 육운은 16세였다. 소식과 그 아우 소철이 처음 변경(汴京)에 닿았을 때, 소식은 21세, 소철은 18세였다.

가슴에는 만권서(萬卷書)의 학식을 품고,
우리의 임금을 요순(堯舜) 같은
성군(聖君)으로 만들 수 있으리라 여겼었는데,
이 얼마나 어려운 일이던가.
나라의 쓰임을 받거나
나라 일에서 물러나거나
모두 우리 마음먹기에 달렸거늘
팔짱 끼고 한가롭게 세상사를 바라본들 어떠랴.
그러면 몸도 건강하게
여생을 유유히 즐기면서
술잔이나 기울이며 지내도 되련만.
  (孤館鐙靑. 野店鷄號. 旅枕夢殘. 漸月華收練. 晨霜耿耿. 雲山摛錦. 朝露
團團. 世路無窮. 勞生有限. 似此區區長鮮歡. 微吟罷. 凭征鞍無語. 往事千
端. 當時. 共客長安. 似二陸. 初來俱少年. 有筆頭千字. 胸中萬卷. 致君堯
舜. 此事何難. 用捨由時. 行藏在我. 袖手何妨閒處看. 身長健. 但優游卒歲.
且鬪樽前.)

그가 밀주에서 아우를 생각하면 쓴 사[水調歌頭]는, 다른 어떤 시인이
지은 중추절에 관한 시보다 훌륭했다. 비평가들은 말하기를, 이 시가 씌
어진 이후로는 보름달에 대해 쓴 다른 모든 시인들의 시들은 잊혀질 정
도라고 했다.

언제부터 명월(明月)이 있었는지
술잔 들어 푸른 하늘에 물어본다.
오늘같이 흥겨운 저녁
천상(天上) 궁궐은 어떨지 궁금하네.
구름 타고 돌아가고 싶지만,
천상의 옥과 수정으로 지은 집 그처럼 높이 있으니, 추울까 두렵다.
일어나 내 그림자와 더불어 춤추노라니,
세상사의 그 무엇에다 비길까?

달빛은 붉은 누각을 두루 비추며

창까지 내려와, 잠 못 이루고 누워 있는 나도 비춰 주네.

달은 우리와 무슨 원한도 없겠건만

어찌 된 까닭에 언제나 우리가 이별할 때면 저처럼 둥글게 차 있을까?

완전한 행복은 없는 법,

달도 찼다가 기울고

사람도 만날 때가 있으면 이별이 있게 마련이다.

다만 바라기는 우리가 오래 살아

우리의 영혼이 함께 하늘을 향해 비상할 수 있길 빌 뿐.

　(明月幾時有, 把酒問青天. 不知天上宮闕, 今夕是何年. 我欲乘風歸去, 又 恐瓊樓玉宇, 高處不勝寒. 起舞弄清影, 何似在人間.

　轉朱閣, 低綺戶, 照無眠. 不應有恨, 何事長向別時圓. 人有悲歡離合, 月 有陰晴圓缺, 此事古難全. 但願人長久, 千里共嬋娟.)

　위의 중추월(中秋月)을 읊은 시는 1076년(熙寧 9)에 밀주에서 쓴 작품 으로, 이미 위에서 언급한 바 있는 일종의 악곡(樂曲)인 사(詞)의 형식으 로 씌어졌다. 여기서 이런 시의 형식적 구조와 율격을 분석해 보는 것도 흥미있을 듯하다. 다른 모든 중국시와 마찬가지로, 사도 압운에 경중음 (輕重音)을 쓰는 대신 사성(四聲)을 사용하고 있다. 글자의 음(音)은 두 가지로 나눌 수 있다. 하나는 음조의 변화가 없이 평평한 평성으로, 영어 에서는 장구음절(張口音節)이나 유성자음 [l, m, n]으로 끝나는 음절에 해 당한다. 다른 하나는 어조가 촉급한 측성(仄聲)으로, 음질(音質) 면에서 영어의 폐쇄음 [p, t, k]로 끝나는 음절에 해당한다. 이 두 성음의 차이를 알기 쉽게 예를 들어 말하자면 대강 song과 sock, 또는 seen과 sick의 차이와 같은 것으로서, 더 간략하게 설명하자면 마치 의문구의 종결부분 과 일반 구문의 종결부분의 어조 차이와 비슷한 것이다. 중국시의 이러 한 음악성을 형성하는 기본 음색을 이해하지 않고서는 한시(漢詩)를 제 대로 이해할 수 없다. 중국어는 단음절어(單音節語)이다. 더욱이 영문시 가운데 악센트가 없는 대부분의 음절을 형성하는 be, should, and, to, of, the, a와 같은 보조적인 부분은 거의 생략된다. 이러한 중국 글자의

간명(簡明)함은 중음(重音)을 더욱 두드러지게 하여, 음색의 느낌을 발휘
하기에 아주 편리하다. 고시(古詩)나 당시(唐詩), 사(詞)를 막론하고, 한
시의 운율은 순전히 자음(字音)의 미묘하고도 다변(多變)한 대비(對比)로
구성되어 있다고 하겠다. 그 예로서 기본적인 규정조항 한 가지를 들어
보면, 운각(韻脚)이 만약 평성(平聲)일 경우, 압운(押韻)하지 않은 구(句)
는 측성자(仄聲字)로 구를 마무리지어야 한다는 것이다. 그 반대일 경우
도 마찬가지여서 운각이 만약 측성일 경우 압운하지 않는 구는 평성자로
구를 마무리짓는다.

여기서 중추월을 읊은 사를 예로 들어보겠다. 위 시의 글자마다 음부
(音符)를 도표에 표시하되 평성은 술잔 쩔그렁거리는 소리로, 측성은 탁
자를 가볍게 치는 소리 정도로 구별해 보면, 아래 운(韻)의 도식이 쉽게
이해될 것이다.

　　第一節
1. 平仄/平平仄/仄仄/仄平平 *압운
2. 平平/仄仄/平仄/仄仄/仄平平 *압운
3. 仄仄/平平/仄仄/仄仄/平平/仄仄/仄仄/仄平平 *압운
4. 仄仄/平平仄/平仄/仄平平 *압운

　　第二節
1. 仄平仄/平仄仄/仄平平 *압운
2. 平平/仄仄/平仄/仄仄/仄平平 *압운
3. 仄仄/平平/仄仄/仄仄/平平/仄仄/仄仄/仄平平 *압운
4. 仄仄/平平仄/平仄/仄平平 *압운

위의 도표에서 압운하는 구는 그 문장 끝에 같은 성조(聲調)인 '仄仄仄
平平'을 사용하고 있어 이 성조가 전체 시의 주조를 이루고 있다. 장구
(長句)마다 첫머리 부분은 서로 다르게 시작하고, 구 끝부분에 주조(主

調)를 이끌어냄으로써, 대비를 이루도록 되어 있다. 악보와는 달리 중음 (重音)은 언제나 그 곡 소절의 마지막 음부(音符)에 놓여 있다. 따라서 한 소절의 마지막 음부의 음조 변화는 필연적이다. 그런데 몇몇 소절의 첫 음부에는 다소 변화를 주어도 괜찮다. 이렇게 보면, 넷째 장구는 사실상 첫째 구의 중복이다. 첫째 구를 제외하고는, 둘째 절(節)과 첫째 절의 평측 안배는 완전히 동일하다. 둘째 절의 첫째 장구는 박자를 약간 빠르게 하여 석 자 석 자의 소구(小句)로 축소시켰다. 그러나 좀더 자세히 살펴보면, 결미구(結尾句)가 바로 주조인 '仄仄仄平平'으로 끝났음을 알 수 있다.

제 13 장
황 루(黃樓)

소동파 같은 천재도 나이 사십이 되어서야 비로소 본격적인 삶이 시작되었다. 이제 동파는 바야흐로 서주시기(徐州時期)에 들어섰다. 이 시기는 '황루(黃樓)시기'라고도 부른다. 이 시기에 이르러서 동파는 갑자기 자아를 자각했다. 처음에는 바삐 일하고, 건축 토목공사를 벌이고, 공중 활동을 전개하는 등 행동하는 인물로서 그 자신을 드러내어, 이로부터 그의 삶은 행동적인 삶으로 특징지워졌다. 그가 항주의 통판으로 있을 때에는 무슨 큰 사업을 전개할 수가 없었다. 또 밀주(密州)에서는 그가 비록 태수이긴 했으나, 밀주가 워낙 구석지고 궁핍한 지역이었으므로 그의 행정적인 능력을 마음껏 발휘할 기회가 없었다. 그후 동파에게 얼마간 정계에서 물러났던 정치적 암흑기가 있었으나, 뒤이어 곧 원만하게 성숙해져 활동적이고도 성실한 소동파의 진면모를 드러내어, 유머가 넘치고 백성을 위해 싸우는 투사이자 친구인 위대한 인간 그의 인간상을 나타냈다. 또한 그가 체포되고 귀양가기 전 서주에서 임직하고 있을 때부터 이미 그는 실천적인 유능한 행정관임을 입증해 주고 있었다.

1076년(熙寧 9) 말, 소동파는 밀주로부터 소환되어, 섬서성 서남단에 위치한 하중부(河中府)로 다시 전출되었다. 그 다음해 1월 그는 아우 가족이 살고 있는 제남(濟南)을 경유하여 경사(京師)를 향해 길을 떠났다. 그 당시 큰 정치적 변혁이 있을 듯한 기운이 감돌고 있었으므로, 자유는 제남을 이미 떠나고 없었다. 당시 왕안석과 여혜경, 증포, 등관 등이 잇달아 면직당했는데, 왕안석은 후에 다시 복귀되었다가 또다시 물러났다. 그러므로 그 다음에는 무슨 일이 터질지 아무도 예상치 못하고 있었다.

자유는 과묵한 편이었으나 꽤 결단성이 있는 성품의 소유자였다. 소동파는 당시 세제(稅制)와 징병개혁에 대한 상소를 계속 올려 수실법에 반대하는 충언을 했었다. 반면, 자유는 그 전까지 쭉 침묵을 지키고 있다가 10월에 왕안석이 마침내 경사를 떠나자, 정책의 전면 개혁을 위하여 싸울 때가 되었다고 여겼음인지, 형의 도착을 기다리지도 않고 전면 개혁안을 제시한 중대한 상소문을 가지고 곧장 경사를 향해 떠났다. 그의 가족은 제남에 남아 있었으므로, 세 명의 조카들이 눈이 오는 가운데 문 밖에 서서 동파를 맞이해 주었다. 그날 저녁 두 형제의 가족이 오랜만에 다시 모여 화기애애한 분위기 속에 성대한 잔치를 벌였다. 제남은 큰 성시(城市)였으므로, 밀주와는 아주 대조적인 곳이었다. 거기서 동파 가족은 약 한 달 남짓 머무르다가 동생 가족들과 함께 출발하여, 1077년 (熙寧 10) 2월 10일 경사 부근 황하 안변에 도착하였다. 자유는 하안(河岸) 이북 30리 되는 곳까지 나와 그들을 맞이했다. 두 형제는 눈이 오는 날씨에 며칠간 여행하며 즐거운 한때를 보냈다. 자유는 형의 하중부(河中府)로의 임직이 취소되고 대신에 서주 태수로 임명됐다는 소식을 전해 주었다.

그들이 경사에 도착하였을 때, 연유를 알 길이 없는 좀 괴상한 일을 당하였다. 소동파가 진교역(陳橋驛)에 이르렀을 때, 그를 경사에 들여보내지 말라는 명령이 내렸다고 문지기가 알려 왔다. 그의 아우가 이 사건에 대해 기록해 놓고 있는데, 이는 나중까지도 도저히 납득할 수 없었던 사건이었다. 그것이 황제의 명령은 아니었던 듯하다.[1] 정국이 심히 불안한 가운데 있었으므로, 어쩌면 몇몇 관리들이 동파에게 황제를 알현할 기회

가 주어지지 않기를 원했을지도 모른다. 어쩌면 황제는 이런 명령을 자
신이 내렸는지조차 몰랐을 것이다. 두 형제는 하는 수 없이 발길을 돌려,
경사 동쪽 교외에 사는 친구 범진(范鎭)의 집에서 머물렀다.

당시 소동파의 장남 매(邁)의 나이가 이미 18세였으므로, 동파는 아들
을 결혼시킬 참이었다. 여태까지 소동파에 대해 연구하는 사람들 가운데
아무도 소매 아내의 신분을 밝혀내지 못했다. 내 생각에 소매는 범진의
손녀 가운데 한 사람과 결혼했던 듯하다. 왜냐하면 동파가 범진 및 그 아
들과 편지를 주고받는 가운데 여러 차례 그들이 사돈관계임을 말하고 있
기 때문이다. 소씨 집안과 범씨 집안의 인친(姻親)관계에 대해 약간의 설
명을 덧붙이자면 범진 역시 사천(四川) 사람이었고 당시에 동파는 그의
집에서 머물고 있었다. 그후 2년이 지난 뒤, 동파는 아우의 과년한 두 딸
에게 신랑감을 구해 주어 시집보냈다. 두 사위 가운데 한 사람은 선녀와
결혼*했다는[2] 전설로 유명한 왕형(王迥 ; 字는 子高)의 아우인 왕적(王適)
이었다. 그리고 또 한 사람은 대나무 그림으로 유명한 문동(文同)의 아들
[文逸民]이었다.

아들이 결혼한 후, 동파는 그의 부임지인 서주를 향해 가족과 함께 동
쪽으로 떠났다. 자유 역시 가족과 더불어 남경의 첨판[南京留守簽判]으로
부임해 갈 참이었다. 그는 우선 자기 가족들을 장방평에게 맡겨 놓고서,
형과 더불어 서주로 여행길에 올랐다. 서주에서 자유는 약 3개월 동안
머문 후, 가족에게로 돌아왔다.

서주는 큰 성시일 뿐만 아니라 최대의 군사 요새지로서 산동(山東) 남
부의 산악지역을 통괄하는 지역이었다. 그 전 왕조 때에 이 서주 부근에
서 전쟁이 자주 발발하였다. 지금은 이곳에서 진포(津浦)철도와 농해

---

* 왕형은 친히 소동파에게 이 고사(古事)를 입증했었다. 이 사실은 후에 그를
곤란하게 만들어, 그는 개명(改名)까지 했다. 왕형은 처음 그의 처를 초자연
적인 상황 아래 만나 이 낯선 여자와 정사를 가졌다. 그러나 그의 아내는 나
중에 자신은 선녀가 아니라고 부정했다. 하여튼 그녀는 결혼 전의 자신의 정
체에 대해서 전혀 모르고 있었다.

(隴海)철도가 교차하고 있다. 또한 이곳은 동파 생존 당시로부터 약 20년 뒤에 나온 소설 《수호지》 가운데에 강도의 소굴로 유명했던 곳과 가까운 지역이기도 했다. 이 성시는 강과 맞붙어 있었다. 남쪽은 두 줄기 높은 산으로 둘러싸여 있었고, 성시 안에는 깊은 급류가 흐르고 있었다. 이곳에서는 매우 양질의 화강암과 철·석탄이 산출되는데, 이런 산물은 소동파 시대에도 채취되었다. 그래서 이곳은 도검(刀劍)으로 유명했다. 동파는 이곳의 자연경관이 마음에 들었다. 또 게와 갖가지 물고기 등 해산물이 풍부하였다. 잠시 머물기에는 꽤 좋은 곳이었다.

이 해 8월 21일, 부임한 지 약 석 달이 지났을 무렵, 서주에 큰 물난리가 났다. 일찍이 왕안석도 황하에 항만을 준설하려고 시도했었으나 50만 관문의 거금만 낭비한 채 실패하고 말아, 이 준설공사의 책임자는 자살해 버렸다. 이제 서주 이북 50마일 떨어진 지점의 황하가 갑자기 동편으로 범람해 오기 시작하여, 그 피해로 수백만 평방마일이 물에 잠겼다. 홍수가 이 성시까지 이르렀을 때, 성시 남쪽의 높은 산에 의해 범람을 일단 피할 수 있었다. 그러나 수위는 계속 높아져서 9월에는 28척 9촌까지 올라갔다. 한번은 수위가 성시의 도로보다도 높았다. 소동파는 이 성을 구하는 일에 뛰어들어, 몇 주일 동안 집에도 돌아가지 않았다. 그는 매일 성벽 꼭대기에 있는 날림으로 지은 판잣집에 머물면서 외성을 견고하게 하는 작업을 감독하였다. 돈 있는 집안은 하나씩 하나씩 성을 빠져나가고 있었다. 동파는 성문으로 나가 이들을 저지하며, 그들이 이렇게 떠나감으로 해서 폭동이 일어날 염려가 있음을 주지시키고, 성에 남아 있을 것을 당부하였다. "나도 성에 남아 있을 터이니 당신들도 남아 있길 바랍니다"라고 말하며, 강제로 그들을 되돌려 보냈다. 여기에서 건축·토목 방면에서 드러난 그의 천재성을 언급하지는 않으련다. 그러나 한 가지만 말해 두자면, 그가 벌인 모든 토목공사는 언제나 정확한 계산 아래 진행되었다는 사실이다. 소용돌이 물결이 외성의 남동쪽 성벽으로 범람해 들어오려고 위협하고 있는 동안, 그는 성벽을 더 높이 올리고 그 기초를 더욱 두껍게 만들어 견고하게 했다. 범람을 저지하기 위해서 길이

984장(丈), 높이 1장, 너비 2장에 달하는 방어공사가 서둘러 진행되었다. 이 공사에 수천 명의 인부가 동원되었다. 동파는 진흙 속을 철버덕거리면서 군대 막사로 달려가 지휘관을 찾았다. 이 군대는 금군(禁軍)으로서 황제의 직접적인 관할하에서만 움직였다. 동파가 금군의 협조를 요청하자, 지휘관은 기꺼이 응답하여 말하기를 "태수께서도 몸소 작업을 감독하고 계신데, 우리도 할 수 있는 힘을 다해 도와야지요"라고 하였다. 그쯤에는 방어공사가 이미 완수되어, 홍수를 황하의 옛 물길로 돌릴 준비가 되어 있었다. 역사상 황하 물길은 여러 차례 바뀌었다. 45일 동안이나 성을 둘러싸고 위협하던 홍수 물줄기는 10월 15일에 황하의 옛 물길로 빠져나가기 시작하여, 해주(海州) 부근 바다를 향하여 동쪽으로 계속 빠져나가 홍수는 완전히 물러갔다.

성시는 안전하게 보존되었고 백성들은 모두들 환희에 들떴다. 한편 동파는 임시로 건설한 둑에 만족하지 않고 조정에 상소를 올려, 앞으로 또 닥칠지도 모를 재해를 대비하여 돌로 성벽을 쌓을 자금의 세목을 써서 조정에 요청하였다. 조정의 회답을 받지 못한 채 공연히 시간만 낭비하자, 기다리다 못한 동파는 상소장을 다시 작성하여 축대 쌓을 자재로 돌 대신에 튼튼한 목재 보급을 의뢰하였다. 그러자 이번에는 조서가 내려왔다. 조서에서 황제는 그의 공적을 치하하였다. 그리고 다음해 2월, 성시의 동남쪽에 나무로 만든 누대(樓臺)를 세우도록 동파에게 3만 관(貫)의 하사금과 18,000섬의 쌀이 내려졌고, 또한 7,200명의 인부를 쓸 수 있도록 마련되었다. 동파는 그의 건축 취향대로 외 성벽 꼭대기에 100척 높이의 누대(樓臺)를 세우고, 이를 황루(黃樓)라 명명하였다. 그가 밀주에 있을 때 세운 초연대가 그곳에서 썼던 그의 시를 모은 시집의 제목으로 쓰였듯이, 황루는 나중에 그가 서주에 있는 동안 쓴 시를 모은 시집의 제목으로도 쓰였다.[3]

황루(黃樓)라고 이름 지은 데에는 중국 고대의 우주관과 다소 연관성이 있다. 이 고대 우주관에 따르면, 우주만물은 모두 다섯 가지 요소(즉 五行을 가리킴), 곧 금(金)·목(木)·수(水)·화(火)·토(土)로 이루어졌다.

이 다섯 가지 요소는 각기 하나의 원칙을 대표한다. 즉 금(金)은 견고함, 목(木)은 성장, 수(水)는 유동성, 화(火)는 열, 토(土)는 중력 등을 대표한다. 이런 원칙들은 우주적인 의미를 갖고 있어 물질세계에서뿐만 아니라 생명 기능과 인간의 성격, 행위에도 적용된다. 예를 들면 결혼 상대자를 짝짓는 데에도 적용될 수 있다. 만물은 이 5개 요소가 상호 교합하여 이루어졌는데, 이 각 요소들은 황색은 토(土)를 대표하고, 흑색은 수(水)를 대표해서, 황토는 흡수력이 있어 흑수(黑水)를 물리친다고 여겨졌다. 그러므로 황루(黃樓)라고 명명한 데에는, '물을 물리칠 힘'이 있다는 상징적인 의미가 들어 있었다.

1078년(元豐 元年) 9월 9일 중구절(重九節)에 황루 개막의식이 성대하게 열렸다. 동파는 정말 유쾌한 기분이었다. 수재를 갓 면한 백성들은 거의 반 년 이상 걸려 이 방죽과 누각을 지었다. 누각은 이곳 성시 백성들의 것인 동시에, 미래에 닥칠지도 모를 홍수로부터 안전을 보증하는 눈에 보이는 상징물이기도 했다. 그리하여 온 성시 사람들이 모두 개막식에 참석하였다. 100척 가량 높은 황루가 동문 위에 우뚝 솟아 있고, 그 밑에 50척 가량 높이의 깃대가 꽂혀 있었다. 황루는 넓적한 탑 모양이었다. 의식에 참석한 무리들은 누각 꼭대기로 올라가 성시 주위의 교외를 전망하였다. 그날은 마침 짙은 안개가 끼어 있었다. 창 밖을 내다보니 끼익끼익 노젓는 소리를 내며 배들이 누각 아래로 지나가고 있었는데, 그 소리를 들으니 마치 그들 자신이 바다 위의 배 안에 앉아 있는 듯한 착각이 들었다. 잠시 후, 날이 활짝 개자 그들은 멀리 떨어져 있는 어촌과 들쭉날쭉 솟은 산봉우리 아래 언덕에 흩어져 있는 5~6군데의 사원까지도 볼 수 있었다. 노인들은 한기를 느꼈으므로, 동파는 따뜻한 약주를 먼저 들도록 권했다. 남쪽 최전면으론 이전에 마희대(馬戱臺)로 쓰이던 곳이 보였는데, 지금은 사찰터가 되어 있었다. 새 제방은 이 사찰로부터 시작하여 동쪽 성벽을 따라 북으로 1마일 가량 길이로 뻗어 있었다. 그들은 멀리 여양홍(呂梁洪)과 백보홍(百步洪)의 성난 파도 소리와 함께 아래에서 들려오는 오리, 거위들의 우는 소리를 들을 수 있었다. 개막식은 손님

들을 위한 성대한 저녁식사와 요란한 악대의 연주로 끝이 났다.[4]

한편 동파는 이 일을 기념하기 위해 한 편의 문장을 쓴 다음, 사람을 시켜 이 문장을 돌에 새기게 하였다. 이 석비는 나중에 좀 기이한 경력을 갖게 된다. 후일 동파가 유배되었을 때 그의 모든 비석과 친필들을 말소하라는 명령이 내려졌다. 당시 서주 태수는 이 비석을 파괴하지 않고 성곽 주위의 도랑에 떨어뜨려 두었다. 약 10년이 지난 후, 사람들은 모두이 금지령을 잊어버리게 되었고, 황실에서도 동파의 친필 원고를 수집하기 시작하자, 또다시 부임해 온 서주 태수는 이 비석을 도랑에서 끌어내어 밤에 남몰래 그 비석의 탑본을 수천 장 찍어냈다. 탑본을 다 뜬 후에, 이 태수는 갑자기 생각났다는 듯이 동료 관리들에게 이렇게 말했다. "왜 내가 잊고 있었지? 소동파의 비석에 대한 금지령이 아직까지 해제되지 않았는데 이 비석이 여태 여기 있었구만. 자! 이 비석을 없애 버립시다." 비석을 부숴버리자, 그 탑본의 가격은 자연히 껑충 뛰어올라 태수 묘중선(苗仲先)은 이것으로 크게 돈을 벌었다.[5]

이제 소동파는 서주 백성들로부터 크게 환영을 받았다. 다만 홍수를 물리친 공적 때문뿐만 아니라, 그가 감옥에 갇힌 죄수들의 건강과 복지 등에도 개인적 관심을 쏟았던 점 등 여러 가지 이유에서였다. 더욱이 당시에는 태수가 죄수들에 대해 관심을 기울이는 일은 아주 드물었다. 그는 친히 감방들을 방문했으며, 사상 처음으로 죄수들의 병을 돌보아 줄 의사를 감옥에 배치했다. 당시에 죄수를 매질하여 죽게 만드는 태수를 징계한다는 법조항은 비록 있었지만, 질병과 치료를 미처 받지 못해서 죽는 죄수들에 대한 책임을 묻는 법조항은 하나도 제정되어 있지 않은 점을 그는 지적했다. 사실 죄수들도 다른 보통 사람들과 다를 바 없는 백성들이었으므로, 동파는 죄수의 친지들로부터 깊은 감사를 받았다.[6]

사실 하려고만 마음먹으면, 힘들이지 않고 할 수 있는 사소한 일들이 많았는데, 실천한 사람은 오직 동파뿐이었다. 예를 들어, 그는 많은 탈영병들이 도적으로 변하는 것을 보아왔다. 대개 그들은 여행비용도 지불받지 못한 채 공무차 장거리 여행에 보내졌으므로, 결국 병사들은 빚을 지게 되곤 했던 것이다. 이런 불합리한 제도 때문에 군인들이 탈영하여 도적이 되어버렸다. 동파는 매년 몇 백 민(緡)의 돈을 이런 용도에 쓸 목적으로 따로 비치해 둠으로써, 이 제도의 해독을 바로잡을 수 있었다. 그는 군대에서의 도박과 음주행위를 엄금하였다. 그리하여 그는 황제께 올린 표장에서, 조정의 검열관이 본 여러 지방 군대 가운데 바로 이 지방에 가장 잘 훈련된 군대가 있다고 말할 수 있었다.[7]

시인으로서 소동파의 명성은 점점 높아져, 이제는 온 나라에서 공인해 주는 제일의 문인이 되었다. 구양수가 죽은 뒤로는 '대가'란 명칭이 그에게 물려져, 문인들은 모두 그를 '대가'로 여기게 되었다. 당시 동파는 소문사학사(蘇門四學士) 가운데 두 명과 이미 만난 후였다. 즉 장뢰(張耒)는 회양(淮陽)에서, 조보지(晁補之)는 항주(杭州) 부근에서 만났었다. 나머지 두 명은 진관(秦觀)과 황정견(黃庭堅)이었다. 황정견은 나중에 송대의 대시인이 된 인물이지만, 이 당시 그는 소동파에게 문하생으로 받아 달라고 청했었다. 키가 작고 땅딸막한 이상(李常)은 봄에 동파를 찾아와, 줄곧 진관에 대해 이야기하며 그의 시도 갖고 와서 보였다. 그리하여 이상의 소개로 진관은 그해 여름 동파와 만나게 되었다. 진관이란 사람은 바로 동파의 누이동생과 결혼했다고 전해지는 낭만적인 시인이다. 당시는 그가 아직 과거에 급제하지 않았을 때였는데, 젊고 낭만적이며 낙천적인 진관은 많은 여자 친구가 있었다. 후일 그가 죽었을 때, 어느 한 기생은 그에 대한 상사의 정을 이기지 못해 자살했다고도 한다.[8] 그의 시는 마치 봄에 종달새가 노래하는 듯한 산뜻한 시풍을 지니고 있었다. 그는 동파와 만나는 자리에서 말하기를, "태수가 되어 만여 가구의 백성을 다스리는 것보다 소동파와 알고 지내는 것이 더 값지다"(我獨不願萬戶侯, 惟願一識蘇徐州)고 했다 한다. 그는 또 소동파를 하늘의 기린[天上麒麟]에 비유하여 "북두성 이남에 태어난 사람 가운데 몇이나 그와 같으랴"(北斗以南能幾人)고 말했다 한다.[9]

후일 강서시파(江西詩派)의 창시자가 된 황정견은 진관과는 달리 박학하면서도 과묵한 편이었다. 그는 소동파를 직접 방문하지는 않았다. 그

러나 매우 겸손하게 자신을 소개하는 시 두 편을 써 보냈다. 그 시에서
동파를 언덕 위에 우뚝 솟아 있는 소나무에 비유하고, 자신은 계곡 밑에
서 그 소나무처럼 성장하기를 열망하며 자라나고 있는 연약한 풀에 비유
하고 있다. 동파는 전에도 황정견의 시를 본 적이 있었다. 그때 동파는
황정견의 시가 견실한 내용과 깊이를 고루 갖추고 있을 뿐만 아니라, 수
세기 만에 나올까 말까 한 시인으로 상당한 경지에 이르고 있다고 평하
였었다. 이번에 황정견의 시를 받아보고, 그에게 답하는 편지 가운데에
서 동파는 이렇게 말했다. "그대는 마치 나를 두려워하기라도 하는 듯
이, 어쩌면 그토록 지나치게 겸손한 편지를 하셨소? 나는 그대와 우의를
맺고자 하는 마음이 있으면서도, 오히려 그대가 나를 받아주지 않을까
염려하고 있던 참이라오"(今者辱書, 執禮甚恭, 如見所畏者, 何哉. 軾方以此求
交於足下, 而懼其不可得).[10] 소문사학사 가운데 황정견이 가장 연장자였으
므로, 당시 사람들은 소·황(蘇黃)이라 병칭하였다. 소동파가 사망한 뒤
에는 황정견이 당대의 대가로 군림하게 되었고, 사람들도 그를 동파와
동일선상에 놓고 이야기하였다. 그러나 황정견은 자신을 끝까지 소동파
의 문하생으로 여겼다. 처음에는 황정견 역시 동파의 가까운 친구를 통
해 알게 되었다. 그는 동파의 가까운 친구인 이상(李常)의 조카이자 손각
(孫覺)의 사위이기도 했다.

　9월에, 후일 소동파의 문자옥 사건에 깊이 연루되었던 또 한 사람이
동파를 찾아왔다. 이 사람은 바로 왕공(王鞏)이었는데, 황정견과는 또 다
른 유의 사람이었다. 재상의 손자인 그는 상점에서 사는 술은 손도 대지
않으므로 한 마차 가득히 그의 지하실에서 꺼내온 최고급의 술을 싣고서
동파를 찾아왔다. 그 밖에도 왕공은 그의 세 명의 첩 영영(英英), 반반(盼
盼), 경경(卿卿)도 함께 데려왔다. 동파는 이 첩들을 두고 왕공을 놀려댔
다. 동파는 〈백보홍〉(百步洪) 시의 앞머리에서 자신은 가죽 겉옷을 입고
황루(黃樓) 꼭대기에 서서, 왕공이 보조개가 귀여운 여자들과 함께 급류
를 타고 마치 요정과 환생한 이백(李白)인 양 아래로 신나게 미끄러져 내
려가는 모습을 묘사하고 있다.

　그즈음 매우 중요한 인물이 네 번째 방문객으로 동파를 찾아왔다. 곧 고매한 대시승(大詩僧)인 삼료(參寥)였는데, 아마도 진관의 소개로 찾아온 듯하다. 재미있는 것은 동파가 예전 항주(杭州)에서 3년 동안이나 살았으면서 바로 이웃 성읍에 살고 있는 삼료를 전혀 모르고 지냈다는 점이다. 삼료 또한 대시인이었고 고매한 성품을 갖고 있었으므로, 명사(名士)의 추종자 노릇이나 하는 것을 탐탁하게 여기지 않았다. 그래서 다만 멀찌감치 떨어져서 동파를 지켜보며 찬양하고만 있었다. 그러다가 이 방문을 계기로 동파의 가장 절친한 친구로서 평생지교(平生之交)를 맺게 되었다.

　그해 중구절, 동파의 근황을 살펴보기란 그리 어렵지 않다. 이해 8월 20일에 손자[箪]가 태어났고, 중구절 저녁 동파의 심기는 꽤 불편하고 적적했던 듯하다. 중구절이 지난 지 엿새 후, 중구절에 대해 지은 아우의 시를 받아보고 다음과 같은 시를 지었는데, 이 시 가운데 그해 중구절 밤을 어떻게 보냈는지 잘 묘사되어 있다.

　　　명월(明月)이 아직 산 위에 높이 뜨기 전,
　　　한줄기 섬광이 눈앞 하늘에서 번득인다.
　　　술잔을 다 들이키기도 전에 문득 은빛 달문이 열리니,
　　　구름조각들은 마치 부숴지는 물결처럼 뒤로 물러나며 소용돌이친다.
　　　은하수에서 길어 올린 천곡(千斛)이나 되는 물로,
　　　그 누가 천공(天公)의 번쩍이는 눈동자를 닦을 수 있었을까?
　　　이제 달은 저렇게 이 땅 위를 청명히 내리비추며,
　　　평온한 우물처럼 체념에 잠겨 차갑게 식어 있는 나를 찾아낸다.
　　　남서편 하늘엔 유성이 총알처럼 가로질러 떨어지고,
　　　하얀 각미성(角尾星)은 언제나 동쪽 하늘에서 아른아른 빛나곤 했지.
　　　그런데 오늘밤엔 동편 하늘을 아무리 자세히 찾아봐도 보이지 않고,
　　　떠도는 반딧불만이 형광빛을 다투어 밝힐 뿐이다.
　　　누가 저기 고변(古汴) 위에 배를 떠우고 앉아,
　　　천여 개의 등초롱이 굴속에 웅크린 용들을 위협하나.

여러 척의 배들이 물결들의 반짝이는 고리를 안팎으로 엮어내고,
노랫소리에 따라 위아래로 출렁인다.
개똥벌레들은 먼 산언덕을 뒤로 한 채 이리저리 표류하고,
가을바람 불어와 물결 더욱 반짝인다.
명월은 쉬 지고, 사람들도 금방 흩어져,
집에 돌아와 술 청해 놓고 또다시 달을 쳐다본다.
뜰앞에 쏟아지는 달빛은 더욱 청명한데,
이슬 덮인 풀 속에선 귀뚜라미 울어댄다.
주렴을 걷어올리고 방안으로 들어서니 적막하기만 한데,
창 아래 어린 손자녀석 쌔근쌔근 자고 있네.
남경(南京)엔 부를 자랑하는 이 많지만,
이 가을밤을 노래할 수 있는 이 몇이나 될까?
내일 해가 뜨고 또다시 일상사가 반복되면,
오늘밤은 마치 달나라로 날아간 꿈을 꾼 듯하겠지.[11]

　(明月未出羣山高, 瑞光萬丈生白毫. 一杯未盡銀闕涌, 亂雲脫壞如崩濤.
　誰爲天公洗眸子, 應費明河千斛水. 遂令冷看世間人, 照我湛然心不起.
　西南火星如彈丸, 角尾奕奕蒼龍蟠. 今宵注眼看不見, 更許螢火爭淸寒.
　何人艤舟臨古汴, 千燈夜作魚龍變. 曲折無心逐浪花, 低昂赴節隨歌板.
　靑熒滅沒轉山前, 浪颭風廻豈復堅. 明月易低人易散, 歸來呼酒更重看.
　堂前月色愈淸好, 咽咽寒螿鳴露草. 卷簾推戶寂無人, 窗下咿啞惟楚老.
　南都從事莫羞貧, 對月題詩有幾人. 明朝人事隨日出, 悗然一夢瑤臺客.)

　이 당시 동파는 모든 문인들로부터 사랑과 존경을 한 몸에 받고 있었
다. 그해 9월 황루에서 한 차례 성대한 잔치를 벌인 가운데, 동파도 마음
문을 활짝 열고 농담을 나누며 마음에 아무런 부담이나 근심 걱정 없이
행동하였으므로 문인들 모두로부터 따뜻하게 환영받았다. 이처럼 사람
들로부터 사랑받고 명망이 높았으므로 후에 그의 체포구금사건은 전국
적인 화젯거리가 되어 모두의 이목을 집중시켰던 것이다.

제 14 장
체포와 심리

소동파 자신의 표현대로, "먹던 음식물에서 골라낸 파리를 뱉아내듯" (如蠅在食, 吐之乃已) 계속하여 풍자시를 써서 가슴속 생각들을 내뱉었는데 여태까지는 그래도 무사했었다. 그러나 100여 차례 '뱉어낸' 끝에, 마침내 그는 체포되었다. 1079년(元豊 2) 3월, 그는 강소(江蘇)의 호수지역에 있는 호주(湖州)로 전임되었다. 동파가 호주에 부임하여 올린 사상표[湖州謝表] 가운데에서 그는 조정의 대신들이 꼬투리 잡을 만한 말을 하였던 것이다. 동파가 백성의 빈곤과 조세, 부역에 대한 시를 읊은 것쯤은 소인배들도 어느 정도 묵살해 버릴 수 있었다. 그런데 이번 글 가운데에 자신들과 직접 관련이 되는 내용이 있었다. 소인배들 가운데에서도 동파는 특히 왕안석의 수하인으로 차츰 권좌에 오른 이정(李定)과 서단(舒亶)에 대하여 썼다. 당시 정부는 단순히 형세만 관망하며, 그 어느 쪽도 아닌 기회주의적이고 정체불명인 열등한 자들의 손에 넘어가 있었다. 소동파는 황제께 여러 차례 사상표(謝上表)를 올린 바 있었는데 황제는 그의 사상표를 읽고 난 후, 그때마다 조정의 대신들에게 공개적으로 그에 대한 찬사를 아끼없이 표했었다. 이 일은 조정대신들로 하여금 전에 소동파의 입경을 금지시켰던 일을 상기시켰을 것이다. 이들 조정대신이 가장 위험스럽게 여긴 것은 신정(新政)의 모든 세력자들이 해직되거나 물러난 이후, 동파가 다시 권세를 잡게 되지 않을까 하는 점이었다.

　이 〈호주사표〉(湖州謝表)는 격식에 따라 쓴 것으로 그 내용을 보면, 우선 자신의 보잘것없는 경력에 대해 간략하게 기술하고, 이어서 지금의 그처럼 훌륭한 새 관직을 맡겨주신 황제의 관대함에 대한 감사를 쓴 것이었다. 아무튼 동파는 이렇게 기술했다. "폐하께서는 제가 어리석고도 시세에 어두워, 젊은 신진들과 보조를 나란히 하지 못함을 잘 알고 계십니다. 그런데도 제 나이가 과히 적지 않으므로 별로 문제를 일으키지 않을 성싶으시어, 제게 백성을 돌보도록 신임해 주셨습니다"(知其愚不適時, 難以追隔新進. 察其老不生事, 或能牧養小民).[1] '젊은 신진'이란 문구는, 중국어로도 별로 나쁘게 들리는 표현은 아니다. 그러나 왕안석은 이 '신진'이란 표현을 미처 자격을 갖추지 못했으면서도 갑자기 승진한 젊은 사람들을 지칭하는 의미로 해석했다. 왕안석 집권 중에 있었던 당쟁에서는, 이 '신진'이란 단어가 뜻하는 바가 바로 그런 의미로서 고정화된 적이 있었다. 이것이 바로 이정과 서단이 동파를 그냥 간과해 버릴 수 없었던 이유였다. 더욱이 동파는 자신의 나이로 보아 별 문제를 야기하지 않을 듯해서 지방행정관에 제수되었다고 말하였다. 그렇다면 이 말은 조정에 남아 있는 대신들은 반드시 문제를 야기하리란 것을 시사하는 것이 아닌가? 시민권의 보호가 보장되어 있지 않았던 터라, 당시 선비들은 문장의 표현법에서 명약관화한 표현보다는 아주 애매한 표현을 해왔으므로, 독자들은 그 글 뒤에 내포되어 있는 또 다른 속뜻을 찾아내기를 좋아하는 기이한 습관이 있었다. 중국에서 최초로 인쇄된 신문이라 할 수 있는 관보[邸報]가 이 무렵에 정규적으로 발간되고 있었는데, 특히 동파가 쓴 글들은 당시 선비들 사이에서 많은 관심을 끌었었다. 그리고 동파의 사상표 가운데 '신진'이란 표현은 곧 지식인들 사이에 농담거리가 되었다.

　1079년[元豊 2] 6월, 한 어사[何正臣]가 동파의 사상표 가운데 네 문구를 들어 정부를 모욕한 혐의로 그를 탄핵 기소하였다. 며칠 후 어사대(御史臺)에서 일하고 있던 서단이 농민의 대관[靑苗法]에 대해 읊은 동파의 시 몇 수, 예를 들면 농민들이 3개월 동안 소금을 먹지 못한 내용을 묘사한 시라든가, 제비와 박쥐 사이의 논쟁을 우화한 시 등을 가지고 트집을 잡았다. 트집을 잡은 이유인즉, 그러한 시구는 바로 동파가 황제에게 무례를 범한 시구일 뿐만 아니라 불충함을 보여주는 단적인 증거라는 것이었다. 서단은 소동파의 4권의 시집을 첨부하여 탄핵 주장(奏狀)을 올렸다. 당시 어사중승(御史中丞)으로 승진한 이정도 서단의 뒤를 이어 탄핵 주장을 올렸다. 그 탄핵 주장 가운데서 동파의 이러한 무례한 언사로 볼 때, 그가 죽어 마땅한 이유를 네 가지로 들어 이야기하고 있다. 이리하여 모두 합해서 네 건의 탄핵 주장이 제출되었다. 이 사건은 결국 어사대로 넘겨졌다. 일찍이 사마광이 어머니의 상(喪)을 엄폐한 금수나 다름없는 사람이라고 비난한 바 있는 이정이 바로 이 사건의 담당 검찰관이 되었다. 이정은 호주로 내려가 소동파의 관직을 해제시키고, 심리를 하기 위해 그를 경사로 압송해 갈 유능한 인물[皇甫遵]을 선발하였다. 어사들은 동파를 압송하는 도중 밤이 되어 숙박해야 할 때, 그때마다 동파를 감금해야 한다고 주장했으나, 황제는 이를 허락하지 않았다. 신종(神宗) 황제는 동파를 사형에 처할 의사가 전혀 없었으나, 공식적으로 제기된 사건이었으므로 이 사건에 대해 면밀히 조사하도록 내버려둘 수밖에 없었다.[2]

소동파의 절친한 친구 가운데 하나이자, 친히 동파의 시집을 출판한 바 있는 부마 왕선(王詵)은 이 소식을 먼저 전해 듣고, 남경(南京)에 있는 동파 아우에게 이 사실을 알리는 전갈을 급히 보냈다. 소식을 전해 받은 소철은 즉각 동파에게 다시 전갈을 보냈다. 이는 바로 전갈들 사이의 경주나 다름없었다. 한편 칙사(勅使)는 그의 아들과 어사대의 두 병정을 대동하고 빠른 속도로 길을 달렸다. 그러나 기록에 의하면 그의 아들이 진강(鎭江)에서 발병하는 바람에 반나절을 지체해야 했으므로, 자유(子由)의 전갈자가 먼저 동파에게 도착하였다고 한다.[3]

여기서 그 소식을 접했을 당시 동파의 심정을 잠시 헤아려 볼 필요가 있겠다. 그즈음 동파는 호주에 갓 부임했을 때였고, 자신의 새 직분에 꽤 만족해 하고 있었다. 동파는 큰아들 및 아우의 사위 왕씨 형제들과 함께 산으로 유람다니곤 하였다. 그들이 비영사(飛英寺)를 방문했던 일을 묘사한 시 가운데 한 수에서 동파는 이렇게 말한 적이 있다. "나를 일개 관리로 생각지 마오. 외양으로 보면 관리로 보일지 모르나, 내심은 그렇지 않소"(莫作使君看, 外似中己非).[4] 당시 친한 친구이며 대나무 그림의 대가인 문동(文同)이 2월에 세상을 떠나자, 그는 사흘 동안 계속 애도하며 상심해 있었다. 칙사가 그를 체포하러 오고 있는 가운데, 7월 7일에 동파는 문동의 화집 몇 권을 찾아 꺼내서, 아들을 시켜 뜰에 내놓고 볕을 쪼이게 했다. 문동이 동파에게 준 대 그림[墨竹畵]에 시선이 닿자, 동파는 또다시 눈물이 났다. 그날 동파는 그의 잡기 가운데 이러한 기분을 잘 나타내는 기록을 남기고 있다. 이 글에서 자신과 여가(與可 : 交同의 雅號)와의 우의에 대해 이렇게 기술하고 있다.

여가(與可)가 처음 대를 그리기 시작했을 때, 그 자신은 별로 대수롭게 생각지 않았지만 사방으로부터 사람들이 비단을 가지고 그의 문앞에 모여들었다. 여가는 이런 사람들이 귀찮았던 나머지 계단에 비단을 집어던지고 화를 벌컥 내며 이렇게 말했다. "나는 이 비단을 잘라 버선이나 만들어야겠오." 여가가 양주(洋州 ; 지금의 陝西省 洋縣)에서 돌아왔을 때 나는 서주에 있었다. 여가는 내게 이렇게 편지를 써 보냈다. "최근에 나는 사대부들에게 나의 묵죽화(墨竹畵) 일파(一派)가 서주로 옮겨갔다고 말했소이다. 그러니 수집가들이 이젠 모두 그리로 갈 테고, 버선감들도 이제는 모두 그대에게 갔을 것이라 믿소." 그리고 편지 끝머리에 다시 시 한 수를 덧붙였는데, 그 중 일부는 다음과 같다. "아계견(鵝谿絹) 한 폭을 가져와 만 자[萬尺] 높이의 대나무 작은 숲을 그리고 싶네." 이에 내가 이렇게 답하였다. "만 자 길이의 대나무를 그리려면 비단이 250필은 있어야 하겠구려. 이제는 그대가 붓과 벼루에 신물이 나서 비단만 갖길 바라는 것 같소이다." 여가는 이에 대해 아무런 답변도 하지 않고, 다만 내 말이 망발이라고만 하며 세상에 만 자 높이의 대나무 숲이 어디 있느냐고 하였다. 이에 나는 다음 두 줄의 시구로 또 이렇게 대답하였다. "그대 달빛에 드리운 대숲 그림자를 보면, 거기에서

만 자 높이의 대나무를 볼 수 있으리." 이에 여가는 웃으며 이렇게 말하였다. "논쟁할 때면, 동파는 언제나 상대를 설복시키는 힘이 있다. 만약 내게 비단 250필이 있다면 나는 밭을 사서 은거할 것이다." 이로 인하여 그리게 된 운당곡(篔簹谷)* 그림을 나에게 주며 말하기를, "이 대 그림의 키는 겨우 수 척에 불과하다. 그러나 만 척이나 높게 보일 것이다."[5]

동파가 체포될 당시를 목격한 그곳 관리의 입을 통하여 얻어들은 것을 공평중(孔平仲)이 기록해 놓은 자료를 보면,[6] 소동파는 아우가 보낸 전갈로 사전에 경고를 받았던 것 같다. 그러나 동파는 이 일로 인해 가해질 문책과 형벌의 경중(輕重)을 헤아릴 길이 없었다. 전갈자가 도착했을 때 동파는 휴가를 얻어 공무에 불참하고 있었으며, 그의 일을 조무파(祖無頗)가 대행하고 있었다. 칙사가 도착했는데, 칙사는 관복과 관모, 관화 등을 갖추고 손에는 홀(笏)을 들고 뜰 가운데에 섰다. 어사대에서 나온 두 병정도 칙사 곁에 서서 흰 옷에 검정 두건을 쓰고 험악하게 노려보고 있었다. 한편 관아의 사람들은 장차 무슨 일이 터질지 몰라 몹시 당황해 하고 있었다. 처음에 동파는 감히 나가지 못하고, 어찌해야 좋을지를 조무파와 상의하였다. 그는 동파가 칙사를 피해도 아무 소용이 없으니, 칙사를 맞아들이는 것이 좋을 듯하다고 충고하였다. 그들은 동파가 어떤 차림으로 맞이하여야 할지에 대해서도 의논했다. 왜냐하면 동파는 자신이 피고의 입장이리란 것을 확신하고 있었으므로, 관복을 입고 맞이하면 안 되리라고 여겼기 때문이었다. 그러나 조통판은 동파가 아직 정식으로 기소된 것이 아니므로, 그의 관직 품계에 따른 예복을 갖추고서 칙사를 맞아야 한다고 했다. 그래서 결국 동파도 그의 의견대로 관복과 관화를 갖추어 차리고 손에는 홀을 들고 관아 중앙에 서서, 칙사를 맞이하기로 한 것이었다. 그래서 조통판과 관아의 다른 관리들도 머리에 작은 관모

---

* 篔簹(운당) : 대나무의 일종으로 물가에서 나는데 키가 수십 자, 주위가 한 자 대여섯 치 되는, 대나무 가운데에서 가장 큰 것임.

를 쓰고 동파 뒤에 줄지어 서 있게 되었다. 두 병졸은 어사 조명(詔命)이 들어 있는 꾸러미를 마치 그 안에 검(劍)이라도 들어 있는 듯 손에 꽉 움켜쥐고 있었다. 칙사의 냉혹한 침묵이 견디기 힘들 정도로 긴장을 고조시켰다. 먼저 이야기를 꺼낸 것은 동파 쪽이었다. "제가 조정의 노여움을 살 일을 많이 저질렀다는 것을 잘 알고 있습니다. 이번에는 사형선고가 내려졌을 것입니다. 제가 죽는 것은 개의치 않으나, 바라기는 가족들과 작별인사를 나눌 수 있도록 집에 보내주시길 청합니다." 이에 칙사 황보준(皇甫遵)은 "그렇게까지 엄중하지는 않을 것입니다"라고 짧게 대답하였다. 통판이 한걸음 앞으로 나와 말하기를, "제 생각에는 반드시 조명이 있으신 줄로 사려됩니다"라고 했다. "이 사람은 누구지요?"라고 황보준이 묻자, 통판은 자신의 신분을 그에게 알렸다. 그러자 병졸들이 정식으로 통판에게 조명을 넘겨주었다. 조명을 펼친즉, 거기에는 태수직을 박탈하고 동파를 경사로 소환한다는 평상적인 명령이 있을 뿐이었다. 칙사는 즉시 경사로 출발하라고 재촉했다. 동파는 집에 다녀와도 좋다는 허락을 받았으므로 출발하기 전에 급히 집에 가서 가족들과 만났다. 동파 자신이 쓴 잡기[7]에 의하면, 온 가족들이 모두 울며 침통해 하므로 동파는 웃으면서 그들에게 이렇게 격려했다고 한다. "진종(眞宗)시대에는 폐하께서 은둔한 대학자들을 찾으셨소. 그런데 누군가 양박(楊朴)이란 학자를 추천하였답니다. 양박은 완강히 거절하였지만, 결국 조정으로 호송되어 황제를 알현하게 되었소. 황제가 말씀하시기를 '듣자니, 경은 시를 쓴다고 하던데'라고 하니, 양박은 필사적으로 정계를 벗어나려는 마음에서 그의 재간을 감추려고 '그렇지 않습니다'라고 대답했답니다. '그러면 그대 친구들이 경을 전송하는 시라도 지어주지 않던가?' 하고 폐하께서 다시 물으시니, '아닙니다. 단지 제 마누라가 한 수 지어주었을 뿐입니다'라고 대답했다 하오. '그 시가 어떤 내용인지 물어도 좋겠소?' 하고 폐하가 묻자, 이에 양박은 그의 아내가 남편을 떠나보내면서 그에게 지어준 시를 폐하께 읊어드렸답니다. 그 시란 다음과 같은 것이었다고 해요. '이젠 다시는 술에 너무 욕심 부리지 마시구려. 시로 법석 떨지도 마시구요. 오늘 호송되어 붙잡혀 가시니, 이번엔 살아남지 못하리다(更休落魄耽杯酒, 且莫猖狂愛詠詩. 今日捉將官裏去, 這回斷送老頭皮).'"

이 이야기를 들으며 동파의 아내는 눈물을 흘리다가, 자신도 모르게 웃음을 터뜨렸다고 한다. 이 이야기는 동파의 《지림》(志林) 가운데 씌어져 있는 것인데, 동파가 즉석에서 이 이야기를 지어낸 것인지 아닌지는 알 길이 없다.

장남 매(邁)가 부친과 동행하기로 결정됐다. 동파의 자녀를 지도하던 왕적(王適)과 그의 아우는 뒤에 남아 있다가 나중에 모든 가족을 경사로 데려가기로 하였다. 관리들은 모두 놀라 정신을 못 차리고 숨어버렸다. 그러나 일반 백성들은 태수를 전송하러 나왔다. 그 지방 사서[吳興備志]에 의하면 백성들은 비오듯 눈물을 흘렸다고 한다. 칙사와 병졸들의 태도나 처리과정이 매우 횡포스러워, 후에 동파는 새로 계위(繼位)한 황제께 보내는 편지 가운데 말하기를, 그들은 태수를 무슨 도둑이나 되는 듯이 난폭하게 마구 다루었다고 말하고 있다.[8] 왕씨 형제[王適·王適]와 관아의 서기관만이 나와서 동파를 위한 간단한 주연(酒宴)을 베풀어 전별(餞別)을 대신하였다.

전하는 바에 따르면 체포되어 경사로 호송되어 가는 도중, 동파는 자살할 생각도 했었다는 등의 여러 가지 이야기가 전한다.[9] 동파 자신이 황제에게 보낸 표장 가운데서도 이르기를, 양주(揚州)를 지나갈 때 양자강에 뛰어들어 자살할 생각도 했었다고 말하고 있다. 공평중(孔平仲)의 기록에 의하면, 그즈음은 항해를 시작한 지 얼마되지 않았을 때며 노를 수리하기 위해 태호(太湖)에 잠깐 정박해 있을 무렵이라고 하였다. 그날 밤에는 달이 유난히 빛났고, 거센 바람이 호수 위를 스쳐 지나갔다. 동파는 그가 장차 어떤 처벌을 받을지, 또 얼마나 많은 친구들이 이 사건에 연루될지 도무지 확실한 것을 알 수가 없었다. 그 역시 눈 딱 감고 호수에 뛰어들면 간단하다는 생각도 해보았다. 그러나 그렇게 하면 그의 아우를 정말로 곤궁에 빠뜨릴지도 몰랐다.[10] 그가 문언박(文彦博)에게 보낸 서신을 보면, 자신의 가족이 그의 많은 편지와 원고 등을 어떻게 해서 태위없애게 되었는지 그 경과에 대해 자세히 기술하고 있다. 가족이 안휘성(安徽省) 숙현(宿縣)에 도착하였을 때, 그가 전에 쓴 시편들과 서신, 그 밖의 서류들을 수색하기 위해 어사대에서 다시 칙사를 보내왔다. 많은 군인들이 배를 둘러싸고, 그들의 짐꾸러미들을 샅샅이 뒤지면서 그렇게 하는 것이 본분인 양 짐 속의 물건들을 이리저리 마구 헤쳐놓아, 그 바람에 아낙네들과 아이들은 겁에 질려 벌벌 떨었다고 한다. 군인들이 가버리자 여인은 화가 치밀어, "이 모두가 글 때문이다. 책 따위가 무슨 이익이 있단 말인가. 이놈의 책 때문에 우리들은 놀라 죽을 뻔했다"라고 말하면서 그의 원고들을 모두 태워버렸다 한다. 동파는 나중에야 뒤늦게 자신의 글이 3분의 1 정도밖에 남아 있지 않음을 알게 되었다.[11]

소동파는 7월 28일에 체포되어 8월 18일에 어사대 감옥에 하옥되었다. 국문(鞠問)은 약 6주 내지 7주간 장기간에 걸쳐 진행되었다. 하옥되어 있는 동안 다행히도 매우 친절한 간수를 만났다. 그 간수는 동파를 잘 알고 있었다. 간수는 그에게 친절히 대했고, 매일 밤마다 발을 씻을 수 있도록 뜨거운 물을 마련해 주었다. 밤에 뜨거운 물로 발을 씻는 것은 오늘날까지도 사천(四川) 사람들의 관습으로 남아 있다.[12]

동파가 감옥에 있는 동안 웃지 못할 사건이 하나 있었는데, 이 일은 국문중에 있는 그에게 오히려 유리한 결과를 가져왔다. 그의 아들[蘇邁]은 매일 감옥으로 찾아와 아버지께 음식을 넣어드리는 것이 일과였다. 동파는 아들과 암약(暗約)을 맺기를, 평소에는 야채와 고기를 들여보내고 만약 그에게 불리한 소식을 들었을 때에는 생선을 들여보내기로 약속하였다. 어느날 소매는 돈을 꾸기 위해 며칠간 경사를 떠나지 않을 수 없었으므로, 친구 가운데 한 사람에게 음식 들여보내는 일을 맡겼다. 그런데 그 친구에게 아버지와의 암약을 미처 일러주지 못하였다. 아무것도 모르는 친구는 구운 생선 몇 마리를 사식으로 들여보냈다. 이에 소동파는 가슴이 덜컥 내려앉도록 놀랐다. 이제 사태가 악화되어 자신은 죽음을 면치 못하게 되었다고 여겼다. 그는 간수와 함께 한 가지 책략을 꾸미는 데 착수했다. 동파는 아우에게 이별을 고하는 두 수의 시를 지었다. 그는 매우 슬픈 어투로 열 명의 식구들을 장차 아우가 먹여살려야 되리란 것과, 장차 죽게 되면 자신은 황폐한 언덕에 누워 울부짖는 바람과 빗소리를 듣게 될 것이라고 읊으면서, 다시 태어난다 해도 아우 자유와 또다시 형제로 태어나길 바란다고 말했다. 또한 황제 폐하께서 이전에 베풀어 주신 은덕에 대해 감사하며, 모든 허물은 자기 자신에게 있다고 했다. 자유는 이 시를 읽자마자 슬픔을 이기지 못하여 책상에 엎드려 통곡하였고, 간수는 이 시를 도로 가지고 갔다. 그의 아우가 시를 받으려 하지 않는다고 하면서 간수는 그 시를 다시 가지고 왔는데, 이는 소동파를 석방시키기 위한 하나의 묵계였다. 내 생각에는 자유도 소동파의 계획을 처음부터 알아채고, 의도적으로 시를 간수에게 돌려준 것 같다. 아무튼 간수의 손에 들어간 이 두 수의 시는 매우 유용하게 쓰였다. 수감자가 쓴 글은 어떤 것이든 간에 간수로서는 당국에게 검열하도록 넘겨주어야 할 의무가 있었다. 소동파는 이 시들이 황제에게까지 전해지리란 것을 확신하고 있었던 듯하고, 또 사실 그대로 되었다. 황제는 이 시를 읽고 깊이 감동되었다. 결국 이 시로 인해 어사들의 강력한 압력에도 불구하고 황제의 마음을 움직여, 후에 동파가 비교적 가벼운 형벌만 받고 석방될 수 있었던 중요한 요인이 되었다.[13]

　다행히도, 시인 육유(陸游)는 당시에 국문당한 시, 소동파가 손수 쓴 모든 서류들의 초고의 내력에 대해 기록해 놓고 있다. 오늘날 우리가 《오대시안》(烏臺詩案)이라 부르는 책이 바로 이것으로, '오대'(烏臺)란 어사대의 감옥을 가리키는 말이다. 이 책에는 4부의 탄핵서, 모든 국문의 과정에 대한 기록, 동파의 기술, 판결시 증거의 약술, 그리고 최후의 판결 등이 기록되어 있다.

　육유는 일기를 쓰는 데 매우 부지런했을 뿐만 아니라, 또 소동파가 남긴 모든 수고(手稿)와 비문들에 대해서도 비상한 관심을 쏟았다. 이 수고나 비문들은 소동파가 사망하고 60~70년이나 지난 후에야 그가 본 것들이다. 이 《오대시안》에 관하여 육유는 다음과 같은 이야기를 하고 있다. 1126년(欽宗, 靖康 元年) 북송(北宋) 정부의 모든 관리들이 항주를 향해 남으로 피난할 때, 그들은 가져갈 수 있는 한 모든 진귀한 문서들은 가져갔다. 양주(揚州)에 도착해 있는 동안, 장전진(張全眞)이란 관리는 이 재판의 서류 문고(文稿)를 손에 넣게 되자, 이것을 정부 당안(檔案)에서 살짝 빼냈다. 장전진이 나중에 사망하자, 역시 성이 장씨[德遠]인 어느 한 재상은 장전진의 유족들로부터 그의 묘지명을 써달라는 청을 받았다. 장전진의 묘지명을 써주는 대가로 이 재상은 동파의 재판 서류 문고의 반을 갖고, 나머지 반은 그 집에 그대로 보관하기로 결정하였다. 육유는 자신이 소동파 친필로 된 문고를 봤으며, 정정한 부분에는 동파의 가조인(假調印)과, 어사대의 도장이 찍혀 있었다고 기록하고 있다. 오늘날 남아 있는 《오대시안》이 바로 육유가 봤다는 그 수고(手稿)에 기초하여 만들어진 것인지는 분명하지 않다. 그러나 《오대시안》 가운데에는 동파가 자신의 시에 대해 해설해 놓은 것도 포함되어 있으며, 조정의 보고서 등에 대해서도 자세히 기록되어 있다.[14]

내가 보기에 이 사건에 대한 견해는 전적으로 동파의 시정(時政) 비판의 타당성에 대해 우리가 어떻게 해석하느냐에 따라 결정될 수 있는 것 같다. 범진뿐 아니라 장방평도 동파를 구해내려고 무척 애를 썼다. 장방평은 동파의 시정비평이 정직한 비평과 악질적인 중상 가운데 어느 쪽에 속하는지 그 구분을 명확히 짓도록 유도함으로써 이 사건을 가장 이상적으로 해결하고자 하였다. 오늘날 우리가 동파의 이런 시들을 볼 때 당연히 정직한 비판으로 간주해야 마땅하나, 당시의 어사들은 이 시들을 황제와 조정을 고의적으로 모함하는 악질적인 중상의 시로 해석하였다. 장방평은 공자가 평하였던 《시경》도 그 당시 통치자들을 풍자하는 내용으로 가득하고, 이는 이상적인 정부 아래에선 아주 합법적으로 받아들여지는 솔직한 비판임을 지적했다. 반면에 백보 양보해서 그 어사들을 믿을 만한 인물들이라고 가정한다면, 이 어사들의 입장으로서는 그들이 가장 숭앙하는 황제를 모욕한 무례에 대해 깊이 분개해 마지않으며 의분을 터뜨린 것이라고 할 수 있겠다.

서단(舒亶)은 탄핵 표장에서 이렇게 말하고 있다. "신은 근자에 소식이 올린 호주사상표를 읽었습니다. 이 가운데는 최근의 시정에 대해 풍자하는 내용을 담고 있었습니다. 이 글이 입에서 입으로 일반 사람들 사이에 전하여짐에 따라, 모든 충직하고 곧은 선비들은 이 글을 읽고 경악해 마지않고 있습니다. 황제 폐하께서 이상적인 신법을 제정해 실시한 이래로, 폐하의 신법정책에 찬동하지 않고 비평하는 이들이 적지않게 있었지만, 소식처럼 불만을 품고 신하로서 지켜야 할 예의에서 벗어나 고의적으로 폐하를 모함한 사람은 없었습니다." 서단은 이어서 소동파의 풍자시에 대해 이렇게 언급하고 있다. "이런 시구들은 폐하의 신하를 겨냥해 지은 것으로서, 이는 지극히 오만한 태도입니다. 폐하께서는 몸소 도(道)를 행하시며, 조정을 영도해 나가시면서 세상을 부강하게 할 인재들을 키워오셨습니다. 폐하의 심성은 진실로 요순(堯舜)임금과 다를 바 없으십니다. 소식은 이러한 때에 나타나 그릇되고 허명(虛名)뿐인 쓸모없는 정체불명의 학식을 가지고서, 지방장관의 직위를 차지하고 있었습니다. 어떻게 그가 이처럼 망령되이 오만불손하게 처신하는지 저로서는 도저히 납득이 가지 않습니다." 서단은 다음과 같이 계속해서 의분(義憤)을 터뜨리고 있다. "인간의 도리를 지키는 데 첫째가는 원칙은 책임감입니다. 그리고 이런 여러 도리 가운데서도 신하로서 폐하께 대한 충성의 의무보다 더 중대한 것은 없습니다. 소식이란 자가 황제 폐하께 그와 같은 일들을 감히 아뢸 마음을 품었다는 것은 곧 그가 신하로서 폐하께 대한 충의(忠義)를 망각하고 있다는 것을 증명합니다." 서단은 자기 나름대로의 도덕적 지침에 의거하여 이렇게 지적하고 있다. "행정관이 되어 그의 의무를 망각하고서 자신의 사사로운 이익만을 추구하게 되면, 이런 자는 다음에 또 무슨 짓을 저지를지 모릅니다. 소식의 죄는 용서받을 수 없는 것으로서, 만번 죽어도 폐하를 모독한 죄는 용서받을 수 없습니다. 바라옵기는 폐하께 대한 오만불손죄로 소식을 어사대에 넘기셔야 마땅하다고 사려되옵니다. 신은 충분(忠憤)으로 가슴이 터질 듯합니다."

또 다른 어사가 동파를 탄핵한 탄핵문에는 기묘한 궤변이 나열되어 있다. 소동파는 일찍이 호주로 부임해 가는 도중, 장씨 성의 어느 과수원

주인에게 비문[15]을 하나 적어준 적이 있었다. 그 문장 가운데에서 동파는 이렇게 말하였다. "고대의 군자(君子)는 굳이 관직에 나가는 것만을 고집하지 않았다. 또 그렇다고 관직에 나가지 않은 것도 아니다. 만약 선비가 되어 벼슬길에 나서기[出仕]만을 우긴다면 그는 자신의 영혼을 잃기 쉽고, 또 선비로서 출사하지 않으려 고집하면 군주(君主)를 소홀히 여길 우려가 있다"(古之君子不必仕, 不必不仕. 必仕則忘其身, 必不仕則忘其君). 이는 맹자가 공자의 참정(參政) 태도에 대해 그 나름대로 살펴본 견해의 결론이었다. 아무튼 이 어사는 황제에 대한 과잉 충성심에서, 동파가 위험한 교조(敎條)를 가지고 유세하고 있다고 황제를 설득하려 애쓴 나머지 이렇게 말하고 있다. "선비[士人]는 그가 관직에 있든 없든 한시도 군주를 잊어서는 안 됩니다. 그런데 이제 소식은 관직 밖에 있을 때에만 군주를 잊어서는 안 된다고 말하고 있습니다."

한편 이정은 네 가지 이유에서 동파가 죽어 마땅하다고 주장하였다. 그는 다음과 같은 말로써 그의 표장의 서두로 삼고 있다. "소동파란 자는 천박한 선비에 불과한데 우연히 명성을 얻게 되었고, 또 어쩌다 요행히 특별시험에 합격하여 관직을 받는 은혜를 입은 자입니다." 이정은 계속해서 말하기를, 소동파는 높은 관직을 얻고자 하는 욕심에서 일부러 짓궂게 집권층을 중상하여 개인의 사소한 불만을 터뜨리고 있는 것이라고 하였다. 그가 죽어 마땅한 또 하나의 이유로서는, 폐하께서 그가 개심하기를 바라며 오랫동안 참아주셨음에도 불구하고 동파가 경고를 받아들이지 않았다는 것이다. 또 하나의 이유는 소동파의 시문(詩文)이 얼토당토 않은 것임에도 불구하고, 온 나라에 지대한 영향력을 끼치고 있다는 점이라고 하였다. "관직상 국법을 수호하는 자로서, 신은 그러한 죄과들을 묵과해 지나칠 수 없습니다. 신이 바라옵기는, 폐하께서 현명하신 판단을 내리시어 법을 이행하셔야 한다고 생각합니다. 그리하여 이렇게 풍기를 문란케 하는 악영향을 막으시어, 국가를 위해 맡은 바 소임을 다하는 충성되고 신실한 관리들을 고무시켜 주셔야 될 줄로 사려됩니다. 그리하여 올바른 자와 악한 자들을 명확하게 구분하신다면 풍속은 자연히 순화되리라 믿습니다."[16]

  심문은 8월 20일에 시작되었다. 피고는 그가 44세(서양식으로 계산하
면 42세임)라고 진술하는 동시에 조상과 본적, 여러 시험에 급제했을 당
시의 나이, 역임했던 여러 관직의 직위 등을 상술하였다. 그런 후에 그가
추천했던 사람들의 명단을 열거했다. 왜냐하면 어느 한 관리가 좋은 사
람을 관리로 추천했느냐 아니면 좋지 못한 자를 관리로 추천했느냐는,
그의 정치적 공로를 평가하는 하나의 요인이 되었기 때문이었다. 관직
경력 가운데 그는 두 번 과실을 범했노라고 진술했다. 한 번은 봉상(鳳
翔)의 첨판을 지낼 때, 상사인 태수와 불화하여 일찍이 관청의 중원절(中
元節) 식전에 참가하지 않은 죄로, 여덟 근의 구리[銅]를 벌금으로 물은
일이 있었다. 또 한 번은 항주에 있을 때, 한 말단 관리가 공금을 착복하
였는데 동파가 제때에 보고하지 못한 죄로 구리 여덟 근의 벌금 처벌을
받았다. 이 외에는 그의 관직 경력에서 별로 탓할 바가 없었다.
  맨 먼저 동파는 그가 항주 부근의 여러 마을을 방문하였을 때 농민들
이 소금간 없이 음식을 먹는 것과, 농민들에게 빌려주는 대관(貸款)을 정
부가 오용한 데 대해 비판한 내용의 시들을 썼으며, 또 탄핵문 안에 언급
된 몇몇 다른 시편들도 이때에 쓴 것임을 인정하였다. 그는 기타 자신이
조정을 비판하는 저작을 쓴 것이 있었는지 생각나지 않았다. 그래서 처
음 며칠 동안은 그가 조정을 풍자하는 시들을 친구들에게 써 보낸 적이
없으며, 따라서 무죄임을 계속 주장하였었다. 이는 우선 무엇이 '조정을
중상한 것'이고, 무엇이 '악의에 찬 공격'인지에 대한 개념부터 먼저 설
정되어야 할 문제였다. 그러나 3월 30일경에 동파는 자신이 유죄라고 인
정하기로 작정하였다. 그리하여 자신이 조정에 대한 풍자적인 시들을 써
서 친구들과 교환했었음을 인정하였다. 아무튼 그는 '그런 사실을 은폐
하려고 했던 것은 아님'을 밝혔다. 사실상 이런 문제는 해석하기 나름의
문제였기 때문이다. 심리과정 가운데 명령대로 그는 인정구술서에 서명
했다.

신은 여러 관직을 역임한 이래로 빠른 승진을 해본 적이 없습니다. 신정(新政)이 실시되는 동안에는 저와 의견을 달리하는 대부분의 신진인사들이 승진했습니다. 그러므로 저는 신정에 대해 비판 항거하는 시문을 지어, 혹시라도 많은 사람들이 저의 이런 시문을 읽고, 제 견해에 동조해 주기를 바랐습니다.[17]

이 사건에 관련된 소동파의 친구는 모두 39명이나 되었다. 그리고 조사대상으로 지목되어 심문에 넘겨진 시만도 100여 편이 넘었고, 모든 시의 작자들은 시작 의도를 일일이 설명하도록 강요받았다. 소동파는 그의 시 전반에 걸쳐, 고적(古籍) 가운데에서 엄선한 문장들과 많은 문학적 또는 역사적 전고(典故)들을 사용하고 있다. 오히려 이 사건의 심문기록이 있음으로 해서 다행히 우리는 작자 자신이 그의 글 가운데 여러 구절에 대해서 설명해 놓은 것들을 읽을 수 있다. 이런 시들 가운데 일부는 본래 의도를 잘 알 수 없게 고도의 기술로 주제를 애매모호하게 감추고 있어서, 작자가 인용한 역사적 전고를 이해하는 사람만이 겨우 그 시가 이야기하고자 하는 것을 이해할 수 있다. 나는 이제껏 전고가 있는 시들을 되도록 피하고 소개하지 않았었다. 왜냐하면 이런 시들의 문학적 은유나 역사적 인용 등에 대해서는 따로 설명을 요하므로 독자들에게 많은 부담을 주기 때문이었다. 그러한 전고에 대해 현학적(衒學的)인 설명을 열거해 보이기는 별로 어려운 문제가 안 된다. 왜냐하면 수세기 동안 동파 시의 주석가들이 문구 가운데 인용한 역사서의 원문이나 당시(唐詩) 등을 부지런히 찾아내어 세상에 알려 놓았기 때문이다.

동파에게 내려진 죄목 가운데에는 억지로 꾸며댄 것들이 있었다. 가장 흥미를 끄는 것은, 그가 오래된 두 그루의 회나무[檜樹]에 대해 묘사해 놓은 율시에 대한 억지 해석이다. "나무들의 뒤틀린 뿌리는 오로지 칩거한 용만이 알고 있는 구천(九泉)에까지 뿌리를 내린다"(根到九泉無曲處, 世間惟有蟄龍知)란 시구는 황제를 일방적으로 모욕한 시로 간주되었다. 왜냐하면 용은 보통 제국에 현재 군림하고 있는 통치자를 상징하기 때문에

'하늘의 용'이라고 언급할 수는 있어도 '구천에 칩거한 용'이라고 해서는 안 된다는 것이었다. 또 한 수의 모란을 읊은 시가 있었는데, 이 시에서 시인은 같은 종자의 모란이라도 그처럼 다양한 모습을 창출하는 자연의 불가사의한 솜씨에 대해 감탄해 마지않고 있다. 그런데 판관들은 이 시를 새로운 형태의 조세제도를 고안해 낸 집권층 인사들의 과세 고안 솜씨를 동파가 교묘하게 돌려 표현한 것으로 해석했다. 또 〈후기국부〉(後杞菊賦)의 서문에서 그는 이 기국의 쓴 씨앗을 먹노라고 말하고 있는데, 이는 바로 그 지역의 빈곤한 관원들의 박봉을 직접적으로 풍자한 것이라고 해석되었다. 맹인이 태양에 대해 논한 우화[日喩]는, 왕안석의 주석서인 《삼경신의》(三經新義) 외에는 공자의 유가철학에 대해 아무것도 알지 못하고 있는 수험생 선비들의 무지를 풍자한 것으로 받아들여졌다.

어쨌든 피고는 그의 대부분 시에서 신정 조치를 비판하고 있음을 솔직하게 인정했다. 그의 시문의 어조에는 분노와 실망을 역력히 드러내고 있었으므로, 현정권에 대해 날카로운 비평을 하고 있다는 혐의로 유죄를 선고받기에 충분했다.

그의 친구인 부마 왕선에게 보낸 시 가운데에는, 그는 가만히 앉아서 "수감자들이 매맞고 지르는 비명을 듣는다"(鞭箠環呻呼)라고 쓴 구절이 있었다. 또 "흉년에는 도망하는 자들을 고향으로 되돌려 보낼 방도가 없다"(歲荒無術歸亡逋)고 읊었는데, 도망자들은 빚에 쪼들려 고향을 떠나 유랑해야만 했던 것이다. 또 어떤 시에서는 "호랑이 모습을 그리기 어렵네"(虎難摹)라고 한 적이 있는데, 호랑이는 보통 혹독한 정치를 상징한다. 그의 친구 이상에게 쓴 시에서는, 밀주에 있을 때 길가에 버려진 남녀 어른과 아이들의 시체를 그가 직접 목격했던 일을 묘사하여 "성벽을 따라가면서 눈물 뿌리며 버려진 시체를 묻는다"(洒涕循城拾棄孩)고 읊었다. 그러므로 이 지방 군(郡)의 장관이 된 자신으로서는 "기쁜 일이라곤 극히 적다"(爲郡鮮歡)고 읊고 있다. 또 손각에게 보낸 시 가운데 피차 정치에 대해 논하지 말자고 한 구절이 있었다. 그들은 함께 저녁을 먹으면서 누구든 정치에 대해 먼저 언급한 사람은 벌주 한잔을 받기로 했었노라고 동파는 고백하고 있다. 문장으로서는 대가였으나 관직은 말단이었던 증공(曾鞏)에게 보낸 시에서는, "언제고 늘 시끄럽게 울어대고 있는 듯한 매미들"(聒耳如蜩蟬) 같은 정객들의 소란을 염오한다고 말했었다. 장방평에게 보낸 시에서는, 조정을 "매미들이 공중에서 떠들어대고 있는 황폐한 숲"(荒林蜩蛻亂)에다 비유하고, 또 "황폐한 못에는 개구리 울음소리로 소란하다"(遂癈沼蛙蜩遙)고 하였다. 그래서 그는 "손으로 두 귀를 가리고 싶다"(癈欲掩兩耳)고 말하고 있다. 범진에게 보낸 시에서는 노골적으로 "소인"(小人)이라고 말하고 있다. 우리는 앞서 그가 주빈에게 보낸 시 가운데 실권파를 밤올빼미에다 비유했던 것을 본 바 있다. 또 항주에서 해일을 보며 쓴 시에서 그는 만약에 동해(東海)가 성군(聖君)의 의향을 알았다면 "소금밭이 뽕밭으로 변했으리라"(應敎斥鹵變桑田)고 하였다.

절친한 친구 유서(劉恕)가 파직되어 경사를 떠날 때, 동파는 그에게 두 수의 시를 써주었었다. 이 시들을 자세히 살펴보면, 관리들이 분개해 마지않았던 점들을 더 잘 이해할 수 있을 것이고, 또 대부분의 동파 시 뒤에 깔려 있는 숨겨진 의미를 이해하는 데 도움이 될 것이다. 그는 이 시에서 이렇게 말하고 있다.

> 태평시에 어찌 감히 불평을 토하랴.
> 단지 내 도(道)가 그대 따라 동쪽을 향함을 탄식할 뿐.
> 그대와 이야기만 주고받아도 족히 회남강(淮南江)을 두렵게 할 수 있거늘.
> 그대 돌아간 뒤에야 비로소 기북(冀北)이 비었음을 알겠네.
> 외로운 학이여 굳이 한밤중에 위급함을 알릴 것 없네.
> 어차피 까마귀의 자웅(雌雄)은 가리기 어려우니.
> (敢向淸時怨不容, 直嗟吾道與君東. 坐談足使淮南懼, 歸去方知冀北空. 獨鶴不須驚夜旦, 羣烏未可辨雌雄.)

이 시에서 동파는 이 친구의 대단한 숭배자로서, 친구가 결코 불만을 토로하지 않는 점을 공자에 비견하여 말하고 있다. 두 번째 구절에서는 동한시대의 위대한 경학가[馬融]가 그의 제자[鄭玄]를 동편으로 보낸다는 고사에 대해 언급하고 있다. 셋째 구에서는 회남왕(淮南王)의 반란 음모를 평정한 용감하고 훌륭한 관리[汲黯]에 대해 언급하고 있다. 네 번째 구에서는 고대 경전 가운데 한 문구를 인용하고 있다. 즉 준마(駿馬)는 북쪽의 기(冀)지역(지금의 河北)에서 출산되는 말이라는 것에 뒤이어, 당대 한유(韓愈)가 지은 송별시(送別詩)에서 그의 친구가 떠난 후로 기북(冀北)에는 좋은 말들이 하나도 남지 않았다고 말한 구절을 인용하고 있다. 곧 이 구절들은 모두 조정 안에 이제는 충신이 하나도 남지 않았음을 뜻한 것이었다. 다섯 번째 구절에 "외로운 학"(獨鶴) 역시 전고가 있는 구절로서, 걸출한 인물이 소인배 집단에 끼여 있는 것을 학 한 마리가 닭이나 오리를 키우는 뜰에 홀로 서 있는 것[群鷄一鶴]에다 비유하고 있다. 즉 현재 조정에 있는 무리들은 바로 보통 가금(家禽)과 다를 바 없음을 암시하면서, 한편 한밤중에 우는 것이 외로운 학의 임무임을 암시하고 있다. 마지막 구절은 더욱 모욕적이다. 여기서는 《시경》에 나오는 "모든 사람들이 자신이 성인이라 하나, 어느 누가 새의 자웅(雌雄)을 구별할 수 있단 말인가?"(俱曰予聖, 誰識鳥之雌雄)란 두 구절을 인용한 것이었다. 뜻인즉 조정에는 한떼의 까마귀가 있을 뿐이어서 그 가운데에서 무슨 좋고 나쁜 것을 구별해 낼 것이 없음을 암시하고 있다.

같은 친구에게 보낸 두 번째 풍자시에서 동파는 이렇게 쓰고 있다.

> 인의(仁義)가 출세의 첩경이 되고, 시서(詩書)가 디딤돌이 되네.
> 그들은 서로 자기 예대(禮帶)를 들먹여 뽐내며,
> 보리의 찬란한 푸른 빛을 노래한다.
> 썩은 쥐새끼들은 그대의 뽐냄에 놀라와 마지않지만,
> 높이 나는 두루미는 구름 속으로 몸을 감춘다.
> 미친 듯한 나를 굳이 깨우칠 필요 없네,
> 술이 다하면 자연 깨어날 것을.
> （仁義大捷徑, 詩書一旅亭. 相誇綬若若, 猶誦麥靑靑. 腐鼠何勞嚇, 高鴻本自冥. 顚狂不用喚, 酒盡漸須醒.）

앞의 세 시구는 위선적인 학자들이 인의(仁義)를 들먹여 관직의 승진 수단으로 삼고, 또 그들의 관료적인 허식을 뽐내는 수단의 하나로 여기는 것을 풍자한 것이다. 소동파 말에 의하면, "보리의 찬란한 푸른 빛"(麥靑靑)은 《장자》 가운데 실린 시를 인용한 것이라고 한다. 이 시는 고관대작들이 생전에는 영화를 좇아 헤매고, 죽어서는 입에 진주를 물고 매장되지만, 머지않아 묘지조차 곧 보리밭으로 변하고 만다는 내용이다. 다섯 번째 구도 《장자》에서 인용한 것이다. 국왕이 사신을 보내 장자에게 고위직을 내렸으나 장자는 이를 받아들이지 않고, 사신에게 다음과 같은 고사를 이야기했다고 한다. "죽은 고기만 골라 먹는 까마귀가 있었는데, 마침 이 까마귀는 죽은 쥐의 썩은 고기를 나무에서 포식을 하고 있는 참이었다. 한 두루미(이는 결백한 선비로 지금은 정계를 떠난 사람을 상징함)가 우연히 까마귀 곁을 날아가게 되었는데, 까마귀는 그 두루미가 자기의 썩은 쥐고기를 빼앗아가려는 줄 오해하고서, 깍깍 짖으며 두루미를 쫓아버리려 했다. 그러나 이 고상한 새는 까마귀 따위는 아랑곳하지 않고 유유히 구름 속으로 날아갔다." 이 이야기의 교훈을 가지고 동파는 당시 정치인들 사이의 치열한 권력다툼을 빗대어 경멸하고 있는 것이다.[18]

내 생각에는 당시 자작시로 인해 체포 구금된 사실을, 동파는 어쩌면 더 잘 됐다고 생각했을지도 모른다는 느낌이 든다. 그는 아마도 조정에서 이러한 문학 전고들에 대해 설명하는 기회를 통해, 조정대신들에게 한바탕 훈계할 수 있었음을 기뻐했을지도 모른다.

그러므로 동파가 조정을 모욕했다는 죄목은 성립되고도 남았다. 그는 집권층에 있는 사람들을 시끄러운 개구리떼 또는 매미, 올빼미, 썩은 쥐고기를 먹는 까마귀, 양계장의 가금류 따위에다 비유하고 있다. 더더욱 모욕적이었던 것은 외모가 사람과 흡사한 "목욕시킨 후 관(冠)을 씌운 원숭이"(沐猴而冠)를 인용한 대목이었다. 요컨대 동파는 서단이나 이정과 같은 무리를 사람으로 취급하지 않았으므로, 서단과 이정도 동파를 좋게 볼 리가 만무했다.

10월 초순경에 심문이 종결되고 진술서는 황제께 제출되었다. 많은 사람들이 이 사건에 연루되었는데, 부마인 왕선도 여기에 끼였다. 심문 가운데, 특히 그는 동파와 많은 예물과 시를 주고받았음이 드러났다. 황제는 명령을 내려 소동파와 시문을 교환한 사람들은 그들이 갖고 있는 시문 모두를 법정에 제출하여 조사를 받도록 하라고 명하였다.

이러는 동안에 동파를 늘 지지해 주었던 인종태후(仁宗太后)가 병으로 사망했다. 그녀는 돌아가기 전에 황제에게 이렇게 말하였다. "소씨(蘇氏) 형제가 진사에 나란히 급제하던 날, 선제(先帝)이신 인종 황제께서는 장래의 재상감을 찾아내 후세에 물려주게 되어서 무척 기쁘다고 가족들에게 말씀하셨던 일이 생각납니다. 요사이 듣자 하니, 소식이 시문(詩文)으로 인하여 탄핵받아 심문을 받고 있다는데, 이는 아마도 소인배들이 그를 모함해 꾸민 농간일 것입니다. 그들이 소식의 정치적 경력 가운데서 아무 하자도 찾아내지 못하자, 그의 시문을 가지고 죄를 뒤집어씌우려는 것이 아니고 무엇이겠습니까? 공소하기에는 너무나 사소한 문제에 불과하다고 여기지 않으십니까? 모든 것을 없었던 일로 돌릴 수는 없겠지만, 무고한 자를 처벌하셔서는 안 됩니다. 하늘이 노하실 것입니다." 이것이 곧 태후의 유언인 셈이었다.[19]

10월 말경에 판관들은 이 사건 전말을 요약하여 황제께 올렸다. 태후의 장례로 인하여 이 사건은 오랫동안 미결된 채로 남아 있었다. 한편 소동파는 옥중에서 판결 결과에 따라 자신의 운명이 결정되기를 기다리는 동안, 좀 경이로운 사건을 겪었다.

그로부터 몇 년이 지난 후에 동파는 이 사건에 대해 그의 친구에게 이렇게 말했다. "심문이 종결된 후, 어느날 저녁 점호도 모두 끝나 막 잠자리에 들려고 하는데 갑자기 한 사내가 내 방으로 불쑥 들어오는 것을 봤다네. 그 사내는 아무 말도 없이 작은 상자를 바닥에 던져 놓더니, 그것을 베개 삼아 땅바닥에 드러눕더군. 나는 죄수 하나가 새로 들어온 것이려니 생각하고, 그 사내를 내버려둔 채 잠이 들었지. 경루가 넉 점을 알릴 때쯤(새벽 3시경) 나는 누군가가 내 침대로 와서 흔들어 깨우는 걸 느

졌다네. 그래 바라보니 바로 그 사내가 나에게 '축하합니다'라고 말하는
게 아닌가. 나는 몸을 돌려 대체 무슨 영문이냐고 그에게 물었지. 그러자
그 사내는 '아무 염려 마시고, 잠이나 편안히 주무시오'라고 하고는 그
작은 상자를 가지고 다시 방을 빠져나가 버렸다네. 알 수 없는 노릇이야.
본래 내가 처음 심문받을 당시 서단 등의 무리들은 황제를 설득하여 나
를 죽일 궁리를 했었는데, 폐하께서는 차마 나를 죽일 수 없으셔서 몰래
궁의 시종을 옥중에 보내 나를 지켜보게 하신 것 같네. 이 궁복(宮僕)이
막 감옥에 들어와 보니, 내가 깊은 잠에 들어 천둥같이 코를 고는 것을
보고, 곧장 폐하께 달려가 내가 아무 걱정 없이 태평하게 잠자고 있다고
보고한 모양이야. 그 후 폐하께서는 조신(朝臣)들에게 말하길, '내 이미
소식에겐 마음에 거리낄 것이 하나도 없다는 것을 알고 있었지'라고 하
셨다네. 이로 인해서 내가 나중에 사면되어 황주(黃州)로 보내지게 된 걸
세."[20]

보통 국상 중에는 대사면이 베풀어지는 것이 관례였다. 법적으로나 관
습적으로나 동파는 당연히 죄과를 감면받을 만했다. 그러나 어사들에게
는 이 기회에 사건에 연루된 반대파 일당을 일망타진하려고 온갖 심혈을
기울였던 것이 모두 수포로 돌아감을 의미하는 것이었다. 이정과 사단은
사태가 이렇게 돌아가는 것을 지극히 우려하여, 이정은 피고들에 대한
정상참작이나 어떤 특사 등도 있어서는 안 된다고 강력하게 주장했다.
한편 서단은 한술 더 떠서, 소동파의 친구인 사마광, 범진, 장방평, 이
상, 손각 등 이들 다섯 명도 모두 사형에 처해야 한다고 주장했다.

당시 부재상이던 왕규(王珪)는 어사들의 위협을 받고, 어느날 갑자기
엉뚱하게 다음과 같이 황제께 아뢰었다.

"소식은 반역을 음모했었습니다." 이에 황제는 놀라 말하기를, "그가
다소 불경죄를 저지르긴 했으나, 모반을 꾀한 것은 아닐 거요. 경은 어째
서 그렇게 말하는가?"

그러자 왕규는 동파의 두 그루의 회나무[檜樹]에 대한 시를 예로 들어,
시구 가운데 '구천(九泉)의 칩룡(蟄龍)'이란 바로 누군가 황제가 되려 함

을 암시하는 것으로, 장차 세상에 그 정체를 드러낼지도 모름을 의미한다
고 말하였다. 그러나 황제는 다만 이렇게 대답할 뿐이었다. "경은 그런
식으로 시를 읽어서는 안 되오. 동파는 다만 회나무에 대해 읊은 것뿐이
오. 그것이 짐과 무슨 상관이 있단 말이오?" 그제서야 왕규는 묵묵부답이
었다. 그때까지만 해도 동파의 친구였던 장돈(張惇)은 동파를 변호하여
이르기를 '용'은 군주를 상징하기도 하지만 대신을 가리킬 수도 있다면서
몇 개의 문학 전고를 들어 그의 주장을 증명해 보였다.[21] 소동파의 친구
들이 제출한 증거물들의 조사가 완결될 즈음, 황제는 자신의 심복을 보내
그 사건을 재조사하게 하였다. 판관의 적요(摘要)에 의거하면, 이런 종류
의 정부비방죄는 귀양이나 2년간의 고된 부역에 처벌하도록 되어 있었
다. 더욱이 소동파의 경우 그가 저지른 불경죄는 좀더 심각하였으므로,
그가 갖고 있던 두 개의 직함도 아울러 취소해야만 한다고 했다. 이것이
이 사건에 대한 법적인 견해였다. 그러나 이렇게 중대한 사건에서 최후의
결정권은 궁극적으로 황제 한 사람에게 놓여 있었다.

12월 29일, 이정과 서단의 기대와는 크게 어긋나게, 궁중 관원은 한구
(漢口) 부근의 황주(黃州)로 폄적(貶謫)한다는 명령을 소동파에게 전달했
다. 동파는 단련부사(團練副使)란 소관직에 임명되었다. 그러나 제한구역
을 벗어날 수 없다는 조건이 달려 있었고 또한 공문을 비준할 권한도 없
었다.

이 사건에 연루된 사람 가운데 세 사람이 비교적 엄한 처벌을 받았다.
부마인 왕선은 동파에게 공무상의 기밀을 누설한 죄에 동파와 줄곧 예물
을 주고받았다는 죄목이 부과되었다. 더욱이 황제 친족의 일원으로서 그
러한 불경스러운 시들을 갖고 있으면서도 보고하지 않았다는 죄로 그의
모든 직함과 작위를 박탈당하였다. 또 한 사람은 왕공(王鞏)이었는데, 사
실상 그는 정부를 비방하는 시를 동파에게서 받은 적도 없었으므로 확실
히 그는 이 사건의 희생자였다. 아마도 어사들이 사적인 이유에서 이 사
건을 빌미로 그를 처벌하려 했던 것 같다. 이 사건이 지난 몇 년 후에도,
동파는 왕공이 자기 때문에 처벌되었다고 말하곤 하였다. 본래 호사스러

운 생활에 젖어 있던 왕공에게 멀리 서남단에서의 귀양살이가 얼마나 고
통스러웠을지는 가히 짐작할 만하다. 세 번째는 바로 자유였다. 그는 황
제께 상소를 올려, 자신의 모든 직함을 박탈하는 대신 형을 사면시켜 줄
것을 청하였었다. 진술서 가운데 자유가 형으로부터 정부를 극렬히 비방
하는 시를 받았다는 혐의는 없었다. 그러나 동파와 친족이었으므로 직위
가 강등되어 고안(高安)으로 보내졌다. 고안은 동파가 안치된 곳으로부
터 약 160마일 가량 떨어져 있는 곳으로서, 자유는 그곳에서 감균주염주
무(監筠州鹽酒務)직을 맡았다.

　이 밖에도 장방평과 또 다른 대관[李淸臣] 한 사람도 각기 벌금으로 구
리 30근에 처벌되었다. 한편 사마광, 범진 등 18명의 동파 친구들에게도
각기 벌금으로 구리 20근이 과해졌다.[22]

　소동파는 그해 제석(除夕)에 출옥하였는데, 구금된 지 넉 달 열이틀 만
이었다. 동성가(東城街) 북쪽으로 난 옥문을 나오면서, 동파는 잠시 걸음
을 멈추고, 공기를 힘껏 들여마셨다. 얼굴에 스쳐오는 산들바람이며, 사
방에서 들려오는 사람들의 떠드는 소리가 들렸고, 거리에는 말탄 행인들
이 왔다갔다하는 것이 보였다.

　동파는 석방된 바로 그날, 두 수의 시를 또 썼다. 정말이지 동파가 살
아 있는 한, 그로 하여금 시를 쓰지 못하게 할 수는 없는 노릇이었다. 이
때 지은 시에서 말하기를, "술잔을 대함이 마치 꿈 같다"(却對酒杯渾似夢)
고 하고, 또 자신은 "시 짓는 붓을 잡자마자 벌써 시적 영감에 빠져듦을
느낀다"(試拈詩筆已如神)고 하였다.

　　평생 글로 인해 괴로움을 당하여 오다가,
　　이제까지의 허명(虛名)이 좀 누그러질 일을 당한 것이 내겐 오히려
　　잘된 일이다.
　　내 이제 새옹지마(塞翁之馬)의 교훈 더욱 새롭게 느끼노니,
　　투계(鬪鷄)로 총애받던 성동(城東)의 젊은 광대도 이젠 잊혀진 지 오
　　래네.
　　　(平生文字爲吾累, 此去聲名不厭低. 塞上縱歸他日馬, 城東不鬪少年鷄.)

그는 또다시 물 흐르듯이 시를 써내려갔다. 만약 이 두 수의 시 가운데 적어도 두 구절 정도만이라도, 전의 그 기소자의 엄한 검열을 받았다면, 마찬가지로 황제께 대한 불경죄로 분명 기소되었을 것이었다. 변새(邊塞)지방의 노인이 말을 잃어버린 고사의 인용 그 자체는 뭐 그리 불경스러울 것이 없다. 이 고사의 내용인즉 말을 잃었다고 해서 꼭 운이 나쁘다고 할 수도 없고, 또 잃었던 말을 다시 찾았다 해서 꼭 운이 좋다고 볼 수도 없다는 내용의 우화이다. 바꿔 말하면, 사람이 어떤 상황에 처했을 때 당장의 근시안적인 안목으로 볼 때는 좋은 운수로, 또는 나쁜 운수로 볼 수 있겠으나 그 궁극적인 결과는 아무도 알 수 없음을 의미한 것이다. 그런데 그 아래 구절에 나오는 "소년계"(少年鷄)는 가창(賈昌)이란 인물에 대한 고사를 인용한 것이다. 가창이란 자는 그의 노년에 사람들에게 말하기를 자신이 소시적에 한때 투계(鬪鷄)로 당황제(唐皇帝)의 총애를 받아, 황제께서 자신을 궁정 광대로 대우해 줬었노라고 하였다. 동파가 이 고사로써 빗대어 뜻하는 바는 조정의 신하들이 곧 이런 광대들에 상당한다고 본 것으로 이는 매우 모욕적인 표현이었다. 또 한 구절에서는 "봉록을 훔쳤다"(竊祿)고 말하고 있는데, 이는 자신이 자격 부족임에도 불구하고 관직을 차고 앉았음을 뜻한 말이었다. 그런데 이 말은 한 대학자[孔融]가 조조(曹操)에게 보내는 서신 가운데에서 사용되었던 단어였다. 조조는 일반적으로 대위선자요, 간웅(姦雄)으로 알려져 있다.

소동파는 이 시를 끝맺으면서, 붓을 내던지며 이렇게 말했다. "아! 정말 나도 구제불능이로군."

제3편
성　숙 (1080~1093)

제 15 장
동파거사(東坡居士)

　이제 소동파는 필요에 의해 농부가 되었고, 또 본래의 기질과 성향을 좇아 은자(隱者)가 되었다. 이제까지는 교제·교양·학문, 경사(經史)의 연구, 그리고 외부적인 의무와 책임 등으로 자신의 진정한 면모를 제대로 드러내지 못했었다. 이러한 시대와 관습의 올가미를 벗겨내자, 이제 그의 진면모가 드러났다. 소동파는 마치 물 만난 물개처럼 백성들 속으로 돌아갔다. 어찌됐든 육지에서 꼬리와 지느러미를 끌고 다니는 물개는 얼치기일 테니까. 생계를 스스로 꾸려 나가는 농부로서 동파의 모습은 더욱 호감이 가고도 남는다. 중국인들은 농부의 모자를 뒤집어쓰고 밭을 갈거나, 전원풍의 언덕에 기대 서 있는 시인을 낭만적으로 묘사하기를 좋아한다. 게다가 혹 그가 훌륭한 시라도 지어가면서 소뿔을 두드리며 시간을 보낸다거나, 또 한술 더 떠서 이따금씩 술에 취하여 성벽에 기어 올라가 달빛 아래를 배회하기라도 하면 더더욱 그에게 호감을 갖는다. 이제 동파는 자연의 위대한 한량이 되었다. 어쩌면 자연이 사람을 이렇게 만드는지도 모를 일이다.

　1080년 1월 1일, 동파는 이제 스물한 살된 맏아들 매(邁)와 함께 수도 장안을 떠나 황주(黃州) 귀양지로 향했다. 가족들은 잠시 아우네 가족과 함께 좀더 있다가 뒤이어 그를 좇아오게 하고, 그는 서둘러 육로를 따라 떠났다. 가련한 자유(子由)는 자신의 대가족(딸 일곱, 아들 셋에 두 명의 사위가 있었음)을 거느리고 구강(九江) 남쪽으로 수백 리나 떨어져 있는 고안(高安)으로 부임해야 했는데, 여기다가 형의 가족까지 돌보게 되었던 것이다. 감염주무(監鹽酒務)란 생각보다 훨씬 좋지 못한 직책으로, 말하자면 국유 주점의 관리인에 불과한 것이었다. 수개월 동안의 항해 끝에 자유는 구강에 도착하였다. 자신의 가족은 그곳에서 기다리도록 해놓고, 그는 다시 형수와 형의 첩 조운(朝雲), 어린 두 조카를 데리고 양자강을 거슬러올라 형이 있는 곳으로 갔다. 동파는 1월 1일에 황주에 도착해 있었고, 가족은 3월 29일에야 도착했다.

황주(黃州)는 한구(漢口)로부터 약 60마일 가량 밑에 위치한 작고 가난한 지역이었다. 가족이 도착하기를 기다리는 동안 동파는 정혜원(定惠院)이란 절에서 머물렀다. 이 정혜원은 강으로부터 멀리 떨어져, 숲이 빽빽이 들어선 산 언덕배기에 자리잡고 있었다. 그의 잘 알려진 시 가운데서 이르길, 그는 불승들과 식사를 같이 하였으며 점심이나 저녁을 든 후에는 해당화 아래에서 산책하곤 하였노라고 당시 생활에 대해 읊고 있다.[1] 그가 황주에 도착한 지 얼마 안 되어 곧 그의 주변에는 적지않은 친구들이 모여들었다. 황주 지방의 서태수(徐太守)는 그에게 아주 극진하여 가끔 술자리에 초대하곤 했다. 양자강 건너편 무창(武昌)의 주태수[朱壽昌]도 늘 술과 음식을 보내왔다. 어느 비 오는 날에 늦잠에서 깨어난 동파는 저녁 무렵 홀로 산책을 나와 동산(東山) 기슭을 이리저리 거닐며, 절이나 남의 집 정원, 맑은 시내 등으로 두루 돌아다녔다. 친구가 찾아오면, 어떤 때는 함께 양자강가의 산림지역을 두루 유람하였다. 황주는 산이 많은 구릉지역으로서 산촌 풍경은 그림처럼 아름다웠다. 양자강 남쪽 기슭에는 주위의 큰 호수와 물줄기에 둘리운 높은 반산(礬山)이 평원 위에 우뚝 솟아 있었다.[2]

죽을 뻔하다 겨우 살아난 동파는 정신적으로 큰 충격을 받은 터였으므로, 되도록이면 침묵을 지키며 지냈다. 그는 이즈음 인생에 대해 새삼 곰곰이 숙고하기 시작했다. 6월에 지은 아우를 송별하는 시[3] 가운데서, 자신의 생명은 마치 맷돌 아래 기어다니는 작은 개미와 같고 회오리바람에 날리는 새털과도 같다고 표현하고 있다. 동파는 자신의 성격에 대해서도 깊이 반성하며, 어떻게 하면 마음의 평화를 찾을 것인가 궁리하기 시작했다. 한편 신앙심도 점점 돈독해졌다. 〈안국사기〉(安國寺記)에서 그는 이렇게 말하고 있다.

2월에 나는 황주 귀양지에 도착하여 숙식(宿食)문제가 대충 해결된 후로는, 문을 닫아걸고 외부와의 관계를 끊고, 내 놀란 혼백을 가다듬기 시작했다. 그리하여 앞으로 새 삶을 어떻게 꾸려 나갈 것인지 깊이 생각하였다. 난 여태까지 충동적으로 행동하고, 중용의 도리를 지키지 못했었다. 지금의 이 지경에 이르게 한 사건만을 두고 얘기하는 것은 아니다. 사람은 한 가지 잘못을 되잡으려다 보면, 자연 또 다른 여러 잘못들도 발견하게 되게 마련이다. 이제 나는 어디서부터 시작해 더듬어 찾아가야 할지조차 막연하다. 난 이렇게 내 스스로에게 타이른다. "나는 도(道)로써 나의 일시적 충동[氣]들을 조정하지도 못하고, 자명한 도리로써 나의 습성들을 이겨내지도 못해왔다. 내 정신상태를 뿌리째 쇄신하지 않고서는 이런 습성들을 고쳐봤자 일시적인 것에 그치고 만다. 깨끗이 새 출발하기 위해서 불도(佛道)에 헌신함이 좋지 않겠는가." 나는 마침 성 남쪽의 안국사(安國寺)란 조용하고도 아름다운 곳을 찾아냈다. 이 절은 키 큰 나무들과 대나무에 둘러싸여 있고, 주위에는 못과 정자들이 있다. 사흘마다 나는 그곳에 가서 향을 피우고 조용히 명상에 잠기곤 한다. 그곳에서 나는 자아(自我)와 무아(無我)의 경계까지도 망각할 수 있어, 아주 깨끗하게 빈 마음이 된다. 일단 이런 상태에 이르면, 물질세계의 어떤 잡념들도 마음에 떠오르지 않는다. 한번 이런 청정(淸淨)한 경지에 이르면, 지각은 저절로 희미해진다. 왜냐하면 이런 감각인식력이 발붙일 곳이 없어지기 때문이다. 그런 다음에는, 나의 안과 밖이 완전히 하나로 일치하는 데에서 오는 무한한 기쁨을 경험하게 된다.……[4]

이러한 종교적 몰입에의 충동과는 상반되게, 동파의 의식 저 깊은 곳에 깔려 있는 유교적 가르침은 그를 또 다른 방향으로 잡아끌었다. 사람이 종교에서 평안을 찾을 수 있음은 부인할 수 없는 사실이다. 그렇다고 불교의 가르침이 모두 옳다면, 삶은 한낱 허망한 환상에 불과한 것이란 말인가? 만약 사람들이 모두 사회를 아주 떠나버린다면 인간은 곧 멸종할 것이고, 그러면 모든 번뇌도 자연 사라지리라. 동파는 허공무아(虛空無我)의 경지에 이르러 모든 인간적 집착에서 벗어나려는 불가적 목표와, 그리고 동포에 대한 사랑을 근간으로 하는 좀더 현실적인 유가적 교훈 사이에서 끝없는 갈등을 겪었다. 궁극적으로 해탈의 문제는 정신적으로 조화를 이루어야만 가능한 것으로, 이런 조화에 이른 상태에서는 비속한 본능도 고귀한 품성으로 변화시킬 수 있다. 만약 어떤 사람이 수양(修養)을 통해서 이러한 정신적 조화를 이룩할 수 있다면, 해탈을 구하기 위해 군이 속세를 떠나지 않아도 될 것이다.

예를 들어, 속세에서도 악과 선의 투쟁이란 문제가 있다. 신유가였던 주희(朱熹)는 동파가 출옥 당시 썼던 두 수의 시에는 자신을 반성하고, 새 삶을 다시 시작하겠다는 의도가 전혀 보이지 않는다고 평한 바 있다. 위에서 살펴봤던 이 두 수의 시는 이전 소동파의 성품을 그대로 보여주는 듯하다. 문제는 그가 정말 개심을 작정했는가 하는 것이다. 그가 재야에 묻혀 입다물고 잘못된 국정에 대해 일체 아무런 비평도 하지 않고 가만히 있는 것이 개심을 뜻하는 것일까? 이 점에 대해서는 동파와 그다지 친밀하지 않았던 친구들이 보는 견해와, 동파의 절친한 친구들이 보는 견해가 각기 달랐다.

동파는 절친한 친구들에게 보낸 두 통의 편지에서 그의 마음속 깊은 곳에 숨겨진 신념을 내보이고 있다. 하나는 친구 이상(李常)에게 보낸 편지이다. 이상은 동파의 불운을 위로하는 몇 수의 시를 지어 보냈는데, 그 어조가 동파가 보기에 좀 지나치게 다감한 것이었다. 동파는 답신으로 이렇게 쓰고 있다.

어째서 저를 그처럼 동정하십니까? 저는 공(公)께서 고난 중에 더욱

더 용감하시리라 기대했었는데요. 우리 모두가 늙어가고 또 어려운 가운데 있는 것도 사실이긴 하나, 옳은 일을 행하겠다는 뜻은 우리의 골수에까지 사무쳐 있지 않습니까. 살든지 죽든지 어떤 상황에 처하더라도 웃으며 대처할 수 있는 신념을 배우지 않았었소? 만약 공께서 불운으로 좌절해 있는 나를 가엾게 여긴다면, 우리가 배우지 못한 자와 무엇이 다르겠습니까? …… 현재 우리가 어려운 중에 처해 있음을 부인하지 못하나, 만약 우리에게 다시 백성을 복되게 하고 군주께 충성심을 바칠 수 있는 기회가 다시 주어진다면 우리는 일신(一身)의 안위를 개의치 아니하고 진력할 것이오. 화복(禍福)은 조물주의 뜻에 맡길 뿐이지 않소? 이와 같은 이야기는 공이 아니면 내가 누구에게 하겠습니까? 이 서신을 본 연후에 곧 태워버려 주시오. 다른 사람은 이해하지도 못할 테니.[5]

소동파의 문자옥 사건에 연루되어 가장 심한 피해를 입은 왕공(王鞏)은 당시 저 멀리 서남쪽으로 귀양가 있었는데, 동파는 그에게 몇 통의 편지를 써 보냈다. 서신 첫머리에서 동파는 자기로 인하여 왕공이 연루되어 피해를 입은 데 대한 유감스러움을 표하고, 뒤이어 자신은 왕공의 편지를 받아본 후 왕공이 도리(道理)로부터 위안을 받고 있음을 알았노라고 적고 있다.

이제 나는 진정으로 그대의 온화한 성품을 알았소이다. 바라기는, 늙어 머리 희끗희끗하게 세어서 우리가 다시 만날 때에, 제가 그대의 친구 축에 끼일 수 있기를 희망할 뿐입니다.

(知公眞可人. 而不肖他日猶得以衰顏白髮, 厠賓客之末也.)

뒤이어 그는 도가의 장생술(長生術)에 대해 이야기하면서, 그 자신 이를 실험하고 있노라고 아래와 같이 말하고 있다.

최근 들어, 저는 장생의 비결에 대해 어느 정도 납득하게 되었습니다. 요즈음 저를 보는 사람마다 제 신수가 이전에 비해 좀 좋아졌다고들 합니다. 몇 년 후 우리가 다시 만나게 될 때, 당신에겐 제가 신선 같아 보일 겁니다. 또 한림(寒林)과 묵죽(墨竹)을 그리는 데서도 입신(入神)의 경지에 든 것 같습니다. 행서체(行書體)와 초서체(草書體)의 서법도 상당히 늘었습니다. 그런데 시작(詩作)은 전처럼 잘 되지가 않습니다. 무슨 연유인지 모르겠습니다. 우리가 당했던 불운(不運)에 어떻게 대처할 것인가에 대해 썼던 공의 두 통의 편지는 잘 받아 보았습니다. 저는 공의 편지를 읽고 크게 각성했고, 또 한편으로는 상당한 위로를 받았습니다. 그러나 이 점만은 틀림없습니다. 제가 설사 이런 어려움이 닥치리란 것을 미리 알았다 하더라도, 여전히 주저 없이 그처럼 행동했을 겁니다. 두보(杜甫)는 온갖 역경 가운데에도, 단 한시도 나라를 잊은 적이 없었습니다. 이것이 바로 그 많은 시인들 가운데에서 그가 유독 특출할 수 있었던 이유인 듯합니다.[6]

반면 그의 옛 친구였던 장돈(章惇)에게 동파는 좀 다르게 이야기하고 있다. 당시 장돈은 부재상(副宰相)직에 있었는데 그는 동파에게 개심을 촉구하는 편지를 썼다. 이런 친구에게 보낸 회신에서 동파는 참회로 가득 찬 전혀 트집잡힐 것이 없는 이야기만을 썼다. 그래서 이 편지에는 어느 한 군데도 나무랄 데가 없어서 황제께 보여드려도 무방할 정도였다.

공께서 내게 늘 솔직하고도 옳은 충고를 해주었건만, 저는 고집피우며 공의 말을 들으려 하지 않았소. 옥에 갇힌 후, 후회해도 이미 때가 늦어, 이제는 다시 살아날 길이 없으리라고 생각했었습니다. 생각지도 않게 황상께서 너그러이 제 목숨을 살려주시었습니다. 만약 이번에 개심하지 않는다면, 저는 사람도 아니지요. …… 소시적부터 저는 황상으로부터 많은 은혜를 받아왔습니다. 만약 제가 책임감 있게 또 올바로 행동했다면, 오늘날 제가 이곳까지 오지는 않았을 것입니다. 지금에 와서 저의 소행을 되돌아보면, 참으로 잘못했었다는 것을 깨닫습니다. 당시 저는 바다로 마구 뛰어드는 미친 사람과 다를 바 없었습니다. 병이 발작하면 나는 내가 무엇을 하는지도 의식하지 못하였고, 마치 무엇인가가 저를 다그쳐 그렇게 하도록 하는 것 같았습니다. 그러다가 광기(狂氣)가 지나가 버린 뒤에는 후회스러운 마음뿐이었습니다. 제가 개과천심하고

있다는 것을 공께서 믿어 의심치 않으시리라 믿습니다.······[7]

뒤이어 동파는 현재 자신의 생활에 대해 서술하고 있다.

> 황주는 궁핍한 지역입니다. 이곳의 날씨는 가끔 비가 오고, 하늘은 언제나 흐려 있습니다. 하지만 이곳에는 생선·쌀·땔감 등이 값싸서, 저처럼 빈한한 사람이 살기에 안성맞춤입니다. 공께서도 잘 아시다시피, 저는 저축을 해본 적이 없어서 봉록은 받자마자 모두 다 써버리곤 했습니다. 내 아우 자유는 일곱 명의 딸들을 부양해야 하는 데다가, 부채가 산더미처럼 쌓여 있습니다. 그런 가운데도 아우는 제 가족을 이곳으로 데리고 오는 중으로, 언제 도착하게 될지 모르겠습니다. 저는 절에 혼자 살면서 수수한 옷차림에, 음식은 불승들과 함께 채식을 먹고 지냅니다. 지금은 대충대충 살고 있으나, 온 가족이 도착하면 어찌해야 할지 걱정입니다. 궁핍이나 영달, 그리고 잃고 얻음이 모두 각기 제때가 있다는 것을 모르지 않으나, 이제 봉록이 끊기니, 일년도 채 못 되어 굶주리게 될까 봐 걱정됩니다. 하지만 속담에도 이르기를 "물도 계속 흘러가 모이면, 나중에는 운하를 이룬다" 하였으니, 미리 걱정해봤자 무슨 소용이 있겠습니까. 처음 도착해서 딱 한 번 태수를 만난 것 외에는 일체 두문불출한 채로 책조차 별로 읽지 않고 지내며, 이따금 불경을 읽을 따름입니다.[8]

가족이 모두 무사히 도착하고 나자, 생활도 점차 안정되는 것처럼 보였다. 그러나 수중의 돈을 다 쓴 후에는 어찌 생활해야 할 것인지 속수무책이었다. 어린 두 아들 가운데 태(迨)는 그때 12살이었고, 과(過)는 10살이었다. 태수의 호의로 그들은 임고정(臨皐亭)에 머물 수 있게 되었다. 후에 이 임고정은 동파로 인해 유명해졌다. 이곳은 본래 양자강을 여행하는 사람들이 머물 수 있도록 정부가 마련한 역참(驛站)이었다. 동파는 그의 친구에게 보낸 편지에서 이곳을 다음과 같이 묘사하고 있다.

> 내 집은 강둑으로부터 겨우 열두 발자국 떨어진 거리에 있습니다. 남

쪽 둑의 아름다운 산들이 내 창 앞에 펼쳐져 있습니다. 거세게 부는 바람과 변화무쌍한 구름 등 신비에 찬 기후로 이곳의 경치는 하루에도 백번씩 바뀝니다. 이렇게 좋은 환경을 한마디로 표현할 길이 없습니다.[9]

이곳의 경치가 좋음은 사실이나, 풍치나 매력은 전적으로 시인의 상상에 의한 것이었다. 그는 한여름의 뜨거운 태양을 마주 대하고 있는 이 허름하고 작은 집에 다른 여행객이 동파의 말만 믿고 실제로 와서 이곳의 광경을 보았다면, 크게 실망하였을 테지만, 동파는 이곳에서 남들이 미처 보지 못하는 것들을 많이 보았던 것이다. 나중에 그가 서재[南堂]까지 갖춘 후에는, 이보다 한술 더 떠 자랑을 늘어놓았다. 어쩌다 낮잠에서 막 깨어나 몽롱한 가운데, 자신이 어디에 있는지도 미처 깨닫지도 못한 채 창의 장막을 제치면, 천 척도 넘는 돛단배가 강 아래로 흘러내려가, 강 저 멀리 수평선 끝에 하늘로 녹아드는 데까지 흘러가는 것을 볼 수 있노라고 자랑하였다.

임고정도 실상 뭐 그리 대단한 곳은 아니었다. 그러나 이곳 경치의 아름다움의 절반은 지세(地勢) 덕분이었고, 또 절반은 그것을 바라보고 감상하는 사람의 심미안 덕분이었다. 시인 소동파는 보통 사람 같으면 천국에 있다 하더라도 미처 보지 못하고 느끼지 못할 것들을, 그는 보고 느낄 수 있었다. 동파는 그의《지림》(志林) 가운데 이렇게 적고 있다.

> 동파거사(東坡居士)가 실컷 배불리 먹고 마신 후에 책상에 기대어 있노라면, 왼편에는 흰 구름이 둘러싸여 있고, 오른편에는 맑은 강이 돌아드는 광경이 보인다. 안팎의 열린 문을 통해서 언덕과 산봉우리들이 곧바로 눈으로 들어온다. 이런 때면, 나는 무슨 한 가지 생각에 몰입한 듯도 하고, 또 아무 생각도 하지 않고 있는 듯한 묘한 상태에 빠진다. 이런 마음으로 내 앞에 펼쳐진 자연의 무한한 자애심을 마음껏 맛보노라면, 마음 한편 구석에 내 스스로가 부끄러워짐을 감추지 못한다.[10]

이 집에 대하여 쓴 또 다른 기록은 범진(范鎭)의 아들에게 보낸 편지에 보인다. 이 글에서는 다소 익살스럽게 묘사하고 있다.

　　내 집으로부터 겨우 팔십여 걸음 떨어진 곳에 바로 대강(大江)이 흐릅니다. 그 강물의 반은 아미산(峨眉山)으로부터 흘러나온 것이므로, 바로 내 고향을 보는 것 같습니다. 강과 산, 달과 구름에는 주인이 따로 있는 것이 아니고, 바로 그것을 즐길 여유가 있는 사람의 것입니다. 그러니 공(公)의 새로 꾸민 정원과 나의 이 대자연의 정원과 어찌 비교가 되겠소? 여름과 가을마다 정원 꾸미는 데 드는 비용이며, 그 밖에 용역비 등을 절약할 수 있으니 공께도 이런 정원을 권하고 싶구려.[11]

　그러나 실제 생활에서 동파는 경제적으로 쪼들리고 있었다. 그래서 그는 나름대로 독특한 경비 예산방안을 고안해 냈다. 그가 진관(秦觀)에게 보낸 편지 가운데 이에 대해 이렇게 이야기하고 있다.

　　이상(李常)이 이곳을 방문해 며칠간 함께 지냈습니다. 그와 함께 공(公)에 관한 이야기를 많이 했습니다. 손각(孫覺)한테서는 아무 서신도 받지 못했습니다. 아마도 그는 꽤 바쁜 모양입니다. …… 황주에 도착한 이후로 제 봉록은 끊겼건만 여전히 대가족을 부양해야 하니, 이제 생계를 정말 잘 꾸려 나가지 않으면 안 될 판입니다. 그래서 매일 비용으로 150문씩만 쓰기로 작정했습니다. 매달 초하룻날에 4,500문을 가지고 따로 몫을 나누어 한 꾸러미씩 만들어 천장에 모두 매달아 놓습니다. 매일 아침마다 그림 걸 때 쓰는 갈고리로 한 꾸러미를 내린 후에는, 갈고리를 감춰버립니다. 그날 몫의 비용 가운데 혹시 남으면, 그것을 큰 대나무를 잘라 만든 통에 넣어두어, 친구를 청할 때 쓸 수 있게 비축합니다. 이는 운로(耘老 ; 賈收를 가리킴)가 시행했던 방법입니다. 이런 방식으로 해서, 수중의 돈으로 일년 가량 유지할 어림을 잡았습니다. 그러나 수중에 돈을 모두 다 쓰고 난 후엔, 가족을 부양할 방도를 따로 생각해야 될 듯합니다. 하지만 지금부터 걱정하지는 않습니다. 마음에 이런 근심 걱정거리를 품어두지 않으렵니다.[12]

　그는 임고정으로부터 강 건너편 무창(武昌)의 아름다운 산들도 바라다볼 수 있었다. 때로 동파는 짚신을 신고 밖으로 나와 작은 배를 빌려 타고, 어부나 나무꾼들과 더불어서 하루를 보내곤 하였다. 가끔 술주정뱅이들의 욕설로 곤욕을 당하기도 하였지만, 동파는 오히려 자신의 신분이 남에게 알려지지 않은 것이 은근히 기뻤다. 또 그는 일찍이 사천에 살 때부터 친구로 사귀어 왔던 왕제유(王齊愈)를 방문하였다. 그는 강 건너편에 살고 있었는데, 놀러 갔다가 혹 폭풍우로 발이 묶이면 그곳에서 며칠씩 머물곤 하였다. 또 어떤 때는 작은 배를 타고 곧장 번구(樊口)에 있는 번병(潘丙)의 주점까지 갔다. 이 마을의 술은 제법 마실 만했다. 이 지방에는 귤과 감, 발만큼 큰 토란이 자라고 있었다. 또 이곳은 해운(海運) 수송료가 쌌으므로 겨우 20문 가지고도 쌀 두 말을 족히 살 수 있었다. 또 이곳의 양고기 맛은, 북쪽의 쇠고기나 돼지고기와 다를 바 없이 좋았다. 사슴고기는 더 쌌으며, 물고기와 게는 거저나 다름없었다. 기정(崎亭)의 감주무(監酒務)는 대단한 규모의 장서(藏書)를 갖추고 있었는데 사람들에게 책을 잘 빌려주었다. 이 지방 부근의 태수들은 훌륭한 요리사를 두고 있었는데, 이따금 동파를 집으로 초대하곤 하였다.

1081년 동파는 명실상부한 진짜 농부가 되었다. 그는 동쪽 언덕배기 [東坡]의 한조각 땅을 일구기 시작했다. 그래서 자칭 동파거사(東坡居士)라 했다. 그도 한때는 일개 농부로 은거하고자 한 적이 있었지만, 지금처럼 어쩔수 없는 상황으로 인해 농부가 되리라곤 이전에 상상도 못했다. 여덟 수로 된 〈동파〉(東坡)란 시의 전서(前序)에서 그는 이렇게 말하고 있다.

　　황주에 온 지 2년 만에, 비축했던 돈이 모두 다 떨어졌다. 친구 마정경(馬正卿)이 내 딱한 사정을 염려해서, 지방정부로부터 10무(畝) 가량 되는 자그마한 땅을 얻어주었다. 이 땅은 예전에 병사(兵舍)였던 곳으로 황폐한 땅이었다. 이리하여 나는 이곳에서 농부로 지내게 되었다. 이 땅은 오랫동안 버려진 채 있었으므로 가시덤불과 자갈들로 가득 차 있었다. 더욱이 오랫동안 가물었기 때문에 자갈을 제거하고 논밭으로 만드는 일은 등뼈가 휘게 어려운 작업이었다. 완전히 기진맥진하게 될 때까지 일을 하다가 쟁기를 놓고 한숨을 내쉰다. 힘겨운 노동을 측은해 하며 한편으로는 다음해 수확이 풍성하기를 바라면서, 기념삼아 다음의 시들을 썼다.[13]

동파의 토지는 실제 넓이가 약 10에이커 정도로 성동(城東)으로부터 약 0.3마일 정도 떨어진 곳의 산 바로 아래에 위치해 있었다. 언덕 제일 높은 곳에 방 세 칸의 집이 아래의 정자를 굽어보고 있고, 그 정자 밑에는 유명한 설당(雪堂)이 자리하고 있었다. 설당에는 방이 모두 다섯 있었는데, 다음해 2월 눈내리는 가운데 완공되었다. 사면 벽에는 시인 자신이 숲과 강, 어부 등이 있는 설경(雪景)을 그려 넣었다. 나중에 이곳은 동파가 친구들을 영접하는 곳으로 쓰였다. 또 당시에 겨우 32세의 젊은이[14]였지만 후에 송대의 위대한 산수화가가 된 미불(米芾)이 이곳을 찾아와 동파와 사귀며, 더불어 그림에 대해 토론하기도 했던 곳이었다. 소동파가 죽은 지 약 70여 년 후인 1170년 10월에 이곳을 방문한 시인 육유(陸游)는 설당 안에 동파의 화상(畵像)이 걸려 있는 것을 봤다고 기록하고 있다. 이 화상에서 동파는 자색 도포에 검은 모자를 쓰고, 손에는 대나무 지팡이를 쥐고 바위에 기대고 앉은 모습이었다.[15]

설당으로부터 몇 걸음 아래에는 작은 다리가 조그만 시내 위에 걸쳐져 있었는데, 이 시내는 우기(雨期) 때 외에는 언제나 말라 있었다. 설당 동편에는 시인 자신이 심은 키 큰 버드나무가 있고, 더 동쪽으로 시원한 샘물이 콸콸 솟는 작은 우물이 있었다. 이런 것들은 모두 동파가 애용했던 것이란 점 외에는 별다를 것도 없었다. 동편 아래쪽에는 논과 보리밭, 길게 펼쳐진 뽕밭, 채마밭, 과수원 등이 있었다. 동파는 이웃 친구로부터 종자를 얻어다 근처 어딘가에 차나무도 심었다.

농장 뒤에는 사망정(四望亭)이 있는데 언덕 꼭대기에 위치하여, 그곳에서 보면 교외의 사면 풍경을 막힘 없이 관망할 수 있었다. 동파의 이웃 가운데, 서편에 살고 있던 고씨(古氏)는 꽤 넓은 대나무밭을 소유하고 있었다. 이 숲에는 지름이 7인치나 되는 굵은 대나무들이 어찌나 빽빽이 들어서 있었던지, 하늘이 보이지 않을 지경이었다. 여름이면 동파는 그 대나무 그늘 아래에서 피서했다. 또 그 가운데 부드럽고 잘 마른 댓잎을 모아다가, 부인의 신발 안창을 대는 데 쓰기도 하였다.[16]

이제 동파는 지주로서가 아니라, 명실상부한 농부가 되었다. 친구 공평중(孔平仲)에게 화답하는 시에서 그는 이렇게 읊고 있다.

> 지난해엔 동파의 자갈을 골라냈고,
> 300척(尺)이 넘는 땅에 손수 뽕을 심었다네.
> 올해엔 건초를 베어다 설당(雪堂) 지붕의 이엉을 이었고,
> 그러느라 얼굴은 햇볕과 바람에 온통 시꺼멓게 그을렸다.
> (去年東坡拾瓦礫, 自種黃桑三百尺. 今年刈草蓋雪堂, 日炙風吹面如墨.)

그간 한동안 가물었었는데 비가 오랜만에 내리자, 동파는 몸소 농사짓는 한 사람의 농부로서 한량없이 기뻤다.

> 갑자기 석 자나 되게 비가 내리니
> 조물주의 자비하심은 예측 못하겠네.
> 일 끝낸 후 단잠을 즐기다 누워 들으니
> 동쪽 벽 바깥으로 사람들이 지나갈 때마다 나막신 딸깍거리는 소리.
> 나 같은 부유(腐儒) 거친 음식으로도 일생을 버틸 수 있으니,
> 다만 힘써 자작(自作)했다는 자부심에 자랑스럽게 사람들을 대한다.
> 둘레가 사방 천 보(步) 되는 못을 파고
> 서북쪽으로부터 흘러오는 산물을 막는다.
> 사람들도 내 주머니가 텅텅 빈 줄 알기에
> 사방 이웃들이 나를 도와 둑을 밟아 만들어 주네.[17]
> (沛然例賜三尺雨, 造物無心恍難測. 老夫作罷得甘寢, 臥聽牆東人響屧. 腐儒齷齪支百年, 力耕不受衆目憐. 會當作塘徑千步, 橫斷西北遮山泉. 四鄰相率助擧杵, 人人知我囊無錢.)

건축은 동파가 그의 솜씨를 뽐낼 만한 일거리였다. 동파는 자신의 힘으로 편안한 집을 지어야겠다고 작정했다. 그는 물을 막고 연못을 만들고, 이웃에서 어린 나무를 얻어오고, 친구 정원에서 꽃나무를 얻어다 심는 일이며, 또 집 근처에서 채소 씨앗을 받는 일 등에 모든 정력을 쏟았다. 그들이 파고 있던 우물에 물이 솟아나온다는 소식을 사동이 달려와 알렸을 때, 또 바늘 같은 푸른 잎사귀가 땅 위로 고개를 삐죽 내민 것을 봤을 때, 동파는 뛸 듯이 기뻤다. 그가 농사지은 벼가 당당하게 곧추서 바람에 한들한들 흔들거리는 모습을 그는 자랑스럽고도 만족스러워하며 바라보았다. 밤이면 달밤의 진주와도 같은 이슬이 맺힌 줄기를 쳐다보며 자랑스러워했다. 그는 여태껏 봉록(俸祿)으로 생계를 꾸려왔었는데, 이제서야 쌀의 풋풋한 향내를 맡을 줄 알게 된 것이었다. 지대가 좀 높은 땅에는 보리를 심었다. 한 농부가 와서 그에게 몇 가지 충고를 해주었다. 즉 떡잎이 먼저 자라나게 해서는 안 되며, 만약 풍작이 되기를 바란다면, 소나 양을 한동안 방목하여 싹을 뜯어먹게 하는 것이 농작물에 더 좋다는 것 등이었다. 풍성한 수확을 거두어들인 후, 동파는 그 농부의 충고를 상기하며 새삼 그에게 감사하였다.

동파의 이웃이자 친구로는 술집의 반씨(潘氏), 약제사 곽씨(郭氏), 의사 방씨(龐氏), 농부 고씨(古氏)가 있었다. 그 밖에 목소리가 크고 극성스러운 부인네가 있었는데, 그녀는 남편과 자주 부부싸움을 해서 한밤중에 돼지 멱따는 듯한 비명을 마구 질러대곤 하였다. 또 황주태수 서대수(徐大受)와 무창태수 주수창, 그 외에도 동파의 열렬한 숭배자들이 있었고, 언제나 그와 함께 동고동락한 믿음직한 친구 마몽득(馬夢得 ; 正卿)이 있었다. 마몽득은 근 20여 년간을 함께 지내는 동안 언제나 동파를 믿어주었고, 이제는 그의 궁핍까지도 함께 나누고 있었다. 동파는 자기와 어울리면서 부자 되기를 바라는 것은 마치 거북의 등에 난 털을 가지고 융단을 만들려 하는 것이나 다름없다고 말한 적이 있다. "가엾은 친구 마정경, 지금도 나를 대단한 인물로 생각하고 있으니!"[18] 한편, 가난하지만 훌륭한 학자로서 그와 동향인 소곡(巢谷)이 동파 자녀들의 가정교사가

되었다. 그들이 황주에 온 첫해에는 처남[王箴]이 함께 지냈고, 이듬해에
는 아우 자유의 사위가 이따금 번갈아가며 그들을 방문하였다. 동파는
아우를 위해 또 한 명의 사윗감을 찍어두었다. 자유의 시에는 이 사윗감
[曹煥]은 장인인 자유도 한번 만나보지도 않고, 단번에 혼사를 응낙했다
고 적혀 있다. 시인 동파는 또 한 무리의 좀 기괴한 사람들을 끌어들였
다. 그 가운데 두 명의 도사(道士)가 있었는데, 그들은 도가(道家)에서 말
하는 유유자적한 방랑생활의 진가를 믿어 의심치 않았으며, 또 몸소 실
행에 옮겼다. 이들 가운데 한 사람[趙吉]은 나이가 이미 127세 가량 된
듯했다. 형인 동파가 장생술에 흥미가 있음을 알고, 그가 직접 동파를 만
나보도록 자유가 보낸 사람이었다. 그리하여 이 노도사(老道士)는 사실
상 동파 가족의 일원이나 다름없이 되었다. 황주에 온 지 3년째 되는 해
에 시승(詩僧) 삼료(參寥)가 찾아와 약 1년간 그와 함께 지냈다. 그 가운
데에서도 동파의 가장 절친한 친구는 역시 진조(陳慥)였다. 과거 동파가
젊었을 때 진조의 부친과 다투어 한동안 사이가 좋지 않았었다. 진조는
동파 거주지로부터 좀 떨어진 기정(岐亭)에 머물고 있었다. 동파는 여러
차례 그를 찾아갔고, 진조 역시 동파가 황주에 머물러 있는 4년 동안 약
일곱 차례나 찾아왔다. 문학적 사건으로 인해, 진조는 공처가로 유명한
존재가 되었다. 오늘날 중국어에 '계상벽'(季常癖)이란 말은 곧 '공처가'
와 동의어로 쓰이는데, 공교롭게도 계상(季常)은 바로 진조의 자(字)였
다. 피차 막역한 사이였으므로 동파는 언제나 이 일을 가지고 그를 놀려
대곤 했다. 그의 희학시(戲謔詩) 가운데 한 편에서 동파는 이렇게 읊고
있다.

　　가련한 용구거사(龍丘居士),
　　밤새도록 귀신에 대한 얘기를 주고받다가,
　　갑자기 사자후(獅子吼)같이 으르렁대는 소리에
　　깜짝 놀라 그만 손에서 지팡이를 놓쳤네.[19]
　　(龍丘居士亦可憐, 談空說有夜不眠. 忽聞河東獅子吼, 拄杖落地心茫然.)

  이후로 대표적 공처가로서의 그의 명성은 확고부동해졌다.[20] 이 시는 그 함의(含意)를 해석하는 데 자주 문제시되어 왔었다. 우리가 아는 바로는, 진조는 가정적으로 아주 평안하고 낭만적이며 행복한 삶을 염원했던 것으로 알려져 있다. '사자후'(獅子吼)란 말은 '불타의 음성'을 뜻하는 불가 용어이기도 하다. 이 시로 짐작해 보건대 진조의 아내는 목소리가 컸던 듯하고, 친구 사이에서 대부분 그렇듯이, 동파는 이 점을 가지고 진조를 놀린 것 같다. 오늘날 '사자후'란 말은 전형적인 악처의 대명사가 되어버렸다. 만약 소동파가 분명 '암사자의 으르렁거림'이란 뜻에서 이렇게 말했던 것이라면 사정은 더욱 확실해질 것이다.

  소동파는 훌륭한 가정을 이루고 있었다. 그의 시에서도 말하기를, 자신은 현처(賢妻)를 두었노라고 한 적이 있다. 그의 친구들의 부인이나 과거 역사상의 기록에 전하는 명사(名士)들의 부인네들이 남편을 쥐고 흔들었지만, 자신의 아내는 그렇지 않다는 의미로 말한 것이다. 그의 아들들은 썩 걸출한 편은 못 되었지만, 아들 매(邁)는 그때 벌써 시를 지을 줄 알았다. 위대한 시인 도잠(陶潛)은 서글픈 체념의 투로 자신의 아들들에 대해 쓴 시에서 말하기를, 아들이 빼어나지 못한 것도 모두 조물주의 뜻이긴 하나, 그로서는 어쩔 수 없어 한잔 술로 시름을 달랠 뿐이라고 읊었다. 동파는 또 "내 아이들은 원량(元亮 ; 곧 도잠을 가리킴)의 아들들과 다를 바 없지만, 내 아내는 경통(敬通)의 아내보다는 낫다"(子還可責同元亮, 妻却差賢勝敬通)고 한 적이 있다. 여기서 경통이란 사람은, 동한(東漢) 시대의 문인[馬衍]을 가리킨다. 이 구절에 대해, 동파 자신이 이렇게 각주를 달고 있다. "내 문장은 경통에 비길 바 못 되지만, 내 기질이나 생활면에서는 그와 흡사한 점이 많다. 현군(賢君) 아래에서 나처럼 조정에서 쫓겨나 그는 유랑생활을 하였다. 그런데 그는 투기가 심하고 거친 성품의 아내를 두었다. 이 점에서 나는 그보다 운이 좋은 편이다. 그래서 이렇게 쓴 것이다"(僕文章雖不逮馮衍, 而慷慨大節乃不愧此翁, 衍逢世祖英容好士而獨不遇, 流離擯逐與僕相似. 而其妻妒悍甚, 僕少此一事, 故有勝敬通之句).

  동파가 조운(朝雲)을 첩으로 맞아들인 것은 아마도 이 시기쯤이었던 것 같다. 앞에서 잠깐 언급하여 우리가 기억하고 있듯이, 동파의 부인은 항주에서 조운을 몸종으로 사들였는데 그때 조운은 겨우 열두 살이었다. 송대(宋代)식 용어로 말한다면, '소부인(蘇夫人)의 첩'이라고 하여야 마땅할 것이다. 그래서 이것을 영어식으로 직역해버리면 무엇을 뜻하는지 잘 알 수 없게 되고 만다. 고대 중국에서는, 부인의 시종에서 첩으로 승격되는 경우가 허다했다. 이런 첩은 여러 모로 부인의 보조 역할을 하였다. 부인으로서 남편을 보살필 때, 예를 들어 목욕물 준비 같은 일은 일반 여종들보다 소첩에게 시키기가 훨씬 편했다. 왜냐하면 첩은 남편과 자리를 같이해도 상관없기 때문이었다. 이제 조운은 여인으로 성숙해 있었다. 그녀는 아주 영특해서, 시인의 숭배자들은 그녀를 아주 매력적인 여인으로 묘사하곤 하였다. 어떤 이들은 동파가 항주에서 그녀를 첩으로 데려올 때부터, 그녀는 이미 빼어난 명기(名妓)였다고 말하는 사람도 있다. 여러 문헌들을 자세히 살펴보면, 당시 조운은 그 정도까지는 안 되었던 것 같다. 시인 자신의 기록에 의하면, 그녀는 동파의 집으로 들어와서야 비로소 쓰고 읽는 것을 배웠다고 적혀 있다. 그녀가 동파의 숭배자들에게 인기가 있었던 것도 그럴 만한 이유가 있었다. 왜냐하면 동파 말년에 유배지까지 따라간 것도 바로 그녀였기 때문이었다.

1083년에 조운은 아들 돈아(遯兒)를 낳았다. 나은 지 사흘째 되는 날 세아회(洗兒會)를 기념하여 동파는 시를 한 수 썼는데, 다소 자신을 조소하는 투로 다음과 같이 지었다.

> 사람들은 모두들 자기 자녀들이 똑똑하길 바라지만,
> 총명 때문에 일생을 그르친 나로서는
> 아이가 오히려 우직하고 어리석어,
> 아무런 환난이나 어려움 없이 재상직에까지 오를 수 있길 바란다.[21]
> (人皆養子望聰明, 我被聰明誤一生. 惟願孩兒愚且魯, 無災無難到公卿.)

그의 아내는 남편 동파가 손수 요리하기를 즐기며, 또 솜씨도 괜찮았던 것을 분명히 기뻐했을 것이다. 동파는 잡기(雜記)에 기록하기를 "이 지방에서는 돼지고기 값이 싸지만 부자들은 그것을 먹으려 하지 않고, 또 가난한 사람들은 조리할 줄을 몰라서 먹지 못한다"(貴者不肯吃, 貧者不解煮)고 유감스러워했다. 곁들여서 동파는 돼지고기를 푹 고아 조리하는 아주 간단한 조리법을 적어 놓고 있다. 즉 물을 조금만 붓고 불에 올려 놓은 후 몇 시간 동안 뭉근하게 삶아서 간장으로 간을 맞추는 방법이다.[22] 또 그의 생선조리방법은 오늘날까지도 일반에 널리 알려져 있다. 방법인즉 잉어를 골라 사다가 차가운 물에 씻은 후, 약간의 소금으로 문질러 절이고, 물고기 뱃속에는 배추를 채워 넣는다. 그런 다음 작은 양파 몇 조각과 함께 프라이팬에다 섞이지 않게 잘 넣은 다음 그대로 조리한다. 약 절반 가량 익었을 때 생강 몇 조각을 넣고, 술 한 접시를 부은 다음 약간의 장아찌 무를 위에다 얹는다. 거의 다 익었을 무렵에 다시 귤껍질 몇 조각을 넣고, 더울 때 먹는다.[23]

그는 또한 야채국 조리법도 고안해 냈는데, 나중에 이 국에다 자기 이름을 붙였다. 이 국은 그야말로 가난한 사람들이 조리해 먹기 좋은 음식으로서 동파는 한 불승에게 이 조리법을 권하기도 했었다. 이것 역시 그 조리법이 아주 간단하다. 2층으로 된 통에 위칸에는 쌀을 아래칸에는 채소를 각각 놓고 조리하여 만드는 방법이었다. 국과 밥이 동시에 다 익도록 아래칸에 있는 국에는 미리 잘 헹구어 씻은 배추, 무우청, 무말랭이, 냉이와 약간의 생강을 함께 넣고 솥에 앉힌다. 예전에는 약간의 생쌀을 국에 그대로 집어넣어 국밥식으로 끓이는 것이 보통이었다. 채소는 날내가 나지 않도록 충분히 삶고 그런 다음 찐 쌀은 따로 분리된 칸 안에 놓는다. 끓는 국이 위칸에 놓은 쌀의 바닥에 닿지 않도록 유의하면서 김이 위칸으로 충분히 통하도록 한다.[24]

그러한 시골 분위기 속에서 동파는 자신의 생활이 평소 흠모해 마지않던 위대한 전원시인(田園詩人) 도잠(陶潛 ; 곧 도연명을 가리킴)과 점점 닮아가고 있음을 발견했다. 도잠은 일찍이 지방 조세국에서 파견되어 나온 소관(小官)에게 관복과 관대를 갖춰입고 머리 조아리는 따위의 짓을 차마 하기 역겨워, 관직을 떨쳐버리고 농사지으며 살고자 은퇴한 사람이었

다. 동파는 한 시에서 도잠은 분명 자신의 전생(前生) 가운데 하나일 것
이라고 쓰고 있다.[25] 만약 무명의 시인이 이렇게 말한다면 억지에 불과
한 것으로 들리겠으나, 소동파로서는 이러한 표현이 극히 자연스런 것이
라 할 수 있었다. 동파는 도잠의 시를 읽으면 읽을수록, 그의 시가 자신
의 현재 농촌생활이나 정감(情感) 등을 너무나 잘 반영해 주고 있음을 거
듭 깨달았다.

　도잠의 시에는 몸소 농부가 되어 본 시인만이 맛볼 수 있는 그런 기쁨
이 표현되어 있다. 도잠은 관직을 그만두고 전원으로 돌아가면서, 〈귀거
래혜〉(歸去來兮)란 고부(古賦)를 지었다. 그러나 불행히도 그 창법(唱法)
은 전해지고 있지 않았다. 그래서 동파는 전원에서 매일 노동하는 가운
데 떠오른 영감들을 바탕으로 해서, 이 고부의 자구(字句)들을 재조정하
여 농부들이 노래 부를 수 있도록 악곡에 맞추어 다시 지었다[哨編]. 그
는 농부들에게 이 노래를 가르쳐 주면서, 자신도 쟁기 든 손을 멈추고 댓
가지로 물소의 뿔을 두드리며 박자를 맞췄다.

　한편 동파는 철학적 명상으로부터 적지않은 위안을 얻었다. 동파는 설
당의 문과 벽마다 자신이 밤낮으로 볼 수 있도록 장장 32자로 된 글을
써놓았다. 네 가지의 경책(警責)사항이 이 글의 주된 내용이었다.

　　　가마를 타고 다님은 다리가 쇠약해지는 첩경이다.
　　　좋은 방, 아늑한 침실은 감기 걸리기에 안성맞춤이다.
　　　미색(美色)에 빠졌다가는 반드시 건강을 해치고 만다.
　　　산해진미는 위장을 상하게 만드는 직효약이다.[26]
　　　(出輿入輦命曰蹶痿之機. 洞房淸宮命曰寒熱之媒. 皓齒峨眉命曰伐性之斧.
甘脆肥濃命曰腐腸之藥.)

　이 세상에서 좋은 것들을 빼앗아 가는 자들에게 축복 있을지어다! 동파
는 이런 식의 해학으로 유쾌하게 지낼 수 있었으며, 어디에서 살든지 자
족(自足)하였다. 나중에 동파는 해외(海外)로까지 다시 유배되었는데, 그
곳은 약이나 의사 따위라곤 하나도 없는 곳이었다. 그때 동파는 친구에게

말하기를 "경사에서 얼마나 많은 사람들이 해마다 의사들의 오진으로 인해 죽어가는지를 생각할 때, 나는 자축(自祝)해야 마땅하다"고 하였다.[27]

어떻든 동파는 자신의 노동의 대가를 충분히 받고 있다고 여겼고, 그래서 만족스러웠다. "이제 나는 동파(東坡)를 논으로 바꿔 놓았다. 힘겹기는 하지만, 나는 행복하게 느껴질 때가 많다. 50보 가량의 앞뜰이 있는 집이 있고, 열두 두둑의 채마밭과, 100그루가 넘는 뽕나무를 갖고 있다. 나는 밭을 갈고 아내는 누에를 기르면서 우리는 여생을 행복하게 보낼 것이다."[28]

이제 동파는 자기의 힘으로 생계를 꾸려 나갔고, 그래서 매우 만족스러웠다. 오늘날 우리들에게 특히 두드러지게 부각되는 것은 자비에 대한 그의 신념이다. 동파는 이 지방에 갓 태어난 어린애를 내다버리는 악습이 있음을 알고 경악해 마지않았다. 그는 무창(武昌)태수에게 편지를 한 통 썼다. 이 편지는 그 문체 때문이라기보다는 그 속에 담긴 내용 때문에 천금의 가치를 갖는 서찰이다. 조나단 스위프트가 쓴 글에는 맛있는 음식물로서 귀족들에게 아이들의 살코기를 권한 구절과, 또 아이를 싼값에 사들일 묘책에 대해 서술한 구절이 있다. 그것이 비록 강한 풍자성을 드러내기 위한 수단으로 쓰이긴 하였으나, 나는 이 구절들을 읽고 몸서리를 치지 않을 수 없었다. 스위프트는 농담으로 한 말이었지만 그래도 이런 표현은 그리 좋은 것은 못 되며, 아마 소동파가 보았다면 결코 이해하지 못했으리라. 이 지방의 문인으로부터 황주 지방의 영아(嬰兒)살해 악습에 대해 전해 듣자마자 동파는 주태수(朱太守)에게 곧 편지를 써서 한 친구를 시켜 편지를 갖고 태수를 직접 찾아가 만나라고 하였다.

　　악주태수 주강숙께
　　어제 저는 무창(武昌)의 왕천린(王天麟)을 만나 그곳에서 지냈습니다. 얘기 도중 그는 내게 매우 놀라운 사실을 들려주었는데, 그 얘기를 듣고 난 후 저는 음식을 들 수가 없었습니다. 다른 사람이라면 감히 얘기할 수 없겠지만, 강숙(康叔) 그대는 현명한 분이니 여기 제 친구를 통해 편지를 전합니다. 다른 사람들은 당장 눈앞에 놓인 일들을 해결하기에 바빠서, 자신들이 직접 관여하는 일 외에 다른 일엔 미처 관심을 둘 여유가 없습니다.

천린이 말하기를, 악주(鄂州)와 악주(岳州 ; 무창 지방) 지역의 빈농들은 대개 2남 1녀를 양육하고, 만약 애가 더 생기면 죽인다고 합니다. 더욱이 사내아이보다 특히 계집아이 기르는 것을 꺼려, 결국 남자수가 여자보다 많아져 시골에는 홀아비들이 수두룩하답니다. 이들은 아이를 낳자마자 곧 찬물에 빠뜨려 죽인다는데, 그래도 부모인지라 차마 못할 짓임은 알아서 눈을 질끈 감고, 등을 돌린 채로 손으로 물함지 안의 아이를 누르면, 잠시 울다가 곧 죽는다고 합니다. 신산(神山)마을 백성으로 그 이름이 석규(石揆)라 하는 자는 한꺼번에 쌍둥이를 죽였다고 합니다. 지난 여름에 그의 아내는 다시 네 쌍둥이를 낳다가, 어미와 아이들이 모두 죽은 끔찍한 경우도 있었다 합니다. 천벌이 이렇게 무섭건만, 사람들은 무지하여 아직도 이 악습을 고치려 하지 않고 있습니다. 천린(天麟)은 측근의 이러한 빈한한 임산부들의 얘기를 들으면 곧 그 가족에게 달려가서 부모들에게 먹을 것과 의복을 주어서, 많은 아이들의 생명을 건질 수 있었다고 합니다. 이렇게 아이를 일단 구해 놓으면, 며칠 지난 후에는 다른 사람이 입양해 가겠다고 해도 부모들이 내놓으려 하지 않는다고 합니다. 이러한 사실을 보더라도, 부모의 자식에 대한 사랑은 여전하면서도 다만 악습에 눈이 어두워 그런 짓을 저지른다는 것을 알 수 있습니다.

악주(鄂州) 사람인 진광형(秦光亨)이란 사람은 과거에 급제하여 안주(安州)의 사법참군(司法參軍)을 지냈다고 들었습니다. 그의 모친이 그를 임신하고 있을 때, 그의 외삼촌이 하루는 한 어린아이가 마치 무엇인가를 호소하는 듯이 그의 옷자락을 잡아당기는 꿈을 꾸었다고 합니다. 다음날 밤에도 역시 그 어린아이가 꿈에 나타나 추근추근 옷자락을 잡고 떨어지지 않는 꿈을 꾸자, 그는 누이가 아이를 가졌는데 더 이상 낳기를 원치 않는다는 것을 직감하고 누이의 집으로 달려갔답니다. 마침 그때 물통에 아이를 빠뜨려 죽이는 것을 겨우 구해 내었다고 합니다. 이 이야기는 악주 사람이면 누구나 다 알고 있답니다.

법에 따르면 고의적으로 자손을 살해한 자는 2년 동안 노역(勞役)에 처하게 되어 있습니다. 그러나 이곳 관리들은 이 법을 적용할 수가 없답니다. 제가 바라기는, 태수께서 다른 군읍(郡邑)의 관리들에게 통고하여 마을 유지들을 불러모아 놓고 이 법을 주지시켜 주시길 바랍니다. 그들도 처벌은 두려워할 테니 이 법이 곧 시행될 것이라고 전하십시오. 그리고 그들이 각기 가정에 돌아가, 이 사실을 알리고 또 다른 마을사람들에게도 알리도록 하십시오. 또 이러한 취지를 벽보로 붙여 고시하여, 고발자에게는 상을 주되 이 상금액은 영아살해 범죄를 저지른 부모와 그와 같은 보갑(保甲) 단위에 속하는 이웃들이 함께 물도록 합니다. 만약 범인이 소작농일 경우에는, 마찬가지로 그의 지주가 책임을 지도록 해야 합니다. 어떤 아낙네가 임신을 했을 경우, 그 이웃들이나 지주는 이 사실에 대해 반드시 알고 있도록 하여, 만약 아이가 살해되었는데도 이웃들이 이 사실을 고발할 위치에 있으면서 이를 막지 않았을 경우에는 똑같이 처벌합니다. 본보기로 몇 건을 처벌하고 나면, 이 악습은 곧 고쳐지리라 믿습니다. 또한 공께서는 공의 하속 관리들에게 지시하여 부유한 가족들을 불러놓고 이런 가난한 가정을 돕도록 설득하도록 하십시오. 이렇게 하면 만약 부모가 정말 가난하여 아이를 도저히 부양할 수 없을 경우 금품의 도움을 받을 수 있도록 할 수 있을 것입니다. 인간이라면 감정이 없을 수 없으니, 목석(木石)이 아닌 바에야 자신의 아이를 구제할 수 있다면 반드시 기뻐할 것입니다. 생후 며칠간만 죽이지 못하게 막으면, 그 후에는 죽이라고 시켜도 하지 않을 것입니다. 태수께서 이런 조처를 일단 단행하시면 얼마나 많은 생명이 구원받을 수 있겠습니까? 불교에서는 살생을 금합니다. 동물들 사이에서도 젖먹이 어린 새끼나 장차 부화할 알을 죽이는 것은 가장 엄중한 금기사항으로 되어 있습니다. 그러니 사람이 되어 아이를 죽인다는 것이 얼마나 끔찍한 사실입니까! 우리는 보통 '아무 죄 없는 어린 것이 병들어 고생한다'고 말하곤 합니다. 영아살해는 정말 무고한 생명의 살상입니다. 국법에 살인을 범한 죄인은 고령으로 인해 망령난 자만이 사형을 겨우 면할 수 있습니다. 그러니 무고한 어린아이를 살해함은 가장 극악한 범죄로 간주되어야 마땅합니다. 만약 태수께서 이런 어린아이들의 생명을 구제할 수 있다면, 이는 천상에서 어른 범죄자를 용서해 준 것보다도 열 배나 더 훌륭한 덕목으로 간주될 것입니다.……

제가 밀주(密州)에서 복무하고 있을 때에, 흉년이 들어 많은 부모들이 자기 아이들을 내다버리지 않을 수 없는 상황에 처해 있었습니다. 그래서 저는 고아들을 먹여살릴 요량으로 수천 가마의 쌀을 기금으로 비축하여, 고아 한 아이를 보살펴 주는 가정에 매달 여섯 말씩 쌀을 보내주었습니다. 1년이 지나자 이런 고아들을 입양했던 부모들은 아이들을 친자식이나 다름없이 사랑하게 되었고, 고아들은 가정을 갖게 되었습니다. 이런 식으로 해서 저는 수십 명의 아이들을 살릴 수 있었습니다. 이런 일은 시행하기가 그리 복잡하지도 않아 쉽게 할 수 있는 일입니다. 허물없는 친구 사이라고 해서 이런 외람된 말씀을 감히 드립니다. 외람된 말씀을 용서해 주시기를 바랍니다.[29]

동파 자신도 어린이 구제위원회를 조직하였다. 그리고 정직하고도 인정 많은 그의 이웃 고씨(古氏)로 하여금 위원회의 우두머리를 맡게 하였다. 이 위원회는 부자들로부터 돈을 모금하였는데, 10관문 이상의 돈을 일년 또는 몇 년에 걸쳐 분할하여 기탁하도록 청했다. 그리고 모아진 돈으로 쌀과 천, 이불솜을 샀다. 고씨가 이 돈을 관리하였고, 안국사(安國寺)의 한 승려가 회계와 서기를 도맡아 하는 재무간사가 되었다. 이들은 시골로 돌아다니며 도움을 필요로 하는 임산부를 찾아내어 그들이 아이를 죽이지 않고 양육하겠다는 약속을 하면, 현금과 식량·의복 등을 주었다. 만약 이런 식으로 해서, 한 해에 100여 명 가량의 어린아이를 구제할 수만 있다면 더할 나위 없이 기쁜 일이라고 말하며, 동파 자신도 해마다 10민(緡)의 돈을 기탁했다.[30] 그는 바로 불교의 가장 좋은 전통을 몸소 시행하고 있는 것이었다.

인도(人道)정신이 살아 있는 곳에서는 종교가 부활한다고 나는 믿어 의심치 않는다. 인도정신이 소멸하면, 종교도 따라서 미미해지게 마련이다.

제 16 장
적 벽 부(赤壁賦)

　　이제 소동파는 유쾌한 삶을 영위하고 있었다. 아마도 황주가 비록 궁벽한 지역이긴 해도 한가롭고 아름다운 경치며, 여기에 시인의 다정다감한 상상력, 술과 달빛에 몰입할 수 있는 것 등 이러한 요소들이 두루 합쳐져서 시인의 생활을 유쾌하게 만들었던 것 같다. 농작물을 모두 심고 난 후면, 동파는 생계 걱정에서 벗어나 하루하루의 생활을 즐겼다. 그의 주변에는 동파만큼 시간적으로 한가로운 한 무리의 친구들이 있었다. 그들은 동파처럼 경제적으로는 쪼들렸지만, 정신적으로는 풍부한 여유를 갖고 있었다. 후대에 알려지진 않았으나 이 가운데 괴짜 이암(李嵒)이란 사람은 대단한 수면가로 자처하던 동파를 능가하는 기록을 세운 인물이었다. 점심식사 후 친구들이 바둑을 둘 때면 이암은 긴 의자에 누워 잠에 빠졌다. 바둑판이 몇 순이나 돈 후에야 겨우 이암은 깨어 일어나 말하기를, "이제 겨우 한숨 자고 났는데, 그 동안 자네들은 바둑을 몇 판이나 두었나?" 하고 물었다. 동파는 그의 《지림》(志林)에서 이르기를, "이암은 네 다리 달린 바둑판에서[침대] 혼자 한 개의 검은 알[침목]을 가지고 논다. 처음 바둑을 둘 때에는 승자와 패자의 구별이 있지만 마지막에 이르러서는 바둑과 바둑을 두는 사람과의 구별조차도 없어지고 만다"고 하였다. 또 이런 식의 일종의 몽환적(夢幻的)인 생활을, 구양수는 다음과 같은 시에서 아름답게 잘 묘사하고 있다고 동파는 말한다.

스산한 저녁 젓대소리 들려오고 달은 산위로 솟아오르고
어두운 언덕길에 핀 갖가지 꽃들의 다채로운 빛깔에 현혹되어 유랑자는 길을 잃었네.
바둑 두느라 그간에 이미 한세상이 지나가버린 것도 알지 못했네.
술도 떨어지고 나그네 어찌할 바 몰라 향수에 젖는다.[1]
(夜涼吹笛千山月, 路暗迷人百種花. 棋罷不知人換世, 酒闌無奈客思家.)

소동파는 농가(農家)인 설당과 성내(城內)의 거주지인 임고정 두 곳을 오락가락하며 지냈다. 이 두 집 사이의 약 0.3마일 가량 되는 노정(路程)은 동파로 인해 역사상 가장 많이 일컬어지는 진흙길이 되었다. 성의 작은 상점을 지나쳐 가면, 바로 황니판(黃泥坂)이라 불리는 길이 나타난다. 푸른 나무와 대나무들을 제외하면, 그곳은 모든 것이 온통 황색 투성이였다. 동파가 서주에 임직해 있을 때 일찍이 황루(黃樓)를 세웠었는데, 이제 지금 그는 황주에 거주하게 된 것이다. 그는 매일 황니판을 지나 황강(黃崗)에 있는 동파(東坡)로 간다. 그는 문인들이 쓰는 의관을 벗어버리고, 다른 농부들과 똑같은 옷을 입고 다녀 일반 사람들은 그를 알아보지 못했다. 매일 그는 이 길을 지나다녔다. 가끔 동파는 밭에서 일을 마치고 성으로 들어가는 도중에 얼큰하게 취해 풀 위에 드러누워 잠이 들곤 하여, 해질 무렵 지나가던 농부가 깨울 때까지 자곤 하였다. 하루는 술에 취하여 동파는 〈황니판사〉(黃泥坂詞)란 나그네의 광상곡(狂想曲)을 지었는데, 그 후반부는 다음과 같다.

아침에는 황니판(黃泥坂) 위에 떠 있는 흰 구름을 사랑하고,
저녁에는 푸른 안개 자욱히 낀 설당에서 쉬네.
숲의 저 즐거워하는 새들도 내게 방해되지 않고,
유쾌한 나무꾼도 나를 알아보지 못하고 지나치네.

술 한잔 걸치고 흥얼거리며 걷다가,
문득 지팡이 놓은 채 술김에 그 자리에 꿇아떨어진다.
풀밭을 내 침상으로 삼고 잔디를 베개삼아 누우니
이런 즐거움, 말끔한 집에서 먹는 저녁밥에 비길 수 있을까.
맺혀 떨어지는 이슬 내 옷을 적실 즈음
솟아오른 달은 꽉 찬 둥근 보름달.
소나 양이 자는 나를 밟지 못하게
길가던 친절한 노인이 나를 깨우네.

이에 툭툭 털고 일어나 이렇게 읊조린다.
달은 밝게 비추고, 별들은 사위어가는데,
달과 별들이 나를 전송해 집까지 동행해 주네.
이 해도 다 저물어 나뭇잎은 황금빛으로 물들어 가는구나.
돌아가자 돌아가,
황니판(黃泥坂)에서 너무 오랫동안 배회했구나.

　(朝嬉黃泥之白雲兮, 暮宿雪堂之靑煙. 喜魚鳥之莫余驚兮, 幸樵蘇之我嫚,
初被酒以行歌兮, 忽放杖而醉偃. 草爲茵而塊爲枕兮, 穆華堂之淸宴. 紛墜露
之濕衣兮, 升素月之團團. 感父老之呼覺兮, 恐牛羊之予踐.

　於是躐然而起, 起而歌曰, 月明兮星稀, 迎余往兮. 餞余歸, 勢旣宴兮, 草
木腓. 歸來, 歸來兮, 黃泥不可以久嬉.)

　그런데 한번은 그가 밤에 술친구들을 방문했던 일이 재미있는 소문을
만들어내었다. 이 소문은 그 지방과 마침내는 조정에까지 널리 퍼졌다.
동파는 술과 달빛에 심취하여 지냈는데, 이런 생활이 동파로 하여금 가
장 뛰어난 시문들을 후세에 남기게 하였다. 〈쇠고기와 술〉(牛酒帖)이란
글에서 좀 별스런 밤의 모험을 다음과 같이 그리고 있다.

　오늘 순신(純臣)이 도착했을 때, 나는 여러 손님들과 술 마시고 있는
중이었다. 여름 늦더위는 아직도 여전하고, 술 빛깔은 하얗다. 아! 이
무슨 술이길래, 뱃속에 들어가자마자 염라대왕을 만나게 해주나? 이 술
과 더불어 저녁으로 무엇을 먹을까 고심했는데, 마침 서편에 사는 이웃

집의 부리던 소가 병이 나서, 그 소를 잡아 고기를 구웠네. 취하도록 마시고, 동파(東坡)의 동편으로 나가 춘초정(春草亭)까지 산책하다 돌아오니, 때는 이미 삼경(三更)이 지났네.[2]

당대의 어떤 이는 이 글에 대해 언급한 바 있는데 춘초정(春草亭)은 성벽 밖에 있으므로 이 문장으로 보아 소동파는 밀주를 마시고 농부의 소를 죽인 것이라고 말했다. 즉 동파가 술에 얼큰하게 취해 돌아왔을 때는 이미 한밤중이어서 성문은 오래전에 닫아건 뒤였으므로, 성벽을 기어넘어 돌아왔음을 증명한다는 것이다. (그렇지만) "동파는 그렇다치더라도 설마하니 순신까지도 남에게 의심받을 일을 했을까?"[3]

또 한번은 동파가 밤놀이 나간 일로 해서 그곳 태수를 깜짝 놀라게 한 일이 있었다. 동파는 강 위에서 뱃놀이 하며 술을 마시고 있었는데, 탁 트인 하늘 아래 야경(夜景)이 너무나 아름다워, 시상이 저절로 떠올라 이렇게 시를 지어 읊었다.

> 밤에 술을 마시니, 술이 깨었다가 또다시 취하네.
> 돌아올 즈음, 때는 벌써 한밤중이 된 듯.
> 집의 머슴녀석 천둥치듯 요란하게 코골며 잠자고 있어,
> 아무리 문 두드려도 대답이 없네.
> 지팡이에 몸 기대고 서서 강물소리에 귀 기울이다가,
> 내 삶을 내 마음대로 주장할 수 없다는 생각에 탄식이 절로 난다.
> 그 어느 때나 허덕거리는 세상살이에서 벗어날까.
> 밤은 이미 깊었고 바람도 잠들어, 물결 위에 불빛 잔잔하다.
> 조각배 띄워 예서 강 아래로 흘러내려가,
> 바다 건너에서 여생을 보낼지고.[4]
>   (夜飮東坡醒復醉, 歸來彷彿三更. 家童鼻息已雷鳴, 敲門都不應, 倚仗聽江聲. 長恨此身非我有, 何時忘却營營, 夜闌風靜, 縠紋平, 小舟從此逝, 江海寄餘生.)

바로 그 다음날 소문이 퍼지기를 소동파가 강둑에 나와 이 시를 이별

의 시로 짓고, 배를 타고 강 따라 아래로 흘러가버렸다는 것이었다. 이 소문이 태수의 귀에까지 들어가자 태수는 대경실색하였다. 왜냐하면 그에게는 동파가 제한지역을 벗어나지 못하도록 감시할 책임이 있었기 때문이었다. 다급해진 태수가 즉각 동파를 찾아가 보니, 시인은 아직까지도 천둥치듯 코를 골며 자고 있었다. 이 소문은 경사까지 퍼져 급기야 황제의 귀에까지 들어갔다 한다.[5]

이듬해에는 이보다 더 심각한 내용의 소문이 퍼졌다. 동파는 팔에 신경통이 생겨 고생하고 있었다. 나중에는 그의 오른쪽 눈에까지 그 여파가 미쳐, 그는 몇 달 동안 두문불출하고 아무도 만나지 않으며 지냈다. 그즈음 문장의 대가인 증공(曾鞏)이 다른 지방에서 사망하였는데, 같은 날에 소동파도 그와 더불어 하늘의 옥황상제께 불려갔다는 소문이 돌았다. 황제는 이 소문을 전해 듣고 곧 동파의 친척이 되는 고관을 불러들여 어찌된 영문인지를 물었다. 그 고관은 같은 소문을 들었다고 하며, 자신도 어찌된 영문인지 통 모르겠다고 하였다. 점심 들 때가 되었지만, 황제는 음식을 들 수가 없었다. "그와 같은 천재는 다시 만나보기 어려울 텐데"라고 탄식하며 그냥 수라상을 물렸다. 이 소문은 범진(范鎭)에게도 전해졌다. 그는 비탄에 잠겨 통곡하며, 동파 가족에게 조의를 표하는 예물을 보내도록 집안식구에게 일렀다. 그러나 다시 돌이켜 생각해 보니, 우선 친구를 황주로 보내어 이 소문의 사실 여부를 확인해 봐야 겠다는 생각이 들었다. 결국 이 소문이 사실이 아니며, 이런 소문은 동파가 몇 달 동안 두문불출했던 까닭에 생긴 것임이 밝혀졌다. 범진에게 답하는 편지에서, 동파는 이렇게 말하고 있다. "제 전생애를 통해, 저에 관해 난 소문들은 모두 이런 종류의 것이었습니다."[6]

자유로운 생활을 영위하는 가운데, 그의 생각 또한 차츰 변하게 되었다. 이러한 사상적 변화는 그의 시문에도 그대로 반영되었다. 그의 쓰디쓴 풍자와 날카롭던 필봉(筆鋒), 격정과 분노는 사라지고 그 대신에 찬란함과 따뜻함, 친밀함 그리고 너그러운 해학 등이 스며들어 있어, 그의 문학작품도 더욱 원만하고도 성숙해졌다. 철학의 가치는 바로 사람으로 하여금 자기 스스로에 대해 웃게 만드는 데에 있다. 내가 듣기로는 동물 가운데 원숭이만이 웃을 줄 안다고 하는데, 웃을 수는 있다손치더라도 자기 스스로를 두고 웃을 줄 아는 것은 오로지 사람뿐인 것으로 알고 있다. 이것을 조물주의 웃음이라 불러야 할지 어떨지 모르겠다. 그리스의 여러 신들은 인간적 실수와 결점 투성이었으니, 그들은 자조(自嘲)하는 일이 많았을 것이다. 그러나 기독교의 하나님이나 천사들은 너무 완전하니 그런 일은 아마 없으리라. 이런 자조할 줄 아는 능력을 두고 타락한 인간을 구제해 주는 독특한 덕목이라고 칭한다면 지나친 찬사일까.

그가 가장 마음 편안하고 근심 걱정 없을 때에 쓴 짧은 수필들이 있는데, 이 글들은 이런 종류의 원숙한 해학들로 가득 차 있다. 그는 대수롭지 않은 여러 소소한 일들을 잡기에 쓰기 시작했는데, 이런 글들에는 무슨 도덕적 목적이나 교훈 따위는 없지만 그의 시문 가운데에서도 사람들로부터 가장 사랑을 받는 것들이다. 그 가운데에 동파가 전적으로 그 자신과 그의 추종자들의 빈궁상에 대해 쓴 다음과 같은 글이 있다.

> 마몽득(馬夢得)과 나는 같은 해 같은 달에 태어났는데, 그는 나보다 여드레 늦게 태어났다. 그 해 그 달에 태어난 사람치고 부자된 사람이 없었지만, 그 가운데서도 몽득과 나는 빈곤함에 있어서 둘째가라면 서러운 처지들이다. 우리 둘 가운데에서도 특히 몽득은 나보다 더한 것 같다.[7]

또 한 수필에서는 두 명의 거지에 대한 이야기를 적어 놓고 있다.

> 두 거지가 있었는데, 그들은 만약에 돈이 생기면 무엇을 할 것인가에 대해 이야기하고 있었다. 한 거지가 이렇게 말했다. "내가 늘 소원하던 바는 실컷 먹고 잠자는 것이 전부다. 만약 내가 부자가 되면, 나는 실컷 먹고 자다가 잠에서 깨어나면 또다시 계속 먹을 것이다. 그럴 수만 있다면, 난 아마 천당에 있는 것 같은 기분일 것이다." 다른 거지는 이렇게 말했다. "나는 너와 달라. 내가 부자가 되면 나는 먹고 또 먹고, 먹느라 잠잘 틈도 없을 것이다.……"[8]

어떤 상황에 처하든 자족할 줄 아는 것도 일종의 비결이다. 그런데 소동파의 경우, 어떤 처지에 처하든지 행복할 수 있었던 비결은 그가 남겨 놓은 여러 시문들을 두루 읽어 그의 내면을 연구함으로써 자세히 살펴볼 수가 있다.

동파는 그가 가는 곳마다 어떤 시적인 순간들을 잘 포착하여 이를 불후의 시문들로 후세에 남김으로써, 그가 세상으로부터 받은 것보다 더 많은 것을 이 세상에 줄 수가 있었다. 이런 무진장한 천재성이 우리 모두를 정신적으로 윤택하게 만들어 주었다. 그의 유랑생활을 어떤 징벌이나 귀양의 형태로만 보기에는 좀 문제가 있다. 그는 자신의 그런 유랑생활을 즐기면서 네 편의 걸작을 남겨 놓고 있다. 단사(短詞)인 〈염노교사〉(念奴嬌詞), 그리고 달놀이를 묘사한 두 편의 〈적벽부〉(赤壁賦)와 〈기승천야유〉(記承天夜遊)가 곧 그것들이다. 이 네 편의 글만 보더라도 그의 정적들이 그를 하옥시킬 만도 했음을 알 수 있다. 달놀이를 묘사한 두 편의 글은 부(賦)의 형식으로 씌어졌다. 부는 산문의 요소를 갖춘 일종의 서술적 시의 형식인데, 일정한 운율을 갖추고 이따금 압운을 넣기도 한다. 동파는 전적으로 음조(音調)와 분위기에 주력해 썼는데, 이 두 편의 부는 가히 유명해지고도 남을 만하다. 왜냐하면 그는 겨우 몇 백 자로써 우주 가운데 인간존재의 왜소함과, 이승에서 인간이 누릴 수 있는 자연의 무한한 향연에 대해 어느 누구보다도 설득력 있게 표현하고 있기 때문이다. 여기서는 운(韻)조차 쓰지 않고 있으나 기민하게 언어를 구사함으로써 보편적인 심경을 잘 그려내어, 몇 번을 읽어도 읽는 이로 하여금 최면상태에 빠지게 만드는 듯한 효과를 거두고 있다. 대우주 가운데 놓인 인간의 왜소함이 마치 중국의 산수화에서 볼 수 있는 것과 같은 바로 그런 느낌으로 표현되어 있다. 물과 하늘의 하얀 여백 속에 가라앉아 있는 산수화 가운데 아주 작고 세묘한 부분을 보면, 거기에 깨알만큼 작게 그려진 두 사람이 달빛 아래 조각배를 반짝이는 강 위에 띄우고 떠내려가고 있는 것을 우리는 보게 된다. 독자들은 바로 이런 분위기에 휩쓸려 빠져들어가게 되는 것이다.

소동파는 그의 고향 지역에서 온 도가도(道家徒) 양세창(楊世昌)과 더불어 밤놀이 가기를 좋아했다. 그날은 7월 한여름 밤이었다. 부드러운 산들바람이 수면을 흩뜨리지도 않으면서 강 위로 천천히 불어왔다. 동파와 그의 친구는 작은 술병을 들고서 애창하는 곡조를 읊조리고 있었다. 점점 둥근 달이 동편에서 떠올라 북두성(北斗星)과 견우성 사이를 배회하였다. 하얀 안개가 강 위를 덮어, 달빛에 반사된 안개빛에 물빛이 녹아들어 구분할 수 없게 되었다. 그곳에서 그들은 작은 배 안에 앉아 망망히 드넓은 하얀 강 위를 이리저리 떠다녔다. 그들은 마치 공중을 항해하고 있는 듯한 착각에 빠졌고 목적지도 아랑곳하지 않았다. 뒤이어 그들은 뱃전을 두드려 박자를 맞춰가며 노래를 불렀다.

> 계수나무로 만든 노와 난으로 만든 키로
> 공중을 치며 흐르는 듯 반짝이는 수면을 따라 흘러간다.
> 내 마음 아득하니,
> 멀리 하늘 한 구석에 떨어져 있는 미인을 생각하네.
> (桂棹兮蘭槳, 擊空明兮泝流光. 渺渺兮予懷, 望美人兮天一方.)

통소를 잘 부는 친구가 통소를 불기 시작하자, 동파는 곡조에 맞추어 읊조렸다. 곡조는 기묘하고도 슬픈 곡조로서 마치 무언가 호소하는 듯, 사모하는 듯 또 애석해 하는 듯 부드럽고도 구슬펐는데 점점 약해지더니 차츰 공중으로 사그라져 버렸다. 곡조가 어찌나 구슬프던지, 다른 배에 타고 있던 한 과부는 흐느껴 울었고, 물속의 물고기조차도 마음이 흔들렸다.

음악이 끝나자 동파는 피리 곡조가 어찌 그리 슬픈가 물었다. 그 친구는 이렇게 대답했다. "적벽 아래 바로 이 강 위에서 옛날에 무슨 일이 일어났는지 생각나지 않나?" 1천여 년 전에 삼국의 운명을 결정짓는 역사적인 해전(海戰)이 바로 여기에서 있었다. 돛대가 숲처럼 빽빽한 조조(曹操)의 함대가 강릉(江陵)에서 내려오는 장관을 동파가 어찌 상상하지

못했으랴! 조조도 시인이었다. 그래서 동파는 조조가 지은 '달 밝고 별
빛 성긴데, 까마귀는 남쪽으로 날아가네'(月明星稀, 烏鵲南飛)란 시구를
떠올렸다.

> 그러나 과거의 그 위대한 전사(戰士)들은 어디에 가고, …… 오늘밤
> 그대와 내가…… 조각배에 이렇게 앉아 한잔 술을 기울이며, 마치 아무
> 근심 걱정도 없이 떠도는 두 유랑자처럼 행복한 순간을 즐기고 있나?
> 우리는 이 광활한 우주 속의 날벌레보다도 작고 거대한 바다 속의 좁쌀
> 한 알만큼도 안 되는 존재, 우리의 삶은 짧고 속절없으니, 나는 이 거대
> 한 강처럼 끝없이 흐르는 영원을 사모해 마지않네. 두 천사가 내 팔을
> 부추겨 주어 하늘로 날아올라 달나라까지 올라가서, 거기서 영원토록
> 살고 싶네. 하지만 이는 불가능하다는 것을 나는 잘 아네. 나의 이런 슬
> 픔을 피리에 기탁한 것이네.[9]

소동파는 친구를 위로하여 이렇게 말했다.

> 이 물과 달을 보게나! 이 물은 끊임없이 흘러가버리나, 그래도 여기
> 에 늘 이렇게 있네. 달은 찼다가 기울지만 언제나 같은 달로 남아 있네.
> 만약 우주에서 일어나는 변화만을 위주로 하여 본다면, 단 한순간도 같
> 은 상태가 지속되는 것이라곤 하나도 없네. 그렇지만 불변(不變)의 견
> 지에서 사물을 살펴보면, 물(物)과 아(我)가 영원불멸하다는 것을 깨달
> 을 수 있을 것이네. 그러니 이 강을 부러워하여 무엇하려나? 더욱이 이
> 천지만물은 제각기 주인이 있으니, 우리에게 속하지 않은 것을 탐내어
> 무엇할 것인가? 그러나 강 위로 불어오는 이 상쾌한 산들바람과 산봉우
> 리 위에 솟아 있는 저 밝은 달은 누구나 다 마음대로 즐길 수 있는 것이
> 아닌가? 생명체들과 이런 다감한 존재들이 바로 여기 이렇게 놓여 있어
> 우리 눈과 마주치면 곧 색깔을 띠고, 우리 귀에 부딪치면 곧 소리를 들
> 려주니, 우리가 무상으로 마음대로 즐길 수 있도록, 조물주께서 무진장
> 한 선물을 내려 향연을 베풀어 주신 것이 아니겠나?[10]

이런 이야기를 듣고 나자 그 친구는 미소를 지었다. 그들은 술잔과 접

시를 닦고 다시 들기 시작했다. 그러다 상 위에 그릇을 질펀하게 늘어놓은 채로 그들은 몸을 쭉 뻗고 누워 잠에 곯아떨어져 동편에서 먼동이 터오는 줄도 모르도록 잤다.[11]

석 달 뒤인 10월에, 동파는 또 한 편의 〈후적벽부〉를 썼다. 이번에도 역시 보름달이 뜬 밤에 동파는 두 친구들과 함께 설당에서 임고정을 향하여 산책을 나갔다. 땅 위에는 벌써 서리가 하얗게 덮였고, 나무들은 모두 낙엽이 졌다. 그들은 땅 위에 드리운 자신들의 그림자를 바라보다가, 문득 고개를 들어 달을 쳐다본 순간 완전히 그 밤에 매혹되어, 번갈아 노래를 한 곡조씩 읊조렸다. 누군가가 이렇게 말했다. "오늘 같은 밤에는 어찌해야 좋을까? 이렇게 좋은 날 우리가 함께 어울리니 더 바랄 것이 없으나, 술과 안주는 어디서 구해야 할까?" 그러자 그 가운데 또 다른 한 이가 이렇게 말한다. "오늘 저녁에 난 물고기 몇 마리를 낚았다네. 그것들은 모두 비늘이 섬세하고, 송강(松江)의 농어처럼 입도 크다네. 아! 그런데, 술은 어디서 구한다?"

동파는 집으로 돌아가, 그들을 위해 술을 좀 마련해 달라고 아내를 설득하기로 작정했다. 그렇지 않아도 그의 아내는 늘 술을 빚어 놓았으므로, 다행히 오래전에 담가 놓은 술이 집에 한 말 정도 남아 있노라고 했다. 그래서 그들은 곧 술과 물고기를 가지고 배를 빌려 타고 다시 적벽 아래에서 그 밤을 보냈다. 수위(水位)가 전에 비해 낮아져 물 위로 많은 바위들이 드러나 있었고, 적벽은 둑 위로 훨씬 높게 솟아 있는 듯 보였다. 몇 달 사이에 풍경이 너무 많이 변해 있어서, 동파가 전에 왔을 때 보았던 광경들은 하나도 찾아볼 수 없을 정도였다. 밤기운에 도취한 동파는 친구들에게 같이 적벽으로 올라가보자고 청했다. 그러나 친구들이 가지 않겠다고 사양하자 동파는 혼자서 올라갔다. 옷을 걷어붙이고 덤불과 가시 사이사이를 잘 헤쳐가며, 맨 꼭대기까지 기어 올라갔다. 그곳에는 두 마리의 까마귀가 둥지를 틀고 있었다. 바위 꼭대기에 서서, 그의 목소리가 주위 산으로 메아리치게 밤공기 속에 대고 크게 소리쳤다. 순간 돌연 그 자신이 어디에 있는지조차 망각하는 무아(無我)의 경지를 맛

보았다. 그러자 그는 곧 알 수 없는 비애에 사로잡혀 그곳에 오래 있으면
안 될 것만 같아, 즉시 그곳에서 내려와 다시 배로 돌아갔다. 그런 다음
그들은 곧 그곳을 떠나 배 가는 대로 급류에 떠내려가게 그냥 내버려두
었다.

때는 한밤중쯤 되어 사방은 고요하기 그지없었다. 두 마리 외로운 학
이 동편에 나타나 흰옷을 입은 요정들처럼 하얀 날개를 펴고 날아갔다.
새들은 끼룩거리며 그들 배 위를 지나 서편으로 곧장 지나쳐 가, 동파는
이것이 무슨 징조인가 하고 잠시 의아해 했다. 얼마 후 그들 모두는 집으
로 돌아와 잠자리에 들어 꿈을 꾸었다. 꿈에서 동파는 신선들이 입는 날
개옷을 입은 두 도사를 만났다. 이 신선들은 그를 알아보고, 그날 밤 적
벽 아래에서의 밤놀이가 좋았느냐고 물었다. 동파가 그들의 이름을 물었
으나 그들은 이에 대답하지 않았다. "아! 이제 알겠소. 난 오늘밤에 당신
들이 우리 머리 위로 날아가는 것을 봤소. 오늘 우리 배 위를 지나갈 때
끼룩 하고 운 학이 바로 당신 아니었소?" 하고 동파가 말하자, 도사들은
미소를 지었다. 그러다 동파는 잠에서 깨어났다. 그는 일어나 문을 열어
보았지만 그곳에는 텅 빈 길과 고요 외에는 아무것도 없었다.[12]

이 글에서 보듯이, 동파는 분위기를 창출하는 방법으로 도가 신선들의
꿈 세계와도 같은(백학은 전통적인 상징물이다) 또 하나의 세계를 설정한
다. 그래서 읽는 이로 하여금 그가 묘사하고 있는 세계가 도대체 어떤 세
계인지 도무지 알 수 없게 만든다. 중국인의 신앙에 따르면, 우리의 현존
하는 삶은 다만 이 땅에서 잠깐 존재하는 형태에 불과할 뿐인데, 우리가
그것을 깨닫지 못하고 있을 뿐이라는 것이다. 전생(前生)에 우리는 신선
이었을지 모르고, 또 내세(來世)에도 다시 신선이 될지 모른다고 여긴다.

이 시기에 동파는 달밤에 유유자적한 또 한 편의 짧은 유기(遊記)를 썼
다. 이 유기는 어느날 그가 잠을 이루지 못하여, 임고정 가까이에 있는
승천사(承天寺)로 산책을 갔던 날의 순간적인 분위기를 묘사한 것이다.
이 짧은 글은 지금은 하나의 고전이 되었는데, 그 수필적인 매력으로 인
해 사람들의 사랑을 받는다.

원풍 6년, 10월 12일 밤 옷을 벗고 잠자려 하는데, 달빛이 창으로 비쳐 들어와 기뻐 일어나 이리저리 거니네.

더불어 즐길 이 없어 승천사(承天寺)로 장회민(張懷民)을 찾아갔네. 그 역시 아직 자지 않고 있길래 함께 뜰을 산책한다. 뜰 아래는 마치 수초(水草) 그림자가 어른거리는 투명한 연못 같아 보인다. 사실은 달빛에 대나무, 소나무들의 그림자들이 던져진 것이다. 달이 없는 밤이나 대나무 소나무 따위가 없는 곳이 어디 있으랴만, 그러나 우리 두 사람처럼 유유자적하게 거니는 사람은 드물다.[13)

이 글은 짧지만, 완벽한 행복감에 빠진 한순간을 완전하게 표현해 낸 감각적인 기록이다. 우리가 동파의 문체가 천부적인 것임을 믿는다면, 한 개인의 문체는 바로 그 사람 영혼의 자연스러운 분출이라고 할 수 있을 것이다. 우리들은 동파가 완벽한 평온과 순전한 만족감을 그의 심령 가운데 맛본 후에 그 느낌을 이렇게 글로 쓴 것임을 어렵지 않게 엿볼 수 있다. 다음 장에서 우리는 동파가 어떻게 해서 그처럼 평온하고도 냉철한 심령을 키워나갈 수 있었는지를 살펴볼 것이다.

제 17 장

요가와 연단(煉丹)

동파는 일찍이 "극기할 줄 아는 자만이 깨달을 수 있다"[1]고 말한 적이 있다. 불가에서 말하는 해탈의 경지에 이르려면 정신적으로 자기를 수련하는 과정부터 시작해야만 한다. 마음의 평화를 이룩하기 전에(불가에서는 해탈 그 자체를 말한다), 먼저 인간 본연의 감정인 공포, 분노, 근심과 같은 여러 감정을 극복해야만 한다. 동파는 황주에 있는 기간 동안 불교와 도가 철학에 대해 공부하기 시작했다. 이런 것들이 후에 그의 사고나 시문에 큰 영향을 끼쳤다. 그는 영혼의 신비에 대해 깊이 파고들었다. 어찌해야 마음에 평화를 이룩할 수 있을지 그는 자기 자신에게 물어봤다. 인도의 요가와 도가의 신비주의는 모두 특수한 심령통제술을 제기해 주고 있는데, 이런 심령통제술은 정서를 평정시켜 주는 동시에 신체의 건강도 보장해 주고, 심지어 확률이 극히 희박하긴 하나 불로장생약도 발견하게 해준다고 한다. 동파는 영혼의 불멸성에 대해서 굳게 믿어 의심치 않았다. 그러나 육체의 불멸성에 대해서는 어떠했던가? 그는 장생(長生)문제에 대해 차츰 깊이 흥미를 느끼게 되었다. 육신이 그 형체를 이루고 있으므로 육체의 불멸성과 정신의 불멸성은 따로 분리될 수 없는 것이었다. 만약 심령이 어느 정도 연마되면 그때에는 이 일시적인 유한한 형체를 떠나 정신적인 세계로 높이 솟아오를 것이다. 이런 육신불멸의 보장에는 최소한 실질적이고도 해볼 만한 목표를 포괄하고 있었다. 즉 노쇠방지와 수명의 연장이었다.

이른바 장생술에는 요가·불교·도가·중국 의술에서 이야기하는 여러 요소들과 목표들이 두루 포괄되어 있다. 그 궁극적인 목적은 몸과 마음 양쪽 모두에 있다.

육체적으로 장생술은 육신의 건강을 얻는 것을 목표로 한다. 즉 체질과 생명력을 강건하게 함으로써 모든 고질병을 자동적으로 퇴치시킨다. 정신적인 면에서, 장생술은 마음과 정서상의 평정을 이룸과 동시에 정신의 긴장 해소를 목표로 한다. 소박한 생활방식에다 모종의 한약(漢藥) 복용에 잘 조화시킴으로써 원기를 회복하고 장수를 누리게 하는 데 목적이 있다. 이 장생술은 도교적 개념에서의 불멸술과 교묘하게 융합되어 있다. 이런 것을 중국에서는 간략해서 양생(養生)과 연단(煉丹)이라고 부른다. 단(丹)은 내단(內丹)과 외단(外丹)으로 구분된다. '내단'(內丹)은 요가에서 단전(丹田)의 기(氣)를 연마하는 것이고, '외단'(外丹)은 중국의 연단가들이 역대로 찾아왔던 일종의 장생불로약으로서, 일단 발견하기만 하면 그것을 복용함으로써 틀림없이 천상으로 승천하거나 어쩌면 학의 등에 올라타고 승천할 수 있다고 한다. 외단(外丹)에서 가장 중요한 요소는 수은화합물이다. 이 점에서 장생술은 유럽의 연금술과 마찬가지로 이런저런 학설들이 두루 포함되어 뒤죽박죽인 상태이다. 철인(哲人)이면서 노년에 멋지고도 건강하게 장수할 수 있고 또 쓸 수 있는 금(金)도 갖고 있다면, 그에게 승천(昇天)은 2차적인 문제가 될 것이다. 그 이상 무엇을 더 조물주에게서 바라겠는가?

요가의 단련은 동파의 아우가 그보다 먼저 시작했다. 자유(子由) 자신의 말에 따르면, 그는 일찍이 1069년부터 요가 수련을 시작해 왔다고 한다. 그는 도사 이씨(李氏)에게서 배웠다. 이 도사[李若之]는 예전에 동파의 둘째아들이 병났을 때 뱃속에 기(氣)를 불어넣어 병을 고쳐 달라는 동파의 부탁을 받은 적이 있었다.[2] 자유가 황주로 떠나는 형을 회양(淮

陽)까지 전송했을 때, 동파는 아우의 모습에서 어떤 새로운 생명력이 빛나고 있는 것을 발견했다.[3] 자유는 어렸을 때에 매우 병약했다. 여름에는 소화불량으로, 또 가을에는 기침으로 고생했는데 그 당시에는 아무리 약을 먹어도 전혀 효험을 보지 못했었다. 현재 그는 심호흡과 정신집중 등의 요가 단련을 통해, 이런 병들이 모두 치유되었노라고 했다.[4]

동파는 황주에 도착한 후, 독경(讀經)에 전념하는 외에도 도가사원에서 49일 동안 두문불출하며 도를 닦았다.

동파는 이 일을 1080년 동지(冬至)부터 시작하였다. 앞서 〈안국사기〉(安國寺記)에서 보았듯이 동파는 선(禪)에 몰입하였다. 한편 그는 도가사원인 천경관(天慶觀)에 칩거하였는데, 분명히 단식과 태식(胎息)을 하느라 칩거해 있었을 것이다. 이상하게도, 태식은 본래 인도의 불교도들에게서 비롯된 것임에도 불구하고, 이를 발전시킨 것은 오히려 도교도들이었다. 동시에 그는 무창태수에게 편지를 써서 주사(朱砂)를 다루는 방법에 대해 문의하였다.[5] 또 동파의 시 가운데 한 수에서는 영약(靈藥)을 찾아내려고 임고정 집에 별실(別室)을 두어 연단하는 가마[丹爐]도 마련했다고 얘기하고 있다.[6]

그는 왕공(王鞏)에게 보낸 편지에서, 연단하는 과정 속에 수반되는 요인들에 대해 전반적이면서 훌륭한 견해를 피력하고 있다.

제가 호주(湖州)에 있을 때, 장방평이 준 주사고(朱砂膏)를 좀 복용했었는데 효험이 괜찮아 계속해서 먹어도 괜찮을 듯했습니다. 어제 자유가 송별차 왔었는데 아주 건강해 보였습니다. 얼굴에 화색이 돌고 눈에는 정기가 있음을 보았습니다. 그는 밤에 복식호흡을 조절해서 배에서 우레같이 우르르 하는 소리를 들을 수 있었답니다. 그가 시행하는 방법은 일찍이 우리들이 함께 토론했던 바로 그런 종류였는데 그는 이 방법을 꾸준히 실행해 왔던 것입니다.

색(色)에 탐닉하는 것은 몸을 사르는 일종의 불과 같은 것입니다. 공께서 도안(道眼)으로 이를 꿰뚫어 보실 수 있기를 바랍니다. 이 외에 검소하고 질박한 생활을 해야 됩니다. ……

최근에 어떤 이가 제게 큰 덩어리의 단사(丹砂)를 주었는데, 이것은 기이한 광채를 내고 있었습니다. 저는 그것을 감히 복용하지는 못하고, 재미삼아 그것들에 불을 가하여 덩어리에서 분말로, 분말에서 다시 액체의 형태로 변모하는 것을 살펴보았습니다. 빈주(賓州; 즉 광서성에 있는 빈주로, 왕공이 당시 거주하고 있던 곳)는 계림에서 그리 멀지 않은 곳으로, 그곳에서는 주사(朱砂)를 사기가 좀 수월하다고 합니다. 불편하시지 않다면 좀 사두셨다가 제게 보내 주실 수 있겠습니까? 만약 사정이 여의치 않으시면 굳이 일부러 가실 필요는 없습니다. 당장 급한 것은 아니니까요. 궁벽한 산골에서 이는 하나의 뜻하지 않던 기사(奇事)일 것입니다. 그러나 냉정을 잃어서는 안 됩니다. 일반적으로 말해서 도사(道士)라도 금단약(金丹藥) 없이는 신선으로 승천할 수가 없습니다. 단약(丹藥)의 약재는 대부분 남쪽의 산악지대에서 발견됩니다. 그렇기 때문에 갈유천(葛維川; 즉 葛洪)이 순루(峋嶁)의 지방장관을 자청했던 것이고, 결국 그는 염주(廉州)에서 신선이 되어 이 땅을 떠났습니다. 그러니 공께서도 이 점을 명심해 두십시오. 진찬(陳璨)이 한 달 전에 자유를 만나러 균주(筠州)에 와서, 몇 가지 비결을 가르쳐 주었다고 합니다. 듣자 하니, 진찬은 가까운 시일 안에 이곳으로 돌아온다고 합니다. 이 사람은 도술에 뛰어날 뿐만 아니라, 사람 됨됨이 또한 진실하고 선량한 친구입니다. 도술(道術)에는 여러 가지가 있는데, 제 생각에는 집중력을 통해 정신적 균형을 얻는 것이 무엇보다도 중요한 듯 여겨집니다. 얼마간의 기간이 지나면, 저도 이로부터 대단한 효험을 보리란 것을 미리 믿어 주셔도 좋습니다. 만약 체내에 기(氣)를 완벽하게 잘 순환하도록 한다면 고통과 질병이 어떻게 사람의 몸에 침투할 수 있겠습니까?[7]

힌두교에서 행해지는 요가의 이론과 실제를 중국의 불교도들보다도 오히려 중국의 도가들이 쉽게 받아들인 데에는 그럴 만한 이유가 있었다. 묵상을 전문화시킨 선종(禪宗)은 비록 불교의 한 교파이기는 하나, 실상 이는 인도 불교와 중국 도가철학이 혼합되어 산출된 종교이다. 아무튼 요가의 가르침을 받아들이도록 자연적 배경을 제공한 것은 도가들이었다. 도가사상은 자연에 대해 깊이 성찰함으로써, 인간의 욕망을 극소화하여 정신적 평화를 획득하고 마침내 불멸의 경지에까지 이르는 것을 특징으로 삼고 있다. 도가류의 책인 《장자》에서, 정신집중, 명상, 심지어는 '내관'(內觀) 등에 대해서 사람들에게 충고하는 구절들이 몇 구절 있는데, 이런 것들은 바로 힌두교적인 특색들이다. 설사 이런 구절들이 장자의 후대 사람들에 의해 덧붙여진 구절들이라 하더라도, 이는 늦어야 3~4세기경에 첨가된 것들이었다.

　종교와 신체적 단련이 이처럼 독특하고 밀접하게 융합된 것은 다른 교파에서는 찾아보기 어렵다. 요가술은 몸과 마음을 통제하는 가운데 종교적 신비감을 맛볼 수 있는 길을 제공한다. 반사작용과 불수의근(不隨意筋)을 제어하는 것으로부터 정신력의 심층 부분을 개발시키는 데 이르기까지 요가의 영향 범위는 꽤 넓다. 요가로부터 얻는 이점은 육체와 정신 두 방면에 모두 있다. 어떤 체위(體位)를 취하거나 묵상을 통해 호흡을 조절함으로써 신도(信徒)들은 처음에는 우주만물에 대한 감지력이 점점 소멸되다가, 마침내는 주체와 객체의 관계에 대한 인식조차도 사라져버려 완전히 무념무사(無念無思)의 공허상태의 경지에 이를 수 있게 된다. 일단 이런 경지에 이르면 무아경의 기쁨을 맛보는 것이 특징이다. 신도들은 의식적으로 만든 이러한 공허상태는 오로지 순간적이며, 죽음의 상태를 제외하고는 영속적으로 획득할 수 없다는 점을 인정하고 있다. 그럼에도 불구하고, 이때 맛보는 희열이 너무나 황홀해서 신도들은 될 수 있는 대로 이런 경험을 자주 맛볼 수 있기를 염원한다. 요가술을 신봉하는 현대의 인도인과 중국인들 역시 그들이 요가를 시행하기 전에는 일찍이 맛보지 못했던, 신체적인 건강과 정신적인 안정감, 정서적 조화를 이루게 되었다고 공언한다. 중국의 수행자들은 그들이 행하고 있는 것이 사실은 요가란 것을 모르고, 이런 것들을 '정좌'(靜坐), '내관', '명상' 등의 불가와 도가의 용어를 따서 부른다. 이른바 '공작 자세'나 '물고기 자세'와 같은 자세들은 과격하게 몸을 뒤틀어야 하므로, 중국 문인들은 자연히 이런 것들을 배격해 왔다. 소동파도 비교적 하기 쉬운 자세를 골라 실행하는 걸로 만족해 했다. 그래도 역시 중국인으로서 그는 요가 보급에 공헌했다고 생각할 수 있다.

나는 일반적인 요가술에 대해 별 흥미가 없지만 여기서 1083년에 소동파가 요가 훈련에 대해 자세히 기술해 놓았던 것에 대해서만은 얘기하고 넘어가기로 한다. 그는 불가와 도가 경전들을 두루 섭렵하여 받아들였고, 또 수도자들과 이런 경전들에 대해 끊임없이 의견을 교환했다. 그의 아우의 경우처럼 동파도 호흡조절과 심령통제술에 대해 점점 흥미를 갖기 시작했다. 한편 그는 장생불로약 발견에 더 열중했다. 설사 이 최대의 목표를 성취하지 못한다 하더라도, 최소한 좀더 나은 건강과 정신적 평정을 얻을 수 있다는 점에서 그는 솔깃했다. 중국인의 섭생관(攝生觀)이 서양의 건강법과 그 기본원리에 있어서는 별 차이가 없었지만 실제 실행하는 면에서는 좀 달랐다. 중국인들은 대부분 들판에서 공을 차거나 좇아다니느라 체력을 소모해서는 안 된다고 생각한다. 이는 '정력을 보존한다'는 양생지도(養生之道)에 위반되는 것이다. 그러므로 요가는 중국 문인들이 가장 잘 받아들일 수 있는 일종의 심신보양법(心身保養法)을 제시해 준 것이었다. 왜냐하면 요가의 요체는 바로 휴식에 있기 때문이다. 즉 요가는 계획을 세워 그에 따라 의식적으로 취하는 일종의 휴식인 것이다. 요가는 일정한 간격으로 호흡을 조절하게 하거나 휴식자세를 취하게 한다. 뿐만 아니라, 등의자에 기대앉아 완전 휴식상태로 있을 때조차 어쩔 수 없이 무의식적으로 움직이는 심령활동까지도 정지시킨다. 요가술의 전체 효과에 대해 간략하면서 비전문적인 용어를 써서 표현한다면, 되도록 생각을 줄이도록 노력하여 마지막에 가서는 아무것도 생각하지 않는 상태에 이르게 만드는 것이다. 물론 이런 마지막 단계가 시행하기에 가장 어렵다. 처음 시도할 때에는 오직 한 가지 일에만 정신을 집중시키는데, 이것 또한 쉽지 않다. 왜냐하면 사람의 심령은 연상작용에 의해 한 가지 생각에서 다른 생각으로 끊임없이 잡다한 상념에 빠지게끔 되어 있기 때문이다. 이는 가장 하층단계인 '다라나'(dharanā ; 受持) 상태이다. 좀더 높은 단계에 이르면 '다라나'에서 '드야나'(dhyanā ; 禪定) 단계로 승격된다. 즉 한 가지 것에 집중하는 것으로부터 무목적의 명상상태

로 옮겨가, 맨 마지막에는 '사마디'(samādhi ; 三昧)라는 축복받은 황홀
경에 이른다.

　요가의 특성은 이처럼 심신의 완벽한 휴식에다, 여러 가지 형태의 호
흡조절을 통한 산소 섭취량을 증대시키는 효과를 잘 복합시킨 데에 있
다. 이보다 더 이상적인 건강요법은 아마 없을 것이다. 왜냐하면 운동을
할 경우에는 그 운동량에 상응하는 원기를 소모해야 하나, 요가의 경우
위에 부담이 전혀 없는 상태에서 완전히 긴장을 푼 자세로 심호흡을 함
으로써 원기를 소모하지 않아, 몸은 다량의 산소 공급을 받기에 아주 좋
은 특수한 상태에 놓이게 되는 것 같다. 그러므로 밤에 온 집안이 정적에
잠겼을 때 요가를 단련하면, 신체 기능이 극대화되었음을 직감할 수 있
는 상태에 이르게 됨을 가히 짐작할 수 있다. 이런 식으로 하여 마지막
단계에 이르면 심령은 신체를 벗어나 방관자가 된다. 이에서 좀더 미묘
한 단계에 이르면 방관자로서의 심령은 한 가지 상념과 또 다른 상념 사
이의 빈 간격까지도 관조하려고 한다. 그러나 결국 최후의 단계에서는
심령에 아무런 상념도 일지 않아 정미(精微)한 원자물질도 감지할 수 있
게 된다. 이런 상태에서는 일상적인 개인이나 자신 또는 자아에 대한 의
식조차 없어진다. 각종 종교들은 이런 단계에 대해 여러 가지 종교적 해
석을 가한다. 어떤 종교적 해석에서는 이를 개인영혼과 우주혼이 완전히
통일된 상태라고 하는데, 이는 바로 힌두교에서 행하는 일체 수행의 목
표이다. 그러나 어떠한 종교적 의미로 해석하든지 간에 요가를 할 때의
이러한 심령상태는 수면상태와 흡사한 하나의 자기 암시이다. 다만 심령
이 자기의 존재를 완전하게 의식하고 있으며, 반사작용의 통제를 여전히
유지하고 있다는 점이 다를 뿐이다. 그러므로 요가수련자들은 이런 상태
에 있을 때 일어난 일들을 모두 생생하게 기억하고 있다.

　동파가 수행 경험을 기술해 놓은 글을 보면, 많은 요가적인 특질이 있
음을 볼 수 있다. 그는 호흡을 조절하였는데, 대략 맥박이 다섯 번 뛸 동
안에 호흡순환을 한 번 하는 꼴이었다. 들이마셨다가, 정지했다가, 숨을
토하는 시간의 비율은 각각 1:2:2였다. 그가 호흡정지를 시도한 최장시

간은 맥박이 120번 뛰는 동안 또는 호흡순환을 스무 번 하는 동안이었다. 힌두교의 기준에 비춰보면, 이는 약 144초 동안이었다.[8] 요가수련자들과 마찬가지로 그는 자신의 호흡순환의 수를 세었고, 이런 식으로 반복해서 호흡조절(즉 숨의 들이쉬고 내쉬는 비율을 조절함)을 하고 나면 나중에는 완전히 자동적으로 된다고 말하고 있다. 주의집중 면에서도 그는 생각을 자기 코끝에다 집중시켰다[觀鼻]. 이런 방법은 틀림없는 요가수행법이다. 그는 또한 요가할 때의 기분상태로 일반에 알려져 있는 그러한 유사한 기분 상태에 대해서도 기술해 놓고 있다. 즉 심령이 완전한 휴식상태에 놓여 있고, 정신적 지각은 최대로 첨예화되어 있을 때, 그는 척추로부터 뇌에까지 전달되는 어떤 전율을 감지했으며, 전신의 털이 모낭(毛囊)에서 쭈뼛 솟는 것 같음을 느꼈다고 한다. 또《지림》가운데 〈양생론〉에서 이러한 단련으로부터 최후에 얻어지는 정신적 평온의 황홀한 경지에 대해서도 기술해 놓고 있다.

심령 방면에 그가 행했던 수행방법 역시 틀림없는 요가였다. 아우에게 쓴 글에서, 그는 정통 요가법에서 묵상의 최종목표에 대해 기술하고 있다. 그는 진리나 신(神) 혹은 우주혼을 진정으로 감지할 줄 아는 경지는 어떤 사물을 보는 데에 있다기보다는, 감각을 이탈한 결과 오히려 아무것도 보지 않는 데에 있다고 생각했다.

심령이 모든 감각·지각들을 잃어버리는 이른바 소요(逍遙)상태에 이르는 것이 그 목표이다. 나는 심령이 이런 소요상태에 도달한 것이 곧 이미 진리를 감지한 것이라고 여겨진다. 그러나 이런 진리의 감지는 그러한 상태가 존재하느냐 여부에 대해 사실상 말로써 표현해 낼 수 있는 것도 아니다. 그러므로 도사들은 그들의 도리를 가르치다가도 이에 이르면 멈추지 않을 수 없었던 것이다. 이는 마치 시계(視界)를 가리고 있는 이물질을 눈에서 제거하는 것처럼, 일단 이 방해물을 제거하면 눈은 모든 사물을 제대로 볼 수 있게 된다. 의사는 다만 이 방해물질을 제거하는 방법만을 갖고 있을 뿐, 눈에다 시력을 부여하는 전문기술은 없다. 만약 시력이 부여될 수 있는 것이라면, 그 자체가 방해물이다.…… 때로 불타의 경지에 대해 묘사할 때 동물의 무의식상태를 빌려 기술하곤 하는데, 이는 세상 사람들이 잘 알지 못하고 하는 짓이다. 이들은 동물의 무의식상태가 불타의 경지와 다를 바 없다고 여겨서, 포식한 후에 깊은 잠에 빠진 고양이와 개가 호흡하는 박자에 맞추어 그들의 배를 움직거릴 때 이런 동물의 심령 역시 아무런 상념도 품지 않은 상태라고 말한다. 이런 상태에서는 개와 고양이들도 역시 불타의 경지에 들어갈 수 있다는 식의 억지는 분명 바로잡아야 한다.……

오늘 내가 이렇게 풀이하여 바로잡은 것이 아우가 내게 가르쳐 주었던 것과 부합하는지? 원풍 원년 3월 25일[9]

내가 보기에, 동파는 요가에다 순수한 중국식 여러 특질들을 첨가한 것 같다. 동파는 요가의 곡예하는 것처럼 기괴하게 허리, 다리, 목 등을 구부리고 뒤트는 자세는 배제하는 한편, 도가에서 생리학적 고찰을 통해 터득한 방법인 침을 주기적으로 삼키는 방법을 도입했다. 동파는 장방평에게 편지를 써서 자기의 수행법을 이렇게 권하고 있다.

한밤중이나 새벽녘에 자리에서 일어나 홑이불로 몸을 싸고, 동쪽이나 남쪽을 향해 가부좌로 앉으십시오. 그런 다음, 아래턱을 서른여섯 번 가량 위아래로 올렸다 내렸다 하십시오. 주먹을 꽉 쥐고 양쪽 엄지손가락으로 가운뎃손가락의 안을 후벼파거나 또는 다른 네 손가락을 가지고 엄지손가락을 감싸쥐십시오. 그런 후에 손을 허리의 가장 가는 부분에 얹고 휴식을 취하십시오. 호흡의 정지는 도교단련술의 요체입니다. 먼저 눈을 감고 마음을 편안히 하고서 모든 생각을 명료하게 하도록 해보십시오. 정신적으로 아주 공허한 상태에 이를 때까지 이 상태를 지속하십시오. 이러다 보면 결과적으로, 호흡이 차츰 느려지고 있는 것이 느껴질 것입니다. 그런 다음 입과 코를 막고 호흡을 멈추십시오. 그렇게 하고 나서 자신의 내장을 들여다본다고 상상해 보십시오. 공의 심장은 불이며 그 불빛이 곧장 단전(丹田) 아래로 향하고 있다고 생각해 보십시오. 더 이상 호흡중지를 계속할 수 없을 때가 되면 콧소리가 조금도 나지 않도록 조심하면서 서서히 숨을 내쉬십시오. 호흡이 다시 고르게 된 후에는 혀를 입 안쪽으로 집어넣어 자극을 주어서 침이 분비되어 나오도록 하십시오. 그러나 침을 삼켜서는 안 됩니다. 이것을 세 번 반복하십시오. 세 번째에 숨을 몰아쉰 후에는 머리를 구부리면서 침을 삼켜서, 그 힘에 밀려 침이 단전(丹田)으로 꼴깍거리며 내려가게 하십시오. 이것을 세 번씩 반복하십시오. 그러면 아홉 번 호흡정지하는 동안 모두 세 번 침을 삼키게 될 것입니다. 그런 다음 두 손으로 발바닥의 안으로 움푹 들어간 부분과 단전 그리고 허리를 뜨겁게 느껴질 때까지 계속 문지르십시오. 호흡이 빨라지지 않도록 유의하면서 이런 식으로 천천히 문지르다 보면 땀이 좀 날 것입니다. 그런 다음에는 눈과 귀, 얼굴, 목을 역시 뜨거워질 때까지 두 손으로 계속 문지르십시오. 그리고 나서 다섯 번 내지 일곱 번 가량 코를 좌우로 문지르십시오. 또 머리를 약 100번 가량 빗질하고, 머리를 푼 채로 드러누우면 아침까지 숙면하실 수가 있을 겁니다.[10]

침을 삼키는 방법은 다음과 같은 생리학적인 추론에 근거한 것으로서, 우주는 오행(五行)에서 비롯하여 창조되었다는 도교도들의 주장과 밀접한 관계가 있다. 우주오행론이란 것은 우리에게는 좀 불가사의하게 들리겠지만, 신봉자들은 여기에 꽤 그럴 듯한 이치가 내재해 있다고 믿어 의심치 않았다. 이해하기 어려운 산문 가운데 하나인 〈속양생론〉(續養生論)에서 동파는 '용이 체내에서 불을 통해 위로 올라가게 한다'(龍從火裡出), '체내의 호랑이가 물을 거쳐 내려간다'(虎向水中生)란 고대의 난해한 글귀에 대해 잘 설명해 놓고 있다. 동파는 면밀한 관찰을 통해, 우리들은 늘 원기를 태워서 소모하고 있는데, 대략 다음 두 가지 형태로 소모시키고 있다는 것을 알아냈다.

(1) 불[火]은 노여움이나 원한·사랑·슬픔 등과 같은 모든 감정상의 교란을 포괄하고 있다.

(2) 물[水]은 땀·눈물·배설물 등을 두루 포괄한다. 도가의 우주론에서 불의 요소는 호랑이[虎]란 한 단어로 표현된다. 물의 요소는 용(龍)이란 단어로 표현된다. 심장은 불을 상징하며 또한 이 불을 통제하는 기관

이다. 한편 물은 신장을 대표한다. 동파의 견해에 따르면 불은 정의(正義)를 대표한다. 그러므로 심장이 사람의 몸을 조정할 때는 되도록 선하게 행동하게 되는 것이다. 반면에 만약 신장(중국어에서는 여기에 성 기관까지 포함시킴*)이 몸의 기능을 통제하면 방종해지기 되기 쉽다. 즉 신장이 몸을 통제하게 되면, 우리는 온갖 동물적인 본능의 지배를 받게 된다. 따라서 '용이 물에서 나온다'(龍出於水) 함은 우리의 호연지기(浩然之氣)가 파괴됨을 뜻한다. 또 한편으로 우리는 심화(心火)로부터 비롯되는 기타 여러 감정적인 교란의 지배를 받는다. 우리는 성이 났을 때에는 싸움을 하고, 실망과 슬픔에 빠지며, 기쁠 때에는 춤을 춘다. 한번 감정이 격발할 때마다 심화로 인해 우리는 체력을 소모한다. 이는 '호랑이가 불을 뚫고 나온다'(虎生於火)고 말할 수 있다. 소동파는 이러한 형태의 원기 소모는 '죽음으로 이르는 길'(死之道也)이라고 보았다. 우리는 정신력으로써 물과 불의 정상적인 기능을 회복하도록 하여야만 한다. 바로 이런 이치에서 침을 삼키는 방법을 취하게 된 것인데, 이렇게 하여서 심화를 신장의 방향으로 내려가도록 하게 하는 것이다.

이 밖에도 도사들은 부단히 '외단'(外丹) 혹은 '방사단'(方士丹)을 추구했다. 유럽의 연금술사들처럼 중국의 도사들은 이 방사단을 두 가지 목적에서 찾는다. 그 하나는 비금속(卑金屬)을 금으로 연금시키는 데에, 또 다른 하나는 노년에 원기를 회복하는 데에 목적이 있었다. 또한 그들은 유럽의 연금술사들처럼 기본적으로 수은합금의 형태로 작업을 진행했다. 왜냐하면 수은의 성질은 매우 독특하기 때문이다. 수은은 금속성의 광택이 있고, 중량(重量)이 무거우며 비중이 금과 비슷하다(원자 무게는 각각 200과 197이다). 다른 금속에 비해 유동성이 커서, 금·동 및 다른 금속을 접촉시켰을 때 쉽게 융합하며, 기체·분말·액체 등의 여러 형태

---

* 중국 도가의 비술(秘術) 가운데에는 방중술(房中術)도 포함되고 있다. 그들은 성 호르몬을 자극함으로써 심령을 조절하는 효과를 볼 수 있다고 믿는다. 소동파의 친구들 가운데 장뢰(張耒)란 이는 이런 효험을 굳게 믿었다.

들로 잘 변화한다. 이런 특성들 때문에 자연히 수은은 동서 연금술사들의 관심을 끌었고, 인조 금을 제조하기에 가장 적합한 재료로 여겨졌다. 소동파 생존 당시, 유럽의 연금술이 그랬듯이, 중국의 연금술도 아랍의 영향을 받았을 가능성이 높다. 그러나 송대보다 훨씬 이전인 한대에 이미 금 합성물로 여겨지는 물질로부터 금을 제조해 내는 데 성공했다는 사람의 기록이 남아 있다. 4세기경의 도사인 갈홍(葛洪)은 금과 수은에서 장생불사술 공식의 발견 가능성이 있으므로 이를 개발해야 한다고 역설한 바 있다. "모든 식물은 불에 타면 재가 된다. 그러나 단사(丹砂)를 태우면 수은이 생긴다"고 갈홍은 말한다. "그러나 어떤 과정을 거친 후에 이 수은은 다시 단사가 된다. 즉, 그 성질면에서 수은은 다른 식물이나 광물질들과 아주 다르다. 그러므로 이것이 바로 생명을 연장시켜 줄 수 있는 힘이다." 그는 단(丹)에는 9품이 있다고 말한다. 즉 연단과정의 횟수에 따라 그 효능이 다르다. 가장 좋은 단(丹)은 복용 3일 안에 사람을 신선이 되게 하고, 가장 저급한 단은 3년 걸린다고 한다.[11] 이런 단을 만드는 요소들은 단사(丹砂), 백반, 웅황(硫黃과 砒素의 화합물), 자석, 증청(曾靑)이다.

《춘저기문》(春渚紀聞)의 저자 하원(何薳 ; 소동파는 일찍이 그의 부친을 관직에 추천한 바 있었다)은 그의 저서 가운데 한 장을 따로 할애하여 장생불사약에 대한 이야기만을 적고 있는데, 당시에는 이런 것이 유행이었다. 그 이야기의 일부는 이 책에서 앞서 언급했던 인물들이 하원에게 이야기해 준 것들이고, 또 다른 일부는 하원이 그의 친척들에게서 들은 것이었으며, 또 몇몇 이야기는 하원 자신이 직접 목격한 것이었다. 이 책과 《소심양방》(蘇沈良方 ; 이 책은 한방서로, 소동파와 沈括의 이름을 따서 지은 것임)은 모두 연단의 방법에 대해 소개하고 있다. 이런 이야기들과 장생불사약의 제조공식을 보고 나면, 다음과 같은 인상을 받게 된다. 먼저 단로(丹爐)가 구비되어 있어야 하며, 연단하는 이들은 대개 수은·유황·동·은·비소합성물·질산염·초석(硝石) 등을 가지고 작업한다는 점이다. 또 황화물(黃化物)을 가지고 할 수도 있다. 진사(辰砂)와 유화금(硫化金)

을 가지고 붉은 안료도 만든다. 그리고 여러 수은 합성물들은 약재로 쓴
다. 당시의 근거가 분명치 않은 어느 기록에 따르면, 많은 도사들이 동
(銅)을 금(金)으로 만드는 방법을 갖고 있다는 소문이 널리 퍼졌다고 한
다. 이는 분명히 여러 가지 종류의 용기를 가지고 자홍색의 금 화합물을
만든 사람들을 두고 이렇게 말했을 것이다. 또는 몇몇 도사들이 수은을
동에다 대고 부벼서 만든 것을 은(銀)이라고 속여 무지한 사람들 사이에
유통되게 했을 수도 있다. 그들은 만들기가 비교적 수월한 금과 수은의
합금을 만들어냈을 것이고, 유황에 수은을 융합시켜 만든 것을 '황금'(黃
金) 또는 '사류'(死硫)라고 불렀을 것이다.

어떤 승려는 진짜 순금을 만들어냈다는 소문이 있었는데, 경사의 한
보석상이 감정해 본 결과 진짜였다고 한다. 하원의 기술에 의거해 보면,
당시 도사들은 사금을 가지고 순금을 채취했던 것이 분명한데, 도사들은
이 광석을 동(銅)이라고 했으므로 동을 금으로 변화시켰다고 하여 사람
들의 이목을 끌었던 것이다. 더욱이 이 도사는 하원의 친척이 지켜보는
그 자리에서 이 광석을 가지고 금으로 변화시켰다. 그러고 나서 말하기
를, 이것은 동광석으로 순동(純銅)을 가지고 다녔다가는 도둑맞을 염려
가 있으므로, 이러한 광석의 형태로 갖고 다닌다고 하였다. 그런데 이 금
속은 불 위에 놓고 가열해도 녹지 않았는데, 그 도사가 솥에 약간의 하얀
가루를 집어넣자 순금으로 변했다.

그 승려의 내력은 다음과 같다. 몇 년 전 그와 두 친구는 약속하기를
이제부터 헤어져서 각기 제 길을 살아가다가, 10년 후 어느 장소에서 다
시 만나자고 했다. 그간에 그들은 '방사단'(方士丹)을 각기 찾아 그들이
다시 만났을 때 비밀을 서로 가르쳐 주기로 했다. 방금 이야기했던 이 사
람은 '방사단' 만드는 공식을 발견했는데 부상(富商)이 되는 대신 오히려
승려의 길을 택했다는 것이 이 이야기의 전말이다.

후에 이 세 친구는 약속대로 기약했던 시기에 다시 만나서 그들이 찾
아낸 성과를 서로 비교했다. 이 도사는 친구들에게 자신이 양방(良方)을
발견하기는 했지만 소출물에는 여전히 불순물이 끼어 있음을 보여줬다.

그러자 친구 가운데 한 사람이 이 도사에게 말하기를, 자신은 바로 이런 불순물을 제거하는 분말을 추출해 냈다고 했다. 그래서 이 분말을 가하여 그들은 순금을 산출해 낼 수 있었다.

"자, 이제 경사로 갑시다"라고 친구들이 도사에게 말했다. "경사에는 란(欒)씨가 경영하는 큰 보석상이 있습니다. 만약 그의 감정을 통과하기만 한다면, 우리는 정말로 묘법(妙法)을 찾아냈다고 할 수 있습니다." 그들은 이것을 10량(兩) 가량 보석상으로 가져가서 팔겠노라고 내놨다. 보석상은 이 물질을 조사하여 그 무게도 달아보고, 불로 가열해 보기도 하고는, 그들에게 진짜 금값을 지불해 주었다. 이 친구들은 무척 기뻐했고 서로서로의 성공을 축하해 마지않으며 이렇게 말했다. "자 이제 우리는 장생불사할 수 있게 되었습니다. 만약 우리가 이 지상에서의 삶을 포기하기 싫다면, 우리는 이 돈을 가지고 먹고 마시며 아무 걱정없이 신나게 살 수 있습니다. 자 100냥을 만들어내어 나누어 가집시다."

그날 밤 그들은 크게 잔치를 벌였고, 술에 좀 취해서 가마(용광로)에 '동광석'을 그대로 남겨 놓은 채로 잠자리에 들었다. 밤새 '액화된 동'이 튀어나와 집에 불이 붙었다. 사람들이 불을 끄러 도착했는데도 이 세 사람은 아직도 취해 자고 있었다. "저는 잠에서 겨우 깨어나 화염을 뚫고 집 밖으로 피신했습니다. 한편으로 구금될까 봐 겁도 나고, 또 수영을 잘하는 편이었으므로, 변수(汴水)로 뛰어들어 물결을 따라 헤엄쳐 내려갔습니다. 국문(國門)을 지나쳐서야 강가로 기어나올 엄두가 생겼습니다. 물속에 있는 동안, 저는 후회막심이었습니다. 저는 신께 이런 짓을 다시는 하지 않을 것이며 승려의 본분대로 살 것을 약속했습니다. 이후로 저는 사욕(私慾)을 위해서는 결코 다시 금을 만들지 않을 것이며, 어떤 절에서 기금을 모을 때에만 신의 허락을 먼저 구하고 나서 만들 것입니다."

아마도 이런 까닭으로 해서 그 도사는 다른 사람에게 금을 만드는 비법을 가르쳐 주지 않으려 했던 것 같다. 그러나 좋은 일을 위해서라면,

그는 100냥의 금이라도 기꺼이 만들려고 하였다. 그와 두 친구 가운데 한 사람은 불에 타 죽었고 또 한 사람은 구금되었는데, 그 역시 화상으로 며칠 뒤에 사망했다.[12]

소동파는 특히 유화수은으로 조제한 여러 조합물에 대해 흥미를 가졌다. 동파는 수은에 독소가 있다는 것을 알고 있었으므로, 이 조합물들을 실험할 때는 아주 조심했다. 이 조합물들은 신비로운 비밀들에 싸여 있어서, 이 수은 조합물들의 정확한 성분이 무엇인지는 확실히 알 도리가 없었다. 송대의 또 다른 기록에 따르면, 어떤 이는 자신이 만든 수은 합성물을 황제가 보는 데서 복용해 보이다가 죽었다 한다. 염화 제1수은을 복용했더라면 괜찮았을 텐데, 아마도 그는 염화 제2수은을 복용했던 것 같다. 또한 도사들은 초석(硝石), 유황 같은 화학물질들을 실험했으며, 심지어 종유석에서 석회암을 채취해 내기도 했다. 때로 그들은 오랫동안 직접 복용하여 실험한 결과 궤양이 심해지기까지 했다. 소동파는 신선들의 음식이라고 알려진 두 종류의 음식물을 섭취했다. 즉 복령(茯苓 ; 버섯의 일종)과 깨였다. 깨는 유지(油脂) 성분이 풍부하고 일정량의 단백질을 포함하고 있어 영양가가 아주 높다. 내 생각에 이 음식이 선식(仙食)으로 여겨지게 된 것은, 도사들 대부분이 산꼭대기에 살았으므로, 이것들 외에는 달리 먹을 것이 없어서 주식으로 삼게 된 것 같다. 아주 깊은 산골에서 소출된 식물일수록 보통 곡식들과 아주 다르게 마련인데, 그럴수록 더 선인(仙人)들의 음식으로 여겨지기 쉬운 것 같다.

동파는 두 편의 글에서 외단(外丹)의 제조에 대해 쓰고 있다. 즉 양단결(陽丹訣)과 음단결(陰丹訣)이다. 음단은 첫아들을 낳은 어머니한테서 받아낸 모유(母乳)로 만든다. 즉 모유를 수은 합금으로 만든 솥에 넣고 은근한 불로 데운다. 마찬가지로 수은 합금으로 만든 숟가락을 가지고 응고시켜 환약으로 만들 수 있을 때까지 천천히 젓는다. 양단은 오줌에 들어 있는 단백질의 일종인 알부민을 분해시킨 요소(尿素)를 가지고 만든다. 이 알부민의 침전물을 조심스럽게 걸러내어 순수하게 만드는데, 그것이 티 없는 하얀 분말이 될 때까지 여과과정을 계속 반복한다. 그런 다음 대추야자 열매의 살과 섞어 환약을 만들고, 빈 속에 물과 함께 복용한다.

동파는 만년에 이르렀을 때에도 방사단(方士丹)을 추구했었다. 그러나 불사(不死)의 문제에 대해서는 상당히 이성적인 견해를 가지고 있었다. 모든 도가선인(道家仙人)들도 결국에는 모두 사망했다. 이론적으로는 육신도 변화한다고 한다. 즉 주위에 아무도 없을 때 학으로 변거나 또는 학의 등을 타고 하늘로 승천하여 육신을 떠난다고 되어 있기는 하나, 도사들은 한결같이 뒤에 시체를 남겼다. 그리고 이 시체는 매미나 뱀이 벗어놓은 허물처럼 가볍다고 여겨졌다. 이런 기묘한 죽음을 '선태'(蟬蛻)라고 부른다. 그러나 동파는 정말 장생불사하는 사람을 직접 보고 싶었다.

> 나는 어려서부터 도인들이 장생(長生)한다는 이야기를 들어왔다. 그러나 조포일(趙抱一)·서등(徐登)·장원몽(張元夢) 같은 이들은 백살 가까이 장수했지만 결국은 다른 사람들처럼 사망하고 말았다. 내가 황주에 온 후에 부광(浮光)의 주원경(朱元經)이란 사람이 도사로서 사람들 사이에 아주 유명하다고 들었다. 그러나 이 사람 역시 심한 중풍에 걸려 죽었다. 그런데 그는 실제로 연금하여 금과 금가루를 남겨 놓았다고 한다. 이것들은 지금은 모두 국고(國庫)로 넘어갔다. 세상에 과연 장생불멸하는 사람이 존재한 적이 있는지, 또는 존재는 했으나 사람들이 보지 못했는지 모두 의심스럽다. 아니면 우리 모두가 오해하고 있는 것인지도 모른다. 고대 서적에 불로장생했다고 기록된 도인들도 위에서 언급한 경우와 비슷하거나, 또는 후대 기록자들이 그들에 대해 과장해서 이야기했을 가능성도 없지 않다.[13]

방사단을 찾는 이런 헛된 수고는 차치하고라도, 도사들이 가르쳐 온 양생법과 현대의 의사들이 하는 충고 사이에는 별 차이가 없다고 여겨진다. 장생불사의 헛된 추구를 제외하고 나면, 곧 절제, 간소한 생활, 적당히 일하고 알맞게 휴식하며, 근실하지 못한 갖가지 정서상의 교란을 기피한다는 등의 원칙만이 남는다. 즉 바꾸어 말하면, 상식을 회복하면 된

다는 말이다. 동파는 고서(古書)에서 발췌하여 네 형태의 생활원칙을 세
움으로써 그의 소박한 생활철학을 보여주고 있다. 어떤 장씨(張氏) 성의
사람이 그에게 장생의 비법을 가르쳐 달라고 청했을 때 동파는 이렇게
적어주었다.

    1. 무사(無事)를 권세를 쥐고 있는 것과 마찬가지로 여겨라.
    2. 일찍 취침하는 것을 부귀를 보듯 귀히 여겨라.
    3. 마차 타고 다니기를 좋아하는 만큼이나 유유자적하게 산책하기를
       즐기라.
    4. 늦게 식사함은 고기를 섭취하는 것만큼 몸에 이롭다.

　이상은 만족스런 생활을 영위하는 비결입니다. 한참 배고팠다가 음식
을 들게 되면, 소채를 먹어도 산해진미보다도 더 맛있게 느껴집니다. 그
러나 배가 불러 그득해 있을 때에는, 아무리 좋은 음식을 앞에 갖다 놓
아도 식욕이 없고, 오히려 그 음식들을 제발 치워 주길 바라게 됩니다.
이것이 바로 궁한 처지를 잘 이겨내는 요령이라고 생각합니다. 그러므
로 산책을 즐기며, 배고팠을 때 음식을 드는 것이 좋겠지요. 이런 도락
을 단지 호사스런 생활의 대체물로 여길 필요는 없습니다. 이런 구절들
을 생각해 낸 이들은, 가마나 고기음식과 같은 호사스런 생활을 이미 그
들 마음 가운데에서 누리고 있던 사람들이었음을 알 수 있습니다.[14]

　친구 이상(李常)에게 보낸 서신에서, 동파는 절제와 검박한 생활을 권
하고 있는데, 나는 동파의 이러한 건전한 상식을 무척 좋아한다.

　이제 제 나이 오십이 가까워져서야, 좀 절약하는 생활을 하려 하고
있습니다. 이를 저는 '검소'란 미명(美名)으로 칭하고 있지만, 사실은
거의 인색에 가까운 것입니다. 그러나 저처럼 만약의 경우를 대비해서
인색하게 구는 것은 다른 넉넉한 이들이 인색하게 구는 것과는 좀 다릅
니다. 이런 검소한 생활의 진정한 아름다움과 매력은, 겨우 먹고살 정
도만 소유하는 데 있습니다. …… 우리의 의식주에 대한 욕망은 한도
끝도 없습니다. 그러나 우리가 절제하고 검소하게 생활할 줄 안다면 우

리는 유쾌하게 지낼 수 있고 또 장수를 누릴 수 있는 길에 이르게 됩니
다. 저는 절약하지 않을 수 없는 형편에 처한 경우이지만, 인색에 가까
운 이런 절약하는 생활은 꽤 만족스러운 생활방식임을 믿어 의심치 않
습니다. …… 공께서도 이런 자족하는 생활을 누려 보시길 바랍니다.
어디, 한바탕 크게 웃어 보십시오![15]

이즈음 이상은 귀양에서 풀려 경사로 돌아왔고, 왕공(王鞏)도 사면되
어 북으로 돌아왔다. 황제는 반대파들을 모두 처벌했던 일을 후회하고
있었다. 아이러니컬하게도 소동파는 이제 막 황주에 정착하여 행복한 칩
거생활을 누리며, 자신의 '자족한 생활'을 하려 할 때에, 그의 휴식처로
부터 다시 한번 정치적 혼란 속으로 휩쓸려 들어갈 운명에 놓이게 되었
다. 돌아가는 맷돌에서 방금 벗어난 개미는 맷돌이 아주 멈추었다고 여
기고 있었다. 그러나 맷돌은 다시 움직이기 시작했다.

제 18 장
유 랑 시 기

　이후 1년 8개월 동안의 동파의 운명은 바로 사인(士人)이 정치에 참여할 경우, 개인 행동의 자유가 전혀 없는 관리생활을 해야 함을 잘 입증해 주고 있다. 이제 동파는 이리저리 유랑하며 전에 세웠던 계획들도 전부 변경해야만 되었다. 결국 그의 원하는 바와는 상관없이 황후의 뜻에 따르지 않을 수 없는 처지에 놓여 있었다. 황제는 동파를 사관(史官)에 임명하려고 했으나, 주변 신하들의 반대에 부딪쳤다. 결국 황제는 친필 조서를 내려 동파의 유배지를 황주로부터 여주(汝州)로 옮겼다. 여주는 경사 부근이었으며 살기에도 좋은 곳이었다. 이 이임(移任) 소식은 1084년(元豐 7) 3월에 동파에게로 날아들었다.

　동파의 표현을 빌리면 '마치 학교를 빼먹으려는 학생'처럼 그는 이 명령을 피하려고 했다. 대개 사람들은 부귀와 권세나 명성을 위해, 또는 오로지 국가를 위해 봉사하려는 목적에서 관직에 나아간다. 우리가 잘 알다시피, 동파는 관직으로 부귀를 얻으려는 유형의 사람은 결코 아니었고, 또 다른 사람을 지배해 보겠다는 욕망 또한 없었으므로 권세를 위해 관직에 나간 것도 아니었다. 돈과 명성을 이미 소유하고 있는 몇몇 사람들의 경우를 살펴보면, 주위 사람들을 지배하려고 정계에 발을 들여놓는다. 이는 마치 특수한 사정을 제외한 대부분의 재선된 미국 대통령들의 경우처럼 처음에는 권력의 맛이 꽤 괜찮았지만, 나중에는 자신의 행복이 도대체 어디에 있는지도 모르고, 더욱이 자기 마음대로 행동할 자유도 잃게 되고 마는 경우와 비슷하다. 그런데도 그들이 대통령직을 역임하는 것은 그들의 소속 당이 원하기 때문에 하는 수 없이 재임하는 것이다. 무슨 불타는 애국심에서 나라를 위해 봉사한다는 것은 말도 되지 않는다. 왜냐하면 반대당의 많은 사람들 역시 국가를 위해 봉사하고자 열망하고 있지 않은가? 동파가 명성을 위해서였다면, 재상이 되어 유명해진다 할지라도 문인이자 시인으로서 지금 그가 누리고 있는 불후의 명성에 버금갈 수는 없으리라는 것을 누구보다 동파 자신이 잘 알고 있었다. 정치로부터 그는 도대체 무엇을 기대하고, 또 무엇을 성취할 수 있었을까?

3월 3일에 그는 여전히 친구들과 함께 태평스럽게 즐거운 한때를 보내고 있었다. 모두들 정혜원(定惠院) 뒷산에 있는 상(尙)씨 정원에서 한나절을 보냈다. 이곳에서 동파는 술을 한잔 걸친 후 작은 정각 위에 누워 감미로운 낮잠을 즐겼다. 낮잠에서 깨어난 후, 그는 동문(東門) 밖을 이리저리 산책했다. 그곳의 한 상점에서 나무로 만든 큰 동이를 보고는 참외에 물 주는 데 쓸 요량으로 동이를 하나 샀다. 그런 다음 작은 시내를 따라가다 하(何)씨 정원으로 들어갔다. 그때 하씨는 마침 별채를 짓기 시작했던 터라, 동파를 작은 대나무숲으로 청해 술을 한잔 하자고 했다. 한 친구는 밀가루로 음식을 한 가지 만들었는데, 동파는 이것을 '위심소'(爲甚酥)라 이름지었다. 그들 모두 술을 마셨는데 승려 삼료(參寥)만이 대추국을 먹었다. 그러다가 동파는 문득 집으로 돌아가고 싶어졌다. 우연히 하씨 집 뜰에 귤나무가 있는 것을 보고, 설당(雪堂) 서편에 심을 요량으로 묘목을 몇 그루 얻었다.[1]

2,3일 뒤, 그의 이임(移任) 소식이 전해졌다. 명의상으로는 여전히 '적거'(謫居)였지만, 이제 그는 여유있고 아름다운 곳에서 살게 될 참이었다. 황주에서 계속 적거할 수 있도록 윤허를 청할 것인지 말 것인지 동파

는 며칠 동안 망설였다. 그러나 이 새 임명은 황후께서 특별히 배려하신 것임을 생각해서, 명령에 복종하기로 하고 결국 동파는 농장을 포기하기로 결심했다. 몇 년간 공들인 노동의 대가가 한꺼번에 무산되어 버렸다. 어쩌면 다른 곳에서 또 다른 농장을 일구기 위해 이 모든 노력을 다시 시작해야 될지도 몰랐다.

이러한 괴로운 상황하에 그가 이임을 결정한 후에도, 그의 정적들은 끊임없이 그를 공격할 기회만을 노리고 있었다. 그와 동시대의 어느 한 사람은 다음과 같은 이야기를 기록해 전하고 있다. 이임 후 소동파는 새 임직에 감사하는 표를 황제께 올렸다.[2] 황제는 이 표를 다 읽은 후, 조정 신하들에게 이렇게 말했다. "소식(蘇軾)은 정말 귀재(鬼才)요." 한편 동파의 정적들은 동파의 공식 서간인 표장에서조차 잘못을 꼬집어 내려 했다. 그들 가운데 한 사람이 말했다. "신이 보기에 동파는 이 표장에서 여전히 불평을 표하고 있는 것 같습니다." 황제가 놀라 물었다. "무슨 말이요?" "표장에서 보시다시피 그는 자신과 자기 아우가 특별시험에 급제했던 일과, 더욱이 '놀란 가슴은 아직도 두근거리고, 지금도 감옥에 갇힌 꿈을 꾸곤 합니다'(驚魂未定, 夢游縲絏之中)라는 구절을 쓰고 있습니다. 이는 동파와 그의 아우가 과거에는 조정을 솔직히 비평하는 책문(策文)을 쓴 덕택에 특시에 급제했었는데, 이제 와서는 정부시책을 비평했다고 해서 오히려 처벌받음을 빗대어 말하고 있는 것입니다. 곧 다른 사람에게 자신의 잘못을 전가하려고 하고 있는 것입니다." "난 소식을 꽤 이해하고 있는 편이라고 믿소. 그의 마음 밑바닥에는 악의가 전혀 없을 것이오"라고 황제가 나직히 말했다. 그제서야 조정의 소인배들은 입을 다물었다.[3]

동파가 떠날 준비를 다 차리는 데 몇 주일 걸렸다. 우선 그는 고안(高安)으로 가서 아우 자유를 만나보기로 했다. 그래서 책임감이 강하고 착한 큰아들 매(邁)가 아버지의 뒤를 좇아 가족을 이끌고 구강(九江)으로 떠나 거기서 아버지를 기다리기로 했다.

이제 한 무리의 관리들과 빈객들이 동파를 전송하기 위해 찾아왔고,

많은 친구들이 동파의 글씨를 받아 기념으로 삼고자 했다. 동파는 일필 휘지로 많은 사람들에게 글씨를 써주었다. 이때 기생 이기(李琪)도 시를 한 수 받았다. 이 시로 인해 그녀의 이름은 후세에까지 길이 알려지게 되었다. 동파는 친구와 이웃들이 베풀어 준 한 송별연에서 다음과 같은 시를 썼다.

> 돌아갈거나 어디로 돌아갈까?……
> 인생살이 마치 베틀의 북처럼 오락가락 떠돌 뿐 속절없네.
> 내게 가을바람 부는 낙수(洛水)의 맑은 물결 바라다볼 여유를 주오.
> 나를 위해 설당(雪堂) 곁 버드나무의 연한 가지일랑 꺾질 마오.
> 다만 강남(江南)에 사는 친구들 이따금 찾아와
> 낚시할 때 입던 도롱이나 이따금 볕에 말려주길 바랄 뿐이오.[4]
> (歸去來兮, 吾歸何處……人生底事, 來往如梭, 待閒看, 秋風洛水淸波, 好在當前細柳, 應念我莫剪柔柯. 仍傳語江南父老, 時與曬漁蓑.)

그가 떠나는 것을 전송하기 위해 많은 사람들이 모여들었다. 선비와 가난한 그 지방 촌민 등 각양각색의 사람들이 그를 전송했다. 약 19명의 이웃 친구들이 배를 타고 꽤 먼 곳까지 동행하며 동파를 전송했다. 길마다 줄지어 친구들과 또 낯선 이들과 농부들이 나와 있었고, 품에 아기를 안고 사의를 표하는 가난한 부모들도 나와 있었다. 이 아이들은 예전에 동파 덕택에 목숨을 보전했던 아이들이었다. 19명의 이웃 친구들이 그를 자호(慈湖)까지 전송했다. 그들은 동파와 마지막으로 이별하기 전에, 며칠간 그곳에서 함께 시간을 보냈다.[5]

이들 가운데 세 명은 구강(九江)까지 그와 동행해 주었다. 한 사람은 바로 그의 절친한 친구 진조(陳慥)였고, 또 한 사람은 동파보다 다섯 살 손아래인 승려 삼료(參寥)였다. 동파와 삼료는 서주(徐州)에서 알게 되었었는데, 삼료가 황주에 나타나 약 1년간 함께 지냈다. 근대 이전의 중국사람들 가운데서, 도사(道士)와 불교의 승려들은 가장 여행을 많이 하는 부류들이었다. 왜냐하면 그들은 실컷 돌아다녀 볼 수 있는 시간적 여유와 자유가 있었다. 뿐만 아니라 그들은 가는 곳마다, 절이라는 최상의 연쇄경영 숙박시설을 활용할 수 있었기 때문인 듯하다. 삼료는 이제 구강에 있는 유명한 여산(廬山)으로 가 그곳 산꼭대기에서 살기로 작정했다.

또 한 사람은 백세가 넘은 도사 조길(趙吉)이었다. 당시 그의 나이는 대략 130세 가량 되었었다. 전설에 따르면, 그는 사망했다가 무덤에서 부활했다고 전한다. 구강에 도착한 후 동파는 이 노도사를 흥국군(興國軍)에 있는 친구에게 위탁하기 위해 그의 노정을 벗어나 일부러 약 100마일이 넘는 육로여행을 했다. 조길은 새와 동물을 사랑하여, 여행할 때마다 애완동물을 한 마리씩 데리고 다녔다. 자유의 말에 따르면, 후에 그는 당나귀에 치여 죽었다고 한다. 몇 년 후, 한 승려가 자유에게 이르기를 어떤 곳에선가 자칭 조길이라 하면서, 동파를 황주에서 알게 되었다는 승려를 만났었다고 했다. 자유가 그 승려의 외모에 대해 묻자, 그 생김새가 바로 그 노도사의 모습과 똑같았다. 이 이야기를 들은 사람 중에는 흥국군 태수의 아들도 있었다. 그는 집으로 돌아와서 아버지께 이 사실을 고했다. 조길의 부활 여부를 확인하기 위해 태수는 도사의 무덤을 다시 파 보라는 명을 내렸다. 파 본즉 그곳에는 지팡이 하나와 두 개의 정강이뼈만 있었고 시체는 사라지고 없었다.[6]

소동파는 삼료와 함께 며칠간 여산을 방문했다. 여산에 있는 수백 명의 승려들은 그의 방문에 무척 흥분하여, '동파가 왔다'는 소문은 순식간에 그들 사이에 쫙 퍼졌다. 여산에서 동파는 겨우 세 편의 시를 썼지만 이 세 편 가운데 한 수는 이 산의 정수를 잘 그려낸 시로 널리 애송되고 있다.[7]

동파는 아우를 방문하러 가는 도중, 숙부를 마중하러 멀리까지 나와 있는 세 명의 조카들을 만났다. 형제는 근 4년간 만나보지 못했다. 자유는 전보다 살이 좀 붙어 있었지만 아주 건강해 보이지는 않았다. 너무 바빠서 밤에 요가 연습도 못한 탓인 듯했다. 감염주무(監鹽酒務)의 청사(廳舍)는 낡고 찌그러져 비가 새는 건물로, 강이 내려다보이는 곳에 있었다. 자유는 다음과 같이 기록하고 있다. "예전에는 세 명의 관리가 이 부서에서 공무를 봤다는데, 내가 도착했을 때에는 이 가운데 두 명은 다른 곳으로 전출되고 없었다. 그래서 모든 일을 내가 도맡아 해야만 되었다. 매일 나는 상점에 앉아 술과 소금을 판매하고, 세금을 사정하기 위해 돼지와 물고기의 무게 다는 것을 감독했는데 내 임무를 완수하기 위해 무게와 도량형 단위를 놓고 농부, 상인들과 옥신각신해야만 했다. 밤이 되어서야 겨우 집으로 돌아오면, 나는 피곤에 지쳐 잠자리에 들어 기지개를 켜다가 곧 잠에 곯아떨어져 아침이 되어도 깨어나지 못한다. 그 다음 날에도 역시 같은 일을 반복해야만 했다."[8]

그곳에서 약 6~7일간 머문 후에, 동파는 가족과 합세하기 위해 구강으로 배를 타고 내려갔다. 그런 다음 동파는 가족과 함께 양자강을 내려가 7월에 남경에 도착했다. 그곳에서 조운(朝雲)이 낳은, 겨우 10개월밖에 안 된 아들이 병사하였다. 이 일로 아이의 부모는 큰 충격을 받았고 특히 젊은 어미에게는 심한 타격이었다.

어린 아들의 죽음을 애도한 시 가운데 한 편에서 이르기를, 애 어미는 온종일 넋이 나간 채 누워 있고, 동파 자신은 그래도 눈물을 그칠 수 있었지만 애 어미의 흐느끼는 소리는 차마 들을 수 없었다고 쓰고 있다.[9] 그 후로 조운은 다시 아기를 낳지 못했다.

남경에 있는 동안, 동파는 이제는 정계에서 은퇴하여 낙백한 노인이 된 왕안석을 방문했다. 그들은 시와 불교에 대해 토론하며 며칠을 함께 보냈다. 둘 다 대시인이자 불교신자였으므로 이에 대해 할 얘기가 많았다. 한번은 두 사람이 미리 주제와 운(韻)을 정해 놓고 이에 맞추어 시를 썼는데, 왕안석이 중도에 시작을 포기하는 바람에 동파가 왕안석을 이겼다는 얘기도 전한다.[10] 왕안석과 이야기하는 가운데, 동파는 왕안석이 전쟁을 시작하게 만든 점과 또 사인(士人)들을 박해한 점에 대해 솔직하게 비난하였다. "공(公)께 말씀드리고 싶은 것이 있습니다"라고 동파가 말했다. 이에 왕안석의 표정이 바뀌며 말했다. "과거의 일에 대해 얘기하려고 하시오?" "제가 말씀드리고자 하는 것은 국사(國事)에 대해서입니다"라고 동파가 말했다. 왕안석은 좀 마음을 가라앉힌 후 "계속해 보십시오"라고 하였다. 이에 동파는 계속해서 말했다. "전란과 당쟁이 바로 한(漢)나라와 당(唐)나라 멸망의 원인이었습니다. 현 황실은 이러한 위험성들을 면하고자 했었습니다. 그런데 지금 조정은 몇 년 동안 북서 오랑캐들과의 전쟁에 휘말려들었고, 많은 사인들이 남동쪽으로(귀양지를 가리킴) 보내졌습니다. 왜 공께서는 이를 저지하지 않으십니까?" 왕안석은 두 손가락을 쳐들어 보이며 동파에게 이렇게 말했다. "이 두 가지 일들은 여혜경이 일으킨 일이오. 난 이제 은퇴한 몸이오. 내가 관여할 일이 아니라고 생각하오." "관직에 몸을 담고 있을 때만이 정치에 대해 논할 수 있는 것이 관례임은 부인 못할 사실입니다. 그러나 황제께서는 공을 단순한 조정대신 이상으로 후대하셨습니다. 그러니 공께서도 관례를 넘어서는 충성심으로 황제를 대하셔야 마땅합니다"라고 동파가 말했다. 그러자 왕안석은 짜증이 나 이렇게 말했다. "좋소이다. 좋소이다." 잠시 뒤이어서 말하기를 "오늘의 우리 얘기는 나 왕안석 입에서 나왔고, 당신 귀로 들어갔소이다"라고 하였다. 뜻인즉, 그들이 그날 나눈 대화가 그 방밖으로 새어나가지 않도록 주의하라는 말이었다. 왕안석은 일전에 여혜경에게 배신을 당한 터였으므로 언행을 극히 조심하고 있었다.

대화는 두서없이 길어졌고, 왕안석의 말은 조리가 서지 않았다. "사람이라면 의(義)에 어긋나는 일은 한 가지라도 해서는 안 됩니다. 온 세상을 준다 해도 무고한 사람을 죽여서는 안 되지요." 이에 동파가 말했다. "그렇지요. 그러나 오늘날 몇몇 몰지각한 사람들은, 직무기한이 채 끝나기도 전에 단 반년 만이라도 빨리 승진하기 위해 살인도 마다하지 않습니다." 이에 왕안석은 껄껄 웃을 뿐, 아무 말도 하지 않았다.

당시의 여러 기록에 따르면, 이 기간 동안 교외에서 혼자 나귀를 타고 미친 사람처럼 중얼거리는 왕안석을 자주 볼 수 있었다고 적혀 있다. 이따금 왕안석은 그에게 등을 돌린 친구를 생각하다가, 갑자기 붓을 들고 화가 난 얼굴로 편지를 쓰기 시작하곤 하였다. 그러나 잠시 후면 자신이 부끄러워져서인지 붓을 힘없이 내려놓았고, 다시 더 쓰지 못했다. 그는 매일 일기를 쉬지 않고 썼다. 몇 년 후 그가 죽었을 때, 이 일기 가운데에 조정의 기밀사항이 많이 씌어 있다는 이유로 정부에 의해 몰수되었다. 만년에 낙백한 왕안석은 일기 속에서 황제를 비난하는 말들을 많이 했다. 다행히도 당시 조정은 그의 파벌이 장악하고 있었는데, 많은 사람들이 약 70여 권에 이르는 이 일기를 보았다고 한다. 사실은 사마광(司馬光)이 득세했다는 소식을 듣기 몇 년 전 왕안석은 조카를 시켜 이 일기를 불에 태워 없애라고 했었는데 그 조카는 다른 것을 대신 태우고, 이 일기는 감추어 두어 결국 원고를 보존할 수 있었던 것이다.[11]

게다가 왕안석은 허깨비를 보기 시작했다. 한번은 일종의 초감각 상태에서, 이미 사망한 외아들이 지옥에서 처벌을 받고 있는 것을 봤다. 그도 아들녀석의 행실이 좋지 못하다는 것을 모르지는 않았지만, 그가 보니 아들은 지옥에서 칼을 쓰고 쇠사슬에 묶여 있었다. 후에 집의 문지기도 꿈에 같은 형상을 보았다고 보고해 오자 왕안석은 대경실색하였다. 지옥의 형벌에서 아들을 구해 내기 위해 왕안석은 상원현(上元縣)에 있는 재산을 팔아 절에 헌납했다. 왕안석은 조정에다 특별히 이 절 이름을 하사해 줄 것을 청원했는데, 청대로 윤허가 내려졌다. 이에 왕안석은 감사를 표하는 상소문을 황제께 올렸다. 이 상소문에서 그가 재산을 절에 바치게 된 과정을 소상히 아뢰고 있는데, 이 상소문은 아직까지 남아 있다. 왕안석은 임종 전날 혼자 나귀를 타고 시골에 나갔는데, 웬 아낙네가 그에게 다가와 무릎을 꿇고, 소원장(訴寃狀)을 바쳤다. 잠시 후 이 망령은 곧 사라져버렸다. 왕안석은 그 소원장을 주머니에 넣었다고 생각했는데, 집에 와보니 그 종이 역시 사라지고 없었다. 놀란 나머지 그는 그 다음날 죽고 말았다.[12]

소동파는 강소(江蘇)의 비옥한 분지(盆地)에 도착하자, 그곳의 아름다운 경치와 분위기에 매혹되었다. 그는 남경과 진강(鎭江) 사이를 왔다갔다 하며, 호수 근처에 집이 딸린 농장을 마련하고자 하는 계획을 구체화시키느라 바빴다. 그의 생각에는 기왕에 황제께서 그를 황주로부터 다른 곳으로 전임시키려 하시니 원하는 곳에 정착할 수 있도록 청해 봐도 되리라고 생각했다. 동파는 가는 곳마다 노년에 은퇴할 만한 곳을 찾아보았다. 그의 여러 친구들은 각기 다른 제안을 해왔다. 그의 친구인 승려 불인(佛印)은 동파에게 양주(揚州)에서 거주하라고 제안했는데,[13] 이곳에는 동파의 농토가 좀 있었다. 범진은 허하(許下)에 정착해 그의 이웃이 되어 주기를 바랐다.[14] 동파는 단도(丹徒), 산산(蒜山)의 아름다운 소나무숲에서 눈을 떼지 못했다. 하지만 이런 계획들도 결국 모두 물거품이 되고 말았다.[15] 양자강 이북 남경 부근의 의진(儀眞) 태수[袁陟]가 그곳에 와 함께 살자고 강권했다. 동파는 의진에 정착할 생각은 없었지만, 그의 가족이 잠시 머물 수 있을 만한 곳을 거기서 찾을 수 있었으므로 무척 기뻤다. 가족이 의진 주학(州學)에 머물고 있는 동안 동파는 안심할 수 있었고, 이제 그는 마음놓고 이곳저곳으로 시골집을 찾아다녔다.

마지막으로 그의 절친한 친구인 등원발(滕元發)이 상주(常州)의 태호(太湖) 왼편에 위치한 의흥(宜興)에서 정착하라고 권해왔다. 당시 등원발은 호수 남쪽에 있는 호주(湖州)의 태수였다. 그들은 함께 한 가지 계획을 꾸몄다. 곧 의흥에 농장을 사놓고 나서 황제께 청원서를 올려, 동파가 생계를 꾸릴 수 있는 방편은 오로지 의흥에 있는 농장이므로, 이곳에 거주할 수 있도록 윤허를 구하자는 것이었다. 등원발의 한 친척이 의흥 성내로부터 약 20마일 가량 떨어진 곳에 산속 깊이 있는 농지를 찾아낼 수 있었다. 이 농지는 상당히 큰 규모로 매년 800섬 가량이 소출되는데, 이는 동파 가족이 먹고살기에 넉넉한 크기였다. 수중에 돈이 겨우 수백 관민 정도밖에 없었으므로, 동파는 범진에게 부탁하여 그의 부친이 경사에 사놓으셨던 집을 800관민 정도에 쳐서 팔아달라고 했다. 9월에 동파는 시골 농지를 보러 혼자 내려갔다.[16]

배가 형계(荊溪)로 들어서는 순간, 노년에 은퇴하겠다던 평생 소원이 마치 이루어지기나 한 것 같은 아주 편안한 느낌이 들었다. 전생에 이미 정해진 운명일까? …… 나는 씨 뿌리고 심는 것을 좋아한다. 귤나무 심기를 특히 더 좋아한다. 나는 과일나무를 직접 접붙일 줄도 안다. 의흥(宜興)은 호수 오른편에 위치해 있으므로 귤농장 하기에는 안성맞춤인 곳이다. 난 꼭 이곳에다 작은 과수원을 사서, 300그루의 귤나무를 심어야겠다. 1084년 10월 2일 배에서 쓰다.[17]

후에 동파는 국유지인 농지를 하나 더 샀다. 나중에 이 땅으로 인한 소송 사건이 있었다. 그러나 다음 세기의 한 문인은 동파의 증손자가 의흥의 농지에서 살고 있었다고 기록하고 있다.[18]

지금 동파는 한 건의 매매계약을 막 끝냈다. 이 매매건의 처리는 보는 사람의 견해에 따라, 동파를 아주 어리석은 혹은 도량이 넓은 사람으로 볼 수 있다. 동파는 가수(賈收)에게 쓴 글에서,[19] 자신은 형계(荊溪)가에서 집 한 채를 구하던 중 마침내 찾아냈다고 적고 있다. 친구 소민첨(邵民瞻)과 함께 동파는 한 채의 훌륭한 고가(古家)를 찾아내어, 500민(緡)을 지불하고 이 집을 샀다. 이 집을 사느라 그가 수중에 갖고 있던 돈 전부를 썼지만, 동파는 아주 흡족했고 얼른 돌아가 가족을 데리고 와서 이 새 집에서 살 작정이었다. 그런데 어느날 저녁 친구 소씨와 함께 그 마을에서 달빛 아래 산책하다가 어떤 집을 지나치게 되었는데 안에서 여인네가 흐느껴 우는 소리가 들려왔다. 동파와 친구 소씨가 문을 두드리고 안으로 들어가 보니, 한 노파가 구석에 쭈그리고 앉아 울고 있었다. 무슨 일로 그리 섧게 우느냐고 물었더니 노파는 이렇게 대답했다. "제겐 수백 년 동안 조상들이 지켜온 집이 한 채 있었습니다. 그런데 제 불효자식이 그 집을 다른 사람에게 팔아치웠습니다. 그래서 저는 일생동안 살던 정든 집에서 이제 쫓겨나게 되어 이렇게 우는 겝니다." "어디에 노파의 집이 있소?" 가슴이 뭉클해진 동파가 물었다. 그런데 놀랍게도 노파의 집은 동파가 500민을 주고 산 바로 그 집이었다. 동파는 주머니에서 매매증서를 꺼내 노파가 보는 데서 태워버렸다. 다음날 동파는 사람을 보내 노파의 아들을 불러 지불금의 반환을 요구하지도 않고, 그 노모를 옛집

으로 다시 모셔 가라고만 말했다. 그 아들놈이 빚을 갚느라 그 돈을 다
썼는지, 아니면 다른 이유 때문에 돈을 돌려줄 수 없었는지는 알 길이 없
다. 결국 동파는 집도 없이 돈만 500민을 없애고 성내로 돌아왔다. 이처
럼 동파는 한번 선심이 발동하면 못 본 체하지 못하여, 심지어는 자기 가
족에게 미칠 영향조차 미처 생각지 못했다. 그에게는 좋은 일이라면 무
조건 할 만했다. 그게 전부였다.[20)]

　동파는 상주에서 돌아와서, 10월에 황제께 상주에서 살도록 윤허해 주
십사는 청원서를 올렸다. 그러나 윤허가 내릴 때까지는 먼저 지정된 임
지를 향해 계속 여행해야만 했다. 임지는 멀리 경사 서편에 위치해 있었
으므로, 앞으로도 약 500마일 가량을 더 여행해야 했다. 그의 청원이 윤
허될 경우, 갔다가 다시 되돌아와야 하는 번거로움을 피하기 위해 동파
는 충분한 시간적 여유를 두면서 대가족을 이끌고 경사를 향해 천천히
여행을 계속했다. 그러나 조정으로부터 아무런 전갈도 못 받았으므로 마
지못해 동파는 여행을 계속하여 경사가 점점 가까워져 가고 있었다. 당
시 동파가 지은 시를 곧이곧대로 믿는다면, 동파 가족은 넉넉히 먹지도
못하는 형편이었던 듯하다. 사주(泗州)에 있는 회하(淮可)변까지 오는 동
안, 동파가 친구에게 보낸 시 가운데 최소한 세 편의 시에서 굶주림에 대
해 언급하고 있다. 그 가운데 한 수에서는 자신을 밤새도록 뭔가를 쏠고
있는 굶주린 쥐에다 비유하고 있다.[21)] 관리가 배로 음식을 보내왔을 때,
아이들에게서 기쁨의 탄성소리가 터져 나왔다.[22)] 만약 여행을 더 이상
계속할 수 없게 될 것 같으면, 동파는 다시 청원서를 올리고 황제의 회답
이 올 때까지 남경에 있는 장방평의 집에서 머물 작정이었다.

　황제께 올리는 두 번째 청원서는 2월에 사주(泗州)에서 썼는데, 그 일
부를 살펴보면 다음과 같다.

　　녹봉 끊긴 지가 오래되어 가계를 꾸려 나가기가 무척 어려운 형편입
　니다. 전가족을 이끌고 여행해야 하므로, 신은 황주에서 배로 여행하지
　않을 수 없었는데 항해중 많은 어려움을 겪었습니다. 가족들은 질병에

걸렸고, 결국 아들 한 명을 잃었습니다. 이제 사주(泗州)까지 이르렀지만, 수중의 돈은 모두 떨어졌는데 여주까지 닿으려면 아직도 멀었습니다. 육로여행은 더욱 어려움이 많습니다. 기거할 집도 없고, 수입원이 될 농토도 가진 것이 없습니다. 스무 명이 넘는 대식구를 이끌고, 신은 어디로 가야 할지 막연합니다. 배고픔과 추위 걱정이 조석(朝夕)으로 닥칩니다. 여러 사람들에게 도움을 청하느니, 폐하께 직접 제 사정을 아뢰는 것이 나을 듯하여 이렇게 아룁니다. 신(臣)은 상주(常州) 의흥현(宜興縣)에 그럭저럭 먹고살 만한 농지를 조금 가지고 있습니다. 바라옵기는, 상주에서 살 수 있도록 윤허해 주시기를 간구합니다.……[23]

이 여행중에, 약간은 우습기도 하고 또 조금은 서글프기도 한 두 가지 사건이 일어났다. 사주(泗州)에서 동파는 강을 건너 남산으로 놀러가, 사(詞) 한 수를 지은 적이 있었다. 그곳에 긴 다리가 강을 가로질러 놓여 있었는데, 이곳은 군사전략지였으므로 어두워진 후에는 아무도 이 다리를 건너지 못하도록 되어 있었다. 이 법을 어긴 자는 엄중한 처벌을 받았다. 사주 태수는 이런 법이 있는지 알면서도 무시하고, 날이 어두울 때 동파와 함께 이 다리를 건너갔다. 게다가 이 유람을 기념하기 위해 동파는 사를 한 수 지었는데, 그 가운데에는 다음과 같은 구절이 있다.

긴 다리 위에 등불 현란한데
태수 되돌아오네.
(望長橋上燈火亂, 使君還.)

이 지방의 태수는 성이 유씨(劉氏)로 아주 단순하고도 정직한 산동 출신의 선비였다. 그 다음날, 동파의 이 사(詞)를 읽은 그는 대경실색하였다. 그 길로 태수는 동파를 만나러 배에까지 찾아와서 이렇게 말했다. "방금 공의 사를 읽었습니다. 사태가 심각합니다. 공의 문명(文名)이 워낙 높으시니 이 사는 분명 조정에까지 전해질 것입니다. 일반 백성이 밤에 이 다리를 건너가면 2년 노역(勞役)형에 처벌됩니다. 혹 태수가 이 법을 어기면 더욱 심한 처벌을 받습니다. 그러니 공께서는 이 사를 혼자 잘 간직해 두시고, 다른 사람에게 일체 보여주지 마십시오." 이에 동파는 쓸쓸하게 웃으면서 이렇게 말했다. "맙소사! 내가 입 한번 뻥끗할 적마다 최소한 2년여 노역에 처벌될 화근을 일으키는구나."[24]

동파가 장방평의 집에 머물고 있는 동안, 또 하나의 측은한 사건이 있었다. 주인 장방평이 베푼 술잔치에서 동파는 장방평 아들의 첩이 다름 아닌 이전 황주태수의 첩이었던 여자라는 것을 알아보았다. 승지(勝之)란 이름의 이 여자는 황주태수가 가장 총애했던 애첩이었다. 그 태수는 동파와 아주 절친한 사이였는데, 태수가 죽자 이 여자는 개가(改嫁)한 것이었다. 명랑한 모습으로 주연에 나타난 이 아름다운 여자를 보자, 동파는 죽은 친구 생각이 나서 눈물이 나고 목이 꽉 메어왔다. 잔치중에 승지는 기분이 썩 좋아서 깔깔 웃으며 이사람 저사람들과 이야기를 나누고 있었다. 잔치자리를 떠나며, 동파는 이 일로 무척 기분이 상해 있었다. 동파는 친구들에게 승지를 예로 들며, 첩을 사랑하는 것은 할 짓이 못 된다고 말했다.[25]

황제가 병상에 눕자, 3월 1일 황제의 어머니인 황태후 선인태후(宣仁太后)가 섭정을 실시했다. 3월 5일, 황제가 붕어한 그 다음날 동파의 청원서가 윤허되었다는 칙명이 내려졌다. 이 윤허 소식은 동파에게는 매우 중대한 것이었다. 이제 그의 소원은 이루어졌고 세웠던 계획도 실행할 수 있게 되었다. 그리하여 동파 가족은 의흥(宜興)으로 발길을 되돌려 4월 3일 남경을 떠나 1085년 5월 22일에야 호수 부근의 그들의 새 집에 도착했다.

동파는 이제 그곳에서 정착할 수 있으리라고 믿어 의심치 않았다. "10년간 집을 꿈꾸었으나, 모두 헛수고였네. 이제야 진짜 늙은 농부가 되었다"(十年歸夢寄西風, 此去眞爲田舍翁)[26]고 읊으며 동파는 장차 전원적인 아름다운 환경에서 여생을 보내려 했다. 그는 작은 배를 타고 왔다갔다 하며 "영혼은 물질세계를 벗어나 자유로이 떠돈다"(神遊八極萬緣虛)고 읊으며 지냈다.[27]

모든 것이 운명인 듯, 이제 막 그의 은거지에서 꿈을 실현시키려 할 때 복관(復官)의 소식이 전해졌다. 동파가 의흥에 도착한 지 겨우 열흘 만에 지부(芝罘) 부근인 등주(登州)태수로 임명되었다는 소식이 들려왔다. 동 파는 경사로부터 전해진 이 소문을 믿으려 하지 않으며 말하기를, 경사 는 늘 소문으로 가득 찬 곳이고 더욱이 4월 17일자 최근 관보(官報)에도 아무런 언급이 되어 있지 않았다고 하였다.[28]

소동파는 내심 무척 혼란스럽고, 충심으로 현재의 처지에서 다시 변동 되는 것이 싫었다. 며칠 뒤에 정식 사령(辭令)이 도착했다. 모든 가족은 온통 기쁨에 들떴고, 아이들은 소리치며 좋아했다. 정말 그들로서는 꿈 만 같고 믿기지 않는 사실이었다. 그러나 그즈음 동파가 지은 시 한 수를 살펴보면, 동파는 자신을 전성기가 이미 지난 가엾은 양구(良駒 ; 순혈종 의 말)에 비유하여 이렇게 읊고 있다. "천산(天山) 정상에서 풀을 뜯어먹 고자 하는 욕망도 이미 사라졌네"(無心更秣天山禾).[29] 또 다른 시에서는 "남쪽으로 내려와 농사지을 작정을 하고 정원을 꾸민 후 즐거운 나날을 보냈네. 그 누가 여생을 번잡한 시정(市井)에서 보내고 싶어하랴? 마치 언덕 오르기를 두려워 하는 지친 말처럼 세상사에 지쳤다"(南遷欲擧力田 科, 三徑初成樂事多. 豈意殘年踏朝市, 有如疲馬畏陵坡)[30]라고 하였다. 또한 불 인(佛印)에게 보낸 편지에서는 "저는 또다시 악당소굴로 들어가려 합니 다"고 하였고, 미불(米芾)에게 보낸 편지에는 "이 나이에 또다시 골치아 픈 정치생활에 뛰어든다는 생각을 하면, 걱정스럽기만 하고 별로 유쾌하 지 않은 기분에 잠깁니다"[31]라고 했다.

마음에 내키지 않았으나 그는 관직을 받아들였다. 태후는 정국(政局) 을 일변시키고자 했다. 사마광은 부재상(副宰相)직에 상당하는 문하시랑 (門下侍郞)에 임명되었다. 그가 임명된 경위 또한 재미있다. 황후는 사마 광이 사령을 받고서도 부임을 지체하거나 사양할까 봐, 무장한 경호병 을 그의 집으로 파송하여 관공서로 직접 호송해 오도록 했다.

6월에 소동파는 산동 해안에 있는 그의 임지를 향해 떠났다. 그들은 청도(靑島) 부근에서 배를 빌려 타고 산동반도를 돌았다. 등주(登州)에 도착한 지 꼭 닷새 만인 10월 15일에, 동파는 또다시 경사로 올라오라는 소환명령을 받았다. 동파 가족은 또다시 여행길에 올라 1085년(元豊 8) 12월 중순에야 경사에 도착했다.

제 19 장
태황 태후의 은총

동파는 언제나 태후들의 비호를 받았다. 인종(仁宗) 황후는 그가 문자옥(文字獄)으로 심문을 받을 때 그의 목숨을 구해 주었었다. 영종 황후는 그를 복직시켰고, 그의 말년에 신종 황후가 아닌 다른 사람이 섭정했다면, 동파는 아마도 해외로 귀양가 그곳에서 죽었을 것이다.

새로 즉위한 황제[哲宗]는 이제 겨우 아홉 살된 소년이었으므로, 그의 할머니가 섭정하게 되었다. 다행히 송조(宋朝)에는 대대로 황후들이 현명했다. 한대와 당대의 몇몇 황후들은 권좌를 찬탈하거나, 환관과 외척으로 하여금 득세하게 만들었고, 아니면 종실을 쇠망하게 하였었다. 그러나 소동파의 생존 당시 재위했던 네 명의 황제의 비(妃)들이 모두 현명하였고, 그 가운데 몇몇은 아주 뛰어난 이들이었다. 어쩌면 그들이 바로 여성이었기 때문에 옳고 그름에 대한 기본관념이 확실했고, 조정의 충신과 소인배를 분명히 구분할 줄 아는 판단력을 갖출 수 있었는지도 모른다. 그들은 황궁 안에서 살았으므로 학자들간에 벌어지는 정치변론에 대해 들을 기회가 별로 없었다. 그래서 정치변론 따위로 혼동을 일으킬 염려 또한 없었다. 그러나 그들은 일반적인 대중여론의 경향에 대해서는 전해 들어 잘 알고 있었다. 사실상 일반 대중의 판단을 기초로 하는 보통

선거제를 취하고 있는 현대 민주주의 제도하에 살고 있는 사람도《뉴욕
타임스》에 실리는 사설을 이해하지 못할 경우가 종종 있다. 황후의 판단
은 곧 일반 백성의 판단 바로 그것이었다. 신종도 집정 후기에는 왕안석
의 신정 조치를 조정, 폐지하기는 했지만, 태후가 지금 실시하는 것과 같
은 과감한 개혁을 단행하지는 못했었다. 황제가 서거하자 태후는 곧 사
마광을 복귀시켜, 정국은 즉각 일변되었다. 왕안석이 과거에 취했던 조
치들은 사실상 정지 또는 유보상태에 있거나 폐지되었다. 이른바 '원우
지치'(元祐之治)가 바야흐로 시작된 것이다.

　이제 소동파는 빠르게 승진을 거듭했다. 경사에 도착해 있던 8개월 동
안에 동파는 세 번이나 거듭 승진했다. 당시의 제도에서, 품계는 모두 9
품(九品)으로 나누어져 있었다. 동파는 이 짧은 기간 동안 7품에서 6품
을 거쳐 4품으로 뛰어올라, 마지막에는 3품의 한림(翰林)직에 발탁되어
황제의 조서(詔書) 작성을 담당하게 되었다. 이때 동파의 나이 마흔아홉
이었다.

　그는 한림학사(翰林學士)까지 승진하기 전인 1086년 3월(哲宗, 元祐 元
年)에 일찍이 4품 관직인 중서사인(中書舍人)을 역임한 바 있었다. 이 직
위 또한 매우 요직으로서, 모든 지방장관들을 선발하여 임명·파송하는
책임을 졌다. 이 직위를 맡고 있는 동안에, 동파 자신과도 관련이 있는
몇 건의 칙령을 기초하는 일이 맡겨졌다. 한 건은 이정의 직위를 박탈하
고, 예전에 그의 어머니가 돌아가셨을 때 수행치 않았던 3년간의 거상
(居喪)을 하도록 촉구하는 조령(詔令)이었다.[1] 또 한 건은 여혜경을 축출
하는 조령이었다.[2] 이런 결정들은 비록 소동파가 내린 것이 아니었지만,
칙령은 그의 손으로 작성되었다. 배신자인 여혜경에게 내린 칙령에서 동
파는 이렇게 쓰고 있다. "그는 친구들과 한때 무릎을 맞대고 가까이 지
내던 사이였다가도, 하루저녁 사이에 돌변하여 친구를 물고 뜯는다." 그
리고 또 이렇게 말하고 있다. "그의 파벌이 전국의 반 이상을 지배하고
있다." 그러나 가장 공교로운 일은 왕안석이 4월에 세상을 떠나자, 그를
추증(追贈)하는 내용의 조령을 기초하는 임무가 동파에게 맡겨진 것이었

다.[3] 이 조령을 작성하기란 그리 쉽지 않았다. 왜냐하면 애매한 찬사를 써서 오히려 상대를 비난하는 뜻을 은근히 나타내는 기교가 요구되었기 때문이었다. 조명(詔命)은 황제의 명의하에 공식적으로 공포된 것으로, 왕안석의 생애와 성품을 찬양하고 동시에 그를 '태부'(太傅)에 추증한다는 내용으로 되어 있었다. 소동파는 이 조명 가운데에서 왕안석의 창의성을 칭찬하면서, 또 다른 한편으로 그의 자만심에 대해 언급하고 있다. "그는 육예(六藝)의 모든 문헌을 두루 섭렵하였는데, 이 육예문을 순전히 자기 식으로 해석했다. 예전의 100여 명의 철학자들이 물려준 학술 유물들을 무시하고, 그는 새로운 학설을 주창했다." 문장은 미묘한 투로 계속되었는데 최후에 동파는 이렇게 말하고 있다. "아! 이런 인물이 어찌하여 백세 장수하지 못하는지를 생각하면 눈물이 절로 난다." 독자들은 이 과찬의 송문(頌文)을 읽으면서, 이 글이 사실상 역으로 신랄하게 비난하는 내용이란 것을 잘 알아채지 못한다.

'한림학사지제고'(翰林學士知制誥)는 저명한 학자에게 주어지는 직책이었다. 대부분 이 직위를 거쳐 재상으로 승진되는 경우가 많았다. 그러므로 동파가 비록 3품관이긴 했어도 거의 최고의 직위에 다다랐다고 볼 수 있다. 왜냐하면 재상은 2품관으로, 사실상 송대에는 1품관(一品官)의 대신이 없었다. 더욱이 조명을 작성하는 직책은 동파로 하여금 어린 황제나 태후와 더욱 가까이 지내게 해주었다. 임명사령은 황궁의 측근 시종이 소동파의 집으로 직접 파송되어 전해졌고, 아울러 관복과 금대, 금도금한 은제 말굴레, 안장 장신구들을 갖춘 백마 한 필이 하사되었다. 중서성(中書省)은 황궁 바로 서편에 인접해 있고, 한림원(翰林院)은 황궁 북문 옆에 위치해 있는데, 모두 황궁의 한 부분을 차지하고 있었다. 황제의 문서 작성은 보통 밤에 진행되었다. 한림이 직무를 수행할 때는 보통 "밤새도록 궁중에 쇄금(鎖禁)되어 있었다"라고 말한다. 문서는 매달 홀수날에 관리들이 쇄금되어 조명을 기초 작성하고, 짝수날에 반포되는 것이 오래된 관습이었다. 밤마다 동파는 황궁 동쪽벽을 따라 걸어가 동문(東門)에 이르렀는데, 그곳에 태후의 궁전과 인접해 있는 방이 그의 전용 서재로 쓰였다. 때때로 직무하는 밤이 유난히 길게 느껴질 때, 동파는 붉은 빛 궁전에 켜진 촛불을 물끄러미 바라보며, 물시계의 모래 떨어지는 소리를 하릴없이 망연히 앉아 듣곤 했다. 아주 추운 밤에는 때때로 태후가 따끈히 데운 술을 보내주기도 하였다. 태후가 조명 사항을 구두로 말하면, 동파는 그 명령사항을 가장 고전적이고도 기품있는 문체로 문서화하여 다음날 공포할 수 있도록 준비했다.

한림학사를 역임하는 동안 동파가 기초한 조명은 약 800여 편이 되는데 모두 그의 전집에 보존되어 있다. 이 조서에 쓰인 문사(文辭)는 우렁차고도, 적절하며, 적확했다. 성조(聖詔)의 문체는 대체로 역사적 비유와 인용이 곳곳에 산재해 있는 것이 보통인데, 동파는 매번 아주 능란한 솜씨로 썼다. 나중에 동파가 죽은 후 홍씨(洪氏) 성의 학사가 이 직위에 충임되었다. 이 사람은 자신이 작성한 조서문에 자못 득의양양해서, 전에 동파를 모셨던 늙은 시종에게 동파의 조서문과 비교해 볼 때 자신의 문장이 어떠하냐고 의견을 물었다. 그 늙은 시종은 이렇게 대답했다. "소동파의 문채(文采)는 나리를 능가하지 못하나, 동파는 참고서적을 뒤적여가며 작성한 적이 없었습니다."[4]

어느날 밤, 동파는 작은 당(堂) 안에 앉아 있었다. 그는 정객들의 질시에 아주 질력이 나서, 이 직위를 거두어 주십사는 청을 올린 바 있었다. 태후는 동파를 궁내로 불러들여 명령을 받들도록 했다. 어린 황제 철종은 조모(祖母) 곁에 앉아 있었고, 동파는 명령을 받으려고 공손히 서 있었다. 태후는 여대방(呂大防)을 재상에 임명한다는 조서를 동파로 하여금 작성하게 한 후, 문득 동파에게 이렇게 물었다. "경에게 한 가지 물어 볼 것이 있소. 수년 전에 경은 무슨 직책을 맡고 있었소?" "소신은 여주 단련부사(汝州團練副使)를 맡고 있었습니다." "그러면 경의 현재 직책은 무엇이오?" "현재 신은 황공하옵게도 한림학사직에 있사옵니다." "경이 그처럼 빨리 승진한 이유가 어디에 있다고 생각하시오?" "태황 태후의 은총인 줄 아옵니다"라고 동파가 대답했다. 그러자 "그것은 내 덕택이

아니오"라고 태후가 말했다. 동파는 도무지 짐작 가는 데가 없었다. "그
러하오면 성상(聖上)의 크신 은혜가 계심이 틀림없는 듯합니다." "성상
과도 상관이 없는 일이오." 동파는 다시 추측한 끝에 이렇게 말했다. "어
느 노재상이 소신을 추천했는지요?" "노재상들과도 상관이 없소." 동파
는 할 말을 잃고 묵묵히 서 있었다. 잠시 후 동파는 입을 열었다. "소신
이 비록 불초하오나, 옳지 못한 방법을 써서 관직을 구한 적은 없사옵니
다." 마침내 태후가 말했다. "나는 벌써부터 경에게 얘기해 주고 싶었소.
이는 선제(先帝; 神宗을 가리킴)의 유지(遺志)요. 궁내의 시종들이 모두
알고 있는 것처럼, 선제께서 식사 도중 젓가락을 내려놓을 때는 반드시
경의 문장을 읽으실 때였소. 선제께서는 그대의 걸출한 재능을 끊임없이
칭찬하셨고, 내심 중용하고 싶어하셨지만, 불행히도 실행해 보시지도 못
하고 돌아가셨소." 선제에 대한 이야기가 나오자, 세 사람 모두 눈물을
흘렸다. 이제 태후는 동파에게 앉도록 명하고, 차(茶) 한 꾸러미를 하사
하며 이렇게 말했다. "경은 마땅히 어린 황상(皇上)을 잘 받들어, 선제의
은혜에 보답하셔야 하오." 동파가 절을 올리고 물러나려 하자, 태후는
상 위에 놓여 있던 연꽃 무늬를 조각한 금촛대를 선물로 하사하였다.[5]

　1086년(哲宗, 元祐 元年), 소동파가 한림학사에 임명되던 해 9월 1일에
사마광이 사망했다. 마침 공교롭게도 바로 이날 신종 황제의 신위(神位)
를 공식적으로 송실(宋室) 종묘에 모시기 위해 재계전례(齋戒典禮)를 거
행하기로 되어 있었다. 이날 마땅히 사마광의 친구들이 찾아가, 시신이
정식 안치되어 있는 동안에 조의를 표하고 한동안 곡하는 것이 관습이었
다. 그러나 공교롭게도 일이 겹쳐 관료들은 반드시 궁중 예식에 참여해
야만 했으므로, 타계한 재상에게 경의를 표할 수가 없었다. 9월 6일 신
종 황제의 신위가 종묘 안에 정해진 위치에 정식으로 모셔졌다. 이 전례
(典禮)가 거행되는 동안, 전례에 맞는 음악이 연주되고, 화려한 행렬이며
주위 분위기 등 모두 예의격식에 조금도 어긋남이 없었다. 조정은 대사
면령(大赦免令)을 내렸고, 황제 배석하에 매일 거행되던 조회도 3일간 중
지했다. 모든 관료들은 전례에 일률적으로 참가하여야 했다. 이 즈음에

다소 우스꽝스럽기도 하고 의미심장하기도 한 사건이 하나 발생했다.

사마광의 장례는 이정(二程) 가운데 아우이며, 좀 지나치게 엄격한 신유가 학자 정이(程頤)의 지휘 아래 진행되었다. 그는 성품이 엄격하여 남들이 쉽게 접근하기 어려운 사람으로, 과묵한 데다가 그 태도가 지나치게 근엄하여서 평소 동파의 비위에 아주 거슬리는 바가 있었다. 그는 고례(古禮)에 따라 장례를 진행시키고자 했다. 보통 여러 명의 유족들이 관 곁에 서서 조객들에게 절로 답례하는 것이 수백 년간 널리 지켜온 관례였다. 그런데 정이는 이런 관습은 옛 제도에 어긋난다고 주장하면서 사마광의 아들이 관 곁에 서서 조객들에게 답례하는 것을 허락하지 않았다. 이유인즉 고인의 아들이 정말 효자라면 사람들을 만날 형편이 못 되리라는 발상에서였다. 황실의 종묘전례가 끝나자, 동파는 학사(學士)와 사인(舍人)들의 우두머리로서 조정 백관들을 이끌고 조의를 표하고자 사마광 집을 방문하려고 하였는데, 정이는 이런 식으로 조문 가는 것은 일찍이 공자께서 세워 놓은 규례에 어긋난다고 반대하고 나섰다. 《논어》 가운데 "곡을 한 날 공자께서는 노래하지 않으셨다"(子於是日哭則不歌)는 구절에 근거하여 반대한 것이었다. 그날 아침 조정의 백관들은 노래를 했거나 아니면 적어도 궁중에서 연주하는 음악을 들었으니, 그러고서 어떻게 초상집에 가서 곡을 할 수 있느냐는 것이었다. 백관무리는 정이의 말에 개의치 않고 사마광 집으로 갔다. 그 집 문앞에까지 이르렀는데, 정이는 그래도 지지 않고 여전히 이들을 막으려 해서 결국 거기서 열띤 논쟁이 벌어졌다.

"당신은 《논어》에 공자께서 '곡을 한 날에는 노래하지 않는다'라고 말씀하신 것도 안 읽어 보았소?"라고 정이가 말하였다. 이에 동파가 대답하기를, "하지만 《논어》에는 '노래 불렀던 날에 곡하지 않는다'(子於是日歌則不哭)고 말씀하신 구절은 없습니다." 정이가 귀찮게 자꾸 반대하는 것이 성가셔진 동파는 무리를 이끌고 집안으로 들어가버렸다. 대신들은 한 사람씩 차례로 관 앞에 나아가서 절을 하고, 소매로 눈가의 눈물을 닦고 돌아서 나갔다. 잠시 후 조객을 접대해야 할 사마광의 아들이 보이지 않자 이상하게 여긴 동파는 주위 사람에게 그 영문을 물어봤다. 그러자 정이가 고례(古禮)에 어긋나는 행위라는 이유로 막은 것임을 알았다. 동파는 이 일에 대해 고전(古典) 문구를 써서, 조정백관이 모두 있는 가운데에서 큰 소리로 그를 비꼬아 주었다. "이런 예의법식은 완고하고 촌스런 훈장들이나 하는 짓이오." 이에 모두들 큰 소리로 웃어댔고, 정이는 얼굴이 벌개졌다. 동파의 조롱은 정이의 정곡을 찔렀다. 이 풍자 구절은 정이 본인에게나 동파 모두에게 쉽게 잊혀지지 않았다. 누구든지 이런 호칭이 일생토록 자기에게 붙어 따라다니는 것을 원하지 않을 것이다. 이때부터 소동파와, 정이를 우두머리로 한 하남학파(河南學派) 사이에 증오의 씨앗이 싹트기 시작했다.[6]

얼마 후 그들은 황제와 태후를 태운 수레가 오는 것을 보았다. 황제가 탄 수레는 용무늬가 조각되어 있었고, 태후의 마차는 봉황이 아로새겨져 있었으며 바퀴는 진홍빛이었다. 황제와 태후는 고인에게 경의를 표하려고 행차하는 길이었다. 두 분 역시 전통 관습에 따라 관 앞에서 눈물을 흘렸다. 그리하여 사마광은 가장 영예롭게 매장되었다. 관 속의 그의 시신은 황가에서 하사한 수은과 용뇌(龍腦)로 덮여졌다. 유가족에게는 은 3천 냥(兩)과 비단 4천 필이 하사되었다. 그리고 황궁의 내정관 두 명이 사마광 고향 선산의 매장지까지 관을 호송하도록 파송되었고, 사마광 친족 10여 명에게 관직이 수여되었다.[7]

다음해 7월, 동파는 시독(侍讀)을 겸직하게 되었다. 황제가 아직 어린 소년이었으므로, 매월 홀수날이면 황제를 위해 특설한 일련의 정규 강좌가 궁중에서 열렸다. 이런 특설강좌는 황제가 중년의 나이가 되어도 마찬가지로 수강하도록 되어 있었다. 이 강좌는 1년에 보통 두 학기로 나누어지는데, 춘계반(春季班)은 2월부터 단오까지였고, 동계반(冬季班)은 중추절부터 동지까지였다. 이러한 경연(經筵)에는 학식이 뛰어난 관료들이 선발되어 돌아가면서 경서와 역사 및 치인지도(治人之道)를 강의하게끔 되어 있었다. 선발된 관리들은 조회를 마친 후, 문덕전(文德殿)으로부터 서쪽 낭하를 따라 들어가 이영각(邇英閣)에 이른다. 소동파 때에는, 강의하는 사람은 서서 했고, 강의가 진행되는 동안 황제를 비롯한 다른 관료들은 앉아서 들어도 되었다. 왕안석이 강의할 당시에는, 그는 강의하는 이는 앉아서 하고, 다른 관료들은 서서 듣게 하자고 제의했었다. 그러나 다른 관료들이 이 제의에 반대하고 나왔고, 반대의견이 더 세었다. 당시 다소 거만하고 지나치게 자부심이 강한 정이(程頤)도 경전에 해박했으므로, 이 강연 가운데 일부를 담당했었다. 그러나 그는 말단 강사에 불과했다. 그 역시 유가의 주요 덕목인 스승을 존경한다는 의미에서, 강의할 때 앉아서 강의할 수 있는 특권을 요구했었다. 정이는 또 어린 철종 황제에게 마귀의 무서운 힘과 여인네의 유혹을 경계하라고 늘 강술했다. 어린 시절, 황제는 여자에게 아무런 흥미도 느끼지 못했었지만, 잔소리처럼 늘 듣는 정이의 이 강술에 도리어 반발을 느껴, 이 다음에 성장해 어른이 되어서는 여자들과 실컷 즐겨야겠다고 마음먹었다. 이 어린 황제는 후에 황후를 폐비시켰고, 결국에 가서는 스물네 살의 나이로 요절하고 말았다.

소동파의 가족들에게는 경사에 머무는 것이 절대적으로 유리했다. 옛집을 팔고 이제 동파는 백가항(白家巷)에다 집을 지었다. 동파의 옛집으로부터 그의 근무지까지 거리가 너무 멀었다. 새 거주지는 동화문(東華門) 근처였다.

관료들은 새벽이면 이 동화문을 지나 조회(朝會)에 들어간다. 그러므로 동파의 거주지는 관료들이 가장 선호하는 주택가에 위치해 있는 셈이었다. 이곳에는 물건값이 최고로 비싼 상점들과 고급 음식점들이 있어, 가히 중심가라 불러도 무방한 지역이었다.

소씨 집안은 이제 경사에서 새로운 생활을 누리게 되었으니, 이는 몇년 전 황주 농장에서의 고된 생활과는 천양지차였다. 그간 동파 가족은 거의 15년간을 경사 밖에서 지낸 셈이었다. 이 15년 기간 가운데 동파가 구금되어 체포되어 왔을 때와, 또 한 번 경사의 출입이 제지되어 교외에서 머문 기간을 합쳐 약 3개월 정도 경사 부근에서 지낸 적이 있을 뿐이

364 제3편 성 숙(1080~1093)

있다. 책임감이 강한 맏아들 소매(蘇邁)는 당시 강서(江西)에서 말단 관
직을 맡고 있었는데, 동파를 따라 경사의 가족들에게로 다시 돌아왔는지
의 여부는 확실하지 않다. 그러나 그 아래의 두 아들 16세 난 소태(蘇迨)
와 14세 된 소과(蘇過)는 모두 집에 있었다. 동파의 부인과 시첩 조운(朝
雲)은 이제 안락한 생활을 영위할 수 있게 되었는데, 화려한 경사생활에
다소 겁이 나기도 했다. 사방에 보석상, 비단가게, 약국들과 2,3층 건물
들이 즐비했다.

중국의 최고급 물품들이 동화문 부근에 집결해 있었는데, 그 가격이
어찌나 비싼지 시골 아낙네들이 보면 놀라 자빠질 지경이었다. 철 이른
과일이나 꽃들의 값이 아무리 비싸도 언제나 사는 사람이 있었다. 이 지
역에서는 고용청에 부탁하면 하인을 쉽게 고용할 수 있어 편리했다. 주
점이나 음식점들은 손님들로 자리가 가득 차 있었다. 밤에 주점에 들어
가면, 가기(歌妓)들이 복도에 줄지어 대기하고 섰다가, 손님들이 부르면
술시중을 들었다. 아버지를 따라 들어온 젊은이들은 시선을 어디에 둘지
몰라 곧장 앞을 쳐다보거나 땅만 내려다보았다. 행상들이 이방 저방으로
다니며 식사중에 있는 손님들에게 밀전(密餞)·건과(乾果)·육포(肉脯)와
절인 음식 등을 팔았다. 당시 음식점에는 시종들이 약 40, 50가지나 되
는 음식접시들을 들고 식당 안을 돌면서, 고객들이 좋아하는 음식을 마
음대로 고를 수 있게 했다고 한다. 혹시 메뉴에 있는 음식 가운데, 한 가
지라도 빠지고 없으면 손님을 잃게 된다.

소동파가 집에서 저녁식사 초대를 하려 하자 여러 음식점들이 가정 연
회용 음식을 제공하려고 서로 경쟁을 벌였다. 이런 음식점들은 은식기
(銀食器)들을 제공했다. 좀 작은 음식점이라도 요리사를 보냈고, 연회에
필요한 은제 술주전자·술잔·받침·순가락 그리고 상아젓가락, 젓가락의
끝부분을 은으로 씌운 것 등 은식기 일체를 보내왔다. 음식점은 이렇게
은식기 한 세트를 빌려주고 보통 400 내지 500냥을 받았는데, 하루저녁
빌려주고 다음날에야 찾아갔다. 나중에 경사가 북방 침략자들에 의해 함
락된 후, 당시 어떤 사람이 남긴 기록에 따르면 경사의 백성들은 자신들

의 성시에 대한 자부심이 대단히 강했으며, 나그네들에게 아주 친절했다고 적고 있다. 나그네가 혹시 억울한 일을 당하는 것을 보면, 설사 포졸과 난투가 벌어지는 한이 있더라도 그들은 와서 나그네를 옹호해 주었다. 이웃이 새로 이사 오면, 옆집 사람들이 곧 찾아와 술과 차를 선물하고 점포에서 물건을 살 때 주의할 점 등에 대해 충고했다. 개중에는 아무 하는 일 없이 이집 저집 찻주전자를 들고 다니면서 뒷공론이나 하는 이들도 없지 않아 있었다.[8]

동파는 요가 연습과 양생술을 꾸준히 계속했다. 그는 보통 하루 걸러 궁중에서 자야 했다. 궁안에서 자든 집에서 자든 동파는 새벽이면 일찍 일어나, 100여 번씩 머리빗질을 하고 관복을 입고 관화(官靴)를 신는다. 그러고는 의관을 갖춘 채로 누워 잠시 눈을 붙인다. 동파의 말에 의하면 이 잠깐 동안 자는 잠이 그렇게 달다고 했다. 조회에 들어갈 시간이 되면 다시 관복을 잘 갖추어 입고 차비를 차린 후, 밖으로 나와 금 장식이 달린 백마에 올라타고서 동화문으로 향한다.[9]

아침 조회는 늦어도 보통 10시 정도면 끝났고 별다른 일이 없으면 이때부터 자유롭게 된다. 동파는 다른 사교모임의 약속이 없을 때에는 아내와 아이들을 데리고 물건 사러 나가곤 했다. 근처에 상국사(相國寺)가 있었는데, 이 사원 뜰에는 부채·칼·가위·골동품·고물·그림·서예 탑본들을 파는 행상들로 가득 찼다. 어떤 때는 온 가족이 동쪽 성에 있는 40, 50군데나 되는 상점들을 두루 구경다녔다. 이 시장에서는 이발빗에서부터 꽃병이나 새장에 든 새에 이르기까지 무엇이든지 구입할 수 있었고, 구경하다 보면 모르는 사이에 한나절이 금방 지나가버리곤 했다. 또 때로 그들은 주작문(朱雀門)을 지나 성 밖의 큰 주택가로 나가기도 했다. 공자묘와 대학은 외성(外城) 남쪽에 있었고, 더 남쪽으로는 도교 사원들이 있었다. 때로 당시 성내에서 제일 유명한 음식점인 대상(臺上)에서 저녁을 먹고 돌아올 때도 있었다. 또는 남문(南門) 큰거리를 따라 내려가 유명한 당가(唐家) 보석점들을 구경하거나 온주(溫州)산 칠기를 골라 사기도 했다. 또는 보자사(報慈寺) 거리에 있는 약방으로 가서 최고급의 약

초를 찾기도 했다.[10]

진정한 행복을 느끼는 데 생활이 호사스러우냐 검소하냐는 별로 중요하지 않다. 다만 높은 관직에까지 올라가 보지 못한 사람들에게는 고관이란 영예가 한없이 부럽게 느껴지게 마련이다. 흔히 관직을 달가워하지 않을 경우 오히려 관직이 떠맡겨지고, 반대로 관직이 주어지지 않을 때에는 관직을 열망하곤 하는 것이 인지상정인 것 같다. 일단 '관직에의 욕구'를 충족시켜 본 후에는 대관을 지내는 것이 대장장이로서 성공하는 것보다 더 나을 것도 없어 보이게 된다. 동파는 〈행복과 불행에 대해〉(樂苦說)란 글에서 이렇게 얘기하고 있다.

사람은 누구나 즐거운 일을 바라고, 어렵고 힘든 일은 두려워합니다. 이는 모든 사람들이 흔히 말하는 이른바 즐거운 삶이나 고생스런 삶에 아직 뛰어들기 전에 갖는 한낱 느낌에 불과합니다. 이미 닥쳐 직접 몸으로 부딪치며 살다 보면 부러워하거나 두려워할 사이도 없이 지나가버립니다. 그러니 고락(苦樂)을 이미 겪고 난 후에는 무엇이 남아 있겠습니까? 마치 소리나 그림자를 찾아 헤매거나, 산들바람과 꿈을 잡으려는 것과 다를 바 없습니다. 그래도 고락의 환상을 찾아 헤매는 것에 비하면 그나마 오히려 구체적인 편입니다. 아무튼 자신이 고생스런 처지에 있다 보면 이로부터 벗어나기 위해 현재의 괴로움을 행복해지고 싶다는 환상으로 대치해 보려 하는데, 그렇다고 그 가운데서 행복을 찾을 수 있단 말입니까? 지당한 이치를 그대에게 이렇게 말하고 있기는 하나, 저 또한 이런 집착에서 아직까지 벗어나지 못하고 있습니다.

1088년(元祐 3) 8월 5일[11]

한편 어떤 이들은 경사에서의 생활은 너무 세속적이라고 보기도 한다. 동파의 친척 가운데 포종맹(蒲宗孟)이란 사람은 향락적인 생활을 실컷 만끽했었다. 포씨 집안의 며느리는 후식(後食)을 만드느라 늘 바빴다. 그녀는 하녀들에게 우유를 발효한 거품을 가지고 방울방울 떨어뜨려 여러 가지 모양으로 만들도록 지시하고 여기에 가미를 더해 굳혀 만든 후식을 손님들에게 대접하는 일로 하루 종일 바빴다. 이 며느리는 자기 집에 오는 손님들에게 매번 다른 모양의 과자를 만들어 대접했노라고 자랑했다. 그래서 이 집 여종들은 밤이고 낮이고 발효시킨 우유 거품을 방울방울 떨어뜨리는 일을 계속했다. 포씨에게는 좀 별난 개인적 습관이 있었다. 예를 들면, '큰 세수, 약식 세수', '크게 발닦기, 약식으로 발닦기', '큰 목욕, 약식 목욕' 등이 그것이었다. 그는 매일 두 번 세수하고, 두 번 발을 닦았으며, 하루 걸러 목욕을 했다. 얼굴만 씻는 이른바 '약식 세수'를 할 때는 대야의 물을 한 번만 갈았고, 두 명의 시종이 곁에서 시중을 들었다. '큰 세수'할 때는 대야의 물을 세 번 갈았고, 다섯 명의 시종이 시중 들었으며, 얼굴뿐 아니라 목과 어깨까지 닦았다. '약식으로 발닦기'를 할 때는 물을 한 번만 갈았고, 두 명의 시종이 시중을 들었는데 발목까지만 씻었다. '크게 발닦기'를 할 때는 대야의 물을 다섯 번 갈고, 네 명의 시종이 거들었으며 무릎까지 닦았다. '약식 목욕'할 때는 3곡(斛)의 물을 갖고 씻는데 다섯 내지 여섯 명의 시종이 씻겨 주었고, '큰 목욕'할 때는 같은 양의 물을 쓰는 대신, 여덟에서 아홉 명의 시종들이 그의 몸을 씻겼다. '큰 목욕'할 때 약용 연고(軟膏)를 사용했으며, 새 옷은 철망에 넣어 놓고서 진귀한 향을 천천히 태워 그 향이 옷에 배게 한 다음에 입었다. 그는 동파에게 쓴 편지에서 규칙적인 목욕이 몸에 상당히 좋다고 말했다. 동파는 이에 이렇게 회답했다. "공(公)이 규칙적으로 목욕한다는 얘기를 듣고 반가웠소만, 공을 좀더 즐겁게 해줄 수 있는 두 가지 방법을 제의하리다. 즉 첫째는 절검(節儉)이요, 둘째는 자비심이외다."[12]

고관자리에 있으면 사회적으로나 물질적인 면으로 여러 혜택이 보장되었다. 당시의 지식층들에게는 관직에 나가느냐, 아니면 벼슬하지 않고 묵묵히 욕심 없이 사느냐 하는 두 가지 길이 있을 뿐이었다. 대개의 경우 후자는 곧 빈곤한 삶을 의미한다. 물론 벼슬하지 않고 학문에 전념하여 불후의 명성을 얻을 수도 있었다. 그러나 대부분의 경우, 이후에 불후의 명성을 얻으리란 확신이 선다 하더라도, 미래의 일은 당장의 굶주린 배를 위로하기에 너무 빈약했다. 소동파 시대에 유행하던 우스개 이

야기 한 토막이 있다. 어느 한 선비가 과거에 급제하여 관직을 제수받았
다. 그런데 이 사람은 자기는 국가를 위해 공직에서 봉사·희생하고 있노
라고 입버릇처럼 주장하곤 했다는 것이다. 이 이야기의 대강 내용은 다
음과 같다.

옛날에 떡을 살 돈도 없을 정도로 아주 가난한 선비가 살았다. 그는
매우 굶주려 있었으므로, 먹을 것을 구할 무슨 방도가 없을까 궁리했다.
한번은 떡집 문앞에 가서 겁에 질린 것처럼 가장하고 도망쳐 보았지만,
남의 이목을 끌지 못했다. 그래서 이번에는 많은 사람들이 떼지어 서 있
는 다른 떡집으로 갔다. 그는 단 떡을 보자마자, 크게 소리를 지르며 아
주 놀란 듯이 도망가다가 땅바닥에 쓰러졌다. 기이하게 여긴 사람들이
그의 주위에 몰려들어 무엇에 그리 놀랐느냐고 물었다. "저 단떡들 때
문이요!"라고 이 선비가 대답했다. 사람들은 떡을 보고 놀랐다는 얘기
는 여태껏 들어본 적이 없어 모두들 껄껄 웃었다. 그러나 미심쩍게 여긴
떡가게 주인은 그가 진짜로 떡 때문에 놀랐는지 여부를 시험해 보고자
했다. 주인은 단떡을 한 무더기 쌓아 놓은 방으로 그 선비를 청해 들어
가게 한 후, 문구멍으로 그의 행동거지를 살폈다. 한편 이 선비는 자기
꾀가 성공한 것을 기뻐하며 두 손으로 떡무더기를 파헤쳐가며 뱃속에다
떡을 마구 쳐넣기 시작했다. 이를 본 떡가게 주인은 측은한 생각이 들어
방으로 들어가 그에게 친절하게 이렇게 물었다. "선비께서는 두려워하
는 것이 또 없소?" 그러자 이 선비는 대답하기를 "이제 저는 따끈한 양
질의 차 한 잔이 두렵소이다"라고 하였다.[13]

하루는 한유(韓維)의 두 사위가 동파를 찾아왔다. 한유 집안은 명문
부호 집안으로 여러 명의 재상을 배출한 바 있었다. 동파는 이들에게 그
들 장인어른의 근황에 대해 여쭈어 보았다. 그 가운데 한 젊은이가 이렇
게 대답했다. "아주 잘 지내고 계십니다. 장인께서 말씀하시기를, '이제
노년이 되었으니, 음악과 좋은 술, 미인과 더불어 여생을 즐겨야겠노라'
고 하십니다. 이것 외에 달리 소일거리가 없다고 하시지요." "사실이지
나는 그 어른의 살 날이 얼마 남지 않았기 때문에, 남은 생애 동안에 잘

못된 길로 가실까 봐 더욱 걱정이 되네. 내 한 가지 옛날 이야기를 할 테니 듣고 가서 장인어른께 전해 드리겠나?" 동파가 이렇게 말하자, "물론입니다"라고 젊은이들이 대답했다. 이에 동파는 이렇게 말하기 시작했다.

"참선(參禪)이라곤 해본 적이 없는 어떤 노인이 있었소. 그러나 그는 불가의 참된 도리에 따라 살았고 생사(生死)에 대해 아주 초연했었다오. 하루는 자식들과 친척들을 모두 불러 주연을 베풀고, 잔치가 끝날 무렵 노인은 가족들에게 이렇게 말했지. '난 이제 이 세상을 하직하련다.' 그런 다음 노인은 옷섶을 단정히 여미고 정좌했는데, 정말 그 자리에서 숨을 거두려 작정한 것 같아 보였다네. 아들들이 놀라 소리쳐 부친을 불러 말하길, '아버님 정말 지금 이 세상을 하직하시렵니까? 무슨 유언의 말씀이라도 없으신지요?'라고 하니까 이에 노인이 대답하길 '본래 내 아무 말도 하지 않으려 했는데, 너희들이 물으니 이 한 가지만 이르마. 오경(五更)이 되면 자리에서 일어나는 습관을 길러라'라고 했지. 아들들은 그 영문을 몰라 좀더 자세히 설명해 주십사고 청했지. '왜냐구? 오경(오전 세 시부터 다섯 시 사이)에 일어나야 자기 일에 최선을 다할 수가 있지. 해가 뜬 후에 그제서야 시작하면 자기 일을 다할 수 없기 때문이니라.' 이에 여러 자식들은 아직도 납득이 가질 않아 말하길, '집안이 다복하여 부족한 것이 없는데, 무엇하러 꼭두새벽부터 일어나야 합니까? 더욱이 집안일이 곧 개인의 일이나 다름없는데, 어찌 따로 구별할 것이 있습니까?'라고 물었지. 이에 노인은 이렇게 말했다네. '그렇지 않으니라. 내가 말하는 자신의 일이란, 너희들이 죽을 때에 가져갈 수 있는 것을 말한 것이야. 너희들이 보듯이 내 평생에 이렇게 가업을 이룩했어도 이제 세상을 하직할 마당에 내가 세상에서 무엇을 가져갈 수 있겠느냐!' 그제서야 아들들은 노인의 말뜻을 이해했다네."

소동파는 계속해서 이렇게 말했다.

"지금 자네들 장인어른께서는 살 날이 몇 년 남지 않았으니, 여생을 즐겨야겠다고 여기시는 모양인데, 내 대신 그 어른께 말 한마디 전해

주겠나? 곧 당신 자신의 일에 힘쓰시라는 말을 전해 주게. 쇠약해져 가는 정력을 술이나 여자에다 허비하느니, 인생 여로 끝에 무엇을 가지고 갈 것인가에 대해 생각해 보는 것이 더 낫지 않으시겠냐고 전해 주게나."

동파가 평소 존경하던 친구인 범진(范鎭)이 사망한 후, 동파는 그에 대해 이렇게 말한 바 있다. "경인(景仁 ; 범진의 字)은 평생토록 불교를 달가워하지 않았다. 그러나 그는 노년에 물질적 욕망을 절제하고, 마음에 집착이 없는 소박하고도 청정한 생활을 했다. 비록 그가 죽을 때까지 불교를 반대했지만, 사실상 그 자신이 훌륭한 불교도나 다름없었다. 다만 그 자신이 몰랐을 뿐, 내가 보기에 그는 틀림없는 불교도였다. 이런 사람은 불상을 부수고 불승을 모욕한다 해도 극락에 갈 것이다."[14]

그즈음, 소동파의 명성은 최고봉에 달해 있었다. 그는 모든 학자들과 친구들로부터 존경을 받았고 고관직에 올라 있었다. 그는 자신이 올린 직간 때문에 다른 어떤 사람보다도 많은 고통을 당했는데, 사실상 바로 그의 이런 강직함 때문에 사람들로부터 숭앙받았다. 사마광이 사망한 후, 동파는 의심할 나위 없이 당시 제일가는 학자가 되었다. 그는 재상직에 부적합하게 보였으나, 그의 명망은 모든 백관을 능가했다. 한때 그의 두 친구 여공저(呂公著)와 범순인(范純仁)은 정부의 영수였다. 그의 아우역시 1086년(元祐 元年) 1월 경사로 돌아와 우사간(右司諫)에 임명되었고, 이듬해에는 호부시랑(戶部侍郎)으로 승진되었다. 남쪽으로 귀양갔던 부마 왕선(王詵)과 왕공(王鞏), 손각(孫覺), 범조우(范祖禹) 등 동파의 친구들이 지금은 조정의 요직을 담당하고 있었다. 황주에서 같이 지내던 친구 진조(陳慥)도 경사로 왔는데, 그는 관료가 되려고 온 것이 아니라 동파를 만나보고 친구들과 어울려 놀기 위해 왔다. 몇 년 전부터 서신 연락을 해온 대시인 황정견(黃庭堅)도 동파를 직접 만나보고 정식으로 그의 문하생이 되기 위해 찾아왔다. 동파는 그의 서신들 가운데에서 몇 년 전부터 사학사(四學士)에 대해 거듭 칭찬해 온 터였으므로, 이로 인해 이들 사학사의 명성은 더욱 높아졌다. 황정견, 진관(秦觀), 장뢰(張耒), 조보지(晁補之)로 구성된 소문사학사(蘇門四學士)는 당시 모든 사람들로부터 인정받았다. 후에 이치(李廌)와 진사도(陳師道) 두 사람을 더 받아들여 소문(蘇門)의 '육학사'가 되었다.

소동파의 인기 때문에 어느 부부는 이혼하기까지 했다. 장원필(章元弼)이란 선비는 동파의 대단한 숭배자였는데, 그 자신은 썩 잘생긴 편은 아니었으나 아내는 아름다운 여자였다. 그런데 결혼한 지 며칠도 되지 않아, 아내는 남편이 밤새도록 소동파의 시만 탐독하고 자기에게는 눈도 돌리지 않자, 아내는 참다참다 더 이상 참을 수가 없어서 남편에게 이렇게 말했다. "당신은 나보다 소동파를 더 사랑하시는군요. 좋아요. 우리 이혼합시다." 결국 아내의 원대로 그들은 헤어졌고, 장원필은 소동파 때문에 이혼당했노라고 친구들에게 말했다 한다.[15]

이처럼 당시 소동파의 인기는 대단해서, 많은 선비들이 심지어는 동파가 쓰고 다니는 모자까지도 흉내를 내어 따라 쓰게 되었다. 동파가 쓰고 다니는 모자는 유난히 오똑하니 높고, 위로 올라갈수록 모자 끝이 점점 좁아지면서 앞으로 굽은 모양이었다. 사람들은 이 모자를 '자첨모'(子瞻帽)라고 불렀다. 자첨(子瞻)은 바로 동파의 자(字)이다. 어느날 동파는 황제를 모시고 예천(醴泉)으로 놀러 나갔었다. 예천은 궁중 광대들이 연희하는 곳이었다. 한 배우가 이 '자첨모'를 쓰고 무대로 나와 자랑하기를 "나는 너희들보다 훨씬 뛰어난 문필가다"라고 자랑했다. 그러자 다른 배우가 말했다. "어떻게 그걸 믿을 수 있소?" 하자 "내가 쓰고 있는 모자가 보이지 않는가?"라고 광대가 대답했다. 이에 황제도 미소를 지으며, 의미 있는 표정으로 동파를 쳐다보았다.[16]

이런 명망(名望)을 한몸에 받으면서도 동파는 친구들과 농담하기를 무척 즐겼다. 그가 한림학사 겸 시험관 우두머리직[權知禮部貢擧]을 맡고 있을 때, 다른 시험관들과 함께 여러 주일 동안 쇄금되어 있었다. 근무시간 중, 다른 시험관들이 답안지를 훑어보느라 바쁜 동안에 동파는 이방 저방을 다니면서 우스갯소리를 해서, 그들은 일에 전념할 수가 없었다. 그러다가 밤이 되어서야, 동파는 자기가 맡은 일에 착수하여 굉장히 빠른

속도로 시험답안 채점을 끝냈다.[17]

동파가 즉석에서 이야기를 꾸며낸 일화는 많다. 이 중에는 말장난한 것들이 많은데, 특히 그 가운데에는 기지가 번득이는 유빈(劉邠)과 재치 넘치는 재담을 주고받은 이야기들도 있다. 그 가운데 몇 가지를 여기 소개해 본다.

언젠가 한번 동파는 여대방(呂大防)을 방문했다. 여대방은 체구가 비대했는데 소동파가 왔을 때 마침 낮잠을 즐기고 있었다. 그가 깨어나기를 한참 동안 기다린 동파는 내심 은근히 화가 났다. 마침내 여대방이 나타나자, 동파는 객실에 놓여 있는 오지그릇을 가리켜 보였다. 그 안에는 등에 이끼가 낀 거북이가 살고 있었다. "이 거북이는 평범하군요. 여섯 개의 눈을 가진 아주 희귀한 거북이도 있지요"라고 동파가 집주인에게 말했다. 여대방은 놀라 눈을 둥그렇게 뜨고, "정말 눈이 여섯 달린 거북이가 있단 말이요?" 여대방은 처음에는 동파가 자기를 놀리는가 싶은 기분이 들었으나 잠시 후 생각을 바꾸었다. 동파는 두루 책을 많이 읽었을 테니, 어느 책에서인가 혹 그런 것을 읽었을지도 모른다는 생각이 들었기 때문이었다. 그러자 동파가 이렇게 대답했다. "물론이지요. 당(唐) 장종(莊宗) 황제께서 어느 재상으로부터 여섯 눈의 거북이를 선사받았지요. 황제께서 눈이 여섯 개 달린 거북이의 장점이 무어냐고 묻자, 재상이 대답하기를, 보통 거북은 눈이 한 쌍뿐인데 이 거북은 눈을 세 쌍이나 갖고 있어, 낮잠을 자더라도 다른 거북이보다 세 배는 더 자는 셈이라고 대답했답니다."[18]

동파는 친구 전협(錢勰)에게 자신은 예전 전원에서 지냈던 소박한 생활을 사랑하노라고 입버릇처럼 자랑삼아 말하곤 했다. 그 당시에는 식탁에 밥과 무, 맑은 국이 전부였지만 더할 나위 없이 행복했노라고 말했다. 어느날 친구 전협은 동파에게 식사에 초대하는 글을 보냈다. 그 편지에는 "삼백(三白)의 특별식을 대접하겠습니다"(將以三白待客)라고 적혀 있었다. 동파는 삼백이란 것을 들어본 적이 없었으므로, 무슨 소리인지 통 영문을 알 수 없었다. 의아해 하며 동파가 저녁식사 초대에 가보니, 전협은 식탁 위에 단 세 가지의 백색 음식을 내놓았다. 즉 흰 쌀밥, 하얀 무 반찬, 그리고 맑은 국 한 그릇이 전부였다. 동파는 전에 자기가 떠벌렸던 말이 생각나서 이번에는 친구에게 당했구나 싶었다. 얼마간 시일이 지난 후 이번에는 동파 쪽에서 전협에게 '삼모'(三毛) 식사초대의 편지를 보냈다. 전협이 초대에 와보니, 식탁에 아무것도 차려 있지 않았다. 소동파가 그에게 자리를 권하고, 두 사람 모두 자리에 앉았다. 그러나 시간이 한참 지났건만 음식이라곤 단 한 그릇도 나오지 않았다. 전협이 점점 배고파진다고 불평하자, 그제서야 동파는 거드름을 피우며 친구에게 이렇게 말했다. "자! 더 기다리지 말고 빨리 드십시다. 나는 그대를 삼모찬(三毛餐)에 청했으니, 밥도 모(毛 ; 毛字는 沒字와 통하는 글자로 곧 '없다'는 뜻임)이고, 무 반찬도 모(毛)이고, 국도 모(毛)이외다." 동파는 이렇게 지난번에 대한 보복을 단단히 하고 나서야 친구를 용서해 주고, 더불어 푸짐한 저녁을 먹었다.[19]

한림학사를 지내는 동안에, 동파는 종종 밤에 궁내에 쇄금되어 있곤 했다. 동파를 굉장히 숭배하며, 그의 친필을 모으는 데 아주 광적인 사람이 하나 있었는데, 그는 동파의 비서에게 양고기 10근을 주고 짧게 메모한 동파의 친필들과 바꾸곤 하였다. 이 비서가 하루는 친구의 전갈에 답신을 쓰시라고 동파에게 청했다. 이에 동파는 구두로 전하라고 하며 답신 내용을 얘기해 주었다. 그러자 비서가 동파에게 다시 되돌아왔다. "이미 자네에게 구두로 전하지 않았나?"라고 동파가 말하자, 비서가 말하기를 "저쪽에서는 글로 써주시길 원합니다"라고 했다. 이에 동파는 대답했다. "자네 친구에게 가서 전하게나. 오늘은 푸줏간 주인이 휴업하더라고."[20]

《논어》가운데 사마광(司馬光)과 동성(同姓)인 사마우(司馬牛)란 인명이 나온다. 어느날 동파와 사마광은 국가정책을 놓고 열띤 논쟁을 벌였

는데, 사마광이 어찌나 고집스러웠던지 동파는 끝내 그를 설복시키지 못
했다. 그날 집으로 돌아온 동파는 관복을 의자에 내던지고, 아직도 화가
풀리지 않아 씨근거리며 조운(朝雲)에게 이렇게 말했다. "사마우(司馬牛)
같으니라구. 그 고집불통 영감쟁이 사마광!"(司馬牛의 성은 司馬이고 이름
은 牛로서, '牛'란 글자는 고집쟁이란 뜻으로 잘 쓰인다. 여기서는 사마광의
쇠고집을 가리켜 이렇게 부른 것이다.)[21]

그 무렵 몇 년간 쓴 책론(策論) 가운데에서, 동파는 훌륭한 재상이 갖
추어야 할 요건으로 '독자적인 사고', '공정무사'(公正無私)를 들어 거듭
그의 생각을 개진한 바 있었다. 그런데 독자적인 사고와 공정무사한 의
견 등은 당인(黨人)들이 가장 싫어하는 것이었다. 어느날 밤 동파는 저녁
식사를 잘 먹은 다음 배가 두둑하니 꽤 만족해 하며 방에서 이리저리 왔
다갔다 하다가 집안 부녀자들에게 자신의 뱃속에 무엇이 들었을 것 같으
냐고 물었다. 중국말에는 '뱃속 가득[一肚子] 사상으로 그득 찼다'거나,
'뱃속 가득 정감(情感)으로 꽉 차 있다'거나, '뱃속 가득 경륜으로 찼다'
는 등의 표현을 자주 쓴다. 동파의 이 물음에 한 사람이 이렇게 대답했
다. "어르신네의 뱃속에는 문장들로 가득 차 있을 듯합니다." 그러자 또
다른 사람이 말하기를, "아름다운 글들로 가득 차 있을 것 같습니다"라
고 했다. 이에 동파는 "모두들 틀렸다"고 했다. 마지막으로 동파의 총명
한 애첩 조운이 이렇게 말했다. "나으리 뱃속에는 세상 사람들과는 다른
생각들로 가득 차 있을 듯합니다." 그러자 동파는 "그래! 잘 맞추었다"
라고 탄성을 올리며 유쾌하게 웃었다.[22]

또 한번은 무명의 어느 선비가 자신의 시집을 들고 동파를 찾아와 고
견을 듣고자 했다. 이 선비는 감정을 잔뜩 넣어 자신의 작품을 동파에게
낭송해 보였는데, 자못 득의에 차 있었다. 그리고 나서, "나으리, 이제
이 보잘것없는 글에 대해 나으리의 고견은 어떠하신지 얘기해 주십시오"
라고 동파에게 의견을 물었다. 이에 "가히 만점에 가깝소이다"라고 말하

자, 그 선비는 얼굴 가득 만족스러움으로 빛났다. 곧이어 동파가 이렇게 덧붙여 말했다. "그대의 훌륭한 낭송 솜씨가 70점이고, 당신의 시는 30점 정도이외다."[23]

제 20 장

회 화 예 술

소동파와 같은 재능과 발랄한 기질의 소유자가 중국 예술에 새로운 형태를 창출해 냈다 함은 그리 놀랄 것이 없다. 동파는 특히 붓의 묘미를 충분히 살리고자 애썼다. 동파의 최대 소일거리는 '먹을 가지고 장난하는' 것이었다. 동파는 이를 통해 그의 창조적이고도 예술적인 충동을 마음껏 펼쳤고, 결국 중국 예술에 지대한 영향을 끼쳤으니 곧 그 유명한 '묵죽화'(墨竹畵)를 창시하였다. 묵죽화란 먹물로 그린 대나무 그림을 말한다. 즉 그는 최초로 이른바 '문인화'(文人畵)란 새로운 중국 회화양식의 명칭을 창출해 낸 것이다. 그보다 손아래인 미불(米芾)과 함께 동파는 가장 개성적이고도 대표적인 중국 회화양식이 될 문인화풍의 선구자적 역할을 하였다. 남종화파(南宗畵派)의 풍격은 신속하고 리드미컬한 필법으로 통일된 한 개념을 표현하는 것에 중점을 둔다. 이러한 풍격은 일찍이 8세기경에 오도자(吳道子)와 왕유(王維)에 의해 수립된 것이다. 이 남방화풍은 북방화풍과 크게 구별된다. 이사훈(李思訓)이 주도한 북종화파(北宗畵派)는 세밀하게 묘사하고, 금빛 물감으로 윤곽을 그려 주거나 푸른색과 진홍색 등의 안료를 사용한다. 아무튼 송대에 와서 인상주의적인 '문인화'(文人畵)가 확고하게 수립되었다. 문인화파는 리듬감 넘치는 활력과 화가가 갖고 있는 주요 개념의 구사를 중시한다. 이는 현대 화가들이 모종의 예술적 기교와 예술원리의 오묘한 조화를 중시함과 통하는 데가 있다.

다행히 우리는 소동파, 미불, 황정견 등이 남긴 많은 예술비평문에서 '문인화'는 바로 소동파한테서 비롯된 것임을 확인할 수 있다. 여기서 말하는 '문인'(文人)들은 대개 시인이기도 하면서 서예가나 화가를 동시에 겸하고 있다.* 먼저 우리가 알아 두어야 할 것은 중국 서법(書法)과 회화는 그 기교나 사용도구, 예술정신과 비평의 원리에서 완전히 일치한다는 점이다. 먼저 중국 서법에 내포된 미학원리를 이해하지 못하고서는 중국 남종화의 기원에 대해 이해할 수가 없다. 소동파를 포함한 남종화의 여러 시조(始祖)들은 하나같이 모두 중국시에 대한 교양이 풍부한 사람들이며, 능란하게 붓을 구사할 수 있을 정도로 훈련이 잘 된 사람들이었다. 또한 중국 서법 자체의 구도와 운율 등의 모든 원리에도 정통해 있었다. 중국 회화의 기교와 미학의 원리들은 대개 모두 서법이 제공하고 있다. 한편 중국 시가(詩歌)는 회화에다 정신적인 면모를 제공하여, 모종의 경지와 분위기를 강조해 주며, 대자연의 일체의 내음이나 색감, 그리고 소리들을 두루 사랑하게끔 해준다.

소동파가 태어나기 전에도 중국에는 이미 서법이나 회화의 예술전통이 풍성했었다. 동파는 젊어서부터 오도자(吳道子)의 열렬한 숭배자였다. 동파는 황주에 있는 동안 화가로서의 기술 연마에 전력했다. 이제 그의 모든 친구 시인과 화가들이 경사로 모여들었고, 이러한 분위기는 그의 시적, 예술적 창작력을 더욱 고무시켜 주었다. 마치 훌륭한 바둑기사가 같은 성내(城內)에서 대적이 될 만한 또 다른 바둑기사를 만났을 때 그의 인생이 바뀌듯이, 동파 생애에서도 이제 전환기를 맞이한 것이었

---

* 서화감정가로서 동파는 서법에 대해 약 136편의 글과, 회화에 대해 33편, 먹에 대해 약 36편, 붓에 대해 18편의 제발(題跋)을 남기고 있다. 시인 황정견도 그가 봤던 서예작품에 대해 약 100여 편의 제발을 남기고 있는데, 이는 회화에 대해 쓴 제발보다 더 많은 수효이다.

다. 결국 동파는 문인이지 정치가는 아니었다. 문인으로서 그가 하는 주된 일은 먹물이나 붓, 종이를 사용하는 일이었다. 그의 문도(門徒) 하나 하나가 모두 대가였는데, 그들은 늘 동파를 방문하곤 했다. 후에 송대의 가장 뛰어난 화가가 된 미불은 묵묵부답의 바위의 그 육중한 리듬감에 한때 반하여, 산 절벽 앞에 부복하고는 바위 보고 '장인어른'이라 부르기까지 했다 한다.[1] 그래서 그 자신이나 사람들 모두 그를 '미치광이 미불'[米癲]이라고 불렀다. 미불·소동파·이공린(李公麟) 이 세 사람은 모두 송대의 대가들로서, 이제 이들은 가까이서 늘 함께 지내게 되었다.

이들 문인그룹은 서로 돌아가며 집에 모여 술 마시고 한담을 나누거나 시를 지었는데, 그때마다 술과 분위기에 흠뻑 취해 있는 경우가 대부분이었다. 이럴 때면, 으레 소동파나 미불 또는 이공린 가운데 한 사람이 책상으로 다가가 먹물과 붓, 종이를 자기 앞에 펼쳐 놓는다. 세 사람 가운데 한 사람이 그림을 그리거나 붓글씨를 쓰고 또는 시를 지으면, 다른 두 명은 옆에서 지켜보고 있다가 합세해서 제화시(題畵詩)를 지어 덧붙인다. 이러한 분위기와 주위환경 모두 지극히 이상적이었다. 시와 그림, 글씨를 연마하는 데 없어서는 안 될 가장 중요한 것은 두 가지 액체, 즉 먹물과 술이다. 그들은 최고급의 술과 먹물을 갖고 있었을 뿐만 아니라, 가장 양질의 붓과 제일 비싸고 진귀한 양질의 종이를 갖추고 있었다. 훌륭한 서예가나 화가는 특히 진귀한 종이를 발견하면, 마치 훌륭한 바이올린 연주자가 눈앞에 스트라디바리어스를 발견했을 때처럼, 그것을 구입하지 않고는 못 견딘다. 소동파는 종이로는 징심당지(澄心堂紙)를, 붓으로는 선성(宣城)의 제갈필(諸葛筆)이나 쥐수염으로 만든 붓을, 또 먹으로는 이정규(李廷邦)가 만든 먹을 애호하였다. 한 사람이 그림 한 폭을 완성하면, 다른 사람들은 돌아가며 그림에 대한 자기 나름의 의견을 시로 짓거나 글로 몇 줄 써 넣는 것이 상례였다. 또는 여기에 당시 유행하던 익살스런 이야기들을 적어 넣기도 했다. 때때로 소동파와 이공린(李公麟;서양의 예술품 소장가들에게는 李龍眠이라는 칭호로 더 잘 알려져 있다)은 그림을 합작해 그리기도 했는데, 동파가 바위를 그려 넣으면 이공

린은 소나무를 그렸고, 자유와 황정견은 제화시를 썼다.[2]

중국 예술사상 기념할 만한 대성회(大盛會)가 열렸는데, 이 성회에 열여섯 명의 문인들이 부마 왕선(王詵)의 저택에 모였다. 이것이 곧 그 유명한 서원회(西園會)*로, 이 모임을 기념하기 위해 이공린은 이 성회의 광경을 그림으로 그려 남겼고, 미불은 이 모임에 대한 상세한 기록을 해놓고 있다. 이 모임에는 송대 3대화가인 소동파·미불·이용면과 동파의 아우 그리고 소문사학사 등이 참가했다. 정원의 키 큰 소나무와 대나무 아래 돌로 된 탁자들이 여기저기에 놓여 있고, 화폭 제일 윗부분에는 폭포수가 떨어져 큰 강으로 흘러 들어가고 있으며, 물 양 옆에는 온통 꽃들과 대나무들로 뒤덮여 있다. 주인의 두 시첩(侍妾)은 머리를 높이 땋아 올리고 많은 머리 장식을 꽂은 모습으로 탁자 뒤에 서 있다. 검은 모자에 누런색 도포를 입은 소동파는 탁자 위로 몸을 기울이고 무언가를 쓰고 있고, 부마 왕선은 그 곁에 앉아서 쳐다보고 있다. 또 다른 탁자에서는 이용면이 도잠(陶潛)의 시 한 수를 쓰고 있고, 자유와 황정견·장뢰·조보지가 옹기종기 모여 있다. 미불은 고개를 위로 쳐들고 서서 바위에 무엇인가를 새겨 넣고 있다. 진관(秦觀)은 나무뿌리들이 뒤틀리어 툭 불거져 있는 사이에 앉아 거문고 뜯는 소리를 경청하고 있다. 그 나머지 사람들은 여기저기 흩어져서 무릎을 꿇고 앉아 있거나 혹은 서서, 제각기 서로 다른 자세를 취하고 있다. 이들 가운데에는 승려들도 있고, 다른 문인들도 섞여 있었다.[3]

소동파가 술에 취해 있거나 영감에 사로 잡혔을 때, 가장 훌륭한 글씨를 써낸다는 것은 널리 잘 알려져 있는 사실이었다. 중국의 서화(書畵) 제작에는 무엇보다도 신속한 리듬감이 가장 요구된다는 사실을 참작해 볼 때, 이러한 이야기는 꽤 근거 있고 믿을 만한 것임을 알 수 있다.

* 이 책에 실린 그림은 후대에 다시 복사하여 그려진 그림으로 아마도 明代에 그려진 것 같다. 몇 가지 소소한 부분들이 원본과 다르다. 세 사람의 모습이 복사된 그림에는 빠져 있다. 나는 북경 고궁박물관에서 이 복사그림을 봤는데 ─ 그것도 복제물을 ─ 여기에는 열여섯 사람의 모습이 모두 보였다.

1088년(元祐 3) 동파가 시험관 우두머리직을 맡았을 때, 동파는 물론 그의 예술가 친구 이공린·황정견·장뢰도 약 7~8주일 동안 시험관으로 함께 선발되어서 채점이 끝날 때까지 외부와의 접촉이 일체 단절되어 있었다. 이 기간 동안 여가시간이면 이공린은 말 그림을 그리며 무료함을 달랬고, 황정견은 음울하고도 무시무시한 귀선시(鬼仙詩)를 지었다. 때로 그들은 도사(道士)와 신선들에 대한 황당무계한 이야기들을 나누었다. 황정견이 당시 지냈던 얘기를 적은 글 가운데에 동파에 관한 대목에서 이렇게 적고 있다.[4] "동파는 남에게 글씨를 잘 써주었다. 그렇다고 그에게 글씨를 써 달라고 청하면 안 된다. 써 달라고 청하면, 때때로 퉁명스럽게 거절하기 때문이다. 시험기간 동안 우리가 예부(禮部)에 쇄금되어 있을 때, 동파는 책상 위에 종이가 놓인 것을 볼 때마다 종이 질의 우열을 가리지 않고, 그의 필체로 가득가득 채워 놓곤 했다. 그는 술 마시기를 아주 좋아했다. 하지만 네다섯 잔쯤만 마셔도 벌써 곯아떨어져, 인사도 없이 침상으로 가 사지를 쭉 뻗고 누워, 천둥같이 코를 골기 시작한다. 잠시 후 동파는 곧 잠에서 깨어나 다시 탁자로 다가가 바람처럼 빠르게 글씨를 휘갈겨 써내려 가거나 그림을 그린다. 그의 시 가운데 익살 섞인 시 또한 아주 매력적이다. 정말 그는 신선 가운데 한 사람이다."[5]

동파는 자신의 서화에 대해 이렇게 자평한다. "내 글씨는 아주 훌륭하다고 볼 수는 없으나, 내 나름대로 창의를 다한 것이다. 나는 일단 종이 위에 붓을 대면 바람처럼 빠르게 휘갈겨 써내려 간다. 붓이 채 닿기도 전에, 내 혼은 그것을 앞질러 간다."

소동파 생전에 그는 남에게 여러 번 자신의 초상화를 그리게 했다. 그 가운데서 진회립(陳懷立)이 그린 것과,[6] 저명한 화가 이공린이 그린 초상화가 제일 유명하다. 이공린이 그린 것에 보면 동파는 무릎에 지팡이를 놓은 채 바위 위에 앉아 있는 모습을 하고 있다. 이 초상[7]은 동파가 약간 취했을 때의 모습을 묘사한 것이라고 황정견은 말한다.[8] 동파의 이런 자세는 바로 그가 긴장을 풀고 앉아서 대자연을 관조하는 가운데 물질세계의 생장과 소멸의 법칙에 대해 숙고하면서, 또 한편으로는 자기 앞에 펼쳐져 있는 대자연의 무한한 순환성을 음미하고 있는 모습이다. 그러고 앉아 있다가 어느 순간 그는 벌떡 일어나 붓을 잡아 먹물을 듬뿍 축인 후, 아름다운 시가로 혹은 그림이나 글씨를 잘 조화시켜서 그의 가슴속의 감개(感慨)를 표현해 냈는지도 모른다.

한번은 두기선(杜幾先)이란 사람이 아주 양질의 화선지 한 장을 들고 와서 동파에게 글씨를 청했다. 그런데 그는 글자의 크기에 대해 이것저것 요구하는 것이 많았다. 이에 동파는 농담으로 이렇게 말했다. "당신은 나를 채소장수로 아시오?"⁹⁾ 1087년(元祐 2) 3월에 강사맹(康師孟)은 소씨 형제의 서첩(書帖)을 발행했다. 그의 친구들은 강사맹의 서첩들을 열심히 수집하고 있었다.¹⁰⁾ 어느날 저녁, 친구들은 강사맹의 집에서 그의 꾸러미들을 뒤지고 있었다. 그 가운데 한 사람이 얼룩덜룩하고 다 낡아빠진 종이 쪽지에 쓰여진 동파의 필적을 발견했다. 자세히 조사해 본 결과 이는 동파가 황주 귀양시절 때 반쯤 취해서 쓴 〈황니판사〉(黃泥坂詞)였다. 어떤 곳은 글자가 분명치 않아 동파 자신도 자기 글씨를 알아보지 못했다. 장뢰(張耒)는 이것을 모사해서 동파에게 한 장 주고 원본은 자신이 보관하였다. 며칠 지난 후 동파는 장선에게서 다음과 같은 내용의 편지를 받았다. "저는 밤낮으로 쉬지 않고 공(公)의 글씨를 수집해 오고 있소. 최근 비단 세 필을 주고 공의 글씨 두 장을 구입했소이다. 만약 공께서 최근에 쓰신 것이 있다면, 더 이상 내 비단을 낭비하지 않도록 내게 직접 보내 주시는 것이 어떻겠소."¹¹⁾

소동파의 진적(眞跡) 복인본(復印本)인 《성도서루첩》(成都西樓帖)은 동파 사후에 어떤 사람이 돌에 동파의 글씨를 새겨서 그 탁본을 출간한 것으로서 아직까지 남아 있다. 이 서첩은 가까운 이웃 친구의 눈길처럼 다정스럽기 그지없다. 이 서첩에 있는 편지 가운데에는 동파의 친구가 동파 부인에게 빗을 선사한 데 대해, 부인을 대신해서 감사의 뜻을 전한다는 내용의 편지도 들어 있다. 또 한 편지는 동파가 절인 돼지고기 한 동이를 보낸다는 내용의 것도 있다.

어쩌면 중국 서법을 추상화의 한 형태로 보면 이해하기가 더 쉬울지도 모르겠다. 중국 서법과 추상화가 갖고 있는 문제는 사실 매우 비슷하다. 중국 서예작품의 좋고 나쁨을 평할 때, 비평가들은 글씨의 함의는 아주 무시해버리고 추상적인 구도만을 주로 본다. 일반 그림과는 달리, 쉽게 알아볼 수 있는, 어떤 형체를 갖춘 대상체를 묘사하려 하지 않는다는 점에서 서법은 추상화와 자못 일치한다. 중국 문자는 선으로 구성된 문자로서, 문자의 선획이 여러 가지 방식으로 조합되어 있다. 서법은 글자 자체를 아름답게 표현하는 것과, 같은 선이나 면 위에서 다른 글자들과 훌륭하게 조화되는 것을 요구한다. 중국 문자는 아주 복합적인 요소들로 구성되어 있기 때문에 축선(軸線), 윤곽, 조직, 대비, 평형, 비례 등과 그 밖의 온갖 구성상의 문제들을 보여준다.

예술의 모든 문제는 그 표현양식이 그림이든 조각이든 음악이든 간에 리듬에 달려 있다. 모든 아름다움은 운동감에 그 근원을 두고 있으므로, 모든 예술은 그 안에 리듬을 내포하고 있다. 이는 심지어 높이 솟아 있는 고딕 양식의 성당에나, 교량의 폭에나, 그리고 하다못해 감옥 같은 건축물에서도 마찬가지이다. 인간의 성격을 표현할 때 흔히 쓰는 '돌진형', '진취형', '투박형' 등의 용어를 미학적으로 응용 사용할 수 있는데, 이런 용어들 역시 모두 리듬에 대한 개념들이다. 중국 예술의 리듬에 대한 기본 관념은 바로 서법에 의해서 수립되었다. 중국의 예술비평가가 서법을 높이 평가하는 기준은 그 정적(靜的)인 비례나 조화를 살펴보는 데 있지 않다. 그보다 글자의 첫획부터 마지막 획까지 마음속으로 서법가의 운필을 쭉 따라가며 감상하는 식으로 끝까지 살펴본다. 이는 마치 화선지 위에 펼쳐지는 춤을 보는 것과 같다. 그러므로 이런 식의 접근방식이 곧 서양의 추상화와 다른 점이다. 그 근본적인 미감은 동적(動的)인 감각에 있다. 그리고 이러한 기본적인 리듬개념이 이후 중국 회화의 주요 원칙이 되었다.

이러한 동작 가운데 나타나는 운율미의 개념은 곧 예술가가 선·질량·표면·구도와 재료 등에 대해 갖고 있는 개념에 그대로 투영된다. 아름다움이 정적인 것에 있지 않고 동적인 데에 있다고 해서, 마치 토목기

사의 청사진처럼 선과 면이 모두 다 한결같이 직선이 되어서는 안 되겠
지만, 그러나 나뭇가지의 구부러지고 고르지 않은 선 정도는 모색해 볼
만하다. 왜냐하면 구부러지거나 뒤틀려 있어야 그 생동감과 운동감을 표
현해 낼 수 있기 때문이다. 우리는 또한 붓을 살짝 누르거나, 멈추고 퍼
지게 한 곳, 그리고 붓에서 우연히 튄 얼룩 등 의식적으로 일부러 남겨
놓고 있는 이러한 고르지 못한 선획들로부터 어렵지 않게 운동감과 생동
감을 찾아볼 수 있다. 중국 서화에서는 탁자나 책상의 윤곽을 그려야 할
때처럼, 어쩔 수 없는 경우를 제외하고는 직선을 기피하거나 아주 꺼리
는 것이 기본원칙 가운데 하나이다. 따라서 구도의 개념 역시 바뀌게 된
다. 중국 예술가들은 선과 면을 정적으로 배열 혹은 대비시킨 것으로 만
족해서는 안 된다. 왜냐하면 이런 정적인 선과 면은 그 자체가 생명력이
없기 때문이다. 그러므로 화가는 생명력 있는 선을 강조하게 된다. 이
점이 중국 회화의 기교와 다른 나라의 회화나 예술형태와의 차이점이다.
　서예가들은 이러한 생동적인 선획의 기초를 다지기 위해 자연으로 돌
아간다. 자연의 선은 언제나 운동감이 넘치고 또한 그 선들은 아주 다양
하면서도 변화무쌍하다. 우리는 날쌔게 달리도록 만들어진 그레이하운
드의 그 유연한 몸매에서 어떤 아름다움을 발견할 수 있고, 아일랜드산
테리어 사냥개의 털투성이의 땅딸막한 선으로부터도 또 다른 형태의 아
름다움을 찾아볼 수 있다. 우리는 어린 사슴의 경쾌함을 좋아하는 동시
에, 사자의 힘센 발의 그 묵중함 또한 좋아할 수 있다. 사슴 몸의 아름다
움은 그 자체가 갖고 있는 우아한 곡선미 때문만이 아니라, 그와 동시에
뛰는 동작을 연상시켜 주기 때문에 느껴지는 것이다. 그리고 사자의 발
은 갑자기 덮쳐드는 동작을 연상시키기 때문에 아름답게 느껴지는 것이
다. 이러한 덮치기나 약동의 기능은 선의 유기적 통일성을 이룩하게 한
다. 만약 이런 식으로 리듬의 아름다움을 깨닫기 시작하면, 우리는 거추
장스럽게 덩치가 큰 코끼리의 모습에서, 또는 뱀의 꿈틀거리는 그 팽창
성에서, 심지어 어정쩡하게 움직이는 꺽다리 기린에게서도 리듬의 아름
다움을 발견할 수 있게 될 것이다. 이처럼 자연의 리듬들은 언제나 그 기

능선에서 오는 것이다. 왜냐하면 이러한 선들이나 윤곽들은 바로 생장과 정의 결과이기 때문이며, 또한 명확한 목적성을 띠고 있기 때문이다. 자연의 풍성한 리듬으로부터 우리는 감상할 줄 아는 안목을 최대한으로 세련되게 만들 수 있다. 자연의 이러한 리듬감이 바로 중국 서법가들이 붓놀림으로써 흉내내고자 애쓰는 것이며, 또한 운필에 민감해야만 이런 리듬을 모사해 낼 수 있다. 필획에 따라 장중하고 원숙한 것은 사자 발의 묵중한 힘을 연상하게 하고, 또 어떤 필획은 뼈와 골절이 분명한 힘찬 말의 다리를 연상하게도 한다. 또 만약 맵씨있고 정연한 느낌을 주려면 마치 몸의 균형이 잘 잡힌 여자처럼, 혹은 어떤 비평가가 말했듯이 "머리에 싱싱한 꽃을 얹은 여인의 아름다움"처럼 글자 하나하나의 어깨와 허리, 토대의 균형을 잘 맞추어야 한다. 어떤 사람들은 균형에 맞게 몇 개의 잎사귀를 단 채 부드럽게 끝이 꼬인 마른 등나무 가지의 비할 데 없는 우아함을 흉내내기도 한다. 시든 등나무 가지는 천연 그대로의 완전한 균형미를 지니고 있다. 이 등나무 가지는 중량에 의해서 마른 나뭇가지 끝에 약간의 경사각도와 어떤 형체를 부여하게 된 것이다. 나무줄기가 이 가지를 떠받들어 줄 뿐만 아니라, 이쪽저쪽에 몇 개 붙어 있는 잎사귀의 무게도 지탱해 주어서 전체적으로 완벽한 균형을 이루고 있음을 주의해야 한다.

　동파는 친구 문동(文同)의 이야기를 다음과 같이 말한 적이 있다. 문동은 오랫동안 서법을 연마해 왔지만 나름대로의 경지를 개척하지 못하고 있었다. 어느날 산길을 홀로 걷다가 두 마리 뱀이 싸우고 있는 것을 우연히 목격하게 되었다. 싸우는 뱀의 모습에서 영감을 얻은 문동은 뱀의 구불구불한 동작을 그의 서예체에다 응용 혼합시켰다 한다.[12] 또 어떤 서예가는 좁은 길에서 나무꾼과 시골처녀가 마주친 모습을 보고 리듬의 오묘한 비밀을 깨닫기도 했다. 곧 좁은 길에서 마주친 나무꾼과 시골처녀는 두 사람 다 동시에 발길을 서로 멈칫거렸다가, 다음 순간엔 둘이 동시에 길을 양보해 물러서는 바람에 어쩔줄을 몰라하고 있었다. 그들은 둘 가운데 어느 한 사람이 길을 비켜서서 다른 한 사람으로 하여금 지나갈 수 있게 해야 하는 것을 미처 생각하지 못하고 이러고 있었던 것이다. 잠간 동안에 두 사람이 반복해서 앞으로 갔다 뒤로 갔다 하는 동작은 모종의 운동과 반운동의 긴장감을 조성하고 있었다. 이로부터 그 서예가는 처음으로 자기 나름의 예술관을 깨우쳤다고 한다.[13]

회화의 경우 미처 조화를 이루지 못한 이런 소란스런 선의 리듬이 조성하고 있는 것들 역시, 넓게 보면 중국 예술 가운데 인상주의파로 간주할 수 있을 것이다. 이런 부류의 예술가들은 그의 눈앞에 전개되는 대상물들을 그대로 묘사하기보다는, 마음에 느껴진 어떤 인상을 절제된 리듬으로써 표현해 낸다. 구성상 세부묘사가 적을수록, 이런 리듬을 표현 전달하기가 쉽다. 그러므로 대나무 가지 몇 줄기나 울퉁불퉁한 바위 몇 덩이만을 집중적으로 그린 소동파의 그림들은 그것들 자체만으로도 훌륭한 한 폭의 그림이 되는 것이다. 이 리듬 하나를 주의하다 보면, 화가는 자연히 단일화된 전체 개념에서 빗나간 모든 물체나 대상물들을 제거하게 된다. 이러한 개념은 인상파적 예술의 극단적인 예라 할 수 있는 16세기의 팔대산인(八大山人)의 닭이나 물고기 그림, 혹은 석도(石濤)의 난화(蘭畵)를 보면 더 쉽게 이해가 될 것이다. 팔대산인은 물고기 또는 닭이나 새, 그 어느 것을 그리든지 최소의 먹물과 최소한도의 선을 가지고 최대의 예술적인 운치를 표현해 내는 예술형태를 구사하고 있다. 이런 예술가는 단 몇 분 안에 먹물을 재빨리 몇 번 칠함으로써 물고기나 말, 기타 사물의 형태를 완성해 낸다. 이렇게 그린 그림이 때로는 성공하기도 하고 때로는 실패하기도 한다. 만약 실패했을 경우, 그는 종이를 구겨 둘둘 말아 휴지통에 던져버리고 처음부터 다시 새로 시작한다.

이러한 붓놀림의 절제가 곧 중국 예술이 자연스러울 수 있었던 주된 요인이다. 그러나 필획을 절제하고 주제를 극단적으로 집중시킴은 또 다른 결과들을 낳기도 한다. 예컨대 대나무 몇 줄기 뒤로 간신히 보이는 희미한 달빛이 비취는 광경을 그린 소동파의 그림은 두 가지 효과를 나타내 준다. 첫째는 쓸데없는 물체가 없음으로 해서 감상자의 상상력을 자극시켜 준다는 점이다. 두 번째는, 이 그림이 대나무 몇 줄기가 달빛 아래 평화스럽게 쉬고 있는 모습이긴 하나, 폭풍에 이리저리 어지럽게 마구 흔들리는 모습도 동시에 포괄하고 있어, 언제 보아도 싫증이 나지 않으며 언제고 이들의 단조로운 리듬을 즐길 수가 있다는 점이다. 화가가 대나무 몇 줄기의 구부러진 선, 혹은 울퉁불퉁한 바위 몇 덩어리를 그리는 취지나 동기는, 바로 서예가가 한 단락의 문자들을 쓸 때 그들이 갖고 임하는 취지나 동기와 비슷하다. 예술가는 자신의 심경이 표현 전달되고, 자신이 느낀 인상이 종이 위에 잘 나타났으면 그것으로 만족하고 기뻐한다. 그리하여 예술가는 자신이 느낀 동일한 기쁨과 만족을 그림을 보는 다른 사람들에게도 전달할 수 있게 되는 것이다.

그러므로 이 문인화파를 '사의화파'(寫意畵派)라고도 부르는데, 곧 인상파란 말과 같은 뜻이다. 이 '의'(意)란 말은 번역하기가 좀 어렵다. 이는 예술가가 표현하고자 하는 그 무엇이다. 다른 말로 바꾸면 '의도', '개념', '인상', '심경'(心境)이라 할 수 있을 것이다. 화가가 유일한 대상물만을 표현함으로써 단일화된 개념을 강조한다는 점에서, '개념주의'란 새로운 용어로 이 화파를 정의한다 하더라도 그리 부적당하지는 않을 것이다.

동서고금을 막론하고 회화의 주요 문제점은 언제나 같았다. 인상주의란 사진처럼 그리는 정밀화에 대한 혁명이라고 요약해 말할 수 있을 것이다. 즉 예술가의 주관적 인상을 표현해 냄으로써 예술의 새로운 목표를 밝혀준 것이다. 소동파는 다음 두 줄의 글로써 이 혁명을 아주 잘 표현해 주고 있다. "얼마나 사실에 가깝게 그렸느냐를 기준으로 삼아 그림을 판단한다면, 이는 마치 어린아이 정도의 정신 연령으로 그림을 판단하는 것과 다름없다."[14] 소동파는 '사의화'풍의 젊은 화가인 송자방(宋子房)에 대해 이렇게 평하여 말했다. "문인화를 평하는 것은 마치 천하의 말들을 감별하는 것과 같다. 사람들이 보고자 하는 것은 말의 기세이다. 정밀한 묘사의 그림을 추구하는 직업화가들은 오로지 말의 가죽이나 털, 채찍, 말구유, 건초 따위를 볼 뿐이다. 이것이 바로 전문 환쟁이들의 그림에 기운이 결핍된 원인으로서, 사람들은 이런 그림을 몇 점만 봐도 곧 싫증을 내게 된다."[15]

　이 점에서 송대 화가들은 앞으로 한발자국을 내딛고 있었다. 송대 화가들은 다만 화가 자신이 받은 인상이나 어떤 개념을 표현하려고 했을 뿐만 아니라, '이'(理 ; 내적인 정신)도 표현해 내고자 애썼다. 간략히 말하면, 송대 화가들은 사물의 형태보다는 사물이 내포하고 있는 정신을 그려내고자 애썼다. 송대의 철학자들은 이학가(理學家)라고 불린다. 송대의 유가(儒家)학자들은 불교의 형이상학의 영향을 받아, 예전에 유가가 정부와 사회의 형태나 규칙에 관심을 기울였던 데에서 이제는 우주와 정신의 문제를 탐구하기 시작했다. 또한 인도의 신비주의와 형이상학에 힘입어 유가학자들은 이 '이'(理)에 대해 얘기하기 시작했다. '이'란 자연과 인간에 내재해 있는 '도리'를 두루 의미한다. 또는 '자연의 법칙', '물체에 내재된 정신'이라고도 볼 수 있다. 중국인들은 본래 추상적인 형이상학을 좋아하지 않는다. 그러므로 송대 철학가들이 '이'에 대해 논할 때에도, '이'를 자연의 법칙으로 논하는 경우는 극히 드물다. 그러나 만물의 형상 뒤에 편만해 있는 힘이라고 할 수 있는 '이'에 대해서는 절대적으로 믿어 의심치 않는다. 자연에는 원기가 있고 자연은 살아 움직이고 있다. 그러므로 화가는 만물에 내재해 있는 형언하기 어려운 이 원기를 그림 가운데에 나타내야만 한다. 화가가 가을의 숲을 그린다면 나뭇잎의 풍부한 색감을 묘사하는 데 온 정력을 쏟기보다는, 눈에 보이지 않는 '가을 기운' 또는 '가을의 정조'를 표현해 내야만 할 것이다. 바꾸어 말하면 보는 이로 하여금 마치 가벼운 코트를 걸쳐 입고 밖에 나와 상쾌한 가을 공기를 들이마시는 듯한 느낌을 갖도록 만들어야 한다. 그리하여 이 계절에 자연의 변화 가운데서 음(陰)이 성하고 양(陽)이 쇠하는 모습을 눈에 보듯이 느끼게끔 하여야 한다. 소동파는 아들에게 가르치기를, 시를 쓰는 것은 마치 꽃 한송이의 개성을 형용해 내는 것과 같다며, 작약에 대해 묘사하여 쓴 시구가 남들에게 라일락이나 매화꽃을 묘사한 것으로 오해되게끔 써서는 안 된다고 하였다.[16] 작약의 주요한 특징은 흐드러지게 핀 그 화려함에 있고, 매화꽃은 고아하고 은은한 맛에 있다.

바로 이 '특징'에 화가의 시선과 시인의 상상력이 멈춰져야만 한다. 물고기를 그리려면 화가는 물고기 '본성'을 이해해야 한다. 그런데 물고기의 본성을 이해하자면, 화가는 직관적 상상력을 통해 정신적으로 물고기와 더불어 헤엄치고, 또 급류나 폭풍우, 빛과 먹이 등에 대해 물고기와 함께 반응할 줄 알아야만 한다. 급류로 뛰어오르는 연어의 희열을 이해하는 화가만이, 또 연어의 희열에 자기 자신도 덩달아 기뻐할 줄 아는 화가만이 연어를 그리고자 덤벼들 수 있다. 이렇게 하지 않고 눈에 보이는 형체만의 연어, 곧 연어의 길이라든가 지느러미, 눈까풀 따위를 제아무리 정확하게 자세히 그린다 하더라도, 그 그림은 죽은 그림이 되고 만다.

물론 화가는 대상체의 세부를 관찰해야만 한다. 언젠가 한번 동파는 아주 재미있는 사건 하나를 기록해 놓았다. 사천 지방에 어느 그림 소장가가 있었는데 그는 약 100여 점의 진품을 소유하고 있었다. 그 가운데에서 그는 대숭(戴嵩)이 그린 투우도(鬪牛圖) 한 장을 제일 귀중히 여겼다. 하루는 이 소장가가 뜰에서 이 그림을 내다놓고 볕을 쪼이고 있었다. 그때 마침 어린 목동이 그 앞을 지나가게 되었다. 목동은 잠깐 이 그림을 쳐다보더니 고개를 가로저으며 웃었다. 왜 웃느냐고 묻자 목동은 이렇게 말했다. "황소란 놈은 싸울 적엔 보통 꼬랑지를 뒷다리 사이에 꽉 끼우고 싸웁니다. 이 그림엔 황소 꼬랑지가 뒤로 뻗쳐져 있군요."[17]

새 그림의 명가인 황전(黃筌)도 새들의 습성을 자세히 관찰하지 않고 그림을 그렸으므로, 동파는 역시 이 점을 지적한 바 있다.[18] 그러나 단순히 관찰과 정확성만 가지고는 진정한 예술을 보여줄 수 없다. 화가는 대자연의 조수(鳥獸)들을 범신론적으로 사랑할 정도로 직관적 통찰력을 운용할 줄 알아야만 한다. 소동파가 그린 한 폭의 학(鶴) 그림 위에 써 넣은 시 한 수에서, 우리는 사물에 내재된 정신을 표현하고자 애쓴 그의 견해를 가장 잘 엿볼 수 있을 것 같다. 이 시에서 동파는 이렇게 말하고 있다. 학은 소택지(沼澤地)에 섰다가, 사람이 가까이 오는 낌새가 있으면 실제로 깃털을 움직거리기 전에 날아가야겠다는 생각을 먼저 한다. 하지만 주위에 인적이 없으면 마음을 턱 놓고 편안한 자세를 취하고 있다. 이

것이 바로 동파가 그림에서 나타내려고 했던 학에 내재된 정신이다.[19)]

대상체의 외형보다는 내재해 있는 정신을 그린다는 견해에 대해 좀더 얘기하자면, 동파는 또 다음과 같이 말한 바 있다.

그림에 대한 나의 견해로는, 인물·금수(禽獸)·궁실(宮室)·건축물들은 변하지 않는 형태[常形]를 가지고 있는 데 반해, 산·바위·대나무·물결·안개·구름 등은 그 형태는 변하나, 변하지 않는 기질[理]을 내재하고 있다고 여겨진다. 상형의 형체들이 부정확하게 그려졌을 때에는 누구나 그 잘못된 것을 지적해 낼 수 있으나, 사물에 내재된 상리(常理)를 그려내지 못한 것에 대해서는 전문가들조차 종종 미처 간파하지 못한다. 어떤 화가들은 비상형적인 대상체만을 일부러 그림으로써 세상 사람들을 속여 이름을 떨치기가 훨씬 더 쉽다고 여기기도 한다. 만약 화가가 대상체의 형태나 윤곽을 잘못 그렸다면 특정 부분만을 그르쳤을 뿐 그림 전체를 망친 것은 아니다. 그러나 만약 화가가 사물에 내재된 정신을 표현해 내지 못하면 그림 전체를 망치고 마는 것이다. 왜냐하면 그러한 대상체는 상형을 가지고 있지 않으므로, 화가는 그들 대상체의 내재된 법칙에 특별히 주의하여야만 한다. 많은 그림들이 대상체의 미세한 부분까지 정밀하게 모사해 낼 줄 안다. 그러나 사물에 내재된 법칙은 아주 고매한 정신의 소유자만이 이해한다. 여가(與可; 文同을 가리킴)의 대·바위·고목(枯木) 그림은 대상체의 내재된 정신을 제대로 포착하고 있다. 그는 사물들이 어떻게 생장하고 쇠퇴하는지를 잘 이해하고 있으며, 또 이런 것들이 어떤 식으로 구부러져 돌아갔으며, 또 어떤 때는 막혀서 더 이상 뻗어나가지 못하다가도 다시 자유롭게 성장해 나가 무성해지는 것을 잘 간파하고 있다. 뿌리·줄기·마디·잎사귀들은 온갖 형태의 모습을 두루 갖추고 있으며, 이에 따라 서로 다른 리듬감을 자아내고 있다. 이런 박진감 넘치는 모습들 하나하나가 보는 이를 아주 만족시켜 준다. 이런 그림은 곧 위대한 영혼의 영감을 기록한 것들이다. …… 사물의 내재된 정신을 제대로 이해할 줄 아는 사람이라면, 이 그림들을 자세히 살펴보면 내 말이 옳다는 것을 알 것이다.[20)]

모든 회화는 무의식중에 모종의 철학을 반영한다. 중국의 회화는 무의

식중에 자연과 인간의 합일, 저 위대하고도 신비스러운 생장에서 생명의 본질적인 일체감, 또 우주 속에 인간은 그저 작고 덧없는 존재에 불과하다는 것을 표현하고 있다. 이런 의미에서 이른바 사의적(寫意的)인 중국의 회화는 바로 대나무 한 줄기이든, 옹이 투성이의 한 그루터기의 뿌리이든, 산에 내리는 비 또는 강 위에 떨어지는 눈이든, 그 무엇이나 온통 사랑과 환희에 찬 향연이다. 객체인 그림과 그리는 화가 자신인 주체가 완전히 일체감을 느끼게 된 이러한 상태에 대해, 동파는 친구집의 벽에다 그려준 대나무와 바위 그림에 써넣은 제화시(題畵詩) 한 수 가운데에서 아주 분명하게 다음과 같이 얘기하고 있다.

빈 뱃속에 술이 들어가 촉촉히 적시니
내 창자에 까끄라기가 돋아오르고,
폐와 간으로부터 돌과 대나무가 쑥쑥 자라난다.
마음에 걷잡을 수 없이 용솟음쳐
그대 집의 눈처럼 흰 벽에 토해 놓는다.[21]
　(空腸得酒芒角出, 肝肺槎牙生竹石. 森然欲作不可回, 吐向君家雪色壁.)

제 21 장
자퇴지도(自退之道)

세상에는 권력의 보좌에 오르는 요령이 있는가 하면, 또 권좌에서 물러나는 기술도 있다. 소동파는 권좌에서 물러나는 데 도통해 있었다. 이제는 동파 쪽에서 권력을 추구하는 것이 아니라, 권력이 그를 좇아다니는 좀 별난 형국이 되었다. 왕안석이 집권하고 있을 때, 동파가 정치적으로 득세하지 못했던 것은 그리 놀라울 것이 없다. 그러나 동파 자신이 속해 있는 당파가 집권했을 때에도, 동파가 정치적으로 순탄하지 못했음은 좀 의외이다. 동파는 결코 당파적인 인물이 아니었다. 득세하고 있을 무렵 그는 명성과 지위를 마음껏 향유할 수 있었을 뿐더러, 태후도 개인적으로 그를 신망하고 있었음에도 불구하고, 그는 남들이 모두 부러워하고 탐내는 관직을 오히려 떨쳐버리려고 애썼다. 처음에는 이러한 그의 뜻을 관철하지 못했으나, 동파의 기질을 잘 아는 사람들은 그가 정계에 오래 머물 수 없으리란 것을 잘 알고 있었다. 노쇠를 방지하고 젊음을 오래 보존하는 첫 번째 요령은, 모든 정서적인 교란을 피하는 데 있다. 동파가 이른바 간신들의 소굴이라 부르던 당시의 정계에서 그는 적지않은 감정상의 교란을 겪고 있었다. 정치적인 싸움은 남을 지배하기 좋아하는 사람들에게는 즐거운 일이겠지만, 그렇지 않은 사람들은 남을 지배하는 데

별로 흥미를 느끼지 못한다. 왜냐하면 그까짓 권력의 허명을 얻기 위해 인간의 존엄성을 잃는 것처럼 무가치한 일이 없다고 여기기 때문이다. 동파는 정치적 놀이에 전혀 마음이 없었다. 애석하게도 동파는 재상직에 오르고 말겠다는 굳은 의지가 없었다. 만약 이런 생각이 조금만 있었더라면, 그는 어렵지 않게 재상직에 오를 수도 있었을 텐데 말이다. 동파는 황제의 비서(실제로는 태후의 비서나 다름없음)로서 황가 사람들과 가까이 지낼 수 있었다. 그래서 만약 그가 이 정치놀이에 관심이 있었다면 의심할 여지없이 충분히 성공할 수 있었으리라. 그러나 그렇게 하는 것이 그의 성품에 맞지 않았다.

　송조(宋朝)의 관제(官制)는 의도적으로 대권(大權)을 황제 한 사람에게 집중되도록 했기 때문에, 특히 당쟁을 조성할 여지가 다분했다. 1078년(元豊 元年)에 비록 정부조직을 전면적으로 개편하고 관제를 간소화하긴 했으나, 중책을 어느 특정인에게 짊어지도록 하는 직위는 여전히 없었다. 재상이 내각에 대해 연대책임을 진다는 명문(明文) 규정도 없었으므로, 재상과 내각이 하나의 통합체로서의 역할을 할 수도 없었다. 또한 앞에서도 지적했듯이 집권당이든 반대당이든 명문화된 책임이라든가 특권 같은 것도 부여되어 있지 않았다. 다수당의 통치기능 또한 없었다. 그러므로 정치적인 투쟁은 주로 개인들 사이의 정치적 싸움이 되어버렸고, 이런 면에서는 서방에서보다 그 정도가 더 극렬했다. 그러나 정치원칙면에서는 서양이나 동양이나 똑같았다. 즉 이런 제도 아래서는 범인(凡人)들이나 권좌의 정상에 오를 수 있게끔 되어 있었다. 훌륭한 정치가가 되는 첫째 요건은, 말을 많이 하되 자기의 의사는 전혀 밝히지 않는 따위의 요령에 숙달하는 것이었다. 요령 있는 정치가라면 자기 생각은 아무것도 상대에게 말해 주지 않으면서, 상대가 묻는 말에 계속 부정만을 거듭한다. 즉 "말해 드릴 수 없습니다"라거나, "당신 말씀이 옳습니다"라는 말만 끊임없이 되풀이할 줄 알면, 이런 정치가는 관직을 오래도록 보존할 수가 있었다. 두 번째는 친구들에게 늘 혜택을 베풀어야 한다. 세 번째는 과오를 범하지 않도록 늘 조심하는 것이다. 말을 조심스럽게 하며, 교양

있고도 낮고 부드럽게 속삭이면서, 남에게 은혜 베풀기를 좋아하는 사람
은 비록 권좌의 정상까지는 못 오른다 하더라도 적어도 관직에서 쫓겨나
지는 않는다. 이런 사람은 죽을 때까지 관직을 지킬 수 있다.

불행하게도 소동파는 이런 유형의 인물이 못 되었다. 이후 몇 년간 동
파는 이와 같은 정치적 성공의 비결들과는 오히려 상반되는 행동을 거듭
했다. 조운(朝雲)이 아들을 낳았을 때 동파는 다음과 같이 자신의 소원을
시로 쓴 바 있다.

> 아들아, 너는 자라서 좀 우둔한 편이 좋겠다.
> 그래서 환난을 겪지 않고서, 재상직에까지 오를 수 있도록.[1]
> (惟願孩兒魯, 無災無難到公卿.)

이 아이는 어려서 요절해버렸으므로, 이와 같은 아버지의 소원을 들어
줄 수가 없었다. 여기서 시인이자 화가이기도 한 그가 성공적인 관료가
될 수 있을지 없을지를 어림해 볼 필요가 있겠다. 물론 평화시에는 성공
할 수 있다고 생각해 볼 수도 있다. 그렇지만 평화란 것 역시 상대적인
개념이다. 정계에서 10여 년 동안 서로 치고받을 정치적 논쟁거리가 전
혀 생기지 않으리라고는 볼 수 없지 않은가? 더욱이 초연한 철학적 견해
를 갖고 있는 시인이자 화가인 그로서는 정치계에 뛰어들어 그러한 괴로
움도 달게 받을 만큼 정치적 문제에 전념하질 못했다. 몇 번 그렇게 해보
려고 시도했다가도 자기 성격에 도저히 맞지 않음을 깨닫고는, 그런 자
신을 돌이켜 보며 쓴웃음을 짓곤 했다.

그런데, 동파가 정치계로부터 벗어나려고 하면 정치계가 오히려 그를
뒤좇아왔다. 독자적인 정신의 소유자들은 언제나 서로 일치하지 않기 마
련이듯이 소동파와 사마광은 정치적 견해에서 서로 일치하지 않았다. 그
런데 동파가 경사에 올라온 지 반년 만에 사마광이 세상을 떠났다. 이제
동파는 남들이 모두 선망해 마지않는 현격한 지위에 홀로 남아 있었다.
오래지 않아 첫 번째 폭풍우가 불어와 그를 덮쳤고, 곧 조정의 정치싸움

에서 그는 중심인물이 되고 말았다. 다음해 1월, 동파를 공격하는 수십 편의 상소문이 황제에게 올려졌다. 사마광이 죽자, 정치적 파벌도 신유가들이 주축을 이룬 '하북파'(河北派), '하남파'(河南派)와 소동파를 우두머리로 하는 '사천파'(四川派)의 파벌을 형성하였다. 전하는 기록에 따르면, 소동파는 물러날 의사를 계속 밝힌 것으로 되어 있다. 이로 보아 동파는 아마도 '사천파'가 무엇을 의미하는지조차도 확실히 알지 못했던 것 같다. 그러나 아무튼 동파는 정적들이 그에게 화를 내며 결사적으로 싸우려고 달려들 만한 그런 위치에 놓여 있었다. 공정하게 말하자면, 이 싸움은 그의 아우 자유에 의해 시작되었다고 볼 수 있다. 원우(元祐) 초, 자유가 사간원(司諫院)의 고위 간관이 되어 경사에 이르렀을 때, 그는 조정의 기회주의자들과 왕안석의 잔존 세력들을 일소할 책임이 자신에게 있다고 믿었다. 그리하여 그는 악명높은 여혜경을 결국 축출했고, 채확(蔡確), 채경(蔡京)과 장돈(章惇)을 단기간 동안이나마 폄관(貶官)시킬 수 있었다. 그러나 나중에 이들은 이보다 훨씬 심하게 동파에게 반격해 왔다.[2] 또한 자유는 일곱 차례에 걸쳐 상소를 올려 하북파 영수의 한 사람[韓縝]을 탄핵, 결국 이 사람은 권좌에서 쫓겨났다. 이 밖에도 자유는 하북파의 다른 사람들을 가리켜 '밥통들'이라고 불렀다.

투쟁은 계속 되었다. 이들 정객들간의 다툼들은 주의를 기울일 가치조차 없는 것들이었다. 그들이 싸우는 다툼의 대상은 예컨대 왕안석의 신정조치에 항거하는 투쟁 같은 것도 아니었고, 무슨 정책원칙과도 아무 상관이 없는 그저 사소하고 지저분한 것들을 위한 싸움이었다. 소동파는 일찍이 차역법(差役法) 부활에 반대했었는데, 도당들은 이런 중요 정책에 대한 것은 오히려 문제삼지도 않았다. 그들은 지극히 사소한 문제를 트집잡아 싸움을 걸어왔다. 동파는 일찍이 책문(策問) 시험의 시험관으로 임명되어 수험생들에게 다음과 같은 문제를 출제한 적이 있었다. '인종 황제는 그 치국정책에 자유방임의 경향이 있었고, 신종 황제는 국가적으로 엄격히 통제하는 경향이 짙었다. 자유방임적 형태의 조정은 결국 느슨하게 백성을 통치하게 되고, 반면에 엄격한 국가적 통제를 지향하는 정부는 백성들을 좀 엄하게 통치한다. 한대(漢代)의 문제(文帝)는 무위정치(無爲政治)를 하였으나 아무런 폐단도 생기지 않았고, 선제(宣帝)는 나라를 엄격히 다스렸지만 지나치게 가혹하지 않았다. 이제 이 두 정책의 중용의 도를 채택하는 비결에 대해 설명하라'가 바로 그 시제였다. 정객들은 이 시험문제를 놓고 이의를 제기하였다. 이들은 태후께 여러 차례 상소를 올려 동파에 대한 문책을 촉구했다. 까닭인즉 그가 인종 황제와 신종 황제께 대해 불경했다는 이유에서였다.[3]

태후가 이런 항의를 그냥 유보해 두자, 조신(朝臣)들은 계속해서 상소를 올렸다. 1086년(元祐 元年) 12월 중순에서 1087년(元祐 2) 사이에 소동파에 대한 탄핵상소가 4~5건이나 올라왔다. 1월 12일, 태후는 이제 상소를 그만 올리라고 조정대신들에게[4] 명하기에 이르렀다. 1월 13일, 조정백관들은 중서성에서 이 성조(聖詔)를 받았으나 성조에 불복하고, 먼젓번에 탄핵상소를 올렸던 조신들이 다음날 또다시 상소를 올렸다. 이런 일이 있는 동안, 동파로서는 이에 대한 변명의 여지가 없지 않았으나, 변명하기를 그만두고 경사를 떠나 외관직(外官職)으로 부임을 청하는 사직서를 네 번이나 올렸다. 1월 16일경 태후가 소동파를 옹호하는 입장임이 분명하게 밝혀졌다. 태후는 조신들을 모아놓고 말하길, 소동파는 정부가 백성을 통치하는 방법이 느슨하거나 혹은 엄격하다는 뜻에서 말한 것일 뿐, 황제 개인에 대해서는 어떠한 불경의 뜻도 없었다고 설명했다. 아울러 황후는 계속해서 소동파를 탄핵하는 조신들을 엄히 처벌하겠노라고까지 하였다.

이런 일이 있은 후, 동파는 퇴임을 자청하던 종전의 태도를 바꾸어, 이 사건에 대해 적극적인 자세로 끝까지 싸우리라고 결심하기에 이르렀다. 1월 17일, 동파는 2천여 자로 된 장문의 편지를 태후께 올렸는데,[5] 편지 가운데에서 우선 자신의 입장을 약술한 다음 이어서 소인배들을 비난했다. 그는 '반대의견 존중의 원칙'을 위해 싸웠다. 이 편지에서 동파는 조신들이 모두 한결같은 의견을 제시하거나, 혹은 다른 사람의 화를 돋울까봐 두려워, 자기 의사 밝히기를 꺼리는 것이 결국 국가를 위해 아무런

도움도 되지 않는다고 역설했다. 군주나 조정대신들은 좋은 의견들을 제
시하여 서로 도와야 마땅한데, 모든 재상들이 군주가 찬성하는 일이면
무엇이고 간에 무조건 옳다고만 한다면, 이런 대신들은 공자께서도 일찍
이 족히 국가를 망칠 아부꾼들이라고 질시했던 자들이라고 하였다. 그런
다음 동파는 차역법을 두고 사마광과 자신 사이에 의견이 엇갈렸던 일을
약술했다. 그때 그들은 비록 의견의 합일점을 찾지 못했지만, 그러나 서
로의 의견을 늘 존중했다고 말했다. 그런데 이제 사마광이 죽자, 조정의
무리들은 사마광이 취했던 정책을 계속 추진하겠거니 지레짐작하고는,
오로지 군주에게 순종할 생각만 하고 있는 것이다. 사실 사마광 자신은
다른 사람들의 의견이 언제나 자기 의견과 꼭 일치하기를 원한 것도 아
니었다. 또한 사마광은 태후 역시 무조건 굴종하는 식의 만장일치는 원
하지 않음을 잘 알고 있었다. 사마광과 동파의 의견이 엇갈렸던 점이 또
한 가지 있었다. 당시, 소동파는 면역세로 거두어 모은 3천만 관(貫) 가
운데에서 서북전쟁에 쓰고 아직 반 정도 남아 있는 비용을 가지고, 정부
가 성 밖에 땅을 매입해서 퇴역한 군인들이 정착하게끔 마련해 주어 징
병의 수를 반으로 절감하여야 한다고 제안했었다. "백성들에게서 나온
이 돈은 마땅히 백성들에게 되돌아가도록 해야만 한다"고 동파는 쓰고
있다. 이 견해를 그는 아직까지 계속 고수하고 있었고, 이를 위해 계속
분투하여 결국 많은 사람들의 비위를 상하게 했다.

1월 20일경에 그의 친구인 양회(楊繪)에게 보낸 편지에서, 동파는 자
기의 뚜렷한 주견 없이 무조건 남을 따르는 무리들을 또 한번 비난하고
있다. 또 한편으로 자신의 독자적인 사고에 대해 지녀 마땅한 자부심을
이렇게 표명하고 있다.

저는 태후께 외관직을 청하는 편지를 여러 번 올렸습니다. 하지만 제
청원에 대한 허락은 아직까지 떨어지지 않았습니다. 지난 며칠간, 저는
두문불출하고 황실의 명령을 고대하고 있었습니다. 지금도 제 소원이
이루어질 수 있기를 희망하고 있습니다. 공께서도 그간에 일어난 일들

에 대해 모두 전해 들으셨으리라 믿습니다. 문제는 대간(臺諫)들이 저를 달가워하지 않는 데에서 일어난 것입니다. 예전에는 모두들 왕안석을 따르던 무리들이 지금은 모두 한결같이 사마광의 의견을 좇고 있습니다. 다만 그 좇는 대상이 바뀌었을 뿐, 그들이 줏대 없이 시류(時流)에 무조건 따른다는 점에서는 다를 바가 없습니다. 저는 사마광과는 오랫동안 친한 친구로 지내왔고, 비록 제가 그의 의견에 전적으로 동의한 적은 없었지만, 우리 사이의 우의(友誼)에는 변함이 없었습니다. 이것이 모든 말썽의 발단이 되었습니다. 그러나 저는 권세를 별로 중요시하지 않아 왔던 터이며, 사실 이런 것들은 중요한 문제가 못 됩니다.[6)

결국 23일에 조정은 소동파에게 유임 명령을 내렸으며, 27일에는 동파를 탄핵했던 관리들도 용서해 주기로 결정했다.

소동파는 그야말로 진퇴양난이었다. 태후가 동파를 정면으로 지지하고 나서자, 그의 정적들은 목적을 달성하지 못한 것은 물론 체면도 말이 아니었다. 아무도 동파를 더 이상 어찌하지 못하게 되자, 동파는 하는 수 없이 자신의 직책을 다시 유임하는 수밖에 별도리가 없었다. 이러한 태후의 호의에 보답하는 유일한 길은 이제부터 더욱더 솔직하고 허심탄회하게 정부에 대해서 다른 사람들이 감히 아뢰지 못한 것들을 직간하는 것이라고 그는 내심 다짐했다. 그후 2년간 동파가 군주께 올린 수없이 많은 책론과 상소문들이 오늘날까지 남아 있다. 군주께 올린 상소문에는 날짜가 분명하게 기재되어 있어서, 그가 당시에 무엇을 쟁취하고자 애썼는지 우리는 대강 짐작할 수 있다.

그가 제일 먼저 쟁취하고자 했던 것은 '언론의 길을 열어 놓는 것'이었다. 만약 현대에 그가 살았다면, 아마도 그는 언론의 자유나 건전한 여론을 위해 투쟁했을 것이다. 이것이 동파가 거듭 주장하던 주된 논지였다. 동파는 이상적인 정부의 성군(聖君)이라면 모든 사람들과 기꺼이 가까워지도록 늘 애써야 한다고 얘기하고 있다. 예를 들어 당(唐)의 태종(太宗)은 중국 4천년 역사에서 가장 훌륭한 황제라고 할 수 있는데, 그는 어떤 사람하고든 대화를 나누었다. 심지어 아무 직위도 없는 일반 백성들이 황궁에 들어와 진언하는 것까지 허락했다. 그래서 백성들이 황제를 알현하고자 할 때에 황궁 문지기들이 궁궐 문앞에서 그들을 막지 못하도록 특별한 배려를 했었다. 동파는 송대 초기에는 관직이 없는 포의(布衣)의 학자들이나 말단직 관리들의 진언도 허락되었던 것을 태후께 상기시켰다. 그런데 지금은 태후를 알현하고 진언을 올리는 사람이 겨우 십여 명에 한정되어 있었다. 이 십여 명이 어떻게 나라 안에서 일어나는 모든 일들을 알 수 있단 말인가? 만약 이 소수의 사람들이 실정을 태후께 아뢰기를 두려워하는 무능한 사람들로 구성되어 있다면, 태후는 백성들에게 아무런 어려움도 없는 것으로 인식할 테니, 이는 일대 병폐가 아니고 무엇이겠는가? 물론 이 소수의 사람들 외의 관리들도 상소를 올릴 수 있게 되어 있었지만, 이런 상소들이 금중(禁中)까지 일단 들어오면, 그 대부분이 없었던 것이나 마찬가지로 아무런 효력도 보지 못하는 경우가 많았다. 그러니 태후가 직접 사람을 알현하지 않는다면, 논란이 되고 있는 문제가 도대체 무엇인지 무슨 수로 분명하게 알 수가 있겠는가? 더욱이 많은 문제들이 대개 글로 다 설명할 수 없는 그런 성격의 것들이었다. 간혹 어떤 일들은 너무 복잡하게 뒤얽혀 있어서 사람이 직접 입으로 말해도 분명치 않은데, 하물며 그러한 일들을 어떻게 글로 다 이야기할 수 있겠는가?[7] 또 다른 한 상소문에서 동파는 말에 비유하여 이렇게 말하고 있다. "말은 고통을 당해도 말을 하지 못한다"고 하며, 또 이르기를 "사람이 되어 고통을 당하면서도 군주에게 그들의 의사를 전달할 수 없다면, 사람이라 해도 말과 다를 바가 없다"고 하였다.[8]

그러나 학자들 각자가 주체적인 사고와 용감한 비평의 정신을 가지고 있지 않는 한, 언론의 자유는 아무 소용이 없는 것이다. 이 점에서 동파는 구양수를 극찬하였고 한편 왕안석에 대해서는 비판적인 태도를 취하고 있다. 왜냐하면 구양수는 자유로운 비평을 고취시켰던 반면, 왕안석은 이를 억압했기 때문이다. 동파는 당시의 생기 잃은 사회분위기에 깊은 우려를 표하였다. 학자들은 독자적으로 사고하여야 한다는 그 사실 자체도 망각하고 있었다. 이즈음 동파가 그의 문도(門徒) 가운데 하나인 장뢰(張耒)에게 보낸 편지에서, 그는 이렇게 말하고 있다.

　　문학이 일찍이 오늘날과 같이 침체된 적은 없었소. 이런 문학 침체현상의 근원은 왕씨(왕안석)에게서 비롯된 것이오. 그 자신은 형편 없는 문인은 아니었지만, 그의 잘못은 다른 사람들도 자기와 똑같이 생각하길 원했다는 사실에 있소. 공자께서도 모든 사람을 똑같게 만들 수 없다고 하며, 공자 자신도 조용하고 인자한 성품의 안연(顔淵)이나 싸움 잘하는 자로(子路) 같은 제자 개개인의 성격을 마음대로 바꿀 수 없다고 했소. 그런데 왕씨는 온 세상이 모두 그의 의견에 찬동하도록 만들려 하였소. 기름진 땅은 모든 종류의 갖가지 식물을 자라나게 하는 것이오. 그러나 토질이 나쁜 땅에서는 갖가지 종류의 식물이 풍성하게 자라지를 못하고, 단지 골풀과 갈대 따위의 몇 종류의 초목만이 지루하도록 질펀히 펼쳐져 있는 것을 볼 수 있을 따름이오. 왕씨는 이와 같은 획일성을 추구했던 것이오.[9]

　1086년(元祐 元年) 8월, 소동파는 청묘법을 폐지시키는 데 성공했다. 그해 4월 초승, 조정은 이 청묘법 시행을 얼마간 개혁한다는 칙령을 내린 바 있었다. 그래서 상평창(常平倉)이 회복, 시행되어 백성들에게 대관을 내어주었는데, 대관 액수는 저장된 곡가의 반으로 제한시켰다. 조정에서 이를 실시할 때 처음의 의도는 참 좋은 것이었다. 즉 예전처럼 관리들이 마을로 내려가 사람들을 모아 집회를 열고 촌민들에게 대관을 배정하던 것이 금지되었다. 또한 관리들이 가가호호 찾아다니며 대관을 신청하도록 강요하는 것도 금지되었다. 그러나 소동파가 보기에 이처럼 청묘법을 다소 개혁한 것만으로는 부족했다. 이런 식으로 하면, 머지않아 예전과 같은 폐단이 다시 생길 여지가 많았기 때문이었다. 8월 4일, 동파는 태후께 상소를 올려 첫째로 청묘법을 완전 폐지할 것과, 둘째로 극빈자의 빚을 원금과 이자를 포함하여 모두 탕감해 줄 것을 요청했다. 4월에 시행한 개혁 법령은 《맹자》에 나오는 우화처럼, 마치 닭도둑이 이제는 한달에 한 마리씩만 훔치겠다고 말하는 것이나 다를 바가 없다고 말했다.

청묘법은 그동안 20여 년간 시행되어 왔습니다. 이 기간 동안에 백성들은 점점 더 빈궁해졌고, 소송사건은 배나 증가했으며 도둑떼가 급증했습니다.…… 관리들은 이 대관을 백성들에게 할당할 때면 반드시 술을 돌리고 놀이판과 기생들을 배설하였으며, 혹은 도박판까지 벌여 농민들이 한번 왔다 하면 완전히 빈털터리가 되어 돌아가는 경우가 많았습니다. 대관을 내줄 때면, 술의 전매수령액이 폭증한다는 사실만 보아도 이런 실태를 잘 알 수 있습니다. 저는 개인적으로 일찍이 이런 실정을 직접 목도하고 눈물을 흘린 적도 있었습니다. 지난 20년 사이에, 백성들 가운데 대관을 갚지 못해 집과 전답을 팔거나 처자식을 종으로 보내고, 혹은 물에 빠져죽거나 목매어 죽은 자의 수는 헤아릴 수 없을 정도입니다.[10]

계속해서 동파는 어찌하여 이윤을 바라고 백성들에게 대관을 빌려줄 정도로 황제의 품격을 스스로 떨어뜨리게 되었는지 묻고 있다. 동파는 백성들을 위해, 앞으로 정부는 빚진 채무자들로 하여금 반년 단위로 분할불입금을 열 차례에 걸쳐 나누어 갚음으로써 빚을 청산할 수 있도록 하는 법을 발표할 것과, 감히 더 욕심을 내자면, 이 채무자들의 대관에 대한 이자만도 이미 상당히 붙었을 것을 참작해서, 태후께서 큰 자비를 베풀어 4등급 이하 극빈자들의 빚은 한꺼번에 몽땅 탕감시켜 줄 것을 바란다는 의견을 제시했다.[11] 결국 그 다음달에 청묘법은 완전히 폐지되었다. 그러나 빚의 탕감에 대한 제의는 받아들여지지 않았다. 하지만 소동파는 그 후에도 계속 이를 위해 끊임없이 투쟁해서, 결국 6년 만에 조정은 이 제안을 받아들여 시행에 옮기게 된다.

동파는 혼자 힘으로 정부의 부패와 무능력을 개혁하고자 노력을 계속해 나갔다. 그는 행정사무를 뿌리부터 철저히 개혁하기를 바랐다. 과거 시험은 관리 등용의 기본인데, 그 제도가 많이 해이해져 있었다. 동파는

서너 차례 시험관 우두머리직을 맡은 적이 있었다. 이 직위를 담당하는
동안 그는 최선을 다해 인재를 선발하고자 전력투구하였었다. 어떤 때
는 다른 시험관이 보고 낙제시킨 답안을 다시 검토하여 구제해 준 적도
있었다. 한번은 관례대로 황궁 순포(巡鋪)들의 감독하에 수험생들은 시
험을 치르고 있었다. 그런데 그 순포들이 수험생들에게 대하는 거만한
행동거지를 목격하고, 동파는 경악해 마지않았다. 순포들은 마치 자기
휘하의 신병(新兵)들을 몰아세우듯이 수험생들에게 소리를 질러댔다.
어떤 선비는 남의 답안을 몰래 훔쳐보다가 들키자, 심한 욕설을 들으며
시험장 밖으로 내쫓겼다. 이에 장내가 크게 동요하자, 순포들은 마치 반
란을 수습하기라도 할 듯한 살기등등한 기세로 장내 질서를 잡는 것이
었다. 그런 순포들의 거만한 행동은 선비들에 대한 모욕이었다. 소동파
는 곧 태후께 두 편의 글을 올려, 이 두 순포를 즉각 해임시킬 것을 건의
했다.[12]

　당시 정부의 가장 골치아픈 문제라면, 중국 역사상 늘 그래왔듯이, 관
리의 과다현상이라고 볼 수 있다. 선비의 수효가 너무 많은 데 비해 그들
에게 돌아갈 관직자리는 한정되어 있었다. 중국에서는 이른바 학식을 쌓
은 선비라면 누구나 관직에 나아가 보겠다는 생각이 만연해 있었으므로,
이 문제는 해마다 거듭되는 병폐였다. 이런 생각이 바뀌지 않고서, 교육
의 보급만을 계속 추진해 나간다면 결국 국가는 멸망할 수밖에 없을 것
이다. 무슨 수로 4억 5천만에 달하는 지식인들에게 관직을 제공할 수 있
단 말인가? 만약 공직제도가 엄격히 고착되어 능력 위주로 인재를 선발
해 왔다면, 과거에 급제하는 사람의 수효도 자연 제한되고, 관리들의 자
질 또한 개선되었을 것이다. 그러나 소동파 시대에도 귀족과 친족들의
특혜 등용이 성행했다. 지방에서 올라온 지원자 가운데 전시(殿試)를 치
르지도 않고 친지나 친구의 추천을 통해 관직을 얻은 사람이 많았다. 시
험 때마다 단지 200명 내지 300명의 뛰어난 선비들을 선발하는데, 시험
을 면제받은 이는 800명 내지 900여 명에 달했다. 또한 예부(禮部)의 추
천을 받아 시험을 특별히 면제받는 사람들이 200명 내지 300명이 되었

고, 이밖에도 병부(兵部)나 황가의 친척들로서 추천을 받아 시험을 면제
받은 사람들도 있었다. 춘제(春祭) 때에는 황제의 '특별 은사' 덕분에
많은 선비들이 시험을 면제받았다. 이런 식으로 하여 결과적으로 소동
파가 지적한 대로 다음과 같은 현상이 발생했다.

> 관직 한 자리가 비면, 여섯 내지 일곱 사람들이 대기하고 있다가 예의
> 염치 불구하고 서로 그 관직을 차지하려고 싸움을 벌입니다. 이들 가운
> 데 많은 사람들은 밥줄이 끊긴 채 오로지 임명될 기회만을 오랫동안 기
> 다리고 있던 사람들입니다. 그러니 이런 사람들이 일단 관직에 오르면,
> 백성들을 가혹하게 착취할 것은 뻔한 노릇입니다.[13]

동파는 계속해서 이렇게 말하고 있다.

> 이번 특혜를 받은 사람들이 전국에 두루 퍼져 있습니다. 이들 가운데
> 대부분이 연로하였으므로, 빨리 재물을 모으려는 것 외에 무슨 정치적
> 포부라든가 의욕 따위는 전혀 없고 오로지 사욕만을 채웁니다. 이들 가
> 운데 열이면 여덟, 아홉 명이 부패하고 무능한 자들입니다. 이런 특혜를
> 받았던 수천 명의 관리들 가운데 국가를 위해 정력적으로 일하여 공적
> 을 세운 사람은 여태까지 한 사람도 보지 못했습니다. 반면에 백성들을
> 착취하는 자의 수는 헤아릴 수 없습니다. ……그들이 부임해 가는 곳마
> 다 백성들이 피해를 당합니다. 황제께서 즉위 초기에 특혜로 관리들을
> 대거 등용하였는데, 이를 어떻게 '특별 은총'이라고 말할 수 있는지 소
> 신은 이해할 수 없습니다.[14]

이에 소동파는 이런 시험 면제 특혜를 없애버리고, 고관대작들의 자제
나 그 친척 그리고 황실에서 추천하는 사람들에 대한 특혜도 엄격히 제
한할 것을 제의했다.[15]

동파는 많은 정부관리들이 조정을 교묘히 기만할 뿐만 아니라, 아주
무능하고 나태하며 백성들을 기만하고 있는 실정들을 태후께서 밝히 아
시도록 하는 것이 자신의 책임이라고 여겼다. 그래서 동파는 태후께 기

밀의 상소문을 올리기 시작했다. 표장을 올릴 때 동파는 신상의 안전을
기하는 뜻에서 바라건대 태후께서 이런 기밀 표장들을 중서성(中書省)으
로 넘기지 말아 달라는 추신을 첨부하곤 했다.

　예를 들자면, 서북 오랑캐들이 침략하여 약 만여 명의 무고한 양민이
학살된 사건이 있었다. 그런데 군사책임자는 이 사건을 조정에 알리지도
않고 숨기려 했다. 그러나 이 소식이 경사에까지 전해지자, 나라에서는
특사를 보내어 사건의 진상을 조사하기에 이르렀다. 그런데 이 특사란
자 또한 '관리는 관리끼리 서로 덮어준다'는 관례를 좇아 겨우 '10여
명'이 살상되었을 뿐이라고 거짓 보고하였다. 특사는 이렇게 피해상황을
극소화해 보고한 후, 우선 이곳 군사책임자를 용서해 주고 천천히 이 사
건을 조사할 것을 조정에다 요청했다. 그러나 그 후로 2년의 시간이 흘
렀건만, 이 사건에 대해 아무런 대책도 강구되지 않았다. 이리하여 마땅
히 보상을 받아야 할 촌민들의 권리가 모두 박탈당하고 말았던 것이었
다. 동파는 태후께 올린 상소에서, 이처럼 백성들을 보살피는 데 태만해
가지고서는 정부가 민심을 얻을 길이 없다고 지적하고 있다.[16]

　'관리는 관리끼리 서로 감싸준다'는 원칙을 고수하다 보면 결국 '관리
대 백성'이라는 양립적인 결과를 자연히 낳게 된다. 광동(廣東)의 지휘관
인 동정(童政)이 도적들에 대항하여 무익한 항거를 거듭해 겨우 성읍을
탈환하긴 했으나, 수천 명의 무고한 백성들이 대량 학살당한 사건이 또
다시 발생했다. 그러나 동료 관리들이 정부에 올린 보고서에는 이 동정
이란 자가 마치 도적떼에 항거하여 무사히 성읍을 지킨 영웅이나 되는
것처럼 말하고 있다. 또 열아홉 명의 백성을 죽게 한 온고(溫杲)란 자에
대해서도 직위강등이란 가벼운 처벌에 그치고 말았다. 어떤 말단직 무관
은 도적을 많이 죽였다는 공적을 억지 조작하기 위해, 대낮에 여염집에
들어가 무고한 5～6명의 부녀자들을 살해했다. 그리고 나서 이 자는 벤
목을 관아로 가지고 가서 많은 도적의 머리를 베었노라고 보고했다. 이
사건은 너무나 잔학무도해서 은폐할 수가 없었다. 이에 조정은 사건 진
상을 조사하도록 명했다. 그러자 이 무관관리는 살해할 당시 희생자가

여자였는지 남자였는지 식별할 수 없었노라고 변명했다. 이런 종류의 폭
정이 도처에 산재해 있었다. 이러한 사실들을 일단 안 이상 동파로서는
침묵을 지키고 가만히 있을 수가 없었다.[17] 시끄러운 사태를 야기시킨
가장 큰 사건은 주동(周穜)의 사건이었다. 이 사건의 경우, 동파로서는
도저히 더 이상 묵과할 수가 없었다. 당시 세력을 잃고 외곽 관직을 차지
하고 있던 왕안석파의 잔존 세력들은 중앙으로 돌아오기 위해 투쟁하고
있었다. 그 영수격인 여혜경·이정·채확 등은 이미 축출되었으나, 그들
의 많은 친구들은 아직까지 경사에서 관직을 차지하고 있었다. 조정의
의사를 타진해 보기 위해, 그들은 주군(州郡)의 한 무명 훈장인 주동에게
부탁하여, 왕안석의 신위를 황가의 종실 사당에 있는 신종(神宗) 위패 아
래에 놓아, 신종께 드리는 제사를 함께 흠향할 수 있도록 하자는 내용의
상소를 올리게 하였다. 이들 생각에 만약 태후가 이를 윤허해 준다면, 이
젠 이들 음모자들이 직접 나와서 공개적으로 활동해도 좋다는 명확한 표
시라고 여긴 것이었다. 동파는 그들의 의도를 알아채고, 이 기회주의자
들을 맹렬히 매도하였다. 그는 이 무리 열여섯 명의 이름을 하나하나 열
거하고, 이들을 '이'나 '벼룩', '불한당', '사회의 기생충'과 다름없는 인
간들로 낙인을 찍어버렸다. 그리고 왕안석에 대해서도 처음으로 주저함
없이 대협잡꾼이라고 지칭했다. 동파는 태후께 아뢰길, 만약 부필(富弼)
이나 한기(韓琦), 사마광(司馬光) 같은 대신들이 살아 있었다면, 이 '쥐
떼' 같은 간신들이 감히 얼굴을 드러내지 못했을 것이라고 했다. 또 만
약 이번에 이 음모자들을 뿌리째 근절하지 않으면, 장차 여혜경이나 채
확과 같은 자들이 권좌로 되돌아올 것이며, 청묘법과 시역법(市易法)도
다시 부활하게 될 것이라고 경고하였다. 동파가 보기에 이런 일이 곧 발
생할 것 같았다. 사실 그 자신은 벌써부터 조정을 떠나야겠다고 결심하
고 있었다. 그는 또 말하기를 군자(君子)는 상서로운 동물 봉황이나 기린
[鳳麟]처럼 잡아둘 수 없으나, 소인배들은 쓰레기 쌓인 곳에는 언제나 우
글우글 몰려드는 시장의 파리떼와 같다고 했다. 만약 어떤 사람이 파리
떼들과 어울리기 싫다면, 그 사람 쪽에서 먼저 쓰레기를 멀리해야 함은

당연한 이치이다.[18]

거의 2년 동안, 동파가 파벌을 초월하여 강력하게 독자적인 노선을 취하면서 자신의 의견을 대담하게 표하고 두려움 없이 비평해 오는 동안 하북파와 하남파를 포함한 상당수의 사람들로부터 노여움을 사게 되었다. 또한 왕안석파 사람들한테서도 원한을 샀다. 소동파가 물러나지 않는 한, 이들이 권좌로 돌아올 길이 없었으므로 동파에 대한 공격은 날로 심해졌다.

비난하는 내용의 글 가운데 몇몇은 매우 흥미롭다. 제일 흥미있는 것은 아마도 왕안석의 반대파인 여대방(呂大防)을 고위직에 임명하는 성조(聖詔)를 동파가 기술한 것일 게다.[19] 이 성조 가운데에서 그는 용감한 여대방을 찬양하는 한편, 왕안석의 집정 기간 동안 "백성들은 지치고 심하게 억압당했다"라고 말하고 있다. 이 구절은 전고가 있는 구절로서, 역대로 사람들이 많이 사용했던 구절이다. 이는 바로 《시경》 가운데에 들어 있는, B.C. 19세기경에 집권했던 폭군을 풍자한 시에서 나온 구절이다. 이 구절을 보자 어사(御史)들의 눈이 번쩍 뜨였다. 어사들은 이 구절을 들어, 이는 바로 동파가 신종 황제를 주대(周代)의 폭군인 여왕(厲王)에 비유하여 비방하고 있는 것이라고 주장했다. 이 어사들은 그들이 존경해 마지않는 선제(先帝)가 이렇게 모욕을 당한 것을 듣고 너무 화가 난 나머지 다리가 부들부들 떨리고 가슴이 터질 지경이었다.

이밖에도 일찍이 동파는 남경(南京)에서 경사로 올라오기 몇해 전에, 청원했던 바대로 상주(常州)에서의 거주 윤허가 내렸다는 소식을 듣고 기쁜 나머지 몇 수의 시를 썼는데 그 가운데의 한 수가 또 지탄의 대상이 된 사건이 있었다.[20] 당시 동파는 양주를 거쳐 지나가면서, 어떤 한 사원의 벽에다 이 3수의 시를 휘갈겨 써놓았다. 이 시 전체를 통괄하여 볼 때, 그 주제면에서 별로 지탄받을 만한 것이 없었다. 당시 동파는 오랫동안 안주할 수 있는 곳을 찾아왔으나 뜻을 이루지 못하다가, 이제서야 윤허가 내려 여생을 상주 농장에서 은거하며 보낼 수 있게 되어 무척 기뻐했었다.

이제야 난 모든 근심 걱정에서 벗어났네,
더구나 올해는 풍년이 들 거라고들 한다.
산사로부터 내려오다가 기쁜 소식 전해 들으니,
새와 꽃들도 기뻐하는 듯하다.

(此生已覺都無事, 今歲仍逢大有年. 山寺歸來聞好語, 野話啼鳥亦欣然.)

이 시는 5월 1일에 씌어진 것이었고, 신종 황제는 이로부터 56일 전인 3월 5일에 서거하였다. 말하자면, 공교롭게도 신종 황제를 추모하는 기간 동안에 동파는 기쁨을 노래한 내용의 시를 지은 셈이었다. 그가 무엇을 기뻐했고, 또 여기서 '기쁜 소식'이란 무엇을 가리켜 하는 말인가? 그들은 동파가 황제의 서거소식을 두고 이렇게 읊은 것이 분명하다고 생각했다. 얼마나 배은망덕한 비겁쟁이인가? 이 탄핵 내용은 당시 여러 당파 사람들로부터 계속 공격을 받고 있던 동파에게 가해진 여러 비난 가운데에서 가장 심각한 것이었다. 그 죄명 또한 작지 않았다. 그러나 전체 시의 문맥상으로 비춰볼 때, 내 생각에 여기서 '기쁜 소식'이란 대풍작이 되리란 소식을 두고 말한 것이 확실한 것 같다. 그러나 아우 자유는 형을 옹호하기 위해 보다 더 설득력 있는 변호거리를 궁리해 냈다. 1091년(元祐 6) 공술기간 동안, 자유는 이 시에 대해 해명하여 말하기를, 동파가 3월에 남경에 있었는데 그곳에 있을 때 신종 황제의 서거소식을 이미 들었었다고 하였다. 그러므로 56일이나 지난 뒤에야, 양주(揚州)에서 그 소식을 처음 들었을 리는 만무하다고 증언했다. 자유는 태후께 아뢰기를, '기쁜 소식'이란 동파가 언덕을 내려오다가 농부들로부터 총명하신 소년 황제께서 새로 등극하셨다는 얘기를 전해 듣고, 이를 가리켜 한 말이라고 했다. 이 증언은 아주 설득력이 있었다. 자유가 증언을 마치고 황궁에서 물러나자, 조정대신들은 이 증언을 놓고 또다시 열띤 논쟁을 벌였다.

소동파는 자신이 짐작한 것보다, 태후께서 탄핵 상소문을 훨씬 많이 받으셨으리라는 생각이 들었다. 태후는 이런 탄핵 소장들을 그냥 방치해 두고 있었던 것이다. 동파는 탄핵 소장들을 공개하여, 그의 결백을 분명하게 밝힐 수 있는 기회를 갖도록 허락해 달라고 청했다. 그러나 태후는 그의 요청을 들어주지 않았다. 정적들이 그를 타도하기로 작정하고 있다는 것을 잘 알았다. 정적들은 심지어 동파가 기초한 바 있는 악명높은 위선자 여혜경을 엄벌에 처한다고 한 내용의 황제의 포고문까지도 가져다가, 이 가운데 선제를 비방하는 내용이 있다는 혐의를 뒤집어씌웠다. 동파는 이제 이런 시장 파리떼들을 계속 쫓아버리는 일에도 지쳐버렸다. 동파에 대한 이런 유의 트집은 동파 한 사람에서 그치지 않고, 동파의 친구인 진관(秦觀), 황정견(黃庭堅), 왕공(王鞏), 손각(孫覺)까지도 끊임없이 비평의 대상이 되게 했다. 정적들은 공식적으로 비난하거나 혹은 교묘하게 인신공격 작전을 써서 괴롭혔다. 비열하게 유언비어를 퍼뜨린 후, 당사자에겐 변명할 기회조차 주지 않는 이런 식의 저열한 수단은 현대에만 있는 것이 아니었다. 다만 오늘날에 이런 수단들은 공산주의자들의 용병술의 한 부분으로 향상되었을 따름이다. 동파는 자신이 마치 뱀이 우글거리는 진흙소굴을 걸어가는 기분이었다. 이제 그는 여기서 벗어나기로 결심했다.

그는 첫 번째 탄핵이 있었던 1086년(元祐 元年) 12월에 한때 사직하려고 한 바 있었고, 그 다음해에도 관직의 사임을 청했다. 이 두 차례의 사임서에는 동파의 관직 경력을 약술한 자전적 자료를 포함하고 있으며, 그가 고집스럽게 독자적인 노선을 걷는 가운데 겪었던 수많은 어려움들에 대해 밝히고 있다. 1088년(元祐 3) 10월 17일의 날짜가 적힌 편지에서 그는 다음과 같이 말하고 있다.

군주께서 유의하지 않으시면 대신을 잃고 맙니다. 또한 대신 자신도 유의하지 않으면, 자칫 자신의 생명을 잃게 됩니다. 군주를 보필하는 데 있어 신하된 자는 사직을 받드는 것을 우선으로 해야 합니다. 그러나 국가에 제대로 봉사할 수 있으려면, 먼저 자신의 목숨을 보호할 수 있어야 합니다.[21]

2년 동안에, 동파는 정적들로부터 네 차례나 인신공격을 당했다. 동파의 추천을 받은 사람들도 역시 사실무근의 중상으로 괴로움을 당하고 있었다. 동파는 태후께 전에 그가 이정(李定)에 의해 탄핵당했던 사건을 상기시키려고 했다. 그는 황제가 그의 풍자시를 보고 백성들의 고통을 들음으로써, 정책 개선을 할 수 있기를 바라는 마음에서 여러 편의 풍자시를 썼었다. 그때 어사들은 동파의 국정에 대한 허심탄회한 비평을 '중상비방'이라고 몰아세웠고, "진실을 가장하고 있다"고 매도했었다. 이제 그가 "백성들은 지치고 심하게 억압당했다"란 따위의 구절로써 국정을 풍자한 것을 가지고 정적들이 이처럼 비난하니, 사정이 이전보다 더 극심해진 셈이었다. 동파는 계속해서 이렇게 아뢰었다.

> 이런 사실만 보더라도 그들은 이정(李定)의 무리보다 한술 더 떠서, 모든 수단을 써서라도 소신을 타도하기로 작정했음을 알 수 있습니다.…… 옛말에 "군주 노릇하기도 어렵지만, 신하 노릇하기도 쉽지만은 않다"라고 하였습니다. 제가 이제 다른 무리들의 뜻을 좇아 모든 사람들의 비위를 맞춘다면, 이는 제 양심에도 거슬리는 일이거니와 폐하께도 불충의 죄를 짓는 것입니다. 그러나 제 소신을 고수하며 계속 진실을 얘기하면, 저는 점점 더 많은 정적을 만들게 되고 결국은 사형에 처해지거나 파면되고 말 것입니다. 간절히 바라옵기는 폐하께서 저의 사정을 굽어살피셔서, 저를 보호하시는 뜻에서 낮은 직책으로 보내주시옵기를 간청합니다.[22]

동파는 이 편지에 네 번이나 추신을 덧붙이고 있다. 마지막 추신에서 이르기를, "태후께서 만약 신의 말에 미심쩍은 데가 있으시면, 이 편지를 중서성에 넘겨 공개적으로 조사해 보십시오"라고 말하고 있다. 그러나 "만약 태후가 신의 말을 전적으로 믿어주신다면, 이 편지를 태후께서 보관해 주십시오. 신이 외직을 청하는 정식 사임서를 다시 올릴 터인데, 그때 이 편지를 대외적으로 공개하셔도 좋습니다"라고 청하고 있다.

그가 여태껏 올린 여러 편의 사직서 가운데에서 가장 잘 씌어진 것은 1091년(元祐6) 5월 19일자로 쓴 편지였다. 이 편지에서 그는 항주(杭州)

에서의 임기가 다하였으나, 계속 그 관직에 유임할 수 있도록 해달라는 청을 하고 있다.[23] 이 편지는 동파의 편지 가운데 가장 장문의 것으로 자전적인 내용이다. 편지에서 동파는 문자옥으로 체포 심문당한 일을 포함해서 자신이 과거에 겪은 재난들을 하나하나 약술하고 있다. 파벌 인물들은 아우인 자유보다는 형인 자신을 더 시기 질투했었다. 그는 자신의 정치 경력을 우선 길게 늘어놓은 뒤에, 이렇게 말하고 있다.

> 폐하께서도 보신 바와 같이, 저는 여태까지 겁없이 제 주장을 고수해서, 제 주위에 많은 정적을 만들어 왔습니다.
> (陛下知臣危言危行, 獨立不回, 以犯衆怒者, 所從來遠矣.)

주동(周種)을 비난하는 상소는 그의 정적들을 더욱 성나게 하여, 그들의 증오심을 더 한층 부추겨 놓았다. 그들은 단단히 벼르고 있었다. 옛날 속담에도 이르기를 "윙윙거리는 모기도 떼를 이루면 천둥소리를 낼 수 있고, 깃털도 많이 쌓아 놓으면 배를 가라앉힐 수 있다"라고 하였다.

동파는 계속해서 다음과 같이 말하고 있다.

> 어찌 남은 여생을 그들 공격의 표적이 되어 또다시 괴로움을 당할 수 있겠습니까? 소신은 잘못한 것이 없는 줄 잘 알지만, 이 상황에선 옳고 그름이 문제가 되지 않습니다. …… 반생을 심문과 시련에 시달리고 나니, 여생만큼은 조용히 지내고 싶은 것도 무리가 아닌 줄로 여겨집니다. 제 사임 요청은 진정에서 우러나와 올리는 말씀입니다. …… 소신이 만약 저의 이러한 기질을 바꾸고 세파에 휩쓸려 고위직만 움켜지고 있다면, 제가 폐하께 무슨 소용이 있겠습니까? 그러나 만약 제가 조정에 남은 채로 제 소신을 지켜 지난날과 같이, 계속 이런 식으로 행동해 나간다면, 소인배의 적개심을 자꾸 불러일으켜 조만간에 제 일생이 끝장나고 말 것입니다. …… 그리하여 숙고를 거듭한 끝에 사직하기로 결심했습니다. 소신이 폐하의 은총을 저버려서가 아니옵고, 늙은 나이에 소인배들과 논쟁하기도 부끄럽거니와, 고매한 인격의 인사들로부터 웃음거리가 될까 두려워서입니다. 엎드려 바라옵기는…… 지방 외직을 내려

주시옵소서. 이 편지는 제 신상을 보호하는 뜻에서 공개하지 말아 주십
시오. ……혹 바라신다면 문제가 많은 변경지역으로 보내주셔도 좋습
니다. ……당파적인 인물들의 질투를 더 이상 사지 않고, 또한 더 이상
음험스러운 공격의 대상이 되지 않기 위해 가까이서 폐하를 모시는 고
위직은 사양하기로 굳게 결심했습니다.[24]

여러 차례에 걸쳐 올린 그의 간청 결과, 1089년(元祐 4) 3월 11일 드디
어 소원대로 윤허가 내려졌다. 그는 항주태수인 동시에 절서지방 군사
책임자인 절서로병마금할지항주군주사(浙西路兵鈴轄知杭州軍州事)에 임
명되었다. 절서지방의 사령관은 지금의 강소성(江蘇省)까지 포함해서 여
섯 개의 행정구를 관할하게 되어 있었다. 부임해 떠날 즈음, 황제는 그에
게 차와 은제 합(盒), 금 장식 달린 말안장을 얹은 백마, 그리고 관복과
금제 혁대를 하사하였다. 동파에게는 이미 말이 있었으므로, 이 말을 팔
아 돈을 마련하도록 가난한 문하생 이치(李廌)에게 주었다.[25]

그가 떠날 즈음, 당시 여든셋의 고령이지만 아직 자유롭게 거동하던
재상 문언박(文顏博)이 특별히 동파를 전송하고자 와서, 이제 다시는 함
부로 시를 쓰지 말라고 주의를 주었다. 동파는 벌써 말 위에 올라타고
있었다. 그는 껄껄 웃으며 이렇게 말했다. "제가 다시 시를 쓰면, 그 시
들에 대해 설명하고 주해(註解)를 달려고 드는 사람들이 많을 겁니다."[26]

제 22 장
토목공사와 구제사업

동파는 경사에서보다 오히려 지방에서 국가를 위해 할 수 있는 일이 정말 훨씬 더 많은 듯했다. 동파는 1089년(元祐 4) 7월에 항주에 도착하여 절서(浙西)지구 사령관 겸 항주태수로 부임하였다. 당시 그의 나이 52세였다. 아우 자유는 호부시랑(戶部侍郎)에서 이부상서(吏部尚書)로 승진하여 한림학사(翰林學士)를 겸하고 있었다. 또 그해 겨울에는 황제의 특사로 거란족이 있는 몽고로 파견되어 약 4개월 동안 여행하였다.

동파는 일에 몰두하였다. 진관의 아우가 동파 있는 곳으로 와서 1년 반 동안 함께 머물렀는데, 책 한번 펼치는 것을 못 볼 정도로 동파는 바빴다고 했다. 우선 동파는 태후의 신임에 힘입어서, 그가 계획한 주요 개혁조치 실행에 필요한 자금을 조달하고자 하는 특혜요청을 올렸다. 1년 반이란 짧은 기간 동안에, 그는 깨끗한 식수 공급시설과 병원을 세우는 등 이 지방 공중 위생설비를 설치하는 한편, 염도(鹽道)를 준설하고 서호(西湖)를 재건하였으며 곡가(穀價)를 안정시켰다. 그는 인근 지방 태수나 조정의 대신들이 기근 구제사업에 무관심한 것과는 아주 대조적으로, 혼자 힘으로 기근 구제사업을 위해 정력적으로 뛰었다.

태수의 관서는 항주 중앙에 위치해 있었다. 그러나 동파는 좀더 시적

(詩的)인 환경에서 그의 업무를 수행하기를 더 좋아했다. 종종 그는 갈령(葛嶺) 아래 있는 방이 열세 칸 딸린 그림같이 아름다운 석불원(石佛院)에서 일했다. 그는 이곳의 한벽헌(寒碧軒) 아니면 우역기헌(雨亦奇軒)에서 공문을 펴보곤 했다. 우리가 기억하는 바와 같이 우기헌이란 이름은 그가 서호를 읊은 시구에서 따온 것으로, 그 시에는 다음과 같은 구절이 있다. "몽롱하게 안개 낀 산은 빗속에 더욱 볼 만하다"(山色空濛雨亦奇).

키 큰 대나무들이 둘러싸고, 맑은 강물을 집 앞에서 전망할 수 있는 그곳에서 동파는 업무를 수행했다.

때때로 동파는 성읍으로부터 좀더 멀리 떨어진, 10리 내지 15리나 되는 높은 산에서 일을 보기도 했다. 그는 수행원으로 하여금 깃발과 우산을 가지고 도보로 전당문(錢塘門)으로 먼저 가게 하고, 자신은 한두 명의 늙은 호위병과 더불어 용금문(湧金門)에서 배를 타고, 호수 서편을 가로질러 건너가 보안원(普安院)에서 점심을 들었다. 그런 다음 사무관 몇 명을 대동하고 냉천정(冷泉亭)으로 가 앉곤 하였다. 거기서 그는 한담을 나누거나 웃으면서, 한편으로는 '바람처럼 빨리' 공문에 비준해 그날의 업무를 끝냈다. 일을 마친 후, 동파는 동료 관리들과 통쾌하게 술을 한잔 든 후, 해질 무렵 말 뒷잔등에 걸터앉아 집으로 돌아왔다. 그러면 성읍 백성들은 길가에 줄지어 서서 이 괴이한 명사(名士)를 쳐다보곤 했다.[1]

여름 삼복 더위일 때면 동파는 상부사(祥符寺)로 피서를 가서 친구인 유현방장(惟賢方丈)의 방에서 낮잠을 즐겼다. 관모도 관리의 위엄 따위도 벗어던진 채, 관복마저 벗어버리고 긴 의자에 드러누워 시종에게 다리를 주무르도록 시켰다. 이럴 때 시종은 동파가 아주 값싼 끈으로 상투를 매어올린 것을 볼 수 있었다.[2]

그는 또 판관으로서 여러 번 재치있는 판결을 내렸다. 어느 상인이 채무 때문에 심문받은 일이 있었다. 그 피고는 젊은 청년이었는데, 동파는 그에게 자신의 처지를 설명해 보라고 했다. 피고가 말하기를, "소인의 집은 부채 가게를 합니다. 지난해 제 아비가 죽었는데 빚을 좀 남겼습니다. 올봄에는 비가 너무 많이 와서 사람들이 부채를 사지 않았습니다. 제가 빚을 갚기 싫어서가 아닙니다"라고 했다.

동파는 얼마간 머뭇머뭇 무엇인가를 생각하더니, 잠시 후 좋은 생각이 떠올랐는지 눈을 반짝거렸다. 그는 탁자 위에 놓인 붓과 먹물을 힐끔 쳐다보고는, 이날 아침 한번 실력 발휘를 할 참이었다.

"내게 네 부채 한 더미를 가져와라. 내가 네 대신 팔아주마"라고 동파는 그 젊은이에게 말했다.

그 청년은 집으로 돌아가, 곧 단선(團扇 : 둥근 모양의 부채) 스무 개를 갖고 다시 왔다. 동파는 탁자 위에 놓은 판결용으로 쓰던 붓을 들어 이 부채들 위에 초서(草書)를 내리쓰고, 고목(枯木)도 그리고, 대나무와 바위도 그리기 시작했다. 한시간 남짓 만에 동파는 부채 스무 개에다 그림을 전부 그려넣었다. 이 부채들을 청년에게 건네주며 "이걸 가지고 가서 빚을 갚게나"라고 말했다. 갑작스런 행운에 놀란 청년은, 태수에게 수없이 고맙다는 인사를 한 다음, 자신의 부채들을 끌어안고 급히 아문(衙門) 밖으로 나갔다. 태수가 그린 그림 부채를 판다는 소문이 이미 주위에 쫙 퍼져, 그 청년이 아문 밖으로 발을 내딛자마자 그는 많은 사람들에게 둘러싸였다. 사람들은 부채 하나에 천 냥씩을 주고 다투어 사서, 순식간에 부채 모두가 다 팔렸고 좀 늦게 오는 바람에 미처 못 산 사람들은 유감천만해 하였다.[3)]

또 한번은 지방에서 경사로 과거시험 보러 가는 선비 한 사람이 사기 혐의로 체포되어 동파 앞에 끌려왔다. 이 선비에게는 큰 짐 두 꾸러미가 있었는데, 짐 꾸러미에는 경사의 죽간항(竹竿巷)에 거주하는 소시랑(蘇侍郞 : 子由를 가리킴) 앞이라고 수취인 주소가 써 있었고, 소동파가 보내는 것으로 씌어 있었다. 이는 분명히 사기행위였다.

"이 짐 꾸러미들 속에 무엇이 들어 있나?" 하고 동파가 물었다.

"정말 죄송하기 그지없습니다. 제 고향 사람들이 제 노자로 비단 200 필을 선사했습니다. 만약 이 비단들을 그냥 가지고 가면, 도중에 세관들에게 세금으로 뺏겨 경사에 도착했을 땐, 겨우 반밖에 안 남으리란 것을 저는 잘 알고 있었습니다. 경사에는 잘 아는 사람도 없고 선비들 가운데 나으리 두 형제만큼 너그러운 분들이 다시 없으리라고 생각되어서, 감히 태수님의 이름을 도용하기로 작정했던 것입니다. 만약 잡히더라도 나으리께서는 이해하시고 용서해 주시리라고 생각했습니다. 정말 한번만 용서해 주시길 간구합니다. 다음엔 절대로 다시 이런 짓을 하지 않겠습니다."

소동파는 웃으면서 사람을 시켜 붙였던 쪽지를 찢어버리고, 수취인 주소와 보내는 이의 이름을 전과 똑같이 써서 다시 짐에다 붙여주도록 하였다. 게다가 동파는 자유 앞으로 편지 한 통을 친히 써서, 벌벌 떨고 있는 그 선비에게 주었다. "노형, 이번엔 황제 앞에 끌려간다 해도 무사할 거요. 내년에 과거에 급제하면, 나를 잊지나 마시게."

이 가엾은 늙은 선비는 깊이 감동하여 충심으로 그에게 감사했다. 그는 결국 시험에 급제하여, 고향에 돌아가는 길에 동파에게 심심한 감사의 글을 보내왔다. 동파는 이 일을 무척 유쾌해 하며 그 선비를 집으로 청하여 며칠 대접했다.[4]

동파는 또한 주학(州學) 학생들을 경제적으로 지원해 주었다.[5] 이런 행동들이 백성들로 하여금 동파를 따르고 사랑하게 만들었다. 항주에는 문젯거리도 많았다. 정부관사는 너무 낡았고, 군인들은 비가 새는 병사(兵舍)에서 살고 있었으며, 병참부는 헐어빠진 상태였다. 또 성 문루(門樓)의 지붕은 뚫어져서 하늘이 내다보이는 형국이었다. 이 건축물들 모두가 100여 년 이상 된 것으로 전씨(錢氏) 집안의 왕들이 통치하던 시대에 지어진 것들이었다. 전왕들은 10세기 초엽에 중국 전체가 혼란에 빠졌을 때, 유일하게 이 지방을 평화롭게 다스렸던 사람들이다. 그들은 모두 호평받는 왕들이었다. 송의 태조(太祖)가 전왕이 통치하는 이곳 동남부만 제외하고 중국 전역을 정복하자, 전왕은 자발적으로 권력을 송태조에게 양도하는 대신, 평화와 통일을 청함으로써 불필요한 유혈참사를 사전에 막을 수 있었다. 이 일로 동남부지방 백성들은 두고두고 전왕에게 감사했다. 전임 태수는 스스로 중화당(中和堂)과 유미당(有美堂) 등의 새 거주지를 짓고 구관사는 내버려두었다. 소동파 부임기간 동안 집이 무너져 두 사람이 사망했고, 또 다른 누대가 붕괴하는 바람에 한 가족 4명이 전부 매몰되는 사건이 발생했다. 동파는 태후께 특별히 상소를 올려 관사와 성문, 누탑(樓塔), 곡창 등 모두 스물일곱 군데를 개축하는 비용으로 4만 관문의 원조를 청했다.[6]

항주는 인구 50만의 도시였으나, 단 하나의 공립병원조차 없었다. 항주는 바로 전당강(錢塘江) 입구에 위치해 있어서, 육로나 해로로 여행하는 여행객들이 이곳에서 모두 다 모이게 되어, 잦은 유행병 질환의 피해를 입기 쉬웠다. 몇 가지 의학적 처방은 질병치료에 상당한 효험이 있는 것으로 알려져 있었다. 동파가 밀주(密州)에 임직하고 있을 때, 몇 가지 유용한 처방전을 큰 글씨로 써서, 일반 백성들이 잘 볼 수 있도록 포고(布告) 방식으로 시내 광장에 게시하도록 명했었다. 그 가운데서 동파가 그 효험을 굳게 믿고 있는 약방[聖散子] 한 가지가 있었는데, 그의 말에 따르면 약의 가격 또한 몇 푼 안 되는 아주 싼 것이라고 했다.[7] 이런 약방들은 대개 여러 가지 약용식물로 이루어져 있기 마련인데 어떤 약초는 해열제로, 어떤 약초는 오한을 멈추게 하는 데, 또 그밖에 식욕을 돋구게 하는 데, 또는 하제(下劑)의 효과가 있거나 강장의 효과가 있는 약초 등이 있었다. 한의(漢醫)들은 사람의 신체 가운데 어느 한 기관이 병들었을 때, 온몸이 병든 것이나 마찬가지로 간주한다. 그러므로 그들은 대체로 특정 기관을 치료하기보다는 체력을 강화시키는 쪽으로 처방을 내린다. 예컨대 '성산자'(聖散子) 같은 약방에는 방풍(防風)·후박(厚朴)·반하(半夏)·감초(甘草)·초두구(草豆蔲)·독활(獨活)·자호(柴胡)·택사(澤瀉)·석창포(石菖蒲) 등 20여 종의 약초가 들어 있다.[8] 또 마황(麻黃)도 들어 있는데, 이 약초는 에페드린을 함유하고 있어 위액 분비를 강하게 촉진시키는 작용이 있음이 입증된 바 있다.

소동파는 이런 식의 체계 없는 잠정적 치료방식에 만족하지 않고, 정부기금에서 2천 민(緡)을 따로 떼고, 사재(私財) 금동전 50냥(1천 달러에 상당함)을 들여 성읍 한복판에 있는 중안교(衆安橋) 부근에 공립병원 '안락방'(安樂坊)을 건립했다. 내가 아는 바로는 이것이 중국 최초의 공립병

원이다. 3년 동안에 이 병원은 1천여 명의 환자를 돌보았고, 이 병원을
담당한 봉사자는 정부로부터 자주색 도포와 금전을 하사받았다. 후에 이
병원은 호숫가로 옮겨져 '안제방'(安濟坊)으로 개명되었는데, 소동파가
이 지방을 떠난 후에도 계속해서 환자를 돌봤다.[9]

그러나 소동파가 제일 골치 썩은 것은 항주 주민들의 식수 공급문제와
성읍을 거쳐 지나가는 운하 바닥에 쌓인 진흙의 처리문제였다. 전왕(錢
王) 때에 이미 운하 안으로 조수가 흘러 들어와, 성읍의 물에 소금기가
섞이는 것을 방지하기 위해 해변을 따라 해벽(海壁)을 축조한 바 있었다.
그러나 이 해벽은 이제 아주 황폐해 있었다. 두 개의 운하가 성읍을 지나
각기 북쪽과 남쪽으로 뻗어 곧바로 갑구(閘口)의 전당만으로 연결되었
다. 전당만의 바닷물은 강물이 뒤섞여 온통 진흙투성이였으므로, 3년이
나 5년에 한 번씩 운하 밑바닥을 훑어내어야만 했다. 당시에는 현대처럼
좋은 기계들이 없었으므로, 운하 밑바닥으로부터 훑어낸 진흙은 주민들
의 집 앞에 있는 둑에다 쌓아 두었다. 이 운하들의 길이는 약 4마일 내지
5마일 가량이었는데, 이 준설작업에 드는 비용만도 상당히 많이 들었을
뿐만 아니라 주민들에게 큰 불편을 주었다. 교통운수면에서는 사정이 더
욱 나빠, 배를 타고 이 성읍을 빠져나오는 데 1주일이나 걸렸다. 사람과
소들을 동원하여 배를 끌어당기는 등 운하에서는 말할 수 없이 혼잡한
소동들이 늘 벌어지곤 했다.
  동파는 전문가들을 찾아서 운하의 수위를 측량하게 하고, 진흙이 쌓이
지 않게 만드는 계획을 세밀히 세워 모든 운하지구를 청결하게 만들고자
했다. 이것이 항주에서 동파가 착수한 첫 번째 토목공사 사업이었는데,
그가 부임한 지 3개월이 지난 10월에 시작하여 다음해 4월에야 완공되
었다.
  이 운하들을 교통수단으로 사용하자면 바닷물을 끌어올 필요가 있었
는데, 문제는 바닷물을 끌어들일 때 진흙이 딸려 들어오는 점이었다. 결
국 동파는 인구 밀집지역을 통과하는 염교하(鹽橋河)에는 물에 진흙이

섞여 들어오지 않도록 유의하고, 한편 인구밀도가 비교적 낮은 성읍 동쪽 교외 지역을 통과하는 모산하(茅山河)에는 바닷물이 흘러 들어가도록 고안해야 한다는 기본 방향을 정했다. 동파는 남쪽의 전당강에 수문(水門)을 축조하여, 밀물 때에는 닫고 썰물 때에는 열어놓게 하였다. 두 운하는 성읍 북쪽에서 연결되는데, 전당만의 바닷물이 교외에 있는 모산운하를 통하여 3마일 내지 4마일 가량 흘러가는 동안 침전물들이 밑바닥에 모두 가라앉게 된다. 염교하는 침전물이 쌓이지 않도록 해야 하므로, 수위를 다른 운하보다 4피트 가량 낮게 했다. 교외 운하에서 흘러 들어오는 물은 이미 걸러진 상태이므로, 이 운하로부터 물을 성읍 안의 운하로 일부 공급하더라도 이 물에는 침전물이 거의 섞이지 않게 되어 있었다. 또 성읍 운하의 수위를 일정 수준으로 유지시키기 위해, 성북(城北) 여항문(餘杭門) 밖에다 운하를 하나 더 건설하여 서호(西湖)와 통하게 하였다. 이렇게 해서 계속적인 물의 공급원이 확보되었고, 성내에 있는 염교하를 준설하는 비용이나 번거로움 등을 덜 수 있게 되었다.

이 계획안이 주효해서 결국 운하의 수심을 8척으로 만드는 데 성공했다. 이 성읍의 연장자들의 말에 따르면, 수심이 이렇게 낮아진 적이 이제까지 한 번도 없었다고 했다.

운하교통만큼이나 중요한 문제로 식수 공급문제가 있었다. 산의 샘물에서 흘러 들어온 서호의 깨끗한 물을 성읍으로 끌어들이기 위해서 동파는 여러 가지 조치를 시도해 보았다. 본래 여섯 개의 저수지가 성내 여러 곳에 산재해 있긴 했으나, 정수(淨水)가 통과하는 주요 수도관[本管]들이 자주 파손되었다. 18년 전, 동파가 항주에 통판(通判)으로 부임해 왔을 때도 그는 이 간관(幹管)들의 보수를 지원한 바 있었다. 그러나 지금은 호수 가득 수초가 자라나 서호의 수심이 얕아졌고, 수초들의 무성한 뿌리가 진흙 속에 얽히고 설켜 있어 계속해서 하상(河床)을 높이지게 하고 있었다. 물의 본관이 파손되는 바람에 성읍 주민들은 약간 짠맛이 나는 물을 마셔야 했고, 그렇지 않으면 1갤런당 얼마씩의 돈을 주고 호숫물을 사서 먹어야 했다. 동파는 이전에 본관 수리를 감독했던 바 있는, 지금은 고희를 넘긴 노승을 찾아갔다. 본관은 큰 대나무통을 이어서 만들었기 때문에 오래 견디질 못했다. 동파는 진흙을 구워 만든 튼튼한 수관(水管)으로 본관 전체를 대체하게 하고, 또 수관 아래위에 석판을 깔아 보호하도록 했다. 이 수축공사는 꽤 많은 비용이 들었다. 어떤 때는 한 저수지에서 다른 저수지까지 이어주는 접합부분으로, 300야드나 긴 수관을 만들어야 할 때도 있었다. 또 동파는 병참부에 식수를 공급하기 위해 북쪽 교외에 두 개의 새 저수지를 만들고 호숫물을 끌어들였다. 동파는 군사 책임자이기도 했으므로, 1천 명의 병력을 공사에 투입시켜 이 공사를 효과적으로 잘 완수했다. 그가 이 새 저수지를 완공시킬 즈음에는 성읍의 어느 곳에서나 호수의 깨끗한 물을 공급받을 수 있게 됐다.

동파가 성읍에 물을 공급해 주는 6개의 저수지를 수리하다 보니, 자연히 저수지의 수원(水源)인 서호의 문제에까지 손을 뻗치게 되었다. 일반 사람들의 머릿속에는, 서호를 오늘날의 그 모습으로 발전시킨 공로와 소동파를 곧장 관련지어 생각하는 버릇이 있다. 사실 서호가 있음으로 해서 항주(杭州)는 '이승의 천당'이란 예찬을 들을 수 있었다. 실로 사람이 고안해 낸 것 가운데서 이보다 더 완전에 가까운 것은 아마 없을 것이다. 사람들은 서호를 개발하고 그 주위에 건물을 짓되, 어느 정도 선에서 그쳐야 하는지를 잘 알아 자연의 경관을 조금도 침해하지 않았다. 이는 바로 인간이 자연을 잘 손질한 편이었지, 결코 자연을 흉하게 망가뜨린 것이 아니었다. 서호의 정교한 자연적 구조는 인위적으로 만들어진 것이 아니었다. 섬에서 자라난 신비한 모습의 버드나무는 거울 같은 수면 위로 늘어진 버들가지의 그림자를 떨구고 있는데, 그 모습이 마치 천연적으로 물에서 자라 그곳에 원래 그렇게 있었던 것처럼 보였다. 긴 제방에 놓인 아치 모양의 다리는, 위로는 구름낀 산봉우리와 잘 어울렸고, 아래로는 어부들의 돛단배와 훌륭한 조화를 이루었다. 연두빛 물이 든 버들가지는 보일 듯 말 듯한 돌제방 위에 늘어져 흔들거리며 제방바닥을 쓸어주고 있었다. 수백년 묵은 탑들은 하늘로 치솟아 있어 과거의 명승(名僧)과 대시인들을 상기시켜 주었다. 동파는 일찍이 말하기를, 서호는 항주시의 마치 미인 얼굴 가운데에서 눈동자와 같다고 했다.[10] 만약 얼굴의 우아한 눈썹과 같은 이 소제(蘇堤)나 혹은 아름다움을 더해 주는 아이리스 보석빛 같은 이 작은 섬이 없이 호숫물만 쭉 펼쳐져 있었다면, 서호의 모습이 이렇게까지 아름다울 수 있었을까 의심스럽다. 수세기에 걸쳐, 봄이 되면 중국 각지의 유람객들이 항주로 떼지어 몰려왔다. 신혼부부들은 이곳 호수에서 뱃놀이를 즐기거나, 낚시질을 하고 혹은 온통 버드나무로 뒤덮인 호수 제방둑의 산책길을 걸었다. 호수 동쪽 둑에는 서호 10경(十景)* 가운데 하나인 '유랑문앵'(柳浪聞鶯;버드나무 물결 사이에 꾀꼬리 울음소리 들리네)이라 하는 곳이 있다. 또 한 곳은 호수 중앙의 작은 섬에 있는데, '삼담인월'(三潭印月;세 개의 못이 같은 달을 비추고 있네)이라 불렸다. 이는 소동파가 이름을 붙인 것이었다. 날이 청명하든 비가 오든 관계없이 서호에는 정말 어느 구석 하나 여행객들을 경이로 전율케 만들지 않는 곳이 없었다. 호수 위로는 소제(蘇堤)와 백제(白堤) 두 개의 제방이 곧장 가로질러 놓여 있었다. 이 두 제방은 모두 유명한 시인이었던, 당대의 백거이(白居易)와 송대의 소동파에 의해 축조되었으므로 이렇게 불리어졌다. '백제'는 호수 북편 쪽에 동서로 뻗어 있고, 한편 '소제'는 전체 길이가 약 1.7마일 가량 됐는데 호수 서편 부근에 남북으로 뻗어 있었다. 이리하여 두 제방은 각각 내호(內湖)를 이루었다. 배들은 보통 제방 중간에 설치된 아치형 다리를 지나 내호로부터 호수 한복판으로 나온다. 소동파 시대 때 제방의 폭은 50척이나 되었는데, 그 위에 버드나무를 심고 또 주위에 연꽃을 빙 둘러 심어놓아 항주의 향락객들에게 멋진 산책길이 되었다.

항주의 번영은 언제나 물의 공급과 매우 밀접한 관련을 맺고 있었다. 항주가 성읍으로 성장한 것은 당대(唐代)부터였는데, 그때 한 재상이 이

---

* 西湖十景에는 蘇堤春曉·斷橋殘雪·雪峯夕照·曲院風荷·平湖秋月·柳浪聞鶯·花港觀魚·南屛晚鐘·三潭印月·雙峯揷雲이 있다.

호수를 축조하여 성읍 거주민들에게 깨끗한 물을 공급해 주도록 하였다. 전에 항주는 아주 작은 읍에 불과했었다. 동파가 서호를 개축하기 이전에 서호는 급속히 퍼지는 갈대들로 뒤덮여 점점 좁아지고 있었다. 18년 전에 이 갈대들은 호수의 20~30퍼센트 정도를 뒤덮고 있었다. 동파가 18년 만에 다시 돌아와 보니, 갈대가 급속히 늘어나 호수의 거의 절반을 뒤덮고 있는 것을 보고는 한편 놀랍기도 하고 한편 서글프기도 했다. 백거이가 살던 시대에는 서호의 물을 가지고 넓은 농토의 논을 관개했었다. 서호 수위(水位)의 1인치 정도의 물로 250에이커의 농지를 충분히 관개할 수 있었고, 호숫물로 800에이커 농토에 24시간 물을 공급할 수 있었다. 8세기경 백거이가 이룩해 놓았던 시설들이 지금은 모두 파괴되어 있었다.

동파는 항주의 운하시설과 6개의 성읍 저수지 공사를 끝내자마자, 서호 자체에도 손을 대기 시작했다. 호수에 자라난 갈대만 제거하면 되었으므로, 공사치고는 아주 간단한 작업이었다. 쉽게 할 수 있는 개량공사였지만, 전임 태수들 가운데 그것에 손대려 생각했던 사람은 한 사람도 없었다. 저수지 공사가 완료되기 직전, 1090년(元祐 5) 4월, 동파는 태후께 올린 상소에서 서호를 개발하고 준설공사를 하고자 계획하게 된 연유를 설명하고 있다. 5월에 동파는 문하성, 상서성, 중서성 앞으로 각기 상소를 또 올렸다. 이 상소문에서 말하기를, 만약 지금 손을 쓰지 않는다면 20년 후면 서호는 완전히 갈대로 뒤덮여, 항주 백성들은 담수(淡水)의 공급원을 잃게 될 것이라고 말하고 있다. 동파는 서호를 이대로 방치해 둘 수 없는 이유로서 다섯 가지 요인을 지적하고 있다. 기묘하게도 그가 제기한 첫 번째 이유는 불교적 성격을 띤 것이었다. 즉 물고기가 살기 어렵게 된다는 점이었다. 다른 이유들로는, 서호는 담수 공급과 농지 관개에 유용하고, 또 운하에 물을 공급해 주며, 마지막으로는 정부 세입과 관련 있는 양조사업에 양질의 물을 공급할 수 있다는 점을 지적했다. 그리하여 동파는 갈대로 덮인 25만 장(丈) 가량의 구역에 청결작업을 펼쳐야 한다고 제의했다. 이 작업을 하는 데 한 사람의 노동력을 가지고 약 1평방마일을 청결케 할 수 있다고 추산하여, 20만 명의 노동력이 필요하다고 했다. 일당은 노동자 한 사람당 55문(100문이면 은전 10센트)과 약간의 곡물을 지불하는 것으로 추산했다. 이렇게 해서 전체 경비가 3만 4천 관(貫)이 든다는 계산이 나오는데, 현재 1만 7천 관문은 항주에 이미 비축되어 있으므로 동파는 나머지 액수인 1만 7천 관문을 원조해 줄 것을 태후께 요청했다.

이 요청은 결국 허락되어, 동파는 수천 명의 노동자와 수부(水夫)를 데리고 공사에 착수하여 4개월 만에 공사를 마무리지었다. 그런데 준설공사를 한 지역에서 나온 갈대와 진흙더미를 어떻게 처리할 것인가 하는 문제가 또다시 대두되었다. 동파는 궁리 끝에, 이 쓰레기더미를 사용해서 긴 제방을 하나 더 축조해야겠다는 생각을 해냈다. 호숫가에는 이미 여러 집들이 촘촘히 들어서 있었고, 부호들의 별장들도 적지 않게 세워져 있었다. 그래서 사람들이 호수 남쪽으로부터 북쪽으로 걸어서 건너가려면, 바람부는 제방을 따라 약 2마일을 돌아가야만 했다. 그래서 동파는 이 쓰레기더미를 가지고 직선 코스의 제방을 세움으로써, 보행거리를 상당히 단축시킬 수 있었고 또 경치 좋은 산책길도 만든 셈이 되었다. 이 제방에는 6개의 아치형 다리와 9개의 누각을 세웠다. 동파 생전에 항주 백성들은 그의 행적을 기리고자 이 누각 가운데 한 곳에다 그의 초상을 모셔놓고 그의 '생사'(生祠)로 삼았다. 나중에 간신 여혜경이 다시 권좌에 올라섰을 때 그는 당장 이 생사의 철거 명령부터 내렸다.

또한 호수에 갈대가 아예 자라나지 못하도록 사전에 막는 것도 문제였다. 동파는 호수의 안변(岸邊)을 농부들에게 빌려주어, 그곳에 마름을 키우게 하면 어떨까 하는 생각을 해봤다. 그렇게 되면 농부들은 마름을 돌보기 위해 정기적으로 수초 제거작업을 하게 될 것이었다. 그리하여 그는 이 마름으로 들어오는 세입은 엄격히 구분하여 장제(長堤)와 서호의 유지비용으로만 사용하도록 따로 남겨놓을 수 있게끔 해달라고 중서성에다 요청했다.[11]

의식적이었든 무의식적이었든, 동파는 결과적으로 서호를 미화시켰을 뿐 아니라, 그 실제적인 유용성 또한 증가시켰다. 그러나 이 공사는 나중에 정적들로부터 단지 유람객들을 즐겁게 해주기 위해 국고를 낭비했다는 심한 비난의 대상이 되었다.[12]

동파는 강소(江蘇)의 모든 운하계통을 개발하는 보다 큰 사업도 전개해 나갔다. 이 사업 가운데는 소주(蘇州) 성읍 밖에 예인선을 설치하여 화물선으로부터 짐을 운송해 나르게 하는 계획이 있었고, 또 나중에 부양(阜陽)에 있는 서호(西湖 ; 항주의 서호와 이름이 같음)도 항주의 서호처럼 개발한다는 계획이 있었다. 이들 계획 가운데 몇 가지는 실현되지 못했으나, 당시에 설계한 상세한 계획안과 도표 등은 동파가 토목사업 방면에 상당한 두뇌가 있었음을 여실히 증명해 주고 있다.[13]

여기서 우리는 동파가 조정에 소환되어 가는 바람에 미처 다 완성하지 못하고 만 대토목사업에 대해 좀더 언급하고 넘어가야겠다. 당시 그가 세워 놓았던 자세한 계획안은 아직까지도 보존되어 전해지고 있다. 항주만(杭州灣)으로 통하는 전당강 어구에는 섬이 하나 있었는데, 해마다 적지않은 수의 배가 바로 이곳에서 난파되어 많은 승객들이 물에 빠져죽곤 하였다. 왜 이곳에서 사고가 자주 발생하는고 하니, 물살이 빠르고 폭이 넓은 전당강 급류가 마주 흘러 들어오는 바닷물을 향해 쏜살같이 흘러 들어가다가 이 섬에 의해 차단되므로, 이 급류가 위험한 소용돌이 물결로 변하기 때문이었다. 이 섬을 둘러싼 모래톱은 물살 변화에 따라 몇 주에 한 번씩 나타났다가는, 또다시 사라져버리곤 하기 때문에 이 섬에는 부산(浮山)이란 이름이 붙여졌다. 모래톱이 이렇게 나타났다 사라졌다 하므로 항해자들은 더욱 항로를 제대로 잡지 못했다. 이 모래톱들 가운데 어떤 모래톱은 약 1마일 내지 2마일 정도의 길이였는데, 어떤 때는 하룻밤 새에 이런 모래톱이 완전히 사라져버린다고도 했다. 그래서 항주로 항해하는 여행객들에게는 이곳이 제일 위험한 지역이었다. 그래서 절강(浙江) 동해안을 따라 항주로 오는 사람들은 일부러 용산(龍山)에서 만(灣)을 건너려고 했다. 하지만 남서지구로부터 전당강을 내려가는 여행객들은 어쩔 수 없이 이 위험한 지역을 거쳐가야 하는 모험을 겪어야만 했다. 이곳에서 사고를 당하여 물에 빠진 어른들과 아이들이 살려달라고 외쳐도 사람들이 미처 손도 써보기 전에, 이들은 급류에 빨려들어가 곧 먹혀버리고 만다. 어쨌든 항주의 해로교통은 매우 중요했다. 서남쪽의 불모지역에 사는 주민들은 항주 북변의 호수지역에서 생산되는 쌀에 의존하고 있었다. 한편 연료공급면에서 항주 주민들은 서남쪽 지역에 의존하고 있었다. 소금 역시 항주만에서 생산되어 서남지구로 수송되었다. 그래서 이처럼 위험도가 높은데도 불구하고, 선박운수업자들의 잦은 왕래가 계속되었다. 위험을 무릅쓰는 대가로 고용인들에게 보수를 후하게 지불해야 했기 때문에 자연히 수송료도 상당히 비쌌다. 국가적으로 보아도 눈에 보이지 않는 손실이 '몇천만 민'에 달하고 있는 셈이었다.

동파는 전당계곡 전체의 지리에 밝은 사람의 도움을 받아 이 문제를 해결해 보고자 했다. 새로운 계획안이란 다름아니라 항주로 가는 해운선박들을 위험지대 상류에 있는 또 하나의 다른 항로로 지나가게 하는 것이었다. 동파는 그 총공사비로 15만 관을 추산하고, 인부 3천 명을 고용해서 2년 만에 완공한다는 계획을 세웠다. 이 계획안에는 전당강에 운하를 파서 항해하기에 충분히 깊은 8마일 길이의 새 항로를 내고, 2.75마일 길이의 돌제방을 쌓으며, 615장 길이의 터널을 뚫는 일 등이 포함되어 있었다. 그러나 불행하게도 이 계획안을 막 완성시켰을 때 동파는 항주를 떠나야만 했다.[14]

그러고 있는 사이에 동파는 또 다른 보다 긴박한 문제, 즉 다가오는 기근문제로 눈코 뜰 새 없이 바빴다. 동파가 부임해 온 해에 항주에는 흉작이 들었다. 쌀값은 7월에 한 말당 60문 하던 것이 11월에는 95문으로 껑충 뛰어올랐다. 다행히 상평창(常平倉) 안에 아직 비축곡식이 남아 있었고, 거기다가 동파는 20만 섬의 곡식을 미리 확보해 두었었다. 동파는 정부미 18만 섬을 방매하여, 1090년(元祐 5) 5월엔 곡가를 말당 75문으로 떨어뜨림으로써 곡가를 안정시킬 수 있었다. 그해 봄엔 비가 좀 많이 오긴 했지만, 벼농사는 상당히 낙관적인 것으로 보였다. 그해 여름 농부들은 풍작을 거둘 수 있으리라는 기대에 부풀어 돈을 빌려서 농지를 개

간했었다. 그런데 5월과 6월 항주 전역과 호수지구에 계속 폭우가 쏟아
졌고, 또 한 차례의 심한 태풍이 몰려왔다. 홍수는 호주(湖州)에도 들이
닥쳐, 민가에 물이 1척씩이나 차올랐다. 모든 농부들의 희망은 산산히
부숴졌다. 그러므로 상식을 가진 사람이라면 누구나 비축식량이 떨어지
면 곧 기근이 겹치리란 것쯤은 예상할 수 있었다. 동파는 소주(蘇州)와
상주(常州)의 피해상황을 파악하기 위해 조사원을 파견하여, 전지역이
침수됐다는 보고를 받았다. 댐이 무너져 일부 농토는 수몰된 상태였다.
농부들은 쪽배를 타고 나가 건질 수 있는 것은 건져보려고 안간힘을 다
했다. 그거라도 건져야 젖은 쌀은 볶아 먹을 수 있고, 그 짚은 쇠먹이로
쓸 수 있었기 때문이었다. 정부에서는 무언가 대책을 세워야만 했고, 그
것도 조속한 조치를 취해야만 할 급박한 상황이었다.

　장차 무슨 일들이 닥쳐오리란 것을 어렵지 않게 예상할 수 있었지만,
동파는 좀더 원대한 대책을 세웠다. 동파는 기근이 이미 닥친 후에 구제
사업을 펴는 것보다, 미리 상평법(常平法) 조치를 취해야 한다고 믿어 왔
었다. 그래서 동파는 다가올 기근에 대처하기 위해 꾸준히 상평창에 곡
식을 모아들였었다. 비는 그치지 않고 계속 내려, 그는 점점 더 필사적이
되었다. 7월부터 시작해서 반년 사이에 동파는 태후와 조정에 일곱 차례
나 상소를 올려, 실제 상황을 약술 보고하고 긴급대책 방안을 촉구했다.
앞서 보낸 두 통의 상소는 〈자연재해에 관한 보고서 1·2〉(奏浙西災傷第一
狀·第二狀)라 부르고, 나중에 보낸 다섯 통은 〈기근구제에 관한 보고
서〉(相度準備賑濟)라고 불려진다. 이 일곱 통의 상소는 모두 한결같이 격
렬한 어조로 끈질기게 원조를 요청하는 외침으로 일관하고 있다. 동파는
조정의 모든 대신들이 상소들로 인해 골이 지끈지끈 아플 때까지 외침을
계속했다. 그의 이와 같은 조바심은 전혀 중국 사람답지가 않았다. 그리
하여 많은 감사들이 이 지역에 파견되었지만, 그들이 보낸 보고서에는
피해상황에 대해 일언반구도 언급되어 있지 않았다. 도대체 소동파는 무
얼 가지고 그리 외쳐대는가? 평상시보다 비가 조금 많이 온 것이 뭐 그
리 놀랍단 말인가? 그가 이처럼 법석을 떠는 것은 자기의 정치적 무덤을

스스로 파고 있는 거나 다름없었다.

그러나 동파는 이미 피해를 다 입고 난 후에 가서 구제사업을 하는 것보다, 사전에 예방책을 세우는 것이 더 현명하다고 굳게 믿었다. 동파는 식량부족을 예상하여, 본 고장에서 또는 다른 지역에서 곡식을 사들여 비축해 놓고, 이 비축식량을 방매하여 곡가를 억제시키면 기근은 사전에 방지될 수 있을 것이라고 믿었다. 굶주리고 배고픈 백성들에게 식량을 조금씩 나누어 주는 식의 기근구제는 언제나 낭비만 심할 뿐, 별 효과도 없이 인간 불행의 겉만 쓸어주는 격이었고 근본적인 해결책이 못 되었다. 문제는 기근에 미리 대비하는 데에 있었다. 선견지명이 있는 사람들은 늘 조급하기 마련이다. 그는 1075년(熙寧 8)에 아무도 기근에 대한 예비책을 세우지 않았던 일을 지적했다. 그때 신종 황제는 빈민들에게 무료급식을 나누어 주기 위해 125만 섬의 쌀을 풀었다. 그런데도 50만 명의 백성들이 사망했다. 인명피해는 차치하더라도, 세금면제와 세입손실 등으로 정부측에서는 실제 구제비용으로 총 320만 관문을 손실한 셈이었다. 이에 비해, 그 전년도에 동파가 구제차 사용한 양은 이 곡식의 6분의 1 정도로 곡가를 안정시켜 기근을 막을 수 있음을 제시했었다. 이제 두 번째 기근은 마치 병이 재발하면 더 심한 고통을 받는 환자처럼 첫 번째 때보다 상황이 더욱 나빠질 가능성이 높았다. 백성들의 얼마 안 되는 비축곡식은 그나마도 점점 줄어들었다. 긴급히 대책조치를 마련해야만 했다.

기묘한 것은, 소동파 외에는 아무도 이 점을 고려하지 않았다는 점이다. 동파는 관보를 읽고 분노가 치밀었다. 절강(浙江)과 이웃 지역의 지방관리들은 봄에 풍작이 예상된다고만 보고했을 뿐, 최근의 폭우와 홍수에 대해서는 일체 보고하지 않고 있었다. 다가올 기근을 대비하는 것이 우선이었으므로 동파는 관사 수축용으로 책정했던 예산을 곡식매입에 전용할 수 있게 해달라는 인가요청을 올렸다. 이 요청을 올리기 6개월 전에 동파는 미곡(米穀)매입용으로 5만 관문을 일찍이 청구한 바 있었는데, 이 가운데서 3분의 1은 본래 항주지역의 몫이었다. 조정에서는 요청대로 그 돈을 내주었으나, 동파는 인접지역 지방관리인 시명(詩名)이 섭온수(葉溫叟)라 하는 사람에게 그 분배액을 빼앗기고 말았다. 이처럼 책정자금이 일단 통과되면, 모두들 배당될 몫에는 관심을 기울이면서도 실제 진상에 대해서는 아무도 보고하려 들지 않았다. 태후께 올린 기밀 표장에서 동파는 이렇게 말하고 있다. "관리들은 좋은 소식만을 보고하는 것이 몸에 배었습니다. 그들은 3·4월의 날씨가 좋았을 때의 상황만을 보고하고 있습니다. 정부 감사(監司)들은 기근이 진짜로 코앞에 닥쳐 백성들이 정말 죽어넘어갈 때까지 아무런 대책도 세우지 않고 있습니다"(臣近者每觀邸報, 諸路監司多是於三·四月間, 先奏雨水勻調, 苗稼豊茂. 及至餓殍流亡, 然後奏知. 此有司之常態, 古今之通患也). 그런 다음 동파는 조정에서 모든 수해지역에 대한 전면적인 조사명령을 내릴 것을 요청했다. 만약 그가 우려하는 것이 근거없다고 여기거나, 동파의 견해와는 상반되게 기근이 닥칠 리도 없고 따라서 백성들도 명년 겨울에 굶어죽지 않으리라고 생각하는 관원들이 있다면, 이들은 자신들의 견해를 확신한다는 보고서를 작성 서명하도록 해야 한다고 주장했다. 동파는 마감(馬瑊)이란 한 관원과 협의코자 여러 번 그에게 편지를 했었다. 왜냐하면 동파가 계획하고 있는 일은 인근 지구와 공동합작이 요구되는 것이기 때문이었다. 그러나 마감은 다른 일들로 바쁘고 또 겨울에야 여행에서 돌아올 것 같다고 하였다. 그래서 동파는 이번엔 절동(浙東)의 관리인 절친한 친구 전협(錢勰)에게 편지를 써서 이렇게 말하고 있다.[15] "공께서 마(馬)씨에게 항주의 경치가 볼 만하니 8월쯤에 한번 방문해 보는 것이 어떻겠느냐고 설득해 봐 주십시오. 이는 공의 생각인 양 얘기하시고, 제가 끄집어낸 얘기라고 하지 말아주십시오." 7월에 올린 보고서에서 동파는 단 20만 섬의 쌀만을 요청했었다. 이 계획은 아주 간단했다. 주요 미곡생산지로서 항주는 해마다 경사에 125만 내지 150만 섬의 미곡을 올려보내도록 되어 있었다. 항주에는 아직까지 재정이 그런대로 남아 있으므로 그 미곡량에 해당되는 돈을 지불할 수가 있었다. 만약 이 공납토록 책정된 쌀 가운데 일부를 항주에 남겨도 된다는 허가만 내려준다면, 항주로서는 그에 상당하는 액수의 은과 비단들을 미곡 대신 보낼 수 있었다. 즉 황궁에 공납키로 되어 있는 미곡 가운데 일부를 지방의 상평창에 옮겨두도록 해달라는 것이 그의 요청의 전부였다.

그러는 사이에 7월 21일, 22일, 23일에 또 큰 폭우가 쏟아졌는데, 24일에 잠시 멈추었다가 또다시 퍼부었다. 동파는 밤새도록 잠을 이룰 수가 없었다. 다음날 아침 동파는 〈자연재해 보고서〉를 또 썼다. 호수구역의 홍수는 더욱 심각한 상태였다. 태후께서 그의 제1차 재해 보고서를 보고 즉시 관심을 기울일 것인지? 다행히 관신(官信)의 우편제도가 신속한 편이었다. 항주에서 경사까지 약 20일이 걸렸다. 8월 4일에 태후는 동파의 첫 번째 보고서를 받고서, 이에 대해 즉각적인 조치를 취했다. 보통 신하들이 올리는 상소문은 중서성에 보내졌다가 다시 호부(戶部)로 전해져, 14일 이내에 그 상소문에 대한 보고서를 작성하여 상부에 올리는 것이 상례였다. 20일이 경과한 8월 25일에 동파에게 연락이 왔다. 관의 통보로 추측컨대, 첫 번째 보고서에서 동파가 즉각적인 대처를 촉구했던 상소의 가장 중요한 부분이 삭제되어 보고되었음을 가히 추측할 수 있었다. 동파는 즉각 호부에 편지를 써서 현황 합동조사를 요청했고, 또 기근이 닥쳐오리란 전망에 이견을 갖고 있는 관원들은 그것을 보증한다는 문서를 작성해 두도록 해야 한다고 제의했다.

8월 중순부터 또다시 폭우가 계속 쏟아졌다. 그 어느 때보다도 가장 위협적인 상황에 처하게 되었다. 9월 7일, 동파는 청구했던 미곡량을 20만 섬에서 50만 섬으로 올렸다. 이 미곡을 갖고 그는 물가를 억제하여 안정시키는 데 쓸 작정이었다. 설사 정부측이 미곡을 제가격에 팔지 못하여 약간의 손해를 본다 하더라도 모든 손실액은 5만 관문에 불과할 것이었다. 그가 우려하는 바는 정작 기근이 닥치면, 그때 가서 정부가 이 액수의 열 배 내지 이십 배의 재정을 들여도 굶어 죽어가는 백성들을 구제할 도리가 없다는 것이었다. 이 요청에 대해 태후는 윤허하였으나, 우리가 보아왔듯이, 관료들에게는 성조(聖詔)를 좌절시킬 방법들이 언제나 있었다. 동파 행정구역에는 약간의 현금이 남아 있었지만, 문제는 어디

가서 돈을 구해 오는 것이 아니라 어디가서 쌀을 구해 오느냐에 있었다. 상인들은 값이 오를 것을 예측하고 곡식을 많이 사들였었다. 소주(蘇州) 에서는 곡가가 말당 95문으로 폭등했다. 동파는 각지에서 쌀을 구입해 들이려고 애썼으나 많이 살 수가 없었다. 그는 겨우 이곳에서 3천 말, 저 곳에서 4천 말을 확보했다. 그것이 전부였다. 반면에 인근 지역의 관원 들은 미곡 가격이 너무 비싸다는 이유로, 미곡을 사서 비축해 두려고 하 질 않았다. 동파는 정부가 보다 적극적으로 사태에 대응하여, 시장에서 직접 상인들이 부르는 가격을 주고 미곡을 매입해 두어, 나중에 필요할 때 물가안정을 위하여 정부측에서 좀 손해를 보더라도 싼값에 팔 수 있 도록 미리미리 대비를 해야 한다고 생각했다.

사태가 절박했다. 추수한 쌀은 벌써 몇 주 안이면 모두 없어질 것이었 다. 인근 지역의 상황 역시 모두 불리했다. 9월 하순에 동파는 다시 상소 문을 올려, 정부측에서 관리를 파견하여 하남(河南)과 안휘(安徽)지역에 서 미곡을 사가지고 양주(揚州)에 비축해 두어, 기근이 닥쳤을 때 호수 부근지역에 분배할 수 있게 해달라고 요청했다. 그의 계획은 미곡을 중 간지점에 두었다가 만일 필요치 않을 때에는 언제라도 경사에 되돌려 보 낼 수 있게 하는 것이었다. 항주는 해마다 경사에 공납하는 미곡 대신 그 에 상당하는 액수의 금전으로 올릴 수 있게 되었었다. 그의 이 요청도 허 락되었고, 태후는 이 계획 수행에 필요한 비용으로 100만 관문을 책정해 주었다. 이 세 번째 보고서에서 동파는 이렇게 말하고 있다. "금년의 재 해는 작년에 비해 훨씬 심합니다. 그러나 관원들은 고하를 막론하고 실 제 상황을 숨기려고만 합니다. 최근 가흥(嘉興)에서는 그곳 행정장관이 주민들의 구제요청을 받아주지 않는 바람에 큰 소동이 일어나, 40여 명 이 발에 밟혀 죽는 일이 발생했습니다. 대부분의 관원들이 그 모양입니 다. 가흥 사건의 경우는 밟혀 죽은 사람이 워낙 많다 보니 그나마 알려지 게 된 것입니다." 만약 태후가 공적만을 알리는 보고서에 의지한다면 실 제 상황은 알 길이 없었다. 동파는 전정권(前政權) 때에 백성들이 현금을 쥐고서도 쌀이 없어서 50여 만 명이 사망했던 일을 태후께 상기시켰다.

그런데 이번에는 백성들에게 돈도 쌀도 모두 없다는 것을 그는 잘 알고 있었다. "만약 소신의 모든 우려가 근거 없는 것들로, 명년에 기근 따위는 들지도 않을 텐데 공연히 소란을 피운 것이라면, 소신을 처벌하셔도 달게 받겠습니다. 그러나 재해에 대한 예방책을 하나도 세우지 못한 채 손가락 하나 까딱 못해 보고 백성들이 죽어가는 것을 지켜보느니, 소신은 되든 안 되든 모험을 해보겠습니다."

100만 관문의 하사금이 어떻게 소용되었는지는 다음과 같다. 막상 돈은 확보되었지만 살 쌀이 없었다. 게다가 그는 받기로 되어 있던 50만 섬의 미곡을 박탈당했다. 동파는 정부와의 계산을 맞춰봤다. 정부관리들은 이미 36만 섬이 지불됐다고 주장했다. 한편 동파측에서는 20만 섬은 1089년에 받은 것이므로 1090년도 책정액에 포괄시켜서는 안 되며, 16만 섬은 그가 청원하기 전부터 상평창에 있던 것이었다고 주장했다. 대개의 경우 성조(聖詔)에서 윤허한 하사금 총액은 여러 관료들의 방해와 간섭을 거친 후에는 실제로 동파가 받는 액수와는 일치하지 않았다. 동파는 관료들과의 외로운 투쟁 끝에, 친한 친구 공평중(孔平仲)에게 보낸 편지에서 이렇게 외치고 있다. "아! 누가 나를 도와줄 것인가?"

동파의 계획은 그 겨울에 정부미를 방매하기 시작하는 것이었다. 그가 예상했던 대로 곡가는 폭등했다. 겨울이 돌아왔을 때, 동파는 상평창에 비축해 둔 곡식을 방매하기 시작했다. 그러나 1091년(元祐 6) 2월에 동파는 항주 관직을 떠나 다시 한림(翰林)에 봉해져 경사로 소환되었다. 일을 미처 완결짓지 못한 채 항주를 떠나면서, 동파는 그의 후임자인 임태수[林希]에게, 황궁 사절들과 접촉을 가져서 결말을 보도록 하라고 말했다. 그는 또 임태수에게 황궁에 공납할 미곡량 가운데 50만 섬을 올리지 말고 남겨두도록 해달라고 지난달에 자신이 요청해 둔 일을 얘기해 주면서, 지금으로 봐서는 임태수가 계속 그것을 붙들어 두어야만 한다고 했다. 임태수는 소동파가 올린 마지막 청원서의 회답을 기다린다는 핑계로, 공미(貢米)를 지연시킬 수 있었다. 만약 이 쌀들을 이 지방에 더 이상 붙들어 둘 필요가 없음이 판명되면, 6월에 올려보내도 그리 늦을 것이 없었다.

경사로 가는 도중에 동파는 소주와 그 인근 지역의 홍수 피해지구를 방문하고, 그 대책을 세우기 위해 각 성의 고관들과 협의를 가졌다. 물이 빠지지 않았으므로 지역 전체가 물에 잠겨 있는 것을 볼 수 있었다. 이때가 봄이었는데, 농부들은 봄 모종할 즈음이면 물이 빠지리란 희망을 갖고 있었다. 낮은 지대의 농지는 이미 더 이상 아무 희망이 없어 보였고, 고지대에서는 남녀노소가 모두 동원되어 기후에 맞서 농토에서 밤낮으로 희망 없는 몸부림을 계속하고 있는 것을 동파는 보았다. 그러나 비는 계속 쏟아져 농지에서 물을 퍼내면 곧바로 또다시 물이 가득 차곤 하였다. 드디어 기근이 닥쳐왔다. 사람들은 보통 돼지먹이로나 쓰이는 왕겨와 밀기울에다 샐러리나 다른 채소를 섞어서 먹기 시작했다. 게다가 마른 땔감이 부족하여, 차가운 음식을 먹어 대부분의 사람들의 위가 팽창하였다. "나는 내 이 두 눈으로 똑똑히 봤다. 그것은 소문이 아니다. 머지않아 봄과 여름 사이에 전염병이 돌고, 길에 시체가 뒹굴 것이다."

소동파는 항주를 떠났고, 그후 기근이 닥쳐 백성들은 죽어갔다. 도저히 있을 수 없는 일이지만 동파가 경사로 돌아왔을 때, 그는 "재해상황을 과장했다"는 이유로 오히려 탄핵을 받았다. 기근에서 백성들을 구제한 것이 오히려 정적들이 그를 권좌에 오르지 못하게 탄핵하는 구실이 되었다. 조정측에서 보면, 적어도 경사에는 재해가 들지 않았고, 또 호수 구역 인구의 절반도 아직 죽지 않았으니까. 그해 동파가 경사 부근의 영주(潁州)지방에 도착했을 때 그는 양자강 북변에서 재해 피해상황을 살펴보게 되었다. 그때 기근으로 고향을 버리고 떠나는 피난민들은 기아에 쫓겨 집도 버리고 500마일을 터벅터벅 걸어서 동파의 관할지역으로 속속 들어오고 있었다. 그런데 1091년(元祐 6)의 농사까지도 흉작이 들자, 보다 심각한 사태가 되었고 그 다음해엔 그야말로 대재난이 되었다.[16]

제 23 장
백성들의 친구

소동파는 홀로 관료제도 개혁을 위해 싸웠으나 결국 실패했다. 또 그는 다가오는 재해를 예상하고 정부에 그 예방책을 강구하도록 촉구했으나, 이 일에도 성공하지 못했다. 그러나 이후 2년간 동파는 끈질기게 투쟁을 계속하여 결국 왕안석 신정조치가 가져온 무서운 후유증의 어두운 그림자에서 백성들을 구해낼 수 있었다. 소동파의 견해에 따르면, 수백만의 백성들이 파산했거나 빚으로 감옥에 갇히고, 또는 채무의 원금과 이자를 지불하지 못해 집을 버리고 도망가 떠돌아다니고 있었다. 정부의 재정은 넉넉했지만, 전국의 백성들은 도산했다. 중국의 백성들은 정부에 빚진 채무자로서, 재산관리인의 역할에서 영원히 벗어나지 못했다. 한편 정부측에는 저당물을 찾을 권리를 상실하여 찾아가지 못한 저당물들이 굉장히 많이 쌓여 있었으나, 도산한 백성들이 채무를 이행치 못해 도망가버렸으므로 채무액을 거두어들일 방법이 없었다. 정책의 입안자였던 왕안석은 이미 사망하고 없었다. 더욱이 그는 황실로부터 최고의 명예스런 직함에 추봉되어 묻혔다. 이제 정부를 설득해서 백성들의 빚을 일괄적으로 면제시켜 주게 하여, 백성들을 도산으로부터 구제하는 일은 전적으로 동파에게 남겨져 있었다. 이들은 모두 사망하여 이

제는 잠잠히 있으니, 우리들은 이제 눈을 크게 뜨고 이들 관료들의 이해
하기 어려운 심리상태를 좀더 객관적으로 잘 살펴볼 수 있을 것이다. 관
료들은 왕안석에 의해 시작된, 끝도 없는 오래된 빚의 늪에서 허우적대
는 백성들에게 마치 사냥감을 뒤쫓아다니는 놀이라도 하듯 잔혹하게 굴
었다.

동파가 경사에 이르렀을 때에는 온갖 비난과 공격의 화살이 그를 맞아
주었다. 당시 상황은 하북파 정객들에게 아주 불리한 상태였다. 정적들
은 태후가 소동파를 재상에 앉히려고 경사로 소환한 것이라고 여겼다.
한편 동파의 아우는 꾸준히 승진을 계속하여, 이제 그는 상서우승(尚書右
丞)이 되었다. 상서성은 바로 중서성·문하성과 함께 송나라 정부의 주요
관서인 삼성(三省) 가운데 하나였다. 1092년(元祐 7) 6월, 자유는 또다시
승급하여 이번에는 문하시랑(門下侍郞)이 되었다. 당시에는 명칭에 대해
그리 철저하지 못했으므로 그도 재상의 한 사람으로 불리었으니, 그의
정적들이 우려할 만도 했다. 더욱이 이제 태후께서는 자유의 걸출한 형
을 조정으로 다시 불러들인 것이다. 소씨 형제의 정적들은 자기 일신의
안위를 위해서도 치열한 투쟁을 불사해야만 했다.

소씨 형제가 고위직에 올라 정적들의 질시를 받으니, 이를 모면하기
위해서 두 사람 가운데 한 사람이 지방 외곽으로 떨어져 나가야만 했으
므로 그들 두 사람은 오랜 논쟁을 거듭했다. 소동파는 자신이 외곽으로
나가겠노라고 했다. 자유는 아우인 자신이 형에게 길을 비켜주어야 마땅
하다고 주장했다. 한편 동파는 경사에 도착하자마자 어사들로부터 빗발
치는 비판을 받자, 더욱 자신이 물러나기로 결심을 굳히고 5, 6차례에
걸쳐 사임서를 올렸다.

소동파가 경사를 떠나게 해달라고 간청하면 할수록 정적들은 더욱 의
심의 눈길로 그를 살폈다. 정이(程頤)의 문하생인 가역(賈易)은 1,500여
자로 된 상소를 올려 말하기를, 동파가 사임서를 여러 차례 낸 것은 조정
에 압력을 넣어 재상 직위를 낚으려는 미끼라고 하였다. 가역은 동파에
대한 불신거리가 될 만한 것은 무엇이고 이용했다. 선제(先帝 ; 신종을 가

리킴)가 죽은 지 두 달쯤 지났을 때 동파가 양주(揚州) 어느 절의 벽에다 썼던 짧은 시까지도 이제 조회(朝會)중에 떠벌려졌다. 또한 서호에 축조한 장제(長堤)는 정부나 백성 누구에게도 이득이 없는 것으로 몰아붙여졌으며, 항주의 재해상황에 관해서도 정부를 호도해 왔다고 비난받았다. 동파는 조정에 〈가역(賈易)을 회피하여 외직을 구하는 글〉(乞外補廻避賈易箚子)이란 기묘한 제목의 상소문을 올렸다.[1]

"가역은 오로지 개인적인 복수에만 혈안이 되어 있습니다. 그는 저를 쫓아내기 위해서라면, 일개 지역의 모든 주민이 도랑에 빠져죽는다 하더라도 내버려둘 인물로 무슨 짓이든 할 사람입니다." 그리하여 조정에서는 이에 대해 공개적으로 열띤 논쟁이 벌어졌다. 소동파의 정적 가운데 하나인 이 가역이란 자는 후에 자기가 소속했던 하남파가 쓰러지자, 곧 등을 돌렸던 인물이다. 동파의 정적으로 또 양외(楊畏)란 자가 있었다. 정치적 신념이 갈피를 잡을 수 없게 계속 변하는 시대를 겪으면서, 이 자는 일찍이 왕안석·사마광·여대방·범순인 등의 여러 인물들 사이에서 이리 붙었다 저리 붙었다 여러 차례 변절하여 '양삼변'(楊三變)이란 별명이 붙어 있었다. 소동파 쪽에도 적지않은 고위관직의 친구들이 있었다. 막상막하의 싸움이었다. 그러나 양쪽 모두 목표는 일치하고 있었다. 그렇게 하지 않고서는 끝이 나지를 않았기 때문이었다. 동파의 정적들은 그를 밖으로 내쫓으려 했는데, 동파 쪽에서는 외직으로 가는 것이 오히려 소원이었다. 기근이 들었든 안 들었든 정치적 싸움은 결국 필연적인 결론에 도달하여, 석달 후에 동파는 영주(潁州 ; 곧 阜陽임)로 옮겨가게 되었다.

그러나 그의 임무는 아직 끝나지 않았다. 1091년에 또 흉작이 들어 재해상황은 갈수록 악화되었다. 동파는 영주에서 8개월간 근무하고, 그 다음에 양주(揚州)에서 7개월간 봉직하였다. 그러는 가운데 동파는 양자강 이북의 농촌실태를 보다 잘 파악할 수 있게 되었다. 양주에 머무르고 있었던 1091년(元祐 6) 겨울, 동파는 어느날 성읍 밖에 나갔다가 동남쪽으로부터 회하(淮河) 제방을 향해 오고 있는 유랑난민들을 목격했다. 동파는 당시 농민들이 느릅나무 껍질을 떼내어 찢어서 쇠비름과 겨를 넣고 가루풀을 만들어서 먹기 시작했다고 보고했다. 도적들의 도발이 날로 급증하였으므로, 동파는 빈번한 강도들의 약탈사건도 상부에 보고했다. 최악의 상태까지는 아직 이르지 않았으나 일단 최악의 상태에 이르면 더 많은 유랑난민들이 양자강 남쪽으로부터 들어올 것이라고 그는 예측했다. 노약자는 낙오하여 길가에 쓰러질 것이고 젊고 강한 이들은 도적에 가담할 것이었다.[2]

때는 섣달 그믐날 저녁이었다. 동파는 황실 친척인 동료 관료 조령치(趙令畤)*와 함께 성루(城樓)에 올라, 깊이 쌓인 눈속을 터벅터벅 걸어가고 있는 피난민들을 바라다보았다. 그 다음날 새벽이 채 되기도 전에, 조령치는 동파 때문에 잠에서 깨어났다고 말했다.

"밤새도록 나는 잠을 한잠도 이룰 수 없었소"라고 동파가 그에게 말했다. "피난민들에게 무언가 해주어야만 할 것 같소이다. 예컨대 우리는 상평창에서 곡식을 꺼내다 떡을 만들어 그들을 먹일 수도 있을 것 같습니다. 집사람이 말하기를, 우리가 진주(陳州)를 지나올 때 부흠지(傅欽之)가 재민구제를 했다는 얘기를 들었답니다. 우리는 깜박 잊고 그에게 어떻게 재민을 구제했는지 물어보지 못했구려. 공께서는 무슨 좋은 생각이 없으신지요?" "저도 그것에 대해 생각해 봤습니다"라고 조령치가 대답했다. "이 사람들은 식량과 연료만 필요합니다. 상평창에는 우리가 당장이라도 나누어줄 수 있는 곡식이 수천 섬 있습니다. 그리고 주무처(酒務處)에는 수십만 평(秤)의 석탄이 있습니다. 그것들도 가난한 백성들에게 줄 수 있습니다." "좋소이다"라고 동파가 맞장구쳤다. "자! 당장 실행에 옮깁시다."[3]

이렇게 해서 잠정적인 구제대책이 가까운 이웃들에게 베풀어졌다. 그러나 회하 남쪽 인접지역의 관리들은 이런 상황에서도 여전히 곡식과 땔

---

* 당(唐)이 종실(宗室) 번진(藩鎭)들의 난리 때문에 멸망하였으므로, 송조(宋朝)는 이를 경계하여 종실자손들에게 어떤 권리나 특혜도 거의 부여하지 않았다. 따라서 조령치도 그러한 혜택을 받지 못했다.

감 수송교통에 세금을 부가하고 있었으므로, 동파는 정부에다 지금처럼 곡식과 땔감·공급의 자유로운 수송이 절실할 때 이런 불합리한 짓을 제발 그만 중지시키도록 해달라는 편지를 올렸다.[4]

1092년(元祐 7), 동파는 다시 양주(揚州)로 이임되었다. 그의 장남은 다른 곳의 지방장관으로 임명되어 있었다. 그래서 동파는 그 아래 두 아들을 데리고 양주로 가는 도중 안휘성의 여러 지역을 방문하였다. 동파는 수행자들을 물리고 마을로 혼자 들어가서 백성들과 이야기를 나누었다. 그때 그는 거기서 믿기 어려운 광경을 목격했다. 땅은 온통 푸른 밀들로 뒤덮여 있었는데, 많은 농가들이 버려진 채 텅 비어 있었다. 농민들은 풍년을 제일 두려워했기 때문이었다. 왜냐하면, 일단 풍년이 들면 지방관서의 아전과 포졸들이 나와서 정부로부터 임대한 원금과 이자를 상환하라고 다그치면서 감옥에 집어넣을 것이기 때문이었다. 양주에 도착하여, 동파는 새 직책 임명에 감사하는 표장을 올렸다. 이 표장에서 동파는 이렇게 말하고 있다. "풍년이 드나 흉년이 드나, 백성들에겐 모두 재난이나 다름없습니다." 중국의 농상(農商)계층은 모두 진퇴양난에 놓여 있었다. 그들은 흉년이 든 해에는 기아에 허덕이고, 어쩌다 풍년이 들어도 계속되는 소송과 재판에 시달리는, 결국 이 두 가지 가운데 한 길을 가야만 했던 것이다.

이는 모두 왕안석이 입안한 사회개혁 조치의 후유증들이었다. 동파가 항주에 있을 때, 그는 다가오는 재난에 대비하기 위해 정부에다 돈과 곡식을 요청하고 백성들이 정부에 갚아야 할 빚들을 청산해 줄 것을 촉구하는 장문의 상소를 올렸었다. 무역은 마비되어 부호들조차 모두 망했다. 또 정부가 현물 대신 현금으로 세금을 징수하도록 함에 따라 시중에는 현금이 말라버렸다. 국가의 모든 재화가 이제 완전히 황실 창고에 집중되어 있었는데, 정부는 이 재화들을 서북 변방 오랑캐와의 싸움에 모두 소모하고 있었다. 항주지구의 인구는 20년 전과 비교하여 보면 약 40 내지 50퍼센트가 감소하였다. 동파가 전에 지적했던 대로 술의 전매수입이 연간 30만 관(貫)에서 20만 관 이하로 떨어져, 정부 또한 손해를 보고 있었다. 신정조치의 하나인 시역법으로 인해 소상인들은 발붙일 데가 없었다. 또한 부유한 사람이 가난한 이웃의 보증을 서게 만든 조치로 인해, 많은 부유한 사람들조차 망하게 되었다. 청묘법으로 야기된 소송과 분규는 상상도 못할 정도로 심했다. 아마도 관료들이 묵과해 주어서였는지 어떤 사람들은 다른 사람의 이름으로 대관을 빌려 썼다. 무고하게 이름을 남용당한 이런 사람들은 청묘대관을 빌려 쓴 적도 없는 억울한 사람들이었고, 또 어떤 경우는 아예 있지도 않은 이름을 날조해 악용했다. 정부의 명부철은 뒤죽박죽 극도로 혼란한 상태에 있었다. 명부철은 수천 건의 저당재물 관리에 기초하여 이루어진 것인데, 저당물 가운데 일부는 이미 몰수된 것들이었다. 몰수한 재산들 또한 원금이나 또는 원금과 이자를 충분히 상환할 만한 값어치가 있는 것들도 못 되었다. 그 많은 이자를 무슨 수로 청산할 수 있단 말인가! 많은 사람들이 소송중에 있는 재화를 팔아버렸다는 이유로 감옥에 갇혔으며, 법적으로 도대체 누가 정당한지 어느 누구도 구분할 수가 없었다. 모두들 남에게 빚을 지고 있었다. 법정에는 백성들의 관채(官債) 소송안이 산더미처럼 쌓여, 개인간의 채무소송 사건 따위는 돌볼 겨를도 없었다. 상업은 언제나 그렇듯이 신용을 기초로 해야 되는데, 이제는 어느 누구도 신용할 수 없게 되어 상거래가 거의 정지상태에 있었다. 게다가 관료들의 부패는 믿을 수 없을 만큼 썩을 대로 썩어 있었다. 항주는 매년 황제에게 비단을 진공(進貢)해야 했다. 전운사(轉運使)들은 총액수에 맞추어 공물(貢物)을 수거하는 데에만 신경을 썼으므로, 질이 떨어지는 비단은 퇴짜를 맞았다. 그래서 불합격당한 비단에 해당하는 액수를 어떻게 해서든지 보충해야만 했다. 불합격품을 충임할 돈은 그 지방 태수가 마련해야 했다. 그러면 태수는 대개 그 지방 백성들에게 이 질 나쁜 비단을 질 좋은 비단의 가격으로 사라고 억지로 강요하였다. 한편 태수는 위로는 감사로부터 압력을 받았고, 아래로는 마치 양이 목초지에서 풀을 뜯어먹고 성장하듯이 미수거 빚을 뜯어먹는 아전들의 부패로 골치를 썩였다.

중앙정부의 무관심과 질질 끌며 연기한 채 일을 처리해 주지 않는 실태는 실로 놀라울 지경이었다. 일찍이 1090년(元祐 5) 5월에 동파는 건의서를 기초하여,[5] 정부에 빚진 백성들의 모든 채무를 취소해 줄 것을 조정에 요청한 바 있었다. 새 황제가 즉위하면서, 사마광의 주도 아래 정부는 차츰 몰수했던 재산들을 백성들에게 되돌려주기 시작했다. 그러나 이런 조정의 원래 의도들은 늘 관료들의 농간에 의해 도중에 좌절되곤 하였다. 동파를 분노하게 만들었던, 그들이 내세운 모든 구실들을 여기서 일일이 다 얘기할 수 없는 노릇이다. 어떤 관리들은 조정의 명령은, 세 번 평가고시를 받은 후 강제 몰수당한 사람들의 경우에 한해 몰수한 재산을 되돌려주라고 한 것이라고 주장했다. 그러므로 그 자리에서 정부의 평가고시를 받아들인 사람의 경우는 채무면제 대상에 해당되지 않는다는 것이었다. 이런 견해 사이에는 미묘한 차이점이 있다. 정부의 고시를 받아들인 사람들은 이미 평가고시가 공평하다고 여겼기 때문에 즉각 받아들인 것이므로, 그들의 재산을 되돌려줄 필요가 없다고 관료들은 여겼다. 동파는 관리들이 이런 식으로 구분하는 것에 분개해 마지않았고, 성조의 본래 취지는 그렇지 않음을 강력히 주장했다.

이는 백성들이 그들의 당연한 이익과 권리를 기만당한 한 가지 예에 불과했다. 동파는 이런 실례들을 하나하나 들어가면서, 성조가 관리들에 의해 잘못 해석 적용되어 백성들을 불리하게 만든 점들을 모두 지적했다. 그는 정부가 20년이나 묵은 빚을 갚을 길도 없는 백성들에게서 계속 거두어들이려고 애쓰는 의도가 도대체 어디에 있는지 이해할 수 없으며, 백성들의 고혈은 이미 최후의 한방울까지 쥐어짜여 더 이상 기력이 없다고 주장하였다. 예를 들어 주무(酒務) 방면에 빚을 진 백성들의 사건 1,433건에 대해 20년간 정부가 빚을 독촉해 왔으나, 그 가운데 403건의 경우 백성들이 도망을 갔거나, 빚이 두려워 집에 못 돌아오고 있는 실정이었다. 채무 총액은 불과 1만 3,400관문에 불과했다. 단돈 1만 3,400관문을 거두기 위해, 백성들로 하여금 집을 버리고 떠나게 해서 정부에겐 들 무슨 이득이 있겠는가? 더욱이 이런 실정이 계속되면 정부로서는 1만 3,400관문을 벌어들일 가망이 아주 없어지고 만다. 차라리 정부가 이 빚을 즉각 탕감해 주어, 백성들이 고마워하게 함으로써 민심이나 사는 편이 더 낫지 않겠는가?

108일이나 기다려도 소식이 없자, 그해 9월에 동파는 잇달아 또 한 편의 표장을 써서 먼젓번에 올린 표장의 결과가 어찌 되었는지 끝까지 추궁했다.[6] 이번 표장은 기밀로 태후께 올렸다. 12월 8일, 태후는 이 표장을 검토한 후 중서성에 넘겨 건의 내용을 행동에 옮기라고 명령했다. 12월 19일, 호부에서 동파에게 통지가 왔다. 내용인즉 표장이 분실된 관계로 사본을 한 장 다시 써서 제출하라는 것이었다. 1091년(元祐 6) 1월 9일, 동파는 사본을 보내면서 다음과 같이 덧붙였다.[7] 20년간 상업거래가 정지되어 온 형편이니 정부에서 백성들의 일반 신용대부와 현금비축을 회복시켜 주어야만 국가의 세입을 증가시킬 수 있다고 건의하였다. 그것이 마지막 청원이었다. 청원을 올린 지 거의 2년이 지나도록, 정부는 여전히 이에 대한 아무런 대책도 세우지 않은 채 있었다.

그러는 사이에 항주와 호수 주변지구에 흉년이 거듭 들어 1092년에는 대재앙이 일어날 정도에 이르렀다. 소동파의 보고서에 따르면,[8] 이제 소주(蘇州), 호주(湖州), 수주(秀州;嘉興임) 등 지방 거주민들 반 이상이 사망했다. 또한 정처 없이 떠도는 피난민의 거대한 행렬들이 양자강을 건너오고 있었다. 비록 홍수는 줄어들기 시작했지만, 모든 농토의 분계선들이 물에 쓸려 없어져버렸다. "주인 없는 농토가 많았고, 혹 땅주인은 남아 있더라도 식량이 없었다. 식량을 가졌다는 사람들은 이 다음해에 심을 종자씨가 없는 형편이었고, 어떤 이들은 종자씨를 갖고 있었지만 농사일을 도울 황소가 없었다. 죽지 않고 살아남은 사람들도 몰골이 마치 귀신 같았다." 동파가 보기에 정부가 아무리 힘을 다해 원조해 준다 하더라도 이 지역 주민들이 재난을 회복하려면 10년은 걸릴 것 같았다. 그는 만약 정부가 과거에 자신이 제시했던 조치를 채택했더라면, 지금 재난 구제에 드는 비용의 절반밖에 들지 않았을 것이라고 지적했다. "이들 관리들은 정부의 돈을 움켜쥐고 안 쓰려고만 했지, 황제폐하를 도와 백성들을 구제하는 데에는 관심도 없습니다. 그러니 살려고 몸부림치는 많은 백성들은 어찌해야 하겠습니까?"

그리하여 1092년(元祐 7) 5월 16일, 동파는 이 채무 청산의 문제를 다시 제기했다. 그는 자신의 관할지역 내에서는 다른 관원들의 처리방법과 달리 성조를 자기 나름대로 충실하게 해석하여 성조에 해당되는 경우의 채무는 전부 용서해 주었다. 그러나 실제사정이 불확실하고, 의심스런 사건들은 1년간 기소를 유예시켜 정부의 조처가 확정되기를 기다렸다. 상업거래를 조금이라도 완화시키거나 정상으로 회복시키기 위해서 백성들의 신용을 회복시켜 주는 길밖에 다른 도리가 없다고 믿었다. 갚지 못한 빚과 그 이자가 마치 백성들의 목에 매달아 놓은 돌처럼 달려 있었다. 백성들간의 신용이 무너지자, 상거래와 교역이 마비되었다. 이것이 바로 모든 악의 근원이었다. 그는 5천여 자의 표장을 올려 미납의 빚을 어떻게 처리할 것인지 그 대책에 대해 상세하게 건의하였다. 빚 가운데에는 정부의 소유물을 팔았기 때문에 진 빚, 청묘채(靑苗債), 관곡채(官穀債), 여름과 가을에 내는 양세(兩稅), 지금은 이미 폐지된 시역채(市易債), 반 년을 한 회기로 하여 열 번에 걸쳐 분납하게 하여 정부에 상환토록 명했던 오래된 빚 등이 있었다. 이상의 부채에다 그가 항주에서 올린 표장에서 언급한 기타 네 종류의 부채와 합치면 모두 열 가지인데, 이 열 가지 부채에 대해서 정부는 그때그때 부분적으로 탕감해 준다는 명령을 내린 바 있었다. 동파는 표장 가운데에서 전체 상황을 회고해 보면서, 또 한편으로 면밀히 검토 기획한 대책들을 제시하고 있다. 그 마지막에 동파는 이렇게 말하고 있다.

　저는 항주에 부임해 있다가, 그 다음에는 영주(穎州)로, 그리고 지금은 양주(揚州)에서 임직중에 있습니다. 그래서 개인적으로 이 세 지역의 민정(民情)을 비교적 상세히 살펴볼 기회가 있었습니다. 그들은 모두 이미 오래전에 진 무거운 빚더미에 눌려 지내왔고, 갈수록 점점 더 가난해져 가고만 있었습니다. 인구의 반이 사망하거나 고향을 떠났으며, 그들의 채무기록은 아직도 관아 장부에 그대로 남아 있습니다. 농민들과 소상(小商)들 모두 고통을 당하고 있으며, 이로 인해 정부의 세입도 감소하고 있습니다. 이런 지역에서 제가 경험한 상황은 전국의 다른 지역도 마찬가지일 거라고 믿습니다. 영주로부터 양주를 향해 여행할 때에 저는 회하(淮河) 유역의 여러 지역을 지나왔는데, 제가 가는 곳마다 푸른 밀밭 천지였습니다. 수행원을 뒤에 놔둔 채 저는 마을 안으로 들어갔습니다. 그 지방 유지들은 모두 슬픈 얼굴로 이렇게 말했습니다. "오늘날엔 흉년드는 것이 풍년드는 것보다 오히려 낫습니다. 수재나 한재가 들면 식량을 아끼고 절약해 어떻게 해서든지 연명할 수 있으며, 어쨌든 최소한 자유롭게 살 수 있습니다. 하지만 일단 풍년이 들었다 하면 세리들이 집으로 들이닥쳐, 사람들은 사슬에 묶여 떠납니다. 감옥살이 하느니 차라리 죽느니만 못하지요." 이렇게 말하고 나서 그 마을 연장자들은 눈물을 닦았고, 저 역시 눈물을 흘렸습니다. 더욱이 제가 가는 성읍마다 피난민들의 무리가 우글거렸습니다.……

공자께서 일찍이 말씀하시길, "혹독한 정부는 호랑이보다 더 무섭다"(苛政酷猛於虎)라고 하셨는데 소신은 이 말을 믿지 않았었습니다. 현재 이런 상황을 직접 목격하고 나니, 공자께서는 오히려 그래도 좀 온건하게 표현하신 편이라는 생각이 들 정도입니다. 설사 호랑이가 사람을 죽인다 해도, 그 수효는 기근과 홍수로 사망하는 사람수에 비하면 훨씬 못 미칠 것입니다. 그런데 오늘날 이 나라의 백성들은 기근이나 홍수보다도 세리(稅吏)를 더 무서워합니다. 저는 개인적으로 이 세리들의 수를 추산해 봤습니다. 지역마다 평균 500명으로 줄잡으면 약 20여만 명의 호랑이와 늑대들이 백성들을 착취하려고 전국에 풀어져 있는 셈입니다. 그러니 백성들이 어떻게 마음놓고 살 수가 있으며, 이런 상황 아래에서 조정이 어떻게 인정(仁政)을 베풀 수 있겠습니까?[9]

첫 번째 표장을 올린 지 정확히 한 달이 지난 후에, 동파는 곧이어 태후께 두 번째 사신(私信)을 올렸다. 이 사신에서 그는 다음과 같은 내용의 성조(聖詔)를 내릴 것을 제의했다.

회수(淮水)와 절강(浙江) 유역의 백성들은 정부에 아직 갚지 못한 채무액이 가장 많은 지역으로 알려졌습니다. 이 지역들은 지난 몇 해 동안 자연재해로 계속 피해를 받아 길가에는 시체들이 나뒹굴고 있습니다.

올해 회하(淮河) 이남의 첫 보리농사 수확은 좋은 듯하나, 절서(浙西)지방의 수확은 어떨지 아직 확실치 않습니다. 그러므로 회하의 동·서·남부 지역과 절서(浙西)지방의 모든 관채(官債)의 원금을 상환 여부에 관계없이, 또 빚진 햇수를 상관치 말고 일년간 보류해 주시길 빕니다. 이렇게 조치함으로써 오랫동안 고통받아온 우리 백성들이 한번 배불리 먹고 즐길 수 있길 바랄 뿐입니다.[10]

이렇게 말한 다음, 그가 전에 상세히 적어 올린 표장에 따라 법조항을 제정하여 모든 채무들을 처리하실 것을 태후께 권하였다. 1092년 6월, 동파의 이러한 조언은 그대로 받아들여져 법령으로 선포되었다. 그의 소원은 이루어졌고, 그가 상소에 열거했던 백성들의 빚들도 모두 탕감되었다.

제4편

유배 시절(1094~1101)

제 24 장
두 번째 박해

1093년(元祐 8) 가을, 두 명의 여성이 사망했다. 이들은 바로 동파의 아내와 태후였다. 이 두 사람 모두 이 시인의 수호신이나 다름없던 사람들이었다. 이들의 죽음과 때를 같이하여, 소동파의 운명도 완전히 백팔십도 다르게 전환되었다. 동파의 아내는 8월 1일에 사망했고, 태후는 9월 3일에 서거했다. 아내가 사망할 그즈음 동파의 관운(官運)은 최고조에 달해 있었다. 동파 부인은 이때 그로부터 떠나갔으므로, 이후 동파의 가장 서글픈 시절을 같이 겪지 않아도 되었다. 양주에서 경사로 소환된 뒤, 동파는 처음 두 달간 병부상서를 역임했고, 그런 다음 10개월간 예부상서직을 맡았다. 당시 그의 아우는 문하시랑으로 있었다. 소부인(蘇夫人)은 일찍이 황후를 모시고 역대 황제의 능에도 함께 참배가는 등 귀부인으로서의 모든 특권을 만끽했었다. 자녀들도 모두 이미 결혼시켜, 곁에 두고 있었다. 소매(蘇邁)는 나이가 벌써 서른넷이었고, 소태(蘇迨)는 스물셋, 소과(蘇過)는 스물하나였다. 둘째 아들은 구양수의 손녀와 결혼했다. 그리하여 소부인의 장례식은 그녀의 신분에 어울리게 성대히 거행되었다. 그녀의 시신을 모신 관은 경사의 서쪽 교외에 있는 어느 절에 모셔졌다. 그후 10년이 지난 뒤, 시동생인 자유가 그녀를 남편 동파와 함께 합장시켜 주었다.[1] 소동파가 그녀를 위해 쓴 제문은 그 표현이 적절하고, 고아한 문체로 씌어져 있다. 제문 가운데에는 그녀가 현모양처였으며, 전처의 아이들에 대해서도 마치 자기가 낳은 친자식처럼 잘하였다고 말하고 있다. 그는 또 말하기를, 그녀는 자기 일생의 영고성쇠를 아무 불만 없이 같이 겪어주었으며, 자신이 죽으면 그녀와 합장되길 바란다고 말하고 있다. 부인이 죽은 지 백일이 되는 날, 동파는 명화가 이공린(李公麟)이 그린 십위보살상(十位菩薩像)을 헌정했고, 또 불승에게 부탁하여 그녀의 영혼이 수로와 육로를 거쳐 서방세계에 잘 갈 수 있도록 축원하는 예불을 드렸다.[2]

신종의 어머니이자 현 황제의 할머니인 태후야말로 소동파의 진정한 수호신이었다. 태후의 서거는 곧 동파의 정치적 전락을 운명지었고, 그녀 섭정시기 동안에 임명되었던 다른 대관들도 하나하나씩 실각되었다. 현명한 노태후는 옆에서 자라나고 있는 손자에 대해 잘 알고 있었으므로, 곧 정치적 변화가 닥치리란 것을 예감했다. 손자는 문예 방면에 소질이 있었으나, 다른 방면의 일처리는 경솔했고, 성깔을 잘 부려서 노련한 정객들의 손에 놀아나기 쉬웠다. 그는 성장하면서 할머니에 대한 불만이 점점 커졌다. 이는 아마도 왕안석의 파벌들이 애초부터 고의로 이 소년의 불만을 돋우워 놓았기 때문이었던 것 같다.

태후가 임종하기 열흘 전에, 범순인(范純仁)과 자유를 포함한 열 명의 고관들이 병상 문안을 갔었다.

"나는 회복될 것 같진 않소" 하고 태후가 말하였다. "오래도록 경들을 볼 수 있을 것 같지가 않구려. 그대들은 힘을 다해 어린 황제를 보필해야 하오."

대신들이 물러가려고 하자, 태후가 범순인을 가리키며 따로 남기를 원했으므로 젊은 철종(哲宗) 황제는 범순인과 여대방을 제외하고 다른 대신들은 그만 물러가라고 했다.

태후는 소년 황제 대신에 자신이 낳은 아들을 황제로 즉위시키려고 음모했다는 소문에 대해 언급하며 이렇게 말했다. "나는 신종 황제의 부탁으로 어린 황제가 자랄 동안 9년간 이 나라를 다스렸소. 지난 9년간 경들은 내가 나의 친가인 고씨(高氏) 문중에 특혜를 베푸는 것을 본 적이 있었소?" "없습니다." 여대방이 대답했다. "태후마마께서는 친가 사람들에게 특혜를 베푸신 적이 없었습니다. 일절 국익을 우선으로 하여 나라를 다스리셨습니다." "그랬었나." 죽어가는 노태후는 눈물을 글썽이며 이렇게 말했다. "그것이 바로 임종이 가까운 지금에 와서도 내 아들과 딸을 만나지 못하는 이유라오." 태후가 자신의 아들에게 중앙의 관직을 주지 않은 것은 사실이었다. "태후마마께서는 곧 회복되실 것입니다." 여대방이 말했다. "의사의 지시만 잘 따르시면 됩니다. 지금 이런 말씀을 하셔선 안 됩니다." "아니오." 태후가 대답했다. "경들이 있는 자리에서 내 황제께 몇 말씀 드리리다. 내가 죽은 후 많은 신하들이 황제를 속이려 들 것입니다. 나의 손자시여, 그런 사람들을 경계하셔야 합니다." 그런 다음 여대방과 범순인에게 고개를 돌리고 이렇게 말했다. "내 생각에는 내가 죽은 후에 경들은 관직을 떠나는 것이 그대들에게 더 좋을 것 같구려. 젊은 황제께서는 아마도 다른 파벌의 사람들을 쓰시려 할 것이오." 그런 다음 태후는 시종에게 대신들을 정식 저녁식사 초대에 청해 대접한 관례가 있느냐고 물은 뒤, 여대방과 범순인에게 말했다. "자, 이제들 가서 저녁식사들을 하시오. 다음해 이날 그대들이 저녁을 들 때, 나를 기억해 주구료."[3)]

태후가 서거하자마자, 동파가 지방 외관직을 자청했던 청원이 윤허되었다. 그 자신이 청한 대로 그는 좀 골치아픈 지역에 임명되었다. 하북(河北) 서부의 군사지역을 통할하고 보병과 기병사령을 책임지게 된 것인데,[4)] 그의 아문(衙門)은 북평(北平) 부근의 정주(定州)에 있었다. 송대 제도에 따르면 군대 총책임자는 대개 문관(文官)이었고, 무관인 장군이 부관을 맡게 되어 있었다. 동파는 이 직위를 비록 단기간 동안 맡았으나, 시인이자 서화가(書畵家)인 사람도 군대를 지휘 통솔할 수 있다는 본보기를 잘 보여준 점이 특기할 만했다. 군사행정은 너무나 부패되어 있었다. 군인들의 급료는 형편없이 낮았고, 입고 있는 군복은 다 낡았으며,

먹는 것 또한 변변치 못했다. 또한 군영은 지저분하기 그지없는 상태였다. 부패가 만연해 있었고 군인들은 형편없이 군기가 빠져 있었다. 또 관료들과 군인들은 도박과 음주를 일삼았다. 일단 전쟁이라도 나면 모두 도망가버리고 말 그런 군대였다. 동파는 군영을 수리하고 규율을 바로잡았으며, 부패한 관리들을 해임시키거나 처벌하여 군인들이 그전보다 잘 입고 잘 먹을 수 있게 하였다. 일부 관졸들은 소동파가 부패관리들을 처벌하는 것을 보고는 동파에게 와서 자기들의 상관을 고자질했다. 그러나 "이런 것은 너희들이 관여할 바가 못 된다"라고 동파가 그들에게 말했다. "그 문젯거리는 내가 알아서 처리할 것이다. 사병들이 자기의 상관을 밀고하는 것을 묵인한다면, 군대규율이 어찌 되겠는가?"라고 말한 다음 동파는 이 밀고자들도 처벌하였다. 그는 군대통솔자로서의 위엄을 지키는 것이 중요함을 감지했다. 그리하여 동파는 자신도 군복을 차려입고, 장교와 부관들을 계급순위로 서열하게 하고서 정장 열병식을 주관했다. 그런데 육군대장 왕광조(王光祖)란 자는 늙고 오만한데다 편벽된 성격의 군인으로서, 이곳에서 오랫동안 군대를 통솔하고 있었다. 이제 그는 자신의 세력이 위협을 받고 있다고 느꼈음인지 정장 열병식 때에 불참하려 했으나, 동파가 참가하라고 명령하자 이에 노장군은 복종할 수밖에 별다른 도리가 없었다.[5]

한 왕조의 비극은 바로 황후들이 대가 끊기지 않게 선량하고 현명하며 유능한 아들과 손자, 증손자들을 계속 생산해 내야만 황실의 권력을 유지할 수 있다는 데에 있다. 그러나 이는 일찍이 인류역사상, 생물학상으로 들어 보지 못한, 보장할 길이 없는 그런 가설이다. 천재들이라고 해서 반드시 천재를 낳는 것은 아니다. 그러므로 현명한 왕들도 조만간에 사악한 자손이나 저능한 자손을 낳게 된다. 한 나라의 평화와 안락, 심지어 때로는 전 역사과정이 어느 일가(一家)의 우연하고도 걷잡을 수 없는 유전자의 전달에 전적으로 의존하고 있는 것이다. 그러나 대자연은 어느 일가가 재능을 독점하는 것을 허락치 않는다. 그러므로 루이 16세는 루이 14세만 못했고, 조지 3세는 조지 2세만 같지 못했다. 어쩌면 프랑스혁명과 미합중국의 탄생은 이러한 신경쇠약 증세의 왕들 덕분에 성공할 수 있었다고 볼 수 있다.

이제 막 집권한 겨우 18세의 황제[哲宗]는 여색을 좋아하고, 공부를 게을리하는 것으로 소문이 났다. 원우(元祐) 제신(諸臣)에 대한 미움의 씨앗이 이 젊은 황제에게 싹튼 것은 이전 태후 섭정 때부터였다. 일찍이 원우 제신 가운데 두 사람이 젊은 황제가 여색에 빠져 학업을 게을리한다고 황제와 태후에게 상소를 올렸을 때부터 미움이 싹트기 시작한 것이다. 황제는 언제나 그의 시중을 들어주는 스무 명 남짓되는 젊은 여인들에게 싸여 지냈는데, 이는 궁중의 전통이기도 했다. 후에 황제 자신이 장돈에게 말했듯이 황제는 시종 열 명이 어느날 갑자기 해고되고, 또 다른 열 명의 시종들이 대신 그 자리에 채워진 것을 발견했다고 한다. 며칠 후, 또 열 명의 시종이 갈렸다. 그녀들이 작별인사를 하러 왔을 때, 태후로부터 심하게 문책을 받았던지 훌쩍훌쩍 울고 있는 것을 보았다.[6]

소년 황제가 재상들 가운데 유독 이 두 재상을 그렇게 증오하는 데에는 그만한 이유가 있었던 것 같다. 이 두 재상 가운데 한 사람인 유안세(劉安世)는 거의 죽을 뻔했는데 운이 좋아 겨우 목숨만은 부지했다. 다른 한 재상 범조우(范祖禹)는 귀양가서 죽었다. 약 4~5년 전에 다음과 같은 일이 있었다. 어느날 유안세는 형수를 위해 유모를 고용하려고 했는데 유모 구하기가 굉장히 어려웠다. 한 달이 지나도록 구하지 못하자, 화가 단단히 나서 고용소개소의 노파에게 어째서 아직까지 한 사람도 구할 수 없느냐고 다그쳐 물었다.

"나으리!" 노파가 이렇게 말했다. "소인은 최선을 다하고 있습니다. 의전관(儀典官)에서 유모를 열 명씩이나 부탁하였는데, 오늘에야 겨우 그들을 보낼 수 있었어요." "무슨 소린가?" 유안세가 놀라 말했다. "황제께서는 아직 혼례도 안 올리셨는데, 유모가 왜 필요하단 말인가?" 그러자 노파는 동문(東門) 관리로부터 이를 비밀로 하라는 엄명을 받았노라고 설명했다. 유안세는 그래도 그 이야기가 믿기지 않았다. 그는 의전관에 있는 친구에게 쪽지를 써서 이 일의 사실 여부를 물으니 친구는 그런 사실이 있었노라고 인정했다. 이에 유안세는 표장을 올려, 이런저런 일에 대해 얘기하던 끝에 다음과 같이 말하였다. "궁중에서 유모를 계속 구하고 있다는 소문이 나돌고 있습니다. 황제께서는 아직 어리시고 결혼도 안하셨습니다. 소신은 황제께서 여색에 빠지셨다고는 생각지 않습니다. 처음에는 저도 이 소문을 믿지 않았습니다. 그러나 소문은 점점 번져만 가고 있으니 근거가 아주 없는 것 같지도 않습니다." 그는 만약 이 소문이 나라 안에 좍 퍼지면, 백성들이 이를 기꺼워하지 않을 것이라고 경계하였다.

한편 또 다른 대신 범조우는 황제께 직접 상소를 올렸다. "폐하께서 궁중의 시녀들을 가까이한다는 소문이 퍼지고 있습니다. 소신이 미혹해서인지 의심을 아주 떨쳐버릴 수가 없습니다. 어리신 폐하께서 여인을 가까이하셔서야 되겠습니까? 어찌하여 성체(聖體)를 아끼지 않으시옵니까?"

전하는 말에 따르면, 소문은 오해에서 비롯된 것이라 한다. 어느날 조회가 끝난 후 태후는 여대방에게 좀 남으라고 하고 이렇게 말했다. "유안세가 황궁에 유모를 주선한 일에 대해 상소를 올렸소. 그의 의도는 좋으나 사실을 오해한 것 같소. 유모는 황제 자신이 구하신 것이 아니고 아직 젖을 빠는 어린 공주들을 위해 구했던 것이오. 황제께서는 언제나 나와 함께 계시고 내전(內殿)에서 주무시지요. 내 생각에는 소문의 근거가 없는 것으로 여겨지오. 나도 시녀들에게 물어봤지만, 의심스러운 점을 찾을 수 없었다오. 경이 안세에게 얘기해서 이 문제에 대해 더 이상 상소를 올리지 말라고 하시오." "유공(劉公 ; 유안세)은 어사이므로, 관례에 따르면 재상인 저로서는 개인적으로 어사를 만날 수 없게 되어 있습니다." "그러면 내 뜻을 유공에게 어떻게 하면 전달할 수 있겠소?" "소신이 실록원(實錄院)에서 종종 범조우를 만났습니다. 소신이 꼭 그를 만나서, 그에게 태후마마의 뜻을 유공에게 전하라고 하겠습니다. 그들은 동향 사람입니다." "범조우 역시 같은 일을 가지고 상소를 올렸었소"라고 태후가 말했다. "그에게도 상소 올리는 것을 중지하라고 하시오." 전 갈이 유안세의 귀에 들어가자, 그는 범조우에게 이렇게 말했다. "그런 일은 황제의 인품에까지 영향을 끼치는데, 어떻게 제가 입을 다물고 침 묵을 지킬 수 있겠습니까? 공도 폐하의 근신(近臣)으로서 거리낌 없이 직간해야 합니다." "나도 말했었지요"라고 범조우가 대꾸했다.[7] 이들 두 사람은 유모의 사건은 오해였을지 모르지만 공적인 간언은 계속하기로 합의하였다. 유안세는 황제의 미움만 산 것이 아니었다. 태후의 섭정기 간 동안 그는 장돈의 사면을 반대한 바 있어서 이 사악한 인물로부터 깊 은 원한을 샀다.

한편, 예전에 소동파의 친구였던 장돈은 젊은 황제가 여색을 좋아하는 약점을 이용했다. 그래서 후에 그는 다음과 같은 죄명으로 탄핵되었다. "여색과 여광대들로 황제의 성품을 패악하게 만들었으며, 황제를 부도덕 한 품행과 나쁜 길로 끌어들였다."[8] 장돈은 황제가 '유첩여'(劉婕妤)를 총 애하고 황후를 멀리하는 사실을 잘 알고 있었다. 북송이 멸망한 후에도 살아남은 이 폐후(廢后)의 일생 경력은 소설 한 권을 쓰고도 남을 만하 나, 여기에서는 자세하게 얘기할 수 없고, 다만 황후가 사악한 도술을 썼 다는 거짓 음모로 인해 처벌받게 된 데 대해서 간략히 얘기하는 것만으 로 충분할 듯하다. 도가(道家)의 부적들이 유첩여의 방 창문을 통해 던져 진 것이 조사관에 의해 발견되었고, 황궁 시녀들을 심문한 끝에 한 시녀 가 강제 진술하길 황후가 유첩여 초상의 심장 부위에 가는 바늘들을 꽂 아놓은 것을 보았다고 하였다. 이는 적이 되는 상대방의 마음을 아프게 만드는 도술(道術)의 한 가지였다. 약 30여 명의 시녀들이 죽도록 태형을 당했다. 이 사건은 법정을 통해 판결되지 아니하고, 완전히 궁 자체 내에 서 다루어졌다. 결국 황후는 공식적으로 폐위되어 비구니가 되었다. 그 런 후에야 유첩여는 가슴의 심한 통증이 멈추었다고 진술했다. 그리하여 유첩여는 황후의 자리에 앉았고 젊은 황제는 이를 아주 기뻐했다. 그런 데 나중에 무슨 연유인지 확실하지 않으나 유비는 자살했다.

황실의 운명과 국가의 안위가 이런 성품을 가진 자손에게 달려 있었다. 단 몇 명의 교활한 재상들이 18세의 어린 소년을 교묘히 조정하여 돌이킬 수 없는 국가적 혼란을 야기시켰다.[9]

신정부의 대대적인 구호는 '선제(先帝)의 통치방식으로 돌아가자'는 의미의 '소술'(紹述)이었다. 이는 중국인들의 눈에는 이상할 것이 없는 관습적으로 정당한 것이었다. 황제는 신종의 경제정책으로 되돌아가 이에 따라 정책을 수립하고자 했다. 그런데 이러한 정치구호 아래에서는, 태후 섭정 당시 임직했던 모든 대신들이 황제의 부친인 선제의 위업을 파괴했다는 죄목으로 엄벌에 처해지리란 것이 명약관화한 사실이었다. 이는 선제에 대한 불충을 뜻했기 때문이다. 소동파가 예전에 지목받은 바 있는 죄목 가운데 하나였던 이 죄목이 다시금 문제시되었다. 과거 어린 황제와 여러 고관들이 있는 자리에서, 신종의 어머니는 신종이 집정 말기에 이르러서는 자신의 그릇된 정책에 대해 후회했다고 확증했었건만, 이 점은 조금도 고려되지 않았다. 대신들이 태후가 직접 말씀하셨던 이런 말들을 황제께 상기시켰지만 소용이 없었다. 이는 오히려 신정(新政)을 반대했던 모든 당파들을 좌천시키거나 해고하는 데 적절한 죄목으로 이용되었다.

1094년(紹聖 元年) 초여름이었다. 장돈은 '양삼변'(楊三變)의 추천으로 재상직에 올랐다. 장돈의 생각에는 원우 제신들에게 선제의 여러 정책들을 뒤엎었다는 죄목만을 뒤집어씌워서는 어린 황제에게 그들이 황제의 적이라는 사실을 인식시키기에 부족하다고 여겨졌다. 왜냐하면 원우 제신들은 비할 데 없이 훌륭한 정치가들이었기 때문이었다. 그러므로 장돈의 무리는 젊은 황제가 이들 원우 제신을 개인적인 감정문제로 증오하게끔 만들 필요성이 있었다. 결국 이들은 누군가가 태후와 함께 황제에 대한 모반을 음모했었다고 중상하는 것이, 황제 개인적으로 마음을 상하게 할 수 있는 가장 사적인 일이란 생각을 해냈다.

지금은 이미 죽고 없는 고인들이 생전에 나누었다는 대화에 대한 근거불명의 보고서와 황궁 관원들로부터 모진 고문 끝에 끌어낸 자백을 토대로, 이 음모꾼들은 있지도 않았던 정권모반의 소문을 조작해 낼 수 있었다.

태후가 섭정하는 동안에, 장돈과 채씨(蔡氏) 형제는 권좌에서 쫓겨나 있었다. 태후께 앙심을 품고 있던 채확(蔡確)은 태후가 자기 소생의 아들을 왕위에 오르게 하려고 모반했다는 소문을 퍼뜨렸었다. 이 일이 발각되어 채확은 관직을 박탈당하고 처형되었었다. 이제 태후는 돌아가고 없건만, 이 소문이 되살아나 중요한 정치적 논쟁거리로 부상되었다.

이제 그들은 이 모반사건에 사마광(司馬光)과 왕규(王珪)가 가담했다고 뒤집어씌웠다. 그러나 허위조작된 두 차례의 대화 내용 외에는 어떤 증거도 찾아낼 수가 없었다. 죽은 이는 그것을 긍정도 부정도 할 수가 없었다. 또 어떤 이는 사마광이 범조우와 함께 모반에 대해 의견을 나눈 적이 있다고 모함했다. 범조우는 지금 귀양중이었고, 설사 그를 심문한다 하더라도 그가 공모 사실을 부인할 것은 뻔했다. 어쨌든 결국 이들은 황제로 하여금 태후가 늘 손자를 축출하려고 궁리했었다는 인상을 갖게 만들었다. 태후의 두 개인비서 가운데 한 사람인 진연(陳衍)은 이미 남방으로 귀양갔는데, 본인도 없는 가운데 심리되어 일방적으로 사형이 선고되었다. 또 한 명의 비서도 경사로 잡혀왔다. 장돈은 자신이 직접 들어가 그를 심문했다. 고문을 가한 후에 장돈은 그에게 말하길, 증인으로 나서서 태후의 비서로서 태후가 어린 황제를 모반하려고 공모하는 것을 목격했다는 진술을 하든지, 그렇지 않으면 죽음을 택하든지 둘 중 하나를 선택하라고 하였다. 그러나 "아! 맙소사. 나는 태후께서 하신 적도 없는 일을 가지고 태후께 죄를 씌워드릴 수는 없습니다"라고 비서는 외쳤다.[10] 그가 증언을 거부했으므로, 조사는 더 이상 진척되지 못했다. 그러나 장돈과 채씨 형제는 젊은 황제의 마음에 사마광과 원우 대신들에 대한 의심의 먹구름을 품게 하는 데에는 성공했다. "모든 원우 대신들이 그랬소?"라고 황제가 물었다. "그들은 그렇게 하려고 시도했었습니다." 장돈이 대답했다. "그러나 실행에 옮길 기회가 없었을 따름입니다."[11]

황제를 모반한 하나의 '대사건'이 파헤쳐졌다. 젊은 황제는 분노에 떨었다. 심지어 태후의 신위를 황가의 태묘(太廟)에서 제거하자는 의견까지 나왔는데 다행히 젊은 황제에게는 이를 말릴 정도의 지각은 남아 있었다. 황제는 장돈에게 이렇게 말했다. "경은 짐이 영종(英宗) 태묘에 다시는 들어가지 않기를 바라시오?" 해임과 폄적, 감금한다는 내용의 성조가 계속 잇달아 날아갔다. 소동파뿐만 아니라 30명이 넘는 원우시기의 대신들이 제각기 좌천되거나 유배되었다. 그 처벌에서도 전대미문의 가혹한 형량이 가해졌다. 장돈이 복수할 기회가 온 것이었다. 그는 태후가 섭정하는 동안 감옥에 갇혀 괴로움을 겪었으므로, 미친 사람처럼 광분하여 복수를 시작했다. 일찍이 소동파가 살인이라도 능히 저지를 사람이라고 예언했던 바 있는 바로 그 자가 이제 권좌에 오른 것이었다. 그는 마치 백보 가량 틈이 벌어진 깊은 계곡에 놓여 있는 좁은 나무판자 위를 겁없이 건너는 사람처럼 무슨 짓이고 마구 저질렀다. 한번은 경사에 사는 그의 같은 일문 친족의 소첩과 통정하다가 들키기 바로 직전 창으로 뛰어내려 도망하는 바람에 길 가던 행인을 다치게 한 적도 있었다. 그러나 이 일로 인해 공식적으로 기소되지는 않았다. 과거 왕안석이 집정하고 있던 동안 모든 청렴강직한 선비들이 그의 시책에 불복하다가 관직을 박탈당했던 그 시기에도, 장돈만은 오히려 한발 한발씩 품계가 계속해서 올라갔다.[12]

4월에 장돈이 재상에 임명되자마자, 그는 과거 자신의 패거리였던 사람들을 다시 정계로 불러들였다. 이들은 모두 하나같이 잔인하고, 음모와 술수에 뛰어난 패거리들이었다. '양삼변'[楊畏]은 그의 가장 가까운 친구였다. 채확은 죽고 없었지만 다른 사람들은 아직까지 살아 있었다. 양다리 걸치기를 잘하는 여혜경도 집권층으로 돌아왔으나, 과거의 악명 때문에 높은 직위까지는 올라가지 못했다. 그밖에 왕안석의 하수인이었던 증포(曾布)도 불려 돌아왔다. 북송의 간신 중의 간신인 채씨 형제까지도 정계의 중심으로 들어서 악정(惡政)을 거듭했으므로, 북송은 더욱 멸망의 길로 치닫게 되었다. 중국 역사상 무자비한 독재와 끝없는 혼란의 시기가 있었다면 바로 채경(蔡京)이 집권하던 시기이다. 그가 황제를 위해 정교하게 꾸민 낙원(樂園) 설립 사건은 아마도 중국 역사상 가장 소름끼치는 이야기 가운데 하나일 것이다. 왜냐하면 황가의 낙원이란 것이 그처럼 많은 참혹한 대가를 치를 만큼 꼭 필요한 것도 아니었기 때문이다. 정원 안을 온갖 진귀한 돌과 꽃들로 꾸미기 위해 몇 사람의 목숨이 희생되었다. 휘종(徽宗) 황제의 미사여구로 가득 찬 시나 고관대작들이 쓴 기타의 몇몇 시편 가운데서, 인공의 언덕들과 시내, 석가산(石假山) 등으로 꾸며진 이 불가사의한 아름다운 정원이 찬양되고 있다. 이런 시작(詩作)들을 읽노라면 등골이 오싹해지고 중국 문학사에서 전례를 찾기 어려운 비통한 느낌이 들게 된다. 최대의 비극은 바로 정작 이 시의 작자들은 그런 사실을 전혀 깨닫지 못하고 있다는 사실에 있었다.

이 두 번째 선비들의 박해에 비교해 보면, 전에 왕안석이 그 반대파들을 숙청했던 것은 어린애 장난에 불과했다. 사마광과 여공저는 이미 죽고 없었다. 그러나 그들은 이들의 분묘를 그냥 내버려두지 않았다. 이미 고인이 된 이 재상들은 두 차례나 강등당해, 결국 그들의 품계가 강등되고 시호도 박탈당하고 말았다. 그러나 이들은 이것으로도 만족하지 못했다. 장돈은 황제에 대한 불충을 문책, 경계하는 뜻에서 사마광의 묘를 파헤쳐 관을 부수고 그 시신에 매질하도록 하는 명령을 내려달라고 공식적으로 요청하였다. 젊은 황제의 마음에는 사마광은 원우정권의 부정직과 불충, 부정행위의 상징이었다. 조회에서 이 문제를 놓고 토론을 벌이는 동안 다른 여러 신하들은 모두 이에 찬성했다. 그러나 허장(許將) 한 사람만은 침묵을 지키고 있었다. 젊은 황제는 그를 유의하고 있다가 조회가 끝나자 허장에게 남으라고 하였다. "경은 어찌하여 아무 말도 하지 않았소?" 하고 황제가 물었다. "소신 생각에는 그러한 처사는 아무 소용도 없는 짓이며, 오히려 현 정권에 오점을 남기게 될 따름이라고 사려되옵니다" 하고 허장이 대답했다.

결국 이러한 명령은 내려지지 않았고 장돈은 소원을 성취하지 못했다. 그러나 장돈은 다른 처벌들을 가하는 데에는 성공했다. 즉 사마광 유족의 재산은 모두 몰수되고, 그 후손들의 모든 관직 서위와 봉록 또한 철회

되었다. 사마광을 기리는 뜻에서 나라에서 세워 주었던 그의 묘원(墓園)은 파괴되었고, 태후가 건립해준 신도비도 부숴졌다.[13] 심지어 어떤 조신(朝臣)은 사마광이 지은 불후의 역사서도 없애야 한다고 청원하기에 이르렀다. 그러자 조신 가운데 누군가가 이 저작의 서문을 선제 자신이 하사하신 점을 지적하여 이에 결사반대했다. 이리하여 이 말 같지도 않은 주장은 백치의 머릿속에만 남아 있게 되고, 송대의 역사까지 기술하고 있는 중국사의 규범인《자치통감》(資治通鑑)은 겨우 화를 면할 수 있었다. 사마광의 시신을 파헤쳐 내서 매질하고자 했던 꿈이 좌절되자, 이번에 장돈은 사마광 유족에게 그 죄과를 대신 가해야 한다고 주장했다. 증포는 이런 장돈과 채씨 형제에게 너무 가혹하게 굴지 말라고 제지하곤 했다. 그는 다음과 같이 말했다.

"나는 우리가 전임 재상의 자손들에게 관직과 봉록을 박탈하는 전례를 만들어선 안 된다고 생각합니다. 언젠가 우리 자손들도 똑같은 일을 당하게 될지도 모른다는 사실을 잊어서는 안 됩니다. 더욱이 사마광과 한유(韓維) 집안은 국가로부터 십여 년간이나 혜택을 받아왔던 집안입니다. 그런데 이제 하루아침에 그것들을 박탈하는 것은 할 짓이 못 되는 것 같습니다."

"아니오." 장돈이 말했다. "한유가 관직을 사직한 지 이제 겨우 몇 년밖에 되지 않았소." "그래도 이미 6, 7년이나 되었습니다"라고 증포가 대답했다. "더욱이 그가 권좌에 있는 기간은 아주 짧았습니다. 만약 공께서 자손들을 처벌하시길 계속 주장하신다면, 사마광과 여공저의 가족들만 처벌하십시오. 그러나 저는 일가친척들까지 처벌해야 한다고 생각지 않습니다. 고인의 관직을 삭탈한 것만으로도 충분하다고 봅니다."

"그런 것이 무슨 소용이 있소?" 장돈이 대답했다. "그들의 시신에 매질을 한다 해도 그들은 전혀 느끼지도 못할 것이 아니오. 죽은 연후에 삭탈관직을 당해봤자, 그들에게 고통스러울 것이 뭐가 있겠소? 우리가 할 수 있는 가장 실질적인 일은, 그들 자손들로 하여금 그 대가를 치르게 하는 것이오." "그렇게 하면 공을 만족시킬 수 있을지는 모르겠습니다"라고 증포가 말했다. "그러나 우리는 정말 이 문제는 심사숙고해야만 합니다. 저는 우리가 그런 전례를 만들어선 안 된다는 일념에는 변함이 없습니다."[14]

증포는 경험에서 우러나와 한 말이었다. 나중에 장돈은 자기가 놓은 덫에 그 자신이 걸려들었다. 그는 동파 형제를 무자비하게 박해하였다. 그는 동파 형제를 유배보내고 그것으로도 부족해서 그들이 유배지에서 편안히 거주하게 내버려두지 않았다. 자유가 뇌주(雷州)로 유배갔을 때, 장돈은 자유가 관사에서 쫓겨나 민가를 빌려 거주토록 압력을 넣었다. 그리고 장돈은 또 이 일을 가지고 소씨 형제가 강제로 민가를 점거했다는 혐의로 기소했다. 상부에서 조사나왔을 때 다행히도 자유는 임대계약서를 증거로 보여줄 수가 있어 화를 면했다. 후에 이번에는 장돈이 같은 뇌주지방으로 유배되어 갔을 때 임대할 집을 찾았었다. 그를 염오하고 있던 이 마을 사람들은 장돈에게 이렇게 말했다. "우리가 어떻게 감히 나으리께 집을 빌려드릴 수가 있겠습니까? 지난번 소씨 형제한테 집을 임대했다가 큰 일 날 뻔했었는데요."[15]

그렇다고 장돈이 완전히 제정신을 잃고 광분하고 있었던 것은 아니었다. 그는 오직 복수하겠다는 일념에서 뿐 아니라, 적수를 살려 두었다간 나중에 보복당할 것이 두려웠던 것이다. 한유만을 제외하고 모든 대신들이 멀리 남쪽 또는 남서쪽으로 쫓겨갔다. 어떤 사람은 단련부사나 절도부사로, 어떤 사람은 감염주무로, 그리고 미움을 좀 덜 산 사람은 태수로 각기 유폐되었다. 심지어는 사대(四代)에 걸쳐 봉직하면서 누구와도 다툰 적이 없는 노대신 문언박(文彦博)조차 91세의 나이에 관직이 강등되는 굴욕을 겪었다. 그런 일이 있은 지 한달 후에 그는 사망했다. 그 밖에 여대방(呂大防), 범조우(范祖禹), 유지(劉摯), 양도(梁燾) 이들 모두가 유배지에서 죽었다. 장돈이 두 사신을 보내 자살을 권한 때에 두 사람이 일주일 간격으로 사망했으므로 사람들은 장돈이 이 두 사람을 살해했으리라고 여겼다. 장돈의 양심은 너무나 극악하여 양도의 시신을 그의 선영(先塋)으로 옮겨와 안장시키는 것조차 허락하지 않았다. 이는 중국인으로서 착상해 낼 수 있는 방법 가운데 가장 잔인한 방법의 하나였다.[16] 장돈이 가장 원한을 품었던 사람은 물론 유안세였다. 유안세는 일찍이 장돈에 대한 사면을 반대했었다. 그즈음 태후의 개인비서였던 진연을 처형하기 위해 특사가 저멀리 남방으로 보내졌었다. 장돈은 특사에게 당시 남방에 유배되어 있는 유안세도 찾아보고 그에게 자살을 종용하라고 시켰다. 유안세는 워낙 호인으로 잘 알려져 있던 터라, 그 사절은 이를 거절했다. 소기의 목적을 이루지 못한 장돈은 이번에는 지방의 상인 하나를 매수하여, 그에게 세리의 관직을 주는 대신 그 대가로 가서 유안세를 살해하라고 하였다. 이 상인은 일찌감치 길을 떠났다. 자기가 살해할 희생자가 도망갈 여유를 주지 않기 위해 서둘러 달려갔다. 한편 유안세의 가족은 이 소식을 전해 듣고 흐느껴 울었으나, 정작 당사자인 유안세는 조금도 흐트러짐이 없이 평상시처럼 먹고 마셨다. 그 상인은 밤이 되어서야 도착하여, 피를 토하며 문앞에 쓰러졌다. 결국 유안세는 천수를 다 누릴 수 있었다.[17]

박해의 어두운 광경 가운데 범순인(范純仁)의 인품은 마치 밝은 불빛같이 두드러지게 드러났다. 소동파는 소시적에 부친 그리고 아우와 함께 경사로 가는 도중 강릉(江陵)에서 잠시 쉬었었는데, 그때 그곳에서 명재상인 범중엄(范仲淹)의 아들 범순인을 알게 되었었다. 그들은 늘 친구로 지내며 서로를 존경해 왔었다. 그러나 본이 다른 또 다른 범씨 집안인 범진(范鎭)과 범조우(范祖禹) 일가와처럼 그렇게까지 친밀하진 않았다. 범순인은 관직 생애 가운데에 단 하나의 오점도 남기지 않은 청렴하기 그지없는 인물이었다. 훌륭한 아버지에 훌륭한 아들이었다. 그는 바로 태후께서 유언에 언급한 두 대신 가운데 한 사람이었다. 젊은 황제도 그의 이러한 명성을 잘 알고 있는 터였으므로 그는 여태까지 박해를 면할 수 있었다. 소동파가 다른 서른 명의 제신들과 유배되던 4월에 범순인은 사직을 자청했다. 그의 결심이 완강한 것을 보고 황제는 경사 부근에 있는 성읍의 집에서 은거하라는 윤허를 내려주었다. 장돈은 다른 사람과 함께 범순인도 유배보내고 싶었다.

"그도 무리 가운데 한 사람입니다"라고 장돈이 말했다.

"순인은 오로지 국가를 보필했을 뿐이오." 황제가 말했다. "그는 원우당의 일원이 아니요. 그는 다만 은퇴하길 바랄 뿐이오."

"그러나 그가 사직함으로써 조정에 항의한다는 사실 자체가 곧 그가 원우당의 일원임을 입증합니다"라고 장돈이 대답했다.

여하튼 사직 후 범순인은 오랫동안 집에 머물러 있지 못했다. 비록 위대한 영수는 못 되었지만 훌륭한 치적을 유지해 온 여대방은 당시 칠십 고령의 나이에 병까지 들어서 유배지에서 일년 넘게 살고 있었다. 모든 유가적(儒家的) 기준으로 살펴보더라도 이렇게 내버려두는 것은 비인도적인 처사였다. 아무도 그를 위해 간언하는 사람이 없었으므로 범순인이 나서게 되었다. 범순인의 친구와 친척들이 말리려 애썼으나 범순인은 이렇게 말했다. "내가 칠십 고령에 눈마저 거의 안 보일 때, 1천 마일의 긴 여행길에 오르길 바라느냐? 이는 꼭 내가 해야만 할 일이야. 나도 내 앞길에 어떤 일들이 놓여 있는지 잘 알아. 그렇지만 할 일은 해야만 해." 그는 여대방의 사면을 청하는 상소를 조정에 올렸고, 그리하여 자연히 그 자신도 남방으로 귀양가게 되었다.

이 노인은 기쁜 마음으로 귀양길에 올랐고, 헌신적인 가족들이 그를 동반하여 함께 갔다. 그의 자녀가 장돈에 대해 심하게 욕할 때마다, 그는 그러지 말라고 타일렀다. 한번은 배가 뒤집혀, 그는 온몸이 흠뻑 젖은 상태로 물에서 구출됐다. 그때 그는 자녀들을 돌아보며 이렇게 농담했다. "너희들은 이 일도 장돈에게 책임이 있다고 생각하느냐?" 그는 시력을 거의 다 잃었으나, 가족들과 함께 행복하게 지냈다. 나중에 젊은 황제가 사망하자 그 뒤를 이어 즉위한 휘종으로부터 지극한 관심과 호의를 받았다. 조정에서는 어의(御醫)를 보내 그를 돌보게 했고, 재상직에 그를 다시 부르려 했으나, 그는 극구 사양했다. 그가 특사되었을 즈음엔 이미 빈곤과 질병으로 10여 명의 가족을 잃은 후였고, 그 자신도 북으로 돌아오는 여행 도중에 객사하였다.[18]

소동파의 문하생들도 당연히 박해의 대상에 포함되었다. 또 일단 유배된 후에도 그대로 편안하게 한 곳에 머물러 있을 수가 없었다. 그들 대부분이 잇달아 계속 강등되어 이곳에서 다시 저곳으로 보내지곤 하였다. 당시에는 모든 원우정권의 지지자들을 검거하는 특수기관[19]까지 설립되어 있었으므로 아무도 이 검거망을 피할 도리가 없었다. 이 기구에는 1085년 5월부터 1094년 5월까지 원우 연간에 있었던 모든 제신들간의 연락사항을 수집하여 심사하라는 일이 맡겨졌다. 왕안석의 신정조치를 반대하는 내용의 발언을 한 사람은 누구를 막론하고 신종 황제를 비방한 죄를 저지른 것으로 간주되었다. 이렇게 세밀히 조사한 결과 그들은 830명의 관원들을 검거하여 처벌하였다.

이때 세심하게 분류해 놓은 서류철만도 152권에 달했다. 원우 제신들에 대한 박해는 앞서 제1장에서 언급한 바 있는 '원우당적비'(元祐黨籍碑)사건으로 그 최고조에 이르렀다.

자유는 3월에 파직되었다. 그는 '소술'(紹述)정책에 줄곧 반대해 왔다. 자유가 해임된 과정으로부터 우리는 젊은 황제의 성격을 다소 엿볼 수 있다. 자유는 후임 황제들이 전대의 정책들을 어떻게 수정 보완해 왔는지 그 사례를 하나하나 예시하여 말한 바 있다. 그 가운데 한무제(漢武帝)를 예로 들었었는데, 한무제 때에는 중국의 강토가 저 돌궐지방과 그 너머에까지 확장되었었다. 자유가 이 상소를 올릴 즈음은 장돈이 아직 재상직에 오르기 전이었다. 그때 이씨[李淸臣] 성을 가진 한 관원이 자유를 쫓아내고 그 자리에 후임으로 들어앉고 싶어했다. 그리하여 이자는 젊은 황제에게 이르길, 선제를 한무제에 비교한 것은 선제에 대한 큰 모욕이라고 진언했다. 역사적 지식이 별로 없었던 젊은 황제는 그의 말이 맞다고 믿었고, 그리하여 자유는 현 관직을 박탈당하고 여주(汝州) 태수로 폄관되었다.[20] 그런 다음 몇 달 후에는 또다시 고안(高安)으로 쫓겨갔다.

제 25 장

유배지의 안식처

장돈은 1094년(紹聖 元年) 4월, 재상이 되었을 때 제일 먼저 동파를 숙청했다. 아마도 동파가 대유령(大庾嶺) 밖이라 통칭되는 광동(廣東)의 높은 산 분수령 밖으로 귀양간 첫 번째 사람일 것이다. 그는 삭탈관직되어 영주(英州 ; 지금의 曲江)의 태수로 임명되었다. 그는 자신이 당면해 있는 상황이 어떤 상황인지 모르지 않았으나, 이 두 번째 박해가 얼마나 가혹하게 진행될지는 전혀 예상하지 못하고 있었다. 태후가 서거하신 지 얼마 되지 않았을 무렵, 그가 정주(定州)의 새 부임지로 떠나기 전에 정식으로 고별문안을 드리고자 황제를 알현하려 했으나 허락되지 않자, 동파는 머지않아 자기 신변에 위험이 닥치리란 것을 감지하긴 했었다. 동파는 황제의 소년시절부터 단속적이긴 하나 근 8년간 가르쳐온 터라, 황제의 사람 됨됨이를 잘 알고 있었다. 1년 전에 동파는 황제께 올린 상소에서, 황제가 재상들의 충고를 받아들이지 않으신다면, 자신은 황제의 스승격인 시독(侍讀)벼슬을 하니 차라리 의사나 점쟁이가 되는 것이 더 나을 것이라고 다소 퉁명스럽게 진언한 적이 있었다.

그럼에도 불구하고, 그는 장차 무슨 일이 닥칠지 전혀 알아차리지 못하고 있었다. 곡강(曲江)의 태수로 좌천되었어도 동파는 무슨 이렇다할 만한 특별한 고초를 겪지 않았었다. 장돈은 그의 오래된 친구 가운데 하나였다. 소시적에 함께 섬서지방의 여러 산을 두루 유람할 때 동파는 농담으로 장돈은 살인도 능히 저지를 수 있는 사람이라고 말한 적이 있었다. 그렇지만 그래도 그를 여전히 친구로 여겨 그가 자신을 관직에서 파면시켰을 때에도 전혀 놀라지 않았었다. 동파의 죄명은 그전에도 몇 번이나 되풀이된 바 있는 것들이었다. 즉, '선제(先帝)를 훼방(毁謗)'했다는 죄명이었다. 그 증거물은 태후 섭정기간 동안 동파가 기초했던 성조 가운데에서, 왕안석당파 사람들을 해직 파면하는 내용을 적은 여러 성조들이었다. 이 '선제에 대한 훼방'이란 죄목은 이제는 모든 원우 제신들에게 적용되는 상용문구였다. 소동파는 다만 태후가 내린 명령을 받아 적어 성조로 작성했을 뿐이건만, 그들은 이 점을 고려조차 하지 않았다. 그의 해직 명령은 다음과 같다.

> 만약 소식(蘇軾)이 짐을 향해 비평을 했다면, 짐은 개의치 않을 것이다. 그러나 짐의 이름을 걸고, 소식은 사실상 선제를 훼방(毁謗)하였다. 그는 부자(父子)간의 정리를 이간시키려 했으며, 군신(君臣)간의 예의범절을 위배했다. 일반 평민이라도 부모에 대한 모함자를 불구대천의 원수로 여길진대, 하물며 일국의 황제인 짐이 이런 모욕을 그대로 놔눈다면, 무슨 면목으로 나의 백성들을 대하랴? 소식은 글재주와 구변이 능란하여 일반 사람들을 미혹시켜 왔다. 그러나 그 자신이 군주와의 관계를 끊은 셈이니, 자기 자신 외에 어느 누구도 원망치 못할 것이다.[1]

이제 동파는 중국 북방으로부터 남쪽을 향해 1,500마일의 먼 여행길에 오르게 되었다. 동파는 그가 일생 동안 늘 이곳에서 저곳으로 유력(遊歷)하며 지내왔듯이 이번에도 그저 그런 줄로만 여겼다. 그러나 이번에는 그전과 좀 달랐다. 즉 조물주가 동파를 세상에 태어나게 할 때부터 미리 예정해 두었던, 그의 인생노정 전모가 이제서야 겨우 그 전부를 드러내 보여준 것이었다. 그는 이제 쉰일곱의 나이였고, 이미 수많은 영고성쇠를 겪은 터라, 이제 와서 인생을 전환시키는 새로운 사건들이 일어난

다 하더라도 그에게 더 이상 놀라울 것은 못 되었다. 운명은 그가 늘 소원했던 바대로 마침내 그로 하여금 모든 정치활동에서 벗어나 하나의 평범한 인간으로 살도록 명하였다. 그는 아무 두려움 없이 완전히 평온한 마음으로 한발 한발 앞을 향해 나아갔다. 그는 과거에도 온갖 어려운 문제나 곤경에 처할 때마다 오직 진실함과 성실로써 용감하게 직면해 왔었다. 그는 모든 것을 하늘이 정해 주는 대로 전적으로 순응하고자 했다.

동파는 다른 사람들과는 달리 유독 자신만이 영남(嶺南)의 높은 산 밖으로 폄적된 최초의 희생자라는 불길한 느낌을 가진 채, 가족과 함께 길을 떠났다. 당시 아우는 벌써 임지인 경사 부근의 여주(汝州) 땅에 부임해 있었다. 동파는 우선 아우에게 가서 재정적인 도움을 받았다. 동파는 재산관리에 아주 어두웠다. 비록 태후 섭정기간 동안에 벼슬운이 좋긴 했지만 끊임없이 임지를 옮겨다니느라 늘 봉록을 낭비해 왔었다. 반면에 아우 자유는 꾸준히 승진하여 '재상직'에까지 올랐다. 동파가 아우를 보러 갔을 때 자유는 의흥(宜興)에서 그의 가족이 정착하도록 동파에게 7천 관문을 주었다.[2] 자유가 있는 곳으로부터 돌아와 보니, 임지는 곡강 그대로였으나 자신의 관직 품계가 한 차례 더 강등되었음을 알았다. 동파는 황제께 편지를 올려,[3] 옛스승에게 호의를 베푸는 셈치고 이왕이면 해로(海路)로 여행할 수 있도록 해달라고 청원했다. 동파는 1,500마일의 길을 육로로 여행하다가는 병들어 길가에서 객사할 것만 같았다. 청원이 통과되어 동파는 세 명의 사위를 포함한 전가족을 먼저 의흥 호수지역에 예전에 사두었던 집으로 보냈다. 모두들 비오듯 눈물을 흘렸으나, 동파는 조운(朝雲)과 어린 두 아들만을 데리고 귀양지로 가기로 결정했던 것이다.

그들이 남경 건너편 해안에 위치한 의진(儀眞)*에서 잠시 쉬고 있을 무렵, 때는 이미 6월이었다. 원우 제신에 대한 박해는 바야흐로 최고조에 달해 있었다. 이제 서른 명이 넘는 고관(高官)들이 유배되었다. 그 사이

---

* 古書에서 儀眞으로 되어 있으나, 현대의 지도에는 '儀黴'로 되어 있음.

동파는 세 차례나 품계가 거듭 강등되었다. 그리하여 이제 동파는 태수로서가 아니라, 광주(廣州)에서 동편으로 70마일 떨어진 곳에 있는 혜주(惠州)의 건창군사마(建昌軍司馬)로 폄관되었다. 상황은 그전과 백팔십도 변하였다. 동파는 둘째아들도 의흥에 있는 농장으로 보내고, 그때 나이 22살 된 아들 과(過)와 조운, 두 명의 늙은 여종만을 대동하고서 여행을 계속했다. 당시 진강태수(鎭江太守)로 있었던 그의 문도(門徒)인 장뢰(張耒)는 두 명의 노병(老兵)을 보내어 여행중에 그를 모시게 했다.[4]

그러나 여행은 무척 즐거웠다. 아름다운 고장과 언덕, 골짜기며 급류들, 그리고 높은 산맥 등을 두루 지나면서 동파는 이런 대자연을 맘껏 만끽했다. 도중에 아주 재미있는 사건이 발생했다. 동파는 관선(官船)을 타고 여행하고 있었다. 그가 파양호(鄱陽湖)에서 잠시 멈추어 쉬고 있을 때, 놀랍게도 품계를 또다시 강등한다는 네 번째 명령이 내려졌다.[5] 수송관원은 이 명령을 듣고 사병 한 부대를 보내 배를 소환해 가려 했다. 이 사병들은 한밤중에야 도착했는데 동파가 다음날 정오까지만 쓰고 돌려주겠노라고 약속하자, 이에 관원도 허락했다. 남창(南昌)의 호수 선착장까지는 아직도 12마일이 남아 있었다. 만약 운좋게 밤새에 남창까지 닿을 수만 있다면 별문제 없겠으나, 만약 바람이 제대로 불어주지 않아 닿지 못하면 그는 도중에서 가족과 짐들을 배에서 내려야 할 판이었다. 그는 용왕묘(龍王廟)에서 수부(水夫)의 안전을 지켜주십사고 빌었다. 그는 자신이 지금 처해 있는 어려운 처지를 용왕에게 아뢰고, 만약 내일 아침까지 목적지에 닿지 못하면 노숙해야 되는 사정도 아뢰었다. 그런데 그의 기도가 끝나자마자 강풍이 일어나 돛에 바람이 잔뜩 불어 배는 전속력으로 달려 새벽 전에 목적지에 도달했다. 나중에 동파가 귀양지에서 풀려 되돌아올 때에 그는 잊지 않고 용왕님께 감사의 기도를 올렸다.[6]

9월에 동파는 그 유명한 대유령(大庾嶺)을 넘었다. 옛날에는 광동으로 여행하려면 반드시 여기를 거쳐가야만 했다. 대유령 산길은 곧 많은 여행자들이 다시는 되돌아오지 못할 길고도 험한 나그넷길을 상징했다. 산길 양쪽에는 포장된 길이 약 300 내지 400장(丈) 가량 뻗쳐 있었고, 나그네들이 앉아 쉴 수 있도록 나무들이 심어져 있어 그늘을 드리우고 있었다. 이곳은 많은 나그네들이 돌 위에 앉아 시를 꺼적이던 낭만적인 장소이기도 했다. 그곳 산꼭대기에 서 있으니 하늘과 구름이 너무 가깝게 느껴져, 동파는 자신이 마치 꿈속을 헤매고 있는 듯 육신의 존재조차 망각했다. 높은 곳에서 밑을 내려다보노라니, 동파는 인간과 인간의 인생노정이란 것이 극히 미미하고도 보잘것없는 것임을 새삼 느꼈다. 맑은 산바람이 불어와 그의 가슴으로부터 온갖 세속적인 생각들을 씻어냈다. 대유령을 넘은 후 동파는 이 기회를 이용하여, 지금의 곡강지방과 중국 선종(禪宗) 신도들의 성지(聖地)인 남화사(南華寺)를 방문했다.[7] 그는 남웅(南雄)과 광동 사이의 어디에선가 노도사(老道士) 오복고(吳復古)를 우연히 만났다. 유배기간 동안 동파는 이 도사와 절친하게 지냈다. 오복고는 기괴한 인물이었다. 그는 과거 동파의 생애 가운데에도 매번 다른 장소에 예고 없이 나타나곤 했다. 동파는 그를 제남(濟南)에서 처음 알게 되었었다. 그런 다음 경사에서 그를 또다시 만났다. 이 사람은 무얼하고 지내는 사람인가? 직업이 없는 걸까? 그는 무엇으로 생계를 유지했을까? 특히 동파가 조정에서 벼슬을 하고 있을 때, 뭔가를 요구하기 위해서 그가 동파와 가까워지려고 애쓴 적이 있었던가? 그러나 오복고는 한 번도 동파에게 무엇을 요청한 적도 없었고, 다른 고관들에게도 무엇이고 요청한 적이 없었다. 그러다가 그는 슬그머니 사라졌고, 그리고 지금은 여기서 아니 소동파가 가는 곳마다 그와 다시 만나게 되었다. 오복고는 정말 문자 그대로 도사였다. 대개 도가에서는 육체적으로나 정신적으로 자유로워져 모든 근심 걱정을 초극하고자 하는 것이 그들이 추구하는 최대의 목표였다. 그들은 신체를 강건하게 하고, 욕망을 극소화시킴으로써 남들이 모두 부러워하는 자유분방한 생활을 영위할 수 있었다. 이러한 자유의 대가로 그들은 명예와 부귀도 기꺼이 버릴 수 있어야 했고, 지극히 간략한 의식주 생활을 견뎌 낼 수 있는 능력을 갖추고 있어야 했다. 또 천리 길을 도보로 여행할 수 있어야 하며 필요시에는 노숙도 할 수 있어야 했다. 오복고는 세상에서 아무것도 바라는 것이 없었다. 그는 불쑥 나타났다가는 또다시 사라지곤 하면서 동파가 정계에 발을 들여놓지 않았다면 영위했을지도 모를 삶을 동파에게 상기시켰다.

1094년(紹聖 元年) 10월 2일(유럽에서는 제1차 십자군 군정이 있기 2년 전임) 동파는 혜주(惠州)에 도착했다. 많은 일들이 그에게는 새롭고 생소하였다. 이곳은 아열대지역이었으므로 동파는 귤·사탕수수·여지(荔枝)·바나나 밭들과 빈랑(檳榔)나무들을 처음으로 보았다. 살기에 그리 나쁜 곳은 아니었다. 두 줄기의 강물이 북쪽에서 흘러들어 성읍 동쪽에서 하나로 합쳐지고 있었다. 처음 두 주일 동안은 그곳 태수가 동파를 관사[合江樓]로 모시고 대접해 주었다. 동파는 이 두 물줄기가 성읍을 지나 아래로 흘러가는 광경이며, 강 건너편엔 산성(山城)인 귀선시(歸善市)가 가파른 언덕 위에 세워져 있는 것 등을 바라다보았다. 강둑을 따라서 바위들이 쭉 줄지어 놓여 있었는데 한가한 성읍 사람들은 그곳에서 낚시를 즐기고 있었다. 성읍의 바로 북쪽에는 나부산(羅浮山)과 상두산(象頭山) 등 높은 산들이 솟아 있었다. 그도 머지않아 그곳을 탐험하리란 것을 그 자신 벌써부터 잘 알고 있었다. 이곳은 중국의 남부였으므로, 동파가 "영남(嶺南)의 수많은 가구들이 끝없는 봄을 즐기네"(嶺南萬戶皆春色)라고 읊었듯이 상상했던 것과는 달리 짙푸른 초목과 아열대 과일들이 풍부했다. 이곳 사람들은 시인이 이곳까지 귀양온 데 대해 한편으로 놀라 마지 않았다. 도대체 그가 무슨 죄를 지어 이곳까지 귀양왔는지 그 영문을 알 수가 없었다. 동파는 예전 역사적 인물 가운데, 몽고 사막지대로 귀양갔다가 만년에는 중국으로 다시 되돌아갈 생각조차 하지 않았던 소무(蘇武)가 생각났다. 또, 요동(遼東)으로 유배되어 그곳에서 일생을 마치기로 결심했던 관녕(管寧)도 생각났다.[8] 혜주는 아름다운 곳이었고, 사람들도 그에게 친절했다. 그후 동파가 강둑 건너편에 있는 가우사(嘉祐寺)로 이사한 다음 얼마 되지 않아 그의 존재는 곧 그곳에서 유명해져서, 개나 닭들까지도 그를 알아보게 되었다고 그는 말하고 있다.[9]

동파의 인생관은 그가 강 건너편에 있는 송풍정(松風亭)에 써놓은 짧은 문장에 잘 나타나 있다. 가우사로 옮긴 후, 동파는 언덕꼭대기에 있는 이

정자에 자주 머물곤 했다. 하루는 동파가 이곳에서 막 집으로 돌아가려 하다가, 나무 끄트머리 위로 자신의 집이 삐죽이 솟아 있는 것이 보였다. 집까지 가려면 길이 멀겠구나 하는 생각이 들자, 갑자기 두 다리에 힘이 빠지고 피곤하게 느껴졌다. 그는 갑자기 이런 생각이 들었다. "왜 나라고 낮은 곳에서 살지 말란 법이 있나? 이 세상에서 사람이 쉬지 못할 곳이 어디 있단 말인가? 이런 도리를 일단 깨달으면 어부의 낚싯바늘을 벗어난 물고기처럼 문득 자유로운 기분을 만끽할 수 있게 되는데"(此間有什麽 歇不得處. 由是心如掛鉤之魚, 忽得解脫)[10]라고 읊기도 했다.

그는 자연적인 본성을 다시금 회복했다. 광주(廣州)에 있는 동안 동파는 질 좋은 전단향(栴檀香)을 좀 사두었었다. 이제 그는 문을 닫아걸고 방안에 앉아서, 조용히 향내를 음미하면서 지난날 자신의 과오들을 곰곰이 되새겼다.[11] 때때로 그는 창문을 통해 불어오는 시원한 강바람을 쐬며 낮잠을 즐기기도 했다. 그러다가 지붕 위에서 까악까악 우는 까마귀 소리에 잠에서 깨어나면, 자신이 모든 책임에서 벗어난 자유의 몸임을 새삼 깨닫곤 했다. 그는 넓은 강에 반사된 빛살이 자기 방안으로 비춰들어오는 것을 바라다보았다.[12] 그 광경은 정말 너무도 아름다웠다. 마치 맑은 밤하늘에 달이 빛나는 것 같다고 그는 혼자 감탄했다. 그는 전에는 하늘에 있는 구름들이 달을 더욱 아름답게 한다고 말한 사람들을 이해하지 못했었다. 그에게 있어 맑은 하늘은 밝은 양심을 상징했다.

친구에게 보낸 편지에서 동파는 혜주에서 거의 반년을 지내는 동안 차츰 이곳 날씨에 적응하게 되었고, 또한 이제는 자신의 운명에 순응해서 아무런 의심 없이 자신의 운명을 받아들이기로 했으므로, 마음에 무슨 근심 걱정 따위가 없노라고 말하고 있다.[13] 황주의 옛친구인 진조(陳慥)는 동파에게 편지를 보내어 그를 만나러 오겠다고 했다. 한구(漢口) 부근으로부터 혜주까지는 1천 마일이나 떨어져 있었다. 동파는 다음과 같이 답장을 썼다.

제가 이곳에서 근 반년을 사는 동안 이곳의 생활이나 음식, 풍습 등에 어렵지 않게 적응할 수 있었소. 그리고 관리들이나 이웃 사람들도 제게 아주 친절하게 대해 준다오. 공자께서도 일찍이 말씀하시길, "아무리 오랑캐 땅이나 혹은 시골 벽지라 할지라도 사람이 잘 지낼 수 있다"고 하셨는데, 정말 그 말이 맞아요. …… 공은 그렇게까지 먼 여행길의 위험을 무릅쓰지 마시고 집에 그냥 계십시요. 못난 저를 너무 염려하시지 않아도 됩니다. …… 또 사람을 보내어 저를 찾아오게 할 필요도 없습니다. 쓸데없는 걱정일랑 하시지 마십시오. 이제는 우리 두 사람 모두 늙어서 마주 앉으면 수염이 서로를 찌를 정도가 되지 않았소? ……내 큰 아들녀석은 관리가 되었는데 제 아비처럼 행동하고, 둘째놈은 시와 부(賦)를 제법 잘 짓는다오. 제 아비가 지은 것보다 더 나은 것 같소. 공이 이 얘기를 들으면 꽤나 웃으시리라 믿소. 오늘 나는 백수(白水)에 있는 불적산(佛跡山)에 갔었소. 그곳에는 30길이나 높은 폭포가 있었어요. 천둥소리 같은 폭포수의 떨어지는 뇌성이며, 앞을 다투어 우르르 쏟아져 내리고 튀어오르는 폭포수 등의 광경은 무어라 묘사해야 할지 모르겠더군요. 항우(項羽)에게 쫓겨 패주하는 진(秦)나라의 군대를 연상케 하기도 해요. 내가 막 산에서 돌아와 보니, 공의 편지가 와 있더군요. 그래 이제 등불 아래에서 이 답장을 쓰고 있소. 종이도 다 하였으니, 이제 그만 쓰려오.[14]

대외적으로 그는 별로 적적하지 않게 지냈다. 예상했던 바와 같이 인근 지역의 모든 관리들은 이 기회를 틈타서 이 걸출한 시인과 다투어 서로 사귀고 싶어했다. 혜주의 동·서·북쪽의 주요 5개 지구의 태수들은 그에게 술과 음식을 계속 보내왔다. 혜주태수 첨범(詹範)과 박라(博羅)현령 임변(林抃)은 동파의 절친한 친구가 되었다. 그 밖에 친한 친구 가운데 항주(杭州)의 승려 삼료(參寥), 상주(常州)의 전세웅(錢世雄) 같은 이는 사람을 시켜 편지와 약품, 선물 등을 계속 보내왔다. 소주(蘇州)에 사는 탁(卓)씨 성을 가진 불교도는 호수지역에 머물고 있는 동파 가족의 편지를 그에게 전해 주려고 700마일 길을 도보로 여행하여 찾아왔다. 의흥에 있는 동파의 두 아들은 아버지로부터 아무 소식이 없어 매우 걱정하고 있던 참이었는데, 탁씨가 이 얘기를 듣고 동파 아들들에게 이렇게 말했다 한다. "아! 그거 간단하지 않소. 혜주가 천상(天上)에 있는 것도 아닌데, 계속 걷다보면 언젠가 반드시 혜주에 도착하게 되겠지요." 탁씨는 도보로 긴 여행을 한데다가 높은 산맥들을 넘어왔으므로, 그의 얼굴은 온통 검게 그을어 있었고 발에는 못이 박혀 있었다.[15]

이런 식으로 동파는 북쪽에 있는 가족들과 계속 연락하고 지냈다. 기괴한 도사 오복고는 동파와 같이 몇달 지내다가, 그후 2년 동안은 혜주와 자유가 머물고 있는 고안(高安) 사이를 왕래하며 지냈다. 동파와 동향인 또 한 명의 비범한 도사 육유충(陸惟忠)은 동파를 보러 2천 마일의 먼 길을 여행하여 찾아왔다. 동파는 혜주에서 좀 독특한 계주(桂酒)를 발견하고는 이 술을 두고 말하길, 이 술은 바로 신들의 감로주라고 했다. 동파는 육유충에게 보낸 편지 가운데 농담으로 이 계주의 술맛을 맛보는 것만으로도 족히 천리 길을 여행한 보람이 있을 거라고 했었다. 결국 그래서 육유충은 혜주까지 찾아왔었다.[16]

이따금 태수 첨범은 저녁식사를 마련해 자신의 요리사와 더불어 동파의 집으로 보내오기도 했다. 때때로 동파는 친구들을 성읍 서편에 있는 큰 호수로 가서 친구와 술을 마셨다. 이 호수는 산기슭에 위치해 있었으며 주위에는 거대한 탑이 있었고, 호숫가에는 두 채의 사원이 있었다. 그는 친구들과 함께 그곳으로 가서 술을 한 동이씩 비우곤 했다. 어떤 날은 호수로 나가 강둑 큰 바위에 앉아 낚시질을 하기도 했다. 어느날 동파는 큰 뱀장어를 한 마리 낚았다. 그날 그는 뱀장어에 술을 한 병 사들고 태수댁으로 가서, 거기서 저녁을 들었다. 때로 그는 아들과 함께, 또 어떤 때는 지방 태수들이나 그 성읍의 새 방문객들과 함께 몇 번이고 백수산(白水山)을 유람했다.

그가 아우에게 보낸 편지 가운데서 어떤 것들은 매우 유쾌한 내용의 것들이었다. 그 가운데 한 편지에서 동파는 양의 갈비뼈 굽는 방법을 즉흥적으로 고안해냈던 일에 대해 적고 있다.

혜주는 작은 성읍이긴 해도 하루에 양 한 마리씩 도살한다. 이 양고기는 부유한 사람을 위한 것이니 나는 관리집안과 경쟁해 가며 이 고기를 살 생각은 꿈에도 하지 못한다. 그래서 나는 푸줏간 주인에게 등뼈만 부탁해 두었다. 왜냐하면 뼈 사이에 고깃점이 조금 붙어 있기 때문이다. 나는 그것을 물에 넣고 한참 불에 고다가, 뜨거울 때 뼈를 건져내어 물기를 말린다. 뜨겁지 않으면 물기가 남아 있게 된다. 그런 다음 그것을 술에 담그고, 굽기 전에 소금을 좀 뿌려둔다. 나는 이것을 하루 종일 씹으며 뼈와 뼈 사이에 눌러붙어 있는 살점을 찾아내 먹는데, 그 재미가 마치 게의 집게발 살을 발라먹는 것 같다. 나는 며칠 걸러 한 번씩 이것을 주문하는데 영양가가 꽤 있으리라 생각된다. 아우는 지난 3년간 관청 요리사가 마련해 주는 음식을 먹는 동안, 뼈다귀엔 손도 안 댔을 걸세. 아우도 이것을 한번 맛보지 않으려나. 아우를 즐겁게 해주려는 생각에서 이 글을 쓰긴 했으나, 한번 실제로 시험해 봐도 무방하리라 생각하네. 이러다 양갈비구이의 인기가 너무 높아지면 개들이 무척 싫어하겠지.[17]

소동파가 이곳에 도착한 후 대단한 사실을 발견했는데, 이곳에서는 술을 전매하지 않으므로 집집마다 스스로 술을 빚는다는 것이었다. 그가 계주를 처음 맛보았을 때, 그는 마치 먼 곳에서 친한 친구를 만난 것처럼 기뻤다. 친구들에게 보낸 여러 통의 편지 가운데서 동파는 이 술의 독특한 향기를 찬양해 마지않고 있다. 이 술은 맛이 약간 달콤하고 뒤끝이 깨끗했다. 계주는 사람에게 생기를 불어넣고 건강한 혈색을 가져다준다. 이 술에 대해 읊은 시[18]에서 동파는 좀 지나치다 싶을 정도로 찬양하고 있다. 예컨대, 만약 사람이 이 술을 실컷 마시면 마치 신선이 되어 허공을 날고 물 위도 걸을 것처럼 몸이 가벼워진다고 읊고 있다. 동파는 이 술을 빚는 비방을 배워 돌에 새기고, 이것을 나부산철교 아래에 숨겨두었다. 그리하여 신선되기를 추구하는 사람만이 그것을 찾을 수 있도록 해두었다.

동파는 적어도 5, 6편의 술에 관한 글을 지었다. 그 가운데서 아주 재미있는 것으로 〈서동고자전후〉(書東皐子傳後)란 문장이 있다. 한번은 동쪽 어느 지역의 태수가 동파에게 술을 좀 보내왔다. 마침 그 무렵 동파는 당대(唐代)의 대음주가인 동고자[王績]의 일생에 관한 책을 읽고 있던 참이었다. 동파는 그 태수에게 감사의 뜻을 전하는 편지에 이 〈서동고자전후〉를 써보냈다. 여기에 그의 술버릇들이며 두 가지 '지락'(至樂)에 대해 덧붙여 얘기하고 있다. 문필 솜씨가 그다지 고명(高明)치 못한 문인일지라도 이 '지락'에 대해서라면 다섯 또는 여섯 가지, 아니 마음내키는 대로 수대로 늘어놓을 수 있었을 것이다.

　나는 하루에 겨우 5합(合) 정도밖에 술을 마시지 못한다. 세상에 나처럼 주량이 적은 사람도 없을 것이다. 오히려 나는 사람들이 술을 마시고 있는 모습을 바라보는 것을 더 좋아하는 편이다. 친구들이 술잔을 들어 술을 천천히 목구멍으로 넘길 때, 나는 내 가슴속으로부터 모종의 기쁨과 흥분마저 솟아오르는 것을 느끼며, 술 마시는 친구보다 더 큰 기쁨을 맛본다. 매일 방문객이 찾아오는데, 그때마다 나는 술을 대접하지 않은 적이 거의 없다. 그러니 이 세상에 나보다 더한 애주가는 없을 것이다.
　내 생각엔 사람이 가질 수 있는 낙(樂) 가운데, 최대의 두 가지 낙이 있다면 질병이 없어 건강한 것과 마음에 근심 걱정이 없는 것이 최고의 낙인 것 같다. 나는 질병도 걱정거리도 없지만, 세상에는 이런 것으로 고통을 받는 사람들이 있다. 내가 이런 이들을 만났을 때 어떻게 하여 그들을 기쁘게 해줄 것인가? 나는 궁리 끝에 내가 가는 곳마다 몇 가지 양약(良藥)을 가지고 다니며, 그것이 필요한 이들에게 나누어 주었다. 나는 특히 친구들을 위해 술 빚는 것을 아주 좋아한다. 어떤 이는 내게 묻길 "당신은 병도 없는데 왜 약을 가지고 다니고, 술도 마시지 않으면서 왜 술을 빚으시요? 무엇하러 남을 위해 귀찮은 일을 하시요" 하고 묻는다. 그럴 때면 나는 웃으면서 이렇게 대답한다.
　"아니오. 나는 순전히 나 자신을 위해 이렇게 한다오. 몸이 아픈 이가 내 약을 얻어갈 때 나는 내 몸이 한층 더 건강하게 느껴지고, 친구가 술을 마셔서 어느 정도 얼큰히 취한 걸 보면 나도 기분이 좋아진답니다."
　동고자(東皐子)는 황궁에서 일을 했는데 매일 술 석 되를 하사받았다. 하루는 그의 아우가 이렇게 물었다. "황궁에서 일하는 것이 즐거우

십니까?" 이에 대답하길 "매일 황궁 창고에서 술 석 되씩 하사받는 것
이 내겐 아주 유혹적이네"라고 대답했다. 이곳에서는 양조 금지법령이
없으므로, 나는 집에서 술을 빚는데 쌀 한 섬이면 술 여섯 말을 얻을 수
있다. 남웅(南雄), 광주(廣州), 혜주(惠州), 순주(循州), 매주(梅州) 5개
지구의 태수들은 가끔씩 내게 술을 선사한다. 그러므로 나는 동고자보
다도 더 많은 술을 받는 셈이다. 동고자는 자칭 '오두(五斗)선생'이라
했으나 하루에 겨우 석 되밖에 못 받았었다. 그 술로는 혼자 마시기에도
부족했기 때문에 친구를 위해 남겨둘 수가 없었다. 내가 만약 그의 위치
에 있어서 석 되 술을 받았다면 두 되 반은 시골 내 친구들의 뱃속으로
들어갔을 것이다. 동고자는 중장광(仲長光)의 친구였다. 그는 장생술을
익혔고 자신이 죽을 날도 예언했으며, 묘비도 자기 자신이 썼다. 나는
그로부터 1천년이 지난 지금에 살고 있지만, 나도 그의 친구이다.[19]

동파는 술을 찬미하는 주송(酒頌)을 한 편 지었다. 설사 술이 주는 낙
(樂)을 전혀 알지 못하는 사람이라도, 동파가 이 글에서 반은 술에 취하
고, 반은 깨어 있는 얼얼한 상태가 얼마나 기분 좋은지를 자세히 묘사해
놓은 것을 보면 꽤 마음이 동하게 되리라.

　　사람은 성품이 좀 부드러운 편이 좋겠지만, 술의 경우엔 그 도수가 좀
　세다고 해서 물리칠 필요는 없다. 이런 술을 마시고 나면, 사람들은 슬
　픈 일도 마치 한갓 지난밤의 꿈처럼 잊어버릴 수 있고, 또 때로는 우주
　의 오묘한 섭리를 깨닫게도 된다. ……사람에게 술은 제2의 인생과 같
　다. 술을 한 잔 마신 후 이따금 아주 기분이 좋아 편안한 상태에 있게
　될 때면, 사람은 자신의 영혼을 들여다볼 여유를 갖게 된다. 술과 누룩
　은 모두 감정이 없는 것이므로, 이것이 영감을 일으키는 수단이 되리라
　곤 아무도 예측하지 못했을 것이다. 그러나 이 기이한 음료의 신비스러
　운 힘은 우주의 신비에 필적할 만한 것 같다. 술은 사람이 성공했을 때
　엔 그 기쁨을 한층 상승시켜 주고, 슬플 때엔 상처를 받지 않도록 위로
　해 준다. 술은 마치 가을 이슬처럼 시원하고, 봄바람처럼 사람의 마음을
　달래준다. 술을 마시고 나면, 사람의 마음은 마치 밤새 끼었던 구름이

모두 걷혀진 후의 아침 햇살처럼 달아오르고 설레게 된다. 또 기공(氣空)이 모두 열리고, 눈은 빛을 발하게 된다.…… 물질세계를 망각하고 앉아 있으나, 정신은 우주만물 전부에게로 넓게 확대된다. 모든 긴장을 완전히 풀고서 편안한 가운데 술을 마시고 있으므로, 자신에게 무슨 일이 일어나고 있는지 자각하고 있는 가운데, 마음은 한가롭고 그런 것들로부터 자유로워진다. 방안 가득 손님이 있을 때, 나의 유일한 걱정거리는 술통이 바닥날까 하는 염려이다. 그러니 사후의 명예 따위는 상관하지 않고, 주된 관심사는 오로지 사랑스런 술잔에만 있는 듯하다. 진주로도 잠옷을 만들 수 없고, 밤에 빛을 발하는 야광주로도 잠옷의 옷감을 대신할 수 없다. 가장 진귀한 음식은 사람의 배를 채워 주긴 하지만 정신을 진작(振作)시켜 주진 못한다. 최고급의 옷은 사람의 몸을 따뜻하게는 해주나, 영혼을 기쁘게 해주지는 못한다. 우주만물 가운데에서 오직 이 술만이 우리를 물질세계로부터 초탈하게 해준다. 정말로 술은 하루라도 이것이 없으면, 살 수 없는 그런 물건이다. 이 취기성이 있는 음료는 사람을 도취하게 하고 마음을 맑아지게 한다. 또 마음을 편안하게 해주어 삶의 궁극적인 진리를 감지하게 해준다.[20)

동파는 미주(美酒)감식가일 뿐만 아니라, 스스로 술을 빚어 만드는 훌륭한 양조시험가이기도 했다. 그는 밀감주와 송료주(松醪酒)도 시험삼아 담가보았는데, 이것들은 맛이 달콤하면서도 약간 썼다. 동파는 술을 찬양하는 시가에서 소나무 송진을 끓인다는 말을 한 적이 있긴 하나, 송료의 구체적인 양조과정에 대해서는 분명하게 언급하지 않고 있다. 혜주에서 동파는 계주를 빚었고, 또 난생 처음으로 이곳 남방의 특산인 주자(酒子)를 맛보았었다. 이 주자라는 것은 완전히 발효되기 전에 걸러낸 미주(米酒)로 주정 함량은 아주 낮고, 사실상 약간 신맛이 나는 맥주와 비슷하다. 동파는 어느 시의 서문에서 이르길, 자신은 술을 거르면서 계속 홀짝홀짝 마시다가 나중에는 완전히 취해버린 적이 있다고 했다. 그는 친구에게 보낸 편지에서 진일주(眞一酒) 만드는 비법을 가르쳐 주고[21)] 있다. 이 술은 하얀 밀가루, 찹쌀, 봄의 깨끗한 물, 이 세 요소가 삼위일체가 되어 만들어지는데 옥색빛을 띤다. 양질의 밀가루에 효소를 섞어가지

고 누룩을 만들어서 약 두 달 동안 공중에 매달아 말린다. 그런 다음 쌀
한 말로 밥을 지어서 이것을 다시 흐르는 물에 씻어 말려 놓는다. 그리고
나서 누룩을 3량(兩 ; 온스) 가량 곱게 갈아 쌀밥과 골고루 잘 섞는다. 이
것을 항아리에 담고 단단히 봉하는데, 가운데 움푹하게 원추형의 공간을
남겨둔다. 효소분말을 좀 남겨두었다가, 이 가운데 공간으로 발효된 주
액(酒液)이 흘러나올 즈음에 표면에 뿌린다. 주액이 충분히 나왔을 즈음
뚜껑을 열고 쌀을 헤쳐 다시 새로 만든 술밥을 섞어 넣는다. 이때 비율은
먼저 집어넣은 술밥 한 말당, 새 술밥은 약 석 되 가량 넣고, 아울러 끓
인 물 두 그릇을 붓는다. 날씨에 따라 기간이 좀 달라지겠으나, 이렇게
하고 대략 사흘이나 닷새쯤 지나면 여섯 되 가량의 술이 빚어진다. 더운
계절에는 효소의 양을 반 량(兩)으로 줄인다. 동파는 진짜 전문 양조가라
기보다는 순전히 취미로 술을 만들어본 아마추어라 할 수 있다. 동파 사
후, 그의 아들 과(過)와 매(邁)는 아버지가 사용했던 여러 가지 술에 대
한 양조비법에 대해 이리저리 찾아보곤 했다. 특히 계주는 동파의 편지
나 시편에서 자주 언급되고 있었다. 아들들은 이런 기록들을 보고는 크
게 웃었다. "우리 아버님은 뭔가 실험해 보는 것을 꽤나 즐기셨지" 하고
과가 말했다. "아버님은 이 술 만드는 것을 한 번이나 두 번밖에 안 해보
신 것 같았어. 그 계주의 맛은 꼭 도소주(屠蘇酒) 같았지." 동파는 끝까지
고집스럽게 해보고야 마는 시험가가 되기에는 인내심이 좀 모자랐던가
보다. 동파가 황주(黃州)에 있을 때 빚은 꿀술[蜜酒]을 마셔본 사람들은
이 술이 급성설사에 잘 듣는다고 했다.[22]

  1095년(紹聖 2) 4월 19일, 동파의 사촌누이가 죽었다. 불행히도 사료
(史料) 가운데에는 그녀의 이름이 기재되어 있지 않은데, 동파는 그녀를
줄곧 '당매'(堂妹) 또는 '소이랑'(小二娘)이라고 불렀다. 그녀가 죽은 지
석달이나 지나서야 그녀의 남편이 쓴 편지를 통해, 동파는 그녀의 사망
소식을 비로소 전해 들었다. 몇 년 전 동파는 한 친척에게 보낸 편지 가
운데서,[23] 자신이 여행할 때 상주(常州)를 들러 그녀를 만나보고 오지 않

았던 것이 매우 유감이라고 얘기한 것으로 보아, 그녀에 대한 동파의 애정이 조금도 식지 않았음을 엿볼 수 있다. 지난해 동파가 정주(定州)에 임직하고 있을 때, 이 사촌누이 부부는 분명 정주 북쪽으로 이사했던 듯하다. 사촌누이의 남편인 유중원(柳仲遠)은 가난했지만 정직한 선비였는데 과거에 급제하지 못했다. 그는 서화(書畵) 수집에 대단히 흥미가 깊었다. 소동파가 경사에 있는 동안 그는 동파를 방문한 적이 있었는데, 그때 동파는 그를 위해 몇 폭의 그림과 글씨를 써준 적이 있었다.[24] 역시 친척인 정지재(程之才)에게 보낸 편지에서도, 동파는 사촌누이의 사망소식을 언급하면서 그의 마음이 "찢어지는 것 같다"[25]고 말하고 있다. 또 사촌누이의 아들에게 보낸 편지에서는, "비통한 마음에, 마치 칼로 나의 심장을 쿡쿡 쑤시는 듯 아프다"[26]고 하였다. 이런 식으로 상심을 나타내는 문구는 중국의 문장에서 그리 이례적인 것은 아니다. 그렇긴 해도 이를 통해 그가 깊이 상심했다는 것을 우리는 엿볼 수 있다.

그가 그녀에게 바친 헌사는 분명히 그녀의 사망소식을 전해 들은 후에 쓴 것인데 지극히 개인적인 감상을 보여주고 있다. 이 글 가운데에서 이르길, 그의 할아버지의 손자 가운데 현재 네 명이 있는데, 곧 동파·자유(子由)·자안(子安 ; 伯父의 아들, 고향에 남아 형제들을 대신해 선영을 돌봄) 그리고 마지막으로 이 사촌누이라고 했다. 그리고 그녀는 "효성심이 지극한 딸이었으며, 시어머니와 남편에게는 온순하였고 정성이 지극하였다"라고 했다. 그런 다음 그는 좀더 개인적인 바람을 적고 있다. 그는 그녀의 두 아들들이 성장해서 그들의 집안을 빛낼 수 있기를 희망하고 있다.

아! 도대체 우리는 신의 뜻에 거슬리는 무슨 짓을 저질렀길래 우리 가운데 한 사람은 죽고 말았는가? 나는 누이가 백년 수를 누리며 자손이 모두 다 자라 잘 살아가는 모습을 지켜볼 수 있기를 바랐다. 어찌하여 잠깐 새에 병상에 쓰러져 신음하게 되었는가? 만 가지 약도 모두 소용이 없어 누이는 한조각 구름처럼 떠나가버렸구나. 천리 멀리 떨어져 살다보니 누이가 죽은 지 백일이나 지난 후에야 겨우 소식을 전해 들었다. 누이의 관은 어디에 놓여 있는가? 달려가 엎드려 실컷 울고 싶구나.
흐르는 나의 눈물이 풀밭 위의 초목을 적신다. 북풍에 대고 큰 소리로
곡하며 이 잔을 들어 누이에게 올리노라.[27]

1년 후 그녀의 남편도 사망하여, 그들의 관은 진강(鎭江) 부근의 옛집
으로 운반되었다.

동파가 혜주에 도착한 지 얼마 되지 않았을 때, 그는 좀 걱정스러운 소
식 한 가지를 전해 들었다. 예전에 동파의 큰누이가 젊은 나이로 죽었을
때, 아버지 소순은 딸을 죽게 한 사돈 집안을 미워하여 사돈과 절교했었
다. 그래서 동파나 그의 아우도 매부인 정지재(程之才)와 얘기를 나누거
나 서신 교환을 않고 지난 42년간 지내왔었다. 장돈(章惇)은 이러한 반목
을 잘 알고 있었으므로, 정지재를 남방에 헌사(憲司)로 파견하여 남방지
역의 미해결 사건들을 처리하고 주요 공소사건들도 처리하도록 하였다.
정지재는 동파가 도착한 지 겨우 서너 달밖에 안된 1095년(紹聖 2) 1월에
광주(廣州)에 도착했다. 동파는 정지재가 과거의 일들을 기꺼이 잊어버
릴 마음이 되어 있는지, 또 앞으로 무슨 일들이 발생할는지 도무지 갈피
를 잡을 수가 없었다. 한 친구를 통해 동파는 아주 정중하고도 공경스런
어조의 편지를 정지재에게 보내어 그가 3월에 혜주에 도착한다는 것을
알았노라고 전했다. 동파는 자신이 할 도리를 다하기 위해, 아들 과(過)
를 시켜 방문을 환영한다는 내용의 편지를 가지고 가 맞이하게 했다. 이
편지 가운데에서 그는 자신이 "두문불출하며 과거의 일을 반성하고 있
다"라고 쓰고 있다. 당시 정지재는 60세에 가까운 노인이었다. 그런데
동파가 걱정했던 바와는 달리, 정지재 쪽에서 오히려 과거 집안간의 반
목을 없었던 일로 덮어버리고, 이 걸출한 친척과 우의를 다지고 싶어했
다. 정지재가 동파에게 청한 일 가운데 하나는 자신의 조상에 대해 간략
하게 전기[28]를 써달라는 것이었다. 이 선조는 바로 소동파에게는 외증조
부였다. 피는 물보다 진해서인지, 혹은 온 미산(眉山) 사람들이 자기 지

방 출신의 대시인을 자랑스럽게 여겨서인지, 어쨌든 정지재도 유명한 시인이 자신의 친척이란 것을 자랑스럽게 여겼다. 그러다가 그들의 관계는 차츰차츰 정말로 친밀해졌다. 그들이 주고받은 여러 통의 편지와 시편들, 또 정지재가 동파의 요청을 들어준 일 따위가 이를 잘 증명해 준다. 혜주(惠州)에서 열흘을 지낸 뒤, 정지재는 공무차 시찰여행을 떠났는데, 그해 내내 광주 주위를 벗어나지 않았다.[29]

정지재의 출현과 또 동파와 정지재와의 우의는 동파로 하여금 이 지역 백성들을 위해 아주 많은 일을 하게 하는 수단이 되었다. 비록 공문에 서명할 권리가 박탈되었지만, 동파는 정지재에게 끼칠 수 있는 자신의 영향력을 십분 발휘했다. 그가 고위 정객들과는 손을 끊었다고 말한 바 있으나, 자기 이웃들이나 그 성읍 일반 백성들의 복리에 대해서는 여전히 관심을 쏟고 있었다. 만약 무슨 일이 잘못되었을 경우, 동파는 어떻게 해서든 그 일을 바로잡도록 애를 썼지 그냥 보고 지나친다든가, 아무 일도 하지 않은 채 가만히 앉아 있거나 하지를 못했다.

1096년(紹聖 3) 초에 박라(博羅)에 큰 화재가 발생했다. 성읍 전체가 불더미에 싸여 잿더미가 되었다. 집을 잃은 사람들에 대한 구제사업이 당장 실시되어야 했는데, 그러기 위해서는 우선 임시 거주지를 세워 약탈행위를 예방해야 했다. 정부관사들까지도 완전히 파괴되어 재건해야만 될 형편이었다. 소동파는 이럴 경우 발생하기 쉬운 돌발사태가 일어나지 않을까 우려했다. 또한 그는 정부가 그 성읍을 재건한다고 하다가 도리어 백성들을 착취하는 결과가 되어버릴까봐 염려스러웠다. 즉, 지방정부에서 물질적인 징집이나 부역을 징발할지도 몰랐다. 동파는 정지재로 하여금 지방정부는 시장에서 필요한 물건을 직접 구입토록 하여 백성들로부터 물건이나 노동력 징발 따위를 금지하는 명령을 내리게 하였다. 그렇게 하지 않으면 '백성들에게 가해지는 피해가 화재 자체보다 더 심할 것'이란 점을 지적했다.

혜주의 거리에서 서성대다가 동파는 그의 마음을 아프게 쿡 찌르는 한 사건을 목도했다. 곧 농부들이 마차마다 곡식을 가득가득 싣고 가서 나라에 세금을 납부하는 광경을 본 것이었다. 그해에는 풍년이었으므로, 곡가가 떨어졌다고 해서 정부관서에서는 곡식을 받으려 하지 않았다. 일의 성격상 바로 이는 동파가 관심을 가져왔던 일이었다. 그가 조사해 본 결과, 곡가가 떨어졌으므로 정부측에서 현금을 요구하고 있다는 사실을 알아내었다. 농부들은 현금을 구하기 위해 미곡을 저렴한 시장가격으로 팔아야만 했다. 그런데 농부들이 물어야 하는 세금액수는 미곡가가 높았을 때를 기초로 하여 사정된 것이었다. 결과적으로 정부에 미곡 한 말만 납부하면 될 것이 지금은 거기에 상당하는 현금을 구하기 위해 미곡 두 말을 팔아야만 했다. 동파는 예전에 태후에게 보냈던 것처럼 논쟁적이고도 맹렬한 어투로 쓴 장문의 편지를 정지재에게 써서, 지금 자행되고 있는 조치는 순전히 농민들을 착취하는 행위나 다름없다고 폭로했다. 동파는 정지재에게 건의하기를, 그 지역 세금담당 관리 및 운송담당 관리와 협의해서 백성들이 현 곡가에 맞춰 세금을 납부할 수 있도록 정부에 요청하도록 하라고 했다. 몇 달 후 동파는 이 세금담당 관료들이 정부에 공동으로 청원서를 올리기로 결정했다는 것을 알고 아주 기뻐했다.

이제 동파는 성읍을 개축 재건하는 일에 관심을 기울였다. 동파는 건축 토목공사를 거의 본능적으로 좋아했으므로, 정지재와 주현(州縣)의 태수와 협의하여 다리 두 개를 세웠다. 하나는 혜주(惠州)의 강을 가로지르도록 놓았고, 또 하나는 혜주에 있는 호수 위를 가로질러 놓도록 했다. 이 다리를 건축하는 데 자유(子由)의 아내가 과거에 나라에서 하사받았던 많은 금동전을 희사했다.[30] 이 일에 종사하는 기간 동안, 동파는 백성들을 감격하게 만드는 또 하나의 일을 했다. 큰 묘를 하나 만들어 주인을 알 수 없는 분묘들에서 발견된 유골들을 재매장해 준 일이었다. 유골을 잘 안치한 후에 동파는 이들 무명 유골들의 명복을 비는 제문을 썼다. 이들 시신의 대부분이 일반 백성들이거나 군인들의 것임은 분명했다. 동파는 어떤 유골들은 완전하지 않았으므로 한 공동분묘에다 이런 유골들을 한꺼번에 매장하였는데, 좀 안스럽기는 했으나 다른 한편으로는 그들의 영혼이 한 가족처럼 평화롭게 같이 지낼 수 있기를 간절히 바랐다.[31] 동파는 또 성읍 서편에 있는 호수 근처에 물고기를 놓아주는 방생호(放生湖)를 만들었다. 방생이란 많은 물고기가 전생에 사람이었다는 윤회설에 근거한 불교적인 관례이다. 물고기를 일단 이 방생호에 놓아주면, 그 물고기의 생명은 보장된 셈이었다. 이 호수는 '소동파의 방생호'로 알려졌다. 그래서 이 지역의 문인과 백성들이 명절이면 물고기를 몇 마리 사다가 여기에 놓아주곤 하는 것이 최근 19세기까지 풍습으로 내려왔다.[32]

동파는 언제나 조그만 것들에 흥미를 느끼곤 했다. 몇년 전 그가 황주에 유배되어 있을 때 한 가지 신기한 것에 매혹된 적이 있었다. 그것은 백성들이 고안해 낸 '앙마'(秧馬)라는 것으로, 이것은 논에 모를 심을 때 사용되었다. 모를 심는 작업은 허리와 등이 휘어지게 아픈 고된 작업으로, 농부들은 물을 채운 논에서 이리저리 건너다니며 하루 종일 등을 구부리고 일을 해야만 했다. 앙마는 모를 심는 동안 그 위에 앉아서 할 수 있고, 또 노를 젓듯이 두 다리를 써서 이리저리 옮겨다닐 수 있도록 고안된 작은 부표 같은 것이었다. 이 앙마를 사용함으로써 일의 속도도 빨라지고 노동력도 절약할 수 있었다. 동파는 이것을 여기 남방지역에 소개하고 싶었다. 그는 이 앙마에 대해 대단히 열성이어서, 그의 친구들에게 쓴 많은 편지 가운데서 이것을 여러 번 추천하고 있다. 한 태수가 이임하게 되자, 그를 송별하는 자리에서도 동파는 앙마를 백성들에게 소개하라고 권했다. 아울러 태수로서 성공적으로 일을 완수하는 비결은 '백성들이 관리를 두려워하지 않게' 행동하는 데 있다고 충고했다.[33]

세력도 잃고 더욱이 집권자들에게 눈엣가시처럼 미움의 대상이 되고 있는 형편이었으므로, 동파는 그가 젊어서 품고 있던 '임금을 성군(聖君)으로 보좌한다'거나 '황실의 운명을 개선해 보겠다'는 야심에서 이제는 벗어났다. 이제 그는 혜주의 일개 평범한 백성일 따름이었고, 그가 겪는 문젯거리는 곧 그의 이웃들인, 동파에게 외상으로 술을 잘 주는 임(林)부인과 적(翟)수재의 문제와 같은 것이었다. 동파의 친구로는 도사 오복고(吳復古), 육유충(陸惟忠), 그리고 나부산(羅浮山) 승려들이 있었다. 문인과 태수들 가운데도 그의 친구가 많았다.

동파는 공복(公僕) 노릇을 할 수는 없었으나 그래도 여전히 공무에 관심을 갖고 있는 한 사람의 백성이었다. 광주는 그 부근에 위치해 있었고 그곳 태수 왕고(王古)는 동파의 친구였다. 광주에 전염병이 잘 발생한다는 것을 알고 동파는 자신이 항주에서 했던 것처럼 공공병원 건립기금을 만들라고 왕고에게 편지했다. 항주의 백성들처럼 광주의 백성들도 깨끗하지 못한 물을 마심으로 인해 탈이 나곤 했다. 식수가 깨끗하지 못한 것이 이 지역에 질병을 발생하게 하는 원인 가운데 하나였다. 동파는 산의 물을 끌어다 광주 성읍에 공급케 하는 완전한 계획안을 갖고 있는 도승(道僧) 한 사람을 알고 있었다. 비록 성읍에 물이 깨끗한 우물이 하나 있긴 했지만 이 우물은 관리들만 사용할 수 있었다. 이 성읍의 우물보다 훨씬 수질이 좋은 샘이 있었지만, 약 7마일 가량 떨어진 곳에 있었다. 동파는 이 도승의 계획을 알고 왕고에게 추천하고, 이 샘의 물을 광주로 끌어들일 수 있도록 수도관을 만들라고 제의했다. 이 수도 간관(幹管)은 큰 대나무로 만들 수 있었는데, 특히 광동(廣東) 동부지역은 대나무의 주요 생산지였다. 산에 있는 샘에는 돌로 된 큰 저수지를 하나 만들어야 했고, 다섯 개의 대나무관이 산으로부터 성읍에 있는 또 하나의 큰 돌저수지로 물을 날라주도록 해야 했다. 동파는 고향에 있을 때 일찍부터 알아두었던 수도관을 만드는 방법에 대해 상세히 설명해 주었다. 즉 마(麻)로 만든 끈으로 대나무의 마디부분을 동이고 그 위에 옻칠을 몇 층 두껍게 입혀 물이 새지 않게 한다. 그리고 관마다 작은 구멍을 뚫고 대나무 못으로 꽉 막아두었다가 만약 어느 부분이 막혔을 경우 그때그때 관들을 검사할 수 있도록 한다. 동파는 이것을 설치하는 데 약 1만 개의 대죽(大竹)이 필요하리라고 추산했다. 그러나 이 대나무관들은 마치 현대의 철로에 놓인 침목(枕木)처럼 늘 검사하고 정기적으로 대체해 주어야만 한다. 한편 당국에서는 관리를 따로 임명하여 이 수도관을 늘 검사하고 매년 교체해야 할 대죽(大竹) 공급량을 추산해서 동부지역에 요청하도록 해야 한다. 동파는 자신이 집권세력으로부터 미움을 받고 있는 터라 친구에게도 누

를 끼칠까봐 왕고에게 그가 이 계획을 세웠다는 것을 아무도 모르게 하
라고 했다. 그러나 나중에 왕고는 '재민(災民) 구제사업을 부당하게 행했
다'는 죄목으로 해임되었다.[34]

제 26 장
조운(朝雲)과의 로맨스

혜주에서 있었던 동파의 이야기는 거의 모두가 조운을 떼어놓고는 말할 수 없는 것들이다. 그가 사망한 뒤, 백학산(白鶴山)에 있던 그들의 거처는 '조운사'(朝雲祠)로 보전되었다.[1] 왕조운(王朝雲)은 항주(杭州) 사람이다. 조운 소생의 어린 아들은 동파가 첫 번째 유배에서 풀려나와 경사로 돌아가는 도중 객지에서 죽어, 그들은 비통한 가운데 여행한 바 있었다. 그녀는 동파와 함께 지낸 이래로, 그가 가는 곳이면 어디나 줄곧 그를 따라다녔다. 이번 그의 두 번째 귀양길에도 역시 따라왔다. 진관(秦觀)이 조운에 대해 쓴 시를 보면, 그녀는 봄의 정원처럼 아름답고 그 두 눈은 새벽빛과 같다고 말하고 있다.[2] 그녀는 아직 젊어 혜주에 도착하던 해 겨우 31살이었고, 동파는 그때 나이 57세였다. 이렇게 나이 차이가 많은데도 불구하고 이들 두 사람은 나이 차이가 그다지 크게 나 보이지 않았다. 그녀는 총명하고도 명랑하며 생기발랄하였다. 동파가 일생 동안 만났던 여성 가운데, 아마도 그녀가 가장 잘 동파를 이해했던 것 같다. 그녀는 시인인 남편을 숭배하였고, 남편의 정신적 수준에까지 이르기 위해 끊임없이 노력했다. 동파는 만년의 귀양생활에 조운이 함께 동반해 준 데 대한 감사한 마음과, 또한 서로에 대한 정열을 불후의 우의(友誼)

로까지 승화시킬 수 있도록 해준 그녀를 시로써 찬미했다.

동파는 늘 조운을 '천녀유마'(天女維摩)에 비유했다.《유마경》(維摩經)은 부처의 초기 제자의 이름을 딴 경전이다. 이 경전에 이런 이야기가 있다.[3]

불타가 숲의 현자(賢者)의 몸으로 어느 성읍에 살고 있을 때, 하루는 그의 제자들과 불가의 도리에 대해 토론을 하게 되었다. 그때 천상에 천녀(天女)가 나타나 이들 위에 꽃잎을 떨어뜨렸다. 이들 보살의 몸에 떨어진 꽃잎은 모두 땅으로 흘러 떨어져버렸는데, 유독 한 사람만 예외였다. 꽃잎들이 그의 옷에 꼭 달라붙어 다른 사람들이 아무리 떼어주려 해도 뗄 수가 없었다. "왜 그 사람에게서 꽃잎을 떨어내려고 하십니까?" 하고 천녀가 물었다. 이에 보살 가운데 어떤 이가 말하길, "이 꽃잎들은 불법(佛法)을 따르지 않아서 그의 옷에 붙어 있는 것입니다"라고 했다. 이에 천녀는 말하기를 "아닙니다. 이 꽃잎들을 탓할 것이 아니라, 꽃잎이 붙어 있는 그 사람을 탓해야 합니다. 불가의 제자이면서도 차별의식을 여전히 가지고 있다면, 그들의 생각이나 행동 또한 불법에 어긋날 것입니다. 이러한 차별의식을 모두 없애버린 후에야 불가의 도리에 따라 살 수 있습니다. 꽃잎이 붙어 있지 않은 보살들은 이미 모든 차별의식을 떨쳐버렸습니다. 이는 마치 공포심과 같습니다. 공포심은 그 사람이 두려운 마음을 갖지 않는 한 엄습해 들어올 수 없습니다. 만약 불제자로서 이 생(生)을 사랑하고 죽음을 두려워하면, 시각·취각·미각·촉각 등이 그들을 속일 기회를 주게 되는 것입니다. 공포심을 이겨낸 사람은 다른 모든 감각들을 초극할 수 있습니다."

그들이 혜주에 도착한 해, 동파는 조운에게 두 수의 시를 써주었다. 이 시에는 사랑의 감정과 종교심이 뒤섞여 있는데 놀랍도록 잘 조화를 이루고 있다. 혜주에 닿은 지 두 주일 만에 쓴 첫 번째 시에서,[4] 조운은 백거이 만년에 그 곁을 떠나버린 첩 소만(小蠻)과는 다르며, 오히려 한평생 영현(伶玄)을 모셨던 통덕(通德)과 같다고 그녀에게 찬사를 보내고 있다. 아울러 조운이 낳은 아이가 요절한 사건은 너무나 유감스러운 일이나,

그녀는 천녀유마와 같이 이 모든 어려움을 이겨냈다고 찬양했다. 그녀는
이제 과거에 입던 긴 소매의 무복을 벗어버리고 독경(讀經)과 단로(丹爐)
에 몰두하였으며, 선단(仙丹)이 만들어지면 동파를 떠나 선산(仙山)으로
들어갈 것이며, 속세의 인연에 연연했던 무산(巫山)의 선녀와는 다르다
고 쓰고 있다. 두 번째 시에는 사랑의 정열을 종교적 수준으로 승화시킨
것이 더욱 완연히 나타난다. 이 시에서는 감각적인 사랑과 종교적 기품
이 기묘하게 잘 혼합되어 있다.

> 백발이 성성하니 유마(維摩)의 경지에 이를 수 있는 시기이네.
> 천녀(天女)가 꽃잎을 흩뿌려도, 아무 해 없으니 두려워할 것 없네.
> 붉은 입술 사랑스럽고 빛나는 머리 탐스럽다.
> 윤회의 고리는 영원히 계속 이어지고,
> 사랑을 감지하는 마음에서, 사람간의 정리와 인연이 생겨나네.
> 그대가 애수에 잠긴 미소를 띄우고,
> 구불구불한 머리를 흘러내린 채로 창가에 앉아 있는 모습 보네.
> 내일은 단오절, 그대에게 난꽃으로 꽃다발 만들어 달아주고,
> 내 멋진 시 한 수 구상하리.
> 훌륭한 시 한 수 찾아내어 그대 치마 주름 위에 쓰리.[5]
>   (白髮蒼顏, 正是維摩境界, 空方丈, 散花何礙. 朱唇筋點, 更鬢鬟生彩. 這
> 些個, 千生萬生只在, 好事心腸, 著人情態. 閒瀃下, 歛雲凝黛. 明朝端午,
> 待學紉蘭爲佩. 尋一首好詩, 要書裙帶.)

　　조운도 도가의 장생술에 관심이 있었다. 혜주로 오자 동파는 다시 본
격적으로 장생술을 탐구할 시기라고 여겼다. 혜주에 있는 동안 동파는
자신의 서재를 '사무사재'(思無邪齋)라고 명명했다. 문인(文人)들은 보통
자신의 인생관을 요약해 말해 주는 한두 자로 된 말을 채택해 서재명을
삼곤 한다. 이 당시 소동파는 소박한 삶과 생각에 사악함이 없을 것을 신
조로 삼고 있었는데, 생각의 무사(無邪)함은 곧 검박한 삶의 바탕이 된다
고 믿고 있었다. 그는 유가·도가·불가의 사상을 자기 나름대로 융합시
켜 불로장생의 길은 바로 자신의 마음을 초극하여 제어할 수 있는 데 있

다고 여겼다. 그가 이 '사무사재'에 적어 넣은 찬(贊)[6]에는 이 이상의 뜻을 함축하고 있다. 이 글 가운데서, 그는 일심으로 복부 아래 '내단'(內丹)을 수련하려 했었음을 얘기해 주고 있다. 이 글은 그가 압운을 맞춰 쓴 찬 가운데 하나로, 동파 자신도 이 글을 자못 만족스럽게 생각하고 있었다. 그런데 이 글에서 그는 도교의 비술(秘術) 용어들을 사용하고 있다. 요약해 말하자면, 그는 음식과 음료, 그리고 약초의 정수를 흡수하고, 연홍(鉛汞)에 도움을 입어 정기(精氣)를 기르고자 했다. 아침 햇빛과 달빛으로 목욕하는 것도 효과가 있다고 했다. 그는 '사무사단'(思無邪丹)을 연단해 내고자 했다. 동파는 지금이 시기적으로 연단에 힘쓰기 적합한 때라고 생각했다. 그는 어느 한 편의 잡기 가운데에서 백거이도 과거에 연단을 시도해봤으나 성공하지 못했다고 적고 있다. 백거이는 여산(廬山)의 높은 봉우리에 촌사(村舍)를 짓고 여기에 단로(丹爐;단약을 만드는 가마)도 설치했었다. 그런데 백거이가 관직 임명의 사령을 받기 바로 전 날, 단로와 단과(丹鍋)가 망가졌다. 이는 바로 장생불사와 현세의 영화는 동시에 모두 다 가질 수 없는 것임을 시사했다. 사람은 현세에서의 적극적인 삶이나 혹은 현세를 떠나 장생하는 삶, 이 둘 중 하나만을 선택해야만 한다. 이제 동파는 현세의 영화에 집착하지 않기로 결심했으므로, 장생불사를 성취할 수 있으리라 희망하고 있었다.

그가 내단(內丹)에 성공할 가능성을 어느 정도 확신하고 있었는지는 말하기 어렵다. 그는 예리한 관찰자였으므로 비록 늘 장난삼아 단홍(丹汞)의 신비로운 제작을 이리저리 시험해보긴 했으나, 참다운 건강의 근간은 다음의 상식적인 간단한 규칙 몇 가지를 잘 준수하는 데 있음을 잘 알고 있었다. 결핵을 앓고 있는 도사 육(陸)씨에게 보낸 짧은 글에서[7] 그는 이렇게 말하고 있다. "장생술의 기초는 신체의 정기(精氣)를 강하게 하고, 정신적으로 안정되고 마음에 평화를 이룩하는 데 있습니다." 여기에 좀더 덧붙인다면, 산 위에 사는 도사들이 했던 것처럼 요양소에 살고 있는 현대의 환자들이 샘물의 생수를 마시거나 아침 햇빛으로 일광욕을 즐기는 일일 것이다.

이밖에도 또 다른 면에서 조운은 동파가 장생술을 추구하는 데에 협조했다. 1095년 연초부터 동파는 혼자 자기 시작했다. 동파는 친구에게 보낸 글에서 이렇게 얘기하고 있다. "장생술에는 별다른 비결이 없습니다. 혼자 잠으로써 자신의 정력을 제어하게 되면 자연히 정기를 회복할 수 있습니다."[8] 장뢰(張耒)에게 보낸 또 다른 편지에서는, 자신이 약 1년반 동안 조운과 동침하지 않고 있으며 이것이 꽤 몸에 이롭다고 얘기하고 있다.[9] 한데 이를 지속하기란 채식을 시작하면서 육류 음식을 금하는 것만큼이나 어려워 다음과 같은 방법을 추천한다고 했다. 예를 들어서 육식을 안하겠다고 일단 결심했으면 절대로 먹지 않을 각오를 해야 한다. 그래서 처음에는 비교적 해내기가 수월하도록 3개월 동안 시험해 보는데, 이 3개월이 끝날 무렵이면 다시 3개월을 연장할 수 있게 된다. 이런 식으로 계속해 나간다.

한편 조운은 나름대로 종교적인 딜레마에 직면해 있었다. 그녀는 비구니 의중(義仲)의 가르침 아래 불교신자가 되었는데, 불가에서는 성의 문제에 대해 좀 독특한 관점을 갖고 있기 때문이었다. 불교의 형이상학에서는 우리가 감관을 통해 느끼는 세계는 모두 환영(幻影)이라고 가설하고, 궁극적인 실체는 불(佛)이라고 한다. 우리의 의식은 감각습성으로 형성되어져 있다. 그래서 어떤 감각습성과 감관세계의 환각에서 탈피하도록 애써야 비로소 해탈할 수 있다는 것이다. 소동파는 조운을 첩이라기보다는 이미 자신의 조강지처나 다름없이 여겼던 것 같은데, 유가 비평자들이 어떻게 보든 이들 두 사람은 모두 불교도였다. 그들은 함께 호수의 방생호(放生湖)를 만들었다. 동파의 말을 빌면 조운은 불가의 가르침인 자비를 베푸는 것을 좋아했다고 한다.

소동파의 극기(克己)는 여기에서 그치지 않았다. 1095년 후반, 동파는 치질로 고생을 하여 많은 출혈을 했다. 동파는 자신의 병을 스스로 진단 치료하였다. 그는 중국의 모든 권위 있는 의학서적을 두루 읽었을 뿐만 아니라, 다른 사람들이 종종 혼동하는 약초의 여러 특수성들에 대해서도 메모해 놓곤 했다. 치질은 몸 내부에 벌레가 있어서 그 벌레가 몸을 갉아 먹는 것이라고 여겼다. 그래서 그의 천연치료법은 바로 주체인 몸을 허기지게 함으로써 기생충도 허기져 죽게 하는 방법이었다. 그래서 동파는 밥을 포함하여 그가 평소에 먹던 음식을 모두 끊고, 소금을 넣지 않은 담백한 밀가루빵과 복령(茯苓)만 먹었다. 몇 달을 계속해서 이렇게 하자, 일시적으로나마 완치되었다.[10]

이 무렵 동파는 자신이 시험하는 연단술의 성공 여부에 대해 점점 회의적이었다. 동파는 자신이 너무 쉽게 감정에 동요되므로 장생술에 부적합하다는 것을 새삼 발견했다. 그는 아우에게 편지를 써서[11] 단사(丹砂)를 보존하는 방법에 대해 의논을 했었는데, 편지에 자유는 성품이 차분하므로 장생술에 성공할 가능성이 많다고 얘기하고 있다. 또 먼 이방의 전설적인 생물에 대해 적어 놓은 고서 《산해경》(山海經)에 대하여 지은 시에서는 이렇게 읊고 있다. "연단술에 실패했으니, 그 먼 이방 지역에서 살아볼 희망도 없어졌네"(金丹不可成, 安期渺雲海).[12] 사실 금단(金丹)을 만들어낸다 해도 무슨 소용이 있겠는가? 심호흡 연습을 통해 원기를 조정하는 것으로 족한데, 이것은 그도 이미 하고 있는 바였다.

동파는 아직까지도 자신의 장래에 대해 어떤 확신이 서지 않았다. 그가 혜주에 처음 도착했을 때, 이곳에서 아주 안주하겠노라고 말한 적이 있었다. 그러나 다른 한편으로 생각하면, 이 다음번에는 다시 어디로 보내질지 알 수 없는 노릇이었다. 만약 혜주에서 계속 거주할 수 있다면 동파는 이곳에 집을 짓고 의흥(宜興)에 있는 자손들을 불러올 생각이었다. 1095년(紹聖 2) 9월, 황실에서 조상에게 제사드리는 행사가 있었다. 전례에 따르면 대개 이런 때 특사가 내려진다. 그해 연말경에 그는 원우(元祐) 제신들이 모두 이 특사대열에 끼지 못했음을 알았다. 이 소식을 듣고 동파는 이곳에서 안주할 수 있겠다고 안심이 좀 되었다. 동파는 정지재에게 보낸 편지에서 이렇게 말하고 있다. "최근의 사태 진전으로 보건대, 제가 북쪽으로 돌아갈 희망은 없는 것 같습니다. 하지만 저의 마음은 오히려 편안합니다. 인생의 영고성쇠에 대해선 뭐라고 더 말할 필요가 없겠지요. 생각하기에 따라서는 제가 혜주 출신으로 과거시험에 응시했다가 낙방하여, 이제 일생을 고향에서 살기로 정했다고 칠 수도 있지 않습니까?"[13] 그의 절친한 친구 손협(孫觿)에게 보낸 편지에서는 이렇게 말하고 있다. "북쪽으로 돌아가리란 희망을 모두 포기하고 나니, 혜주가 본래 내 고향같이 느껴지기 시작합니다."[14] 조보(曹輔)에게는 이렇게 적고 있다. "원우 대신들은 영원히 등용되지 않으리라는 최근 소식을 읽었습니다. 이 소식은 제가 이곳에 계속 남아 있게 되리란 확신을 줍니다. 순리에 따를 뿐입니다. 고기를 먹고 술을 마신다는 점만 제외하면, 저는 탁발승과 다를 바 없습니다."[15]

이제 모든 것이 확정되었으므로, 동파는 거주할 집을 짓기로 작정했다. 그해 말 동파는 왕공(王鞏)에게 장문의 편지를 썼다. "저는 이곳에서 벌써 여덟 달째 지내고 있습니다. 막내아들과 몇 명의 하인들과 함께 지내는데 아주 마음이 편합니다. 모든 공무에서 벗어난 후로 심신이 모두 평안합니다. 제 아들녀석도 다분히 시적인 인생관을 가지고 있습니다. 정말 그 아버지에 그 아들인 것 같습니다. 하하! 아우 자유도 빠른 시일 내에 그곳 상황에 적응되어 이제는 편하게 지낸다는 소식을 전해 들었습니다. 사람이 남쪽이나 북쪽 어디에 살든지 그 모두가 운명입니다. 북쪽으로 돌아가고 싶은 욕망도 없습니다. 내년에 저는 농장을 사서 집을 짓고 이곳에 정착하여 아주 혜주 사람이 될 작정입니다."[16]

다음해 3월, 동파는 강 동쪽 둑 위 40척 가량 높은 곳에 우뚝 솟아 있는 언덕 꼭대기에다 집을 짓기 시작했다. 이곳은 귀선시(歸善市) 성벽 아주 가까이에 위치해 있었다. 그간에 여러 차례 전쟁의 참화를 간헐적으로 겪고도 이 집은 오늘날까지 보존되어 지금은 '조운사'라 불리고 있다. 소동파의 작품 가운데 〈백학산의 신거(新居)〉라 알려진 글에서, 이 집은 강물이 북동쪽으로 굽이쳐 흐르고 있는 강북의 장관을 굽어보고 있다고 묘사되어 있다. 그 뒤에는 바로 언덕이 가로막고 있고, 아래는 깎아지른 듯한 절벽이므로 대지는 약 반 에이커 정도밖에 안 되었다. 또 대지의 이편 한쪽이 다른 한쪽보다 넓었다. 그래서 이 한정된 평지에 적합하도록 집 설계를 해야만 했다. 성벽 북쪽에는 이미 두 채의 집이 서 있었다. 한 채는 술 빚는 노파 임(林)씨 집이고, 다른 한 채는 수재(秀才)인 적(翟)씨 의 집이었다. 동파는 이들과 이웃이자 친한 친구로 지냈다. 동파는 40피 트나 깊게 우물을 팠으므로, 이들도 그 덕을 톡톡히 보았다. 한편, 동파 쪽에서는 외상으로 술을 얻을 수 있었다. 나중에 동파가 이곳을 떠난 후 에도 그는 이 노파에게 계속 선물을 보내곤 했다.

이 집은 매우 정취가 있었는데 중국식으로 말하자면 스무 간(間)짜리 집이었다. 남쪽의 조그만 공터에 귤나무, 유자, 여지(荔枝), 양매(楊梅), 비파(枇杷) 그리고 몇 그루의 회수(檜樹)와 치자(梔子)나무를 심었다. 동 파는 그를 늘 도와주는 그곳 관리에게 어느 정도 자란 나무묘목들을 구 해 달라고 일찌감치 부탁해 두었었다. 왜냐하면 동파는 이미 늙어서 어 린 묘목이 자라날 때까지 기다릴 수가 없었고, 또 다 자란 큰 나무는 옮 겨심기가 쉽지 않았기 때문이었다. 만약 큰 나무밖에 구할 수가 없을 경 우에는 그 나무를 원래 있던 곳에서 옮겨오기 전에 나무가 자리잡고 있 던 위치의 나침반 방위를 잘 표시해 두라고 그는 친구에게 일렀다. 중국 에서는 큰 나무를 이식할 때, 우선 큰뿌리와 중심뿌리를 자르고, 흙으로 나머지 뿌리를 잘 덮어서 나무가 서서히 적응할 수 있도록 한다. 그런 다음 1년이 지난 후에 반대편의 큰뿌리를 자르고 흙으로 덮어둔다. 그 리고 3년째 되는 해에 나무둥치의 네 방향을 잘 표시한 후 옮겨심는다. 옮겨심을 때 나무가 원래 있던 곳에 놓였던 방향 그대로 놓이도록 특히 유의한다. 이제 동파의 '사무사재'(思無邪齋)는 백학산(白鶴山) 위에 놓이 게 되었고, 또 다른 방 하나는 '덕유인당'(德有鄰堂)이라 이름지었다. 이 는 공자가 말했던 "덕이 있는 자는 외롭지 않으니, 반드시 이웃이 있다" (德不孤, 必有鄰)란 구절에서 따다 지은 것이다. 우연히도 이 두 방의 이 름이 모두 넉 자로 되어 있는데 보통은 석 자로 많이 짓는다. 그런데 소 동파가 넉 자를 써서 서재 이름을 붙이자, 이것이 당시 하나의 유행이 되어버렸다. 이웃집들은 그의 집 뒤 북동쪽에 위치하고 있어, 동파의 집 때문에 완전히 전망이 막혀버렸다. 북쪽으로 난 그의 앞문은 강을 조망

할 수 있게 되어 있으며, 또 수마일 밖에 떨어져 있는 시골의 멋진 풍경
을 전부 굽어볼 수 있었다. 또한 백수산(白水山)과 멀리 떨어져 있는 나
부산(羅浮山)의 대련봉(大連峯)을 포함한 장려한 풍경이 한눈에 들어왔
다.[17]

대들보를 올리는 날 지은 부(賦)에서, 그는 그곳의 사방 경치를 잘 묘
사하고 있다. 대들보를 올림은 주춧돌을 놓는 거나 마찬가지로 이웃간
에 큰 일이었다. 이를 축하하기 위해 이웃 사람들이 닭과 돼지고기를
가지고 찾아와 축하했다. 일반 사람들이 노래할 수 있도록 만든 이 노
래는 모두 여섯 수로 되어 있는데, 매수마다 첫머리가 셰익스피어 시
가운데 나오는 '닻을 올려라!' '어허, 어야!' 등과 같은 구절로 시작하고
있다.

> 어영차 끌어올려라. 들보를 동쪽으로 끌어당겨라.
> 어영차 끌어올려라. 들보를 서쪽으로 끌어당겨라.……
> (兒郞偉, 抛梁東. 兒郞偉, 抛梁西.……)

이 노래 여섯 수는 각기 동·서·남·북·상·하 각 방향에서 본 경관을
묘사하고 있다. 동쪽 언덕 위에 불사(佛寺) 한 채가 키 큰 나무 숲속에
자리잡고 있었다. 동파는 봄에 단잠을 즐기다가 꿈결에 이 절에서 들려
오는 종소리를 듣곤 했다. 서편 아래를 굽어보면 에머랄드빛 물 위에 놓
여 있는 아치형의 다리가 바라다보였다. 성읍의 태수가 밤에 그를 찾아
오게 되면, 긴 둑을 따라 나들이 행렬의 불빛이 줄지어 반짝이는 것을 볼
수 있었다. 남쪽에는 오래된 고목들이 그 나무그늘을 깊고 맑은 강물 위
로 드리우고 있었으며, 동파가 심은 두 그루의 귤나무도 여기에 있었다.
경치가 제일 아름다운 곳은 북쪽이었는데 강물이 산자락을 에워싸며 성
읍을 향해 흐르고 있었다. 강둑 근처에는 동파가 낚시하러 잘 가던 곳이
있었는데 여기서 그는 시간 가는 줄 모르고 아침나절 내내 물놀이하며
지낼 수 있었다.

　동파는 농부들의 수확이 늘 풍성하고 바다에는 폭풍이 불지 않게 해주
십사고 하늘에 빌었다. 그러면 시골 농부들은 시골의 맑은 공기를 마시
면서 건강을 누릴 수 있을 터였다. 그리고 풍년이 들면 임노파의 술을 언
제나 외상으로 얻을 수 있을 것이었다. 동파는 이 시의 끝머리를 그의 친
구들이 행운을 누리며 행복하게 살 수 있기를 축원하는 기도로 마무리짓
고 있다.[18]

　그러나 동파 개인에게 엄청난 불행이 닥쳐왔다. 1095년(紹聖 2) 7월 5
일, 그들의 새 집이 완공되기도 전에 조운이 전염병으로 사망했다. 이곳
은 말라리아가 잘 발생하는 지역이었으니 아마도 말라리아에 걸렸을 것
이다. 공교롭게도 아들 과(過)가 목재를 구하러 집을 멀리 떠나 있어서,
8월 3일에야 겨우 매장할 수 있었다. 그녀는 독실한 불교신자였는데 임
종 직전에도《금강경》(金剛經)에 나오는 선시(禪詩) 한 수를 외웠다.

　　　이승이 모두 한바탕 꿈과 같고,
　　　물거품과 같도다.
　　　마치 이슬이나 잠깐 반짝이다 없어지는 번개와도 같은 것,
　　　인생살이 이와 같이 여겨야 마땅하리.
　　　　(一切有爲法, 如夢幻泡影. 如露亦如電, 應作如是觀.)

　소원에 따라 그녀는 풍호(豊湖) 주위의 산기슭에 묻혔다. 근처엔 탑과
여러 채의 사원이 있었다. 무덤 뒷편에는 산에서 흘러내리는 물이 폭포
가 되어 떨어져 호수로 흘러들고 있었다. 묏자리는 언덕이 옷의 주름처
럼 층층이 주름져 흘러내리는 데에 후미진 조용한 곳에 위치했다. 무덤
바로 뒤는 큰 소나무숲이었고, 묘 옆에 서서 보면 서쪽 건너편에 있는 탑
의 꼭대기도 보였다. 좌우 양쪽 0.7마일 가량 떨어진 곳에 모두 큰 절이
있고, 땅거미 지는 저녁 무렵이면 절의 종소리와 소나무를 스치는 바람
소리가 들려왔다. 인근 여러 절의 승려들이 돈을 추렴하여 정자 한 채를
묘 꼭대기에 지어 그녀를 기렸다.[19]

조운을 매장하고 사흘이 지난 8월 6일 밤에 큰비가 내렸다. 다음날 농부들이 그녀의 묘 옆에서 큰 발자국을 보았다. 이에 모두들 성인(聖人)이 내려와 조운을 서방세계로 맞아 데려갔다고들 믿었다. 8월 9일은 제삿날이었는데, 저녁 무렵 제사를 지내기 전에 동파는 아들과 함께 친히 성인의 발자국을 찾으러 나섰다.[20]

소동파의 조운에 대한 애정은 그녀의 묘지명에서 뿐만 아니라, 그녀가 죽은 뒤 바로 쓴 두 편의 시에도 잘 나타나 있다. 〈조운을 애도함〉(悼朝雲)이란 시에서, 그는 조운이 낳은 아들이 요절한 일과 무정한 세월은 불행히도 멈출 길이 없음을 깊이 유감스러워하고 있다. 동파 자신으로서는 소승불교의 기도문으로 그녀를 보낼 뿐이라고 했다. 또한 조운이 이 세상에 온 것은 아마도 전생에 지은 빚을 갚기 위해 온 듯한데, 눈 깜짝하는 사이에 이제 그녀는 떠나갔고 아마도 이승에서보다 좀더 편안히 살 것이라고 했다. 또 성탑(聖塔)이 바로 묘 부근에 있으니 매일 밤 어둑어둑해지면 선인(仙人)이 찾아와 적적함을 달래주리라고 했다.

예전에 동파는 송풍정(松風亭) 부근의 두 그루 매화나무에 대해 세 수의 시를 지었었는데, 이 시에서 그는 시적인 재질을 십분 발휘한 바 있었다.[21] 그해 10월 이 매화꽃이 다시 피었다. 동파는 이 꽃을 무덤에 누워 있는 조운의 상징물로 삼아 꽃에 대한 시를 한 수 또 지었다. 이 비유는 썩 잘 어울렸다. 왜냐하면 달빛 아래 하얀 매화꽃은 하얀 옷을 입은 요정으로 일컬어져 왔기 때문이다. 그 희미하고 몽롱한 모습은 속세의 생활과는 동떨어진 모습이었다. 동파는 이 시를 단순히 매화꽃을 읊은 시로도, 또 그가 사랑한 여인을 찬미한 시로도 볼 수 있도록 어휘를 교묘히 사용하여 표현하고 있다.

> 옥 같은 골격 얼음같이 하얀 살결.
> 선녀와 같은 그대 영혼은 오히려 두려워하지 않았을지 모르나,
> 어두운 안개 습기 찬 바람에 불려가 버렸구나.
> 저 바다의 신선이 그대를 지켜주고 앵무새가 벗되어 주리.
> 그대의 하얀 얼굴 분가루로 더럽히는 것 싫어했지.

화장기 지워도 그대의 입술 붉기만 했네.

얼음같이 흰 살결 옥 같은 뼈대,

그대를 꿈꾸고 또 꿈꾸노니,

그대에 비길 것 이 세상에 다시 없네.[22]

　(玉骨那愁瘴霧, 氷肌姿自有仙風. 海仙時遣探芳叢, 倒挂綠毛公鳳. 素面
常嫌粉汚, 洗妝不褪脣紅. 高情已逐曉雲空, 不與梨花同夢.)

풍호는 동파가 늘 즐겨 소풍가던 곳이었는데, 조운을 이곳에 묻은 후
로는 차마 다시 이곳을 찾을 수가 없었다. 동파는 그녀를 신성한 곳에 안
장했던 것이다. 무덤 바로 아래는 그들이 함께 이루어 놓은 방생호가 있
으니, 이를 내려다보며 조운의 혼백도 위안을 삼을 수 있으리라.

이후로 동파는 다시는 배우자를 구하지 않고 혼자 지냈다. 다음해 2
월, 새 집이 완공되었고 과수원에는 나무들이 모두 심어졌으며 우물도
팠다. 큰아들 소매(蘇邁)가 아우 과의 가족과 자신의 권속을 이끌고 혜주
로 왔다. 둘째 소태(蘇迨) 일가는 의흥(宜興)에 남아 있었다. 동파는 그에
게 크게 기대를 걸고 있었으므로, 의흥에 남아서 과거시험 준비를 하도
록 했던 것이다. 두 아들과 며느리를 따라서 세 명의 손자들이 왔다. 둘
은 매의 아이이고, 하나는 과의 아이였다. 맏손자[簞]는 벌써 나이 스물
이어서 이미 결혼도 시킨 바였다. 차손 부(符)도 결혼시킬 나이였으므로,
동파가 주축이 되어 자유의 외손녀를 아내로 삼게 했다. 이 외손녀는 곧
자유의 죽은 사위 왕적(王適)의 딸이었다.

집을 짓느라 동파는 그나마 비축해 두었던 돈을 다 써버렸다. 이제 그
는 소매의 박봉에 의지해 생활하고 있었다. 소매는 친구의 주선으로 곡
강 부근에서 소관직[仁化令]을 맡고 있었다.[23]

이처럼 동파는 만년을 혜주에서 안주할 수 있으려니 여기고 있었는데,
그러나 뜻밖에도 다시 해외(海外)로 유배되었다. 새 집이 완공된 지 두
달 만에 해남도(海南島)로 옮겨가라는 명령이 도달했던 것이다. 어떤 이
는 다음과 같은 이야기를 기록해 놓고 있다. 동파는 봄바람이 부는 가운
데 낮잠을 즐기다가 집 뒤의 사원에서 들려오는 종소리를 어렴풋이 듣는

정경을 시로 읊었었다. 그런데 장돈이 이 시를 읽고는 "이제 보니 소동
파가 편안하게 세월을 보내고 있었군!" 하며, 추방 명령을 내렸다는 것
이었다.[24]

제 27 장
해외로 귀양

해남도(海南島)는 당시 중국의 영토에 속해 있긴 했으나, 거주민은 대부분 여족(黎族)들이었고 소수의 한인(漢人)들이 북변에 흩어져 살고 있을 뿐이었다. 소동파는 중국의 문명화된 세계의 경계 밖으로 유배된 것이었다. 집권당에 의해 좌천된 수백 명의 희생자 가운데 유독 소동파만이 이곳까지 유배되었다. 원우(元祐) 대신들이 중앙으로 되돌아오는 것을 아주 막아버리기 위해, 이 해와 다음해 2년 사이에 정부는 전대에 관련했던 사람들을 모조리 유배보내거나 처벌해버렸다. 소동파가 유배된 후 곧이어 사마광(司馬光) 자손들의 관작이 모두 박탈되었고, 자유(子由)와 범순인(范純仁)을 포함한 많은 고위 관리들이 서부와 서남부 각지로 귀양보내졌다. 91세의 노대신 문언박(文彦博)까지도 예외는 아니어서, 갖고 있던 여러 작위들을 박탈당했다. 소동파에게 가장 타격이 컸던 것은 유배된 관원들의 친척은 그 유배지 부근지역에서 임직할 수 없다는 명령이었다. 따라서 곡강(曲江) 부근에서 임직하고 있던 소매(蘇邁)도 관직을 박탈당했다.

이제 소동파가 갖고 있는 소유물이라곤 그 집이 전부였다. 동파가 혜주에서 3년간 있는 동안 명목뿐인 직위로 정부로부터 받은 봉록은 그 지방 화폐단위로 치면 200관문 정도였다. 중앙의 화폐단위로 치면 150관문 정도였는데, 아직 받지 못하고 있었다. 이 봉록이 지급되지 않자 동파는 친구인 광주(廣州)태수에게 편지하여, 그의 직권을 이용하여 전운사(轉運使)로 하여금 지급하게끔 해달라고 했다. 광주태수인 왕고(王古)는 앞에서도 언급한 바와 같이 동파의 제의에 따라 빈민을 구제하고 공공병원을 건립했는데, 얼마 후 '빈민 구제사업을 부당하게 행했다'는 이유로 해직되고 말았으므로 소동파의 이 요청이 이루어졌는지 안 이루어졌는지는 기록에 남아 있지 않다.

서양식으로 계산하면 당시 동파의 나이 예순이었다. 그가 앞으로 얼마나 더 오랫동안 귀양살이를 하게 될는지, 또 살아서 중국 땅으로 되돌아올 기회가 있을지는 모두 예상할 수가 없었다. 두 아들은 광주(廣州)까지 아버지 동파를 따라왔고, 매(邁)는 강가까지 나와 이별을 고했으며 과(過)는 처자를 혜주에 남겨놓고 아버지를 모시고 해남으로 따라갔다. 해남도까지 가려면 서강(西江)을 타고 올라가 다시 수백 리 길을 걸어서 지금의 광서성(廣西省)에 있는 오주(梧州)까지 가야만 했다. 그런 다음 뇌주반도(雷州半島)에서 바다를 건너 해남도로 갈 수 있었다. 그가 오주(梧州)에 도착했을 때, 아우 자유가 신유배지인 뇌주반도로 가느라고 이곳을 방금 지나갔다는 것을 알았다. 근거가 명확하지 않으나 전해지는 한 얘기에 따르면, 소씨 형제가 이 두 지역으로 각각 귀양보내진 것은, 해남도인 담주(儋州)와 뇌주(雷州) 이 두 지명이 소씨 형제의 자(字) 끝부분과 비슷한 점이 재미있어서 장돈이 일부러 이곳으로 귀양보냈다는 것이다[1] (소철의 자는 子由인데 雷州로 보내졌고, 소동파의 자는 子瞻인데 해남도 儋州로 귀양보내졌다). 자유 역시 처와 고안(高安)에서 근 몇 년 동안 같이 지내던 셋째아들 내외를 데리고 새 귀양지로 갔다.

오주 부근 성읍인 등주(藤州)에서 동파는 아우를 뒤좇아가서 만났다. 이제 이들 형제는 슬픈 처지로 만나게 되었다. 등주는 아주 가난한 지역이었다. 이 두 형제는 점심을 들고자 조그만 음식점으로 들어갔다. 자유는 이제껏 좋은 음식을 먹어왔으므로, 이곳에서 파는 형편없는 밀가루떡을 입에 대지도 못했다. 동파는 이 밀가루떡을 몇 입 베어물고 웃으면서 아우에게 말했다. "아우는 이 맛난 음식을 천천히 음미할 참인가?"[2] 얼마 후 그들은 음식점을 나와 가족들과 함께 목적지를 향해 천천히 걸었다. 그들은 뇌주에 닿는 대로 동파는 바다 건너로 바로 떠나야 함을 잘 알기 때문에, 될 수 있는 대로 시간을 끌었다.

뇌주태수[張逢]는 소씨 형제를 매우 숭배하는 사람이었다. 그는 소씨 형제를 위해 크게 환영잔치를 베풀어 주고 음식과 술을 보내왔다. 결국 뇌주태수는 이 일로 이듬해 탄핵되어 면직당했다. 자유가 뇌주에서 머물던 집은 소씨 형제 사후에 이들 형제를 기리는 사당[蘇公樓]이 되었다.[3]

이제 동파는 귀양지를 향해 떠나지 않을 수 없었다. 자유는 해안까지 형을 전송했다. 떠나는 날 밤, 두 형제와 아들들은 배 안에서 함께 지냈다. 동파는 다시 치질로 고통을 받았다. 이에 자유는 술을 끊으라고 형에게 권면하였다. 그들은 시를 지으며 시간을 보냈는데, 동파는 어린 조카의 시작(詩作)기술을 시험해 보기도 했다. 이번에 헤어지면 살아서 또다시 만날 수 있을지 없을지 의문이었으므로, 두 사람 모두 마음이 무거워 뜬 눈으로 밤을 지새웠다. 떠나가기 전, 동파는 왕고(王古)에게 다음과 같은 편지를 썼다.

　　이 노령의 나이에 저는 미개지인 유배지를 향해 나아갑니다. 살아서 다시 돌아올 희망은 없는 듯합니다. 나는 장자(長子) 매(邁)에게 제 사후의 문제에 대해 얘기해 두었습니다. 해남(海南)에 도착하는 대로 제일 먼저 제 관(棺)을 만들고, 그 다음엔 분묘를 만들려 합니다. 저는 아이들에게 만약 해남에서 죽는다 하더라도 죽은 곳에 묻히겠다고 써두었습니다. ……살아 있을 때에는 가족들을 데리고 이곳저곳 떠돌아다니지 않고, 죽어서는 관을 고향까지 옮겨가는 번거로움을 자손들에게 끼치지 않는 것이 소동파 집안의 가풍이 될 것입니다.[4]

그곳에는 남방을 정복한 두 명의 장군을 모시는 사당이 있었는데, 그날 동파는 사당에 찾아가 기도를 올렸다. 이곳에서 변덕이 심한 바다를 건너가려는 여행자들은 이 사당에 들러 항해하기에 좋은 날짜를 묻곤 했다. 예언이 늘 잘 맞았으므로, 동파도 습속에 따라 이곳에 가 기도를 올린 것이다.[5]

1097년(紹聖 3) 6월 11일 새벽, 두 형제는 작별인사를 나누고 동파는 아들과 함께 출발했다. 뇌주태수가 여행중 그를 보호하도록 보낸 몇 명의 군사도 동행했다. 노정은 길지 않았다. 마침 날씨가 맑아 동파는 수평선 위에 희미하게 보이는 섬의 윤곽을 볼 수 있었다. 동파는 착잡한 심정이었다. 서양 시인들에게는 바다가 매우 매혹적이나, 동파는 바다에서 아무런 매력도 느끼지 못했다. 사실상 동파는 두려워 정신이 없는 상태였다. 그래도 아무튼 그들은 무사히 바다를 건너갔다. 섬에 도착한 후, 동파와 그의 아들 둘은 섬의 북서쪽 귀퉁이에 위치한 그들의 행선지인 담주(儋州)를 향해 다시 여행하여, 7월 2일에야 목적지에 도착했다.

그들이 그곳에 막 도착하였을 때, 사람 좋은 현령(縣令) 장중(張中)도 이곳에 도착했다. 그는 대단한 동파 숭배자였으며 장기도 아주 잘 두었다. 게다가 소과와 장중 사이에 우의가 차츰 돈독해져 갔다. 그들이 하루종일 장기를 두는 동안 동파는 곁에서 구경했다. 장중의 호의로 그가 거주하는 곳 옆의 관사에 동파 부자는 머물 수 있게 되었다. 그곳은 협소하고도 누추했는데 가을에 비라도 오면 지붕이 새어 동파는 밤새도록 잠자리를 몇 번이고 이리저리 옮겨야만 했다. 이 집은 정부관사였으므로 장중은 공금으로 이 집을 수리했는데, 이 일로 나중에 그는 곤경에 처하게되었다.

아무튼 섬은 중원지방에서 살던 중국인에게는 적응하기 어려운 곳이었다. 이곳 날씨는 아주 습기차고 여름에는 견딜 수 없을 정도로 무더웠으며 겨울에는 짙은 안개가 자주 끼었다. 가을 우기에는 무엇이든 아무데나 모두 곰팡이가 슬었다. 한번은 그의 침대 기둥에서 하얀 개미가 한 무더기나 죽은 것을 보았다. 건강에 좋지 않은 이런 습기찬 날씨에서는 장생(長生)문제를 다시 환기시켰다. 당시 동파는 이렇게 쓴 바 있다.

영남(嶺南)의 기후는 습기차다. 여름이면 눅눅하고 끈끈한 기운이 땅에서 올라온다. 특히 해남(海南)은 더 심하다. 늦여름과 초가을 사이쯤에는 모든 물건들이 다 썩어버린다. 사람이 돌이나 쇠로 만들어지지 않은 이상 이런 날씨를 어떻게 오래도록 견딜 수 있겠는가? 그런데도 나는 이곳에서 80, 90세 된 노인은 말할 것도 없고 100세가 넘는 노인들도 많은 것을 보았다. 이를 보니 장수의 비결은 환경에 잘 적응하는 데있는 것 같다는 생각이 든다. 불도마뱀은 불 속에서도 살 수 있고, 누에의 알들은 얼음 속에서도 살아남는다. 이따금 정신력으로 마음에 잡념을 모두 없애고, 육신의 존재를 초월할 수 있을 때엔 얼음이 꽁꽁 어는추위나 무섭게 내리쬐는 태양 아래서도 잘 견딜 수 있을 것 같다. 이런식으로 한다면 백살 넘어까지 장수하는 것도 그리 어려운 일은 아니다.이곳의 촌로 농부들은 이런 비법에 대해서 아무것도 모른다. 그런데도이들은 불도마뱀이나 누에처럼 조용히 기후에 순응할 수 있다. 이들처럼 계속해서 찬 공기를 들이마시고, 더운 공기를 내쉬기만 하는 것으로장수하지 못할 것도 없다. 장자(莊子)가 일찍이 말했던 바가 옳다. "밤과 낮은 우리의 신체구조로 하여금 계속해서 원기를 소모케 한다. 가장중요한 것은 바로 이 원기 소모를 방지하는 것이다."[6]

해안 뒤편에 있는 성읍의 뒤쪽엔 여인(黎人)들이 대부분 거주하고 있는데, 이들은 한인(漢人) 거주민들과 사이가 별로 좋지 않다. 이 원주민들은 아열대 산림지역에서 살았다. 최근 들어 진주만 습격이 있기 전몇년 동안 이 산림지역은 일본군들이 밀림전(密林戰)을 훈련하는 곳으로이용되었었다. 원주민들은 일자무식이었으나 소박하고 심성이 정직하여서, 좀 일찍 개화된 교활한 중국인들에 의해 자주 사기를 당하곤 했다.그들은 농사짓는 일에는 게을러서 식량 공급을 수렵이나 열매 채취에 의존했다. 이곳은 사천(四川)과 복건(福建) 일부 지역과 마찬가지로 여자들이 주로 나가서 일하고, 남자들은 집에서 아이들을 돌봤다. 여족 여인네들은 밀림에서 땔감을 베어다가 성읍에 내다팔았다. 도끼·칼 등의 금속으로 만든 도구나, 곡식·의류·소금·장아찌 등이 모두 중국대륙으로부터수입되었고, 그 대신 섬 주민들은 거북이 껍질과 중국에서 널리 애용하는 값비싼 향인 침수향(沈水香)을 제공하였다. 원주민들은 주식으로 토란을 먹고 물을 마셨으므로 쌀까지도 중국 본토에서 수입해 들여와야만 하는 형편이었다. 소동파도 겨울에 중국 본토에서 쌀을 실어오는 배가 길이 막혀 오지 못할 때에는 원주민의 음식을 먹어야만 했다.

이곳 사람들은 아주 미신적이어서, 병에 걸리면 의사 대신 무당이 환자를 돌봤다. 질병을 퇴치하는 방법으로 주민들이 알고 있는 유일한 방법이란 제물로 소를 잡고 사당에서 기도를 드리는 것이었다. 결국 해마다 많은 수의 소들이 대륙으로부터 수입되어 제사용으로 도살되었다. 불교도인 동파로서는 여러 번 이런 습속을 개선시켜 보려 애썼다. 그러나 습속을 그리 쉽게 바꿀 수는 없는 노릇이었다. 동파는 이렇게 쓰고 있다.

영남(嶺南) 백성들은 소를 죽여 제사 지내는 일 따위는 생각지 않는데, 이곳 해남만 유독 이런 습속이 있다. 상인들은 배 한 척에 백여 마리의 소를 섬으로 수송해 온다. 소들은 때로 여행 도중에 목이 말라 죽거나 굶주려 죽고, 또는 폭풍에 전멸하기도 한다. 일단 배에 실리면 소들은 서글프게 음매 하고 울며 눈물을 흘린다. 소들이 운반되어 오면, 이들 가운데 반은 농사일 돕는 데 쓰이고 반은 도살된다. 사람이 병들면, 이곳 주민들은 약을 먹는 대신 신에게 바칠 제물로 소를 잡는다. 혹 부유한 집일 경우에는 질병이 낫기를 기원하는 마음에서 소를 수십 마리 잡는다. 환자의 병이 나으면, 이곳 사람들은 무당이 용해서 병이 나았다고 믿으며, 병이 회복되지 않았거나 죽은 사람들의 일은 곧 잊어버린다. 그러므로 무당이 곧 이들의 의사이고, 소가 이들의 약인 셈이다. 어쩌다 환자가 약을 복용한 것이 무당에게 들키면, 무당은 신이 노여워하실 거라고 위협한다. 그러므로 주민들은 아무 약도 쓰지 않고 환자가 죽게 내버려둔다. 환자의 친지들은 환자에게 약을 먹이거나, 의사에게 보이지 못하게 하여 결국 환자와 소를 둘 다 희생시키고 만다. 이 섬 특산물로 침수향이 생산되는데, 모두 소를 사들이는 교역품으로 상인들에게 넘겨진다. 소는 여족(黎族) 손에 넘어가면, 신의 제물로 쓰여져 단 한 마리도 이에서 벗어나지 못한다. 중국 본토인들이 침수향을 태우며 복을 비는 기도를 올리는 것이 실상 쇠고기를 태우는 것이나 다를 바 없으니, 어떻게 복을 받을 수 있겠는가?[7]

한인(漢人)들은 밀림 거주민들을 한 번도 완전히 정복할 수 없었다. 군대가 접근해 오면, 이 족속들은 밀림으로 숨기만 하면 되었다. 한인들은 산림 속에서 살거나 거주하는 것을 모두 꺼렸으므로 더 이상 진격하지 않았다. 한인과 원주민이 싸울 때 원주민들도 가끔 자기들 쪽에서 성읍을 먼저 습격하기도 했다. 혹 이들이 한인 상인들에게 사기를 당해도 한인 법정에서는 공정한 판결을 받지 못했으므로, 손해 본 돈을 돌려받기 위해서는 원주민 자신이 직접 상인을 잡아다 몸값을 받는 등의 수단을 쓰지 않을 수 없었다. 소과(蘇過)는 나중에 이런 현황들을 2천여 자의 장문으로 썼는데, 여기서 그는 공정하게 다스리지 않고서는 원주민들을 복종시키거나 이들을 회유할 방법이 없다고 말하고 있다. 과는 생각하길 원주민들은 선량하고 정직한 사람들인데, 한인 법정에서 이들을 공정하게 다루지 않으므로 오히려 이들로 하여금 자기들 손으로 법을 행사하지 않을 수 없게 만들었다고 했다.[8]

이번 귀양살이에서는 그야말로 귀양살이 맛을 톡톡히 보게 되어, 노령의 동파로서는 육체적인 고통 또한 대단했다. 동파의 말을 빌리면 이 섬에서는 필요한 것을 도대체 아무것도 구할 수가 없었다고 한다. "우리는 이곳에서 육식은 먹어보지도 못하고, 병이 들어도 약을 써보지 못한 채 넘겨야 하고, 안심하고 거주할 집도 없는 상태이며, 밖에 나가봐야 친구 또한 없다. 겨울이면 목탄도 때지 못한 채 자며, 여름에는 시원한 샘물조차 구할 길이 없다. 우리가 필요한 것을 쓰지 못하고 지내는 사정은 일일이 다 열거할 수가 없다. 요컨대, 우리는 거의 모든 것이 없는 상태이다. 유일하게 위로로 삼는 것이 있다면, 이곳에는 말라리아가 없다는 점이다."[9]

그러나 동파의 그 굽히지 않는 불굴의 정신과 인생관은 이런 환경에 처했다고 해서 그로 하여금 쉽사리 삶의 기쁨을 저버리지 못하도록 했다. "내게는 아직 조물주가 부여해 주신 육신이 있으니, 나는 운명이 명하는 대로 영고성쇠의 끝없는 순환을 겪게 내버려둘 따름입니다. 그러니 무슨 일이 일어나도 평안합니다. 저를 염려하시지 않아도 됩니다"라고 그는 친구에게 쓰고 있다.[10] 바로 이 점에 대해서는 장돈(章惇)과 그밖에 동파의 적들도 자기들 힘으로 어찌할 도리가 없었으므로 다만 분격해 마 지않을 따름이었다. 1098년(元符 元年) 9월 12일 일기 가운데 동파가 자 신이 당하고 있는 곤경에 대해 이렇게 쓴 대목이 있다.

　　내가 처음 남해(南海)에 도착했을 때, 주위 사면 지평선 위로 바닷물 만 삥 둘러싸여 있는 것을 보고, 나는 상심하여 이렇게 한탄했다. "언제 나 이 섬을 빠져나갈 수 있을 것인가?" 그러나 얼마 지난 후, 나는 이런 생각이 들었다 : 사실 우주 자체가 전부 물로 둘러싸여 있는 것이다. 구 주(九洲)가 모두 '대영해'(大瀛海)에 둘러싸여 있고, 중국은 '소해'(少 海) 가운데에 위치해 있음에 불과하다. 그러니 우리는 일생 동안 줄곧 섬 위에서 살고 있는 셈이다. 땅에 물을 좀 부었다고 치자. 그러면 작은 풀잎사귀는 물 위로 동동 뜰 것이고 개미는 살기 위해 잎새에 매달릴 것 이다. 개미는 어찌할 바를 몰라 쩔쩔매겠지. 잠시 후 물이 말라버리면, 개미는 무사히 기어나와 다른 개미와 만났을 때, 눈물을 흘리며 이렇게 말하겠지. "아, 너를 다시는 못 만날 줄 알았어!" 이 개미로서는 잠깐 후면 자신이 다시 가고 싶은 곳을 마음대로 갈 수 있게 된다는 것을 어 찌 알았으랴? 이런 생각을 하면 참으로 오묘하기 짝이 없다. 술을 좀 들 이키고 몇몇 친구들에게 이런 얘기를 써야겠다.[11]

　동파는 완고한 편이거나 어쩌면 결코 자기 본성을 잃지 않는 그런 사 람이었다. 적어도 그는 유머감각을 잃은 적이 없었다. 삼료(參寥)가 동자 승 편에 편지와 예물을 들려 해남도로 보내 오고, 자신도 곧 그를 방문하 러 올 것이라고 전해왔었다. 이에 동파는 이렇게 답장하고 있다.[12] "이제 저는 이곳에서 벌써 거의 반년째 살고 있는데 그럭저럭 적응해 나가고 있습니다. 이곳 사정을 자세히 얘기할 필요는 없겠지요. 영은사(靈隱寺) 에서 쫓겨난 승려가 이 오막살이에서 거친 시골 음식을 먹고 지내는 것 쯤으로 생각하시면 됩니다. 말라리아나 다른 질병이 북쪽 중원지방이라

고 없습니까? 사람은 말라리아란 한 가지 질병이 아니라도 갖가지 질병
으로 죽을 가능성이 무궁무진합니다. 이곳 가까이에 의사가 없는 것은
사실입니다. 그러나 경사에서 해마다 의사의 오진으로 얼마나 많은 사람
들이 죽어가고 있는지 생각해 보십시오. 아마 당신이 이 글을 보시면, 웃
으면서 더 이상 저에 대해 걱정하시지 않겠지요. 만약 친구들이 저에 대
해 묻거들랑 바로 이대로 얘기해 주십시오."

해남도에서 삶에 임했던 그의 태도를 가장 잘 나타내 주고 있는 글은
그가 귀양살이 마지막 해에 쓴 짧은 잡기이다.

> 1099년 1월 15일 상원절(上元節 ; 정월 대보름), 내가 담주(儋州)에서
> 살고 있는데, 몇몇 원로 문인(文人)들이 나를 찾아왔다. 과(過)가 말하
> 길, "아버님, 나가서 산책 좀 하시지 않겠어요? 달이 너무나 밝은 고요
> 한 밤입니다"라고 했다. 나는 쾌히 이 제안을 받아들여서, 우리는 성읍
> 서쪽편으로 나가 어느 절에 들어섰다. 우리는 한인(漢人)과 원주민들이
> 뒤섞여 사는 작은 골목들을 지나갔었는데, 주점에는 꽤 많은 무리의 사
> 람들이 있었다. 우리가 되돌아올 즈음에는 이미 한밤중이었다. 하인들
> 은 코를 골며 자고 있었다.
> 사람이 역경에 처하든 또는 잘되어 영달하든 모두가 매한가지라는 생
> 각이 들어, 나는 문 뒤에 지팡이를 내려놓으며 웃었다. 그러자 "아버님,
> 무슨 일로 그렇게 웃으세요?" 하고 과가 물었다. "음, 나는 내 자신과
> 한유(韓愈)를 생각하며 웃는 참이다. 한번은 한유가 낚시를 하고 있었
> 어. 한데 물고기를 한 마리도 못 잡았지. 다른 곳에 가면 잡을 수 있으
> 려니 생각했거든. 그러나 바다로 간다고 반드시 큰 고기를 낚을 수 있는
> 건 아니라는 걸 그는 미처 생각 못한 거지."[13]

동파는 일찍이 아우에게 이렇게 말한 적이 있다. "나는 저 위로는 옥
황상제와도 어울릴 수 있고, 아래로는 거지와도 어울릴 수 있네. 내 생각
에는 이 세상에 악한 사람이란 하나도 없는 것 같다." 이제 그는 보잘것
없는 무명의 문인들과 농부, 아낙네들과 어울려 지냈다. 이 소박한 사람
들과는 말조심하지 않아도 되었으므로, 동파는 거리낌 없이 말할 수 있

어서 아주 좋았다. 하루라도 집에 손님이 찾아오지 않으면 그는 못 견뎌
했다. 그럴 때는 동파 쪽에서 이웃을 찾아갔다. 그가 황주(黃州)에 있을
때에도 신분이 높은 이나 낮은 사람, 즉 문인이나 촌로들과 섞여 지냈었
다. 한번 얘기를 했다 하면 주로 그가 혼자 다 얘기했다. 그는 천성적으
로 얘기하길 아주 좋아했다. 하지만 그는 다른 이들도 얘기하길 바랬다.
그는 해남 토종인 커다란 개 오취(烏嘴)를 끌고 어디나 돌아다녔다. 그는
촌민들과 빈랑수(檳榔樹) 아래에서 한번 실컷 한담을 나누고 싶었다. 하
지만 무지한 농부들이 그에게 감히 무얼 얘기할 수 있으랴? "무슨 이야
기를 해야 좋을지 모르겠는데요" 하고 겁먹은 촌로가 이 유식한 문인에
게 말했다. "그러면 귀신이야기를 합시다. 내게 귀신이야기를 몇 가지
들려주시오" 하고 동파가 말했다. 그러자 이번에는 이 이야기 친구들은
귀신이야기 가운데 어떤 것을 해야 좋을지 모르겠노라고 했다. 그러자
동파는 "여러 생각할 필요없이, 들은 이야기 가운데 아무거나 얘기해 주
시면 됩니다"라고 했다. 후에 과(過)는 친구에게 말하길, 아버지는 하루
라도 사람이 찾아오지 않는 날이면 마치 무슨 괴로운 일이라도 있는 듯
이 보였다고 회상했다.[14]

그러나 그의 정적들은 그를 이렇게 먼 곳까지 보내고서도, 그를 편안
히 지내게 그냥 내버려두지 않았다. 1098년(元符 元年)은 원우 제신에 대
한 박해가 최고조에 달했던 해였다. 1097년 세밑에 원우 연간 동안 고관
을 지냈던 두 대신[15]이 일주일 간격으로 잇달아 사망했는데, 사인(死因)
또한 불분명했다. 그해 봄에 이 사망한 두 대신의 자제들이 체포되었고,
태후의 개인비서를 지냈던 관리는 사형에 처해졌다. 그리고 좌천된 관리
들의 유배지가 대대적으로 변동되었다. 그해 여름, 자유와 진관(秦觀) 그
리고 왕안석을 재상 직위에서 물러나게 했던 인물로 앞에서 언급한 바
있는 정협(鄭俠) 등이 명을 받고 유배지를 옮겨갔다.

3월에 기괴한 도사인 오복고(吳復古)가 다시 해남에 나타나, 동파와 더
불어 수개월을 함께 지냈다. 이때 오복고가 올 때 조정에서 동필(董必)을
파견하여 유배된 관리들의 일거일동을 보고하게 하고, 필요한 경우에는

다시 탄핵하도록 명했다는 소식을 가지고 왔다. 담주(儋州)는 당시 광서성(廣西省)에 속해 있었다. 처음 조정에서는 간신 여혜경(呂惠卿)의 동생이자 원우 제신들에게 대해 지독히 적대적인 여승경(呂升卿)을 이곳에 보내려 했었다. 소씨 형제로 볼 때 이는 죽임을 당하지 않으면 큰 재난을 당할 조짐이었다. 그런데 증포(曾布)와 다른 여러 조신(朝臣)들이 끼여들어 승경을 이곳에 보냈다가는 사적인 복수심만 고취시키고, 정부에 공정한 보고를 올리지 못할 가능성이 있으므로, 이는 극단에 치우칠 염려가 다분한 조치라고 황제께 간하였다. 이 덕분에 결국 여승경은 광동으로 보내졌고, 동필은 광서성으로 보내졌다. 그곳에서 과연 동필은 무언가 잘못되었다는 것을 발견했다. 그는 자유가 무고한 백성의 집을 억지로 점유하였으며, 뇌주(雷州)태수는 귀양온 관리를 지나치게 융숭히 대접하고 도와주었다고 보고했다. 결국 뇌주태수는 해임되고, 자유는 동파가 한때 유배되었던 혜주(惠州)의 동쪽지역[循州]으로 옮겨졌다.[16)]

마치 천재(天災)가 휩쓸어 내려오듯이 동필의 영향은 뇌주반도에서 해남으로 하강해 내려왔다. 그의 부관인 팽자민(彭子民)은 그에게 "나으리도 자녀를 두고 있다는 점을 잊지 마십시오" 하고 충고했다. 이에 동필은 여정을 멈추는 대신, 관리 가운데 한 명을 바다 건너로 보내 동파가 어떻게 지내는지 살펴보도록 했다. 이 관리가 해남에 도착해서 보니, 동파는 관사(官舍)에서 지내고 있었으며, 결국 이 일로 해임되었지만 장중(張中) 등이 그를 극진히 우대하고 있음을 알았다.[17)] 결국 동파는 머물고 있던 관사에서 쫓겨나 수중에 남은 돈을 모두 긁어모아 당장 오두막집을 한 채 지어야만 했다. 집은 성읍 남쪽의 야자수 수풀 안에 지어졌다. 이곳 주민들, 특히 몇몇 가난한 문인의 젊은 자제들이 와서 그를 도와 손수 집을 지어주었다. 이 집은 약 다섯 칸 정도의 초라한 집이었지만 방이 셋쯤은 되었던 것 같다. 동파는 이 새 집을 '괄랑암'(桄榔庵)이라 이름지었다. 집 뒤는 숲이었는데 이곳에는 노루가 많았으므로 밤이면 잠자리에서 원주민들이 노루사냥하는 소리를 들을 수 있었다. 이따금 새벽녘에 사냥꾼이 그의 집 문을 두드리고 노루고기를 선사할 때도 있었다. 5월 친구에게 쓴 편지에서 동파는 이렇게 말했다.

저는 관사에서 쫓겨난 후, 겨우 비를 가릴 만한 허름한 집을 제 손으로 지었습니다. 그래서 갖고 있던 돈을 모두 써버렸습니다. 처지가 이 지경까지 되도록 곤궁해지면, 무슨 일을 당할지 알 수 없습니다. 당하게 되면 그러려니 하고 그저 웃어넘겨야지요.[18]

동파는 웬만해서 어떤 특정 인물을 미워하지 않는 성격이었으나, 동필 (董必)에 대해서는 그렇지 않았다. 그는 자신을 관사에서 쫓아낸 이 사람에 대해 조롱이라도 좀 해줘야 속이 시원할 것 같았다. 이 관리의 이름은 '필'(必)인데 한자의 자라 '별'(鼈)자와 발음이 같았다. 동파는 우언 한 편을 지었는데 끄트머리에 별상공(鼈相公)에 대해 언급하고 있다. 어느 날 동파가 술에 취한 장면으로부터 이 이야기는 시작된다. 용왕은 머리가 물고기 모습인 귀신들을 시켜 동파를 끌어오라는 명령을 내렸다. 그는 도가의 옷차림에 누런 모자를 쓰고 발에는 짚신을 신고 가고 있었는데, 얼마 후 갑자기 자신이 물속을 걷고 있음을 발견했다. 갑자기 요란한 번개소리와 함께 바다가 돌변하더니 섬광이 번쩍하자 어느새 자신이 용왕이 사는 수정궁 앞에 서 있는 것이었다. 수정궁은 진주·산호·마노(瑪瑙) 그리고 기타 값진 돌들로 화려하게 꾸며져 있었다. 용왕은 두 시종을 거느리고 성장을 한 모습으로 나타났다. 동파는 자기에게서 무엇을 원하느냐고 용왕에게 물었다. 잠시 후 황후도 병풍 뒤에서 나타났는데, 그에게 10피트나 되는 값진 천을 주며 거기다 시를 써달라고 요청했다. 시를 쓰라면 이는 동파에게 그리 어려운 주문은 아니었다. 동파는 해저왕국의 생활을 멋지게 한폭 그렸는데, 수정궁에서 기이한 빛이 새어나오고 있는 모습이었다. 그가 그림에 시 써넣기를 마치자, 여러 신령들이 둘러서서 이것을 바라보았다. 그 가운데 새우상사[蝦兵]와 농어장군[鱸將] 등은 진심에서 우러나오는 찬사를 아끼지 않았다. 별상공(鼈相公)도 거기 있었는데, 앞으로 썩 나서더니 동파가 쓴 시 가운데에 감히 써서는 안 될 용왕의 이름자가 있다고 아뢰었다. 이 말을 듣자 용왕은 소동파에게 화를 잔뜩 내었다. 그리하여 나는 물러나와 탄식하며 이렇게 혼자 중얼거렸다. "별상공과 마주치게 되다니, 운도 꽤나 없군."[19]

소동파는 우언을 모두 서너 편 썼다. 사실상 중국 문인들이 이런 허구적인 글들을 제대로 발전시킨 것은 13세기에 이르러서였다. 당(唐)이나 송(宋)대에 다른 문인들이 쓴 우언처럼, 동파가 쓴 우언들도 아주 교훈적인 이야기들에다 약간의 창작성을 입힌 것에 불과하다.

동파는 이 오막살이집을 지은 후, 약 2년반 동안 별다른 걱정없이 지내긴 했으나 생활은 아주 궁핍했다. 동파에게는 멋진 친구 두 명이 있었다. 한 명은 동파에게 오는 모든 우편물을 전해 주는 광주(廣州)의 도사 하덕순(何德順)이고, 또 한 사람은 가난한 문인으로 부지런히 다니며 동파에게 음식물·약물·쌀·장아찌 그리고 동파가 필요로 하는 책을 보내 주는 무명의 문인이었다. 아열대섬에서의 여름 몇 달간 그는 습기 때문에 무척 고생을 했다. 그래서 동파는 야자수 숲속에 앉아 가을이 돌아오기만을 손꼽아 기다리곤 했다. 그런데 가을에는 또 비가 쏟아져 광주와 복건(福建)에서 오는 큰 배들이 폭풍 때문에 발이 묶이곤 했다. 배가 못 오면 곧 식량 공급이 끊기는 것으로, 이 섬에서는 쌀조차 구할 수 없게 되어 동파는 진짜 궁지에 빠지게 되었다. 그가 1098년 겨울에 친구에게 쓴 편지에서 말하길, 동파 자신과 아들은 "마치 두 수도승처럼 남루한 오막살이에서 얼굴만 마주보고 앉아 있다"라고 쓰고 있다.[20] 그해 겨울은 식량 공급이 끊어져 굶어 죽을 정도로 위태로운 지경이었다. 동파는 예전에 해먹었던 채소탕을 다시 만들고 우엉을 끓여 주식으로 대용했다.[21]

그가 햇빛을 먹어 배고픔을 달랜다는 글을 쓸 즈음에는 그가 얼마나 궁핍한 상태에 처해 있었는지 아무도 모르리라. 보통 도사들은 속세를 하직하기로 일단 결심하면 계속 굶어 아사하는 방식을 취한다고 하는데, 그래서 얼마 동안 그들은 곡물을 전혀 먹지 않는다. 동파는 〈곡식을 금하는 방법〉(辟穀)이란 잡문 가운데에서 다음과 같은 이야기를 하고 있

다.[22] 낙양(洛陽)에 살던 어떤 사람이 깊은 구덩이에 빠졌다. 그 구덩이
에는 개구리와 뱀들이 있었다. 이 사람은 동물들이 아침이면 머리를 돌
틈으로 내놓고 비춰 들어오는 햇빛을 향해 고개를 돌리고 햇빛을 꿀꺽꿀
꺽 삼키는 모양을 하는 것을 보았다. 배고프기도 하고 호기심도 있고 해
서 그 사람은 동물들 흉내를 내보니, 배고픈 기운이 완전히 가시는 것이
었다. 나중에 이 사람은 구출되었고 이후부터는 배고픈 것을 모르고 살
았다. "이렇게 간단한 것을 왜 사람들은 모르고 있을까? 안다 해도 이를
실행하지 못한다. 이는 자기 훈련이 잘 되어 있는 사람에게만 가능하기
때문이리라. 담주에서는 쌀값이 무척 비싸고 우리의 생필품은 다 떨어졌
다. 그래서 나는 아들과 함께 햇빛을 먹는 훈련을 할까 생각중이다.
1099년 4월 19일"

   그러나 동파는 여태까지 한 번도 실제로 배를 곯아본 적이 없었다. 그
의 친구나 이웃들이 그가 굶게 내버려두지 않았기 때문이다. 대체로 그
는 근심 걱정 없이 지냈던 것 같다. 하루는 동파가 큰 수박을 머리에 이
고 콧노래 부르며 들길을 지나가고 있었다. 일흔이 넘은 시골 할머니가
그에게 이렇게 말했다. "한림 나으리, 나으리는 예전에 조정에서 큰 벼
슬을 지내지 않았던가요. 지금와서 생각하면, 모두가 일장춘몽 같으시겠
구려……." 이후부터 동파는 이 노파를 '춘몽파'(春夢婆)라 불렀다.[23] 비
때문에 발이 묶여 그가 친구집에 잠시 지체하게 되면 그는 농부에게서
사립과 도롱이를 빌려 입고, 나막신을 빌려 신고서 진흙탕 길을 철벅거
리며 집으로 돌아오곤 했다. 그럴 때면 개들이 짖고, 이웃 사람들은 그
모습을 보고 깔깔 웃어댔다.[24] 기회 있을 때마다 그는 달밤에 배회하는
습관을 계속하여 가고 싶은 곳은 어디든 돌아다녔다. 때때로 그는 아들
과와 함께 해변 북서편 6마일 되는 지점까지 걸어갔다. 그곳에는 승려같
이 생긴 거대한 바위가 우뚝 서서 바다를 바라다보고 있었다. 많은 배들
이 여기서 좌초당하곤 하였으므로, 이곳 지방 사람들은 이 바위에 무슨
신비한 마력이 있다고 여겼다. 절벽 아래에는 여지와 귤이 잔뜩 달린 나
무들이 자라고 있었다. 이 과일들을 그곳에서 따먹는 것은 상관이 없었

으나, 혹시 자기가 먹을 수 있는 양 이상으로 욕심껏 따서 가져가려고 하면 당장에 폭풍우가 이는 것이었다.

동파는 승려들에게 잘 대해 주었으나, 이곳 담주 부근의 수도승들은 아내를 데리고 살거나 여자들과 어울려 지냈으므로 영 마음에 들지 않았다. 동파는 일찍이 다음과 같은 글을 써서 그들을 풍자했다. 제목은 〈부활한 여인 이야기〉(記處子再生事)였는데 실화라고 한다.

1098년 11월, 나는 담주에서 지내고 있었다. 나는 거기서 성읍 서쪽에 살고 있던 이씨 처녀가 병사했다가 이틀 만에 다시 살아났다는 이야기를 들었다. 나는 진사 하민(何旻)과 함께 그녀의 아버지를 만나러 갔다가 다음과 같은 이야기를 들었다. 그녀는 처음에 현기증을 일으켰다가 곧 정신을 잃었다는데 자기를 저승의 관부(官府)로 이끌고 가는 한 남자를 만났다. 그녀가 관부의 문으로 채 들어서기 전에, 어떤 이가 그녀를 보더니 착오로 저승에 오게 되었다고 말했다. 그러자 한 관리가 말했다. "이 여자는 아직 죽을 때가 안 됐어. 이 여자를 되돌려 보내야만 해." 잠시 후 그녀는 지하에 굴 하나가 있는 것을 보았다. 이 지옥으로 통한 굴로 끌려오는 사람들은 모두 담주 사람이었는데, 10명이면 그 가운데 6,7명은 중이었다. 쇠고리를 찬 한 시골아낙네가 땅바닥에 앉아 있었는데, 그 몸에는 원숭이처럼 털이 자라나 있었다. 그녀는 이 여자가 한 수도승의 첩임을 알아보았다. "나는 시주자가 절에 바친 돈과 음식을 도용했다는 죄목으로 처벌받고 있어요. 이미 털이 세 번이나 바뀌었다우." 그녀의 이웃에 살고 있던 2년 전에 사망한 중도 거기에 끼어 있었다. 해마다 이 중이 죽은 제삿날이 되면 죽은 승려를 위해 많은 친구들과 신자들이 그를 위해 공양을 올렸었다. 이 승려의 혼백은 이런 공양물들을 받아서 다른 혼백들에게 나누어 주었다. 자신을 위해서는 밥을 약간 남겨놓았을 뿐인데, 이 중의 혼백이 집으로 들어가면 문지기와 다른 마귀들이 이것마저도 훔쳐갔다. 그래서 결국 그에겐 밥이 아주 조금밖에 남지 않게 되었다. 잠시 후 또 다른 승려 한 명이 나타났다. 그가 우두머리인지 다른 모든 귀신들이 그 앞에 엎드렸다. 그러자 이 승려가 다른 이들에게 이렇게 말했다. "이 처녀는 이곳으로 잘못 보내졌다. 나는 이 처녀를 집으로 돌려보내겠다." 그가 손을 흔들어 한 벽을 가리키

자, 그녀는 자신도 모르게 벽을 지나 걸어나왔다. 그러자 강이 하나 나
타났는데 강둑에는 배 한 척이 놓여 있었다. 그녀가 배에 올라타자 누군
가가 강둑에서 배를 밀어주었다. 몸을 부르르 떠는 바람에 그녀는 깨어
나 회생하였다 한다. 이 승려는 지장보살이 아니겠는가. 나는 사람들을
경계코자 이 이야기를 쓴다.[25]

과(過)는 이 몇 년 동안 계속 곁에서 아버지를 모시고 지냈다. 동파의
말에 따르면, 그는 모든 방면에서 자신의 훌륭한 동반자라고 했다. 그는
모든 잡무를 도맡아 할 뿐만 아니라 동파의 비서 노릇도 하였다. 저명한
아버지의 지도 아래 소과는 짧은 시일에 시인이자 화가로 성장했다. 동
파의 세 아들 가운데 소과만이 주요 문인이 되었고, 그의 문집도 오늘날
까지 남아 있다. 동파가 소시적에 받았던 수업과정을 소과는 그대로 받
았다. 그는 《당서》(唐書) 전권을 손으로 초록하여 잊어버리지 않도록 공
부한 바 있었는데, 이제는 《한서》(漢書)를 초서하고 있는 중이었다. 놀라
운 기억력으로 동파는 이런 사서(史書)들의 한줄 한줄을 모두 기억하고
있었다. 그는 등의자에 앉아서 아들이 이런 문장들을 읽는 것을 들으면
서 이따금 몇몇 틀린 구절들을 지적하고, 또 고대 문인들의 일화 등을 얘
기해 주곤 하였다.

그들은 양질의 종이와 붓을 구할 수 없어 곤란을 당하면서도, 그들이
갖고 있는 것을 최대한 이용하여 과는 대나무·바위·겨울풍경 등을 그리
는 것을 배웠다. 그로부터 약 20년이 지난 후에, 과가 경사를 방문하여 한
사원에서 머물고 있을 때에, 갑자기 궁중 호위병들이 작은 가마를 갖고
나타나 과에게 이 가마를 타고 휘종(徽宗) 황제를 배알하러 가자고 명한
일이 있었다. 그때 과는 어찌된 영문인지 몰랐으나 시키는 대로 하지 않
을 수 없었다. 그가 가마에 올라타자마자 가마 사면에 휘장이 쳐져서 자
기를 어디로 데려가는지 알 수가 없었다. 가마에는 뚜껑이 없었는데 한
사람이 큰 양산을 받쳐주고 있었다. 그는 아주 빠른 속도로 옮겨져 약
4,5마일 가량 되는 곳의 어떤 궁에 도착했다. 가마에서 나와 보니 자신이

지붕이 달린 낭하에 서 있음을 발견했다. 곧 어떤 이가 그를 아름다운 방으로 인도했다. 그가 걸어 들어가 보니, 황제가 그곳에 황색 도포를 입고 푸른 옥구슬이 달린 관을 쓰고 계신 것이었다. 황제는 많은 시종들에게 둘러싸여 계셨는데 시종들도 모두 화려한 옷차림들이었다. 소과는 그곳에 사람이 꽤 많다는 것은 알 수 있었으나 감히 고개를 들고 쳐다보질 못했다. 6월이었는데도 그곳은 얼음처럼 서늘하였다. 방 안에는 큰 얼음덩어리가 쌓여 있었고 향을 피워 향내가 가득했다. 소과는 자신이 큰 궁전 안의 어느 한 곳에 와 있음을 비로소 깨달았다. 의례적인 환영의 말이 있은 연후에, 황제가 그에게 이렇게 말했다. "그대가 소식(蘇軾)의 아들이라고 들었는데 바위를 아주 잘 그린다구? 여기 이 새 벽에 벽화를 좀 그려보게나. 이 일로 그대를 불렀네." 소과는 깊이 숨을 들이마셨다. 사실 휘종 황제 자신도 대화가로서 많은 그의 그림들이 현재까지도 전해지고 있다. 과는 재배(再拜)를 올리고 나서 벽에 그림을 그리기 시작했다. 소과가 그림을 그리는 동안 황제는 용상에서 일어나 이리저리 왔다갔다 하며 그리는 모습을 살펴보았다. 그림 그리기를 다 마치자, 황제는 몇 번이고 거듭 찬사를 아끼지 않고 치하했다. 그리고는 시종에게 명하여 소과에게 술을 갖다주도록 하고 또 많은 선물을 하사했다. 어전에서 물러나오자 과는 다시 낭하에서 가마에 올라탔다. 또다시 가마의 사면이 가려진 채 집을 향해 갔다. 집에 돌아오고 나니 마치 꿈속을 지나온 것만 같았다.[26]

이 섬에서는 먹을 구하기가 어려워, 동파는 스스로 먹을 시험삼아 만들었다. 나중에 과는 말하기를 아버지가 먹을 만들다가 하마터면 집을 태울 뻔했던 일도 있다고 하였다. 이 이야기는 다른 사람보다 먹값을 두세 배 더 비싸게 받고 파는 항주의 유명한 먹 제조자와도 상관이 있다. 왜냐하면 이 먹 제조자는 해남의 소동파에게서 먹 만드는 비법을 배웠노라고 말한 바 있기 때문이다. 그래서 어떤 문인들은 과에게 동파의 먹 제조비법에 대해 묻기도 했다. 그러면 과는 웃으면서 이렇게 말했다. "제 부친에게는 무슨 비법이랄 것이 없었습니다. 우리가 해남에서 딱히 할 일 없이 무료하게 지낼 때, 아버지께서 심심풀이 삼아 해보신 것뿐이랍니다. 한번은 반형(潘衡 ; 유명한 먹 제조자)이 왔었을 때, 아버님은 그와 함께 작은 방 안에서 송진을 태워 그을음을 내며 먹을 만들기 시작했어요. 밤중이 되었을 때 마침내 불이 붙어, 하마터면 불에 집이 타 없어질 뻔했지요. 다음날 우리는 잿더미에서 몇 덩이의 유묵(油墨)을 건져냈습니다. 그러나 우리에겐 아교가 없었으므로, 아버님은 소의 기름을 가지고 유묵과 잘 섞었지요. 그런데 잘 굳지를 않아, 우리는 겨우 손가락만한 크기의 먹을 20~30개 얻을 수 있었을 뿐입니다. 이것을 보고 우리 아버님은 껄껄 웃으셨고, 얼마 있지 않아 반형은 떠났습니다." 그 당시 사람들은 반형이 만들어 파는 먹을 양질의 것으로 알아주었다. 반형은 먹 만드는 비법을 소동파가 아닌 분명히 다른 누군가로부터 배웠을 것인데 다만 동파의 명성을 빌어 팔았던 것이다.[27]

이제 동파는 한가했으므로 교외로 나가 약초를 캐거나, 또 다른 종류의 약초를 찾아내는 일이 습관이 되었다. 어떤 약초는 고대에 다른 이름으로 불리웠던 것인데 아무도 이것을 찾아내지 못했던 것임을 확인하자 매우 만족스러워 했다. 동파는 약초에 관해 적지않은 기록을 남겼다. 그 가운데 하나를 예로 들자면, 그는 얼티친(urticin)과 류타인(lutein)을 함유하고 있는 쐐기풀을 사용하여 류머티즘을 치료하라고 적어 놓고 있다. 이 쐐기풀은 독담쟁이와 비슷하게 생겼는데, 사람의 피부에 닿으면 부어오른다. 동파의 사용법에 따르자면, 그는 류머티즘이 처음 발발하여 염증을 일으킨 관절부분에 이 쐐기풀을 붙임으로써 온몸 각 부분의 통증을 멈출 수 있다는 것이다. 그는 또한 도꼬마리풀의 효험도 상당히 믿고 있었다. 이 풀은 도처에서 구할 수 있는 흔한 풀이었으며, 별 해가 없었으므로 장기 복용하거나 어떤 식으로 만들어 먹더라도 상관이 없었다(이 식물은 지방과 소량의 수지·비타민 C·xanthos trumarin을 함유함). 동파는 또한 은근한 불로 24시간 도꼬마리 잎사귀의 재를 뜨겁게 데워서 하얀 분말로 만드는 방법도 적어 놓고 있다. 이 하얀 분말을 복용하면 피부가 옥같이 부드럽고도 아름답게 된다고 한다. 또 다른 메모에는 미나리 종류인 궁궁이[芎藭]와 천문동(天門冬) 그리고 동파가 '가난한 사람에게 내린 신(神)의 선물'이라 부른 냉이[薺菜] 등에 대해서도 메모해 놓고 있는데, 이들은 영양가가 많고 맛 또한 좋다고 했다.[28]

이런 일 이외에도 동파는 아들의 도움을 받아, 잡기를 모아 묶었는데 이 책이 바로 《지림》(志林)이다. 예전에 소씨 형제는 오경(五經)을 분담하여 주해(註解)를 달기로 했었는데, 동파는 이 오경 가운데서 둘을 맡았다. 동파는 일찍이 황주(黃州) 유배시절, 《역전》(易傳)과 《논어설》(論語說)*을 완성한 바 있다. 이번 해남에서 그는 《서전》(書傳)을 완성했다. 가장 특기할 만한 업적은, 4세기 무렵의 시인인 도연명(陶淵明)이 쓴 124수에 달하는 시의 같은 운을 사용하여, 도연명 시 매 수마다 화창(和唱)하는 시를 써서 《화도시》(和陶詩) 한 권을 이룬 일이었다. 동파는 영주(潁州)에 있을 때부터 몇 수의 도연명의 시에 화창하는 시를 짓기 시작했었다. 그러다가 그가 혜주(惠州)로 귀양오게 되어, 전원적인 분위기 속에서 은거생활을 하지 않을 수 없게 되자, 자신의 그러한 생활이 그가 흠모해 마지않던 도연명의 생활상과 아주 흡사함을 깨달았던 것이다. 그가 혜주를 떠날 즈음에는 이미 109수의 화도시를 지었었다. 그리고 나머지 도연명의 시 15수에 대해서는 화창을 하지 않은 채 남겨두었는데, 그가 이 섬에 머무는 동안 이것을 마저 완성하였다. 동파는 아우에게 이 시집의 서문을 써달라고 부탁하면서 편지 가운데 이렇게 얘기하고 있다. "나는 연명의 시뿐만 아니라 그의 사람 됨됨이를 흠모한다."[29] 이 말은 어쩌면 그의 많은 숭배자들로부터 동파 자신이 들을 말이리라.

---

*《논어》는 오경(五經)에 속하지 않음.

제 28 장
최   후

　1100년(元符 3), 이 시대의 풀이 죽고 좌절하여 지쳐빠진 문인학자들을 뒤에 남겨놓은 채 철종은 스물넷의 나이로 요절하였다. 그의 부친 신종(神宗) 황제에게는 14명의 아들이 있는 반면에, 철종은 유첩여(劉婕女)와의 사이에서 낳은 단 한 명의 아이가 있었는데 어린 나이에 그만 요절해버렸다. 그러므로 철종의 아우인 휘종(徽宗)이 왕위를 계승하였다. 휘종은 31명의 아들과 몇 폭의 명화(名畵)를 남겼으나 국가를 큰 혼란에 빠지게 했다. 형 대(代)에 시작된 폭정은 휘종 때도 계속되었다. 그는 전대(前代)와 같은 신하들을 썼고, 전대와 같은 정책을 시행했다. 이제는 왕안석의 국가자본주의가 신종 집정시대에 뒤이어 '선조의 가르침'이라는 명분하에 떠받들어졌다. 황실 국고를 살찌게 하는 조치로서 또 북방 오랑캐들에 대한 대처방안에서, 휘종은 왕안석의 정책을 모두 본받았다. 아마도 일국의 황제로서 전국의 부(富)를 국고와 황실 창고에 집결시키는 정책을 마다하기는 어려웠을 것이다. 그러나 이런 정책을 시행했던 황제들은 하나같이 그 대가를 치러야만 했다. 휘종의 경우 그는 이런 정책을 고수한 대가로 황제자리를 빼앗기고 경사까지 함락당하였으며, 결국 금(金)나라에 포로로 잡혀 죽고 말았다. 휘종이 원앙새 등의 아름다운 화조화(花鳥畵)를 잘 그렸을지는 모르겠으나, 자기 일신의 쾌락을 위해 정원을 꾸미는 일 등으로 백성들을 그처럼 가혹하게 압제했던 황제도 아마 없었을 것이다. 그러니 그가 나중에 제위를 박탈당한 것도 자업자득인 셈이다.

휘종이 즉위할 즈음, 사실 송조(宋朝)의 국가 명맥은 이미 서서히 붕괴되어 약해질 대로 약해져 있었다. 사실 개성 있고 재기발랄하며 정의감에 찬 인물은 문명사회의 일종의 진귀한 소산물로서, 장구한 세월을 거쳐야 비로소 배양 성장되는 것이다. 사마광(司馬光), 구양수(歐陽修), 범순인(范純仁), 여공저(呂公著)의 세대는 이미 지나가버렸다. 그 세대의 사람들은 각기 여러 방식으로 처벌당하거나 귀양갔고, 혹은 질병이나 노령으로 죽거나 살해되었다. 직간(直諫)과 대담한 사고방식, 죽음을 각오하고 상소를 써 올리던 기풍들은 이미 사라져버렸고, 모든 정치적 생명력은 타락하고 말았다. 소동파와 그의 문객들은 자신들의 의견을 표명했다가 너무 심한 고초를 겪었으므로, 다시 정계로 들어갈 생각은 추호도 없었다. 게다가 정치풍토 역시 그들에게 맞지 않았다. 황제가 한번 명령한다고 해서 정직하고 박식하며 용감한 선비들이 일시에 조정에 나타나리라곤 기대하기 어려운 법이다. 더욱이 8년여 동안 권력의 맛을 본 도당들이 정계를 떠날 리 만무했다.

그러나 아무튼 일시적이나마 동파에게 행운이 돌아왔다. 1100년(元符 3) 처음 6개월간은 새 태후인 신종황후가 섭정을 했다. 그해 4월 원우 대신(元祐大臣)들이 모두 사면되었다. 그리고 그해 7월에 그녀의 아들에게 권좌를 돌려주긴 했으나 여전히 황제에게 영향력을 행사했으므로, 신종황후는 다음해 1월 그녀가 사망하기 전까지 원우 대신들을 비호했다. 그녀가 살아 있는 동안, 유배되었던 선비들은 사면되거나 다시 승진되었고 적어도 주거이동의 자유가 보장되었다. 신종황후는 그녀의 시어머니처럼, 아들들보다 무엇이 국가적으로 이득이 되는지를 잘 감지했던 것 같다. 또한 여성 특유의 단순한 본능적 지혜로써, 사람을 잘 볼 줄 알았다. 비평가들과 역사가들은 아름다운 문구와 추상적인 특징, 또는 어떤 일정

기간 동안의 정책과 문제점들에 대한 탐구에 몰입하다 보면, 때로 인물에 대한 궁극적인 평가를 잊는 수가 있다. 이런 궁극적인 평가를 하자면 우리는 단순하기 이를 데 없는 '좋은', '나쁜'이란 형용사를 쓰지 않을 수 없게 마련이다. 어떤 한 개인의 사적(事積)과 개성을 총괄할 시기가 되었을 때, '좋은 사람'이었다고 평가된다면 아마 그 사람에게 이보다 더한 찬사는 없을 것이다. 소동파가 모셨던 몇 분의 태후들은 조정의 우두머리 문제라든가, 그들이 지향하는 정책에 대해서 별로 상관하지 않았다. 확실히 장돈은 강단이 세고 과단성이 있었던 인물이었고, 혜경(惠卿)은 구변이 뛰어난 유세가였다. 또 채경(蔡京)은 정력적이고 능란한 사람이었다. 그러나 지금 태후는 이들을 한마디로 '나쁜 인물'로 간주하고 있는 것이다.

5월경에 신출귀몰한 도사 오복고(吳復古)가 또다시 나타났는데, 소동파가 사면되어 바로 바다 건너편에 있는 뇌주반도 서편지역[廉州]으로 이임되었다는 소식을 갖고 왔다. 얼마 후 날아온 진관(秦觀)의 편지가 이것이 사실임을 확증시켜 주었다. 그때 진관은 뇌주에 유배되어 있었는데 그도 막 사면을 받은 터였다.

이로부터 동파는 또다시 이리저리 떠돌게 되었다. 동파가 바다 건너 뇌주에 온 지 한달 만에 또다시 영주(永州; 지금의 湖南省 零陵)로 가라는 명령을 받았다. 영주로 가기 위해 헛되이 4개월 동안 여러 차례 노정을 바꿔가며 전진했는데, 반도 채 못 가서 결국 아무 곳에서나 마음대로 거주해도 좋다는 허가를 받았다. 만약 처음 거주지에 머물고 있는 동안 이 거주허가가 내려졌더라면, 소씨 형제는 보다 쉽게 광주(廣州)에서 만나 함께 북쪽으로 갈 수 있었을 것이다. 자유는 호남성의 동정호(洞庭湖) 부근 지역[岳州]으로 이동 명령을 받았다. 당시 동파는 해남도 건너편 해안지역으로 이전되었을 때였으므로, 광주로부터 꽤 멀리 떨어져 있었다. 한편 자유는 이주 명령을 받고 즉시 가족들을 데리고 북쪽으로 떠났다. 그때 자유는 예전에 혜주에서 동파가 거주했던 곳에 머물고 있었다. 그가 한구(漢口) 인근 지역에 이르렀을 즈음, 관급이 승진되었으며 자유로

이 이동해도 좋다는 허가가 여행 도중 내려졌다. 그래서 자유는 영창(穎昌)으로 돌아갔다. 그곳에는 그의 농지도 좀 있었고 동행하지 않았던 다른 자녀들도 살고 있었다.

동파는 자유와는 달리, 한동안 시간을 보낸 후에야 해남도를 떠났다. 그는 바다를 건너 갈 복건(福建)의 큰 배를 기다리고 있었다. 그러나 한참을 기다려도 오지 않자, 동파는 오복고와 아들 과(過), 그리고 그의 애견 '오취'를 데리고 떠났다. 일행은 진관을 만나기 위해 뇌주로 향했다. 그즈음 오복고는 그를 떠나 또다시 자취를 감췄다. 소동파나 오복고 두 사람은 중국 전역을 거의 다 떠돌아다녔다고 볼 수 있다. 다만 이 두 사람에게 차이가 있다면 동파는 누군가의 명령에 따라 떠돌은 것이었고, 반면에 오복고는 오로지 자신의 의지에 따라 떠돌아다녔다는 점이다. 지나온 생을 회고하면서, 어쩌면 동파는 자신의 운명과 친구 오복고의 운명을 바꿀 수 있었다면 좋았으리라고 생각했을 법도 하다. 그랬다면 어쩌면 그는 더 행복하고 좀더 자유로웠으리라.

여기서 그가 북쪽으로 돌아오는 여행의 경과에 대해 일일이 얘기할 필요는 없을 것 같다. 그는 발길이 닿는 성읍마다 마치 개선장군이나 되는 듯한 환영을 받았다. 어느 곳에 가나 그의 친구들과 그의 숭배자들이 주위에 모여들어, 그를 데리고 산이나 사원 등으로 유람을 갔으며, 그의 친필을 받고자 했다. 그는 호남의 임지[永州]에 거주하라는 명령을 받은 뒤, 해안 성읍인 염주로부터 아들과 함께 북쪽 오주(梧州)를 향해 전진해 나갔다. 그는 다른 가족들에게 이곳에서 만나 합치자고 연락해 두었었다. 그가 오주에 도착해 보니 아이들의 가족들은 아직 도착해 있지 않았다. 더욱이 하강(賀江)은 수심이 얕아 호남을 향해 곧장 거슬러 올라가기가 아주 어려운 형편이었다. 동파는 멀리 우회해 가는 노정을 택하기로 결정했다. 즉 광주로 되돌아가서 그곳에서 북쪽의 산악지대를 횡단한 다음 강서성(江西省)에서 호남성을 향해 서진(西進)하고자 했다. 이 노정대로 간다면 반년이 걸렸을 텐데, 다행히 동파는 중도에 그만두어도 되게 되었다.[1]

10월에 그는 광주에 도착하여 가족들과 재상봉하였다. 이제 둘째아들 태(迨)도 아버지를 만나려고 북쪽으로부터 서둘러 오고 있었다. 동파는 마치 꿈을 꾸며 살고 있는 듯한 기분이었다.

광주에서 그는 후한 대접을 받았다. 그가 해남에 머문 지 2년째 되는 해, 그가 사망했다는 소문이 돈 적이 있었다. 어느날 저녁식사 도중에, 한 친구가 그에게 농담조로 이렇게 말했다. "나는 공이 돌아가셨는 줄 알았소이다" 하자, "정말 나는 죽어 지옥에 가게 됐었지요. 한데 도중에서 장돈을 만나게 되자 그냥 되돌아오기로 결심했다오"라고 동파가 대꾸했다.[2]

동파 일행은 정말 대가족으로 아이들과 젊은 부녀자들의 수가 많았다. 모든 가족은 배를 타고 남웅(南雄)으로 향했다. 그들이 멀리 떠나버리기 전에 오복고와 여러 스님들이 뒤좇아와서 함께 시를 지으며 즐거운 날들을 며칠 보냈다. 그러다 갑자기 오복고는 병으로 쓰러져 그냥 죽고 말았다. 임종할 즈음 동파는 그에게 부탁할 일이 없느냐고 물었다. 오복고는 단지 미소만 약간 지어보이고는 눈을 감았다.

광동을 떠나기 전, 동파는 거주의 자유를 준다는 소식을 받았다. 1101년(建中, 靖國 元年) 1월, 동파는 대유령(大庾嶺)을 넘어 산 북쪽에 있는 공현(贛縣)에서 70일 동안 머물렀다. 그는 대가족을 태울 만한 배가 오길 기다리고 있었는데, 그러는 중에 많은 아이들이 병들었고 종복 6명이 전염병으로 사망했다. 이곳에 머물러 있는 동안 동파는 여느 때처럼 남에게 붓글씨를 써주느라 바쁘기보다는, 환자를 치료하고 성읍 사람들에게 약초를 나누어 주는 일 등으로 분주했다. 많은 친구들이 늘 그와 함께 지내면서 유람이나 소풍을 계획하곤 했는데, 가는 곳마다 사람들이 알고 찾아와 시를 써달라고 가져오는 비단이 동파 곁에 한 무더기씩 쌓이곤 했다. 그 자신 역시 남에게 시 써주기를 좋아했으므로 이에 기꺼이 응했다. 날이 어둑어둑해져 서둘러 집으로 돌아가야 할 즈음이 되면, 그는 사람들에게 큰 글씨로 몇 자씩 써주겠노라고 하여, 결국 부탁한 사람들 모두를 만족시켜 주었다.[3]

5월 1일 그는 남경에 도착했다. 동파는 그의 충실한 친구인 전세웅(錢世雄)에게 편지를 써서, 자기를 대신하여 상주(常州) 성읍 내에 집을 한 채 찾아봐 달라고 했다. 한데 그해 반년 동안 그가 쓴 편지들을 살펴보면, 그때까지도 그가 아직 마음을 완전히 정하지 못한 상태임을 보여주고 있다. 그즈음 자유는 영창에 있는 그의 옛농장으로 돌아가 살고 있었다. 그는 동파에게 편지를 띄워 자기가 있는 곳으로 와 함께 살자고 촉구했다. 동파는 어떻게 해야 좋을지 알 수가 없었다. 한편 그는 자신이 호수지역에 있는 상주의 풍광(風光)을 좋아하고, 또 그곳 시골에는 농토가 좀 있어서 그것으로 생계유지 수단으로 삼을 수 있으리란 점을 염두에 두고 있었다. 하지만 또 다른 한편으로는 아우와 함께 살고 싶은 마음이 이에 못지않게 컸다. 그러나 지금 그는 대가족을 이끌고 있는 형편이었고, 더욱이 자유의 경제사정은 전보다 더 나빠진 상태였다. 그는 '삼백지'(三百指) 즉 자신의 가족, 자녀들의 가족, 그리고 종복까지 합한 30여 명의 식구들을 이끌고 자유에게로 가서 살아야 옳을지, 가지 말아야 옳을지 확신이 안 섰다. 그러는 가운데 아우의 편지를 받게 되자 아우에게로 가서 그와 이웃해 살기로 마음을 정했다. 그 자신은 남경에서 강을 건너고, 아들 매와 태에게는 상주로 내려가 가사를 정리하고 의진(儀眞)에서 다시 만나자고 했다. 그는 대가족을 태우고 경사쪽으로 북상하기 위해 실제로 네 척의 배를 요청하는 편지를 썼었다.[4]

그런데 태후께서 서거한 것은 그해 1월이었고, 지금은 5월이었다. 모든 여건이나 조짐이 또 한차례 정풍(政風)이 뒤바뀔 가능성을 시사하고 있었다. 동파는 어쩌면 또다시 곤경에 처하게 될지도 모른다는 생각이 들어 경사 가까이에 살고 싶지가 않았다. 그는 아우 자유에게 슬픈 장문의 편지를 썼다. 여기서 그는 이제 그들이 만날 수 없음을 모두 하늘의 뜻으로 돌려 말하고 있다. "어떻게 내가 하늘의 뜻을 거역할 수 있단 말인가?"[5] 사정이 이쯤 되니, 자연히 동파는 상주에서 정착하기로 작정했다. 가족이 모두 정착한 후에 매를 새 관직에 부임해 가도록 하고, 동파 자신은 그 아래 두 아들과 함께 호변지역의 농장에서 살 참이었다.

의진에서 아들들이 오기를 기다리는 동안, 동파는 강 위의 배 안에서 생활하였다. 여름이 갑작스럽게 닥쳐왔고 더군다나 예년에 비해 유난히 더웠다. 이제 열대지방에서 막 돌아온 동파로서는, 생각보다 중원(中原) 지방이 너무 덥게 느껴지는 데 놀랐다. 태양이 물 위에 작열하면서, 둑 근처에 습기찬 공기가 물 위로부터 피어올라, 사람을 견딜 수 없게 짓누르고 있었다. 6월 3일, 그는 아메바성 이질로 여겨지는 질병에 걸렸다. 동파는 자신이 '찬물을 너무 많이 마신 탓'이려니 여겼다. 아마도 그는 강물을 마셨을 가능성이 높다. 다음날 아침, 그는 몸이 극도로 약해지고 지쳐 있었으므로 음식을 들지 않았다. 그는 자기 스스로 몸을 진단해 보고, 황기(黃耆)를 처방해서 복용하고 나니 한결 기분이 좋아졌다. 한의(漢醫)들은 이 황기를 피를 보강하고 체력을 튼튼하게 해주는 강장제로 여기고 있다. 이는 어떤 질병을 치료하는 약이라기보다는 쇠약증일 경우에 쓰는 일반 강장제라고 볼 수 있다. 현대의 많은 중국인들도 이 황기를 끓인 약을 매일 한 대접씩 마셔 효험을 보고 있으므로, 현대 의학에서도 마땅히 이런 약초에 대한 연구가 있어야 할 것이다.

이렇게 소화기능에 문제가 생겨 그는 밤새도록 한잠도 자지 못했다. 대화가인 미불(米芾)이 자주 병문안을 왔다. 동파의 몸이 좋아졌을 때에 그들은 함께 동원(東園)으로 놀러 가기도 했다. 의진에서 그는 미불에게 모두 아홉 통의 편지를 보낸 바 있는데, 편지에서 그는 자신의 병세 경과에 대해 솔직하게 기술하고 있다.[6] 한번은 이렇게 썼다. "나는 지난밤 밤새도록 한잠도 이룰 수가 없었습니다. 하는 수 없이 일어나 앉아 주위에 우글거리는 모기떼에게 먹이가 되어주고 있었지요. 오늘밤엔 또 어찌 지새야 할지 모르겠습니다." 미불은 동파에게 약의 일종인 '맥문동음자'(麥門冬飮子)를 보내왔다. 동파는 늘 미불을 손아래의 후진으로만 보아왔고, 미불 쪽에서는 동파를 늘 존경해 마지않았다. 그런데 요즈음 동파는 미불이 쓴 묘사적인 시 한 수를 읽을 기회가 있었는데, 이를 보고 그는 이 젊은 화가가 장차 반드시 대성할 것이라고 예언했다. 그리고 20년간 그와 교제해 오면서 자신이 좀더 일찍 그를 알아보지 못했던 점을 유감스럽게 여겼다. 그는 어떤 날은 몸이 좀 좋아진 듯했으나 또 어떤 날에는 상태가 나빠져 심한 피로감을 느꼈다. 그의 생명은 장돈 때문도 황제 때문도 아닌, 바로 아메바로 인해 차츰 시들어가고 있었다. 강둑의 뜨뜻미지근한 습기를 더 이상 견딜 수 없어, 동파는 타고 있는 배를 좀 시원한 곳으로 옮겨가게 했다.

6월 11일, 동파는 미불과 작별하고, 12일에 양자강을 건너 진강(鎭江)으로 내려갔다. 이 지방에서는 동파의 명성이 특히 높았다. 이 지역으로 돌아옴은 마치 고향으로 돌아오는 거나 진배없었다. 동파가 해남에서 돌아와 이제 이곳으로 오고 있다는 소식이 순식간에 퍼졌다. 수천 명의 군중들이 이 유명한 인물을 한번 쳐다보기 위해 진강 강둑에 즐비하게 늘어서 있었다. 모두들 동파가 다시 조정의 관직을 맡아 복위될 것이라고 말했다.

그의 사촌누이의 묘소가 바로 이 진강에 있었다. 그녀의 아들 유굉(柳閎)도 이 성읍에 살고 있었다. 6월 12일, 쇠약한 몸을 이끌고 그는 세 아들과 조카와 함께 사촌누이 부부의 묘소에 참배갔다. 동파는 고인을 추모하는 제문(祭文) 두 편을 더 지었다. 한 편은 사촌누이 남편을 위한 제문이고, 또 다른 한 편은 사촌누이를 위해 쓴 것으로 보이는데, 원문만 봐서는 그다지 확실하지 않다. 첫 번째 제문에는 〈제유중원문〉(祭柳仲遠文)[7]이란 제목이 붙어 있다. 제문 첫머리에 먼저 그의 부인에 대해 서술하고, 이어서 "그리고 나의 경애하는 중원(仲遠) 그대는 온화하고 우애로운 사람이었으며, 부모께는 효자였소"라고 쓰고 있다. 두 번째 제문은 좀더 애상적이다.

> 나는 죄를 지어 처벌받아, 남쪽에서 어려움을 겪으며 살았다. 선조들에 비하면 백번 죽어 마땅하다. 그러나 하늘은 내 목숨을 앗아가는 대신 내 혈육의 목숨을 앗아가셨다. 내 사촌누이는 유씨 집안으로 시집가 행복하고도 보람찬 결혼생활을 영위했건만, 어찌하여 둘 다 죽고 말았는가? 어찌하여 둘 가운데 단 한 사람만이라도 살아남지 못했는가? 이제 내가 해남에서 돌아와 보니, 그대들 묘소엔 풀이 온통 덮여 있어 그대들

이 세상을 하직한 후 이미 두 번째 봄임을 알려준다. 나는 무덤 앞에서 통곡하고, 그대들은 지척 지하에 누워 있다. 굉(閎)은 성품이 훌륭하고, 또한 자기 앞가림도 잘하는 듯하다. 난 이제 늙고 궁하니, 그에게 제대로 아저씨 노릇도 못한다.……[8]

그 다음날, 몇몇 방문객들이 찾아왔을 때에 그는 벽을 향해 누운 채 흐느껴 울고 있었으므로, 사람들을 맞이할 수가 없었다.[9] 이 방문객들은 은퇴한 재상 소송(蘇頌)의 아들들이었다. 이들은 동파가 그들 부친의 사망소식을 전해 듣고 울고 있는 것으로 생각했다. 소송은 여든둘에 세상을 떠났다. 이들은 비록 동파와 성씨가 같긴 했지만 본은 달랐다. 동파가 소송과 3,40년간 교분을 맺고 있긴 했었으나, 노령의 나이로 돌아간 친구의 사망소식을 듣고 이로 인해 이처럼 크게 충격을 받았다고 보기는 좀 어려울 것 같다. 더욱이 그전에 동파가 이 소식을 들었을 때, 그 자신이 친히 조문가지 않고 대신 큰아들 매를 보냈었다. 내가 보기에, 동파가 그처럼 슬픔에 잠긴 이유는 앞에 방금 소개했던 제문에 쓰인 그런 까닭으로 인한 것 같다.

이 성읍의 선비로서 소동파를 만나볼 수 없었던 사람 가운데 장원(章援)이란 사람이 있었는데, 그는 바로 장돈의 맏아들이었다. 당시 동파는 몸이 매우 아팠기 때문에 많은 방문객들을 만날 수가 없어 사절하였었다. 장돈은 1년 전에 뇌주(雷州)반도로 유배가 있어서 이 큰아들은 아버지를 찾아가던 길이었다. 과거 동파가 시험관 우두머리였을 때, 여러 수험생 가운데 장원을 1등으로 뽑았었다. 그래서 장원은 관례대로, 자신의 시험관이었던 동파의 문생(門生)이 되었다. 그것이 약 9년 전 일이었다. 장원은 자기 부친이 소씨 형제들을 박해했던 것을 알고, 또 소씨 형제가 복위되어 언젠가는 다시 권좌로 불려갈지 모른다는 얘기도 들었었다. 그리하여 그는 동파에게 약 700여 자의 편지를 써보냈다. 이런 경우 편지 쓰기란 매우 난감한 노릇이었다. 그는 우선 자신이 감히 동파를 찾아뵙지 못하는 많은 이유를 늘어놓았고, 더욱이 자신의 부친 때문에 이를 상당히 망설이고 있다고 솔직하게 얘기했다. 그는 동파가 다시 황제 곁으로 돌아가 봉직할 경우, 장차 그가 진언하는 한마디 한마디가 다른 사람의 운명을 좌우하게 될 것이란 뜻을 은근히 시사했다. 장원은 자신의 아버지가 동파에게 했듯, 동파도 보복을 할까봐 두려웠던 것이다. 그는 동파와 한차례 이야기를 나누고 싶었고, 그렇게 못할 경우에는 동파의 태도를 밝힌 회답이라도 받아보고 싶었다.[10]

동파가 복수하고자 하는 생각을 마음에 품고 있으리라고 생각했다면, 이는 장원의 큰 오산이었다. 동파는 해남에서 돌아오는 도중에 장돈이 좌천되었다는 소식을 전해 들은 바 있었다. 소씨와 장씨 두 집안 모두와 관련을 맺고 있는 황식(黃寔)이란 사람이 있었다. 황식은 곧 장돈의 사위인 동시에 자유(子由)의 셋째아들의 장인이었다. 동파가 장돈의 좌천소식을 처음 들었을 때 동파는 황식에게 이렇게 편지를 쓴 바 있다. "나는 그 소식을 듣고 너무나 충격적이어서, 하루 온종일 마음이 좋지 않았소. 뇌주는 매우 먼 곳이기는 하나, 학질에 걸릴 염려는 없는 곳입니다. 내 아우도 거기서 1년여 동안 살았는데 살기에 그리 나쁘지 않은 곳 같더군요. 그대 장모에게 이런 이야기를 전하고 너무 상심치 마시라고 하시구려." 또 장원에게 보낸 회답 편지에는 이렇게 쓰고 있다.

> 나는 그대 부친과 40여 년간 친구로 지내왔네. 비록 우리 두 사람이 정견상 차이가 있긴 했으나, 우리의 우정은 변함이 없네. 그러니 자네 부친이 그 노령에 바닷가 궁벽한 곳으로 좌천되었다는 소식을 들었을 때 내 심정이 어떠했을지 가히 상상할 수 있을 걸세. 과거지사는 이야기해 무엇하겠나? 그러느니 차라리 앞으로의 일을 걱정하는 것이 낫겠지. 주상(主上)께서는 매우 인자하시네.…… 자네도 새 성대(聖代)의 건중정국(建中靖國 ; 당쟁을 화해시키려는 정책 지향)이란 연호를 보더라도 잘 알 수 있을 걸세. 그러니 염려하지 말게나. 자네가 편지에 얘기했던 바, 나의 행위 여하에 따라 다른 사람의 운명이 결정된다고 한 이야기는 자네가 잘못 생각한 걸세. 나는 생전에 갖은 고초를 겪을 만큼 겪었으므로, 이제 내 유일한 소원이라면 나를 이대로 가만 내버려두어 새 거주지

까지 무사히 여행할 수 있기를 바라는 것뿐이네. 내 지금 형편으로 보아
서는, 내 병세가 호전되리라곤 확신할 수 없다네. 최근 보름 동안 하루
에 밥 한 그릇도 채 먹지를 못했고, 입맛이 전혀 없네. 나는 오늘 상주
(常州)로 떠나려 하네. 그곳에서 푹 쉴 수 있을 테니, 이내 죽지 않기를
바랄 뿐이네. 너무 피곤해서 이만 써야겠네. 6월 14일[11]

바로 그 세기의 말엽에 태어난 아씨시(Assisi)의 성 프란시스(St.
Francis : 1182~1226)라도 아마 동파의 이러한 말에 찬동했을 것이다. 그
의 위 글은, 주수창(朱壽昌)에게 보냈던 영아학살 악습에 항거하는 편지,
그리고 1092년(元祐 7) 빈궁한 백성들의 채무면제를 요청했던 표장들과
함께 모두 그의 인도주의 사상을 가장 잘 드러낸 3대 문서 가운데 하나
라고 볼 수 있다.

6월 15일, 동파는 진강에서 운하를 따라 올라가, 상주 집을 향해 여행
을 계속했다. 그가 온다는 소식은 큰 화젯거리가 되어, 그가 운하를 따라
여행하는 동안 사람들이 줄곧 강둑에 모여서 그에게 즉흥적인 환영의 인
사를 보냈다. 동파는 작은 모자에 도포를 입고 있었는데, 더운 여름날씨
때문에 팔은 거의 다 드러낸 채 편안한 자세로 배에 앉아 있었다. 배 안
주위의 사람들을 돌아본 후, 그는 "저들은 환영하다 못해 나를 죽일 판
이군" 하고 말했다.[12]

이번 여행은 아주 짧은 여행이었다. 그는 곧 상주에 도착하여, 성읍 동
문(東門) 근처에 있는 집에 머물렀다. 이 집은 그의 친한 친구인 전세웅
이 그를 위해 빌려놓은 집이었다. 그는 우선 황제께 상소를 올려 완전히
정계에서 물러나겠다는 은퇴 의사를 밝혔다. 송대에는 관리들을 사원의
감독자로 임명하여, 반 은퇴한 상태로 은거할 수 있게 해주는 것이 상례
였다. 동파도 그의 고향 뒤쪽에 있는 어떤 사원의 재산을 관리하라는 직
함을 받았다. 당시 정부관원이었던 사람이 아주 심한 병이 들었을 경우
정계에서 완전히 사임하면 혹 병이 호전되어 장수를 누릴 수 있다는 미
신이 있었다. 신(神)이 보기에, 정치와 백성에 대한 약탈을 거의 동의(同

義)한 것으로 본다는 의미를 내포한 이런 가설은 제법 수긍이 간다. 즉 정치에서 은퇴함은 다시 삶을 시작하겠다는 약속이나 다름없는 것이었다. 동파는 이런 치료법을 어디선가 들었는데, 자신도 한번 시험해 보고 싶다는 얘기를 했었다.

그가 상주에 도착한 후에도 병세는 호전됨이 없이 여전히 질질 오래 끌었다. 그는 식욕을 회복하지 못하였고 근 한달 동안 병상에 누워 지냈다. 그는 자신의 죽을 날이 멀지 않았음을 감지했다. 가족들 이외에 그의 절친한 친구 전세웅이 거의 하루걸러 그를 보러 왔다. 전세웅은 바로 동파가 해남에 있는 동안 계속 편지와 약품을 보내 주었던 친구였다. 좀 차도가 있을 때마다, 동파는 아들 과를 시켜 전세웅에게 마실오라는 전갈을 쓰게 했다. 하루는 전세웅이 찾아와 보니 동파는 병상에 누운 채 일어나 앉지도 못했다.[13]

"나는 남쪽 귀양지에서 살아 돌아올 수 있었던 것이 무엇보다 기쁘네" 하고 동파가 말했다. "유감스러운 일이 있다면 돌아오는 길에 자유를 만나볼 수 없었던 일이네. 우리가 뇌주 해변에서 헤어진 이래로 나는 한 번도 다시 아우를 만나보지 못했다네."

잠시 후, 그는 다시 이렇게 말했다. "해남에 있는 동안, 나는《논어설》과《서전》,《역전》을 완성시켰는데 자네가 이것들을 보관해 주길 부탁하네. 잘 보관해 두고 남에게 보이지 말아주게나. 30년 후엔 반드시 크게 인정을 받을걸세."

그런 다음 동파는 큰 가방을 열려고 했는데 열쇠를 찾을 수가 없었다. 전세웅은 이제 곧 회복할 테니 서두를 필요없다고 위로했다. 근 4주 동안 전세웅은 계속하여 동파를 보러 찾아왔다. 동파에게는 시문(詩文)을 쓰는 것이 최대의 낙이었다. 그가 해남에 있는 동안 썼던 시문들을 전세웅에게 꺼내 보여주는 동안, 시종 눈을 반짝였고 마치 다른 모든 일은 잊어버린 듯 즐거워 보였다. 어떤 날에는 이따금 짧은 기문(記文)이나 제발(題跋) 등을 썼다. 그 가운데는 계주(桂酒)를 찬양한 것도 있었는데, 동파는 친구 전세웅이 이 글을 보물같이 귀중히 여기리란 것을 잘 알았으므

로 그에게 주었다.[14]

7월 15일, 그의 병세는 극도로 악화되었다. 그날 밤 동파는 고열이 심하게 났다. 다음날 아침, 잇몸에서 피가 났고 몸도 극도로 쇠약하게 느껴졌다. 그는 자신의 증상을 분석해 본 결과, '열독'(熱毒)으로 발병한 것으로 진단했다. 열독이란 전염병에 대한 일반적 통칭이었다. 내버려두는 수밖에 별다른 치료방법이 없다고 여겨졌다. 다른 종류의 약을 써봤자 소용이 없었다. 그는 음식을 물리고, 인삼·맥문동(麥門冬)·복령(茯苓)을 함께 넣고 달여 만든 농밀한 국물만 목마를 때마다 조금씩 마셨다. 그는 전세웅에게 보낸 편지에 이렇게 쓰고 있다. "《장자》에 의할 것 같으면, 나라를 통치하는 데 별다른 도리가 있는 것이 아니고, 그저 그냥 내버려두는 것이 최상책이라고 했습니다. 이 세 가지 성분들은 몸을 자체적으로 회복하도록 해줍니다. 만약 이 세 약초를 복용하고도 별 효험을 못 보면, 이는 하늘의 뜻이지 내탓은 아닙니다." 전세웅은 신령스런 효험이 있다고 전해지는 진귀한 약을 좀 보내왔으나, 동파는 그 약을 복용하지 않았다.

7월 18일, 동파는 세 아들을 곁에 불러 모아놓고 이렇게 말했다. "내 일생 악한 짓을 저지르지 않았으니, 지옥으로 가진 않을 게다." 그리고 아이들에게 너무 걱정하지 말라고 하고, 몇 가지 유언을 했다. 즉 자신의 묘지명은 자유가 쓰도록 하고, 자유의 거주지 부근에 있는 숭산(嵩山) 기슭에 아내와 합장하라고 했다. 며칠 후, 병에 좀 차도가 있는 듯하여 동파는 두 아들로 하여금 침대에서 일으켜 부축해 달라고 하고는 몇 걸음 옮겨봤다. 그러나 잠시 후에는 침대에 오래 앉아 있을 기력조차 없어졌다.

7월 25일, 병이 회복되리란 희망을 모두 포기해버렸다. 항주(杭州)의 옛친구 유림장로(維琳長老)도 찾아와 줄곧 곁에서 동파의 벗이 되어주었다. 동파는 일어나 앉을 수는 없었지만, 그 장로가 방안에 함께 있어 수시로 얘기를 나눌 수 있게 된 것을 무척 좋아했다. 26일, 그는 마지막 시 한 수를 썼다. 장로는 동파와 더불어 이승과 저승에 대한 이야기를 나누고, 불가의 염불을 좀 외워 보라고 그에게 청했다. 그러자 동파는 빙긋이 웃기만 했다. 동파는 고승전(高僧傳)을 읽어보았었는데, 그들도 최후에는 모두 죽었던 것이다.

"구마라십(仇摩羅什)은 어떻습니까? 그도 죽었지요?" 구마라십은 4세기경 중국에 온 인도의 고승(高僧)이었다. 그는 혼자 힘으로 삼백여 책의 불경을 중국어로 번역했었다. 일반적으로 구마라십이 대승불교(大乘佛敎)의 기초를 이룩한 최초의 불승으로 알려져 있다. 대승불교는 중국과 한국, 일본에 널리 알려진 터였다. 구마라십은 임종 때, 함께 지내던 인도 불승형제들에게 《범문경》(梵文經)을 읽어 달라고 했다. 불경을 읽어주었건만 그의 병은 더욱 악화되었고, 얼마 안 있어 곧 사망하고 말았다. 동파는 《진서》(秦書)를 읽다가 그의 일대기를 읽게 되었었는데, 이 이야기를 아직까지 기억하고 있었다.

7월 28일, 그는 급격하게 몸이 쇠잔해졌고 호흡도 차츰 가빠졌다. 관습대로 가족들은 코끝에 솜을 올려놓고, 그의 호흡을 살폈다. 온 가족이 방안에 모여 있었다. 장로는 그의 곁에 가까이 다가가, 그의 귀에 대고 말했다. "이 순간에 내세에 대해 생각해 보십시오."

동파는 천천히 속삭였다. "서천(西天)이 있다 하더라도, 애써 그곳에 간들 무슨 소용이 있소?" 곁에 서 있던 장로가 그에게 말했다. "특히 이 순간에는, 시도해 봐야 합니다." 동파의 최후 대답은 "억지로 애쓰는 것은 오히려 잘못입니다." 이는 곧 그의 도가적 철학관을 보여준다. 해탈이란 자연적이고도 무의식중에 이루어지는 것이라고 그는 믿고 있었다.

매가 앞으로 다가가 유언이 있으신지 여쭈었다. 그러나 한마디도 없이 동파는 이 세상을 떠나고 말았다. 그의 나이 예순넷이었다. 보름 전에 그는 유림장로에게 이렇게 편지한 바 있다. "제가 남쪽 유배지에서 죽지 않고 살아서, 이제 내 집에 돌아온 지금에 와서 죽게 된 것은 모두 하늘의 뜻이 아니고 무엇이겠습니까? 살고 죽는 것이 다만 우연에 불과한 것이니 이러쿵저러쿵 얘기해 무엇하겠습니까?"15)

세속적인 기준으로 볼 것 같으면, 동파는 기구하고도 불운한 삶을 살

았다고 할 수 있다. 예전에 공자의 제자들이 공자에게 자신의 신념을 고
수하다가 온갖 고초를 겪던 끝에 결국 아사(餓死)하고 만 두 성인에 대해
물어본 적이 있었다. 제자들은 공자에게 이 두 은자(隱者) 백이(伯夷)와
숙제(叔齊)가 죽기 직전에 자신들이 취한 행동에 대해 후회했겠는지 그
여부를 물었다. 이에 공자가 대답하길, "이 두 사람은 자신들의 영혼을
구원하려고 애썼고, 결국 성공했다. 그러니 이들이 후회할 리가 있겠는
가"16)

소동파의 화신이었던 '호연지기'(浩然之氣)는 이제 다 소모되고 없었
다. 인간의 삶이란 그 정신의 삶이나 다름없다. 호연지기는 인간의 행동
거지와 개성을 지배하는 일종의 힘으로서, 태어나면서부터 부여된 것으
로 개인의 삶의 조우(遭遇)와 환경에 의해 행동으로 나타난다. 동파는 이
를 다음과 같이 표현하고 있다.

> 호연지기는 …… 형상을 갖추지 않은 존재로서 물리적 힘에 의존하지
> 않고 행동한다. 이는 인간이 태어나기 전부터 존재했던 것이고, 또한 인
> 간이 죽은 후에도 사라지지 않는다. 그러므로 이 호연지기는 위로는 천
> 체를 이루고, 아래로는 강산(江山)의 형체로 나타난다. 보이지 않는 초
> 자연적 세계에서 그것은 귀신으로 나타나고, 우리의 의식세계 안에서는
> 남녀(男女)로 나타난다. 이는 명약관화한 사실이니만큼, 이에 대해선
> 의심할 나위가 없다.17)

소동파의 일생을 읽음은, 바로 이 지구상에서 잠시 형체를 이루었던 위
대한 인간의 정신적 삶을 따라 쭉 관찰한 거나 다름없다. 동파는 벌써 오
래전에 사망하여 이 세상에 없고 다만 기억될 뿐이다. 그러나 소멸되지
않는 그의 영혼의 기쁨과 심령의 즐거움을 우리 모두에게 남겨주었다.

역자 주

서 문

1) 《經進東坡文集事略》* 권 47, 〈答李端叔書〉에 보이는 문구.
2) 東坡詩集《合註》권 16, 〈次韻僧潛見贈〉에 나오는 詩句.
3) 《曲洧舊聞》권 5. "東坡性不忍事……"
4) 《捫蝨新話》卷下 권 4.

제1장　문충공(文忠公)

1) 《宋史》권 19; 《通鑑長編紀事本末》* 권 121.
2) 《鶴山題跋》권 7, 〈跋丹陵劉氏黨籍〉.
3) 王文誥編, 《蘇文忠公詩編註集成》의 《總案》* 권 45.
4) 《宋史紀事本末》권 49.
5) 《宋史》권 19; 《長編紀事本末》* 권 121.
6) 《風月堂詩話》卷上; 《曲洧舊聞》권 8에 보임.
7) 《庚溪詩話》卷上; 《貴耳集》卷上; 《獨醒雜志》권 1.
8) 이상은 《春渚紀聞》권 5, 〈翰墨之富〉.
9) 〈蘇文忠公贈太師制〉.
10) 〈御制文集序〉.
11) "勅. 朕承絶學於百聖之後, 探微言於六籍之中. 將興起於斯文. 爰緬懷於故老. 雖儀刑之莫睹, 尙簡策之可求. 揭爲儒者之宗. 用錫帝師之寵. 故禮部尙書端明殿學士. 贈資政殿學士諡文忠蘇軾. 養其氣以剛大, 尊所聞而高明. 博觀載籍之傳, 幾海涵而地負; 遠追正始之作, 殆玉振而金聲. 知言自況於孟軻, 論事肯卑

*한 書名은 뒤에서는 略稱함. 《經進東坡文集史略》은 《文集史略》으로, 《東坡外集》은 《外集》으로 약칭함. 또 《長編紀事本末》은 《通鑑長編紀事本末》의 약칭이고, 《合註》는 《馮應榴蘇詩合註》의, 《總案》은 王文誥의 《蘇詩編註集成總案》의 약칭임. 그런데 《前集》, 《後集》, 《續集》, 《奏議集》, 《內制集》, 《應詔集》 등은 약칭이 아니며, 모두 《蘇文忠公全集》 안에 포함되어 있다.

於陸贄. 方嘉祐全盛, 嘗贋特起之招; 至熙寧紛更, 迺陳長治之策. 歎異人之間
出, 驚讒口之中傷. 放浪嶺海, 而如在朝廷. 斟酌古今, 而若斡造化. 不可奪者嶢
然之節, 莫之致者自然之名. 經綸不究於生前, 議論常公於身後. 人傳元祐之學,
家有眉山之書. 朕三復遺編, 久欽高躅. 王佐之才可大用, 恨不同時. 君子之道
闇而彰, 是以論世. 讜九原之可作, 庶千載以聞風. 惟而英爽之靈, 服我袞衣之
命. 可特贈太師. 餘如故."

12)《文集事略》권 46,〈答謝民師書〉.

13) 위와 같음. "大略如行雲流水, 初無定質, 但常行於所當行, 常止於所不可不
止, 文理自然, 姿態橫生. 孔子曰, 言之不文, 行之不遠. 又曰, 辭達而已矣. 夫
言止於達意, 則疑若不文, 是大不然. 求物之妙, 如繫風捕影, 能使是物了然於
心者, 蓋千萬人而不一遇也. 而況能使了然於口與手乎. 是之謂辭達. 辭至於能
達, 則文不可勝用矣. 揚雄好爲艱深之辭. 以文淺易之說, 若正言之, 則人人知
之矣. 此正所謂雕蟲篆刻者."

14)《春渚紀聞》권 6.

15)《曲洧舊聞》권 8.

16)《通鑑長編》의 元祐 3년 夏, 4월 辛巳條에 나옴. 또《春渚紀聞》권 6;《宋史紀
事本末》권 45;《邵氏聞見後錄》권 20. 그 밖에《避暑錄話》,《隨手雜錄》등.

17)《文集事略》권 46,〈答劉沔書〉가운데 "軾窮困本坐文字, 蓋願剗形去智而不
可得者, 然幼子過文益奇, 在海外孤寂無聊, 過時出一篇見娛, 則爲數日喜, 寢
食有味. 以此知文章如金玉珠貝, 未易鄙棄也"의 문구.

18) 이 이야기는《春渚紀聞》권 6과《庚溪詩話》卷下,《清波雜志》권 5에 보
임. 책에 따라 李琪를 李琦라 적은 곳도 있음.

19)《春渚紀聞》권 7,〈辨月中影〉.

제2장 미 산(眉山)

1) 范成大를 가리킴.
2) 이상의 묘사는 주로《吳船錄》卷上에 보임.
3)《東坡志林》(學津討原本)* 권 1,〈夢南軒〉;《東坡外集》* 권 62;《東坡先生
志林》(學津本) 권 2. "吾昔少年……."
4)《志林》권 1,〈退之平生多得謗譽〉.
5)《蘇老泉先生全集》권 15,〈題張遷畫像〉;《陔餘叢考》권 11,〈張仙〉.

6)《外集》권 62;《志林》권 3,〈先生人不許藏〉.

7)《前集》권 39,〈乳母任氏墓誌銘〉및〈保母楊氏墓誌銘〉.

8) 이상의 祖父에 관한 이야기는《師友談記》에 의거함.

9)《老學菴筆記》권 6;《揮塵前錄》권 3.

10)《師友談記》;《鐵圍山叢談》권 1;《癸辛雜識前集》.

11)《外集》권 35에 있는〈蘇廷評行狀〉에 "生三子……女二人, 長適杜垂裕, 幼適石揚言"이란 구절이 있고,《宋史》〈蘇洵傳〉에는 '妹嫁杜氏'란 구절이 있다. 그러므로 '손위'누이가 아니라 손아랫누이의 남편임을 알 수 있음.

12)《歐陽文忠公集》권 4,〈故霸州文安縣主簿蘇君墓誌銘幷序〉;《樂全集》권 39,〈文安先生墓表〉;《元豊類藁》권 43,〈贈職方員外郎蘇君墓誌銘〉에 보임.

13) 이상은《春渚紀聞》권 5,〈翰墨之富〉에 보임.

14) 薛濤牋을 가리키는 듯함.

15) 薛濤와 花蘂夫人.

16)《隨手雜錄》.

17) 사천 지방의 풍속, 습관에 관한 묘사는 주로《文集事略》권 51,〈眉州遠景樓記〉에 보임.

제3장 유년 시절과 청년기

1)《嘉祐集》권 14,〈祭史彦輔文〉과《續集》권 8,〈鐘子翼哀辭〉.

2)《後漢書》권 67,〈列傳〉57.

3)《文集事略》권 52,〈衆妙堂記〉.

4) 선생님의 이름은 張易簡임.

5) 이하 陳太初의 일은,《志林》권 2,〈道士張易簡〉에 의거해 기술함.

6)《外集》권 62;《東坡先生志林》권 2에 "吾昔少年時……"란 기술이 보임.

7)《續集》권 10,〈天石硯銘幷序〉.

8)《文集事略》권 2,〈黠鼠賦〉의 郎曄註에 인용한〈詩文發源〉;《合註》권 15,〈顏樂亭詩〉의 序, 王宗稷의《年譜》중 慶歷 5년조에 보임.

9) 石介의〈慶歷聖德詩〉를 말함.

10) 여기서 중등급에 들어갔다고 말한 것은, 西社의 劉巨에게 가서 공부한 것을 두고 말한 것으로 여겨짐.《欒城集》권 15,〈送家安國赴成都教授〉시의 自註나,《宋人軼事彙編》권 12에 인용한《愛日齋叢鈔》, 王文誥의《總案》

권 1 등에 보임.

11) 《春渚紀聞》 권 6; 《耆舊續文》 권 1.

12) 《夢溪筆談》 권 18, 〈技藝〉.

13) 秦觀은 오랫동안 급제하지 못했으나, 元豊 8년 37세 때에 진사에 급제했다. 林語堂의 착오임.

14) 《曲洧舊聞》 권 5, 〈東坡因子過讀南史〉와 《合註》 권 42, 〈和陶郭主簿〉 詩序 등에 보임. 구양수의 이야기는 出典未詳.

15) 정식 관직명은 知禮部貢擧임.

16) 둘째아들은 바로 蘇渙이며, 감관벼슬의 정식 관명은 監裁造務임.

17) 《合註》 권 15, 〈初別子由〉 시의 일부임.

18) 《石林燕語》 권 10 및 《七修類藁》 권 19 등에 보임.

19) 《嘉祐集》 권 13, 〈蘇氏族譜亭記〉. 이는 皇祐 5년(1053)에 일어난 사건이다. 《總案》 권 1을 참조할 것.

20) 이상의 蘇小妹의 일은 後世의 小說이나 隨筆 등에 자주 보인다. 예를 들면, 《問答錄》, 《通俗編》, 《戒庵漫筆》, 《醒世恒言》 제11권, 〈蘇小妹三難新郎〉 등. 임어당은 蘇小妹가 존재하지 않았다는 것에 대해 〈蘇小妹無其人考〉 (《無所不談合集》에 수록됨)에서 자세히 고증을 시도해 보이고 있다.

21) 임어당은 소동파의 사촌 누이동생과의 첫사랑에 대해서 이 장 외에, 또 다른 곳에서 3차례나 언급하고 있다. 즉 제11장, 제25장, 제28장이다. 임어당이 근거한 出典은 뒷장 주에서 또 보이므로 참고하기 바란다. 또 사촌 누이동생에 대한 것은 이 책 외에도 임어당의 〈蘇東坡與其堂妹〉와 그 밖의 다른 사람들의 소논문들이 있다.

제4장 과거 응시

1) 招婚은 '招婿', '捉壻', '擇壻' 라고도 한다. 《萍洲可談》 권 1, 周密의 《唱名記》 등에 보임.

2) 《唱名記》.

3) 雷簡夫임.

4) 《邵氏聞見後錄》 권 15에 雷簡夫가 歐陽修 앞으로 보낸 편지를 인용하고 있다. 《避暑錄話》 卷下.

5) 《續集》 권 11, 〈謝范舍人書〉.

6) 《志林》권 3, 〈僧相歐陽公〉; 《仇池筆記》; 《孔氏談苑》권 5; 《後山談叢》.

7) 《石林詩話》卷下.

8) 이상 京師인 開封에 관한 묘사는 대략 《東京夢華錄》에 의거한 것임.

9) 嘉祐 2년(1057)의 이 科擧에는 歐陽修 이하 梅摯·王珪·范鎭·韓絳이 知貢擧가 되고, 梅堯臣은 考官이 되었다.

10) 《曲洧舊聞》권 1; 《石林燕語》권 8.

11) 이 일은 〈墓誌銘〉과 《宋史》의 本傳를 필두로 해서, 《師友談記》, 《誠齋詩話》등 여러 책에 기재되어 있다.

12) 《通鑑長編》의 嘉祐 2년 3월 辛巳의 조항. 그러나 동파는 殿試에서의 성적이 그다지 좋지 않았다. 결국 進士 乙科에 급제했다. 여기 林語堂이 거의 首位에 속하는 성적이었다고 말한 것은 省試에서의 성적을 가리켜 말한 것으로 보인다.

13) 〈刑賞忠厚之至論〉.

14) 이상은 《老學庵筆記》권 8; 《石林燕語》권 8; 《誠齋詩話》등에 보임.

15) 《梁谿漫志》권 2, 〈座主門生〉등.

16) 《邵氏聞見後錄》권 15에 인용한 雷簡夫가 歐陽修에게 보낸 편지.

17) 《總案》권 1에 인용한 《困學紀聞》에 의거함. 같은 記事가 〈墓誌銘〉과 本傳에도 있다.

18) 《曲洧舊聞》권 8.

19) 《嘉祐集》권 11, 〈上歐陽內翰第三書〉.

20) 《嘉祐集》권 14, 〈老翁井銘〉.

21) 《嘉祐集》권 14. "我知母心, 非官是好, 要以文稱. 昔予少年, 遊蕩不學; 我知子心, 憂我泯滅. 感嘆折節, 以至今日 …… 有蟠其丘, 惟子之墳. 鑿爲二室, 期與子同. …… 嗟予老矣, 四海一身. 自子之逝, 內失良朋. 我歸舊廬, 無有改移. 魂兮未泯, 不日來歸."

22) 《續集》권 5, 〈與王元直書〉와 《總案》권 1을 참조할 것.

23) 《後集》권 16, 〈祭亡妻同安郡君文〉에서 소동파는 후처인 王閏之를 '二十七娘'이라고 부르고 있다.

24) 여기서 친구는 雷簡夫를 가리킨다. 이 편지는 《嘉祐集》권 12, 〈答雷太簡書〉이다. "僕非固求仕者, 亦非固求不仕者 …… 何苦乃以衰病之身委曲以就有司之權衡, 以自取輕笑哉 …… 嚮者權書論衡幾策, 乃歐陽永叔以爲可進而進之. 苟朝廷以爲其言之可信, 則何所事試. 苟不信其平居之所云, 而其一日倉卒之言

534

又何足信耶?"

25)《嘉祐集》권 12,〈與梅聖兪書〉. "惟其平生不能區區附合有司之尺度, 是以至
此窮困 …… 自思少年嘗擧茂林, 中夜起坐, 裹飯携餠待曉東華門外, 逐隊而入,
屈膝就席, 俯首據案. 其後每事至此, 卽爲寒心……."

26)《嘉祐集》권 11,〈上歐陽內翰第五書〉.

27)《嘉祐集》권 14,〈極樂院造六菩薩記〉. "死者有知, 或升於天, 或升於四方上
下所適如意, 亦若女余之遊於四方而無繫云爾."

제5장 아버지와 두 아들

1) 이하 강을 타고 내려가는 묘사는 주로《吳船錄》卷下,《入蜀記》권 6 및
《東坡詩集》(合註本) 권 1에 의거함.

2)《合註》권 1,〈初發嘉州〉詩의 일부.

3)《合註》권 1,〈仙都山鹿〉詩.

4)《吳船錄》卷下.

5) 위와 같음.

6)《合註》권 1,〈入峽〉詩.

7) 이 단락은〈入峽〉詩의 後半部를 해설해 놓은 것이다.

8) '어느 시인'이란 宋玉이며, '환상적인 시'는〈神女賦〉를 가리키는 듯함.

9)《合註》권 1,〈坐山〉詩 일부.

10)〈巫山〉詩 일부. 이 詩 위에 단락은〈巫山〉詩를 해설해 놓고 있음.

11) '두 명의 위대한 시인'은 屈原과 宋玉을, '또 다른 여성 한 명'은 王昭君
을 가리키는 듯함.

12) 이상은《合註》권 1,〈江上値雪, 效歐陽體, 限不以鹽玉鶴鷺絮, 蝶飛舞之類
爲比, 仍不使皓白潔素等字, 次子由韻〉詩.

13)《前集》권 24,〈南行前集叙〉;《文集事略》권 56,〈江行唱和集叙〉;《南行
集》의 詩에 관해서는《總案》권 1에 설명이 되어 있다.

14)《合註》권 2,〈襄陽古樂府三首〉(野鷹來·上堵吟·襄陽樂). 이 시는〈上堵
吟〉에 있음.

15)《續集》권 4,〈答楊濟甫書〉. 이 집에 대해서는《總案》권 2에 상세히 고증
해 놓은 것이 있다.

16)《通鑑長編》元豊 2년 10월 庚戌 조항.《耆舊續聞》권 2;《貴耳集》卷上;

《泊宅編》.

17) 《嘉祐集》권 14, 〈議修禮書狀〉. "洵聞臣僚上言, 以爲祖宗所行不能無過差, 不經之事欲盡芟去, 無使存錄…… 編集故事非曰制爲禮典而使後世遵而行之也. 然則洵等所編者是史書之類也, 遇事而記之, 不擇善惡, 詳其曲折而使後世得知, 是史之體也. 若夫存其善而去其不善, 則是制作之事, 而非職之所及也. 班固作漢志, 凡漢之事悉載而無所擇也. 欲如之, 則先世之小有過差者不足以害其大明, 而可以使後事無疑之."

제6장 신(神), 귀(鬼), 그리고 인간

1) 《合註》권 3, 〈辛丑十一月十九日, 旣與子由別於鄭州西門之外, 馬上賦詩一篇寄之〉詩.

2) 여기서 唐代 한 시인이란 韋應物을 가리키며, 동파 형제가 주고받은 詩엔 다음과 같은 것들이 있다. 《合註》권 15, 〈子由將赴南都, 與余會宿於逍遙堂〉詩; 《欒城集》권 7; 《逍遙堂會宿詩》序 등. 《苕溪漁隱叢話前集》권 38에 이에 대한 기술이 있다.

3) 《合註》권 3, 〈次韻子由除日見寄〉詩 가운데에 말함.

4) 《合註》권 3, 〈和子由澠池懷舊〉.

5) 이상의 기술은 주로 《合註》권 3·4·5에 의거하고 있다.

6) 이 단락과 다음 단락은 주로 《前集》권 39, 〈亡妻王氏墓誌銘〉에 의거함.

7) 이하 祈雨에 관한 기술은 《合註》권 4와 《前集》권 34의 祝文 등에 근거하고 있음. 《總案》권 3·4 참조.

8) 《前集》권 34, 〈鳳翔太白山祈雨文〉. "乃者自冬徂春, 雨雪不至. 西民之所恃以爲生者麥禾而已. 今旬不雨, 卽爲凶歲, 民食不繼, 盜賊且起. 豈惟守土之臣所任以爲憂, 亦非神之所當安坐而熟視也. 聖天子在上, 凡所以懷柔之禮, 莫不備至. 下至愚夫小民, 奔走畏事者, 亦豈有他哉. 凡皆以爲今日也. 神其盍亦鑑之. 上以無負聖天子之意, 下以無失愚夫小民之望."

9) 《合註》권 3, 〈攓雲篇〉詩의 일부.

10) 《師友談記》에 의거함. "某昔去之無祈, 今之回也無禱. 特以道出詞而不敢不竭而已. 隨行一兵狂發遇崇. 而居人曰, '神之怒也', 未知其果然否. 此一小人如蟣虱耳, 何足以煩神之威靈哉. 縱此人有隱惡, 則不可知. 不然以其懈怠失禮或盜服御飮等小罪爾, 何足責也, 當置之度外. 竊謂兵鎭之重, 所隷甚廣, 其間

强有力富貴者蓋有公爲奸慝, 神不敢於彼示其威靈, 而乃加怒於一卒, 無乃不可乎. 某小官一人病則一事關, 願恕之可乎. 非某愚其訪神不聞此言."

11) 이하는《師友談記》에 의거함. '부처께 올리는 축문'은〈功德疏〉를 가리킨다.

12) 이 단락은《前集》권 33,〈陳公弼傳〉;《東齋記事》권 3.

13) 이 단락은《邵氏聞見後錄》권 15.

14)《前集》권 31. "國於南山之下, 宜若起居飲食與山接也.……而太守之居, 未嘗知有山焉.……太守陳公, 杖屨逍遙於其下, 見山之出於林木之上者, 纍纍如人之旅行於墻外, 而見其髻也, 日是必有異. 使工鑿其前爲方池, 以其土築高出於屋之危而止. 然後人之至於其上者, 怳然不知臺之高, 而以爲山之踊躍奮迅而出也. 公曰, 是宜名凌虛. 以告其從事蘇軾, 而求文以爲記. 軾復於公曰, 物之廢興成毀, 不可得而知也. 昔者荒草野田, 霜露之所蒙翳, 狐虺之所竄伏, 方是時, 豈知有凌虛臺耶. 廢興成毀相尋於無窮, 則臺之復爲荒草野田, 皆不可知也. 嘗試與公登臺而望其東, 則秦穆之祈年橐泉也. 其南則漢武之長楊五柞. 而其北則隋之仁壽, 唐之九成也. 計其一時之盛, 宏傑詭麗, 堅固而不可動者, 豈特百倍於臺而已哉. 然而數世之後, 欲其求髣髴, 而破瓦頹垣無復存者, 旣已化爲禾黍荊棘丘墟隴畝矣. 而況於此臺歟? 夫臺猶不足恃以長久, 而況於人事之得喪, 忽往而忽來者歟? 而或者欲以夸世而自足, 則過矣. 蓋世有足恃者, 而不在乎臺之存亡也."

15) 동파가 行狀이나 墓誌銘을 그다지 많이 쓰지 않은 일에 대해서는〈陳公弼傳〉외에,《奏議集》권 9,〈辭免撰趙瞻神道碑狀〉과《揮塵後錄》권 3,《容齋四筆》권 6,《東坡文談錄》등에 기록되어 있음.

16) 이상은《前集》권 33,〈方山子傳〉.

17) 이상은《邵氏聞見後錄》권 20.

18) 이하는《東都事略》·《宋史》등의〈章惇傳〉;《高齋漫錄》;《漫笑錄》.

19) 이상은《合註》권 4,〈和子由聞子瞻將如終南太平宮溪堂讀書〉詩. "始者學書判, 近亦知問囚. 但知今當爲, 敢問向所由. 士方其未得, 唯以不得憂. 旣得又憂失, 此心浩難收. 譬如倦行客, 中路逢淸流. 塵埃雖未脫, 暫憩得一漱. 我欲走南澗, 春禽始嚶呦. 鞅掌久不決, 爾來已徂秋. 橘山日月迫, 府縣煩差抽. 王事誰敢愬, 民勞吏宜羞.……千夫挽一木, 十步八九休.……對之食不飽, 餘事更遑求.……劬勞幸已過, 朽鈍不任鎪. 秋風欲吹帽, 西皐可縱游. 聊爲一日樂, 慰此百日愁."

20) 이 단락은 〈墓誌銘〉,《宋史》本傳과《奏議集》권 9,〈杭州召還乞郡狀〉,《師
    友談記》등에 의거함.

21)《前集》권 39,〈亡妻王氏墓誌銘〉.

22)〈江城子〉詞.

23)《合註》권 27,〈送賈訥倅眉〉詩에 '手植靑松三萬栽'라 말함.

24)《文集事略》권 54,〈四菩薩閣記〉.

제7장 국가자본주의 시행

 1)《王臨川集》권 32,〈商鞅詩〉.

 2)《蘇老泉先生全集》권 9,〈辨姦論〉.

 3) 이상《石林燕語》권 10;《曲洧舊聞》권 10.

 4) 이상《曲洧舊聞》권 10.

 5) 이상《邵氏聞見前錄》권 9.

 6)《宋史》의〈吳奎傳〉과〈張方平傳〉.

 7)《宋史》,〈張方平傳〉;《邵氏聞見前錄》권 9;《曲洧舊聞》권 2;《過庭錄》등.

 8) "今有人, 口誦孔老之言, 身履夷齊之行, 收召好名之士. 不得志之人, 相與造作
    言語, 私立名字, 以爲顏淵孟軻復出. 而陰賊險狼, 與人異趣."

 9) "夫面垢不忘洗, 衣垢不忘澣, 此人之至情也. 今也不然, 衣臣虜之衣, 食犬彘之
    食, 囚首喪面, 而談詩書, 此豈其情也哉? 凡事之不近人情者, 鮮不爲大姦慝."

10) "使斯人而不用也, 則吾言爲過, 而斯人有不遇之歎, 孰知禍之至此哉. 不然, 天
    下將被其禍, 而吾獲知言之名, 悲夫."

11)《邵氏聞見前錄》권 2.

12)《文集事略》권 44,〈上張太保書〉.

13)〈上仁宗皇帝萬言書〉

14)《邵氏聞見前錄》권 3 및 권 9.

15)《宋史》,〈王安石傳〉;《邵氏聞見前錄》권 3.

16) 이상은《宋史紀事本末》권 37.

17) 이상은《宋史》의〈王安石傳〉에 의거함.

18) 淸朝의 故宮 南薰殿에 소장되어 있는 歷代帝王像에 의거한 것으로 보
    인다.

19) 이상《宋史》,〈王安石傳〉.

538

20) 이상은《宋史紀事本末》권 37.

21) 이상 王安石의 新法에 대한 이론상의 개요를 간단히 기술해 보면 다음과
    같다.
    均輸法 : 大商人이 상품의 가격을 조작해서 暴利를 탐하는 것을 방지, 運
    輸비용을 절약하고 물가조절을 행하려 한 것.
    市易法 : 균수법과 같은 목적으로, 상인에게 低利로 자금을 빌려주는 것.
    靑苗法 : 低利로 농민이나 佃戶에게 靑苗錢을 빌려주어 농민들의 궁핍을
    구제해 주며, 아울러 부호들의 고리대금업에 의한 수탈을 방지
    하고자 한 것.
    免役法 : 衙前들이 농민들에게 과중한 差役의 부담을 지워 파산하게 하
    는 것을 막으려고 한 것. 免役錢을 징수하고 差役에 해당되는 사
    람을 모집하고, 官戶·形勢戶에게서도 助役錢을 취하여서 兼幷을
    억제하려 한 것.
    免行法 : 京師 同業組合에 있는 '行'으로부터 行役을 면제해 주는 대신에
    세금을 취하는 것.
    手實法 : 免役手實法이란 것인데, 助役錢을 징수하는 데 필요한 戶籍財産
    簿를 신고에 의하여 만드는 제도.
    保甲法 : 농촌에 保甲을 조직하여, 도적을 붙잡는 등 치안을 유지하고,
    開封府나, 河北·河東·陝西의 여러 路에서는 보갑을 훈련시켜 이
    것을 鄕兵으로 함.
    方田均稅法 : 土地를 측량하여, 그 비옥도에 따라서 이것을 다시 5등분
    으로 나누어(나중엔 10등분), 조세의 불평등을 시정하려고 하
    는 시책.
    保馬法 : 開封府나 陝西의 保甲·義勇에게 말을 사육시켜, 軍馬로 제공하
    도록 하는 시책.

22)《欒城集》권 35,〈制置三司條例司論事狀〉.

23)《通鑑長編紀事本末》권 68, 靑苗法上.

24)《總案》권 12에 자세히 기술됨.

25)《合註》권 8,〈監試呈諸試官〉.

26)《高齋漫錄》에 보임.

27) '富'라는 글자는 '同'과 '田'으로 나누어진다고 보고, '田'을 많이 합함
    [同]으로 '富'가 된다고 해석함.

28) 《奏議集》권 7, 〈應詔論四事狀〉. "並特給還未足者, 許貼納收贖, 仍不限年.
四方聞之, 莫不鼓舞歌詠 …… 以謂 '某等自失業以來, 父母妻子離散, 轉在溝
壑, 久無所歸' …… 臣卽看詳元初立法, 本爲興置市易已來, 凡異時民間生財自
養之道, 一切收之公上. 小民旣無他業, 不免與官, 中首尾膠固, 以至供通物產,
召保立限, 增價出息, 賒貸轉變, 以苟趨目前之急. 及至限滿, 不能塡償, 又理一
重息罰. 歲月益久, 逋欠愈多. 科決監錮, 以逮妻孥."

제8장   고집쟁이 재상 왕안석

1) 《文集事略》권 21, 〈擬進士廷試策〉. 이 '三不足'에 대해서는 范鎭의 〈司馬
文正公墓誌銘〉; 《揮塵後錄》권 6; 《宋史》, 〈王安石傳〉; 《邵氏聞見前錄》권
13 등에 기술해 놓은 것이 있다. 《元城語錄解》卷上에서는 王安石 자신이
주장했다고 말하고 있다.

2) 《宋史》권 340, 〈劉摯傳〉.

3) 《宋史》권 329, 〈鄧綰傳〉.

4) 《邵氏聞見前錄》권 12.

5) 이상은 《邵氏聞見前錄》권 11. 司馬光의 일은 《畵墁錄》, 《淸波別志》등에
기재되어 있다.

6) 《邵氏聞見前錄》권 11 · 12.

7) 《文獻通考》.

8) 이상의 王安石의 變法과 관계되는 기술은 《通鑑長編》, 《宋史》등 기타 史
書에 의거함.

9) 이하 《文集事略》권 21, 〈擬進士廷試策〉. "百姓足, 君孰與不足? …… 臣不
知陛下所謂富者富民歟, 抑富國歟. 是以不論尊卑, 不計强弱, 理之所在則成,
理所不在則不成可必也. 今陛下使農民擧息, 與商賈爭利, 豈理也哉. 而何恠其
不成乎? …… 陛下苟誠乎爲民, 則雖或謗之而人不信. 苟誠乎爲利, 則雖自解
釋而人不服. 且事有決不可欺者, 吏受財枉法, 人必謂之贓. 非其有而取之, 人
必謂之盜. 苟有其實, 不敢辭其名. 今靑苗有二分之息, 而不謂之放債取利可乎?
凡人爲善, 不自譽而人譽之, 爲惡, 不自毀而人毀之, 如使爲善者必須自言
而後信 …… 今天下以爲利, 陛下以爲義. 天下以爲害, 陛下以爲仁. 天下以爲
貪, 陛下以爲廉, 不勝其紛紛也."

10) "蓋世有好走馬者, 一爲墜傷, 而終身徒行 …… 近日靑苗之政, 助役之法, 均輸

之策, 倂軍蒐卒之令, 卒然輕發又甚於前矣. 陛下不卹人言, 持之益堅. 而勢窮
事礙, 終亦乖變. 陛下能復自信乎 …… 今陛下春秋鼎盛, 天錫勇智, 此萬世一
時也. 而群臣不能濟之以謹重, 養之以敦朴. 譬如乘輕車, 馭駿馬, 冒險夜行, 而
僕夫又從後而鞭之. 豈不殆哉. 臣願陛下解轡秣馬, 以須東方之明, 而行九軌之
道, 甚未晚也."

11) 《文集事略》권 24, 〈上神宗皇帝〉. "今朝廷可謂不和矣, 其咎安在, 陛下不反
求其本, 而欲以力勝之. 力之不能勝衆也久矣, 古者刀鋸在前, 鼎鑊在後, 而士
猶犯之. 今陛下躬蹈堯舜, 未嘗誅一無罪. 欲弭衆言, 不過斥逐異議之臣而更用
人耳. 必未忍行亡秦偶語之禁, 起東漢黨錮之獄. 多士何畏而不言哉? 臣恐逐者
不已, 而爭者益多 …… 天下幸而未治, 使一日治安, 陛下將變今之刑而用其極
歟 …… 今天下有心者怨, 有口者謗. 古之君臣相與憂勤以營一代之業者, 似不
如此. 古語曰 '百人之聚, 未有不公而說' 況天下乎. 今天下非之. 而陛下不回,
臣不知所稅駕矣. 詩曰 '譬彼舟流, 不知所屆, 心之憂矣, 不遑假寐' 區區之忠,
惟陛下察之, 臣謹昧死上對."

12) "書曰 '予臨兆民, 懍乎若朽索之馭六馬' 言天下莫危於人主也. 聚則爲君臣, 散
則爲仇讎. 聚散之間, 不容毫釐. 故天下歸往謂之王, 人各有心, 謂之獨夫. 由此
觀之, 人主之所恃者, 人心而已. 人心之於人主也, 如木之有根, 如燈之有膏, 如
魚之有水, 如農夫之有田, 如商賈之有財. 木無根則槁. 燈無膏則滅, 魚無水則
死, 農無田則飢, 商賈無財則貧, 人主失人心則亡. 此理之必然, 不可逭之災也,
其爲可畏, 從古以然."

13) "故孫寶有言 '周公上聖, 召公大賢, 猶不相悅', 著於經典, 兩不相損. 晉之王
導, 可謂元臣. 每與客言, 擧坐稱善, 而王述不悅, 以爲人非堯舜, 安得每事盡
善. 導亦歛衽謝之. 若使言無不同, 意無不合, 更唱迭和, 何者非賢. 萬一有小人
居其間, 則人主何緣得以知覺?"

14) "故夫彈劾積威之後, 雖庸人可以奮揚, 風采消委之餘, 雖豪傑有所不能振起.
臣恐自玆以往, 習慣成風, 盡爲執政私人, 以致人主孤立. 紀網一廢, 何事不
生……是以知爲國者, 平居必常有亡軀犯顏之士, 則臨難庶幾有徇義守死之臣.
若平居尙不能一言, 則臨難何以責其死節."

15) "臣自幼小所記, 及聞長老之談, 皆謂臺諫所言, 常隨天下公議. 公議所與, 臺諫
亦與之. 公議所擊, 臺諫亦擊之……今者物論沸騰, 怨讟交至. 公議所在, 亦可
知矣."

16) "古者建國, 使內外相制. 輕重相權, 如周如唐, 則外重而內輕. 如秦如魏, 則外

輕而內重. 內重之弊, 必有姦臣指鹿之患. 外重之弊, 必有大國問鼎之憂. 聖人
方盛而慮衰, 常先立法以救弊 …… 以古揆今, 則似內重. 恭惟祖宗所以深計而
預慮, 固非小臣所能臆度而周知. 然觀其委任臺諫之一端, 則是聖人過防之至
計 …… 而自建隆以來, 未嘗罪一言者 …… 風采所繫, 不問尊卑, 言及乘輿, 則
天子改容, 事關廊廟, 則宰相待罪. 故仁宗之世, 議者譏宰相但奉行臺諫風旨而
已. 聖人深意, 流俗豈知. 蓋擢用臺諫, 未必皆賢, 所言亦未必盡是. 然須養其銳
氣, 而借之重權者, 豈徒然哉. 將以折姦臣之萌, 而救內重之弊也. 夫姦臣之始,
以臺諫折之而有餘. 及其既成, 以干戈取之而不足 …… 陛下得不上念祖宗設此
官之意, 下爲子孫立萬世之防. 朝廷紀網, 孰大於此."

17) "陛下與二三大臣亦聞其語. 然而莫之顧者, 徒曰我無其事, 又無其意, 何恤於
人言. 夫人言雖未必皆然, 而疑似則有以致謗. 人必貪財也, 而後人疑其盜. 人
必好色也, 而後人疑其淫……."

18) "夫制置三司條例司, 求利之名也. 六七少年與使者四十餘輩, 求利之器也. 驅
鷹犬而赴林藪, 語人曰'我非獵也'不如放鷹犬而獸自馴. 操網罟而入江海, 語
人曰'我非漁也'不如捐網罟而人自信."

19) 《總案》권 6.

20) 《長編紀事本末》권 62;《宋史紀事本末》권 37;《總案》권 6 등.

21) 《續集》권 6, 〈與王元直〉의 일부로 그 원문은 다음과 같다. "某與二十七娘
甚安, 小添寄叔竝無恙 …… 某爲權倖所疾久矣. 然捃摭無獲, 徒勞掀攪, 取笑四
方耳. 不煩遠憂."

22) 《長編紀事本末》권 69.

23) 《總案》권 6에 인용한《續資治通鑑長編》에 의거한다.

제9장 인간의 악행

1) 《宋史》권 321, 〈呂誨傳〉;《通鑑長編紀事本末》권 58;《宋史紀事本末》
권 37. "臣本無宿疾, 遇値醫者用術乖方, 妄投湯劑, 率情任意之指下, 禍延
四肢, 寖成風痺. 非祗憚風痺之苦, 又將虞心腹之變. 雖一身之微, 固不足卹, 而
九族之託, 良以爲憂."

2) 이상은 《宋史紀事本末》권 37;《邵氏聞見前錄》권 9;《曲洧舊聞》권 2;
《過庭錄》등에 보임.

3) "竊聞南征北伐者, 皆以其勝捷之勢, 山川之形, 爲圖來獻. 料無一人以天下之

民質妻鬻子, 斬桑壞舍, 流離逃散, 皇皇不給之狀, 圖以上聞者. 臣謹按安上門逐日所見, 繪成一圖. 百不及一, 但經聖覽, 亦可流涕. 況乎千萬里之外, 有甚於此哉! 陛下觀臣之圖, 行臣之言, 十日不雨, 卽乞斬臣宣德門外, 以正欺君之罪."

4) 이상은《宋史紀事本末》권 37; 그 밖의 史書에 의거함.

5)《春渚紀聞》권 6,〈論古文俚語二說〉.

6) 이상은《宋史》권 327,〈王雱傳〉;《邵氏聞見前錄》권 11 등.

7) 이 이야기는《宋史》권 327,〈王安國傳〉;《長編紀事本末》권 59.

8) 이상은《宋史紀事本末》권 37 등에 의거함.

9) 이상은《宋史紀事本末》권 37에 의거함.

제10장   형과 아우

1)《合註》권 7,〈戲子曲〉詩.

2) 이때 張方平은 陳州의 知事로서, 완전히 致仕한 것은 아니었다.

3) 이상의 일은《東坡題跋》권 2,〈書淵明〉詩에 의거함.

4)《宋人軼事彙編》권 12에 인용된《悅生隨抄》,《蓼花洲閒錄》.

5) 未詳, 비슷한 記事가《合註》권 15,〈初別子由〉詩의 "常恐坦率性, 放縱不自程";《思堂記》;《密州通判廳題名記》;《合註》권 36,〈丹元姚先生……〉詩 등에 보임.

6) 이 晁端彦과의 대화는《曲洧舊聞》권 5에 의거함.

7)《外集》권 62;《志林》권 3,〈修身歷〉에 의거함. 그러나《合註》권 50,〈司命宮楊道士息軒〉에 의할 것 같으면 동파가 이것을 바탕으로 하여 시를 짓고 있으며,《苕溪漁隱叢話後集》권 27에는 동파가 말한 것으로 되어 있다.

8)《合註》권 16,〈次韻僧潛見贈〉.

9)《合註》권 7,〈初到杭州, 寄子由二絕〉.

10) "徒善不足以爲政, 徒法不能以自行 …… 爲高必因丘陵, 爲下必因川澤, 爲政不因先王之道, 可謂智乎? 是以惟仁者宜在高位, 不仁而在高位, 是播其惡於衆也. 上無道揆也, 下無法守也. 朝不信道, 工不信度, 君子犯義, 小人犯刑. 國之所存者, 幸也. 故曰城郭不完, 兵甲不多, 非國之災也. 田野不辟, 貨財不聚, 非國之害也. 上無禮, 下無學, 賊民興, 喪無日矣."

11)《合註》권 6,〈潁州初別子由二首〉.

12)《合註》권 16,〈送李公擇〉.

제11장 시인과 기녀 그리고 승려

1)《西湖佳話》,〈放生善迹〉;《七修類藁》권 22.

2)《合註》권 7,〈六月二十七日, 望湖樓醉書五絕〉 가운데 한 수.

3)《合註》권 19,〈予以事繫御史台獄, 獄吏……〉 詩의 自註에 의거함. 또《貴耳集》卷上에도 보임.

4)《合註》권 9,〈飮湖上, 初晴後雨〉 詩.

5) 이상은《文集事略》권 45,〈答陳師仲書〉;《春渚紀聞》권 6,〈寺認法屬黑子如星〉;《侯鯖錄》권 7에 간략한 기술이 있음.

6) 이 말은《冷齋夜話》권 7,〈張女定公前生爲僧〉;《侯鯖錄》권 7.

7)《春渚紀聞》권 1,〈坡谷前身〉.

8)《前集》권 29,〈上韓丞相論災傷手實書〉 및〈上文侍中論榷鹽書〉.

9)《合註》권 32,〈熙寧中, 軾通守此郡, 除夜直都廳……〉 詩.

10)《合註》권 7,〈戲子由〉 詩의 일부.

11)《合註》권 9,〈湖上夜歸〉 詩의 일부.

12)《夢梁錄》등.

13)《合註》권 7,〈和蔡準郎中見邀遊西湖三首〉 詩의 일부.

14)《合註》권 9,〈有以官法酒見餉者, 因用前韻……〉 詩의 일부.

15)《夢梁錄》.

16) 東坡詞〈瑞鷓鴣〉.

17) 이하의 이야기는《春渚紀聞》권 6과《捫蝨新話》등에 나옴.

18) 이 시는《合註》권 13,〈懷西湖, 寄晁美叔同年〉 詩.

19)《東坡事類》권 12에 인용된《調謔編》및《冷齋夜話》;《蘇公外紀》卷下.

20) 이상 僧侶의 이야기는《北牕瑣語》.

21)《老學庵筆記》권 1,《花草粹編》.

22) 이상 東坡와 佛印과의 이야기는《問答錄》에 의거함.

23)《邵氏聞見後錄》권 19;《耆舊續聞》권 8.

24) 이상은《鶴林玉露》(十六卷本) 권 12;《得樹樓雜鈔》권 4.

25)《外集》권 62;《志林》권 1,〈養生難在去慾〉. "昨日太守唐君采, 通判張公規 邀余出遊安國寺. 座中論調氣養生之事, 余云'皆不足道, 難在去慾.' 張云'蘇

子卿齧雪啖氈, 蹈背出血, 無一語稍屈, 可謂了生死之際矣. 然不免爲胡婦生子, 窮居海上而況洞房綺疏之下乎. 乃知此事不易消除.' 衆客皆大笑. 余愛其語有理, 故記之."

26)《合註》권 49,〈春夜〉.

27)《合註》권 34,〈聚星堂雪〉.

28)《侯鯖錄》권 11에도 비슷한 기술이 있음.

29)《宋人軼事彙編》권 12에 인용된《泊宅編》;《歸田時話》卷上.

30)《侯鯖錄》권 8.

31) 이상 睡眠에 관한 것은《師友談記》.

32)《侯鯖錄》권 4.

33)《合註》권 13,〈小兒〉詩.

34)《合註》권 11,〈柳氏二外甥求筆跡〉2수.

35)《合註》권 11,〈刁景純賞瑞香花, 憶先朝侍宴, 次韻〉詩.

36)《合註》권 11,〈杭州牡丹開時, 僕猶在常潤……〉詩. 林語堂의 英文 原文에
   는 杭州태수 陳襄에게 쓴 것으로 이야기하고 있으나, 이는 林語堂의 잘못
   으로 여겨져 周邠으로 고침.

37)《合註》권 11,〈杭州牡丹開時, 僕猶在常·潤, 周令作詩見寄, 次其韻, 復次一
   首送赴闕〉詩의 제1수.

38)《酉陽雜俎續集》권 1.

39)《合註》권 11,〈書焦山綸長老壁〉詩.

40)《前集》권 23,〈日喩〉의 일부. "生而眇者不識日, 問之有目者. 或告之曰,'日
   之狀如銅槃'. 扣槃而得其聲, 他日聞鐘以爲日也. 或告之曰'日之光如燭'. 捫燭
   而得其形, 他日揣籥以爲日也. 日之與鐘籥亦遠矣. 而眇者不知其異, 以其未嘗
   見而求之人也. 道之難見也甚於日, 而人之未達也, 無以異於眇. 達者告之, 雖
   有巧譬善導, 亦無以過於槃與燭也. 自槃而之鐘, 自燭而之籥. 轉而相之, 豈有
   旣乎. 故世之言道者, 或卽其所見而名之, 或莫之見而意之, 皆求道之過也."

41)《合註》권 9,〈會客有美堂, 周邠長官與數僧同泛湖往北山, 湖中聞堂上歌笑
   聲, 以詩見寄, 因和二首, 時周有服〉의 제1수임.

제12장 풍자시

1)《合註》권 11,〈杭州牡丹開時, 僕猶在常·潤, 周令作詩見寄, 次其韻, 復次一

首送赴關〉詩 제 2 수의 일부.

2) 《合註》권 12, 〈喬太博見和, 復次韻答之〉詩.

3) 《合註》권 8, 〈次韻孔文仲推官見贈〉詩.

4) 《合註》권 7, 〈臘日遊孤山, 訪惠勤·惠思二僧〉詩.

5) 《合註》권 8, 〈湯村開運鹽河, 雨中督役〉詩.

6) 《合註》권 9, 〈新城道中二首〉詩.

7) 《合註》권 9, 〈山邨五絕〉詩의 일부로, 제 1 수는 "竹籬茅屋趁谿斜, 春入山 村處處花. 無象太平還有象, 孤烟起處是人家." 그리고 제 3 수는 "老翁七十自 腰鎌, 慚愧春山筍蕨甜. 豈是聞韶解忘味, 邇來三月食無鹽."

8) 《奏議集》권 3, 〈乞不給散青苗錢斛狀〉.

9) 《合註》권 8, 〈贈孫莘老七絕〉詩.

10) 《合註》권 8.

11) 東坡詞 〈瑞鷓鴣〉(觀湖).

12) 《合註》권 9, 〈正月九日有美堂飲醉歸徑睡, 五鼓方醒, 不復能眠, 起閱文書, 得鮮于子駿所寄'雜興'作古意一首答之〉詩.

13) 이하의 이야기는 《東坡烏臺詩案》의 〈寄周邠諸詩〉항.

14) 《合註》권 10, 〈徑山道中次韻答周長官兼贈蘇寺丞〉詩.

15) 〈齊州掌書記〉.

16) 《文集事略》권 1. 膠州는 密州의 舊名. "余仕宦十有九年, 家日益貧, 衣食之 奉, 殆不如昔者. 及移守膠西, 意且一飽, 而齋厨索然, 不堪其憂. 日與通守劉君 廷式循古城廢圃求杞菊食之. 捫腹而笑."

17) 《合註》권 13, 〈次韻劉貢父·李公擇見寄〉詩의 일부.

18) 《合註》권 13, 〈西齋〉詩.

19) 《合註》권 14, 〈和文與可洋川園池(吏隱亭)〉詩.

20) 《合註》권 14, 〈和文與可洋川園池(望雲樓)〉詩.

제13장　황 루(黃樓)

1) 《總案》권 15 참조.

2) 王逈이 仙女와 결혼했다는 傳說의 記事는 《合註》권 16, 〈芙蓉城〉詩; 《玉 照新志》권 1; 《避暑錄話》卷上; 《雲麓漫抄》; 《默記》 등에 의거함.

3) 이상의 일은 그 모든 근거자료의 출전을 일일이 드는 일이 불가능하기

때문에 《總案》권 15 참조.

4) 이상은 《欒城集》권 17, 〈黃樓賦〉; 《東坡題跋》권 1, 〈書子由黃樓賦後〉와
　東坡詩 등에 의거함.

5) 《却掃編》卷下.

6) 《奏議集》권 2, 〈乞醫療病囚狀〉.

7) 《奏議集》권 2, 〈上神宗皇帝書〉.

8) 《容齋四筆》; 《夷堅志》.

9) 《淮海集》권 3, 〈別子瞻〉.

10) 《文集事略》권 45, 〈答黃魯直書〉.

11) 《合註》권 17, 〈中秋見月, 和子由〉.

제14장　체포와 심리

1) 《前集》권 25, 〈湖州謝上表〉.

2) 이상은 《烏臺詩案》; 《孔氏談苑》권 1.

3) 《孔氏談苑》권 1.

4) 《合註》권 19, 〈與王郎昆仲及兒子邁, 遶城觀荷花登峴山亭, 晚入飛英寺, 分
　韻得‘月明星稀’字〉詩의 일부.

5) 《文集事略》권 49, 〈篔簹谷偃竹記〉. "與可畫竹, 初不自貴重, 四方之人持縑
　素而請者, 足相躡於其門, 與可厭之, 投諸地而罵曰, ‘吾將以爲韈, 士大夫傳
　之, 以爲口實. 及與可自洋州還, 而余爲徐州, 與可以書遺余曰‘近語士大夫, 吾
　墨竹一派近在彭城, 可往求之. 韈材當萃於子矣’書尾復寫一詩, 其略曰‘擬將
　一段鵝谿絹, 掃取寒梢萬尺長. 予謂‘與可竹長萬尺. 當用絹二百五十匹, 知公
　倦於筆硯, 願得此絹而已. 與可無以答, 則曰, ‘吾言妄矣. 世豈有萬尺竹哉’余
　因以實之, 答其詩曰‘世間亦有千尋竹, 月落庭空影許長. 與可笑曰‘蘇子辯矣,
　然二百五十匹絹, 吾將買田而歸老焉. 因以所畫篔簹谷偃竹遺予曰‘此竹數尺耳,
　而有萬尺之勢’."

6) 《孔氏談苑》권 1.

7) 《外集》권 44; 《志林》권 2, 〈書楊朴事〉.

8) 《奏議集》권 9, 〈杭州召還乞郡狀〉.

9) 위와 같음.

10) 이상은 《孔氏談苑》권 1.

11) 이상은 《前集》권 29, 〈黃州上文潞公書〉.

12) 《孔氏談苑》권 1.

13) 이상 《避暑錄話》卷下.

14) 이상은 《二老堂詩話》에 의거해 보건대, 시인 陸游 대신 周必大로 보아야 옳을 것이다. 林語堂은 《總案》에 의거했기 때문에 이런 착오를 한 것 같음.

15) 〈張氏園亭記〉임.

16) 이상은 주로 《烏臺詩案》에 의거함.

17) "入官多年, 未甚擢進, 兼朝廷用人多是少年, 所見與軾不同, 以此撰作詩賦文字譏諷, 意圖衆人傳看, 以軾所言爲當."

18) 이상은 주로 《烏臺詩案》에 의거함.

19) 이 단락은 《貴耳集》卷上과 《泊宅編》卷上; 《耆舊續聞》권 2에 의거함.

20) 이상은 《春渚紀聞》권 6.

21) 王珪에 관한 이야기는 《石林詩話》卷上; 《韻語陽秋》권 5.

22) 주로 《烏臺詩案》에 의거함.

제15장 동파거사(東坡居士)

1) 《合註》권 20, 〈寓居定惠院之東, 雜花滿山, 有海棠一株, 土人不知貴也〉詩.

2) 《總案》권 20 참조.

3) 《合註》권 20, 〈遷居臨皋亭〉詩 및 〈次韻答子由〉詩.

4) 《文集事略》권 54, 〈黃州安國寺記〉. "二月之黃. 舍館粗定, 衣食稍給, 閉門却掃, 收召魂魄. 退伏思念, 求所以自新之方, 反觀從來擧意動作, 皆不中道. 非獨今以得罪者也. 欲新其一, 恐失其二. 觸類而求之, 有不可者. 於是喟然嘆曰 '道不足以御氣, 性不足以勝習, 不鋤其本, 而耘其末. 今雖改之, 後必復作. 盍歸誠佛僧, 求一洗之' 得城南精舍曰安國寺, 有茂林脩竹, 陂池亭榭. 間三日輒往, 焚香默坐. 深自省察, 則物我相忘, 身心皆空. 求罪垢所從生, 而不可得. 一念淸淨, 染汙自落. 表裏脩然, 無所附麗. 私竊樂之……"

5) 《續集》권 5, 〈與李公擇書〉. "僕本以鐵心石腸待公. 何乃爾耶? 吾儕雖老且窮, 而道理貫心肝, 忠義塡骨髓, 直須談笑死生之際. 若見僕困窮便相憐, 則與不學道者, 大不相遠矣…… 雖懷坎壈於時, 遇事有可尊主澤民者, 便忘軀爲之, 禍福得喪, 付與造物. 非兄僕豈發此. 看訖便火之. 不知者以爲詬病也."

6) 《續集》권 11,〈與王定國書〉. "某近頗知養生. 亦自覺薄有所得. 見者皆言道
貌與往日殊別. 更相濶數年, 索我閭風之上矣. 兼畫得寒林墨竹已入神矣. 行草
尤工, 只是詩筆殊退也, 不知何故. 昨所寄臨江軍書, 久已收得. 二書反覆議論
及處憂患者甚詳, 旣以解憂, 又以洗我昏蒙, 所得不少也. 然所得非苟知之亦允
蹈之者, 願公常誦此語也. 杜子美困厄中, 一飮一食, 未嘗忘君, 詩人以來, 一人
而已."

7) 《續集》권 11,〈與章子厚書〉. "平時惟子厚與子由極口見戒, 反覆甚苦, 而某
强狠自用, 不以爲然, 及在囹圄中, 追悔無路, 謂必死矣. 不意聖主寬大, 復遣視
息人間. 若不改者, 某眞非人也 …… 某昔年粗亦受知於聖主, 使少循理安分, 豈
有今日. 追思所犯, 眞無義理. 與病狂之人, 蹈河入海者無異. 方其病作, 不自覺
知, 亦窮命所迫, 似有物使. 及至狂定之日, 但有慚耳. 而公乃疑其再犯, 豈有此
理哉? ……"

8) "黃州僻陋多雨, 氣象昏昏也, 魚稻薪炭頗賤, 甚與窮者相宜. 然某平生未嘗作
活計, 子厚所知之, 俸入所得, 隨手輒盡. 而子由有七女, 債負山積. 賤累皆在渠
處, 未知何日到此. 見寓僧舍, 布衣蔬食, 隨僧一飱, 差爲簡便. 以此畏其到也.
窮達得喪, 粗了其理, 但廩祿相絶, 恐年載間, 遂有饑寒之憂. 不能不少念, 然俗
所謂水到渠成, 至時亦必自有處置, 安能預爲之愁煎乎? 初到一見太守. 自餘杜
門不出, 閑居未免看書, 惟佛經以遣日."

9) 《續集》권 5,〈答上官長官書〉의 "所居臨大江望武昌諸山如咫尺. 時復葉舟縱
遊其間. 風雨雲月, 陰晴蚤暮, 態狀千萬, 恨無一語略寫其彷彿耳" 구절을 두고
이렇게 이야기한 듯함.

10) 《東坡題跋》권 6,〈書臨皐亭〉;《外集》권 54. "東坡居士酒醉飯飽, 倚于几
上, 白雲左繞, 淸江右廻. 重門洞開, 林巒岔入. 當是時若有思而無所思, 以受萬
物之備. 慚愧慚愧."

11) 《志林》권 4,〈臨皐閑題〉;《外集》권 54. "臨皐亭下八十數步, 便是大江, 其
半是峨眉雪水. 吾飮食沐浴皆取焉, 何必歸鄉哉. 江山風月, 本無常主. 閑者便
是主人. 聞范子豊新第園池, 與此孰勝. 所以不如君者, 上無兩稅及助役錢爾."

12) 《前集》권 30;《文集事略》권 45,〈答秦太虛書〉. 다음 단락도 주로〈答秦
太虛書〉. "公擇近過此, 相聚數日, 說太虛不離口. 莘老未嘗得書, 知未暇通
問 …… 初到黃, 廩入旣絶, 人口不少, 私甚憂之. 但痛自節儉, 日用不得過百五
十. 每月朔便取四千五百錢, 斷爲三十塊, 掛屋梁上. 平旦用畫叉挑取一塊, 卽
藏去叉. 仍以大竹筒別貯用不盡者, 以待賓客. 此賈耘老(賈收)法也. 度囊中尙

可支一歲有餘. 至時別作經畫, 水到渠成, 不須預慮. 以此胸中都無一事."

13) "余至黃州二年, 日以困匱. 故人馬正卿哀予乏食, 爲郡中請故營地數十畝, 使得躬耕其中. 地旣久荒, 爲茨棘瓦礫之場, 而歲又大旱, 墾闢之勞, 筋力殆盡. 釋耒而嘆, 乃作是詩. 自愍其勤, 庶幾來歲之入, 以忘其勞焉."

14) 米芾은 1051년(皇祐 3)에 태어나 이때에 32세였다. 林語堂이 原著에서 22세라 한 것은 《總案》권 21의 記事에 의거한 것으로, 이는 착오인 듯함.

15) 《入蜀記》권 4.

16) 이상의 기술은 《總案》권 20·21 등에 의거함.

17) 《合註》권 21, 〈次韻孔毅父久旱已而甚雨〉詩.

18) 《合註》권 21, 〈東坡八首〉詩의 제8수. "馬生本窮士, 從我二十年. 日夜望我貴, 求分買山錢. 我今反累君, 借耕輟玆田. 刮毛龜背上, 何時得成氈. 可憐馬生癡, 至今夸我賢. 衆笑終不悔, 施一當獲千."

19) 《合註》권 25, 〈寄吳德仁, 兼簡陳季常〉詩.

20) 《容齋三筆》권 3. 그 밖의 陳季常에 관한 이야기는 隨筆·詩話類에 가끔씩 보이며 〈獅吼記〉라는 희곡도 있다.

21) 《合註》권 22, 〈洗兒戲作〉詩.

22) 이상 《續集》권 10, 〈猪肉頌〉.

23) 《外集》권 61; 《總案》권 22.

24) 《續集》권 10, 〈東坡羹頌〉.

25) 《合註》권 30, 〈次韻黃魯直書伯時畫王摩詰〉詩.

26) 《東坡題跋》권 1, 〈書四戒〉.

27) 《續集》권 7, 〈答參寥書〉.

28) 《總案》권 21에 인용한 〈與李公擇書〉.

29) 《前集》권 30; 《文集事略》권 46, 〈與朱鄂州書〉. "昨日武昌寄居王殿直天麟見過. 偶說一事, 聞之酸辛, 爲食不下. 念非吾康叔之賢, 莫足告語, 故專遣此人, 俗人區區了眼前事救過不暇, 豈有餘力及此度外事乎. 天麟言, 鄂渚間田野小人, 例只養二男一女, 過此輒殺之. 尤諱養女, 以故民間少女, 多鰥夫. 初生, 輒以冷水浸殺, 其父母亦不忍, 率常閉目背面以手按之水盆中, 咿嚘良久乃死. 有神山鄉百姓名石揆者, 連殺兩子. 去歲夏中, 其妻一產四子. 楚毒不可堪忍, 母子皆死. 報應如此, 而愚人不知創艾. 天麟每聞其側近有此, 輒馳救之, 量與衣服飲食, 全活者非一. 旣旬日, 有無子息人欲乞其子者, 輒亦不肯. 以此知其父子之愛, 天性故在, 特牽於習俗耳. 聞鄂人有秦光亨者, 今已及第, 爲安州

司法. 方其在母也, 其舅陳遵, 夢一小兒挽其衣, 若有所訴. 比兩夕, 輒見之, 其狀甚急. 遵獨念其姊有娠將產, 而意不樂多子, 豈其應是乎. 馳往省之, 則兒已在水盆中矣, 救之得免. 鄂人戶知之. 準律故殺子孫徒二年, 此長吏所得按擧. 願公明以告諸邑令佐, 使召諸保正, 告以法律, 喩以禍福, 約以必行, 使歸轉以相語. 仍錄條粉壁曉示, 且立賞召人告官, 賞錢以犯人及鄰保家財充. 若客戶則及其地主. 婦人懷孕, 經涉歲月, 鄰保地主, 無不知者. 若後殺之, 其勢足相擧覺, 容而不告, 使出賞固宜. 若依法律行遣數人, 此風便革. 公更使令佐各以至意誘諭地主豪戶. 若實貧甚不能擧子者, 薄有以賙之. 人非木石, 亦必樂從. 但得初生數日不殺, 後雖勸之使殺, 亦不肯矣. 自今以往, 緣公而得活者, 豈可勝計哉. 佛家言殺生之罪, 以殺胎卵爲最重. 六畜猶爾. 而況於人. 俗謂小兒病爲無辜, 此眞可謂無辜矣. 悼耄殺人猶不死, 況無罪而殺之乎. 公能生之於萬死中, 其陰德十倍於雪活壯夫也. ……軾向在密州, 遇饑年, 民多棄子, 因盤量勸誘米, 得出剩數百石別儲之, 專以收養棄兒. 月給六斗. 比碁年, 養者與兒, 皆有父母之愛, 遂不失守, 所活者亦數千人, 此等事在公如反手耳. 恃深契故不自外, 不罪不罪, 此外惟爲民自重, 不宣. 軾再拜."

30) 《東坡先生志林》권 5, 〈黃鄂之風〉등. 《總案》권 11 참조.

제16장 적벽부(赤壁賦)

1) 이상 《志林》권 1, 〈題李嚴老〉.

2) "今日與數客飮酒而純臣適至. 秋熱未已而酒白色, 此何等酒也, 入腹無臟, 任見大王. 旣與純臣飮, 無以侑, 西隣耕牛適病足, 乃以爲肉, 飮旣醉, 遂從東坡之東直出春草亭而歸. 時已三更矣."

3) 이상 《春渚紀聞》권 6; 《蘇長公外記》권 9.

4) 東坡詞〈臨江仙〉.

5) 《避暑錄話》卷上.

6) 이상은 《東坡題跋》권 6, 〈書謗〉; 《續集》권 5, 〈答范蜀公書〉; 《志林》권 2, 〈東坡昇仙〉; 《春渚紀聞》권 6; 《避暑錄話》卷上 등.

7) 《志林》권 1, 〈馬夢得同歲〉. "馬夢得與僕同歲月生, 少僕八日. 是歲生者無富貴人, 而僕與夢得爲窮之冠, 卽吾二人而觀之, 當推夢得爲首."

8) 《志林》권 1, 〈措大喫飯〉. "有二措大相與言志, 一云 '我平生不足惟飯與睡爾, 他日得志, 當飽喫飯了便睡, 睡了又喫飯.' 另一云 '我則異於是, 當喫了又

喫, 何暇復睡耶!…….'"

9) "而今安在哉……吾與子……駕一葉之扁舟, 舉匏尊以相屬. 寄蜉蝣於天地, 渺滄海之一粟. 哀吾生之須臾, 羨長江之無窮. 挾飛仙以遨遊, 抱明月而長終. 知不可乎驟得, 託遺響於悲風."

10) "客亦知夫水與月乎. 逝者如斯, 而未嘗往也. 盈虛者如彼, 而卒莫消長也. 蓋將自其變者而觀之, 則天地曾不能以一瞬. 自其不變者而觀之, 則物與我皆無盡也. 而又何羨乎. 且夫天地之間, 物各有主. 苟非吾之所有, 雖一毫而莫取. 惟江上之淸風, 與山間之明月, 耳得之而爲聲, 目遇之而成色, 取之無禁, 用之不竭, 是造物者無盡藏也. 而吾與子之所共適."

11) 이상은 주로 〈前赤壁賦〉에 의거함.

12) 이상은 주로 〈後赤壁賦〉에 의거함.

13)《志林》권 1,〈記承天夜遊〉. "元豊六年十月十二日夜. 解衣欲睡, 月色入戶, 欣然起行. 念無與樂者, 遂至承天寺尋張懷民, 懷民亦未寢, 相與步於中庭. 庭下如積水空明, 水中藻荇交橫, 蓋竹柏影也. 何夜無月, 何處無竹柏, 但少閑人如吾兩人耳."

제17장 요가와 연단(煉丹)

1)《師友談記》제11장 참조.

2)《志林》권 2,〈書李若之事〉.

3)《續集》권 11,〈與王定國書〉.

4)《欒城集》권 17,〈服茯苓賦幷序〉.

5)《續集》권 4,〈與朱康叔書〉.

6)《合註》권 22,〈南堂〉詩.

7)《續集》권 11,〈與王定國書〉. "安道軟朱砂膏, 某在湖親服數兩, 甚覺有益利, 可久服. 子由昨來陳相別, 面色殊淸潤, 目光烱然. 夜中行氣臍腹間, 隆隆如雷聲, 其所行持亦吾輩所常論者, 但此君有志節能力行耳. 粉白黛綠者俱是火宅中狐狸射干之流, 願公以道眼照破. 此外又有事須少儉嗇…… 近有人惠大丹砂少許, 光彩甚奇. 固不敢服, 然其人敎以養火觀其變化, 聊以悅神度日, 賓去桂不甚遠, 朱砂差易致. 或爲置數兩, 因寄及. 稍難卽罷, 非急用也. 窮荒之中恐有一奇事, 但以冷眼陰求之. 大抵道士非金丹不能羽化, 而丹材多在南荒. 故葛稚川求峋嶁令, 竟化於廉州, 不可不留意也. 陳璨一月前直往筠州見子由, 亦粗傳要

妙. 云非久當此來. 此人不唯有道術, 其與人有情義.…… 道術多方, 難得其要, 然某觀之, 唯能靜心閉目, 以漸習之, 似覺有功. 幸信此語. 使氣流行體中, 痒痛安能近人也."

8) 《續集》 권 8, 〈上張安道養生訣論〉. 약 144초 동안이라 했는데 이는 '다라나'의 下限線에 해당됨.

9) 《志林》 권 2, 〈論修養帖寄子由〉. "任性逍遙, 隨緣放曠但凡盡心, 別無勝解. 以我觀之, 凡心盡勝解卓然. 但此勝解不屬有無, 不通言語, 故祖師教人到此便住. 如眼翳盡, 眼自有明, 醫師只有除翳藥, 何曾有求明藥. 明若可求, 卽還是翳…… 而世之昧者, 便將頹然無知認作佛地. 若此是佛, 猫兒狗兒得飽熟睡, 腹搖鼻與土木同當, 恁麼時可謂無一毫思念, 豈謂猫狗亦已入佛地…… 今日閙裡忽捉得些子意何.…… 元豊元年三月二十五日."

10) 《續集》 권 8, 〈上張安道養生訣論〉. "每夜以子後披衣起, 面東若南. 盤足叩齒三十六通. 握固閉息, 內觀五臟, 肺白肝青脾黃心赤腎黑. 次想心爲炎火, 光明洞徹, 下入丹田中. 待腹滿氣極, 卽徐出氣, 惟出入均調, 卽以舌接唇齒, 內外漱鍊精液, 未得嚥. 復前法閉息內觀. 納心丹田, 調息漱津, 皆依前法. 如此者三. 津液滿口, 卽低頭嚥下, 以氣送入丹田. 須用意精猛, 令津與氣谷谷然有聲. 徑入丹田, 又依前法爲之. 凡九閉息三嚥津而止. 然後以左右手熱摩兩脚心, 及臍下腰脊間, 皆令熱徹. 次以兩手摩熨眼面耳項, 皆令極熱. 仍案捉鼻梁左右五七下. 梳頭百餘梳而臥, 熟寢至明."

11) 이상 葛洪의 일은 《抱朴子》內篇 권 4, 〈金丹〉에 의거함.

12) 이상 《春渚紀聞》 권 10.

13) 《志林》 권 3, 〈延年術〉. "自省事以來, 聞世所謂道人有延年之術者, 如趙抱一‧徐登‧張元夢, 皆近百歲, 然竟死, 與常人無異. 及來黃州, 聞浮光有朱元經尤異, 公卿尊師之者甚衆. 然卒亦死. 死時中風搐搦, 但實能黃白. 有餘藥‧金皆入官. 下知世果無異人耶. 抑有, 而人不見, 此等擧非耶. 不知古所記異人虛實, 無乃與此等不大相遠, 而好事者緣飾之耶."

14) 《志林》 권 1, 〈贈張鶚〉. "一曰無事以當貴. 二曰早寢以當富. 三曰安步以當車, 四曰晚食以當肉. 夫已饑而食, 蔬食有過於八珍. 而旣飽之餘, 雖芻豢滿前, 惟恐其不持去也. 若此可謂善處窮者矣. 然而與道則未也. 安步自佚, 晚食爲美; 安以當車與肉爲哉. 車與肉猶存於胸中是以有此言也."

15) 《續集》 권 5, 〈與李公擇書〉. "僕行年五十, 始知作活. 大要是慳爾, 而文以美名, 謂之 '儉素'. 然吾儕爲之則不類俗人, 眞可謂淡而有味者…… 口體之欲, 何

窮之有, 每加節儉, 亦是惜福延壽之道. 此似鄙吝, 且出之不得已. …… 用此策也. 一笑."

제18장 유랑 시기

1) 이 단락은 《東坡題跋》권 6, 〈記游定惠院〉및 東坡詩 등. 《總案》권 22 참조. 또 여기서 何氏란 何聖可임.

2) 〈謝量移汝州表〉.

3) 이상 《春渚紀聞》권 6.

4) 東坡詞 〈滿庭芳〉.

5) 이 부근의 記述은 대략 《總案》권 23에 근거한다.

6) 趙吉에 관해서는 《欒城集》권 25, 〈丐者趙生傳〉.

7) 《志林》권 1, 〈記游廬山〉. 여기서 여산의 정수를 잘 묘출했다는 詩는 〈題西林壁〉詩. "橫看成嶺側成峯, 遠近高低各不同. 不識廬山眞面目, 只緣身在此山中."

8) 《欒城集》권 24, 〈東軒記〉.

9) 《合註》권 23, 〈去歲九月二十七日, 在黃州, 生子遯, 小名幹兒, 頎然穎異. 至今年七月二十八日, 病亡於金陵, 作二詩哭之〉詩.

10) 《曲洧舊聞》권 5. 이 이야기는 詩話類에서도 자주 보인다.

11) 이상은 《邵氏聞見前錄》권 12.

12) 이상 《邵氏聞見後錄》권 30 등.

13) 《志林》권 2, 〈買田求歸〉;《東坡題跋》권 6, 〈書浮玉買田〉.

14) 《志林》권 4, 〈范蜀公呼我卜鄰〉.

15) 《合註》권 24, 〈蒜山松林中可卜居, 余欲僦其地, 地屬金山, 故作此詩與金山元長老〉詩.

16) 이상 《總案》권 24 참조.

17) "吾來陽羨(宜興). 船入莉溪, 意思豁然, 如愜平生之欲. 殆是前緣. ……吾性好種植, 能手自接果木, 尤好栽橘. 陽羨在洞庭上, 柑橘栽至易, 得當買一小園種柑橘三百. 元豊七年十月二日於舟中."

18) 이 단락은 《益公題跋》권 12, 〈書東坡宜興事, 楚頌帖〉;《總案》권 24에 의거함. '다음 세기의 한 문인'이란 周必大를 가리키는 듯함.

19) 《總案》권 24에는 '與滕達道書'라고 하여 林語堂도 이것에 의거하고 있

으나, 이는《續集》권 6의 〈答賈耘老書〉의 잘못으로 보이기 때문에, 등원 발 대신에 賈收로 봐야 옳을 듯하다.

20)《深雪偶談》등.

21)《合註》권 25, 〈孫莘老寄墨〉詩.

22)《合註》권 24, 〈泗州除夜雪中, 黃師是送酥酒〉詩. 여기서 관리는 黃師是임.

23)《前集》권 25, 〈乞常州居住表〉. "但以祿廩久空, 衣食不繼. 累重道遠, 不免舟
行, 自離黃州, 風濤驚恐. 擧家重病, 一子喪亡. 今雖已至泗州, 而貲用罄竭, 去
汝尙遠, 難於陸行, 無屋可居, 無田可食. 二十餘口不知所歸, 飢寒之憂近在朝
夕. 與其强顔忍恥, 干求於衆人, 不若歸命投誠, 控告於君父. 臣有薄田在常州
宜興縣, 粗給饘粥. 欲望聖慈許於常州居住……"

24) 이상《揮塵後錄》권 7. 성이 劉氏인 태수란 劉士彦을 가리키는 듯함.

25)《揮塵後錄》권 7. 황주태수는 徐大受임.

26)《合註》권 25, 〈歸宜興留題竹西寺〉詩.

27) 東坡詞〈菩薩蠻〉.

28)《續集》권 4, 〈與滕達道書〉.

29)《合註》권 25, 〈次韻答賈耘老〉詩.

30)《合註》권 26, 〈次韻周邠〉詩.

31) 三蘇本 권 55, 〈與米元章〉.

제19장 태황 태후의 은총

1)《奏議集》권 3, 〈繳詞頭奏狀 六首〉.

2)《外制集》卷中;《文集事略》권 39. "呂惠卿責授建寧軍節度副使本州安
置……"

3)《外制集》卷上;《文集事略》권 39, 〈王安石贈太傅〉.

4) 洪氏란 洪邁를 가리키며, 이 이야기는《齋東野語》권 10에 보임.

5) 이상〈墓誌銘〉;《宋史》, 本傳;《通鑑長編》元祐 3년 4월;《隨手雜錄》;《邵
氏聞見前錄》권 20.

6) 이상 소동파와 정이 사이의 角逐에 대해서는《總案》권 27;《道命錄》;
《宋史紀事本末》권 45;《孫公談圃》卷上;《邵氏聞見前錄》권 20.

7)《前集》권 36, 〈司馬溫公行狀〉.

8) 이상 주로《東京夢華錄》.

9) 이 단락은 《師友談記》에 의거함.

10) 이 단락은 주로 《東京夢華錄》에 의거함.

11) 《外集》 권 62; 《東坡先生志林》 권 8. "樂事可慕, 苦事可畏, 皆是未至時心爾. 及苦樂旣至, 以身履之. 求畏慕者初不可得況. 旣過之後復有何物. 比之尋聲捕影繫風邅夢爾. 此四者猶有彷彿也. 如此推究, 不免是病. 且以此病對治彼病. 彼此相磨安得樂處. 當以至理語君, 今則不可. 元祐三年八月五日書."

12) 이상은 《師友談記》.

13) 이상은 《避暑錄話》 卷下.

14) 이상은 《師友談記》.

15) 위와 같음.

16) 이 단락은 《師友談記》; 《王直方詩話》; 《苕溪漁隱叢話》 前集 권 40.

17) 《朱子語類》 권 130, 本朝四.

18) 《貴耳集》 卷上; 《苕溪漁隱叢話》 後集 권 26; 《游宦紀聞》.

19) 《曲洧舊聞》 권 6; 《高齋漫錄》.

20) 《侯鯖錄》 권 1.

21) 《鐵圍山叢談》 권 3.

22) 《梁谿漫志》.

23) 《齋東野語》 권 20.

제20장 회화예술

1) 《宋史》, 〈米芾傳〉; 《梁谿漫志》 권 6. 原典에는 '장인어른'(岳父)이 아니라 '石兄'이라 부른 것으로 되어 있다.

2) 《東坡題跋》 권 3, 〈題憩寂圖〉 詩.

3) 米芾의 《寶晉英光集補遺》, 〈西園雅集圖記〉.

4) 《東坡題跋》 권 3, 〈書鬼仙〉 詩.

5) 《山谷題跋》 권 5, 〈題東坡字後〉.

6) 《續集》 권 12; 《文集事略》 권 53, 〈傳神記〉; 《東坡題跋》 권 5, 〈書陳懷立傳神〉.

7) 이 초상은 삽화 사진을 참조.

8) 《山谷題跋》 권 5, 〈跋東坡書帖後〉.

9) 《東坡先生志林》 권 9.

10)《施註》本 東坡詩集 권 20,〈別子由三首〉의 註.《蘇氏補註》권 8.

11)《東坡題跋》권 3,〈書黃泥坂詞後〉.

12)《東坡題跋》권 4,〈跋文與可論草書後〉.

13)《東坡題跋》권 4,〈書張長史書法〉.

14)《合註》권 29,〈書鄢陵王主簿所畵折枝二首〉詩의 일부

15)《東坡題跋》권 5,〈跋宋漢傑畵山〉.

16)《東坡先生志林》권 10.

17)《東坡題跋》권 5,〈書戴嵩畵牛〉;《外集》권 50.

18)《東坡題跋》권 5,〈書黃筌畵雀〉.

19)《合註》권 24,〈高郵陳直躬處士畵雁二首〉詩에 근거한 것으로 여겨짐. 林
語堂이 여기에서 소동파 자신이 그린 鶴의 그림이라고 말하고 있는 것은
아마도 陳直躬이 그린 기러기 그림의 잘못인 듯하다.

20)《文集事略》권 54,〈淨因院畵記〉."余嘗論畵, 以爲人禽宮室器用皆有常形;
至於山石竹木, 水波煙雲, 雖無常形, 而有常理. 常形之失, 人皆知之. 常理之不
當, 雖曉畵者有不知. 故凡可以欺世取名者, 必託於無常形者也. 雖然. 常形之
失, 止於所失, 而不能病其全. 若常理之不當, 則擧廢之矣. 以其形之無常, 是以
其理不可不謹也. 世之工人, 或能曲盡其形. 而至於其理, 非高人逸才不能辨.
與可之於竹石枯木, 眞可謂得其理者矣. 如是而生, 如是而死, 如是而攣拳瘠蹙,
如是而條達遂茂. 根莖節葉, 牙角脈縷, 千變萬化, 未始相襲. 而各當其處, 合於
天造, 厭於人意. 蓋達士之所寓也歟……必有明於理而深觀之者, 然後知余言之
不妄."

21)《合註》권 23,〈郭祥正家, 醉畵竹石壁上, 郭作詩爲謝, 且遺二古銅劍〉詩.

제21장 자퇴지도(自退之道)

1)《合註》권 22,〈洗兒戲作〉詩의 일부.

2) 그러나 蔡確은 元祐 8년 新州 귀양지에서 죽었다.

3) 館職策問에 대해서는《文集事略》권 22,〈師仁祖之忠厚, 法神考之勵精〉;
《總案》권 27;《程史》;《孫公談圃》등.

4) 傅堯兪·王嚴叟·朱光庭.

5)《奏議集》권 3,〈辨試館職策問箚子〉.

6)《續集》권 6,〈與楊元素書〉."某近數章請郡未允. 數日來杜門待命, 期於必得

耳. 公必聞其略. 蓋爲台諫所不容也. 昔之君子, 惟莉(王莉公)是師. 今之君子, 惟溫(司馬溫公)是隨. 所隨不同, 其爲隨一也. 老弟與溫相知至深, 始終無間. 然多不隨耳. 致此煩言, 蓋始於此. 然進退得喪, 齊之久矣, 皆不足道."

7) 이상《文集事略》권 32,〈轉對條上三事狀〉.

8)《奏議集》권 5,〈論邊將隱匿敗亡憲司體量不實箚子〉.

9)《文集事略》권 45,〈答張文潜書〉."文字之衰, 未有如今日者也. 其源實出於王氏. 王氏之文, 未必不善也. 而患在好使人同己. 自孔子不能使人同, 顏淵之仁, 子路之勇, 不能以相移. 而王氏欲以其學同天下. 地之美者, 同於生物. 不同於所生. 推荒瘠斥鹵之地, 彌望皆黃茅白葦. 此則王氏之同也."

10) "臣伏見熙寧以來, 行青苗免役二法, 至今二十餘年. 法日益弊, 民日益貧, 刑日益煩, 盜日益熾. ……又官吏無狀, 於給散之際, 必令酒務設鼓樂倡優, 或關撲賣酒牌子, 農民至有徒手而歸者. 但每散青苗, 卽酒課暴增, 此臣所親見而爲流涕者也. 二十年間, 因欠青苗, 至賣田宅, 雇妻女, 投水自縊者, 不可勝數."

11) 이상《文集事略》권 31;《奏議集》권 3,〈乞不給散青苗錢斛狀〉.

12)《奏議集》권 4,〈貢院箚子四首〉.

13) "一官之闕, 率四五人守之, 爭奪紛紜, 廉恥道盡. 中材小官, 闕遠食貧, 到官之後, 求取漁利, 靡所不爲, 而民病矣."

14) "臣得伏見恩榜得官之人, 布在州縣, 例皆垂老, 別無進望, 惟務黷貨以爲歸計. 貪冒不職, 十人而九. 朝廷所放恩榜, 幾千人矣, 何曾見一人能自奮勵, 有聞於時. 而殘民敗官者, 不可勝數. …… 而所至州縣, 擧罹其害. 乃卽位之初, 有此過擧, 謂之恩澤, 非臣所識也."

15) 이상 부주 (13), (14) 역시《奏議集》권 4,〈貢院箚子, 論特奏名〉;《奏議集》권 5,〈轉對條上三事狀〉.

16)《奏議集》권 5,〈論邊將隱匿敗亡憲司體量不實箚子〉.

17)《奏議集》권 5,〈述災沴論賞罰及修河事繳進歐陽修議狀箚子〉.

18)《奏議集》권 5,〈論周種擅配享自劾箚子二首〉.

19)《文集事略》권 38,〈除呂大防特授太中大夫守尙書左僕射兼門下侍郞加上柱國食邑實封餘如故制〉.

20)《合註》권 25,〈歸宜興留題竹西寺三首〉詩.

21) 이하《奏議集》권 5,〈乞郡箚子〉."君不密則失臣, 臣不密則失身, 以此知事君之義. 雖以報國爲先, 而報國之道, 當以安身爲本."

22) "臣以此知挺之嶮毒, 甚於李定舒亶何正臣 …… 古人有言曰 '爲君難, 爲臣不易'臣欲依違苟且, 雷同衆人, 則內愧本心, 上負明主. 若不改其操, 知無不言, 則怨仇交攻, 不死卽廢. 伏望聖慈念爲臣之不易, 哀臣處此之至難, 始終保全, 措之不爭之地."

23) 이하《奏議集》권 9,〈杭州召還乞郡狀〉.

24) "豈敢以衰病之餘, 復犯其鋒. 雖自知無罪可言, 而今之言者, 豈問是非曲直……今餘年無幾, 不免有遠禍全身之意. 再三辭遜, 實非矯飾……臣若貪得患失, 隨世俛仰, 改其常度, 則陛下亦安所用臣. 若守其初心, 始終不變, 則羣小側目, 必無安理……所以反覆計慮, 莫若求去. 非不懷戀天地父母之恩, 而衰老之餘, 恥復與羣小計較短長曲直, 爲世間高人長者所笑, 伏望聖慈……早除一郡. 所有今來奏狀, 乞留中不出, 以保全臣子……若朝廷不以臣不才, 猶欲驅使, 或除一重難邊郡, 臣不敢辭避……惟不願在禁近, 使黨人猜疑, 別加陰中也."

25)《山谷題跋》권 1,〈跋東坡所作馬卷〉.

26)《明道雜志》;《總案》권 31.

제22장 토목공사와 구제사업

1) 이 단락은《梁谿雜誌》권 4.

2) 이 단락은《北牕炙輠錄》卷上.

3) 이상《春渚紀聞》권 6;《方秋崖雜錄》.

4) 이상《春渚紀聞》권 6;《淸波別志》卷上;《西湖遊覽志餘》.

5)《奏議集》권 6,〈乞賜州學書板狀〉.

6)《奏議集》권 6,〈乞賜度牒修廨宇狀〉.

7)《前集》권 24,〈聖散子敍〉;《續集》권 8,〈聖散子後序〉.

8)《蘇沈良方》권 3,〈聖散子〉.

9)〈墓誌銘〉;《宋史》本傳;《淸波別志》卷上.

10)《奏議集》권 7,〈乞開杭州西湖狀〉;《合註》권 32,〈次韻劉景文登介亭〉등에 보임.

11) 이상 運河의 浚渫, 六井의 建造, 西湖의 淸掃, 長堤의 築造 등에 대해서는《總案》권 32;《奏議集》권 7,〈乞開杭州西湖狀〉과〈申三省起請開湖六條狀〉등에 보임.

12)《長編紀事本末》권 103;《總案》권 33.

13) 이 단락은 《奏議集》권 9, 〈進單鍔吳中水利書狀〉및 〈錄進單鍔吳中水利書〉；《總案》권 34 등에 의거함.

14) 이상 《奏議集》권 9, 〈乞相度開石門河狀〉.

15) 《總案》권 32.

16) 이상 飢饉에 관한 기술은, 대략 《奏議集》권 6·7·8·9；《總案》권 32·33 등에 보임.

제23장 백성들의 친구

1) 《奏議集》권 9.

2) 이 단락은 《奏議集》권 10, 〈乞賜度牒糴斛斗準備賑濟淮浙流民狀〉.

3) 이상은 《侯鯖錄》권 4.

4) 《奏議集》권 10, 〈奏淮南閉糴狀二首〉.

5) 이하는 주로 《奏議集》권 7, 〈應詔論四事狀〉.

6) 《奏議集》권 8, 〈乞檢會應詔所論四事行下狀〉.

7) 《奏議集》권 8, 〈繳進應詔所論四事狀〉.

8) 이하 《奏議集》권 11, 〈再論積欠六事四事箚子〉.

9) 이하 《奏議集》권 11, 〈論積欠六事幷乞檢會應詔所論四事一處行下狀〉. "臣頃知杭州, 又知潁州, 今知揚州. 親見兩浙京西·淮南三路之民, 皆爲積欠所壓, 日就窮蹙. 死亡過半, 而欠籍不除, 以至虧欠兩稅, 走陷課利, 農末皆病, 公私並困. 以此推之, 天下大率皆然矣. 臣自潁移揚, 舟過濠·壽·楚·泗等州, 所至麻麥如雲. 臣每屛去吏卒, 親入村落. 訪問父老, 皆有憂色. 云'豊年不如凶年. 天災流行, 民雖乏食, 縮衣節口, 猶可以生. 若豊年擧催積欠, 胥徒在門, 枷棒在身, 則人戶求死不得.' 言訖淚下, 臣亦不覺流涕. 又所至城邑, 多有城民, …… 孔子曰：'苛政猛於虎'昔常不信其言. 以今觀之, 殆有甚者. 水旱殺人, 百倍於虎. 而人畏催欠, 乃甚於水旱. 臣竊度之, 每州催欠吏卒, 不下五百人. 以天下言之, 是常有二十餘萬虎狼, 散在民間, 百姓何由安生. 朝廷仁政, 何由得成乎."

10) 이하 《奏議集》권 11, 〈再論積欠六事四事箚子〉. "訪聞淮浙積欠最多. 累歲災傷, 流殍相屬. 今來淮南始獲一麥, 浙西未保農凶. 應淮南·東西浙. 京西諸般欠負, 不問新舊, 有舊官本, 並特與權住催理一年. 使久困之民, 稍知一飽之樂."

제24장 두 번째 박해

1) 《後集》권 20, 〈書金光明經後〉; 《欒城後集》권 20, 〈祭亡嫂王氏文〉·〈再祭亡嫂王氏文〉.

2) 《後集》권 19, 〈釋迦文佛頌幷引〉.

3) 이상 《長編紀事本末》권 91; 《宋史紀事本末》권 44.

4) 관직 정식 명칭은 河北西路安撫使兼馬步軍都總管.

5) 이상 《奏議集》권 14, 〈乞降度牒修定州禁軍營房狀〉, 〈乞增修弓箭社條約狀二首〉, 〈墓誌銘〉, 〈本傳〉 등.

6) 《長編紀事本末》권 105.

7) 위와 같음.

8) 《宋史紀事本末》권 48.

9) 이 단락은 주로 《通鑑長編紀事本末》권 113; 《宋史紀事本末》권 47.

10) 《宋史紀事本末》권 44; 《通鑑長編紀事本末》권 91.

11) 《宋史紀事本末》권 44.

12) 《邵氏聞見前錄》권 13.

13) 이상 주로 《長編紀事本末》권 101; 《宋史紀事本末》권 46.

14) 이상 주로 《長編紀事本末》권 102.

15) 《宋史》권 471, 〈章惇傳〉; 《邵氏聞見前錄》권 22.

16) 이상 주로 《長編紀事本末》권 102.

17) 《宋史》권 345, 〈劉安世傳〉; 《元城語錄解》; 《邵氏聞見前錄》권 13; 《鶴林玉露》; 《夷堅志》 등.

18) 이상 《宋史》권 314, 〈范純仁傳〉; 《長編紀事本末》권 101; 《宋人軼事彙編》권 8 등.

19) 이 특수기관은 看詳訴理所임.

20) 《長編紀事本末》권 100.

제25장 유배지의 안식처

1) 《淸波雜志》권 6, 〈林文節子中⋯⋯〉에 이 칙령이 인용되어 있음. "若讒慝過失何亦何所不容. 乃代予言詆誣聖考. 乖父子之恩, 絕君臣之義. 在於行路猶不戴天, 顧視士民復何面目. 汝軾交足以惑衆, 辯足以飾非. 然而自絕於君親, 又

將誰懟.”

2)《三蘇全集本》권 58,〈與參寥書〉.

3)《續集》권 9,〈赴英州乞舟行狀〉.

4) 이상《總案》권 37 참조.

5)“落建昌軍司馬, 貶寧遠軍節度副使, 仍惠州安置”의 명령이 내려짐.

6) 이상은《石門題跋》권 2.

7) 이상 주로 東坡詩集에 의거함.

8) 이상 주로《合註》권 38,〈十月二日, 初到惠州〉詩.

9)《東坡題跋》권 6,〈題嘉祐寺壁〉;《志林》권 1,〈別王子直〉.

10)《東坡題跋》권 6;《志林》권 1,〈記游松風亭〉.

11)《續集》권 11,〈與吳秀才書〉.

12) 이상《合註》권 38,〈寓居合江樓〉.

13)《續集》권 7,〈答徐得之書〉.

14)《續集》권 11,〈答陳季常書〉.“到惠將半年, 風土食物不惡, 吏民相待甚厚. 孔子云‘雖蠻貊之邦行矣’, 豈欺我哉.……欲季常安心家居, 勿輕出入. 老劣不煩過慮…… 亦莫遣人來, 彼此鬚髯如戟, 莫作兒女態也…… 長子邁作吏, 頗有父風. 二子作詩騷殊勝, 咄咄皆有跨竈之興. 想季常讀此, 捧腹絶倒也. 今日遊白水佛跡山, 山上布水三十仞. 雷輥電散, 未易名狀, 大略如項羽破章邯時也. 自山中歸來, 燈下裁答, 信筆而書, 紙盡乃已.”

15) 卓挈順의 일은《宋人軼事彙編》권 12에 인용한《錢氏私志》에 의거함.

16)《續集》권 11,〈答陸道士書〉.

17)《外集》권 61 및《三蘇全集本》권 57,〈與子由書〉.“惠州市肆寥落, 日殺一羊. 不敢與在官者爭買. 時囑屠者, 買其脊骨. 骨間亦有微肉, 熟煮熱酒漉, 隨意用酒, 薄點鹽. 炙微焦, 食之, 終日摘剔, 得微肉於牙綮間如蟹螯逸味. 率三五日一食, 甚覺有補. 子由三年堂庖所食, 芻豢滅齒而不得骨, 豈復知此味乎. 此雖戲語, 極可施用. 惟用此法, 則衆狗不悅耳.”

18)〈桂酒頌〉.

19)《後集》권 9,〈書東皐子傳後〉.“予飮酒終日, 不過五合. 天下之不能飮, 無在予下者. 然喜人飮酒. 見客舉杯徐引, 則予胸中爲之浩浩焉, 落落焉, 酣適之味乃過於客. 閑居未嘗一日無客, 客至未嘗不置酒. 天下之好飮亦無在予上者. 常以謂人之至樂, 莫若身無病而心無憂, 我則無是二者矣. 然人之有是者接於予前, 則予安得全其樂乎. 故所至常蓄善藥, 有求者則與之. 而尤喜釀酒以飮客. 或日

562

'子無病而多蓄藥, 不飮而多釀酒, 勞己以爲人, 何也.' 予笑曰, '病者得藥, 吾爲之體輕. 飮者困於酒, 吾爲之醅適. 蓋專以自爲也.' 東皐子待詔門下省, 日給酒三升. 其弟靜問曰 '待詔樂乎' 曰 '待詔何所樂, 但美醞三升殊可戀耳.' 今嶺南法不禁酒, 予旣得自釀, 月用米一斛得酒六斗. 而南雄·廣·惠·循·梅五太守, 間復以酒遺予. 略計其所獲, 殆過於東皐子矣. 然東皐子自謂五斗先生, 則日給三升, 救口不暇, 安能及客乎. 若予者乃日有二升五合, 入野人道士腹中矣. 東皐子與仲長子光游, 好養性服食, 預刻死日, 自爲墓誌. 予蓋友其人於千載, 或庶幾焉."

20) 《文集事略》권 2, 〈濁醪有妙理賦〉. "酒勿嫌濁, 人當取醇. 失憂心於臥夢, 信妙理之凝神…… 伊人之生, 以酒爲命. 常因旣醉之適, 方識此心之正. 稻米無知, 豈解窮理. 麴糵有毒, 安能發性. 乃知神物之自然, 蓋與天工而相並. 得時行道, 我則師齊相之飮醇. 遠害全身, 我則學徐公之中聖. 湛若秋露, 穆如春風, 疑宿雲之解駁, 漏朝日之暾紅. 初體粟之失去, 旋眼花之掃空…… 兀爾坐忘, 浩然天縱. 如如不動, 而體無礙, 了了常知, 而心不用. 座中客滿, 惟憂百榼之空. 身後名輕, 但覺一盃之重. 今夫明月之珠, 不可以糯, 夜光之璧, 不可以餔. 芻豢飽我而不我覺, 布帛煖我而不我娛. 惟此君獨游萬物之表, 蓋天下不可一日而無. 在醉常醒, 孰是狂人之藥. 得意忘味, 始知至道之腴."

21) 《外集》권 61 및 《合註》권 39, 〈眞一酒〉詩의 馮註에 인용한 〈寄建安徐得之書〉.

22) 이상 《避暑錄話》卷上.

23) 《續集》권 7, 〈與胡郎仁修書〉.

24) 《東坡題跋》권 3, 〈題憩寂圖詩〉.

25) 《三蘇全集本》권 51, 〈與程正輔書〉.

26) 《續集》권 7, 〈與外甥柳閎書〉.

27) 《後集》권 16, 〈祭亡妹德化縣君文〉. "一秀不實, 何辜於神, 謂當百年, 觀此騰振. 云何俯仰, 一噸再呻. 救藥靡及, 奄爲空雲. 萬里海涯, 百日計聞. 拊棺何在, 夢淚濡茵, 長號北風, 寓此一樽."

28) 〈外曾祖程公遺事〉.

29) 이상 주로 《總案》권 39; 《邵氏聞見後錄》권 20.

30) 이상 《總案》권 39·40; 《梁谿漫志》권 4 등.

31) 이상 《後集》권 16, 〈惠州祭枯骨文〉.

32) 《總案》권 39.

33)《合註》권 38,〈秧馬歌〉;《東坡題跋》권 3,〈題秧馬歌後〉;《總案》권 39.

34) 이상《總案》권 40·41.

제26장 조운(朝雲)과의 로맨스

1)《總案》권 40.

2)《淮海長短句》,〈南歌子〉詞.

3)〈觀衆生品〉第七.

4)《合註》권 38,〈朝雲詩〉.

5) 東坡詞〈殢人嬌〉;《冷齋夜話》권 1 ;《耆舊續聞》권 2.

6)《續集》권 10,〈思無邪齋贊〉.

7)《續集》권 11,〈答陸道士書〉.

8)《續集》권 4,〈與廣西憲曹司勳書〉.

9)《三蘇全集本》권 49,〈與張文潛書〉.

10)《後集》권 9,〈藥誦〉;《總案》권 39에 인용한〈與程正輔書〉.

11)《總案》권 39;《蘇沈良方拾遺》卷下,〈寄子由, 藏丹砂法〉.

12)《合註》권 40,〈和陶讀山海經〉詩 第10首의 일부.

13)《續集》권 7,〈與程正輔提刑書〉.

14)《續集》권 11,〈答孫志康書〉.

15)《三蘇全集本》권 55,〈與曹子方書〉.

16)《三蘇全集本》권 49,〈與王定國〉.

17) 이상 주로《總案》권 40.

18) 이상《外集》권 27 ;《三蘇全集本》권 61의 白鶴峯上〈上梁文〉.

19) 이상《總案》권 40.

20)《東坡題跋》권 6,〈題樓禪院〉.

21)《合註》권 38,〈十一月二十六日, 松風亭下梅花盛開〉詩.

22) 東坡詞〈西江月〉;《冷齋夜話》권 1.

23) 이상 주로《總案》권 40.

24)《艇齋詩話》.

제27장　해외로 귀양

1) 《老學庵筆記》권 4;《鶴林玉露》(16卷本) 권 5.

2) 《老學庵筆記》권 1;《淸暑筆記》.

3) 《總案》권 41;《獨醒雜志》권 4.

4) 《續集》권 4,〈與王敏仲書〉."某垂老投荒, 無復生還之望. 昨與長子邁訣, 已
處置後事矣. 今到海南, 首當作棺, 次便作墓. 仍留手䟽與諸子, 死卽葬於海
外 …… 生不挈棺, 死不扶柩, 此亦東破之家風也."

5) 《後集》권 15,〈伏波將軍廟碑〉.

6) 《東坡題跋》권 6,〈書海南風土〉."嶺南天氣卑濕, 地氣蒸溽, 而海南爲甚. 夏
秋之交, 物無不腐壞者. 人非金石, 其何能久? 然儋耳頗有老人年百餘歲者, 往
往而是八九十者不論也. 乃知壽夭無定, 習而安之, 則冰蠶火鼠皆可以生. 吾甚
湛然無思, 寓此覺於物表. 使折膠之寒無所施其冽, 流金之暑無所措之毒, 百餘
歲豈足道哉. 彼愚老人者初不知此. 如蠶鼠生於其中兀然受之而已. 一呼之溫一
吸之涼, 相續無間斷, 雖長生可也. 莊子曰, '天之穿之日夜無隙人則顧塞其
竇, 豈不然哉.'"

7) 《後集》권 9,〈書柳子厚牛賦後〉."嶺外俗皆恬殺牛, 而海南爲甚. 客自高化載
牛渡海, 百尾一舟. 遇風不順, 渴飢相倚, 以死者無數, 牛登舟皆哀鳴出涕. 旣至
海南, 耕者與屠者常相半. 病不飮藥, 但殺牛以禱, 富者至殺十數牛. 死者不復
云, 幸而不死, 卽歸德於巫. 以巫爲醫, 以牛爲藥. 間有飮藥者, 巫輒云神怒, 病
不可復治. 親戚皆爲却藥禁醫, 不得入門, 人牛皆死而後已. 地產沉水香, 香必
以牛易之黎. 黎人得牛皆以祭鬼, 無脫者, 中國人以沉水香供佛燎帝求福, 此皆
燒牛肉也, 何福之能得."

8) 이상《斜川集》권 5,〈論海南黎事書〉.

9) 《續集》권 7,〈答程天侔書〉.

10) 위와 같음.

11) 《曲洧舊聞》권 5;《合註》권 41,〈行瓊儋間肩輿坐睡. 夢中得句云 : 千山動
鱗甲, 萬谷酣笙鐘覺而遇淸風急雨, 戲作此數句〉詩에 인용한 査註 참고;《東
坡逸事》."吾始至南海, 環視天水無際, 悽然傷之曰 '何時得出此島耶.' 已而思
之, 天地在積水中, 九洲在大瀛海中, 中國在少海中. 有生孰不在島者. 覆盆水
於地, 芥浮於水, 蟻附於芥. 芒然不知所濟. 少焉水涸, 蟻卽徑去, 見其類出涕曰
'幾不復與子相見.' 豈知俯仰之間, 有方軌八達之路乎. 念此可爲一笑."

12) 《續集》권 7, 〈答參寥書〉.

13) 《東坡題跋》권 6, 〈書上元夜游〉; 《志林》권 1, 〈儋耳夜書〉; 《外集》권 55. "己卯 上元, 余在儋耳, 有老書生數人來, 過曰: '良月佳夜, 先生能一出乎?' 予欣然從之, 步城西, 入僧舍, 歷小巷, 民夷雜揉, 屠酤紛然, 歸舍已三鼓矣. 舍中掩關熟寢, 已再鼾矣. 放杖而笑, 孰爲得失. 過問, '先生何笑?' 蓋自笑也, 然亦笑韓退之釣魚, 無得更欲遠去. 不知走海者未必得大魚也.'"

14) 《避暑錄話》卷上.

15) 梁燾와 劉摯임.

16) 《總案》권 41·42; 《邵氏聞見後錄》권 22.

17) 《總案》권 42.

18) 《續集》권 7, 〈答程全父推官書〉. "初至僦官屋數椽, 近復遭迫逐. 不免買地結茅, 僅免露處. 而囊爲一空. 困厄之中, 何所不有. 置之不足道, 聊爲一笑而已."

19) 《外集》권 58; 《侯鯖錄》권 8; 《仇池筆記》; 《苕溪漁隱叢話前集》권 39.

20) 《續集》권 7, 〈與元老姪孫書〉.

21) 《總案》권 42; 《蘇沈良方拾遺》권 1, 〈蒼耳說〉.

22) 《志林》권 1, 〈辟穀說〉.

23) 《侯鯖錄》권 7.

24) 《梁谿漫志》권 4, 〈東坡戴笠〉.

25) 《志林》권 2, 〈李氏子再生說冥間事〉. "予在儋耳, 聞城西民李氏處子病卒兩日復生. 予與進士何旻往見其父, 問死生狀. 云, 初昏, 若有人引去, 至官府幕下. 有言 '此誤追'. 庭下一吏云 '此無罪當放還'. 見獄在地窟中, 隧而出入, 繫者皆儋人, 僧居十六七. 有一嫗身皆黃毛如驢馬, 械而坐. 處子識之, 蓋儋僧之室也. 曰 '吾坐用檀越錢物, 已三易毛矣.' 又一僧亦處子鄰里, 死二年矣. 其家方大祥, 有人持盤飱及錢數千云 '付某僧'. 僧得錢分數百遺門者, 乃持飯入門去, 繫者皆爭取其飯, 僧飯, 所食無幾. 又一僧至, 見者擎跪作禮. 僧曰 '此女可差人送還.' 送者以手擘牆壁使過, 復見一河, 有舟, 使登之. 送者以手推舟. 舟躍處子驚而寤. 是僧豈所謂地藏菩薩者耶, 書之以爲世戒."

26) 이상 《揮麈三錄》.

27) 이상 《避暑錄話》卷上; 《春渚紀聞》권 8; 《東坡題跋》권 5, 〈書潘衡墨〉·〈書海南墨〉·〈記海南作墨〉.

28) 《外集》권 60; 《東坡養生集》권 2; 《蘇沈良方拾遺》卷上 참조.

29) 《欒城後集》권 21, 〈子瞻和陶淵明詩集序〉.

제28장 최 후

1) 이상 주로 《總案》 권 43 · 44.

2) 《冷齋夜話》 권 7.

3) 이상 《春渚紀聞》 권 6 ; 《總案》 권 45.

4) 이상 《總案》 권 45.

5) 《續集》 권 7, 〈與子由書〉.

6) 《續集》 권 7, 〈與米元章書〉.

7) 《後集》 권 15.

8) "我厄於南, 天降罪疾. 方之古人, 百死有溢. 天不我亡, 亡其朋戚. 如柳氏妹, 夫婦連璧. 云何兩逝, 不慭遺一. 我歸自南, 宿草再易. 哭墮其目, 泉壤咫尺. 閔也有立, 氣貫金石. 我窮且老, 似舅何益……."

9) 《邵氏聞見後錄》 권 15.

10) 이상 《總案》 권 45.

11) "某與丞相定交四十餘年, 雖中間出處稍異, 交情固無所增損也. 聞其高年寄跡海隅, 此懷可知. 但已往者更說何益, 惟論其未然者而已. 主上至仁至信, …… 建中靖國之意可恃以安. 所云穆卜反覆究繹, 必是誤聽. 紛紛見及已多矣, 得安此行爲幸. 見今病狀, 死生未可必. 自半月來食米不半合, 見食却飽. 今且連歸毘陵, 聊自憇我里. 庶幾且少休, 不卽死. 書至此困憊放筆太息而已. 建中靖國元年(1101年)六月十四日."

12) 이 단락은 《邵氏聞見後錄》 권 20.

13) 이상 《總案》 권 45.

14) 《春渚紀聞》 권 6, 〈坡仙之終〉.

15) 《續集》 권 7, 〈與徑山長老維琳書〉. 이상 사망하기까지의 經過는 《總案》 권 45에 자세히 기록되어 있음.

16) 《論語》 述而篇 제14장.

17) 《後集》 권 15, 〈潮州韓文公廟碑〉. "浩然之氣……不依形而立, 不恃力而行, 不待生而存, 不隨生而亡者矣. 故在天爲星辰, 在地爲河嶽, 幽則爲鬼神, 而明則復爲人. 此理之常, 無足怪者."

부 록

역자 해설

소동파 연보

소동파 관계 문헌목록 및 자료출처

역자 해설

임어당의 저작으로는 《생활의 발견》이 우리에게 잘 알려져 있다. 이 책은 지난 몇 십 년 동안 여러 역자들에 의해 거듭 번역되어 왔기 때문에 이 책을 모르는 이가 거의 없을 정도로 우리에게 친숙하다. 그러나 이러한 유명도에 비해, 정작 임어당의 문학세계가 어떠한지, 또 그 밖에 어떤 저작들을 남기고 있는지에 대해 알고 있는 사람은 그리 많지 않은 듯하다. 또 현대작가라 하면 노신(魯迅)이나 노사(老舍) 등을 꼽을 뿐, 이들과 같은 시대를 살며 저작활동을 해 온 임어당의 문학관에 대한 연구는 별로 되어 있지 않은 것 같다. 여기에는 여러 가지 원인들이 없지 않겠으나, 이러한 기회에 임어당의 저작과 그의 작품세계에 관해 간략하게나마 일별해 보는 것도 꽤 의의가 있을 듯하다. 아울러 임어당이 소동파의 평전(評傳)이라 할 수 있는 이 책을 저작할 즈음의 동기나 주요 관점 등을 그의 서문에서 자세히 밝히고 있기는 하나, 여기서 이에 덧붙여 저작 당시 임어당의 사상적 배경과, 또 임어당이라는 작가를 통해 소동파가 어떻게 투영 묘사되고 있는지에 대해서 생각해 보고자 한다.

1. 임어당의 생평과 저작활동

임어당은 1895년 복건(福建) 장주(漳州)지방 벽촌에서 할아버지대부터 이어온 가난한 기독교 목사 집안의 아들로 태어났다. 열 살에 소학을 마친 후, 하문(厦門)의 기독교 계통 심원서원(尋源書院)에서 중등교육을 받고, 상해(上海)로 나가 1911년 당시 영문과로는 가장 유명했던 세인트

존스대학에 입학했다. 그의 어릴 때 이름은 화락(和樂)이었는데, 중학에
들어가면서 13세 때 옥림(玉霖)으로 개명했고, 대학 때 다시 옥당(玉堂)
으로 바꾸었다. '옥'(玉)과 '어'(語)의 중국어 발음이 같으므로 후에 그는
어당(語堂)이란 필명을 사용했다. 대학을 졸업한 후에는 북경의 청화대
학(淸華大學)에서 3년간 영어를 가르치다가 1919년 미국으로 건너가 하
버드대학에서 1년간 수학하고, 다시 독일로 건너가 예나(Jena)와 라이프
치히(Leipzig) 두 대학에서 수학하다가, 결국 라이프치히대학에서 언어
학으로 박사학위를 취득하였다. 1923년 귀국하여 북경대학의 영어학 교
수로 취임하여, 여기서 그는 노신 등의 지식인들과 접해 사귀게 되었다.
당시 북경대 교수들은 두 파로 나누어져 있었다. 하나는 《현대평론》(現
代評論)을 대표하는 호적(胡適) 등의 무리였고, 다른 하나는 노신과 그의
아우 주작인(周作人)이 이끄는 《어사》(語絲)류의 무리였다. 임어당은 후
자에 가담하여 정치평론과 에세이 등을 발표, 급진적 과격파 교수의 하
나로 여겨졌다. 그러다가 1926년 군벌정부에 의한 진보파 교수들에 대
한 탄압사건이 일어나자, 북경을 벗어나 남하하여 복건 하문대학 대학
원 원장으로 취임하였다. 이때 노신, 고힐강(顧頡剛), 심겸사(沈兼士) 등
도 동행하여 이 대학에 새로운 바람을 불러일으켰다. 그러나 이곳의 부
패한 공기를 더 참을 수 없어 1년 만에 그만두고 상해로 가, 개명서국(開
明書局)에서 초중(初中) 영문독본 등을 편찬하기도 했다. 1927년 무한(武
漢) 정부에 가담하여 외교부장 진우인(陳友仁)의 비서로 일하면서 펴낸
영문잡지 《The China Critic》(中國評論週報)을 통해 계속 논진을 펴나갔
다. 이로부터 1932년까지 그는 사상적으로 상당히 급진적이었으며, 반
봉건투쟁의 투사였다고 할 수 있다. 그러나 얼마 후 임어당은 자신이 결
코 정치적인 인물이 못됨을 깨닫고 정계를 떠나, 채원배(蔡元培)의 요청
에 따라 중앙연구원 국제출판물 교환처 처장을 지내며 문필활동에만 전
념하였다. 당시 일이 비교적 적어 한가한 편이었으므로, 그는 두 권의
중국어 잡지를 창간하였다. 1932년부터 1936년 사이 문인취향적이며 유
머를 주창하는 순간(旬刊) 《논어》(論語)와 소품문(小品文)을 제창한 반월

간 《인간세》(人間世) 그리고 《우주풍》(宇宙風) 등이 그것이었는데, 그 자신도 이 잡지들을 통해 왕성한 저작활동을 전개, 유머 문학을 높이 제창하여 '유머 대사'란 칭호를 듣기까지 하였다. 유머나 소품문을 제창한 이런 잡지들은 혁명이 좌절된 뒤 혼미하고 침체한 시기에 하나의 청량제로서 지식인들의 각광을 받아 마침내 전국적으로 크게 유행하여, 그의 문명(文名)은 일시에 널리 알려졌다. 1935년에는 비교문명론적인 관점에서 중국과 중국 사람의 성격 등을 종합적으로 해석 비평한 《내 나라 내 민족》(My Country and my People)을 미국에서 출판, 큰 호평을 받아 그의 명성은 급기야 세계적인 것이 되었다. 그 명성에 힘입어 1936년 그는 혼미한 고국을 뒤로 하고 미국으로 이주하여, 1937년에 《생활의 발견》(The Importance of Living) 또 1938년에 《북경의 추억》(A Moment in Peking) 등을 출판하여 그의 명성은 확고부동해졌다. 《북경의 추억》은 의화단사건 이후 40여 년에 걸친 중국 동란기 중에, 북경 어느 상류가정의 아름다운 두 자매의 운명을 멜로드라마풍으로 묘사한 대하소설로서 일본군 침략이라는 국난(國難)을 배경으로 하고 있다. 1941년에는 《북경의 추억》의 자매편이라 할 수 있는 《폭풍 속의 나뭇잎》(A Leaf in the Storm)을 출판하여 전에 기술하지 못했던 항전(抗戰)의식을 더욱 강하게 드러내고 있다. 1939년에는 《신중국의 탄생》(The Birth of New China)을, 1934년엔 《눈물과 웃음 사이》(Between Tears and Laughter)를 출판하여 일본의 군국주의에 저항, 중국의 입장을 세계적으로 알려 원조를 호소하였다. 그러다가 중일전쟁(中日戰爭)에서 연합국의 승리가 거의 확실시된 1944년에는 《The Vigil of A Nation》(枕戈待旦)을 출판, 그의 입장은 반제국주의적 자유주의자에서 반공적 자유주의자로 일전(一轉)하였다. 이 책은 그가 1943년에 일시 귀국하여 중국대륙을 두루 여행하며 살펴본 여행기로서 작품 자체는 대단치 않으나, 그의 입장을 살펴보는 데 중요한 작품이다. 그후 1958년에 《익명》(The Secret Name)을 써서 공산주의를 비판하기까지 그의 이러한 반공적 입장은 변함없이 계속되고 있다. 1947년에 이 책 《쾌활한 천재》(The Gay Genius)를 출판하였

고, 또 같은 해에 유네스코 예술부장이 되어 3년간 파리에서 살았다. 그
리고 1949년에는 소설 《중국인 거리》(*Chinatown Family*)와 《노자의 지
혜》(*Wisdom of Laotse*)를, 1950년엔 《미국의 지혜》(*On the Wisdom of
America*)를 썼다. 파리에서 돌아온 후로도 쭉 미국에 거주하면서 영문
으로 저작활동을 계속하여, 1952년에는 소설 《주홍문》(*Vermilion Gate*)
을 출판했다. 1954년엔 싱가포르 남양대학(南洋大學)의 총장으로 초빙되
어 일시 취임하기도 하였다. 그가 총장으로 초빙된 주요인을 들자면 당
시 싱가포르에는 민남(閩南) 화교가 가장 많았는데, 그가 민남 장주 사
람이라는 점, 또 정치적으로 공산당원도 국민당원도 아니므로 '인화'(人
和)에 적합한 인물로 여겨졌기 때문이라고 한다. 그후 1966년 그가 70세
에 대만으로 돌아오기 전까지 그는 미국에서 계속해서 소설 《*The
Looking Beyond*》(奇島), 그리고 《*The Chinese Way of Life*》(中國的生
活), 《*From Pagon to Christian*》(皈依耶教), 중문(中文) 소품을 영역한
《*The Importance of Understanding*》과 소설 《*The Red Peony*》(紅牡丹),
또 《*Imperial Peking*》(輝煌北京), 남미(南美)에서의 강연 및 소품을 실은
《*Pleasure of nonconformist*》, 소설 《*Juniper Loa*》(賴伯英), 그리고
《*The Flight of The Innocents*》(逃向自由城), 《*Lady Wu*》(武則天傳), 《*The
Chinese Theory of Art*》(中國畫論) 등 이 밖에도 다수의 소설과 논저, 평
전 등 다방면의 저작들을 출판하였다. 《당대한영사전》(當代漢英詞典)은
그의 가장 만년에 저술한 일대 노작이다. 대만에 이주해 온 후 그는 대
북(臺北)에 있는 양명산(陽明山)에 거처를 꾸미고, 딸이 사는 홍콩 사이
를 오가며 지내다 1976년 3월 81세의 나이로 결국 사망하였다.

이상에서 보듯이 그는 낙후된 중국에 서양문물이 쏟아져 들어오는 격
동기에 살았던 지식인으로서, 가치관의 혼란과 뒤떨어진 조국을 구제해
야 한다는 과제를 짊어진 세대였다. 동서문화를 잘 조화시키지 못하는
데에서 오는 갈등과 모순은 오늘을 사는 우리들에게도 여전히 문제시되
는 일이지만, 임어당에게는 그의 특수한 환경과 처지로 인해 이런 문제
에 늘 직면하지 않을 수 없었던 것 같다. 임어당은 자신의 두뇌가 서양

적인 것이라면, 그의 영혼은 중국적이라고 자전(自傳)에서 말하고 있는데, 어떤 친구는 그에 대해 비꼬아 말하길, 그의 최대의 장점은 외국인에게는 중국의 문화에 대해 잘 설명할 줄 알고, 중국인에게는 서양의 문화를 잘 소개한다는 점이라고 하였다. 이는 어떤 면에서 그의 특질을 아주 잘 꼬집어 이야기해 준 점이 아닌가 생각된다. 그 자신도 이 점을 시인하였다. 그는 서양과 동양 두 세계 사이를 배회하며, 두 문화의 좋은 점들을 찾아 조화시켜 보려고 애썼다. 마치 중국식 전통의복에다 서양 모자나 구두를 신듯이 때로는 부조화와 자기모순에 빠지기도 했으나, 결국 그는 이런 갈등을 조화 융합시키려는 의지에서, "두 다리로 동서문화를 밟고, 일심으로 우주의 문장을 평한다"(兩脚踏東西文化, 一心評宇宙文章)란 경구를 자기의 신조로 삼기도 했다.

요즈음 우리가 중국의 현대문학가라 하면 노신이나 노사 등의 인물을 꼽으면서 임어당은 등한시하는 것을, 어떤 이들은 그 요인으로 다음과 같은 점들을 지적하고 있다. 그가 중국을 떠나 오랫동안 외국에 살아 중국대륙으로부터 반동파의 낙인이 찍힌 정치적 사상적 원인과, 저서의 대부분이 영문으로 되어 있으며, 또 그 자신이 '코스모폴리탄'으로서 살았기 때문에 거의 국적이 없는 문학가로 여겨진 점, 또 위에서 보듯이 그가 너무나 여러 방면에 걸쳐 일을 하고 저술하였으므로 오히려 업적이 분산된 점 등을 들고 있다. 그러나 이는 그의 한 단면만을 본 다소 일방적인 견해로, 우리는 그의 폭넓은 분야에 걸친 방대한 문학적 예술적 업적과 그의 문학세계에 대한 구체적인 연구를 통해 그를 좀더 객관적으로 공평하게 평가해 보아야 하리라 생각된다.

그의 문학적 변모과정과 문학관을 살펴볼 것 같으면, 그는 〈자전〉에서 이르길, 초기에는 속마음을 있는 그대로 숨김없이 쏟아놓는 식의, 강개 격앙(慷慨激昻)된 어조로 공개적으로 항의하곤 하여서 무슨 문학적 기교라고 할 만한 것도 없었다고 한다. 그러나 머지않아 이런 식의 저작이 예술이 될 수 없으리란 자각과 함께, 또 당시 사회적 상황이 좀더 함축적인 표현을 통해 명철보신도 꾀하여야 한다는 필요하에 자연히 풍자문

학의 경향을 띠게 되었다. 마치 줄을 타고 곡예하는 듯한 숨가쁜 시국의
분위기는 너무나 비참하였는데, 이런 상황에서 지식인들이 지상(紙上)을
통하여 토로하는 구국(救國)의 이야기들이 결국 식자들끼리만 주고받는
탁상공론에 불과하고, 인간의 실제 삶과는 너무도 동떨어진 위선적인
것들임을 그는 혐오하였다. 이에 그는 유머와 풍자의 문학을 제창하기
에 이르렀는데, 그의 유머는 눈물과 웃음이 뒤얽힌 양태였다. 그는《인
간세》(人間世)와 같은 잡지를 주관하면서 소품문(小品文)을 주창하여 명
청대(明淸代)의 소품작가들을 발굴하였다. 후에 1952년 미국에서《천풍》
(天風)이란 중문잡지를 창간해서도, 소품문을 주창하는 그의 문학적 신
조에는 변함이 없었다. 이러한 그의 유머나 소품문학관에 대한 비판 또
한 적지않았다. 이에 대해, 그는 당시 간우문(簡又文)에게 보낸 서신에서
이렇게 이야기하고 있다.

    중국인은 고래로 자기 자신만 진취적이며 발전적이고 다른 사람들은
    뒤떨어졌고, 자기만은 애국자이나 다른 이들은 모두 쓸모없는 인간이라
    고 믿어, 이 나라 역시 자기가 아니면 구할 사람이 없다고 믿는다. 정치
    가이건 문인이건 모두 이런 식이다. 어찌해서 자신의 재량을 알지 못하
    는 것일까? 그래서 유머를 이야기할 것 같으면, 어떤 이들은 이것은 하
    찮은 웃음거리에 불과한 것으로 치부해버리고, 또 소품문을 논하기라도
    할 것 같으면, 이는 고문(古文)으로 쓴 잡기(雜記)에 불과하다고 무시해
    버린다. 또 적어도 명말(明末) 사람들은 모방문학을 반대했었노라고 반
    박하면, 이런 것이 바로 명인(明人)을 모방하는 행위가 아니냐고 억지
    를 쓴다. 이런 유의 고명하신 비평가들은 수필과 같은 잡기류에서도 새
    로운 문학양식을 이끌어낼 수 있고, 소품문의 범위와 용도를 확대 발전
    시킬 수 있다는 것을 생각지 못한다. 또 한낱 식후의 한담에 불과한 듯
    이 보이는 유머도 그 가운데 예지가 번득이고, 이를 통해서 사상을 진작
    시킬 수 있음을 꿈조차 꾸지 못한다.……

그의 〈유머에 관하여〉(論幽默)란 글에 보면, 유머는 광의와 협의로 나
누어 볼 수 있는데 광의의 유머란 서양에서 흔히 이야기하듯 사람으로

하여금 웃게 만드는 모든 것들이 이에 속한다고 하고, 협의의 유머란 '위트', '기지', '야유' 등으로 구분해 볼 수 있다고 하였다. 이 가운데서 가장 고급의 유머는 사람의 마음을 밝고 지혜롭게 해주는 것이라고 보았다. 그러므로 여기서 그가 말하는 유머란 과거 장자(莊子)나 도연명(陶淵明)과 같은 이들의 문장이나 시에서 볼 수 있는 따뜻한 연민의 정을 갖고 인간의 어리석음을 바라보며 이를 자조하는 풍자나 기지에 가까우면서도, 아프게 찌르지 않는 심원한 초탈의 경지를 가리킨다. 이러한 유머는 읽는 이로 하여금 미소를 머금고 자각하도록 해 준다는 것이다. 그는 유머란 결국 하나의 인생관으로서, 인생에 대한 일종의 비평이라고 보았다.

또 소품문을 그는 서양에서 말하는 familiar essay에 가까운 문체로 보았다. 그래서 마치 친구와 마주앉아 이야기를 나누는 듯한 친밀감을 느끼게 해 주는, 즉 저자와의 거리감을 전혀 느끼지 않게 하는 산문의 일종으로 정의하고 있다. 그러므로 위에서 이야기했듯이, 과거 중국의 선조들이 나열하는 식으로 쓴 차경(茶經)이나 주보(酒譜)와는 다르고, 또 필기소설(筆記小說)류와도 좀 다른, 즉 이런 것들의 제약범위로부터 확대 발전시킨 것으로 보았다. 그래서 그가 말하는 소품문에는 논설이나 서정적인 글에서부터 인물묘사, 시사평론에 이르기까지 다양한 내용을 두루 포괄할 수 있는 필체상 해방의 의미도 내포하고 있다. 이상에서 보듯이 그는 형이상학적인 논리를 다루거나, 인간의 고뇌와 내면심리를 심각하게 파헤치는 종류의 작가는 아니었고, 그 나름의 독특한 방식으로 그의 개성과 풍격을 나타내고자 했다.

사상면에서 볼 때 임어당은 현실적인 상식을 사랑하는 사람으로, 자연과 어울려 살아가는 인간의 조화와 자유가 충만된 삶의 방식을 말하는 생활철학자로서, '유한'(悠閒)과 '한적'(閒適)의 생활을 예찬하였다. 그는 과거 중국 문인들의 가장 정통적인 생활방식인 노장적(老莊的) 한적생활을 가지고, 여기에 근대정신이란 새로운 시각을 덧붙이고 있다.

당시 중국 일각에서는 조국이 이처럼 혼란한 때에 '한적'이니 '유한' 따위를 논함은 당치도 않다는 좌익진영 문인들의 강력한 비판도 있었다. 그러나 그들은 그가 말하는 '한적'에 대해 근본적으로 잘못 이해하고 있었다. 이에 대해 임어당은 다음과 같이 이야기하고 있다.

> 중국의 청년프롤레타리아 작가는 소동파와 도연명 또 그 밖에 그들이 싫어하는 유한계급에 속한 시인들을 두고 논란을 일삼는데, 문학사상 아마도 이처럼 지독한 오해는 없었을 것이다. 생각해 보라! '강 위의 맑은 바람, 산간의 명월(明月)'을 노래한 소동파나, '저녁 이슬이 나의 옷을 적신다', '닭이 뽕나무 위에서 운다'라고 읊은 도연명을 두고 프롤레타리아적이 아니라고 말하고 있는 것이다. 마치 강 위의 맑은 바람이나 산간의 명월, 그리고 뽕나무 위의 닭이 자본가계급의 독점물인 양! 이러한 위대한 시인들은 농부의 생활에 대해 단지 입으로만 말하는 정도를 넘어서서, 그들 자신이 가난한 농부의 생활을 직접 하면서, 그 가운데에서 평화와 조화를 찾아냈다.(《생활의 발견》제7장)

> 한적생활을 즐기는 데에 돈 따위는 정말로 필요치 않다. 참다운 즐거움은 부유계급의 것이 아니다. 그것은 다만 부귀를 가장 냉소하는 사람들만이 찾아낼 수 있는 즐거움인 것이다.(《생활의 발견》제7장)

당시의 극도로 혼란하고 위태한 상황에서 뿐만 아니라, 오늘날과 같이 자연이 심하게 파괴되고 자연과 인간 간의 괴리가 극심한 현대에도, 자연을 기반으로 한 임어당의 이러한 사상을 단지 고풍적 노스탤지어에 불과하다고 치부해버릴 수는 없을 것 같다.

2. 임어당과 소동파

임어당은 주로 서양교육을 받으며 성장하여 일찍부터 서양문물에 접했고, 다른 현대의 중국 작가와는 달리 중국 고전에 대한 관심이 늦게 싹텄다. 그런 그였음에도 불구하고 세인트 존스대학에 입학할 즈음에는 소동파의 문학에 대해 진정한 흥미를 느끼고 있었다고 〈자전〉에서 말하고 있다. 그가 〈자전〉에서 기술하고 있는 독서습관에 관한 이야기를 보면, 자신은 저자가 유명작가라 해서 읽어야 한다는 의무감으로 독서하는 일은 절대로 없었지만, 저자의 사상이 자신의 것과 근접할 경우엔 정독하고 또 정독하여 그 저작을 소화 흡수해서 자기 내면의 것으로 깊숙이 받아들인다고 한다. 독서는 강요해도 소용이 없는 것으로, 사람마다 자신과 비슷한 영혼을 만나고 나서야 그 저작이 비로소 읽는 이의 사상이나 생활에 지대한 영향을 끼칠 수 있다고 이야기하고 있다. 바로 그에게는 소동파가 영혼의 지기(知己)로서 지대한 영향을 끼친 인물이라 할 수 있다. 소동파와 임어당이 본질적으로나 기질적인 면에서 공통되는 점이 많았기 때문인지 여하튼 임어당은 소동파에 깊은 애정을 느껴 미국으로 이주해 가면서도 소동파의 저작물들을 가지고 갔다. 그리하여 3년여 동안 소동파에 관한 관계 자료들을 두루 섭렵하고 1947년에 이 책을 출간하기에 이른다.

특히 그가 당시 소동파 평전을 쓰게 된 사상적 배경을 유의해 볼 필요가 있겠다. 이 책을 출간하기 전에 저술한 책은 《*The Vigil of A Nation*》으로, 이 책을 출간한 후로는 앞에서도 잠깐 언급했듯이 반공적 자유주의자로서의 그의 확고한 신조를 표명하고 있어, 대륙으로부터 '반동적'이란 말을 듣게 된다. 1944년 이 책을 완성하고 난 후, 소동파 평전에 몰입했던 것으로 보아 알 수 있듯이, 이 책에는 당시 그의 정치적 자세가 상당히 농후하게 반영되고 있다. 예를 들어 왕안석의 정책을 맹렬히 비난하고 있는 점은 왕안석의 신법(新法)정권을 공산주의에 빗대어 공격하고 있는 것이 아닐까 생각되어질 정도이다. 중화민국(1912년에 중화민국을 건립함) 이후 중국에서는 왕안석의 신법은 인민을 위해 행해진 것이고, 소동파 등은 유한계급의 문인에 불과하다고 보는 견해가 지배적이었기 때문이다. 이에 대하여 임어당은 정면으로 반대하여 소동파야말로 왕안석보다는 훨씬 인민에 가까웠으며, 그들의 편이었다는 견지에서, 그것을 증명해 보이는 일을 본서 집필동기의 하나로 삼고 있는 것으로 보여진다. 이 때문에 종래에는 별로 중시되지 않았던 기근 구제, 토목사업, 병원 건립 등 소동파의 치적에 관한 자료들을 수없이 인용하고 있다. 과거 소동파는 중국 최대 문호의 한 사람으로서 이백(李白)이나 두보(杜甫)에 버금가는 명성을 누려왔는데, 민국 이후 과거 문인들에 대한 평가저락 현상이 일어나자, 그 대표적 인물의 한 사람인 소동파에 대한 평가가 일방적으로 깎여버렸다. 임어당은 이처럼 대륙에서 소동파에 대한 비판이나 왕안석 옹호론이 팽배해 있다는 것을 잘 알면서 감히 이에 대항하여 소동파에 대한 평전을 씀으로써, 민국 이후에 소동파를 드러내 발양시킨 유일한 저명 문학가였다.

대체로 전기작품이라고 하는 것은 아무리 객관적으로 쓰려고 해도, 작가의 사상과 성격, 주의, 주장 등이 저절로 표현되기 쉽다. 더욱이 이 책은 임어당이 소동파에 깊이 심취하여 저술한 것이므로 주관적인 것으로만 보기 쉬운데, 사실은 거의 구절마다 출전이 있다고 할 정도로 참고자료에 근거하여 기술하고 있다. 그는 주로 소동파의 잡기나 일화, 또 동시대인들의 회고록이나 수필 잡기류의 이야기들을 십분 활용하여 쉽고도 재미있게 서술하고 있다. 이러한 일화나 잡기는 소품문들로서, 임어당은 이런 유의 소품문들이야말로 그 사람의 가장 적나라한 참모습을 생생하게 보여줄 수 있다는 그의 문학관에 의거하여, 900여 년 전에 살았던 인물을 마치 마주앉아 함께 대화할 수 있을 듯한 친근한 인물로 생생하게 그려내고 있다.

대개 소동파처럼 다재다능한 천재를 포착, 파악하려 할 때 전체적인 면모를 모두 포괄하기가 어려워서, 자칫 자신이 아주 잘 아는 영역이나 입장 위주로 바라보기 쉬운 경향이 있다. 그런데 임어당은 그 자신 역시 다재다능한 사람이었으므로, 다방면으로 소동파에 접근, 조명해 보이고 있다. 그가 가장 잘 아는 문학이나 예술에 대해서 뿐만 아니라, 요가나 연단술, 미신이나 귀신이야기, 약학이나 토목건축, 기근과 구제사업 등에 대해 두루 지면을 할애하여 소동파의 풍부한 인간상을 남김없이 드러내 보여주고 있다.

     ·

  이상으로 임어당의 이 책 집필의 기술방식이나 내용, 소재의 범위 등에 대해 살펴보았는데, 이번에는 임어당이란 작가에 의하여 소동파가 어떻게 투영되고 있는지를 임어당의 주의 주장이나 개성과 연결시켜 살펴보고자 한다.

  임어당은 정치적 도덕적 학문적인 억압이나 권위주의를 혐오하고 인간의 존엄성과 자유를 존중했다. 그는 자유인을 찬미하고 또 자기 자신이 단연코 자유인이고자 한다고 외쳤다. 이처럼 자유의 문제에 대해 관심을 갖고 있었던 만큼 당시 중국의 썩어빠진 군벌정부나 국민당 정부에 대해 엄중한 비판을 가하였다. 또 일본 군국주의가 중국을 침략했을 때에는 민족적 자유주의자의 입장에서 이에 저항하였고, 뒤에 공산당이 대두하자, 인권을 말살하는 공산주의에 항거하여 필봉을 휘둘러 비판하였다. 그런 그였기에 동파의 자유비평주의의 면모에 주시하고 있다. 즉 동파가 왕안석의 신법에 그처럼 완강히 반대하고 나선 것은 신법의 여러 조치가 백성들을 억압해 가면서 조정의 부국강병만을 꾀하여, 백성들의 생존의 길마저 박탈하였기 때문에 이들을 대변했던 것이다. 특히 왕안석의 경전 주석서인 《삼경신의》(三經新義)에 반대했던 것은 그가 학문적인 획일성을 당시 지식인들에게 강요, 개성을 말살했기 때문이었다. 그 밖에도 동파가 어사간관(御史諫官)을 통한 언론자유의 문제를 두고 거듭 상소한 일 역시 자유로운 비평과 의견 교류를 위해서였다.

  개인의 자유와 개성을 구가한 임어당은 문학에서도 개성의 발휘에 대해 이야기했다. 개성이란 곧 성령(性靈)의 다름아닌 표현으로 이해하고, 그리하여 '성령'의 자유로운 발로를 주창하였다. 그래서 개성·유머·자유·한적을 존중했던 이른바 성령파 문인들을 발굴 제창하였는데, 이런 문인들로서 도연명(陶淵明), 백거이(白居易), 소동파(蘇東坡), 원중랑(袁中郎), 이입옹(李笠翁), 김성탄(金聖嘆), 원매(袁枚), 정판교(鄭板橋), 장호(張湖), 공자진(龔自珍) 등을 들고 있다. 그는 이들 가운데에서도 성령파 문인의 선배로서 소동파를 가장 좋아하였다. 일찍이 임어당은 말하기를, "모든 창작의 원천은 모두 개인의 심령이다. 문학은 무슨 공식 따위에 의거해 쓰기란 불가능하다. 개인의 자발성이 억압되면, 창작의 원천은 막히고 만다"(《五·四 이래의 중국문학》)고 했다. 즉 고래의 성현의 말이나 재삼 반복하는 죽은 문학이 아니라, 자기 자신이 느끼고 체득한 진실한 감정을 거짓 없이 표현할 것을 주장, 일체의 모방이나 상투적인 표현을 반대하였다. 이러한 문학관은 곧 동파의 문학관과 직접적으로 연결이 된다. 그는 일찍부터 사인(士人)의 결점은 현실생활과 동떨어진 공문(空文)을 일삼는 점에 있음을 지적한 바 있다. 또 "가슴속에 갖가지 감흥이 일어, 영탄(詠嘆)해 마지않는다"라고 말했듯이, 절실한 감정에서 창작에 임했다. 타인의 평론에 상관치 아니하고 오로지 자신의 감정에 충실하여 "마음속에 품은 생각이 목구멍까지 차올라, 내뱉자니 남을 거스르게 되고, 참자니 내 성정을 거슬린다. 차라리 입 밖에 내어 말하여, 남을 거스르는 것이 나으므로 마침내 입 밖에 토해내고 만다"고 이야기하고 있다. 그리하여 임어당은 동파가 시로 인해 이른바 '오대시안'(烏臺詩案)이란 문자옥을 겪기에 이른 것도 모두 이러한 데서 비롯되었음에 초점을 맞추고 있다.

그 다음으로 임어당은 만년에 동파가 인생사에 더 이상 급급해 하지 아니하고 속세를 초탈하고자 하는 청정(淸靜)한 마음으로, 대자연 속에서 좀더 거시적으로 인생을 관조했던 유한(悠閒)한 경지에 역점을 두고 있다. 이는 임어당 자신이 유한, 한적한 생활을 주창했던 생활철학자였으므로 더욱 동파의 이러한 면모에 주시할 수 있었던 듯하다. 그는 〈자전〉에서도 이르기를, "나의 인생관은 곧 한 폭의 산수화에 기초하고 있다. 인성의 속박이나 번거로움은 모두가 이 광활한 세계를 본 적이 없거나, 아니면 망각해버렸기 때문이다. 인류가 별 보잘것없는 존재에 불과함을 자각하려면, 우선 우주의 장려함을 보지 않으면 안 될 것이다"고 말하고 있는데, 여기엔 동파의 〈적벽부〉와 흡사한 면모가 엿보인다. 곧 임어당은 동파가 문자옥을 당한 뒤 좌절을 맛보고 나서 인격적으로 더욱 성숙해져서, 인간의 어리석은 야심이나 집착을 꿰뚫어 보는 통찰력을 갖게 되고, 또 어떠한 외부적 조건에도 굴복하지 않는 달관철학에 도달한 점에 유의하고 있다.

그 밖에도 여러 가지 관점들을 더 지적할 수 있겠는데, 저자 서문에 자세히 밝히고 있는 관계로 대략 이 정도 살펴보기로 한다. 임어당은 그가 지은 여러 저작 가운데서도 이 책에 특히 애착을 갖고 있었던 것 같다. 아마도 그가 심혈을 기울여 집필한 때문이기도 하겠지만, 위에서도 살펴보았듯이, 임어당은 동파를 통해 자신을, 또 자신을 통해 동파를 투영하고 있기 때문이 아니었을까 하는 생각을 해본다. 그의 친구 증허백(曾虛白)도 〈임어당과 소동파〉란 글에서 이르기를, 임어당이 소동파에 그처럼 심취했던 것은, 소동파한테서 자기 자신의 그림자를 보았기 때문이라고 이야기하고 있다. 또 이 책의 일본어 역자 합산구(合山究) 씨는 극단적으로 말해 임어당의 사상과 성격, 주장이나 행동 등이 어느 정도는 소동파에 의해 지탱되고 이루어졌다고 볼 수 있으리라고까지 이야기하고 있다. 아무튼 이 책에서 임어당은 과거의 문인을 재인식, 참신하고도 근대적인 견해로 소동파라는 문인에게 새로운 생명을 불어넣어 소생시켜 놓고 있다.

소동파 연보

● 北宋 仁宗(1023~1063년)

1036(景祐 3년)　　　　소동파 태어남(12월 19일).

1054(至和 元年, 19세)　왕불(王弗)과 결혼함.

1057(嘉祐 2년, 22세)　진사에 급제. 4월에 모친상을 당하여 3년간 거상(居喪)함(1057년 4월~1059년 7월).

1059(嘉祐 4년, 24세)　온 가족이 경사(京師)로 이사함(1060년 2월에 도착).

1061(嘉祐 6년, 26세)　봉상부첨판(鳳翔府簽判)에 임명됨.

● 英宗(1064~1067년)

1064(治平 元年, 29세)　12월에 봉상부첨판 임기완료.

1065(治平 2년, 30세)　직사관(直史館)에 임직함(1065년 2월~1066년 4월). 처상(妻喪)을 당함(5월 8일).

1066(治平 3년, 31세)　부친상을 당함. 거상(居喪)함(1066년 4월~1068년 7월).

● 神宗(1068~1085년)

1068(熙寧 元年, 33세)　왕윤지(王閏之)를 아내로 맞아들임.

1069(熙寧 2년, 34세)　경사로 돌아옴(1069년 2월), 직사관에 임직(1069년 2월~1070년 12월).

1071(熙寧 4년, 36세)　경사에서 전중승직사관판관고원(殿中丞直史館判官告院)을 역임함(1071년 1월~6월). 항주(杭州)로 가서 (1071년 6월~11월) 항주통판(杭州通判)에 임직 (1071년 11월~1074년 8월).

1074(熙寧 7년, 39세)　밀주(密州)로 감(1074년 9월~11월). 밀주태수(密州太守)에 임직(1074년 11월~1076년 11월).

1076(熙寧 9년, 41세)　서주(徐州)로 감(1076년 11월~1077년 3월).

1077(熙寧 10년, 42세)　서주태수로 임직함(1077년 4월~1079년 3월).

1079(元豊 2년, 44세)　호주태수(湖州太守)로 부임(1079년 4월~7월). 감옥에 구금됨(1079년 8월~12월).

1080(元豊 3년, 45세) 황주(黃州)로 유배됨(1080년 2월~1084년 4월).

1084(元豊 7년, 49세) 상주(常州)로 감(1084년 4월~1085년 3월).

1085(元豊 8년, 50세) 등주(登州)로 감(1085년 6월~10월). 등주태수로 부
임(1085년 10월). 다시 경사로 감(1085년 12월). 중
서사인(中書舍人)에 임직(1085년 12월~1086년
7월).

● 哲宗(1086~1100년) ; 元祐年間, 太后 섭정(1085년 3월~1089년 2월)

1086(元祐 元年, 51세) 한림학사지제고(翰林學士知制誥)로 임직(1086년 8월
~1089년 2월).

1089(元祐 4년, 54세) 항주(杭州)로 감(1089년 4월에 출발하여 7월에 도
착). 항주태수로서 절서군구검할(浙西軍區鈐轄)을 겸
함(1089년 7월~1091년 2월).

1091(元祐 6년, 56세) 한림학사지제고 겸 시독을 지냄(1091년 1월~8월).
영주(潁州)태수를 역임(1091년 9월~1092년 3월).

1092(元祐 7년, 57세) 양주(揚州)태수에 임명됨(1092년 3월~8월). 병부상
서(兵部尚書)를 지냄(1092년 9월~10월). 다시 예부
상서(禮部尚書)에 임명됨(1092년 11월~1093년 8월).

1093(元祐 8년, 58세) 처상(妻喪)을 당함. 태후 서거, 국상을 지냄(1093년 8
월~9월). 정주(定州)태수 겸 하북군구사령(河北軍區
司令)에 임명됨.

1094(紹聖 元年, 59세) 혜주(惠州) 유배지로 감(1094년 3월 출발하여 10월
에 도착). 건창군사마(建昌軍司馬)로 혜주에 안치됨
(1094년 10월~1097년 4월).

1097(紹聖 4년, 62세) 다시 해남(海南)으로 유배됨(1097년 4월에 출발, 7월
에 도착). 경주별가창화군(瓊州別駕昌化軍)으로 해남
담주(儋州)에 안치됨(1097년 7월~1100년 6월).

● 徽宗(1101~1126년) ; 太后 섭정

1101(建中靖國 元年, 66세) 북방으로 돌아와, 상주(常州)로 감(1100년 7월에 출
발하여 1101년 6월에 도착), 7월 28일에 병으로 사망.

1126(欽宗 靖康元年) 북송(北宋) 멸망.

소동파 관계 문헌목록 및 자료출처

1. 최초의 각본(刻本)

소동파 생전에 이미 그의 시집이 여러 권 발행되었다. 사작(寫作) 시기별로 묶어진 이 시집들 가운데 우리에게 알려진 것으로 다음 7종이 있는데,《남행집》(南行集),《전당집》(錢唐集;杭州시기에 쓴 것),《초연집》(超然集;密州시기에 쓴 것),《황루집》(黃樓集;徐州시기에 쓴 것),《비릉집》(毘陵集;常州시기에 쓴 것),《난대집》(蘭臺集;翰林學士를 지낼 때 쓴 것),《해외집》(海外集;海外로 폄적된 시기에 쓴 것) 등이 그것이다. 최초로 소동파의 시집을 출판한 사람은 부마(駙馬) 왕선(王詵)으로 알려져 있는데, 그는 1079년(神宗, 元豊 2) 이전에 이미 여러 권의 동파시집[*1)]을 출판한 바 있다. 바로 1079년 이 해에 동파가 문자옥(文字獄)으로 심문을 받고 있을 때, 동파시집 네 권이 증거물로 제시되었다. 1082년(元豊 5)경에 진사중(陳師仲)이《초연집》과《황루집》을 출판했다.[2)] 1085년(元豊 8) 귀양에서 풀려 황주(黃州)를 떠날 때, 동파는 친구 등원발(滕元發)에게 편지하여, 자신의 시를 새긴 목판을 처분해 달라고 당부했다. 한편, 유면(劉沔)은 1097년(哲宗, 紹聖 4)과 1100년(元符 3) 사이에 동파에게 편지하여, 그가 동파전집[3)]을 출판하는 문제에 대해 의논해 왔었다. 그때 동파는 유면이 수집한 자료들이 전부 진품들이라고 칭찬하였다.

동파가 사망한 지 얼마 지나지 않아, 곧 그의 시에 여러 주석을 단 판

---

* 본문 가운데 인용한 문헌 위에 붙여진 번호는, 뒤에 참고문헌의 서명(書名)만을 다시 열거한 서목(書目)의 기재번호와 일치한다.

본들이 나타났다. 이런 주석본들은 동파의 시구(詩句)나 인명(人名), 지
명(地名)의 출처라든가 동파가 그 시를 쓰게 된 개인적인 연유 등을 설명
해 주고 있다. 동파가 죽은 지 10년이 지난 1111년(徽宗, 政和 元年)경,
《소시사주》(蘇詩四註)가 《소시오주》(蘇詩五註)로 되었는데, 그 첫 번째 주
석가는 조차공(趙次公)이었다.[4] 1130년(高宗, 建炎 4)경에는 《팔주》(八註)
와 《십주》(十註)도 나타났는데, 조기(趙夔)가 처음으로 주제별로 분류 편
찬하였다.[5] 1170년경, 동파가 문필가로서의 그 명성이 확고부동해졌을
때, 왕십붕(王十朋)이 편찬한 저명한 《소시백가주》(蘇詩百家註)가 나타났
다.[6] 이 주석본에 왕십붕은 전대 학자들이 해 놓은 수많은 주석들을 신
중하게 가려뽑아 놓고 있다. 이러한 주석들 가운데 동파의 친구들이거나
문하생인 황정견(黃庭堅), 진사도(陳師道), 반대림(潘大臨) 같은 이들이
설명해 놓은 것이 물론 가장 가치 있다. 왜냐하면 동파시 가운데 이들에
대해 언급한 사실들을 누구보다도 이들 자신이 가장 잘 알고 있기 때문
이다. 사서(史書)에 나타난 소시(蘇詩) 주석가 97명 가운데, 47명은 북송
사람이고, 31명은 남송 사람이다.

12세기 말엽, 시원지(施元之)가 《소시편년주》(蘇詩編年註)[7]를 편찬했
는데, 이 책에는 시인 육유(陸游)가 1209년(寧宗, 嘉定 2)에 쓴 서문(序
文)이 첨부되어 있다. 나중에 정우(鄭羽)가 《시주》(施註)를 수정 보완하
여 출판했는데,[8] 여기에는 1262년(理宗, 景定 3)에 씌어진 서문이 첨부되
어 있다.

2. 청대(淸代) 각본

《시주》는 명대(明代)에 실전된 것 같다. 당시 소시전집(蘇詩全集)으로
널리 알려진 것은 주제별로 30류 혹은 78류로 분류한 《왕주》(王註)로서
이 책이 널리 통행했다. 청대에는 중국의 고증학이 그 전성기를 이루었
던 시대인 만큼, 많은 고판본이 빛을 보게 되었다. 특히 건륭황제 때 편

찬된 《사고전서》(四庫全書)와 관련성이 있는 고본(古本)과 진본(珍本)들이 전국적으로 널리 수집되었다. 강희제 때 《시주》 잔본(殘本)을 찾아낸 송락(宋犖)이란 사람이 근대 최초로 소시(蘇詩)를 평주(評註)했다. 소장형(邵長衡)과 또 다른 두 사람에게 소시(蘇詩)를 연대별로 분류 수정 보완하는 작업이 맡겨졌고, 《소씨 족보》도 수정 보완되었다. 서문에 1699년(淸 聖祖, 康熙 38)에 출판된 것으로 기재되어 있는 이 판본은 《시주》의 수정판이라 할 수 있겠지만, 보통은 《소주소시》(邵註蘇詩)로 알려져 있다.[9] 여기에는 초각(初刻) 《시주》에는 없는 시가 몇 수 들어 있다. 1702년(淸, 康熙 41) 대학자인 사신행(査愼行)이 《동파편년시보주》(東坡編年詩補註)[10]를 출판했는데, 이 책은 소장형의 착오를 개정 보완하고 있다.

건륭시대 때 《사고전서》를 주편(主編)한 바 있는 유명한 학자 기균(紀昀)도 소동파의 숭배자였는데, 1771년(고종, 乾隆 36)에 《기효람소시점론본》(紀曉嵐蘇詩點論本)[11]을 출판했다. 그는 문학적 견지에서 소시(蘇詩) 매수를 감상 평가하고 있으며, 다른 여러 판본들을 사려 깊게 비교 참고하였다. 이즈음에 대학자이자 대문인이고 대장서가인 옹방강(翁方綱)이, 이전에 송락이 갖고 있던 《시주소시》(施註蘇詩) 필사본을 입수했다. 이는 그에게 일생일대의 큰 사건이었다. 그리하여 서재 이름도 이후로는 '소재'(蘇齋)라 개칭했다. 1782년(乾隆 47), 그는 《옹방강소시보주》(翁方綱蘇詩補註)[12]를 출판했다. 뒤이어 송대 《오주》(五註)의 고필사본과 원매(袁枚)가 출판한 《왕주소시》(王註蘇詩)를 소유하고 있던 풍응류(馮應榴)가 1793년(乾隆 58)에 소시를 연구하는 데 매우 중요한 《풍응류소시합주》(馮應榴蘇詩合註)[13]를 출판했다. 잇달아 출판된 이들 판본의 편찬자들은 종종 의견이 합치되지 않고 있다. 《사신행동파편년시보주》(査愼行東坡編年詩補註)는 《송락편시주소시》(宋犖編施註蘇詩 ; 紹長衝 李必恆補註, 1699년 출판)의 착오를 수정 보완한 것이고, 《옹방강소시보주》는 《송락편시주소시》와 《사신행동파편년시보주》를 수정 보완한 것이다. 《풍응류소시합주》는 이전의 모든 판본들을 수정 보완한 것이다. 대체로 《시주》의 소시 편년은 이로부터 확정되었다.

바야흐로 소시 연구의 시기가 무르익어, 이제 왕문고(王文誥)가 소시의 결정판을 낼 준비가 되어 있었다. 왕문고는 성실히 학문을 쌓아온 훌륭한 학자인데다가, 소동파 연구만을 위해 30여 년간을 부단히 노력해온 사람이었다. 그는 가능한 대로 시인과 긴밀한 관계가 있는 곳은 모두 방문했다. 또, 도움이 될 만한 전대의 판본들을 모두 준비해 놓고, 이들 판본 가운데 잘못 기재된 연도나 장소 등을 수정하여 거의 100여 군데나 교정했다. 그리하여 왕종직(王宗稷)이 편한 《연보》나 부조(傅藻)의 《기년록》(紀年錄) 혹은 《송락편시주소시》가 차지하고 있던 지위에 이 판본이 대신 들어서게 되었다. 나는 그가 연도별로 소시를 잘 배열해 놓고, 또 소동파 생애를 시기별로 대조해 가며 해놓은 방대한 연구 덕을 단단히 보았다. 왕문고의 이 《소시편주집성》(蘇詩編註集成)[14]은 1822년(淸 宣宗, 道光 2)에 출판되었고, 1888년(淸 德宗, 光緒 14)에 중각(重刻) 재판되었다.

3. 현대 각본

1929년(民國 18), 상무인서관(商務印書館)에서 출판한 《사부총간》(四部叢刊) 중에 여러 송판본(宋版本)을 영인 출판한 소동파 시문집은 사용하기에도 편리하고, 또한 구입하기도 쉽다. 그 가운데 《경진동파문집사략》(經進東坡文集史略)[15]은 소동파의 산문집이고, 《왕장원집주동파선생시》(王狀元集註東坡先生詩)[16]는 《왕주소시》(王註蘇詩)의 재판이다. 《동파칠집》(東坡七集)[17]에는 동파의 시(詩), 서신(書信), 주의(奏議)를 모아 놓은 것이 110권이나 된다. 이 가운데 특히 주의에는 거의 다 기재날짜가 분명하게 적혀 있다. 《소문충공전집》(蘇文忠公全集)[18]은 상·하 두 책으로 된 양장서로, 1468년의 명대 판본을 근거로 한 것이다. 《국학기본총서》(國學基本叢書) 가운데 《소시보주》(蘇詩補註)[19]는 옹방강이 편찬 보수한 판본을 중인(重印)한 것이다.

4. 소동파의 저작

시문 외에, 동파는 다섯 권의 책을 또 썼다. 동파와 그의 아우 소철은
오경(五經)을 나누어 그 주석서를 쓰기로 했었다. 소동파는 《서경》(書
經)과 《역경》(易經), 또 오경에는 속하지 않는 《논어》(論語) 주석서를 맡
았다. 《역전》(易傳)[20]은 인생의 성쇠변화에 관한 철학서로서, 난해한 《역
경》을 주해한 것이다. 동파는 이 책에서 이학가(理學家)들이 즐겨 취하
는 우주적 수리관(數理館) 입장보다는 인사(人事)의 깊은 진리들을 강조
하고 있어, 번역해 볼 만한 가치가 있다. 소동파 스스로도 일찍이 말했
듯이, 본래 그는 수학에 소질이 없었다. 《서전》(書傳)[21]은 《서경》을 주해
한 책인데 그의 정적(政敵) 이학가들조차도 그 가치를 높이 평가한 바
있다. 《논어설》(論語說)[22]은 《논어》를 주해한 책으로, 주희(朱熹)의 《논
어》 주석서에 눌려 미처 그 가치를 발하지 못하다가 지금은 실전(失傳)
됐다. 한편 아우 소철의 《논어》 주해서는 그의 《맹자》, 《노자》 주해서와
함께 남아 있다. 《지림》(志林)[23]은 동파가 아들과 함께 해남(海南)에 귀
양가 있을 때, 아들의 도움을 받아 동파 자신이 편찬한 책인데 미완성작
이다. 이 《지림》에는 동파가 귀양가 있는 동안 쓴 시문들이 실려 있어,
이 책 역시 우리에게 남겨져 있는 동파의 주요 저작 가운데 하나이다.
《화도합전》(和陶合箋)[24]은 동파가 도잠(陶潛)의 모든 시에 화창(和唱)하
여 지은 시를 모아 놓은 것으로, 그 서문은 아우가 썼다. 《지림》과 《화도
합전》은 이 책에서도 자주 언급하고 있으며, 또 몇몇 소동파 시문집에는
이 책들도 포괄 수록해 놓고 있다.

5. 특별 선집

《동파제발》(東坡題跋)[25]은 소동파가 그림, 서법(書法), 저작물 혹은 여
행에 대해 쓴 후기(後記)나 평석(評釋)을 모아 놓은 책으로, 소동파 전집

에 포함되어 있지 않다. 비록 저자가 이런 글들을 편집해 놓거나, 한 권의 책으로 따로 만들 생각은 하지 않았었지만, 이 책은 매우 중요한 저작이다.《소심양방》(蘇沈良方)[26]은 의학서인데, 소동파가 동시대 사람인 심괄(沈括)과 공동저작한 것으로 되어 있다. 그러나 이 가운데 소동파가 쓴 글들은 그의 《보집》(補集) 가운데에도 보인다. 내가 보기에 이 책 가운데 네다섯 가지 양방(良方)은 서방의 의사들도 채용해 볼 만한 가치가 있는 듯하다.《구지필기》(仇池筆記)[27]엔 동파의 도술(道術) 방면의 수필이 실려 있어,《지림》과 그 성격이 다소 비슷하나 위작(僞作)일 가능성이 높다.《동파문담록》(東坡文談錄)[28]은 동파의 문학에 대한 견해를 수록해 놓은 책이고,《동파시화록》(東坡詩話錄)[29]도 그의 시관(詩觀)을 수록 수집해 놓은 책이다.《동파악부전》(東坡樂府箋)[30]은 동파의 사집(詞集)이고,《동파선희집》(東坡禪喜集)[31]은 불교사상을 시로 지은 선시집(禪詩集)이다. 그러나 동파의 불교사상을 연구하려면, 그의 산문집이 이런 시집들보다 훨씬 유용하다.《소장공소품》(蘇長公小品)[32]은 사람들이 가장 애호하는 동파의 소품들을 선집한 책으로, 1694년(康熙 33)에 출판되었다.

6. 위탁서(僞託書)

다음에 열거하는 저작들은 동파가 썼다는 확실한 증거도 없고, 동파가 친구들에게 써주었다든가 하는 동파 친구들의 증언 같은 것도 없으므로, 대부분 위탁서일 가능성이 높다. 그래도《애자잡설》(艾子雜說)[33]은 예전의 어느 한 인물 주위에 있었던 재치 있는 농담이나 일화 등을 싣고 있어, 읽어 볼 만한 가치가 있다.《광성자해》(廣成子解)[34]는 애매한 도가 논설을 주해한 책이다.《격물조담》(格物粗談)[35]과《물류상감지》(物類相感志)[36]는 아주 흥미로운 책으로, 그 내용은 가사에 필요한 여러 상식들을 담고 있다(예를 들면 머리를 검게 염색하는 방법, 얼룩 빼는 방법, 양초를 착색하는 방법, 알콜을 넣어 벼루의 먹물이 얼지 않게 하는 방법, 마늘을 악 취나지 않게 먹는 방법, 계란 흰자가 따로 떨어져 굳도록 삶는 방법, 딱딱한 돼지고기를 쉽게 익히는 방법 등등).《문답록》(問答錄)[37]에는 소동파와 그 의 승려 친구인 불인(佛印) 사이의 소담(笑談), 그리고 '소소매'(蘇小妹) 와 시 짓기놀이를 즐겼던 것에 대한 얘기를 담고 있다. 그런데 이 '소소 매'란 인물은 실제 실존하지 않았던 인물이다. 내가 조사한 바로는 이 책이 '소소매'에 대해 최초로 언급한 책으로, 이 책은 동파가 사망한 후 거의 500년이 지난 1601년(明 神宗, 萬曆 29)에 출판된《보안당비급》(寶 顔堂秘笈) 속에 보인다. 이런 '소소매' 얘기는 한마디로 황당무계한 것이 다.《어초문답》(漁樵問答)[38]도 문제점이 없지 않아 있다. 이 책의 서문은 《문답록》의 서문을 쓴 사람이 썼는데, 기재날짜가 실제보다 1년이 빠르 게 되어 있다.《잡찬이속》(雜纂二續)[39]은 내용도 별로 없고, 가치도 없다.

7. 소동파의 생평 관계 자료

《소씨족보》(蘇氏族譜)[40]는 소동파의 부친이 편찬한 것이다. 두 가지의 아주 중요한 직접적인 자료는 8천여 자로 씌어진 〈송사본전〉(宋史本 傳)[41]과 아우가 쓴 6천여 자에 달하는 〈동파묘지명〉(東坡墓誌銘)[42]이다. 왕종직(王宗稷)이 편한《연보》(年譜)[43]는 보통 동파의 전집 가운데 첨부 되어 있다. 이런 개인 생평에 대한《연보》는 무미건조한 도표 자료의 한 계를 면치 못한다. 실제 작성하는 데에는 상당한 공이 들지만, 적지않은 논쟁거리가 되기 쉽다. 또 하나의 연보로 부조(傅藻)의《기년록》(紀年 錄)[44]이 있는데, 이는《왕장원집주동파선생시》(王狀元集註東坡先生詩)에 수록되어 있다. 소동파는 그의 아우 자유와 개인생활이나 정치생애에 있어 늘 밀접한 관련을 맺어왔으므로, 자유의 연보인《소영빈연표》(蘇穎 濱年表)[45]도 매우 중요하다.《미산소씨족보》(眉山蘇氏族譜)[46]가 1929년(民 國 18)에 발간되었는데, 여기에 삼소(三蘇), 소동파의 세 아들, 자유의 세

딸의 모습을 추측해 그린 초상화가 실려 있다. 그런데 동파 직계가족에 대한 주요 자료는 소동파의 부친 소순이 만든 족보에 잘 기재되어 있다. 동파의 문자옥에 관한 자료인《오대시안》(烏臺詩案)[47]에 대해서는 이 책 14장에서 언급한 바 있다.《소장공외기》(蘇長公外紀),[48]《동파사류》(東坡事類),[49]《동파일사》(東坡逸事)[50]는 소동파에 관한 일사(逸事)나 기록을 주제별로 분류 편집한 책들인데, 내가 보기에는 이 가운데《동파사류》가 좀더 완전하고 잘 분류 배열되었으며, 자료출처에 대해서도 좀더 분명하게 밝히고 있다고 여겨진다.

8. 소동파 시대의 기타 문인들의 선집

소동파 동시대 문인들과 동료들의 작품들은 현재《사부비요》(四部備要),《사부총간》(四部叢刊)에서 그 재간본(再刊本)을 쉽게 찾아볼 수 있다. 여기에는 주로 정식 작품만을 수록하고 있는데, 이들 저작물은 실상 필기(筆記)나 회고록처럼 작가를 잘 나타내 주지는 못한다.《가우집》(嘉祐集)[51]은 소동파 부친인 소순(蘇洵)의 전집이고,《난성집》(欒城集)[52]은 동파의 아우 소철(蘇轍)의 전집이며《사천집》(斜川集)[53]은 동파의 셋째아들 소과(蘇過)의 전집이다. 그리고 아울러 말해 둘 책은《난성유언》(欒城遺言)인데, 이 책은 자유의 손자 소주(蘇籀)의 회고록이다.《산곡집》(山谷集),[54]《회해집》(淮海集),[55]《완구집》(宛邱集),[56]《계륵집》(鷄肋集),[57]《후산집》(後山集),[58]《제남집》(濟南集)[59]은 '소문육학사'(蘇門六學士)인 황정견(黃庭堅), 진관(秦觀), 장뢰(張耒), 조보지(晁補之), 진사도(陳師道)와 이치(李廌)의 문집이다.《삼료자집》(參寥子集)[60]은 시승(詩僧) 삼료(參寥)의 시집으로, 이 책에서 자주 언급한 바 있다.《임천집》(臨川集)[61]은 왕안석의 주요 작품 선집이다.《보진영광집》(寶晉英光集)[62]은 대화가 미불(米芾)의 문집이다.

이 밖에도 이 책에 나오는 주요 인물들의 작품들도 찾아볼 수 있는데,

여기서는 일일이 열거하지 않겠다. 예를 들면 구양수(歐陽修), 사마광(司馬光), 장방평(張方平), 범순인(范純仁), 범조우(范祖禹), 왕안례(王安禮), 한기(韓琦), 한유(韓維), 문언박(文彦博), 유지(劉摯), 진양(陳襄), 정협(鄭俠), 그리고 박학한 시승(詩僧) 덕홍(德洪) 등의 작품이 지금까지 전한다.

9. 송인필기(宋人筆記)

소동파와 동시대의 문인이거나, 소동파보다 약간 뒤에 태어난 후배 문인들의 회상기 가운데에 소동파의 생애 및 시대상에 대해 간접적으로 설명해 주는 풍부한 자료가 포함되어 있다. 회고록이나 필기 등은 가장 손쉽게 쓸 수 있는 문학형태로, 자료를 재편성할 필요도 없으므로 중국의 문인들이 가장 즐겨 썼다. 이런 필기류의 내용은 어떤 것은 매우 중요하고도 심각한 역사적 사실 기재나 문시로시, 관방(官方)의 역사를 보충하기 위해 씌어진 것으로부터, 어떤 것은 귀신이야기 여우혼·영혼재래설 따위의 두서 없는 잡동사니 이야기에 이르기까지 갖가지인데, 필기책 한 권 안에 이런 것들이 함께 뒤섞여 있다. 대체로 필기는 '문인들의 한담(閒談)'에다 분류해 넣을 수 있다. 나는 이 송인필기 부류 안에 '문인한담'을 최대한으로 많이 열거하고, 수없이 많은 '시화'(詩話)는 목록에서 제외시켰다. '시화'도 송대 문인들 사이에 무척 성행했었다. '시화'란 대개 어떤 유명한 시구가 어떤 상황하에서 또 왜 씌어졌는지에 대해 이야기하고 있다. 다음에 소개하는 필기의 복사본들은 각종 총서(叢書)에서 쉽게 찾아볼 수 있다. 일반적으로 보아, 《진체비서》(津逮秘書)가 《보안당비급》(寶顔堂秘笈)보다 낫고, 또 《진체비서》보다는 《학진토원》(學津討原)이 더 잘 되어 있다. 1935년 《총서집성》(叢書集成)이 출판되면서, 이런 필기류가 한데 모아졌는데 이 책은 좀더 체계적이고, 값싸며, 믿을 만한 판본을 정선해서 출판되었다. 이 《총서집성》에는 종전의 책과는 달리, 페이지 수가 적혀 있어 찾아보기 편리하므로, 이제부터는 이 총서를 참조하는 것이 더 간편할 것이다.

(1) 두 원로 문인들의 필기

《속수기문》(涑水紀聞)[63]은 사마광(司馬光)이 쓴 것이고,《동재기사》(東齋紀事)[64]는 범진(范鎭)이 쓴 것이다. 만약 이 시기 원로정치가들의 주요 일기를 참고하려면, 이도(李燾)의 《속자치통감장편》(續資治通鑑長編)을 참조하면 된다.

(2) 두 명의 주요 필기작가

이 두 작가의 글은 역사가들에게 상당한 참고가치가 있다. 이들은 다른 사람들과 달리 모종의 사건에 대해 장문으로 자세히 적고 있다.《문견전록·후록》(聞見前錄·後錄)[65]은 이학가인 소옹(邵雍)의 아들 소백온(邵伯溫)과 손자 소박(邵博)이 쓴 것이다. 사마광은 낙양(洛陽)에서 은거하고 있는 동안 소백온과 매우 친밀히 지냈다. 당시 신유학가 진영에 분열이 생겼는데, 소박은 그의 아버지 소백온의 적수인 이정(二程)을 공격하는 한편, 이정과 반대파인 동파를 떠받드는 내용의 기록을 남기고 있다.《휘주전록·후록·삼록》(揮塵前錄·後錄·三錄)[66]과 《휘주여화》(揮塵 餘話),[67]《옥조신지》(玉照新志)[68]는 1166년(宋 孝宗, 乾道 2)에서 1200년(寧宗, 慶元 6) 사이에 씌어졌는데, 이는 모두 부지런한 필기작가 왕명청(王明清)의 저작들이다. 이 저작물들은 그 중요성이 인정되어 칙령에 따라 황제에게까지 바쳐졌었다. 이 작가의 모친은 왕안석의 부하인 증포(曾布)의 손녀였다. 그래서 그는 증포와 왕안석을 두둔하는 입장을 취했고, 미불(米芾)에 대해서는 아주 혹독하게 평하고 있다. 특히 《휘주전록·후록·삼록》은 송대의 풍습과 제도에 대해 자세히 연구한 내용이므로, 적지않은 사료를 보존하고 있다.

(3) 소동파 문하생과 동료들의 필기

《사우담기》(師友談記),[69]《후산담총》(后山談叢),[70]《산곡제발》(山谷題

跋),[71]《무구제발》(无咎題跋),[72]《명도잡지》(明道雜志),[73]《완구제발》(宛邱題跋),[74]《고계제발》(姑谿題跋),[75]《후정록》(侯鯖錄)[76]은 모두 중요한 자료를 담고 있다. 이치(李廌)가 지은 《사우담기》는 짧으나, 전체적으로 재미 있다. 진사도(陳師道)가 지은 《후산담총》은 소동파가 했던 몇 가지 농담 들을 적어 놓고 있다. 《산곡제발》은 황정견(黃庭堅)의 제발(題跋)을 모아 놓은 것으로, 주로 서화(書畵)에 대해 쓴 것들이다. 장뢰(張耒)가 지은 《명도잡지》에는 장생술과 관계되는 방중술(房中術)에 대해 상세히 적혀 있다. 《고계제발》의 작자 이지의(李之儀)는 동파가 정주(定州)에 있을 때 함께 있던 동료 관리이고, 《후정록》의 작자 조령치(趙令畤)는 동파가 영 주(潁州)에 있을 때 같이 있던 동료 관리이다.

(4) 기타 친구들의 필기

다음에 열거하는 저작들은 앞에서 열거했던 저작물보다는 약간 덜 상 세하나, 그래도 이로부터 직접적인 사료들을 찾아볼 수 있다. 《공씨담 원》(孔氏談苑)[77]과 《공씨잡설》(孔氏雜說)[78]은 모두 소동파와 친분이 두터 웠던 공문중(孔文仲)의 아우 공평중(孔平仲)이 쓴 것이다. 《공씨담원》에 는 동파가 체포 구금된 경과에 대해 쓴 내용이 있는데, 그 기록들이 전적 으로 다 정확하지는 않다. 《냉재야화》(冷齋夜話)[79]와 《석문제발》(石門題 跋)[80]은 황정견의 절친한 친구인 승려 혜홍(惠洪 ; 또 德洪으로도 불림)이 쓴 것인데, 이 속에 소동파에 대해 쓴 대목이 꽤 많다. 하원(何薳 ; 이 사 람의 부친은 소동파의 추천으로 관직을 얻었음)의 《춘저기문》(春渚紀聞)[81] 과 주변(朱弁)의 《곡유구문》(曲洧舊聞)은 모두 소동파에 대한 풍부한 기 록을 담고 있다. 보안당(寶顔堂) 판본은 불완전하나, 학진(學津)본의 《춘 저기문》에는 한 장(章) 전부를 동파에 대해 기록하고 있다. 여기에는 동 파의 사망에 관한 이야기도 적혀 있다. 《조씨객어》(晁氏客語)[82]는 동파의 문하생인 조보지(晁補之)의 아우 조열지(晁說之)가 쓴 책이다. 그 역시 같 은 당대 사람이었으므로, 원우(元祐) 대신들이 나누었던 많은 담화 내용 을 싣고 있는데, 범조우(范祖禹)에 대한 기록이 특히 많다. 《도산청화》(道

山淸話)[83]의 작자는 미상이나, 이 책에서 왕안석과 정씨(程氏) 형제를 비난하고 있는 것을 보아 당내(黨內) 사람이 쓴 것임이 분명하다.

(5) 중립 인사의 필기

동파 당대의 사람인 주변(朱弁)이 지은《곡유구문》(曲洧舊聞)[84]은 매우 가치 있는 책으로, 내포하고 있는 자료도 풍부하다. 증조(曾慥)의《고재만록》(高齋漫錄)[85]은 비록 소작(小作)이나, 재미있는 일화들을 상당히 많이 인용하고 있다. 유연세(劉延世)의《손공담포》(孫公談圃)[86]는 중립적인 태도를 지키고 있다.《박택편》(泊宅編)[87]은 호주(湖州)에 거주하던 방작(方勺)이 지은 것이다.

(6) 반대당의 필기

이 부류의 필기작가들은 대부분 왕안석을 옹호하고 있는데, 사실 송대의 다른 역사가나 필기작가들이 왕안석에 대해 편견을 가지고 있는 편이었지만, 그렇다고 이 옹호하는 무리들의 기록이 사실에 부합되게 제대로 씌어졌느냐 하면 꼭 그렇지도 않다. 이 점은《휘주전록·후록·삼록》(揮塵前錄·後錄·三錄)과《속자치통감장편》(續資治通鑑長編)을 참조해 보면 알 수 있다. 그런데 흥미있는 점은, 이들 그룹의 사람들은 소동파에 대해 꽤 호의적으로 기록하고 있으며, 동파의 과실을 기록하면서도 다분히 인간적으로 간주하고 있다는 점이다. 예를 들어 섭몽득(葉夢得) 같은 이는 동파가 결코 양조(釀造) 전문가는 못 된다고 이야기한 점에서나, 또 그가 먹[墨]을 만들다가 집을 태울 뻔한 이야기 등에서 동파의 인간적인 면모를 오히려 돋보이게 쓰고 있다. 섭몽득은《석문연어》(石門燕語)[88]와《피서록화》(避暑錄話)[89]의 저자로, 장돈(章惇)의 사돈 친척이며, 채경(蔡京)의 절친한 친구이기도 했다.《동헌필록》(東軒筆錄)[90]의 저자 위태(魏泰)는 증포(曾布) 부인(유명한 여류시인임)과 남매지간이다. 이 책에서 위태는 왕안석을 옹호하려 애썼다.《철위산총담》(鐵圍山叢談)[91]의 저자는 악명 높은 채경의 평판 나쁜 아들의 하나인 채조(蔡絛)이다.

이들은 부자지간에 권력다툼을 해서 결국 북송의 멸망을 초래했었다.
진선(陳善)의 《문슬신화》(捫蝨新話)[92]는 섭몽득의 두 저작물과 마찬가지
로 소동파의 개인적 실수들에 대해, 예를 들면 동파의 말조심하지 않던
일 따위에 대해서 이야기하고 있다. 《평주가담》(萍州可談)[93]의 저자는 주
욱(朱彧)이다. 그의 부친은 한때 소동파와 친구였으나, 나중에 서단(舒
亶)과 여혜경(呂惠卿) 밑에서 일을 했다.

(7) 후세인의 필기

위에서 열거한 필기는 대체로 북송시기에 씌어진 것들이다. 북송은
소동파가 죽은 지 25년 후인 1126년(欽宗, 靖康 元年)에 멸망했다. 이들
필기작가들은 북송과 남송 두 시대에 걸쳐 산 사람이 많았으므로, 굳이
북송 남송의 구분을 지을 필요는 없겠다. 가장 흥미로운 저작은 자유(子
由)의 손자가 쓴 《난성유언》(欒城遺言)[94]인데, 저자는 소동파보다는 자신
의 조부인 소자유(蘇子由)를 더 신망한 경향이 보인다. 《풍창소녹》(楓窗
小牘)[95]은 백세노인(百歲老人) 원경(袁褧)이 1200년(慶元 6)경에 쓴 것으
로, 북송 수도(首都)의 정경들을 회상하는 내용을 담고 있다. 장단의(張
端義)의 《귀이집》(貴耳集)[96]은 1241년(理宗, 淳祐 元年)에 쓴 것인데, 작자
의 아내가 종전의 그의 원고들을 모두 태워버렸기 때문에 유일하게 남
아 있어 주의를 끄는 저작이다.

(8) 명유(名儒) 및 수장가의 필기

12세기경 문인들의 제발(題跋) 가운데, 동파의 원고에 특히 흥미를 갖
고 이에 대해 언급한 것이 많다. 그 가운데에서 네 권의 책을 열거해 보
겠다. 《노학암필기》(老學菴筆記)[97]의 저자는 대시인 육유(陸游;1125~
1210)인데, 그는 《입촉기》(入蜀記)도 쓴 바 있다. 《회암제발》(晦菴題跋)[98]
은 대이학가 주희(朱熹;1130~1200)의 저작이다. 《익공제발》(益公題跋)[99]
의 저자 주필대(周必大;1126~1206)는 동파 원고 수집에 아주 열성이었
다. 《학산필록》(鶴山筆錄)[100]은 대이학가인 위료옹(魏了翁;1179~1237)이

쓴 것으로, 그는 거의 남송 말기까지 살았던 인물이다.

10. 역사서

북송의 기본사료는《송사》(宋史)가 아니라 오히려 이도(李燾;1114~
1183)의 520권에 달하는 거작《속자치통감장편》(續資治通鑑長編)[101]이
다. 왕안석을 옹호하는 양계초(梁啓超)와 채상상(蔡上翔) 등은《송사》가
왕안석에 대해서는 편견을 갖고 원우파(元祐派)를 두둔하는 입장을 취했
으며, 더욱이 원인(元人) 탁극탁(托克托)이 주편(主編)한 졸작이라고 주
장한다.《송사》[102]가 완정치 못한 역사서이고, 또 원우파를 옹호하는 입
장을 취하고 있음은 사실이다. 그러나 왕칭(王偁) 개인이 쓴 역사서인
《동도사략》(東都事略)[103]도 원우파를 지지하는 입장을 취하고 있으나 졸
작은 아니다. 그리고 이도의 거작은 일체의 자료들을 두루 활용하여 포
괄적으로 다루고 있으므로, 위대한 역사서로서의 조건을 다 구비하고
있다. 이 책은 소동파 생존시대에 관한 충분한 자료들을 싣고 있다. 또
이 책은 왕안석, 사마광, 여대방(呂大防), 여공저(呂公著), 증포(曾布), 임
희(林希) 등의 일지와 조정에서 오고간 대화를 실은 유명한《신종실록》
(神宗實錄) 등의 책을 광범위하게 인용하고 있다. 그러므로《속자치통감
장편》은 후대에 실전(失傳)한 위의 저작들을 보존하고 있을 뿐만 아니
라,《속수기문》(涑水紀聞),《동재기사》(東齋紀事),《문견전록·후록》(聞見
前錄·後錄),《휘주전록·후록·삼록》(揮塵前錄·後錄·三綠)의 고간본(古刊
本)을 보존하고 있다. 이 책은 이도가 40년간 심혈을 기울여 저술한 것
으로, 1163년(宋 孝宗, 隆興 元年), 1168년(乾都 4), 1174년(淳熙 元年) 세
차례에 걸쳐 황제에게 헌납되었다.

송대 문인들은 특히 사학정신이 뛰어났던 것 같다. 사마광은 거작《자
치통감》(資治通鑑)을 저술했고, 구양수(歐陽修)는《신당서》(新唐書)와《신
오대사》(新五代史)를 저술했다. 이도는 북송 사료를 편집했고, 나중에 이

심전(李心傳)은 남송 사료를 편집했다. 왕칭의 《동도사략》과 팽백천(彭百川)의 《태평치적사류통편》(太平治迹事類統編)[104]은 모두 문인 한 개인이 심혈을 기울여 이룬 저작들이다.

이도의 저작은 포괄적이긴 하나, 공룡처럼 부피가 크고, 거추장스러워서 거의 다 없어지고, 겨우 필사본 2부가 남아 있을 뿐이다. 한 부는 명(明) 황궁의 《영락대전》(永樂大典) 가운데 남아 있는데 거의 완전무결하다. 그러나 조정대신들도 이런 책이 있는지조차 몰랐다가 18세기 건륭시대에 이르러서야 비로소 발굴되었다. 이 책은 편년사(編年史)인데, 양중량(楊仲良)이 항목별로 분류하여 좀더 읽기 편하게 정리해 놓았으므로, 독자들은 어떤 특정 전역(戰役)이나 정치적 추세의 발전경과 등도 쉽게 찾아볼 수 있다. 그러나 양중량의 이 《통감장편기사본말》(通鑑長編紀事本末)[105]은 1253년(宋 理宗, 寶祐 元年)과 1257년(寶祐 5)에 간행되었는데, 수장가들에게조차도 잘 알려지지 않아, 1800년(淸 仁宗, 嘉慶 5)경에야 비로소 빛을 보게 되었다.

양중량의 저작은 이도(李燾)의 저작 가운데 있는 풍부한 원시사료들을 보유하고 있는, 북송사 연구에 가장 편리한 사서라고 볼 수 있다. 이뿐만 아니라 이 책에는 이도의 저작에는 빠진 1101년(建中靖國 元年)부터 1126년(靖康 元年) 사이의 사료를 보존하고 있다. 또한 이보다 더 보기 편리하게 항목별로 적요(摘要)해 놓은 책으로, 《송사기사본말》(宋史紀事本末)[106]이 있다. 이 책은 풍기(馮琦)가 초편(初編)하고, 장부(張溥;1602~1641)의 지휘하에 진방첨(陳邦瞻)이 수정 보완하여 만들어졌다.

소동파의 생평과 그 시대를 연구하는 데에는 《동도사략》이 가장 유용하다. 이 책은 비록 개인의 저작이나, 《송사》를 대신할 만한 훌륭한 저작이다. 이 책은 원우 학자들을 지지하고 왕안석을 반대하는 경향이 다소 있지만, 누구나 이 책의 권위나 공정무사성을 인정하고 있다. 특히 가치 있는 부분은 이 책 105권에 실린 북송 학자와 대신(大臣)들에 관한 전략(傳略)이다.

11. 특선 참고서적

주희(朱熹)의 《명신언행록》(名臣言行錄)[107]은 명신들의 뛰어난 언행을 간술한 책이다. 황종희(黃宗羲)의 《송원학안》(宋元學案)[108]은 사상면에 공헌을 기여한 여러 학자들에 대해 연구한 책이다. 왕안석과 삼소(三蘇)에 대해 쓴, 이 책 98장과 99장은 전조망(全祖望)이 집필한 것이다. 아래 열거한 세 저작들은, 왕안석의 역사적 오명을 씻어 주려고 애쓴 것들이다. 무명의 학자 채상상(蔡上翔)이 왕안석에 대한 기본적인 연구를 하여 《왕문공연보》(王文公年譜)[109]를 지었다. 나는 양희민(楊希閔)이 지은 4권으로 된 절록본(節錄本)만을 보았는데, 제4권에는 매우 좋은 사료들이 다소 있었다. 양계초(梁啓超)는 《왕형공》(王荊公)[110]에서, 가창이(柯昌頤)는 《왕안석평전》(王安石評傳)[111]에서 모두 왕안석을 옹호하고 있는데, 이렇게 함으로써 오히려 그들의 주장과 증거의 가치를 손상시키고 있다. 여기서 이 논쟁거리에 대해 언급할 필요는 없겠다. 양계초와 가창이의 견해를 요약하면 다음 다섯 가지로 나눠 볼 수 있겠다. (1) 왕안석은 대시인이자 대학자라는 점은 누구나 공인하는 바이다. (2) 왕안석은 사회주의자로서 현대사상과 일치하는 바가 있다(왕안석이 실시한 사회주의의 특수 변형이라 할 수 있는 여러 신정(新政)조치를 잘 식별해보지 않고 말하고 있음). (3) 왕안석은 중국을 강병국(强兵國)으로 만들고자 하는 충성심에 고취되어 있었다. 이는 시대적 환경 때문에 어쩔 수 없었다(적과 싸워야 하는 백성들로서는 그것이 적극적인 침략전쟁이라 해도 전쟁을 혐오한다는 것을 망각하고 있었음). (4) 왕안석 생존시기의 역사는 모두 당대의 편견에 찬 자료에 근거하여 쓰여진 것이다. 왜냐하면 그들은 북송이 멸망하는 것을 보았으므로, 신정조치를 취했던 왕안석에게 나쁜 편견을 가지고 있었다(이는 왕안석 집정시기에 신정조치의 결실을 직접 맛본 당시 사람들이 한결같이 신정을 비난했던 것을 전혀 참작하지 않은 견해이다). (5) 원우(元祐) 학자들에 대한 박해가 왕안석의 탓이 아니며, 신정(新政)으로 야기된 당쟁 또한 왕안석의 탓이 아니다.

12. 지리서

《원풍구역지》(元豊九域志)[112]와 《태평환우기》(太平寰宇記)[113]는 북송의 지리서인데, 인구와 물산(物產) 등에 대해 상세히 기재해 놓고 있다. 맹원로(孟元老)의 《동경몽화록》(東京夢華錄)[114]은 북송의 수도, 궁전, 가도(街道), 점포, 풍습과 절기명절 풍속 등에 대해 상세히 기재한 매우 매혹적인 책이다. 오자목(吳自牧)의 《몽양록》(夢梁錄)[115] 역시 비슷한 내용을 기재하고 있는데, 그 양은 두 배 가량 많고 남송의 수도였던 항주(杭州)에 대해 설명해 놓고 있다. 《무림구사》(武林舊事)[116]는 12세기 후반 무렵의 항주에 관한 고사(故事)들을 싣고 있다. 전여성(田汝成)의 《서호유람지여》(西湖遊覽志餘)[117]는 서호와 항주 주위에 관한 예술적 문학적 역사나 일화 등을 기재해 놓고 있다. 《입촉기》(入蜀記)[118]는 1170년(乾道 6) 육유(陸游)가 양자강을 거슬러 올라 사천(四川)까지 여행한 내용을 쓴 일기이다. 이 가운데 그가 황주(黃州)에 있는 동파의 옛집을 방문한 내용도 들어 있다. 《오선록》(吳船錄)[119]은 1177년(淳熙 4) 범성대(范成大)가 성도(成都)로부터 양자강까지 여행한 내용을 기록한 책이다.

13. 서법진적(書法眞跡)

소동파 글씨를 돌에 새겨, 그것을 다시 탁본한 탁인본(拓印本)은 셀 수 없이 많다. 여기서는 특별히 《서루소첩》(西樓蘇帖)[120]에 대해 거론하겠다. 이는 이 책 제20장에서도 언급하고 있다. 《천제오운첩》(天際烏雲帖)[121]에는 옹방강(翁方綱)이 소장했던 동파의 화상(畫像)이 실려 있다. 《척이도이소제발》(剔耳圖二蘇題跋)[122]에는 소동파 형제의 서법진적(書法眞跡)이 실려 있다. 《증유자옥시첩》(贈柳子玉詩帖)[123]에는 특히 동파가 종매(從妹)의 시아버지에게 보낸 시를 잘 모사한 것이 있다. 북경에서 발간한 《고궁박물원주간월간》(故宮博物院週刊月刊)[124]에는 이 책에서 언급한 10여 명 문인들의 친필서한을 복인(複印)해 놓고 있다.

이상의 참고문헌 목록의 서명(書名)만을 다시 열거하면 아래와 같다.
*표한 것은《총서집성》(叢書集成)에 수록된 것이다.

1. 최초의 각본(刻本)

1)《王詵刻詩集》(1079 이전)

2)《陳師仲編超然集黃樓集》(1082 전후)

3)《劉沔編文集》(약 1097~1100)

4)《趙次公等蘇詩五註》(崇寧大觀間, 약 1110~1126)

5)《趙夔等蘇詩十註》(紹興初, 약 1130)

6)《王十朋編蘇詩百家註》(약 1170)

7)《施元之蘇詩編年註》(1208)

8)《鄭羽重刻施註》(1262)

2. 청대(淸代) 각본

9)《宋犖編施註蘇詩》(邵長蘅 李必恆補註, 1699)

10)《查愼行東坡編年詩補註》(1702)

11)《紀曉嵐蘇詩點論本》(1771)

12)《翁方綱蘇詩補註》(1782)

13)《馮應榴蘇詩合註》(1793)

14)《王文誥蘇詩編註集成》(1822 初刻, 1888 重刻)

3. 현대 각본

15)《經進東坡文集事略》(四部叢刊)

16)《王狀元集註東坡先生詩》(四部叢刊)

17)《東坡七集》(四部備要)

18)《蘇文忠公全集》(世界)

19)《蘇詩補註》(翁方綱, 國學基本)

4. 소동파의 저작

20)《易傳》(學津)*

21)《書傳》(學津)*

22)《論語說》(佚)

23) 《志林》(學津)*

24) 《和陶合箋》(順德鄧氏藏版)

5. 특별 선집

25) 《東坡題跋》(津逮)*

26) 《蘇沈良方》(知不足)*

27) 《仇池筆記》(龍威)*

28) 《東坡文談錄》(學海)

29) 《東坡詩話錄》(學海)

30) 《東坡樂府箋》(龍沐勛編, 商務)

31) 《東坡禪喜集》(劉仁舫編, 商務)

32) 《蘇長公小品》(王納諫, 康熙刻本)

6. 위탁서(僞託書)

33) 《艾子雜說》(顧氏)*

34) 《廣成子解》(說郛)

35) 《格物粗談》(學海)*

36) 《物類相感志》(寶顏)*

37) 《問答錄》(寶顏)*

38) 《漁樵問答》(寶顏)*

39) 《雜纂二續》(說郛)

7. 소동파의 생평 관계 자료

40) 《蘇氏族譜》(蘇洵, 說郛)

41) 《宋史本傳》

42) 〈東坡墓誌銘〉(蘇轍, 全集 16·17에 보임)

43) 《年譜》(王宗稷, 全集 16·17에 보임)

44) 《紀年錄》(傅藻, 全集 18에 보임)

45) 《蘇潁濱年表》(孫汝听, 藕香零拾)

46) 《眉山蘇氏族譜》(1929 刻本)

47) 《烏臺詩案》(學海)*

48) 《蘇長公外紀》(王世貞, 明刻)

49)《東坡事類》(梁廷楠, 光緒五年刻本)

50)《東坡逸事》(沈宗元, 商務)

8. 소동파 시대의 기타 문인들의 선집

51)《嘉祐集》(蘇洵, 四部叢刊本, 以下同)

52)《欒城集》(蘇轍)

53)《斜川集》(蘇過)

54)《山谷集》(黃庭堅)

55)《淮海集》(秦觀)

56)《宛邱集》(張耒)

57)《鷄肋集》(晁補之)

58)《後山集》(陳師道)

59)《濟南集》(李廌)

60)《參寥子集》(道潛)

61)《臨川集》(王安石)

62)《寶晉英光集》(米芾)

9. 송인필기(宋人筆記, 詩話는 제외함)

(1) 63)《涑水紀聞》(司馬光, 學津*)

     64)《東齋紀事》(范鎭, 守山*)

(2) 65)《聞見前錄·後錄》(邵伯溫·邵博, 學津*)

     66)《揮塵前錄·後錄·三綠》(王明淸, 學津*)

     67)《揮塵餘話》(王明淸, 學津*)

     68)《玉照新志》(王明淸, 學津*)

(3) 69)《師友談記》(李廌, 學津*)

     70)《后山談叢》(陳師道, 學海*)

     71)《山谷題跋》(黃庭堅, 津逮*)

     72)《无咎題跋》(晁補之, 津逮*)

     73)《明道雜志》(張耒, 學海*)

     74)《宛邱題跋》(張耒, 津逮*)

     75)《姑谿題跋》(李之儀, 津逮*)

     76)《侯鯖錄》(趙令時, 知不足*)

(4) 77) 《孔氏談苑》(孔平仲, 寶顏*)

78) 《孔氏雜說》(孔平仲, 寶顏*)

79) 《冷齋夜話》(惠洪, 學津*)

80) 《石門題跋》(惠洪, 津逮*)

81) 《春渚紀聞》(何薳, 學津*)

82) 《晁氏客語》(晁說之, 學海*)

83) 《道山淸話》(失名, 學津*)

(5) 84) 《曲洧舊聞》(朱弁, 學津*)

85) 《高齋漫錄》(曾慥, 學海*)

86) 《孫公談圃》(劉延世, 學津*)

87) 《泊宅編》(方勺, 稗海*)

(6) 88) 《石門燕語》(葉夢得, 唐宋*)

89) 《避暑錄話》(葉夢得, 津逮*)

90) 《東軒筆錄》(魏泰, 稗海*)

91) 《鐵圍山叢談》(蔡絛, 學海*)

92) 《捫蝨新話》(陳善, 寶顏*)

93) 《萍州可談》(朱彧, 學海*)

(7) 94) 《欒城遺言》(蘇籀, 百川*)

95) 《楓窗小牘》(袁褧, 寶顏*)

96) 《貴耳集》(張端義, 津逮*)

(8) 97) 《老學菴筆記》(陸游, 學津*)

98) 《晦菴題跋》(朱熹, 津逮*)

99) 《益公題跋》(周必大, 津逮*)

100) 《鶴山筆錄》(魏了翁, 學海*)

10. 역사서

101) 《續資治通鑑長編》(李燾, 浙江書局)

102) 《宋史》(托克托, 坊刻)

103) 《東都事略》(王偁, 四朝別史本)

104) 《太平治迹事類統編》(彭百川, 適園)

105) 《通鑑長編紀事本末》(楊仲良, 廣雅刻本)

106) 《宋史紀事本末》(陳邦瞻, 江西書局)

11. 특선 참고서적

107)《名臣言行錄》(朱熹, 道光壬寅刻本)
108)《宋元學案》(黃宗羲, 長沙河氏)
109)《王文公年譜》(蔡上翔), 楊希閔節略(豫章先賢九家年譜)
110)《王荊公》(梁啓超, 廣智)
111)《王安石評傳》(柯昌頤, 商務)

12. 지리서

112)《元豊九域志》(聚珍*)
113)《太平寰宇記》(樂史, 乾隆刻本)
114)《東京夢華錄》(孟元老, 學津*)
115)《夢梁錄》(吳自牧, 學海*)
116)《武林舊事》(知不足)
117)《西湖遊覽志餘》(田汝成, 西湖集覽, 嘉惠堂重刊)
118)《入蜀記》(陸游, 寶顏*)
119)《吳船錄》(范成大, 寶顏*)

13. 서법진적(書法眞跡 ; 眞跡墨帖)

120)《西樓蘇帖》(汪應辰刻, 文明書局)
121)《天際烏雲帖》(嵩陽帖)
122)《剔耳圖二蘇題跋》(文明書局)
123)《贈柳子玉詩帖》(文明書局)
124)《故宮博物院週刊月刊》

찾아보기